100 Canções & Fotos

Conforme Novo Acordo Ortográfico

Pesquisa de imagens de Dave Brolan.
Fotos internas cortesia de Ted Russell/Eyevine – p. 8, 19, 49, 52, 106-107
John Launois/Eyevine – p. 12-13
Don Hunstein/Sony BMG Music Entertainment – p. 24-25, 42, 47, 102, 179, 215, 219, 419, 424, 650
© Daniel Kramer – p. 37, 54, 66-67, 72, 80, 92-93, 112, 136, 142, 144, 167, 186, 195, 198, 200, 207, 226, 227
Douglas R. Gilbert/Redfeerns – p. 61, 97, 118-119
© Barry Feinstein – p.74, 232, 246-247, 252-253, 257, 257, 258, 264, 266-267, 272, 278, 281, 286, 294, 293, 309, 313, 342, 346-347, 407, 435, 440, 448, 564, 598, 628-629, 636, 641
© Jim Marshall – p. 85,159, 315
© Tony Frank – p. 124, 236-237
Harry Goodwin – p.131
© Jerry Schatzberg – p. 152, 162, 170-171, 220-221, 543, 620, 627
Jan Persson/Redferns – p. 296, 330, 335
Frank Dandridge Alpha – p. 303
© Ken Regan/ Câmera 5 p. 320, 321, 347, 426, 443, 446, 456, 460-461, 466, 483, 492, 498, 504, 509, 510, 534, 556-557, 562
ElliottLandy/Redferns – p. 326, 337, 341, 355, 382, 388
Rex Features – p. 348, 353, 518, 591
Redferns – p. 358, 364, 412, 416
Corbis – p. 367, 372
Gettyimages – p. 374, 380, 391
Henry Diltz/Corbis – p. 398
© Joel Bernstein – p. 474, 527, 606-607
Michael Putland/Retna – p. 548
Ebet Roberts/Redferns – p. 572-573, 580
Aaron Rappaport/Retna – p. 582
Deborah Feingold/Corbis – p. 615
© Danny Clinch – p. 642-643
Lee Celano/Corbis – p. 659

Compilado por Chris Charlesworth
Texto de Peter Doggett
Música e textos editados por Ann Barkway e Andy Neill

DYLAN
100 Canções & Fotos

Tradução:
Téo Lorent

MADRAS

Publicado originalmente em inglês sob o título *Dylan: 100 songs & pictures* por Omnibus Press.
© 2009, Omnibus Press.
Direitos de edição e tradução para todos os países de língua portuguesa.
Tradução autorizada do inglês.
Foto de Capa © Jerry Schatzberg
Foto da segunda orelha © Barry Feinstein

Compilado por Chris Charlesworth
Texto de Peter Doggett
Música e textos editados por Ann Barkway e Andy Neill

© 2010, Madras Editora Ltda.

Editor:
Wagner Veneziani Costa

Produção e Capa:
Equipe Técnica Madras

Tradução:
Téo Lorent

Revisão da Tradução:
Cecília Bonamine

Revisão:
Jane Pessoa
Wilson Ryoji Imoto

Dados Internacionais de Catalogação na Publicação (CIP)
(Câmara Brasileira do Livro, SP, Brasil)

Doggett, Peter
Dylan: 100 canções & fotos/ texto de Peter Doggett ; compilado por Chris Charlesworth; música e textos editados por Ann Barkway e Andy Neill; tradução Téo Lorent. – São Paulo: Madras, 2010.
Título original: Dylan : 100 songs & pictures.

ISBN 978-85-370-0605-4

1. Dylan, Bob, 1941– Canções e músicas 2. Dylan, Bob, 1941– Discografia 3. Dylan, Bob, 1941- - Fotografias 4. Músicos de rock - Estados Unidos I. Charlesworth, Chris. II. Barkway, Ann. III. Neill, Andy. IV. Título.

10-05952   CDD-782.42166092

Índices para catálogo sistemático:
1. Bob Dylan : Músicos de rock : Canções e fotos 782.42166092

É, proibida a reprodução total ou parcial desta obra, de qualquer forma ou por qualquer meio eletrônico, mecânico, inclusive por meio de processos xerográficos, incluindo ainda o uso da internet, sem a permissão expressa da Madras Editora, na pessoa de seu editor (Lei nº 9.610, de 19.2.98).

Todos os direitos desta edição, em língua portuguesa, reservados pela

MADRAS EDITORA LTDA.
Rua Paulo Gonçalves, 88 – Santana
CEP: 02403-020 – São Paulo/SP
Caixa Postal: 12183 — CEP: 02013-970
Tel.: (11) 2281-5555– Fax: (11) 2959-3090
www.madras.com.br

MADRAS Editora

CADASTRO/MALA DIRETA

Envie este cadastro preenchido e passará a receber informações dos nossos lançamentos, nas áreas que determinar.

Nome _____

RG _____ CPF _____

Endereço Residencial _____

Bairro _____ Cidade _____ Estado _____

CEP _____ Fone _____

E-mail _____

Sexo ❑ Fem. ❑ Masc. Nascimento _____

Profissão _____ Escolaridade (Nível/Curso) _____

Você compra livros:

❑ livrarias ❑ feiras ❑ telefone ❑ Sedex livro (reembolso postal mais rápido)

❑ outros: _____

Quais os tipos de literatura que você lê:

❑ Jurídicos ❑ Pedagogia ❑ Business ❑ Romances/espíritas
❑ Esoterismo ❑ Psicologia ❑ Saúde ❑ Filosofia/música
❑ Bruxaria ❑ Autoajuda ❑ Maçonaria ❑ Outros:

Qual a sua opinião a respeito desta obra? _____

_____

Indique amigos que gostariam de receber MALA DIRETA:

Nome _____

Endereço Residencial _____

Bairro _____ Cidade _____ CEP _____

✂ Nome do livro adquirido: *Dylan*

Para receber catálogos, lista de preços e outras informações, escreva para:

MADRAS EDITORA LTDA.
Rua Paulo Gonçalves, 88 – Santana – 02403-020 – São Paulo/SP
Caixa Postal 12183 – CEP 02013-970 – SP
Tel.: (11) 2281-5555 – Fax.:(11) 2959-3090
www.madras.com.br

Este livro foi composto em Times New Roman, corpo11/12.
Papel Couche 150g
Impressão e Acabamento
Arvato print — Rua Dr. Edggard Theotônio Santana, 387 — Barra Funda — São Paulo/SP
CEP 01140-030 Tel.: (011) 3383-4722 — www.arvatoprint.com.br

"De maneira nenhuma escrevi estas canções em um estado meditativo, mas, sim, em um estado de transe, hipnótico. É assim que me sinto? Por que me sinto assim? E quem é este eu que se sente assim? Também não saberia dizer. Mas sei que essas canções estão nos meus genes e eu não tinha como impedir que se expressassem."

Bob Dylan, 2006

Índice

SONG TO WOODY 9	SHE BELONGS TO ME 163
BLOWIN' IN THE WIND 12	IT'S ALL OVER NOW, BABY BLUE............. 166
TOMORROW IS A LONG TIME....................18	BOB DYLAN'S 115TH DREAM.................... 170
BALLAD OF HOLLIS BROWN 25	LIKE A ROLLING STONE 178
A HARD RAIN'S A-GONNA FALL 31	TOMBSTONE BLUES................................. 187
DON'T THINK TWICE, IT'S ALL RIGHT.....36	IT TAKES A LOT TO LAUGH
MASTERS OF WAR....................................43	IT TAKES A TRAIN TO CRY 194
GIRL FROM THE NORTH COUNTRY 48	HIGHWAY 61 REVISITED 201
WITH GOD ON OUR SIDE 55	BALLAD OF A THIN MAN 206
ONLY A PAWN IN THEIR GAME................60	QUEEN JANE APPROXIMATELY 214
THE LONESOME DEATH OF HATTIE CARROLL..................................67	JUST LIKE TOM THUMB'S BLUES............. 220
THE TIMES THEY ARE A-CHANGIN' 75	DESOLATION ROW 227
ONE TOO MANY MORNINGS 81	POSITIVELY 4TH STREET 233
CHIMES OF FREEDOM 84	VISIONS OF JOHANNA 236
ALL I REALLY WANT TO DO 93	ONE OF US MUST KNOW 246
I DON'T BELIEVE YOU 96	RAINY DAY WOMEN # 12 & 35 252
SPANISH HARLEM INCIDENT................... 103	I WANT YOU 259
MY BACK PAGES 106	JUST LIKE A WOMAN 267
IT AIN'T ME, BABE 113	STUCK INSIDE OF MOBILE 273
TO RAMONA... 118	WITH THE MEMPHIS BLUES AGAIN 273
SUBTERRANEAN HOMESICK BLUES 125	MOST LIKELY YOU GO YOUR WAY 280
MAGGIE'S FARM..................................... 130	SAD-EYED LADY OF THE LOWLANDS.... 287
MR. TAMBOURINE MAN 137	I SHALL BE RELEASED 297
IT'S ALRIGHT, MA 145	QUINN THE ESKIMO 302
GATES OF EDEN 153	YOU AIN'T GOIN' NOWHERE 308
LOVE MINUS ZERO/NO LIMIT 158	THIS WHEEL'S ON FIRE 314
	TEARS OF RAGE....................................... 320

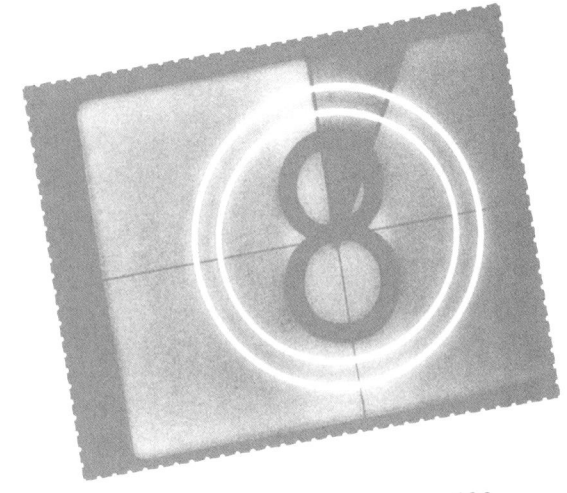

I DREAMED I SAW ST. AUGUSTINE	327
ALL ALONG THE WATCHTOWER	331
DRIFTER'S ESCAPE	336
I PITY THE POOR IMMIGRANT	343
I'LL BE YOUR BABY TONIGHT	349
DEAR LANDLORD	354
LAY, LADY, LAY	359
I THREW IT ALL AWAY	366
TONIGHT I'LL BE STAYING HERE WITH YOU	375
IF NOT FOR YOU	383
NEW MORNING	390
WATCHING THE RIVER FLOW	399
WHEN I PAINT MY MASTERPIECE	406
KNOCKIN' ON HEAVEN'S DOOR	413
FOREVER YOUNG	418
TANGLED UP IN BLUE	427
SIMPLE TWIST OF FATE	434
YOU'RE A BIG GIRL NOW	442
IDIOT WIND	449
IF YOU SEE HER, SAY HELLO	457
YOU'RE GONNA MAKE ME LONESOME WHEN YOU GO	461
LILY, ROSEMARY AND THE JACK OF HEARTS	467
SHELTER FROM THE STORM	475
HURRICANE	482
ISIS	493
ONE MORE CUP OF COFFEE	499
OH, SISTER	505
ROMANCE IN DURANGO	511
SEÑOR	519
GOTTA SERVE SOMEBODY	526
I BELIEVE IN YOU	535
SAVING GRACE	542
EVERY GRAIN OF SAND	549
JOKERMAN	557
BLIND WILLIE MCTELL	565
BROWNSVILLE GIRL	572
RING THEM BELLS	583
MOST OF THE TIME	590
MAN IN THE LONG BLACK COAT	599
DIGNITY	607
SERIES OF DREAMS	614
LOVE SICK	621
TRYIN' TO GET TO HEAVEN	628
NO DARK YET	637
MISSISSIPPI	643
THINGS HAVE CHANGED	651
HIGH WATER	658
WORKINGMAN'S BLUES #2	667
THUNDER ON THE MOUNTAIN	677

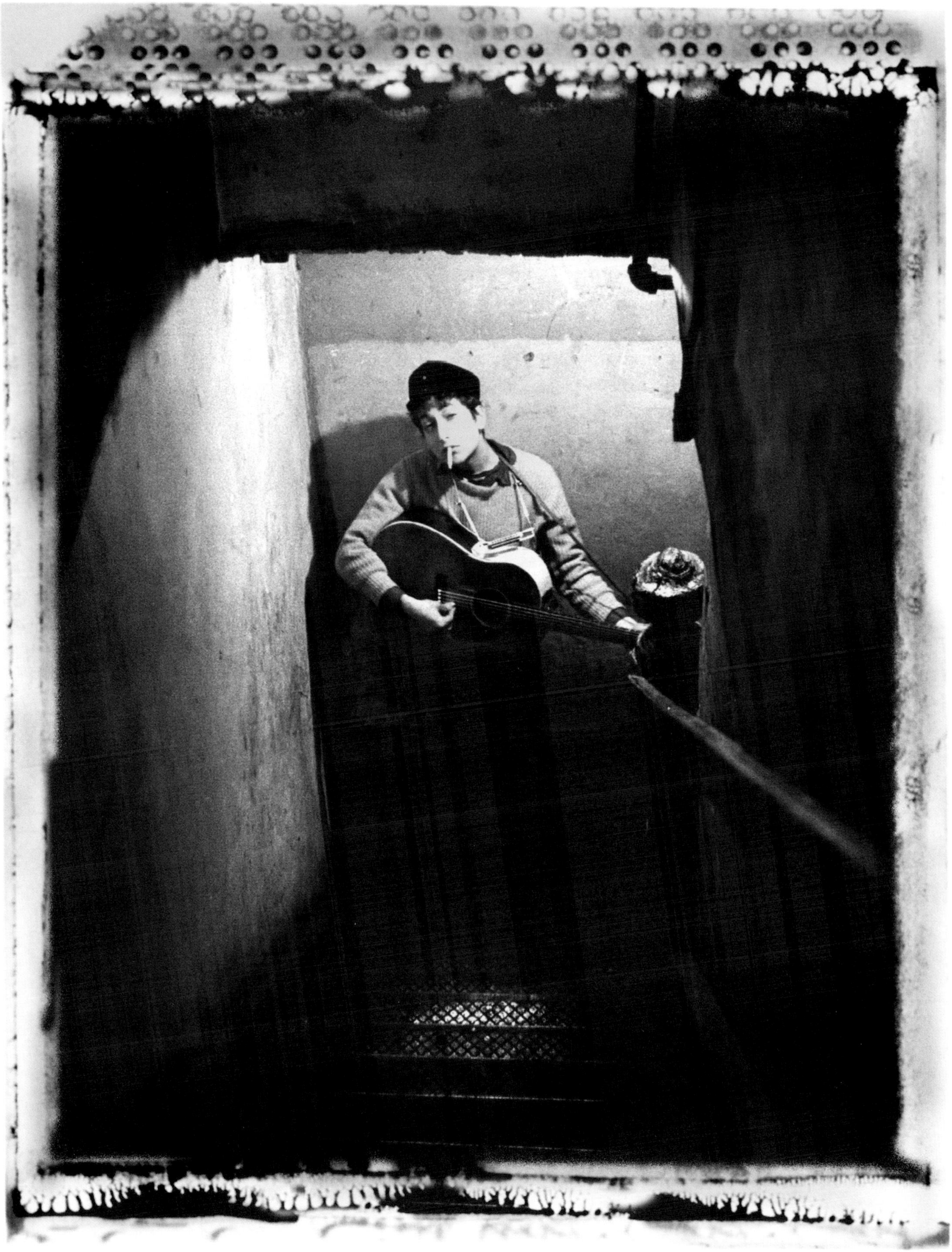

SONG TO WOODY
(CANÇÃO PARA WOODY)

Bob Dylan, 1962

Uma das duas únicas canções compostas por Dylan em seu álbum de estreia, em 1962, foi "Song to Woody", escrita em fevereiro de 1961. Era um tributo sincero à maior influência do início de sua carreira, o pioneiro da música *folk* americana, Woody Guthrie. Durante seus primeiros meses em Nova York, Dylan fazia visitas regulares a Guthrie no hospital, onde o veterano recebia tratamento contra a Doença de Huntington, e pelo menos em uma ocasião conseguiu cantá-la para seu herói.

"Ficou boa, Bob. Ficou boa pra caramba."
Reação de Woody Guthrie à "Song to Woody", 1961

"Woody gosta de mim – ele me pede para cantar para ele – ele é o maior, o mais sagrado e o mais divino que existe no mundo."
Bob Dylan, cartão-postal para um amigo, 1961

SONG TO WOODY

Copyright © 1962, 1965 Duchess Music Corporation; renewed 1990, 1993 MCA. All Rights Reserved. International Copyright Secured.

1. **I'm out here a thousand miles from my home**
   Aqui estou eu a mil milhas de casa,
   Walkin' a road other men have gone down
   Pegando uma estrada em que outros homens sucumbiram
   I'm seein' your world of people and things
   Vejo teu mundo de pessoas e coisas,
   Your paupers and peasants and princes and kings
   Teus paupérrimos peões e príncipes e reis.

2. **Hey, hey Woody Guthrie, I wrote you a song**
   Ei, ei, Woody Guthrie, eu te escrevi uma canção
   'Bout a funny ol' world that's a-comin' along
   Sobre um engraçado velho mundo que está surgindo.
   Seems sick an' it's hungry, it's tired an' it's torn
   Parece doente e faminto, cansado e alquebrado
   It looks like it's a-dyin' an' it's hardly been born.
   Parece que está morrendo e mal foi parido

3. **Hey, Woody Guthrie, but I know that you know**
   Ei, Woody Guthrie, mas eu sei que você sabe
   All the things that I'm a-sayin' an' a-many times more
   Todas as coisas que estou dizendo e muito, muito mais
   I'm a-singin' you the song, but I can't sing enough
   Eu te canto esta canção, mas jamais será o bastante
   'Cause there's not many men that done the things that you've done
   Pois não há muitos homens que fizeram o que você fez

4. **Here's to Cisco an' Sonny an' Leadbelly too**
   Esta vai para Cisco e Sonny e também para o Leadbelly
   An' to all the good people that traveled with you
   E toda a gente boa que viajou contigo
   Here's to the hearts and the hands of the men
   Esta vai para o coração e as mãos dos homens
   That come with the dust and are gone with the wind
   Que chegaram com a poeira e partiram com o vento

5. **I'm a-leavin' tomorrow, but I could leave today**
   Parto amanhã, mas poderia partir agora
   Somewhere down the road someday
   Em algum lugar da estrada, algum dia
   The very last thing that I'd want to do
   A última coisa que vou querer fazer
   Is to say I've been hittin' some hard travelin' too
   É dizer que também encarei uma dura travessia

BLOWIN' IN THE WIND
(VEM NO VENTO)

The Freewheelin' Bob Dylan, 1963

Talvez a canção mais eternizada a surgir no cenário *folk*, no início dos anos 1960, "Blowin' In The Wind" tornou-se um hino do movimento dos direitos civis nos Estados Unidos. Composta por volta de abril de 1962, teve sua estreia durante um *show* de Dylan no Gerde's Folk City, em Greenwich Village, Nova York, tendo sido gravada para a posteridade no álbum *The Freewheelin' Bob Dylan*, em julho daquele ano. As versões dessa canção, uma interpretada pelo trio Peter, Paul & Mary, e outra por Stevie Wonder, atingiram o topo das paradas americanas.

"'Blowin' In The Wind' tornou-se o mais célebre hino da consciência social mundo afora."

Joan Baez

"Ele era autêntico. Já conhecia o talento dele, mas ele estava se superando como compositor. Essas novas canções eram a expressão de sua música."

Paul Stookey, Peter, Paul & Mary, sobre Bob Dylan em 1962

BLOWIN' IN THE WIND

1. How many roads must a man walk down
Before you call him a man?
Yes, 'n' how many seas must a white dove sail
Before she sleeps in the sand?
Yes, 'n' how many times must the cannon balls fly
Before they're forever banned?

2. How many years can a mountain exist
Before it's washed to the sea?
Yes, 'n' how many years can some people exist
Before they're allowed to be free?
Yes, 'n' how many times can a man turn his head
Pretending he just doesn't see?

3. How many times must a man look up
Before he can see the sky?
Yes, 'n' how many ears must one man have
Before he can hear people cry?
Yes, 'n' how many deaths will it take till he knows
That too many people have died?

Copyright © 1962 Warner Bros. Inc.: renewed 1992 Special Rider Music. All Rights Reserved. International Copyright Secured.

1. How many roads must a man walk down
  Quantos caminhos um homem precisa percorrer
  Before you call him a man?
  Antes que seja chamado de homem?
  Yes, 'n' how many seas must a white dove sail
  É, e quantos mares a pomba branca deve cruzar
  Before she sleeps in the sand?
  Antes de repousar na areia?
  Yes, 'n' how many times must the cannonballs fly
  É, e quantos tiros de canhão precisam ser disparados
  Before they're forever banned?
  Antes de serem banidos para sempre?
  The answer, my friend, is blowin' in the wind
  A resposta, meu amigo, vem no vento.
  The answer is blowin' in the wind
  A resposta vem no vento.
  The answer is blowin' in the wind
  A resposta vem no vento.

2. How many years can a mountain exist
  Quantos anos pode existir uma montanha
  Before it's washed to the sea?
  Antes de ser levada pelo mar?
  Yes, 'n' how many years can some people exist
  É, e quantos anos certos povos conseguirão existir
  Before they're allowed to be free?
  Antes que lhes permitam ser livres?
  Yes, 'n' how many times can a man turn his head
  É, e quantas vezes o homem consegue dar as costas,
  Pretending he just doesn't see?
  Fingindo que não vê?
  The answer, my friend, is blowin' in the wind
  A resposta, meu amigo, vem no vento.
  The answer is blowin' in the wind
  A resposta vem no vento.
  The answer is blowin' in the wind
  A resposta vem no vento.

3. **How many times must a man look up**
   Quantas vezes o homem precisa olhar para o alto
   Before he can see the sky?
   Antes de ver o céu?
   Yes, 'n' how many ears must one man have
   É, e quantos ouvidos o homem precisa ter
   Before he can hear people cry?
   Antes que consiga ouvir as pessoas chorar?
   Yes, 'n' how many deaths will it take till he knows
   É, e quantas mortes serão necessárias até que se perceba
   That too many people have died?
   Que morreu gente demais?
   The answer, my friend, is blowin' in the wind
   A resposta, meu amigo, vem no vento.
   The answer is blowin' in the wind
   A resposta vem no vento.
   The answer is blowin' in the wind
   A resposta vem no vento

TOMORROW IS A LONG TIME
(AMANHÃ ESTÁ MUITO LONGE)

Bob Dylan's Greatest Hits, Vol. 2, 1971

Apesar de já ter sido escrita em 1962, esta bela canção não consta de nenhum dos primeiros álbuns de Dylan. De fato, ele só a lançou quando, na compilação dos *More Greatest Hits*, apareceu uma gravação antiga, ao vivo e com boa qualidade. No entanto, muitos de seus contemporâneos de música *folk*, inclusive Ian & Sylvia, Bud & Travis e Judy Collins, arriscaram interpretá-la. Essa foi a única canção de Dylan cantada por Elvis Presley, uma versão que Dylan citou uma vez como sendo a interpretação favorita e definitiva do seu material. Ela também foi incluída no álbum *Every Picture Tells A Story* de Rod Stewart, o mais vendido de 1971.

TOMORROW IS A LONG TIME

* ad lib quasi recitative

Copyright © 1963 Warner Bros. Inc.; renewed 1991 Special Rider Music. All Rights Reserved. International Copyright Secured.

1. **If today was not an endless highway**
   Se hoje não fosse uma estrada sem-fim,
   If tonight was not a crooked trail
   Se a noite não fosse uma trilha sinuosa,
   If tomorrow wasn't such a long time
   Se amanhã não fosse tão longe,
   Then lonesome would mean nothing to you at all
   A solidão nada significaria pra você.
   Yes, and only if my own true love was waitin'
   Ah, se meu único e verdadeiro amor estivesse à minha espera,
   Yes, and if I could hear her heart a-softly poundin'
   Ah, se eu pudesse ouvir a suave batida do coração dela,
   Only if she was lyin' by me
   Ah, se ela estivesse do meu lado,
   Then I'd lie in my bed once again
   Eu deitaria na minha cama outra vez.

2. **I can't see my reflection in the waters**
   Não consigo enxergar meu reflexo nas águas,
   I can't speak the sounds that show no pain
   Não consigo pronunciar sons que não mostram dor,
   I can't hear the echo of my footsteps
   Não consigo ouvir o eco dos meus passos,
   Or can't remember the sound of my own name
   Nem me lembrar do som do meu próprio nome.
   Yes, and only if my own true love was waitin'
   Ah, se meu único e verdadeiro amor estivesse à minha espera,
   Yes, and if I could hear her heart a-softly poundin'
   Ah, se eu pudesse ouvir a suave batida do coração dela,
   Only if she was lyin' by me
   Ah, se ela estivesse do meu lado,
   Then I'd lie in my bed once again
   Eu deitaria na minha cama outra vez.

3. **There's beauty in the silver, singin' river**
   Há qualquer coisa de belo no rio prateado que canta,
   There's beauty in the sunrise in the sky
   Há qualquer coisa de belo no céu quando o sol levanta,
   But none of these and nothing else can touch the beauty
   Mas nada se compara à beleza
   That I remember in my true love's eyes
   Quando lembro dos olhos da minha amada.
   Yes, and only if my own true love was waitin'
   Ah, se meu único e verdadeiro amor estivesse à minha espera,
   Yes, and if I could hear her heart a-softly poundin'
   Ah, se eu pudesse ouvir a suave batida do coração dela,
   Only if she was lyin' by me
   Ah, se ela estivesse do meu lado,
   Then I'd lie in my bed once again
   Eu deitaria na minha cama outra vez.

"A gente achava o Bob fenomenal. Os compositores em geral adoram ouvir boas canções, o que fazia com que a gente se esforçasse cada vez mais para melhorar nossas composições. Só que a maioria das boas composições que ouvíamos era do Bob. A primeira vez que ouvi Ian & Sylvia cantarem 'Tomorrow Is A Long Time', que não é uma composição muito conhecida do Bob, eu me lembro de ter pensado, 'Essa música é simplesmente linda.'"

Tom Paxton

BALLAD OF HOLLIS BROWN
(BALADA DE HOLLIS BROWN)

The Times They Are A-Changin', 1963

Escrita no final do verão de 1962, "Ballad Of Hollis Brown" foi gravada durante as primeiras sessões do terceiro álbum de Dylan, *The Times They Are A-Changin'*, em agosto de 1963. A primeira apresentação ao vivo dessa canção ocorreu quase um ano antes, durante sua estreia no Carnegie Hall de Nova York.

"As canções estão no ar. Elas existem por si sós, aguardando apenas que alguém as escreva. Se eu não fizesse isso, outro faria."
Bob Dylan, 1962

BALLAD OF HOLLIS BROWN

Hollis Brown
Hollis Brown
He lived on the outside of town
morava fora da cidade,
Hollis Brown
Hollis Brown
He lived on the outside of town
 morava fora da cidade,
With his wife and five children
Com a mulher e cinco filhos
And his cabin fallin' down
Em sua cabana caindo aos pedaços.

1. **You looked for work and money**
   Você procurava emprego e dinheiro
   And you walked a rugged mile
   E percorria caminhos acidentados.
   You looked for work and money
   Você procurava emprego e dinheiro
   And you walked a rugged mile
   E percorria caminhos acidentados.
   Your children are so hungry
   Teus filhos têm tanta fome
   That they don't know how to smile
   Que nem sabem mais sorrir.

2. **Your baby's eyes look crazy**
   Teus filhos têm o olhar enlouquecido
   They're a-tuggin' at your sleeve
   Eles te puxam pela manga
   Your baby's eyes look crazy
   Teus filhos têm o olhar enlouquecido
   They're a-tuggin' at your sleeve
   Eles te puxam pela manga
   You walk the floor and wonder why
   Você anda pela casa
   With every breath you breathe
   E a cada suspiro que dá se pergunta por quê

3. **The rats have got your flour**
   Os ratos tomaram conta da tua farinha
   Bad blood it got your mare
   Sua égua está com sangue ruim
   The rats have got your flour
   Os ratos tomaram conta da tua farinha
   Bad blood it got your mare
   Sua égua está com sangue ruim

If there's anyone that knows
Existe alguém que sabe
Is there anyone that cares?
Existe alguém que se importe?

4. **You prayed to the Lord above**
   Você pediu a Deus do céu
   Oh please send you a friend
   Por favor me manda um amigo
   You prayed to the Lord above
   Você pediu a Deus do céu
   Oh please send you a friend
   Por favor me manda um amigo
   Your empty pockets tell yuh
   Teus bolsos vazios te dizem
   That you ain't a-got no friend
   Que não tem amigo nenhum

5. **Your babies are crying louder**
   Os berros dos teus filhos
   It's pounding on your brain
   Martelam na tua cabeça
   Your babies are crying louder now
   Os berros dos teus filhos
   It's pounding on your brain
   Martelam na tua cabeça agora
   Your wife's screams are stabbin' you
   Os gritos da tua mulher te apunhalam
   Like the dirty drivin' rain
   Como a imunda chuva torrencial

6. **Your grass it is turning black**
   A grama do teu jardim está ficando escura
   There's no water in your well
   Teu poço não tem água
   Your grass is turning black
   A grama do teu jardim está ficando escura
   There's no water in your well
   Teu poço não tem água
   You spent your last lone dollar
   Você gastou o último dólar que tinha
   On seven shotgun shells
   Em sete balas de espingarda

7. **Way out in the wilderness**
   Longe, lá na mata
   A cold coyote calls
   Um frio coiote uiva

Way out in the wilderness
Longe, lá na mata
A cold coyote calls
Um frio coiote uiva
Your eyes fix on the shotgun
Teus olhos fixos na espingarda
That's hangin' on the wall
Pendurada na parede

8. **Your brain is a-bleedin'**
Teu cérebro sangra
And your legs can't seem to stand
E tuas pernas não param mais em pé
Your brain is a-bleedin'
Teu cérebro sangra
And your legs can't seem to stand
E tuas pernas não param mais em pé
Your eyes fix on the shotgun
Teus olhos fixos na espingarda
That you're holdin' in your hand
Que está nas tuas mãos

9. **There's seven breezes a-blowin'**
Há sete brisas que sopram
All around the cabin door
Em cada canto da cabana
There's seven breezes a-blowin'
Há sete brisas que sopram
All around the cabin door
Em cada canto da cabana
Seven shots ring out
Sete tiros soam
Like the ocean's pounding roar
Como o ritmado bramido do oceano

10. **There's seven people dead**
Sete pessoas morreram
On a South Dakota farm
Em uma fazenda de Dakota do Sul
There's seven people dead
Sete pessoas morreram
On a South Dakota farm
Em uma fazenda de Dakota do Sul
Somewhere in the distance
Em algum lugar distante
There's seven new people born
Sete novas vidas nasceram

A HARD RAIN'S A-GONNA FALL
(UMA CHUVA TORRENCIAL VAI CAIR)

The Freewheelin' Bob Dylan, 1963

Esta balada apocalíptica entrou para o repertório de Dylan em setembro de 1962 e, três meses depois, foi gravada no *The Freewheelin' Bob Dylan*. Desde então, raramente ficou fora do seu repertório ao vivo, e já foi executada como uma canção de rock elétrico (durante os *shows* do Rolling Thunder Revue,[1] em meados dos anos 1970) e com uma orquestra (em um festival no Japão, em 1994).

"Eu a escrevi durante a crise [dos mísseis] de Cuba. Estava na Bleecker Street em Nova York. A gente ficava por ali à noite – todo mundo sentado, imaginando se era o fim, e eu também... Era uma canção de desespero. O que a gente podia fazer? Controlar os homens que estavam prestes a nos exterminar? As palavras brotaram rápido, muito rápido."

Bob Dylan, 1965

---

1. N. da R.: Rolling Thunder Revue foi o nome de uma famosa turnê de concertos, liderada de Bob Dylan, que ocorreu no final de 1975 e começo de 1976, nos Estados Unidos. A turnê foi documentada em vídeo e filme.

A HARD RAIN'S A-GONNA FALL

Copyright © 1963 Warner Bros. Inc.; renewed 1991 Special Rider Music. All Rights Reserved. International Copyright Secured.

Oh, where have you been, my blue-eyed son?
Oh, por onde tem andado, meu filho predileto?
Oh, where have you been, my darling young one?
Oh, por onde tem andado, meu jovem querido?

1. **I've stumbled on the side of twelve misty mountains**
   Tropecei na borda de doze nebulosas montanhas,
   I've walked and I've crawled on six crooked highways
   Caminhei e me arrastei em seis tortuosas estradas,
   I've stepped in the middle of seven sad forests
   Andei no meio de sete tristes florestas,
   I've been out in front of a dozen dead oceans
   Estive diante de doze oceanos mortos,
   I've been ten thousand miles in the mouth of a graveyard
   Andei dez mil milhas na boca de um cemitério,
   And it's a hard, and it's a hard, it's a hard, and it's a hard
   E é torrencial, e é torrencial, é torrencial, e é torrencial,
   And it's a hard rain's a-gonna fall
   e é torrencial a chuva que vai cair.

2. **Oh, what did you see, my blue-eyed son?**
   Oh, o que você viu, meu filho predileto?
   Oh, what did you see, my darling young one?
   Oh, o que você viu, meu jovem querido?
   I saw a newborn baby with wild wolves all around it
   Vi um recém-nascido rodeado de lobos selvagens,
   I saw a highway of diamonds with nobody on it,
   Vi uma estrada de diamantes sem ninguém nela,
   I saw a black branch with blood that kept drippin'
   Vi um galho negro respingar sangue
   I saw a room full of men with their hammers a-bleedin'
   Vi uma sala repleta de homens cujos martelos sangravam
   I saw a white ladder all covered with water
   Vi uma escada branca toda coberta de água
   I saw ten thousand talkers whose tongues were all broken
   Vi dez mil oradores cujas línguas estavam rasgadas
   I saw guns and sharp swords in the hands of young children
   Vi pistolas e espadas afiadas nas mãos de crianças
   And it's a hard, and it's a hard, it's a hard, it's a hard
   e é torrencial, e é torrencial, é torrencial, e é torrencial
   And it's a hard rain's a-gonna falpp
   e é torrencial a chuva que vai cair

3. **And what did you hear, my blue-eyed son?**
   E o que você ouviu, meu filho predileto?
   And what did you hear, my darling young one?
   E o que você ouviu, meu jovem querido?
   I heard the sound of a thunder, it roared out a warnin'
   Ouvi o som de um trovão rugir um alerta
   Heard the roar of a wave that could drown the whole world
   Ouvi o barulho de uma onda que podia afogar o mundo inteiro
   Heard one hundred drummers whose hands were a-blazin'
   Ouvi cem bateristas cujas mãos estavam em chamas
   Heard ten thousand whisperin' and nobody listenin'
   Ouvi dez mil sussurros que ninguém escutava
   Heard one person starve, I heard many people laughin'
   Ouvi uma pessoa morrer de fome, ouvi muita gente rir
   Heard the song of a poet who died in the gutter
   Ouvi a canção de um poeta que morreu na sarjeta
   Heard the sound of a clown who cried in the alley,
   Ouvi o som de um palhaço que chorava na rua
   And it's a hard, and it's a hard, it's a hard, it's a hard
   e é torrencial, e é torrencial, é torrencial, e é torrencial
   And it's a hard rain's a-gonna fall
   e é torrencial a chuva que vai cair

4. **Oh, who did you meet, my blue-eyed son?**
   Oh, quem você encontrou, meu filho predileto?
   Who did you meet, my darling young one?
   Quem você encontrou, meu jovem querido?
   I met a young child beside a dead pony
   Encontrei uma criança ao lado de um pônei morto
   I met a white man who walked a black dog
   Encontrei um homem branco que passeava com um cão negro
   I met a young woman whose body was burning
   Encontrei uma jovem cujo corpo estava em chamas
   I met a young girl, she gave me a rainbow
   Encontrei uma menina que me deu um arco-íris
   I met one man who was wounded in love
   Encontrei um homem ferido de amor
   I met another man who was wounded with hatred
   Encontrei outro homem ferido de ódio
   And it's a hard, it's a hard, it's a hard, it's a hard,
   e é torrencial, e é torrencial, é torrencial, e é torrencial
   It's a hard rain's a-gonna fall
   e é torrencial a chuva que vai cair

5. **Oh, what'll you do now, my blue-eyed son?**
Oh, o que você vai fazer agora, meu filho predileto?
Oh, what'll you do now, my darling young one?
Oh, o que você vai fazer agora, meu jovem querido?
I'm a-goin' back out 'fore the rain starts a-fallin'
Eu vou voltar antes que a chuva comece a cair
I'll walk to the depths of the deepest black forest
Vou até as profundezas da mais densa floresta negra
Where the people are many and their hands are all empty
Onde as pessoas são muitas e suas mãos estão vazias
Where the pellets of poison are flooding their waters
Onde as cápsulas de veneno inundam suas águas
Where the home in the valley meets the damp dirty prison
Onde a casa no vale se compara à prisão úmida e suja
Where the executioner's face is always well hidden
Onde a face do carrasco está sempre bem oculta
Where hunger is ugly, where souls are forgotten
Onde a fome é feia e as almas são esquecidas
Where black is the color, where none is the number
Onde preto é a cor, onde nada é o número
And I'll tell it and think it and speak it and breathe it
E contarei e pensarei e falarei e respirarei
And reflect it from the mountain so all souls can see it
E projetarei isso da montanha para que todas as almas possam vê-lo
Then I'll stand on the ocean until I start sinkin'
Então, ficarei sobre o oceano até começar a afundar,
But I'll know my song well before I start singin'
Mas conhecerei bem minha canção antes de começar a cantar
And it's a hard, it's a hard, it's a hard, it's a hard
e é torrencial, e é torrencial, é torrencial, e é torrencial
It's a hard rain's a-gonna fall
e é torrencial a chuva que vai cair

DON'T THINK TWICE, IT'S ALL RIGHT
(NÃO PENSE DUAS VEZES, ESTÁ TUDO BEM)

The Freewheelin' Bob Dylan, 1963

Esta história agridoce de um romance doentio mostrou ser uma das canções mais populares de Dylan desde a sua aparição no *The Freewheelin' Bob Dylan*. Foi gravada, em novembro de 1962, com Bruce Langhorne na guitarra. O trio Peter, Paul & Mary (sob o pseudônimo de The Wonder Who?) e os Four Seasons levaram a canção ao topo das 20 mais dos Estados Unidos nos anos seguintes.

"Começamos a admirar Bob Dylan durante nossa visita a Paris em janeiro [de 1964]. A gente ficou doidão com o LP *Freewheelin'*."

John Lennon

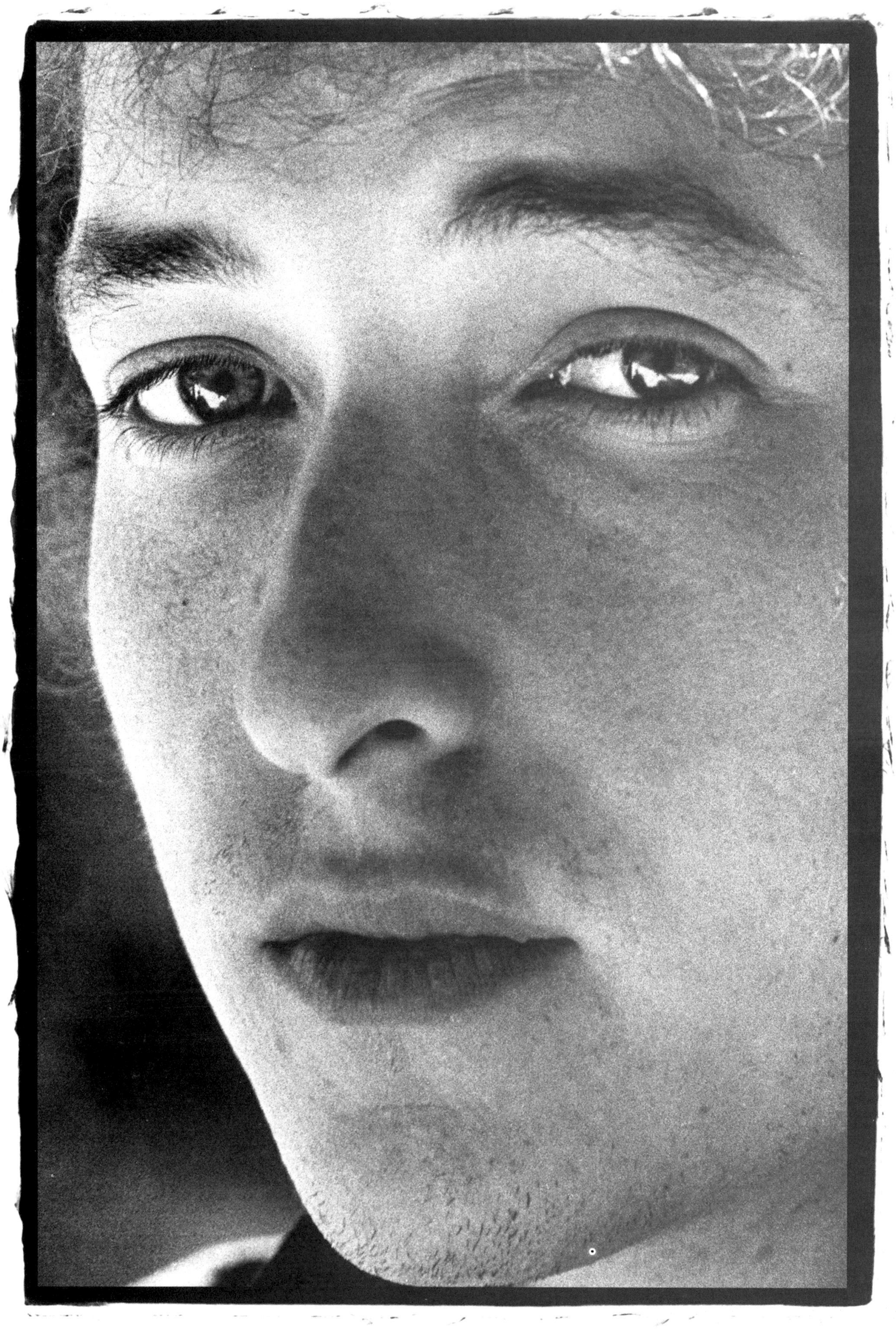

DON'T THINK TWICE, IT'S ALL RIGHT

Moderato

1. It ain't no use to sit and wonder why, babe — It don't
(2. It) ain't no use in turnin' on your light, babe — That light

matter anyhow — An' it ain't no use to sit and wonder why, babe —
I never knowed — An' it ain't no use in turnin' on your light, babe —

If you don't know by now — When your rooster crows at the
I'm on the dark side of the road — Still I wish there was somethin' you would

break of dawn — Look out your window and I'll be gone — You're the
do or say — To try and make me change my mind and stay — We never

reason I'm trav'lin' on — Don't think twice, it's all right — 2. It
did too much talkin' anyway — So don't think

Copyright © 1963 Warner Bros. Inc.; renewed 1991 Special Rider Music. All Rights Reserved. International Copyright Secured.

right. (3. It) ain't no use in call-in' out my name, gal
4. I'm walk-in' down that long, lone-some road, babe

Like you nev-er did be-fore It ain't no use in call-in' out my
Where I'm bound, I can't tell But good-bye's too good a

name, gal I can't hear you an-y more I'm a-
word, gal So I'll just say fare thee well I ain't

think-in' and a-won-d'rin' all the way down the road I once loved a wom-an,
say-in' you treat-ed me un-kind You could have done bet-ter

a child I'm told I give her my heart but she want-ed my soul.
but I don't mind You just kind-a wast-ed my pre-cious time.

But don't think twice, It's all right 3. It
But don't think twice, It's all right.

1. **It ain't no use to sit and wonder why, babe**
   Não adianta nada sentar e se perguntar por quê, baby
   It don't matter, anyhow
   Não faz diferença alguma
   An' it ain't no use to sit and wonder why, babe
   Não adianta nada sentar e se perguntar por quê, baby
   If you don't know by now
   Se você ainda não entendeu
   When your rooster crows at the break of dawn
   Quando o galo cantar no raiar da aurora
   Look out your window and I'll be gone
   Olhe pela janela e eu já terei partido
   You're the reason I'm trav'lin' on
   e você é razão de eu continuar viajando
   Don't think twice, it's all right
   Não pense duas vezes, está tudo bem

2. **It ain't no use in turnin' on your light, babe**
   Não adianta nada acender a tua luz, baby
   That light I never knowed
   Essa luz eu nunca conheci
   An' it ain't no use in turnin' on your light, babe
   Não adianta nada acender a tua luz, baby
   I'm on the dark side of the road
   Estou no lado escuro da rua
   Still I wish there was somethin' you would do or say
   Mas queria que houvesse algo que você fizesse ou dissesse
   To try and make me change my mind and stay
   Para me fazer mudar de ideia e ficar
   We never did too much talkin' anyway
   De qualquer modo, nunca conversamos muito
   So don't think twice, it's all right
   Então não pense duas vezes, está tudo bem

3. **It ain't no use in callin' out my name, gal**
   Não adianta gritar o meu nome, menina
   Like you never did before
   Como você nunca fez antes
   It ain't no use in callin' out my name, gal
   Não adianta nada gritar o meu nome, menina
   I can't hear you anymore
   Eu não consigo mais te escutar
   I'm a-thinkin' and a-wond'rin' all the way down the road
   Vou pensando e me perguntando estrada abaixo
   I once loved a woman, a child I'm told
   Uma vez amei uma mulher, uma criança me dizia
   I give her my heart but she wanted my soul
   Eu lhe dei meu coração, mas era a minha alma que queria
   But don't think twice, it's all right
   Mas não pense duas vezes, está tudo bem

4. **I'm walkin' down that long, lonesome road, babe**
   Sigo aquela longa e solitária estrada, baby
   Where I'm bound, I can't tell
   Para onde vou, não posso dizer
   But goodbye's too good a word, gal
   Mas adeus é uma palavra muito boa, menina
   So I'll just say fare thee well
   Então direi, apenas, passe bem
   I ain't sayin' you treated me unkind
   Não estou dizendo que você me tratou mal
   You could have done better but I don't mind
   Poderia ter feito melhor, mas eu não ligo
   You just kinda wasted my precious time
   Digamos que você desperdiçou meu precioso tempo
   But don't think twice, it's all right
   Mas não pense duas vezes, está tudo bem

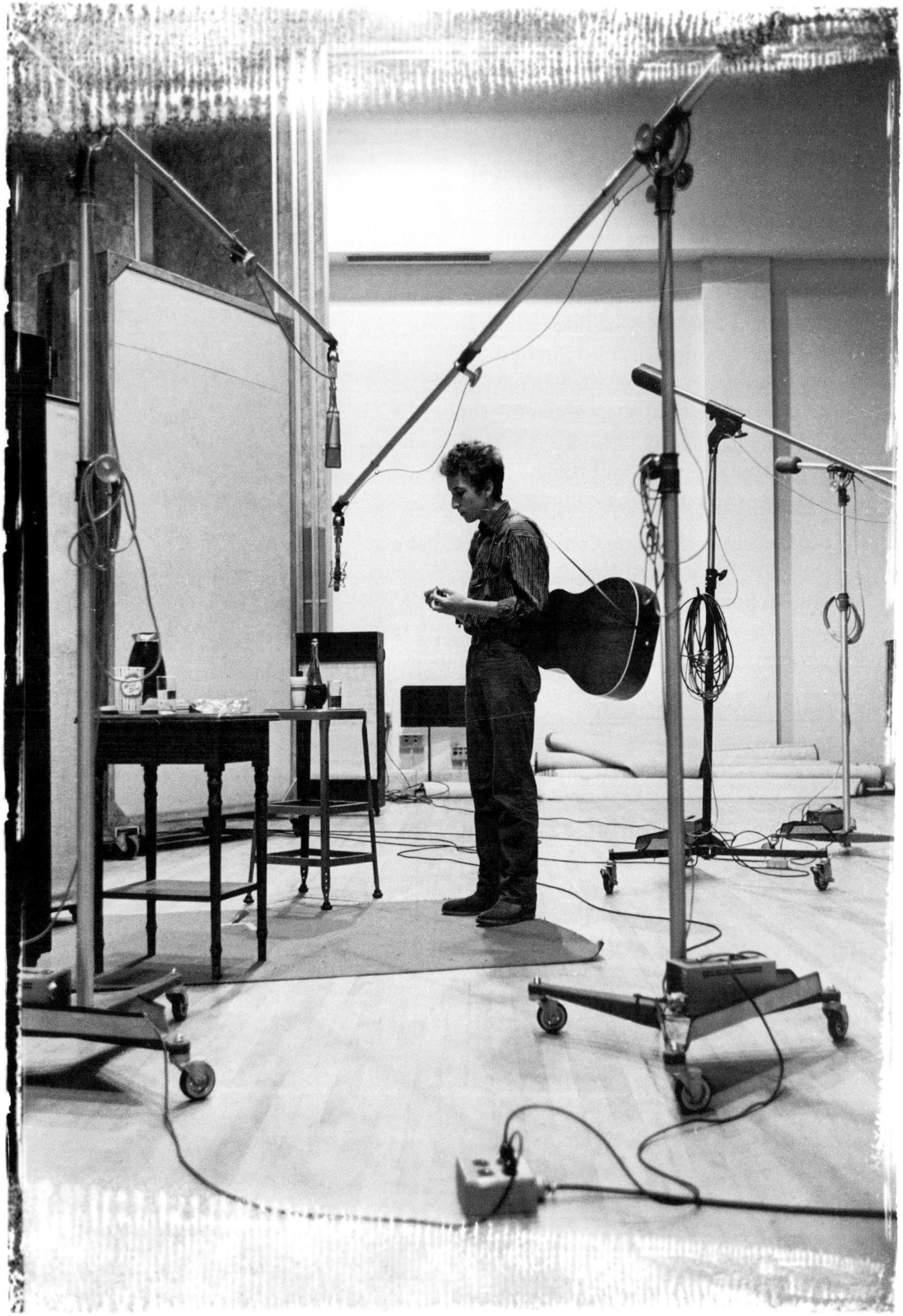

MASTERS OF WAR

(SENHORES DA GUERRA)

🔘 *The Freewheelin' Bob Dylan*, 1963

Como insistiu Dylan, em várias ocasiões, esta melodia ácida era um ataque específico ao complexo industrial-militar, embora tenha se tornado hino universal dos movimentos antibélicos mundo afora. Foi gravada durante a sessão final do *The Freewheelin' Bob Dylan*, em abril de 1963, dois meses depois de o cantor tê-la apresentado no rádio pela primeira vez.

"Parecia que as canções de Bob atualizavam os conceitos de justiça e injustiça. O movimento dos direitos civis estava a todo vapor, e a guerra que dividiria esta nação aproximava-se de nós como uma tormenta arrasadora. Antes que fosse disparada a primeira bala oficial, ele já havia munido nossos arsenais de canções."

Joan Baez

MASTERS OF WAR

Medium bright

1. Come you masters of war
You that build all the guns
You that build the death planes
You that build the big bombs
You that hide behind walls
You that hide behind desks
I just want you to know I can see through your masks

Copyright © 1963 Warner Bros. Inc.; renewed 1991 Special Rider Music. All Rights Reserved. International Copyright Secured.

1. **Come you masters of war**
   Venham senhores de guerra
   You that build all the guns
   Vocês que fabricam todas as armas
   You that build the death planes
   Vocês que fabricam os aviões da morte
   You that build the big bombs
   Vocês que fabricam bombas enormes
   You that hide behind walls
   Vocês que se escondem atrás dos muros
   You that hide behind desks
   Vocês que se escondem atrás das mesas
   I just want you to know
   Só quero que saibam que posso vê-los
   I can see through your masks
   Através de suas máscaras

2. **You that never done nothin'**
   Vocês que nunca fizeram nada
   But build to destroy
   Mas constroem para destruir
   You play with my world
   Vocês brincam com o meu mundo
   Like it's your little toy
   Como se fosse seu brinquedinho
   You put a gun in my hand
   Vocês põem uma arma na minha mão
   And you hide from my eyes
   E se escondem da minha vista
   And you turn and run farther
   E voltam e correm para longe
   When the fast bullets fly
   quando as velozes balas voam

3. **Like Judas of old**
   Como o Judas de antigamente
   You lie and deceive
   Vocês mentem e enganam
   A world war can be won
   Que uma guerra mundial pode ser ganha
   You want me to believe
   Vocês querem que eu acredite
   But I see through your eyes
   Mas eu vejo através de seus olhos
   And I see through your brain
   E vejo através de suas mentes
   Like I see through the water
   Como vejo através das águas
   That runs down my drain
   Que correm pelo meu esgoto

4. **You fasten the triggers**
   Vocês puxam os gatilhos
   For the others to fire
   Para que outros atirem
   Then you set back and watch
   Depois se afastam e assistem
   When the death count gets higher
   Enquanto a contagem dos mortos aumenta
   You hide in your mansion
   Vocês se escondem em suas mansões
   As young people's blood
   Enquanto o sangue dos jovens
   Flows out of their bodies
   Jorra de seus corpos
   And is buried in the mud
   E se enterra na lama

5. **You've thrown the worst fear**
   Vocês disseminaram o pior medo
   That can ever be hurled
   Que poderia ser lançado
   Fear to bring children
   Medo de trazer filhos
   Into the world
   A este mundo
   For threatening my baby
   Por ameaçarem meu filho
   Unborn and unnamed
   Que não nasceu nem tem nome
   You ain't worth the blood
   Vocês não valem o sangue
   That runs in your veins
   Que corre em suas veias

6. **How much do I know**
   O quanto sei eu
   To talk out of turn
   Por falar antes da hora
   You might say that I'm young
   Vocês podem dizer que sou jovem
   You might say I'm unlearned
   Vocês podem dizer que sou ignorante
   But there's one thing I know
   Mas tenho certeza de uma coisa
   Though I'm younger than you
   Apesar de ser mais jovem que vocês
   Even Jesus would never
   Que nem mesmo Jesus jamais
   Forgive what you do
   Perdoaria o que vocês fazem

7. **Let me ask you one question**
   Permitam-me fazer uma pergunta
   Is your money that good
   Seu dinheiro é assim tão bom
   Will it buy you forgiveness
   Para comprar seu perdão
   Do you think that it could
   Vocês acham mesmo
   I think you will find
   Acho que descobrirão
   When your death takes its toll
   No dia em que a morte vier lhes cobrar
   All the money you made
   Que todo o dinheiro que fizeram
   Will never buy back your soul
   Jamais recomprará sua alma

8. **And I hope that you die**
   E eu espero que morram
   And your death'll come soon
   E que sua morte chegue logo
   I will follow your casket
   Acompanharei seu caixão
   In the pale afternoon
   Na pálida tarde
   And I'll watch while you're lowered
   E assistirei quando forem baixados
   Down to your deathbed
   A seus leitos de morte
   And I'll stand o'er your grave
   E ficarei sobre seus túmulos
   'Til I'm sure that you're dead
   Até ter certeza de que estão mortos

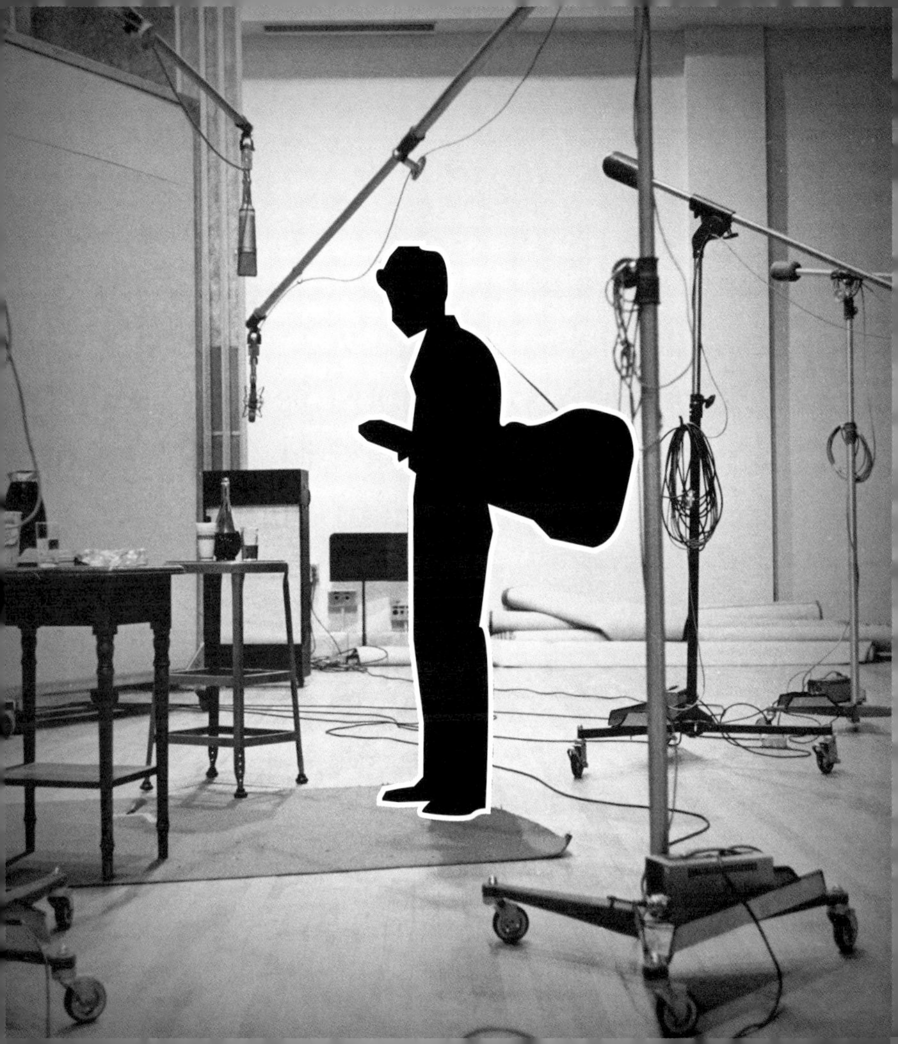

GIRL FROM THE NORTH COUNTRY
(GAROTA DO NORTE DO PAÍS)

The Freewheelin' Bob Dylan, 1963

Esta balada nostálgica, elaborada em torno de uma tradicional melodia *folk*, foi gravada, pela primeira vez, em abril de 1963, para o *Freewheelin' Bob Dylan*. Ele havia composto essa canção, três meses antes, durante sua primeira viagem à Itália. Em 1969, revisitou a canção em parceria com Johnny Cash, e o dueto foi incluído como faixa de abertura do álbum *Nashville Skyline*.

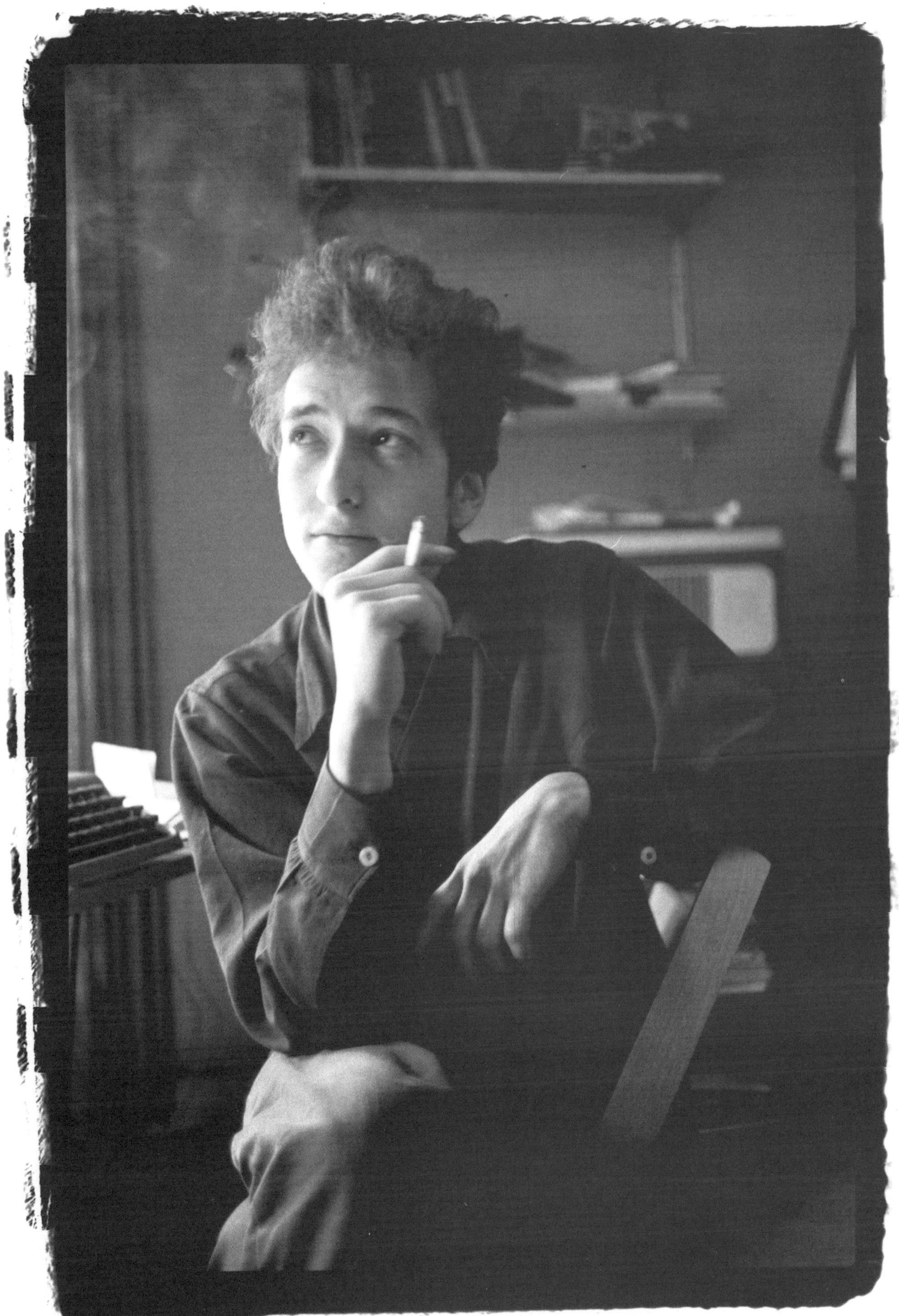

GIRL FROM THE NORTH COUNTRY

Moderato, gently

1. Well, if you're trave-lin' in the north coun-try fair,

Where the winds hit heav-y on the bor-der-line, Re-

mem-ber me to one who lives there,

She once was a true love of mine.

D.S.

Copyright © 1963 Warner Bros. Inc.: renewed 1991 Special Rider Music. All Rights Reserved. International Copyright Secured.

1. **Well, if you're travelin' in the north country fair**
   Bem, se você for à feira do norte do país,
   Where the winds hit heavy on the borderline
   Onde o vento bate forte na fronteira,
   Remember me to one who lives there
   Mande minhas lembranças a quem vive lá,
   She once was a true love of mine
   Ela que já foi meu verdadeiro amor.

2. **Well, if you go when the snowflakes storm**
   Bem, se você for quando das tormentas de neve,
   When the rivers freeze and summer ends
   Quando os rios congelam e o verão termina,
   Please see if she's wearing a coat so warm
   Por favor, veja se ela está usando um casaco bem quente,
   To keep her from the howlin' winds
   Que a proteja do vento uivante.

3. **Please see for me if her hair hangs long**
   Por favor, veja se ela ainda usa os cabelos longos,
   If it rolls and flows all down her breast
   Se encaracolam e caem até o peito,
   Please see for me if her hair hangs long
   Por favor, veja se os seus cabelos ainda são longos,
   That's the way I remember her best
   É assim que me lembro melhor dela.

4. **I'm a-wonderin' if she remembers me at all**
   Fico pensando se ela ainda se lembra de mim
   Many times I've often prayed
   Tantas vezes rezei pedindo
   In the darkness of my night
   Na escuridão da minha noite,
   In the brightness of my day
   Na claridade do meu dia.

5. **So if you're travelin' in the north country fair**
   Então, se você for à feira no norte do país,
   Where the winds hit heavy on the borderline
   Onde o vento bate forte na fronteira,
   Remember me to one who lives there
   Mande minhas lembranças a quem vive lá,
   She once was a true love of mine
   Ela que já foi meu verdadeiro amor.

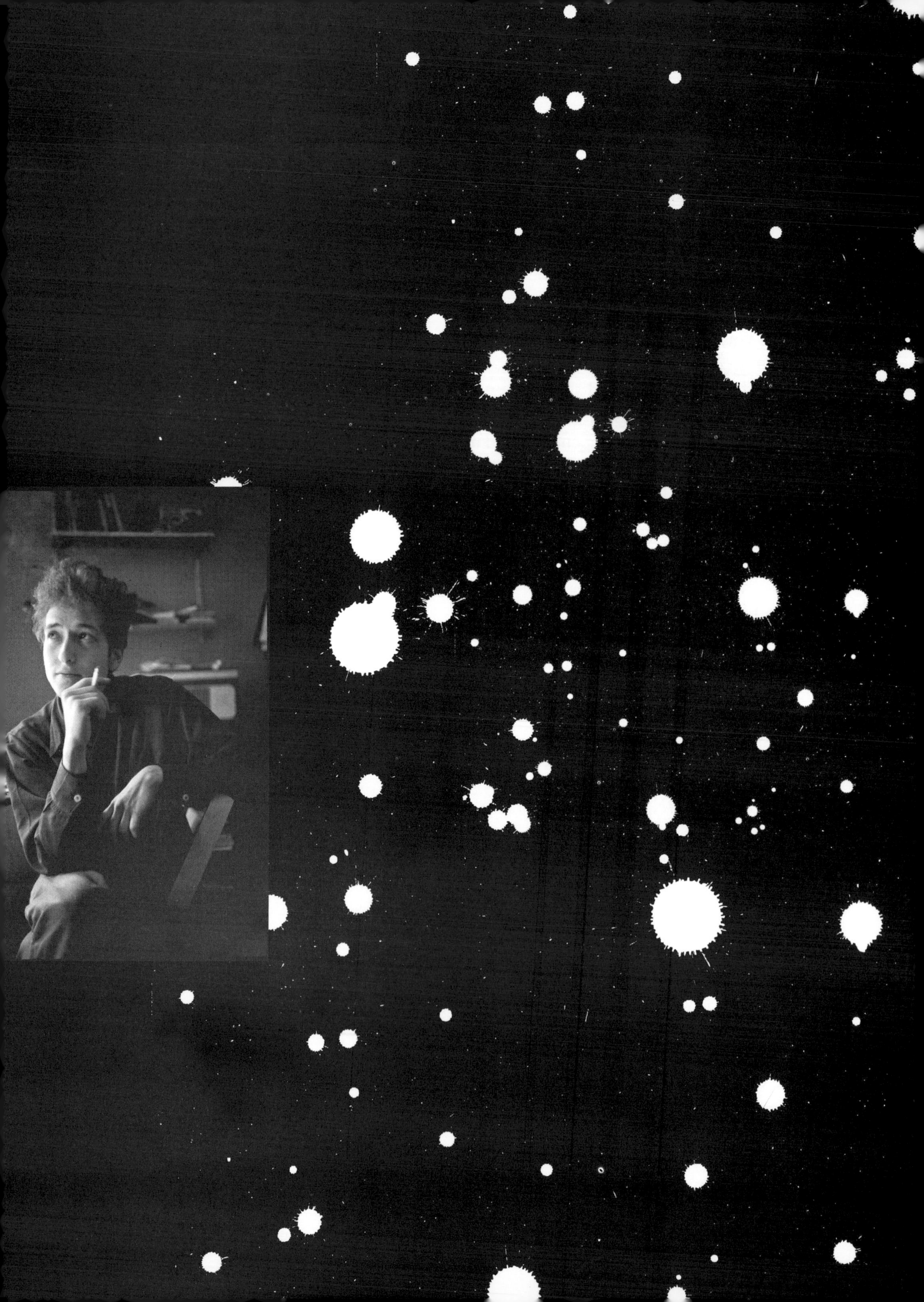

"Para mim, quem escreveu as letras mais comoventes foi Bob Dylan, no início da carreira – 'Boots of Spanish Leather', 'Girl from the North Country'..."

Paul Simon

PROTEST
AGAINST
THE RISING
TIDE
OF
CONFORMITY
Serve Booth's House of Lords, the non conformist gin from England
TDI

WITH GOD ON OUR SIDE

(COM DEUS DO NOSSO LADO)

The Times They Are A-Changin', 1964

Esta canção demonstrava a sofisticação prematura da crítica social de Dylan em forma de canção. Ele a executou, pela primeira vez, no New York Town Hall, em abril de 1963, e então quase sempre a executava em dueto com Joan Baez, de 1963 a 1964. A versão gravada em estúdio apareceu em *The Times They Are A-Changin'*, já o dueto Dylan/Baez está no *The Bootleg Series Vol. 6*.

"(Quando ouvi aquela canção) eu o levei a sério. Fiquei impressionada. Era de arregaçar. É uma canção muito madura. Linda. Mudou minha opinião sobre o Bob."

Joan Baez

WITH GOD ON OUR SIDE

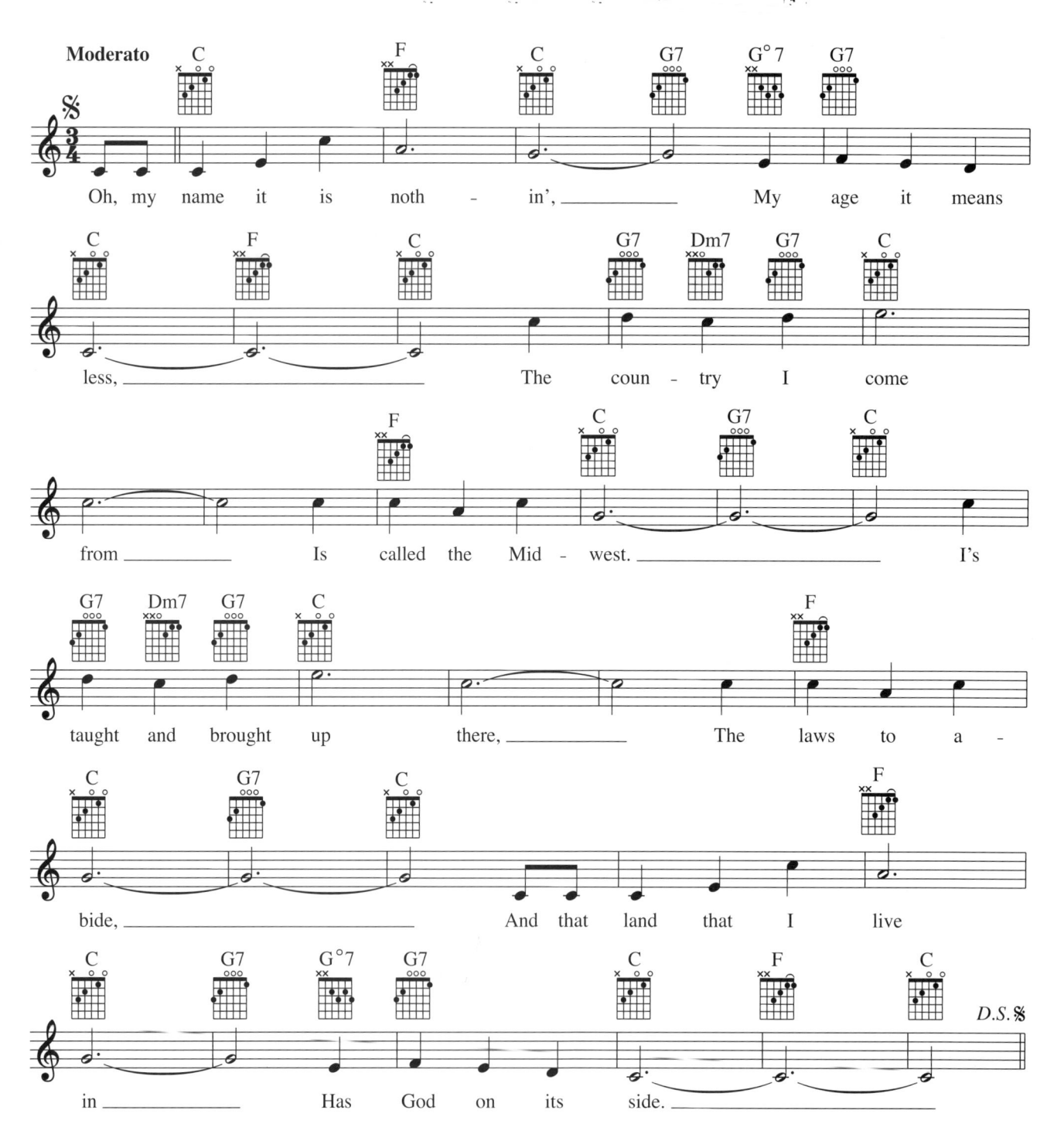

Moderato

Oh, my name it is noth-in', My age it means less, The coun-try I come from Is called the Mid-west. I's taught and brought up there, The laws to a-bide, And that land that I live in Has God on its side.

D.S.

Copyright © 1963 Warner Bros. Inc.; renewed 1991 Special Rider Music. All Rights Reserved. International Copyright Secured.

1. **Oh my name it is nothin'**
   O meu nome não importa,
   My age it means less
   Minha idade menos ainda,
   The country I come from
   O país de onde venho,
   Is called the Midwest
   É chamado Meio-Oeste.
   I's taught and brought up there
   Ali me ensinaram e me criaram,
   The laws to abide
   A respeitar as leis,
   And that the land that I live in
   E que a terra onde vivo
   Has God on its side
   Tem Deus do seu lado.

2. **Oh the history books tell it**
   Oh, os livros de história contam
   They tell it so well
   E contam muito bem
   The cavalries charged
   A cavalaria atacou
   The Indians fell
   Os índios tombaram
   The cavalries charged
   A cavalaria atacou
   The Indians died
   Os índios morreram
   Oh the country was young
   Oh, o país era muito jovem
   With God on its side
   E tinha Deus do seu lado

3. **Oh the Spanish-American**
   Oh, a guerra hispano-americana
   War had its day
   Teve seu momento
   And the Civil War too
   E a Guerra de Secessão
   Was soon laid away
   Também foi logo esquecida
   And the names of the heroes
   E os nomes dos heróis
   I's made to memorize
   Tive de decorar
   With guns in their hands
   Com as armas nas mãos
   And God on their side
   E Deus do seu lado

4. **Oh the First World War, boys**
   Oh, a Primeira Grande Guerra, rapazes
   It closed out its fate
   Concluiu seu destino
   The reason for fighting
   O motivo da batalha
   I never got straight
   Nunca entendi direito
   But I learned to accept it
   Mas aprendi a aceitá-la
   Accept it with pride
   Aceitá-la com orgulho
   For you don't count the dead
   Pois não se contam os mortos
   When God's on your side
   Quando Deus está do seu lado

5. When the Second World War
Quando a Segunda Grande Guerra
Came to an end
Chegou ao fim
We forgave the Germans
Perdoamos os alemães
And we were friends
E nos tornamos amigos
Though they murdered six million
Embora tenham assassinado seis milhões
In the ovens they fried
Fritando-os nos fornos
The Germans now too
Os alemães agora também
Have God on their side
Têm Deus do seu lado

6. I've learned to hate Russians
Aprendi a odiar os russos
All through my whole life
Por toda a minha vida
If another war starts
Se outra guerra começar
It's them we must fight
São eles que devemos combater
To hate them and fear them
Odiar e temer
To run and to hide
Correr e se esconder
And accept it all bravely
Aceitar tudo isso com bravura
With God on my side
Com Deus do meu lado

7. But now we got weapons
Mas agora temos armas
Of the chemical dust
De pó químico
If fire them we're forced to
Se formos forçados a usá-las
Then fire them we must
Então usá-las devemos
One push of the button
Um aperto no botão
And a shot the world wide
E um disparo no mundo inteiro
And you never ask questions
E nunca se questiona
When God's on your side
Quando Deus está do seu lado

8. Through a many dark hour
Em muitas madrugadas
I've been thinkin' about this
Pensei sobre isso
That Jesus Christ
Que Jesus Cristo
Was betrayed by a kiss
Com um beijo foi traído
But I can't think for you
Mas não posso pensar por você
You'll have to decide
Você terá que decidir
Whether Judas Iscariot
Se Judas Escariotes
Had God on his side
Tinha Deus do seu lado

9. So now as I'm leavin'
Agora que estou partindo
I'm weary as Hell
Estou cansado pra diabo
The confusion I'm feelin'
A confusão que estou sentindo
Ain't no tongue can tell
Nenhuma língua pode expressar
The words fill my head
As palavras enchem minha cabeça
And fall to the floor
E caem no chão
If God's on our side
Se Deus está do nosso lado
He'll stop the next war
Não haverá outra guerra

ONLY A PAWN IN THEIR GAME

(APENAS UMA PEÇA NO JOGO DELES)

🔘 *The Times They Are A-Changin'*, 1964

Dylan reagiu imediatamente ao assassinato do ativista dos direitos civis, Medgar Evers, em junho de 1963. Bastaram-lhe alguns dias para escrever esta lúcida análise sobre o sistema racista que engendrou seu assassino. Estreou-a em um comício para o registro de eleitores em Greenwood, Mississippi, apresentação esta vista de relance no documentário *Don't Look Back*.[2] Ele gravou-a logo depois para o álbum *The Times They Are A-Changin'*.

"Todas as outras canções de protesto não passavam de polêmicas moralistas demais sobre os desagradáveis caipiras sulistas... Esta canção tinha uma visão muito mais cósmica e abrangente. Ele mostrou que as pessoas que o movimento desprezava como inimigas não passavam de peões de um jogo bem maior, um jogo em que a ganância corporativista e os políticos usavam contra os negros, subjugando a todos. Eu adorava essa canção."

Maria Muldaur

---

2. N.T.: Documentário, lançado em 1968, que registra a turnê de Dylan pela Inglaterra, em 1965.

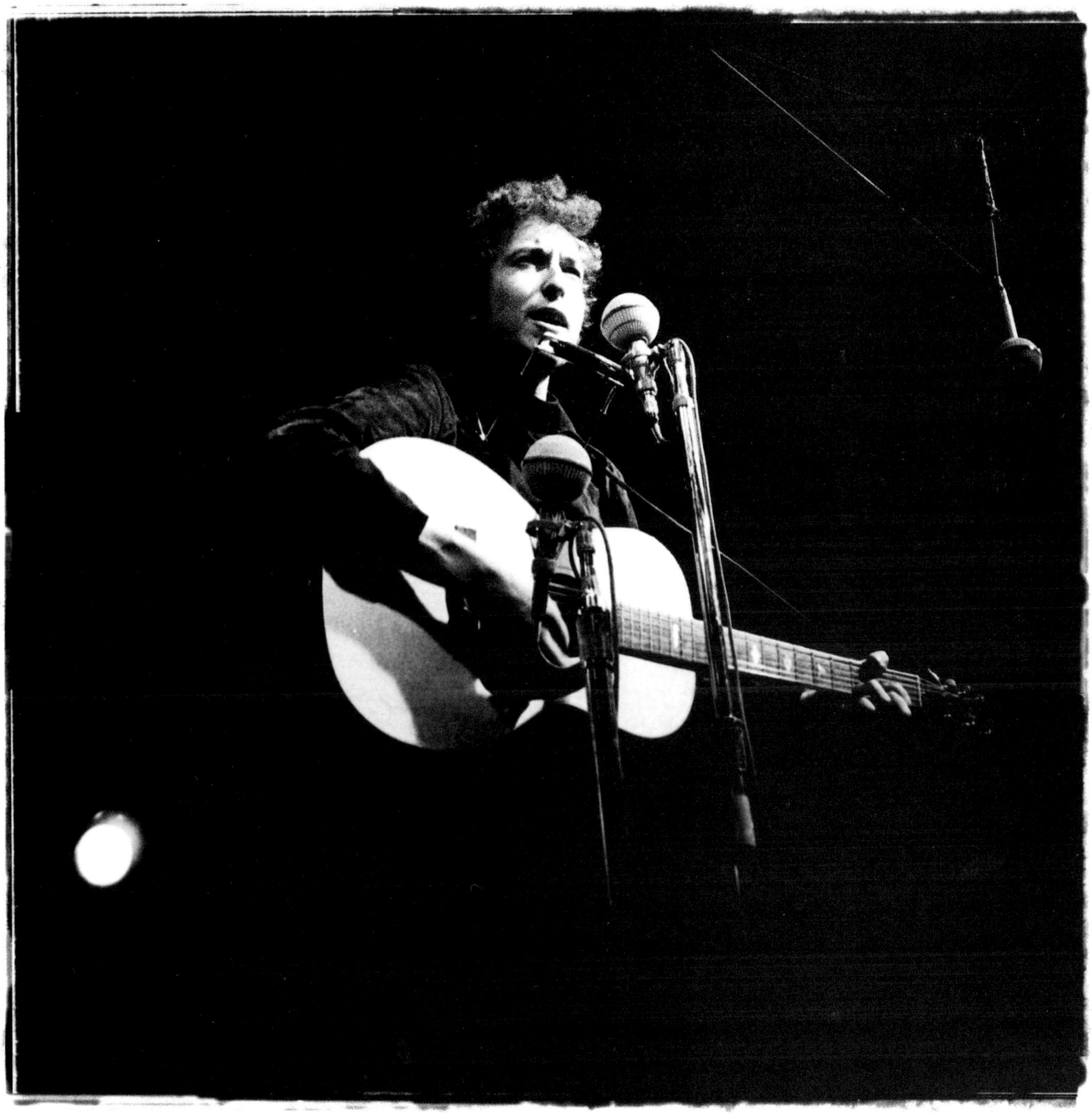

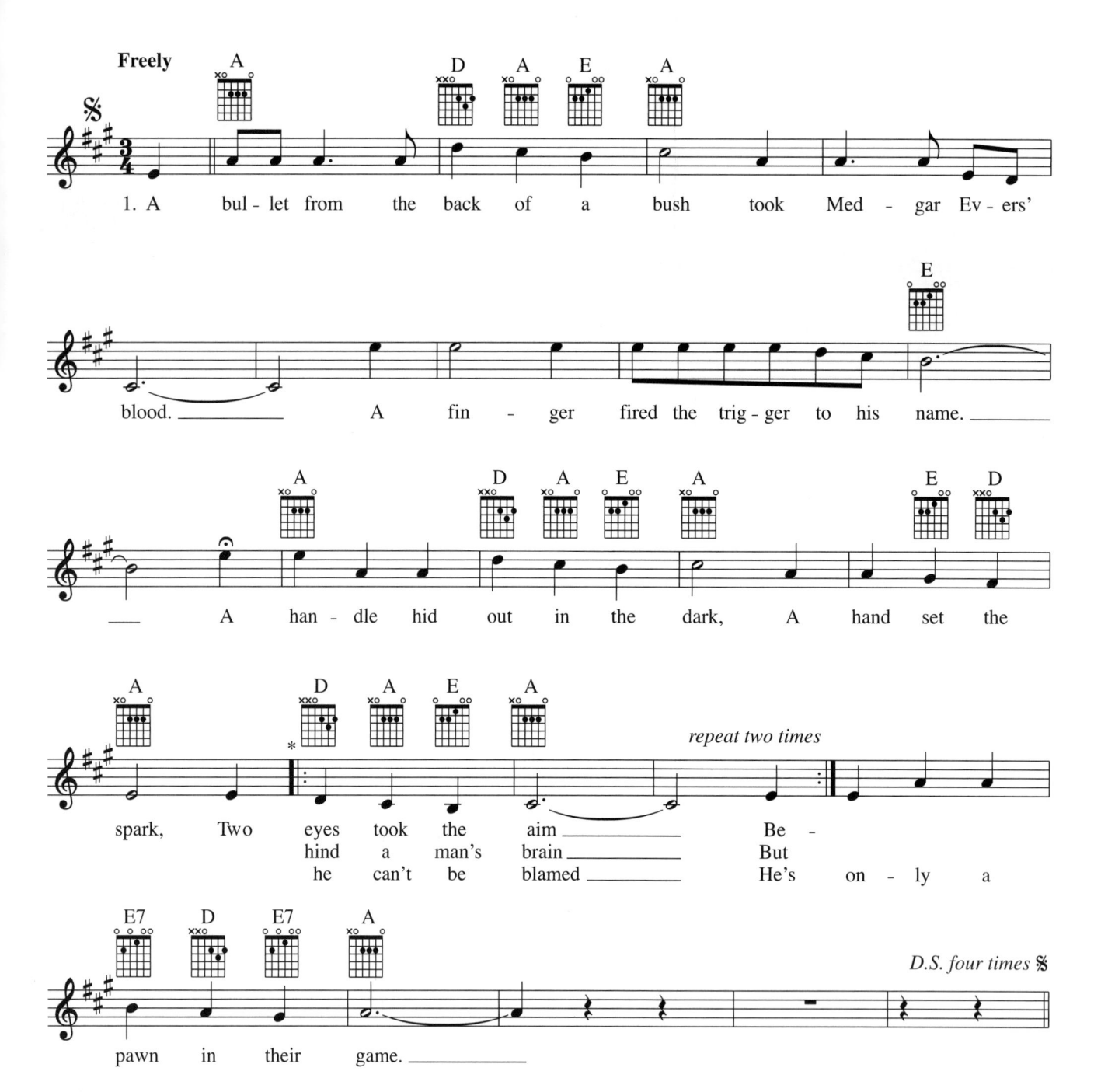

ONLY A PAWN IN THEIR GAME

Freely

1. A bullet from the back of a bush took Medgar Evers' blood. A finger fired the trigger to his name. A handle hid out in the dark, A hand set the spark, Two eyes took the aim Behind a man's brain But he can't be blamed He's only a pawn in their game.

repeat two times

D.S. four times

* *Repeat as often as necessary to accommodate additional lyrics.*

Copyright © 1963, 1964 Warner Bros. Inc.; renewed 1991, 1992 Special Rider Music. All Rights Reserved. International Copyright Secured.

1. **A bullet from the back of a bush took Medgar Evers' blood**
   Uma bala detrás de um arbusto levou o sangue de Medgar Evers.
   A finger fired the trigger to his name
   Um dedo disparou o gatilho em seu nome.
   A handle hid out in the dark
   Um punho escondido no escuro,
   A hand set the spark
   Uma mão fez soltar a faísca,
   Two eyes took the aim
   Dois olhos fizeram a pontaria
   Behind a man's brain
   Atrás do cérebro do homem
   But he can't be blamed
   Mas não se pode culpá-lo
   He's only a pawn in their game
   Ele é apenas uma peça no jogo deles.

2. **A South politician preaches to the poor white man**
   Um político sulista prega ao homem branco
   "You got more than the blacks, don't complain
   "Você tem mais que os negros, não reclame
   You're better than them, you been born with white skin," they explain
   Você é melhor que eles, nasceu com a pele branca", eles explicam
   And the Negro's name
   E o nome do negro
   Is used it is plain
   É usado, é claro
   For the politician's gain
   Em benefício do político
   As he rises to fame
   Que ascende à fama
   And the poor white remains
   Enquanto o pobre branco permanece
   On the caboose of the train
   No último vagão do trem
   But it ain't him to blame
   Mas não se pode culpá-lo
   He's only a pawn in their game
   Ele é apenas uma peça no jogo deles

3. **The deputy sheriffs, the soldiers, the governors get paid**
   Os delegados, os soldados, os governadores, recebem salários
   And the marshals and cops get the same
   E os marechais e tiras também
   But the poor white man's used in the hands of them all like a tool
   Mas eles usam o pobre homem branco como uma ferramenta
   He's taught in his school
   Na escola aprendeu
   From the start by the rule
   Desde o início e pela regra
   That the laws are with him
   Que as leis estão com ele
   To protect his white skin
   Para proteger sua pele branca
   To keep up his hate
   Para alimentar seu ódio
   So he never thinks straight
   Para que nunca pense direito
   'Bout the shape that he's in
   Sobre o estado em que se encontra
   But it ain't him to blame
   Mas não se deve culpá-lo
   He's only a pawn in their game
   Ele é apenas uma peça no jogo deles

4. **From the poverty shacks, he looks from the cracks to the tracks**
   Dos barracos miseráveis, ele olha, pelas frestas, os trilhos do trem
   And the hoofbeats pound in his brain
   E o ruído dos cascos ressoa em sua cabeça
   And he's taught how to walk in a pack
   E ele aprendeu a andar em bando
   Shoot in the back
   A atirar pelas costas
   With his fist in a clinch
   Com o punho cerrado
   To hang and to lynch
   A enforcar e linchar

To hide 'neath the hood
Esconder-se sob o capuz
To kill with no pain
Matar sem remorso
Like a dog on a chain
Como um cão acorrentado
He ain't got no name
Ele não tem nome
But it ain't him to blame
Mas não se pode culpá-lo
He's only a pawn in their game
Ele é apenas uma peça no jogo deles

5. **Today, Medgar Evers was buried from the bullet he caught**
   Hoje, enterraram Medgar Evers pela bala que o atingiu
   They lowered him down as a king
   Eles o baixaram como um rei
   But when the shadowy sun sets on the one
   Mas quando o sol sombrio se pôr sobre aquele
   That fired the gun
   Que disparou a arma
   He'll see by his grave
   Ele verá ao lado da cova
   On the stone that remains
   Na pedra que permanece
   Carved next to his name
   Talhado junto a seu nome
   His epitaph plain:
   Um simples epitáfio:
   Only a pawn in their game
   Apenas uma peça no jogo deles

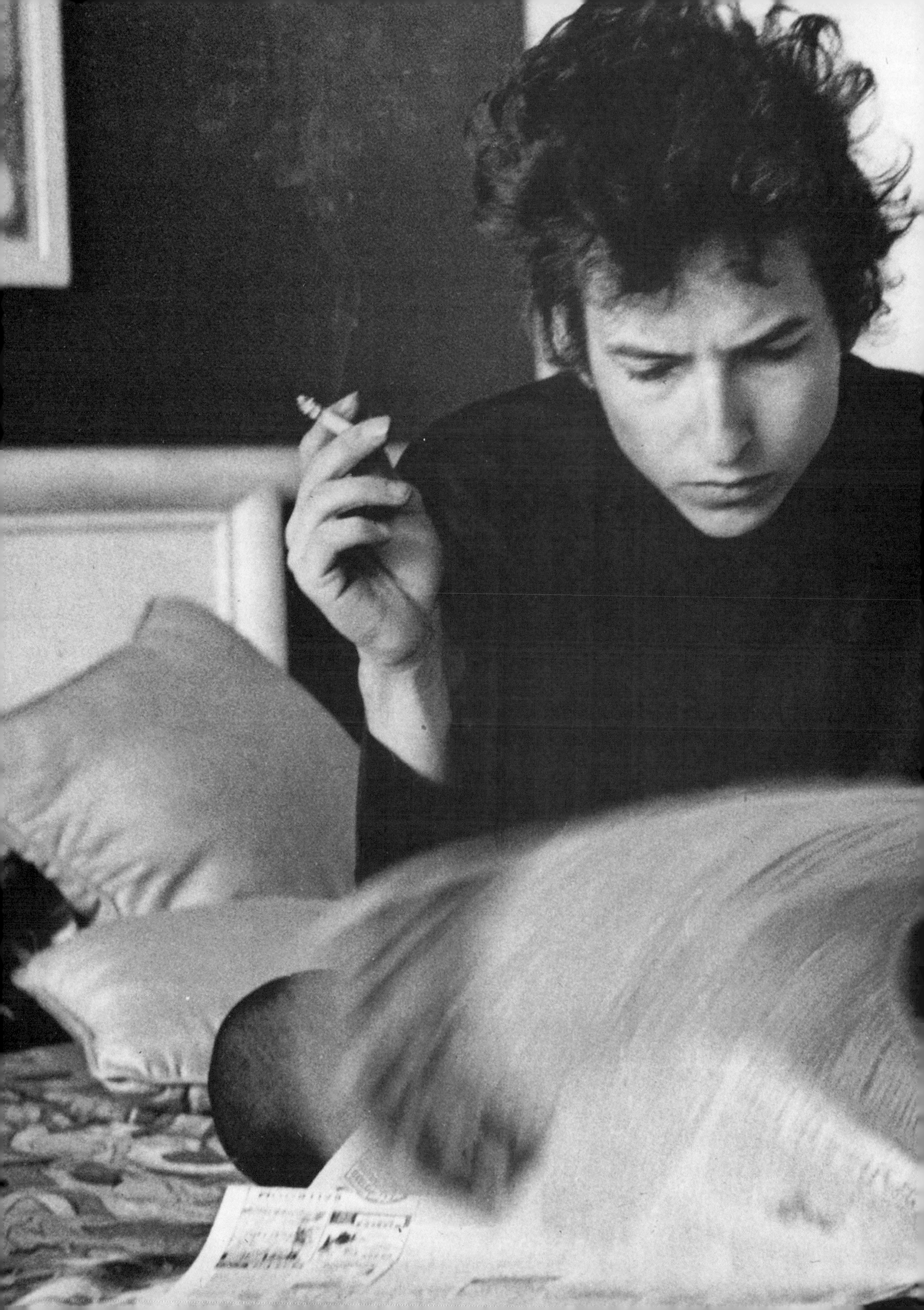

THE LONESOME DEATH OF HATTIE CARROLL

(A SOLITÁRIA MORTE DE HATTIE CARROLL)

The Times They Are A-Changin', 1964

A inspiração para esta canção veio do ataque brutal sofrido por uma empregada negra por um branco rico da alta sociedade, chamado William Zanzinger.[3] O incidente, que resultou na morte de Hattie Carroll, ocorreu em fevereiro de 1963. Dylan escreveu esta canção seis meses depois e a lançou no seu terceiro álbum, The Times They Are A-Changin'. Até hoje ela ocupa uma parte marcante do seu repertório ao vivo.

3. N.R.: O nome real do assassino era William Devereux **Zantzinger**, produtor de tabaco, então com 24 anos. Ele foi julgado e sentenciado a apenas seis meses de prisão. Morreu em 2009.

THE LONESOME DEATH OF HATTIE CARROLL

Moderately

1. William Zanzinger killed poor Hattie Carroll With a cane that he twirled around his diamond ring finger At a Baltimore hotel society gath'rin'. And the cops were called in and his weapon took from him As they rode him in custody down to the station And booked William Zanzinger for first degree murder.

Copyright © 1964, 1966 Warner Bros. Inc.; renewed 1992, 1994 Special Rider Music. All Rights Reserved. International Copyright Secured.

| G | F | G | C |

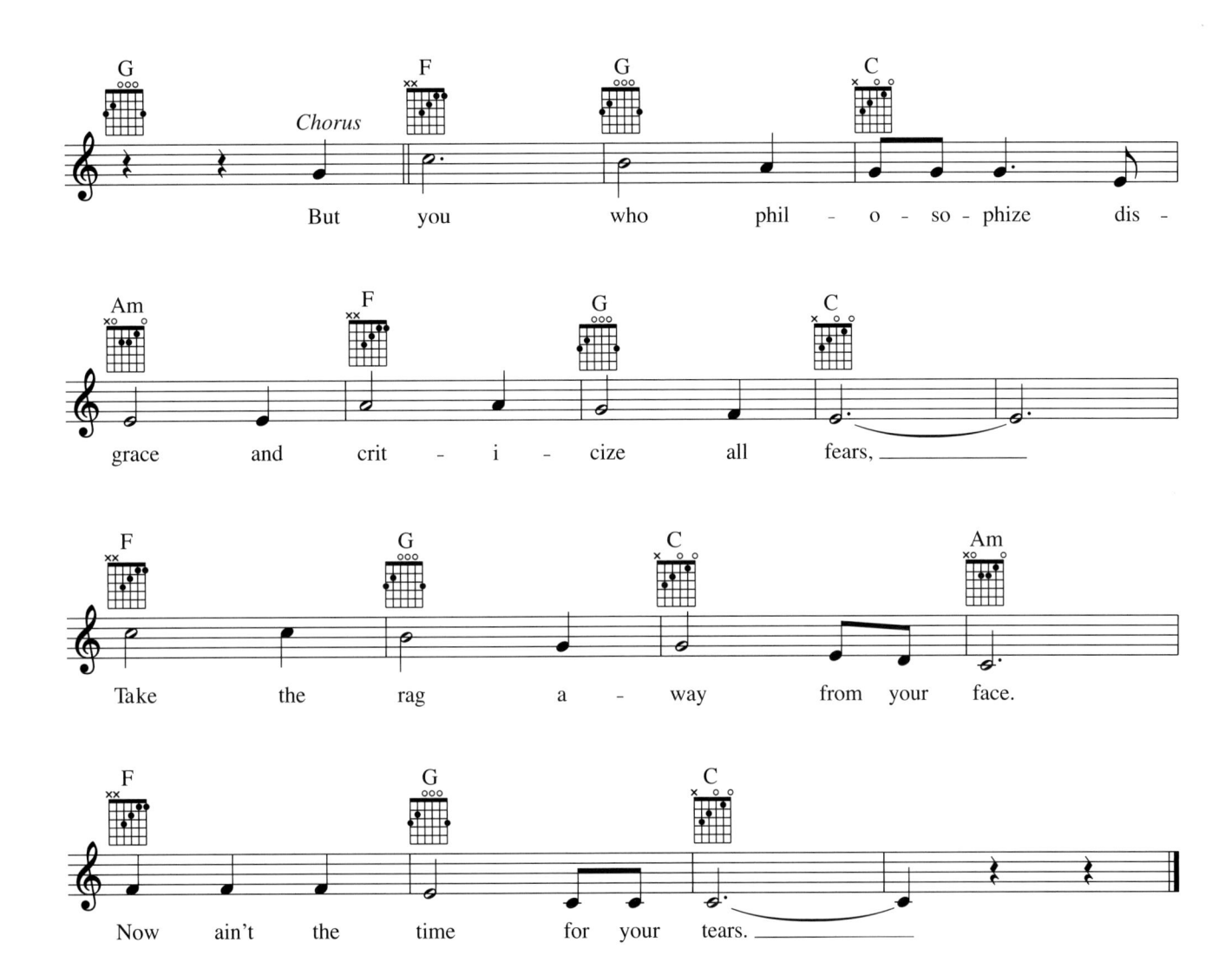

Chorus
But you who phil - o - so - phize dis -

| Am | F | G | C |

grace and crit - i - cize all fears,

| F | G | C | Am |

Take the rag a - way from your face.

| F | G | C |

Now ain't the time for your tears.

1. **William Zanzinger killed poor Hattie Carroll**
   William Zanzinger matou a pobre Hattie Carroll
   With a cane that he twirled around his diamond ring finger
   Com um golpe da bengala que ele girava no dedo com anel de diamante
   At a Baltimore hotel society gath'rin'
   Em uma reunião social em um hotel de Baltimore.
   And the cops were called in and his weapon took from him
   Chamaram a polícia que tirou a arma dele
   As they rode him in custody down to the station
   Enquanto o levaram detido à delegacia
   And booked William Zanzinger for first-degree murder
   E acusaram William Zanzinger por homicídio qualificado.
   But you who philosophize disgrace and criticize all fears
   Mas você que filosofa sobre a desonra e critica todos os medos,
   Take the rag away from your face
   Tire a máscara da cara.
   Now ain't the time for your tears
   Suas lágrimas podem esperar.

2. **William Zanzinger, who at twenty-four years**
   William Zanzinger, que aos vinte e quatro anos
   Owns a tobacco farm of six hundred acres
   tem uma plantação de tabaco de seiscentos acres
   With rich wealthy parents who provide and protect him
   Tem pais ricos e influentes que o ajudam e protegem
   And high office relations in the politics of Maryland,
   E contatos nos altos escalões da política de Maryland
   Reacted to his deed with a shrug of his shoulders
   Reagiu a seu ato com um encolher de ombros
   And swear words and sneering, and his tongue it was snarling
   com palavrões e escárnio, e
   In a matter of minutes on bail was out walking
   Em questão de minutos sob fiança saiu caminhando

   Refrão

3. **Hattie Carroll was a maid of the kitchen.**
   Hattie Carroll trabalhava na cozinha.
   She was fifty-one years old and gave birth to ten children
   Ela tinha cinquenta e um anos e deu à luz dez filhos
   Who carried the dishes and took out the garbage
   Era quem levava os pratos e retirava o lixo
   And never sat once at the head of the table
   Sem nunca sentar à cabeceira da mesa
   And didn't even talk to the people at the table
   Nem sequer falou com as pessoas à mesa

Who just cleaned up all the food from the table
Só limpava a mesa
And emptied the ashtrays on a whole other level
E esvaziava os cinzeiros de outro andar inteiro
Got killed by a blow, lay slain by a cane
Foi morta com um golpe, assassinada por uma bengala
That sailed through the air and came down through the room
Que voou pelo ar e caiu
Doomed and determined to destroy all the gentle
Destinada e determinada a destruir tudo o que é nobre
And she never done nothing to William Zanzinger
E ela nunca fez nada contra William Zanzinger

Refrão

4. **In the courtroom of honor, the judge pounded his gavel**
   Na sala do tribunal, o juiz bateu o martelo
   To show that all's equal and that the courts are on the level
   Para mostrar que todos são iguais e que as cortes são neutras
   And that the strings in the books ain't pulled and persuaded
   Que nao se deturpam nem falsificam os livros da lei
   And that even the nobles get properly handled
   E que até os poderosos são tratados adequadamente
   Once that the cops have chased after and caught 'em
   Já que a polícia o perseguiu e o pegou
   And that the ladder of law has no top and no bottom
   E que a escada da lei não tem degrau superior nem inferior
   Stared at the person who killed for no reason
   Encarou a pessoa que matou sem motivo
   Who just happened to be feelin' that way without warnin'
   Que simplesmente cedeu à tentação sem se prevenir
   And he spoke through his cloak, most deep and distinguished
   E protegida em seu manto, falou com tanta distinção e profundidade
   And handed out strongly, for penalty and repentance
   E condenou duramente, para servir de punição e expiação
   William Zanzinger with a six-month sentence
   William Zanzinger a seis meses de prisão

Refrão

Oh, but you who philosophize disgrace and criticize all fears
Oh, mas você que filosofa desgraça e critica todos os medos
Bury the rag deep in your face
Esconda bem a cara nesse trapo
For now's the time for your tears
Pois agora sim é hora para suas lágrimas

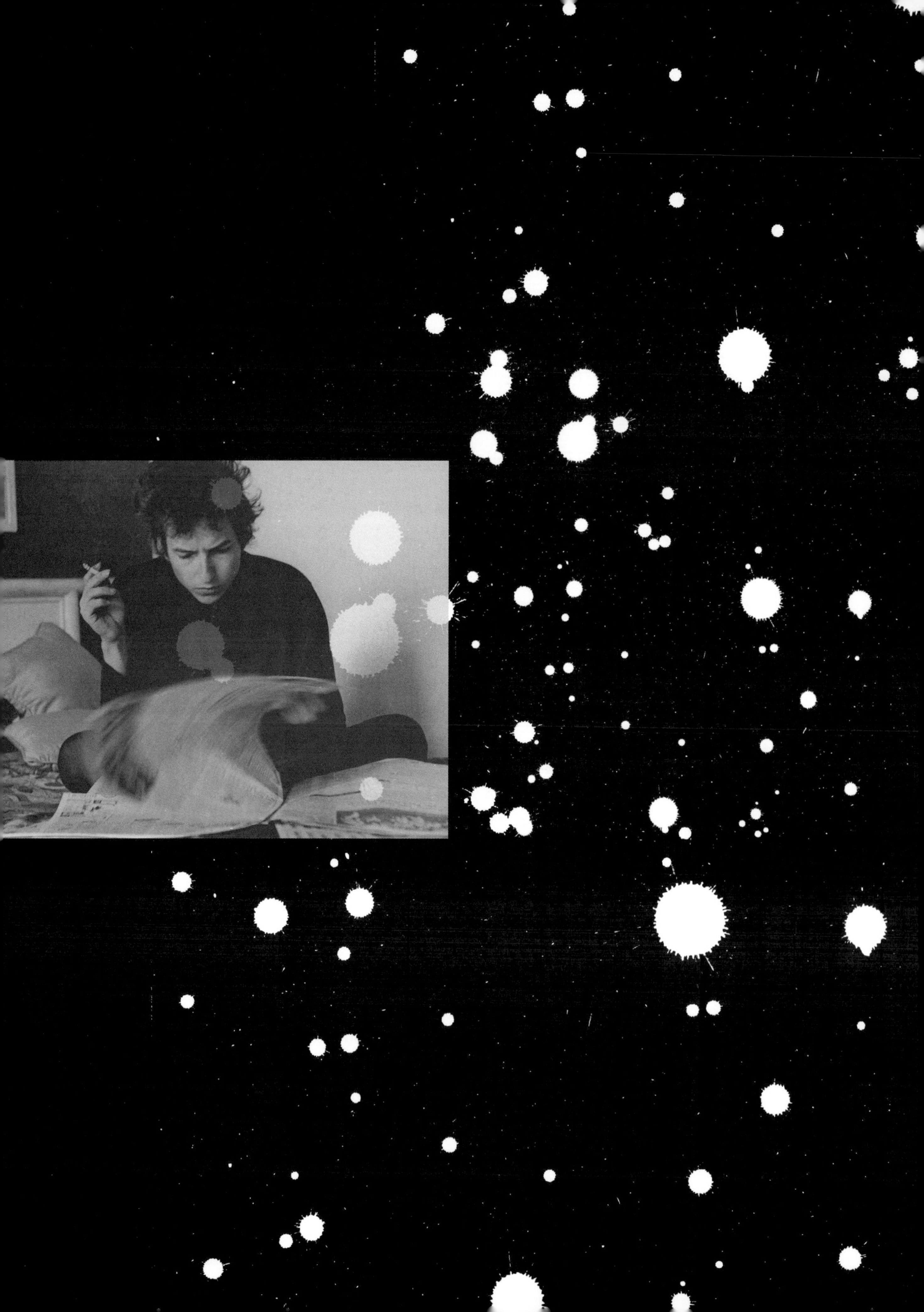

"'Hattie Carroll' é um clássico. É uma canção absolutamente maravilhosa, escrita, tenho quase certeza, com fúria, mas também com uma grande noção de forma. Ele é um escritor correto."

Martin Carthy

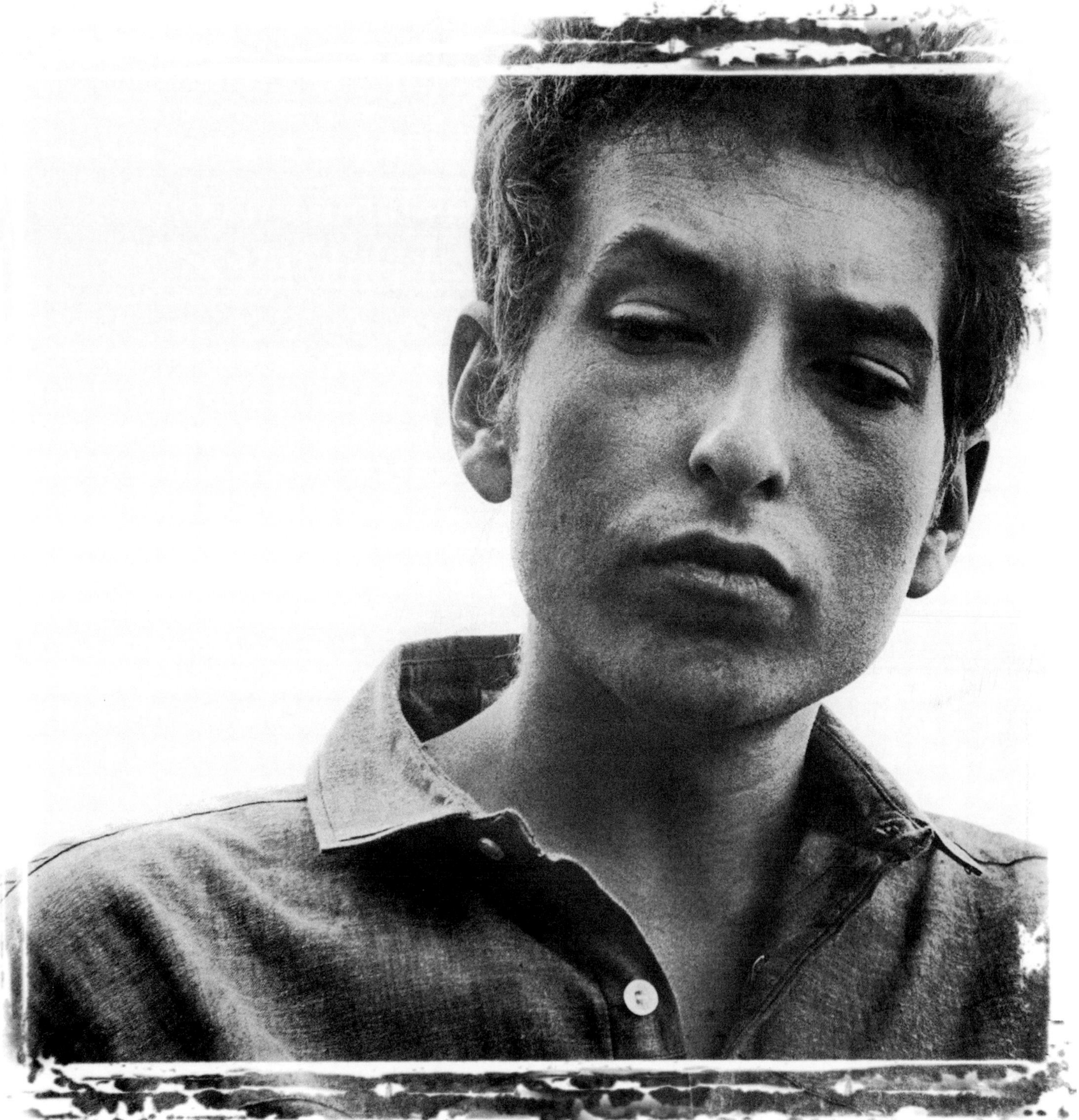

THE TIMES THEY ARE A-CHANGIN'
(OS TEMPOS ESTÃO MUDANDO)

The Times They Are A-Changin', 1964

Talvez uma das canções "de protesto" mais famosas e diretas de Bob Dylan, que serviu de título para o seu terceiro álbum. Foi composta em meados de junho de 1963 e gravada pela primeira vez, com Dylan ao piano, em uma fita demo para o seu produtor musical. O conhecido arranjo de guitarra que se ouve no álbum foi editado algumas semanas depois.

"Ninguém poderia ser melhor porta-voz da nossa geração do que 'The Times They Are A-Changin''. Eu já me sentia à vontade com as canções de protesto. Mas as composições do Dylan eram 'Nossa!'. São pra lá de boas. Ele influenciou cada compositor de rock & roll e de *folk*."

Joan Baez

THE TIMES THEY ARE A-CHANGIN'

Moderato

1. Come gather 'round people / Wher-ev-er you roam / And ad-mit that the wa-ters / A-round you have grown / And ac-cept it that soon / You'll be drenched to the bone. / If your time to you is worth sav-in' / Then you bet-ter start swim-min' / Or you'll sink like a stone / For the times they are a-chang-in'.

2. Come
3. Come
4. Come
5. The in.

Copyright © 1963, 1964 Warner Bros. Inc.: renewed 1991, 1992 Special Rider Music. All Rights Reserved. International Copyright Secured.

1. **Come gather 'round people**
   Venham e se reúnam
   Wherever you roam
   Onde quer que estejam
   And admit that the waters
   E admitam que a seu redor
   Around you have grown
   As águas já subiram
   And accept it that soon
   E aceitem que logo
   You'll be drenched to the bone
   Estarão encharcados até os ossos
   If your time to you is worth savin'
   Se o seu tempo é digno de salvação
   Then you better start swimmin'
   É melhor que comecem a nadar
   or you'll sink like a stone
   ou afundarão como uma pedra
   For the times they are a-changin'
   Pois os tempos estão mudando

2. **Come writers and critics**
   Venham, escritores e críticos
   Who prophesize with your pen
   Que profetizam com sua pena
   And keep your eyes wide
   E mantenham os olhos bem abertos
   The chance won't come again
   A ocasião não irá se repetir
   And don't speak too soon
   E não se pronunciem muito cedo
   For the wheel's still in spin
   Pois a roda continua girando
   And there's no tellin' who
   E não há como dizer quem
   That it's namin'
   foi escolhido
   For the loser now
   Pois quem perde hoje,

Will be later to win
vencerá amanhã
For the times they are a-changin'
Pois os tempos estão mudando

3. Come senators, congressmen
Venham, senadores e deputados
Please heed the call
Por favor, atendam ao apelo
Don't stand in the doorway
Não fiquem diante da porta
Don't block up the hall
Não bloqueiem o corredor
For he that gets hurt
Pois aquele que será ferido
Will be he who has stalled
Será o que se esquivou
There's a battle outside
Há uma batalha lá fora
And it is ragin'.
E está se enfurecendo
It'll soon shake your windows
Logo balançará as janelas
And rattle your walls
E sacudirá as muralhas
For the times they are a-changin'
Pois os tempos estão mudando

4. Come mothers and fathers
Venham mães e pais
Throughout the land
De todo o canto da terra
And don't criticize
E não critiquem
What you can't understand
O que não conseguem entender
Your sons and your daughters
Seus filhos e filhas
Are beyond your command
Estão além de seu controle

Your old road is
A velha estrada
Rapidly agin'
Envelhece rapidamente
Please get out of the new one
Por favor, não fique na nova
If you can't lend your hand
Se não puder dar a mão

For the times they are a-changin'
Pois os tempos estão mudando

5. **The line it is drawn**
A linha está traçada
The curse it is cast
A maldição, lançada
The slow one now
O lento de hoje
Will later be fast
Será o veloz de amanhã
As the present now
Como o presente agora
Will later be past
Será passado mais tarde
The order is
A ordem está
Rapidly fadin'.
rapidamente se esvaindo
And the first one now
E o primeiro de agora será o último
Will later be last
de amanhã
For the times they are a-changin'
Pois os tempos estão mudando

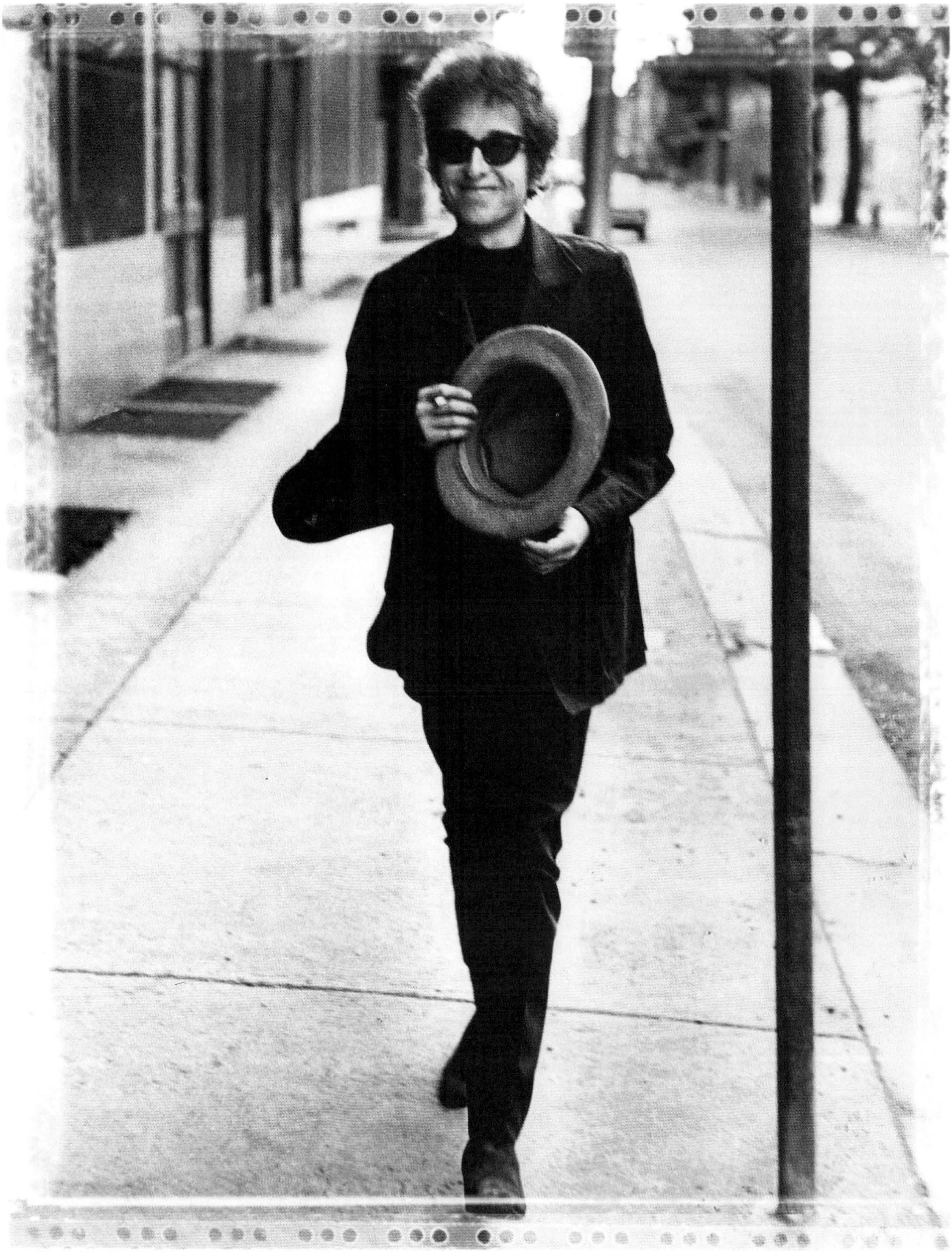

ONE TOO MANY MORNINGS
(MAIS UM DE MUITOS AMANHECERES)

The Times They Are A-Changin', 1964

Gravada originalmente em raro formato acústico, em outubro de 1963, para o terceiro álbum de Dylan, *The Times They Are A-Changin'*, "One Too Many Mornings" ressurgiu com várias roupagens diferentes no decorrer de sua carreira. Duas das mudanças mais radicais no arranjo estão documentadas em disco – uma versão elétrica de 1966 com o The Band, em *The Bootleg Series Vol. 4*, e uma pesada, gravada ao vivo no Rolling Thunder Revue, no álbum *Hard Rain* em 1976.

"'One Too Many Mornings' é um adeus à inocência – o fim de uma coisa e o começo de outra. Eu adoro essa canção."

Ralph, McTell

ONE TOO MANY MORNINGS

Medium bright

1. Down the street the dogs are barkin' And the day is a-gettin' dark. As the night comes in a-fallin', The dogs-'ll lose their bark. An' the silent night will shatter From the sounds inside my mind, For I'm one too many mornings And a thousand miles behind.

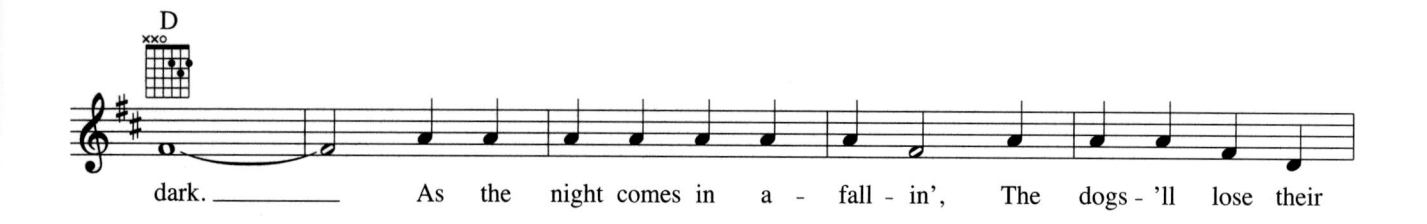

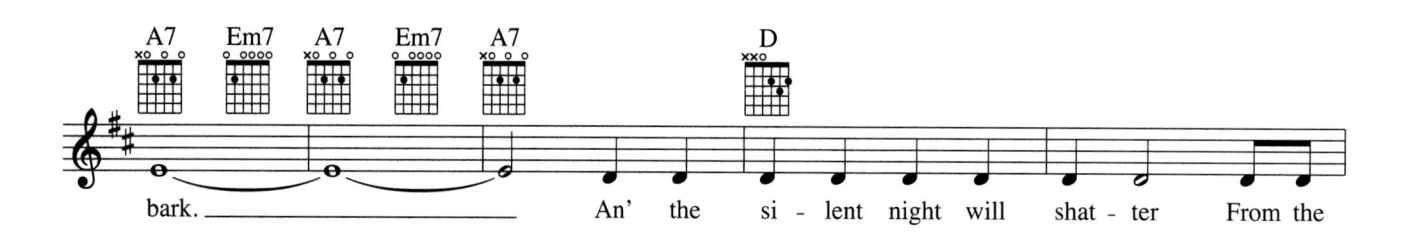

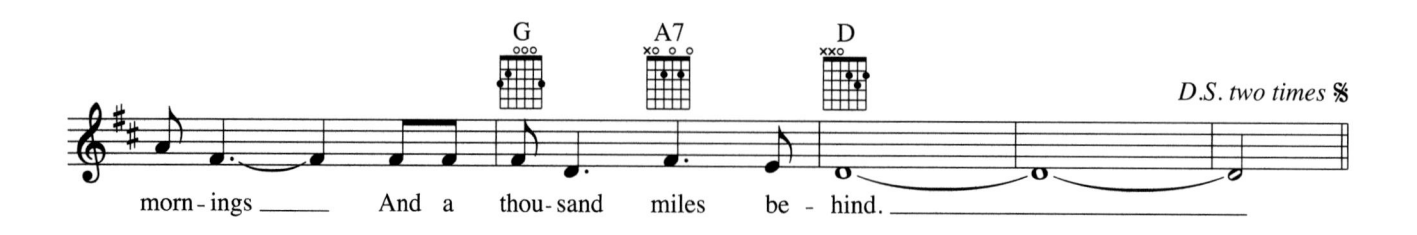

D.S. two times

Copyright © 1964 Warner Bros. Inc.: renewed 1992, 1997 Special Rider Music. All Rights Reserved. International Copyright Secured.

1. **Down the street the dogs are barkin'**
   Rua abaixo, os cães latem
   And the day is a-gettin' dark
   E o dia escurece.
   As the night comes in a-fallin'
   À medida que a noite cai,
   The dogs'll lose their bark
   Os cães param de latir,
   An' the silent night will shatter
   E o silêncio da noite se rompe
   From the sounds inside my mind
   Pelos sons da minha mente,
   For I'm one too many mornings
   Pois sou um de muitos amanheceres
   And a thousand miles behind
   E estou a mil milhas atrás.

2. **From the crossroads of my doorstep**
   Da encruzilhada da soleira da minha casa
   My eyes they start to fade
   Meus olhos começam a embaçar
   As I turn my head back to the room
   Quando olho para trás e vejo o quarto
   Where my love and I have laid
   Onde o meu amor e eu nos deitamos
   An' I gaze back to the street
   E me viro para observar a rua
   The sidewalk and the sign
   A calçada e a placa
   And I'm one too many mornings
   Sou um de muitos amanheceres
   An' a thousand miles behind
   E estou a mil milhas atrás

3. **It's a restless hungry feeling**
   É uma sensação impaciente e ávida
   That don't mean no one no good
   Que não faz bem a ninguém
   When ev'rything I'm a-sayin'
   Quando tudo o que digo
   You can say it just as good
   Você consegue dizer tão bem
   You're right from your side
   Você tem razão do seu ponto de vista
   I'm right from mine
   Eu tenho razão do meu
   We're both just too many mornings
   Somos apenas dois de muitos amanheceres
   An' a thousand miles behind
   E estamos a mil milhas atrás

CHIMES OF FREEDOM

(SINOS DA LIBERDADE)

Another Side of Bob Dylan, 1964

Esta espetacular obra poética musical foi composta após uma viagem de carro que Dylan fez com vários amigos, em fevereiro de 1964. Apresentou-a em público no final daquele mês, em Berkeley, e gravou-a em julho, para o álbum *Another Side of Bob Dylan*. "Chimes of Freedom" foi uma das muitas canções de Dylan que os The Byrds interpretaram, e que Bruce Springsteen e The Grateful Dead incluíram em seus repertórios.

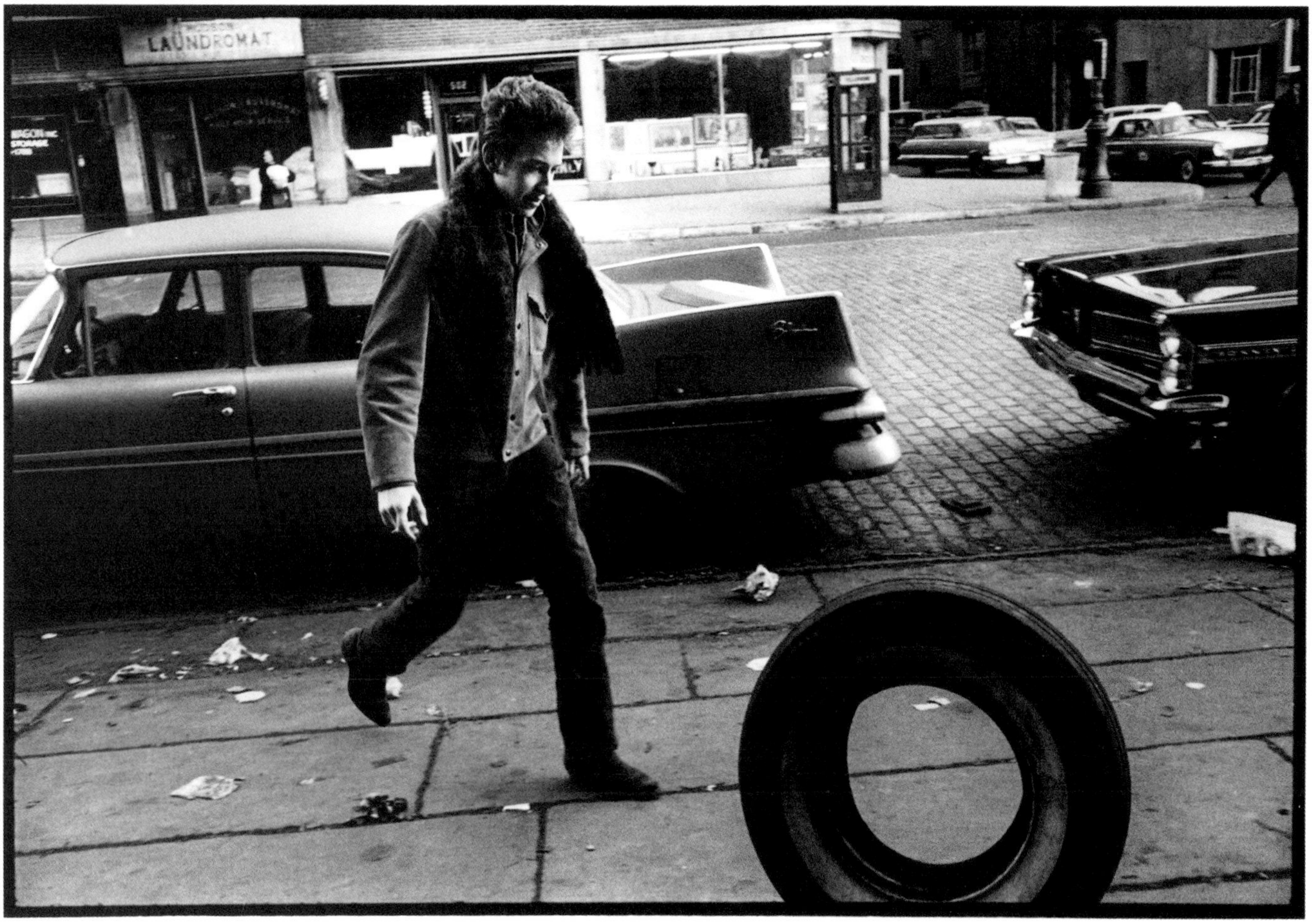
LAUNDROMAT

CHIMES OF FREEDOM

Medium bright

1. Far be-tween sun-down's finish an' midnight's broken toll We ducked inside the doorway, thunder crashing As majestic bells of bolts struck shadows in the sounds Seeming to be the

chimes of free - dom flash - ing_____

Flash - ing for the war - ri - ors ____ whose strength is

not to fight, ____ Flash - ing for the ref - u - gees __

__ on the un - armed road of flight ____ An' for

each an' ev - 'ry un - der - dog sol - dier

in the night ____ An' we gazed up - on the

D.S. five times

chimes of free - dom flash - ing. ____

1. **Far between sundown's finish an' midnight's broken toll**
   Longe, bem depois do pôr do sol e antes do romper da meia-noite
   We ducked inside the doorway, thunder crashing
   Nos refugiamos no umbral da porta, com o estrondo dos trovões
   As majestic bells of bolts struck shadows in the sounds
   Majestosos sinos de raios lançavam sombras nos sons
   Seeming to be the chimes of freedom flashing
   Como se fossem os sinos da liberdade brilhando
   Flashing for the warriors whose strength is not to fight
   Brilhando para os guerreiros cuja força não é para a luta
   Flashing for the refugees on the unarmed road of flight
   Brilhando para os refugiados no caminho inerme da fuga
   An' for each an' ev'ry underdog soldier in the night
   E por todo soldado desvalido na noite
   An' we gazed upon the chimes of freedom flashing
   E contemplamos os sinos da liberdade brilhando

2. **In the city's melted furnace, unexpectedly we watched**
   Pela fornalha derretida da cidade, inesperadamente observamos
   With faces hidden while the walls were tightening
   Com os rostos tapados, enquanto as muralhas se estreitavam
   As the echo of the wedding bells before the blowin' rain
   O eco dos sinos nupciais antes de a tempestade
   Dissolved into the bells of the lightning
   Se dissolver nos sinos dos relâmpagos
   Tolling for the rebel, tolling for the rake
   Badalar para os rebeldes, badalar para o libertino
   Tolling for the luckless, the abandoned an' forsaken
   Badalar para o desafortunado, o abandonado e o esquecido
   Tolling for the outcast, burnin' constantly at stake
   Badalar para o pária, sempre queimado na fogueira
   An' we gazed upon the chimes of freedom flashing
   E contemplamos os sinos da liberdade brilhando

3. **Through the mad mystic hammering of the wild ripping hail**
   Através do louco martelar místico do granizo selvagem
   The sky cracked its poems in naked wonder
   O céu recitava seus poemas em desnudo fascínio
   That the clinging of the church bells blew far into the breeze
   Que o balanço dos sinos da igreja soprava na brisa
   Leaving only bells of lightning and its thunder
   Deixando apenas os sinos dos relâmpagos e seus trovões

Striking for the gentle, striking for the kind
Atingir o dócil, atingir o gentil
Striking for the guardians and protectors of the mind
Atingir o guardião e o protetor da mente
An' the unpawned painter behind beyond his rightful time
E o pintor independente que ultrapassa seu tempo
An' we gazed upon the chimes of freedom flashing
E contemplamos os sinos da liberdade brilhando

4. **Through the wild cathedral evening the rain unraveled tales**
   Pela feroz catedral do entardecer, a chuva decifrava histórias
   For the disrobed faceless forms of no position
   Para as formas despidas e sem face, sem importância
   Tolling for the tongues with no place to bring their thoughts
   Badalando para as línguas sem lugar onde levar seus pensamentos
   All down in taken-for-granted situations
   Em todas as situações tomadas como certas
   Tolling for the deaf an' blind, tolling for the mute
   Badalando para o surdo e o cego, badalando para o mudo
   Tolling for the mistreated, mateless mother, the mistitled prostitute
   Badalando para a maltratada, a mãe solteira, e a erroneamente chamada prostituta
   For the misdemeanor outlaw, chased an' cheated by pursuit
   Para o contraventor, perseguido e cansado pela perseguição
   An' we gazed upon the chimes of freedom flashing
   E contemplamos os sinos da liberdade brilhando

5. **Even though a cloud's white curtain in a far-off corner flashed**
   Apesar de uma branca cortina de nuvens brilhar ao longe
   An' the hypnotic splattered mist was slowly lifting
   E hipnóticas manchas nebulosas elevaram-se lentamente
   Electric light still struck like arrows, fired but for the ones
   Raios elétricos golpeavam como flechas, lançadas para os
   Condemned to drift or else be kept from drifting
   Condenados a vagar ou a permanecer
   Tolling for the searching ones, on their speechless, seeking trail
   Badalando para os que procuram, em sua silenciosa trilha
   For the lonesome-hearted lovers with too personal a tale
   Para os amantes de coração solitário com sua história bastante pessoal
   An' for each unharmful, gentle soul misplaced inside a jail
   E para cada alma inofensiva e amável imerecidamente atrás das grades
   An' we gazed upon the chimes of freedom flashing
   E contemplamos os sinos da liberdade brilhando

6. Starry-eyed an' laughing as I recall when we were caught
Ingênuos e sorrindo como me lembro quando fomos pegos
Trapped by no track of hours for they hanged suspended
Acuados sem noção das horas, pois elas permaneciam em suspenso
As we listened one last time an' we watched with one last look
Enquanto escutávamos e víamos pela última vez
Spellbound an' swallowed 'til the tolling ended
Fascinados e consumidos até o som dos sinos findar
Tolling for the aching ones whose wounds cannot be nursed
Badalando para os enfermos cujas feridas não podem ser curadas
For the countless confused, accused, misused, strung-out ones an' worse
Para incontáveis confusos, acusados, molestados, viciados e coisa pior
An' for every hung-up person in the whole wide universe
E para cada complexado deste vasto universo
An' we gazed upon the chimes of freedom flashing
E contemplamos os sinos da liberdade brilhando

"Baladas geniais, como 'Chimes Of Freedom', me ensinaram muito em que consiste, em essência, uma composição: um triplo casamento entre melodia, progressão harmônica e letra."

Bob Weir, Grateful Dead

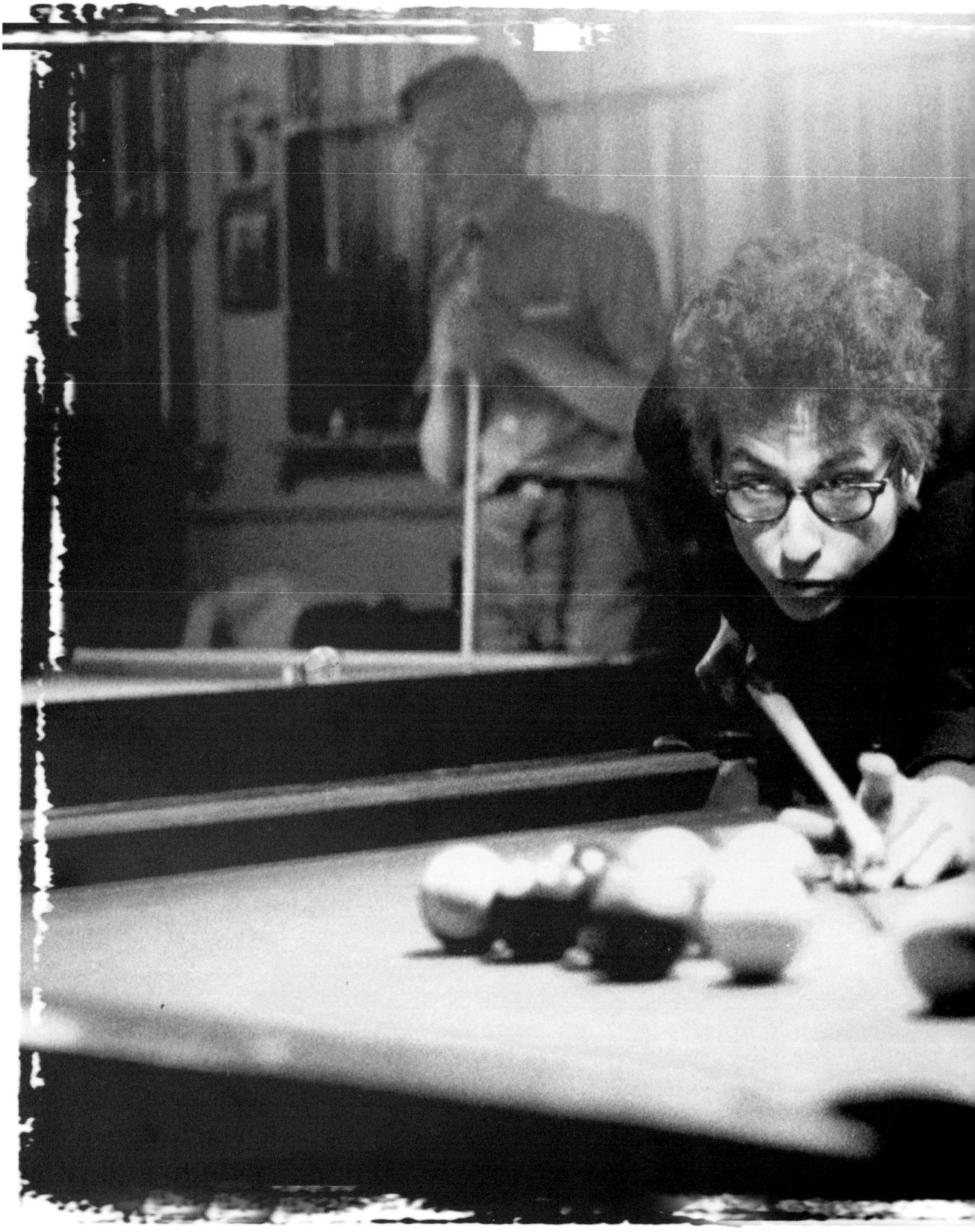

ALL I REALLY WANT TO DO
(TUDO O QUE EU QUERO)

Another Side Of Bob Dylan, 1964

"All I Really Want To Do" foi gravada juntamente com outras faixas do quarto álbum de Dylan, *Another Side Of Bob Dylan*, durante uma sessão de gravação inesquecível, no dia 9 de junho de 1964. No ano seguinte, as versões *covers*, feitas pelo The Byrds e por Cher chegaram ao topo das dez mais no Reino Unido e das quarenta mais nos Estados Unidos.

"Eu me lembro que estava tocando 'All I Really Want To Do' quando Bob perguntou, 'O que é isso?', e eu respondi que era uma das canções dele. E ele disse, 'Ah, é!'. Ele não a tinha reconhecido."

Roger McGuinn, The Byrds

All I Really Want To Do

Moderately bright

Verse

1. I ain't lookin' to compete with you, Beat or cheat or mistreat you, Simplify you, classify you, Deny, defy or crucify you. All I really want to do Is, baby, be friends with you.

2. I ain't lookin' to fight with you, Frighten you or tighten you, Drag you down or drain you down, Chain you down or bring you down.

Chorus

2. No, and

1. **I ain't lookin' to compete with you**
   Não estou tentando competir com você
   Beat or cheat or mistreat you
   Nem bater, trair ou maltratar,
   Simplify you, classify you
   Simplificar, classificar,
   Deny, defy or crucify you
   Negar, desacatar nem crucificar.
   All I really want to do
   O que eu quero mesmo, meu bem,
   Is, baby, be friends with you
   É fazer as pazes com você.

2. **No, and I ain't lookin' to fight with you**
   Não estou tentando brigar com você,
   Frighten you or tighten you
   Nem assustar ou enervar,
   Drag you down or drain you down
   Arrastar ou exaurir,
   Chain you down or bring you down
   Acorrentar ou humilhar,
   All I really want to do
   O que eu quero mesmo, meu bem,
   Is, baby, be friends with you
   É fazer as pazes com você.

3. **I ain't lookin' to block you up**
   Não estou tentando te bloquear
   Shock or knock or lock you up
   Nem ofender, bater ou trancafiar
   Analyze you, categorize you
   Analisar, categorizar
   Finalize you or advertise you
   Anular ou anunciar
   All I really want to do
   O que eu quero mesmo, meu bem
   Is, baby, be friends with you
   É fazer as pazes com você

4. **I don't want to straight-face you**
   Não quero me dissimular diante de você
   Race or chase you, track or trace you
   Nem perseguir ou caçar, nem controlar ou seguir
   Or disgrace you or displace you
   Nem desonrar ou deslocar
   Or define you or confine you
   Nem definir ou confinar
   All I really want to do
   O que eu quero mesmo, meu bem
   Is, baby, be friends with you
   É fazer as pazes com você

5. **I don't want to meet your kin**
   Não quero conhecer teus parentes
   Make you spin or do you in
   Nem manipular ou matar
   Or select you or dissect you
   Nem selecionar ou dissecar
   Or inspect you or reject you
   Nem inspecionar ou rejeitar
   All I really want to do
   O que eu quero mesmo, meu bem
   Is, baby, be friends with you
   É fazer as pazes com você

6. **I don't want to fake you out**
   Não quero te enganar
   Take or shake or forsake you out
   Nem pegar, sacudir ou abandonar
   I ain't lookin' for you to feel like me
   Não estou tentando que sinta como eu
   See like me or be like me
   Veja como eu ou seja como eu
   All I really want to do
   O que eu quero mesmo, meu bem
   Is, baby, be friends with you
   É fazer as pazes com você

I DON'T BELIEVE YOU
(NÃO ACREDITO EM VOCÊ)
(SHE ACTS LIKE WE NEVER HAVE MET)
(ELA AGE COMO SE NÃO ME CONHECESSE)

Another Side Of Bob Dylan, 1964

Dylan gravou-a originalmente para o álbum *Another Side Of Bob Dylan,* em 1964. Dois anos depois, com um arranjo elétrico radicalmente diferente, a canção fez parte do repertório ao vivo durante sua última turnê mundial, por 12 anos. Ele a executou, com uma nova versão, no concerto The Band's Last Waltz em 1976, tendo-a tocado regularmente desde então.

"Bob é absolutamente o maior. A força e o alcance de suas letras, durante esse período, simplesmente ofuscam todos."

John Sebastian, The Lovin' Spoonful

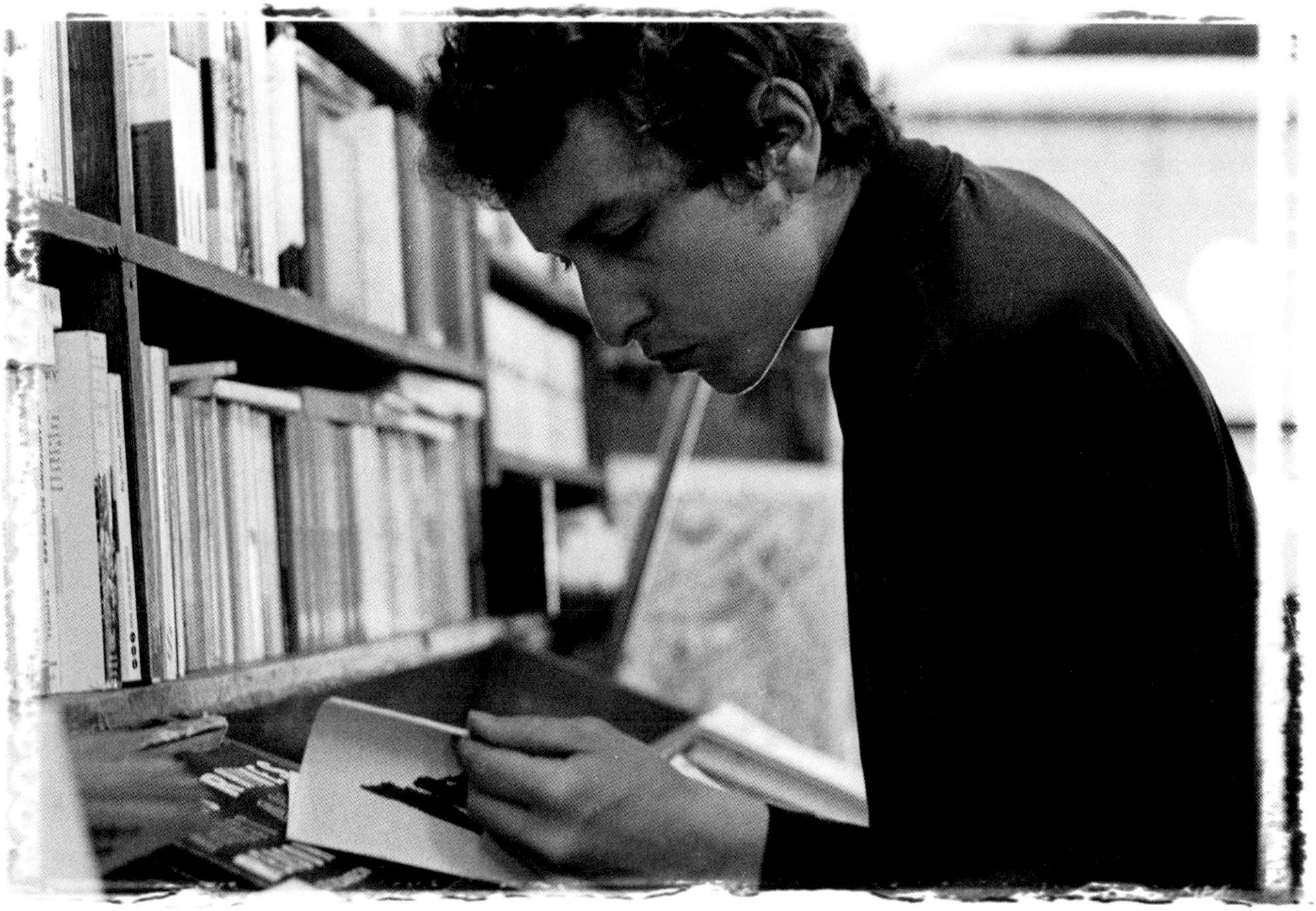

I DON'T BELIEVE YOU
(SHE ACTS LIKE WE NEVER HAVE MET)

Medium bright

1. I can't un-der-stand, She let go of my hand An' left me here fac-ing the wall. _____ I'd sure like t' know Why she did go, But I can't get close t' her at all. _____ Though we kissed through the wild blaz-ing night-time, ___ She said she would nev-er for-get. _____ But now ___ morn-in's clear, It's like I ain't here, She just acts like we nev-er have met. _____

D.S. four times

Copyright © 1964 Warner Bros. Inc.; renewed 1992 Special Rider Music. All Rights Reserved. International Copyright Secured.

1. **I can't understand**
   Não consigo entender,
   She let go of my hand
   Ela soltou minha mão
   An' left me here facing the wall
   E me deixou aqui com a cara na parede.
   I'd sure like t' know
   Eu gostaria mesmo de saber
   Why she did go
   Por que ela se foi,
   But I can't get close t' her at all
   Mas não consigo chegar perto dela de jeito algum.
   Though we kissed through the wild blazing nighttime
   Embora tenhamos nos beijado tanto na noite selvagem e ardente,
   She said she would never forget
   Ela disse que jamais esqueceria.
   But now mornin's clear
   Mas agora na claridade da manhã,
   It's like I ain't here
   É como se eu não estivesse aqui,
   She just acts like we never have met
   Ela age como se não me conhecesse.

2. **It's all new t' me**
   Tudo isso é novidade para mim
   Like some mystery
   Como um mistério
   It could even be like a myth
   Quase como um mito
   Yet it's hard t' think on
   Ainda assim é difícil entender
   That she's the same one
   Que ela é a mesma
   That last night I was with
   Com quem estive na noite passada
   From darkness, dreams're deserted
   Na escuridão, os sonhos se libertaram
   Am I still dreamin' yet?
   Será que ainda estou sonhando?

I wish she'd unlock
Queria que ela soltasse
Her voice once an' talk
A voz só uma vez e falasse
'Stead of acting like we never have met
Em vez de agir como se não me conhecesse

3. **If she ain't feelin' well**
   Se ela não está passando bem
   Then why don't she tell
   Por que não fala
   'Stead of turnin' her back t' my face?
   Em vez de dar às costas na minha cara?
   Without any doubt
   Sem dúvida alguma
   She seems too far out
   Ela parece muito distante
   For me t' return t' her chase
   Para que volte a procurá-la
   Though the night ran swirling an' whirling
   Embora a noite tenha voado como um redemoinho
   I remember her whispering yet
   Ainda me lembro dos sussurros dela
   But evidently she don't
   Mas é evidente que ela não
   An' evidently she won't
   É evidente que ela não quer
   She just acts like we never have met
   Ela age como se não me conhecesse

4. **If I didn't have t' guess**
   Se não tivesse que adivinhar
   I'd gladly confess
   Confessaria com satisfação
   T' anything I might've tried
   Qualquer coisa que pudesse ter tentado
   If I was with 'er too long
   Se estivesse com ela há um tempão
   Or have done something wrong
   Ou se feito algo de errado

I wish she'd tell me what it is, I'll run an' hide
Gostaria que me dissesse, vou correr pra me esconder
Though her skirt it swayed as a guitar played
Embora sua saia balançasse ao som do violão
Her mouth was watery and wet
Sua boca estava úmida e molhada
But now something has changed
Mas agora alguma coisa mudou
For she ain't the same
Pois ela não é a mesma
She just acts like we never have met
Ela age como se não me conhecesse

5. **I'm leavin' today**
   Hoje vou partir
   I'll be on my way
   Seguirei o meu rumo
   Of this I can't say very much
   Nada mais posso acrescentar sobre isso
   But if you want me to
   Mas se quiser
   I can be just like you
   Eu posso fazer como você
   An' pretend that we never have touched
   E fingir que nunca nos tocamos
   An' if anybody asks me, "Is it easy to forget?"
   E se me perguntarem, "É fácil esquecer?"
   I'll say, "It's easily done
   Direi: "É fácil
   You just pick anyone
   É só escolher alguém
   An' pretend that you never have met!"
   E fingir que nunca se conheceram!"

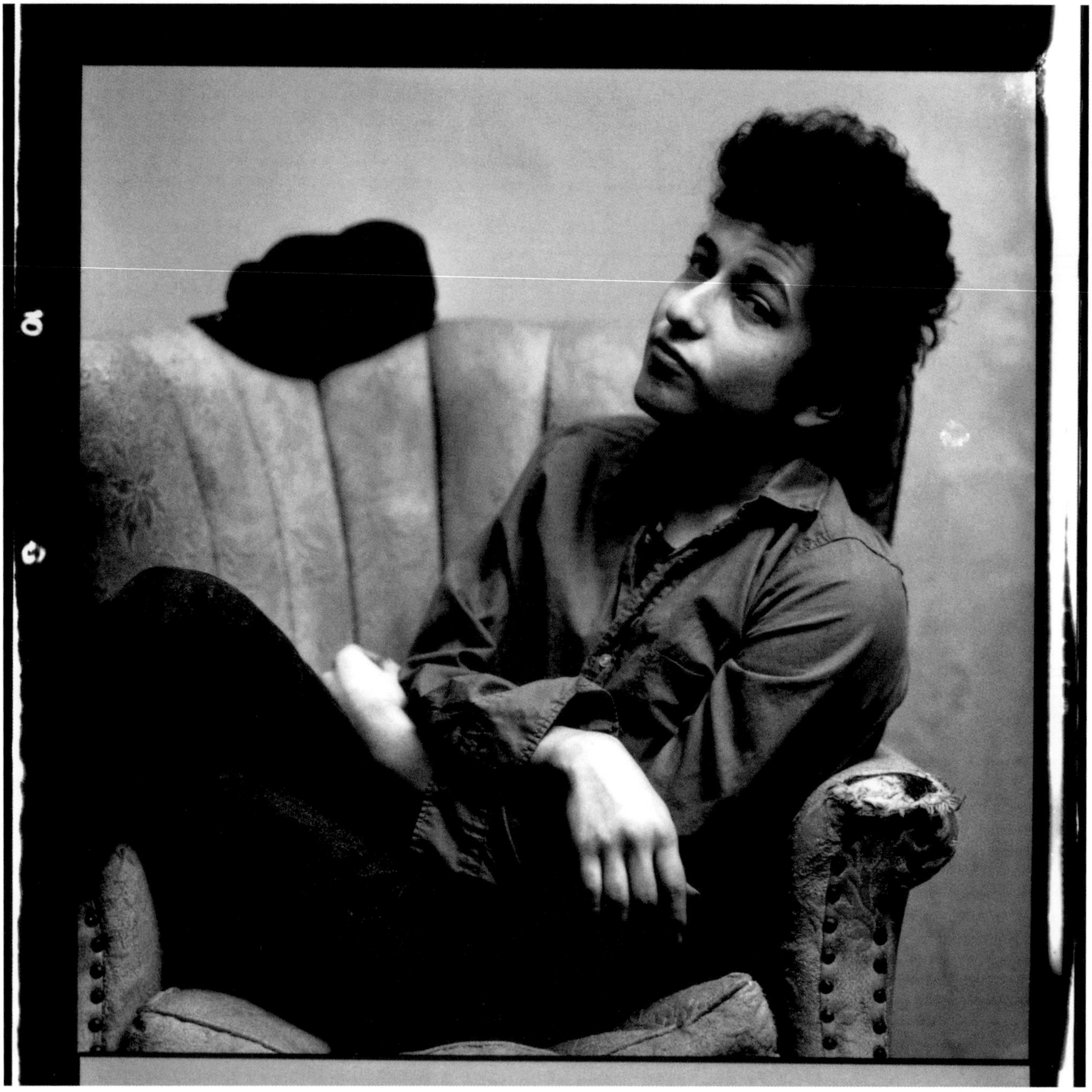

SPANISH HARLEM INCIDENT
(INCIDENTE NO HARLEM ESPANHOL)

Another Side Of Bob Dylan, 1964

Gravada durante a maratona de gravações, para o álbum *Another Side Of Bob Dylan*, em junho de 1964, desde então "Spanish Harlem Incident" foi executada apenas uma vez por Bob Dylan no Philharmonic Hall de Nova York, em outubro daquele ano. Essa apresentação está documentada no *The Bootleg Series Vol. 6*. Em 1965, os The Byrds a incluíram na lista de suas versões *covers* de Dylan.

"É difícil ser livre em uma canção, juntar tudo nela. As canções são tão confinantes. É por isso que escrevo bastante poesia, se for essa a palavra correta."

Bob Dylan, 1964

SPANISH HARLEM INCIDENT

Moderato

1. Gyp-sy gal, ___ the hands of Har-lem Can-not hold ___ you to its heat. ___ Your tem-pe-ra-ture's ___ too hot for tam-ing, Your flam-ing feet ___ burn up the street. ___ I am home-less, come and take ___ me In-to reach of your rat-tling drums. ___

repeat two times

Let me know, babe, a-bout my for-tune Down a-long my rest-less palms. ___

Copyright © 1964 Warner Bros. Inc.; renewed 1992 Special Rider Music. All Rights Reserved. International Copyright Secured.

1. **Gypsy gal, the hands of Harlem**
   Cigana, as mãos do Harlem
   Cannot hold you to its heat
   Não conseguem te prender a seu calor.
   Your temperature's too hot for taming
   Tua temperatura é muito alta para se domar,
   Your flaming feet burn up the street
   Teus pés ardentes queimam a rua.
   I am homeless, come and take me
   Sou um morador de rua, venha e me leve
   Into reach of your rattling drums
   Para perto de teus tamborins.
   Let me know, babe, about my fortune
   Quero saber, baby, o futuro
   Down along my restless palms
   Desenhado na palma de minhas mãos inquietas.

2. **Gypsy gal, you got me swallowed**
   Cigana, você me pegou
   I have fallen far beneath
   Fui derrubado por
   Your pearly eyes, so fast an' slashing
   teus olhos perolados, tão rápidos e penetrantes
   An' your flashing diamond teeth
   E pelo brilho dos teus dentes de diamante
   The night is pitch black, come an' make my
   A noite está um breu total, vem e coloque minha
   Pale face fit into place, ah, please!
   Cara pálida no lugar, ah, por favor!
   Let me know, babe, I got to know, babe
   Quero saber, baby, preciso saber, baby
   If it's you my lifelines trace
   Se é você que minha linha da vida traça

3. **I been wond'rin' all about me**
   Tenho me questionado bastante
   Ever since I seen you there
   Desde que te vi ali
   On the cliffs of your wildcat charms I'm riding
   Percorro os penhascos do teu fascínio de gata selvagem
   I know I'm 'round you but I don't know where
   Sei que estou perto mas não sei onde
   You have slayed me, you have made me
   Você me matou, você me criou
   I got to laugh halfways off my heels
   Só me resta morrer de rir.
   I got to know, babe, will I be touching you
   Preciso saber, baby, se vou te tocar
   So I can tell if I'm really real
   Porque só assim poderei dizer se existo de verdade

MY BACK PAGES
(PÁGINAS DO MEU PASSADO)

Another Side Of Bob Dylan, 1964

Com o refrão, "eu era muito mais velho então, sou mais jovem agora", "My Back Pages" marcou a saída de Dylan da crítica social, ao ser incluída no álbum *Another Side Of Bob Dylan* em 1964. Em 1971, fez parte do álbum *More Greatest Hits*, e sua execução ao vivo ganhou destaque no álbum do concerto de *aniversário de 30 anos* de Dylan, em 1972. Como muitas das canções clássicas do início da carreira de Dylan, ela também foi interpretada pelo The Byrds.

"Não quero mais escrever para as pessoas. Sabe, ser um porta-voz. De agora em diante, quero escrever sobre o que está dentro de mim. Gosto de escrever como quem anda ou fala."

Bob Dylan, 1964

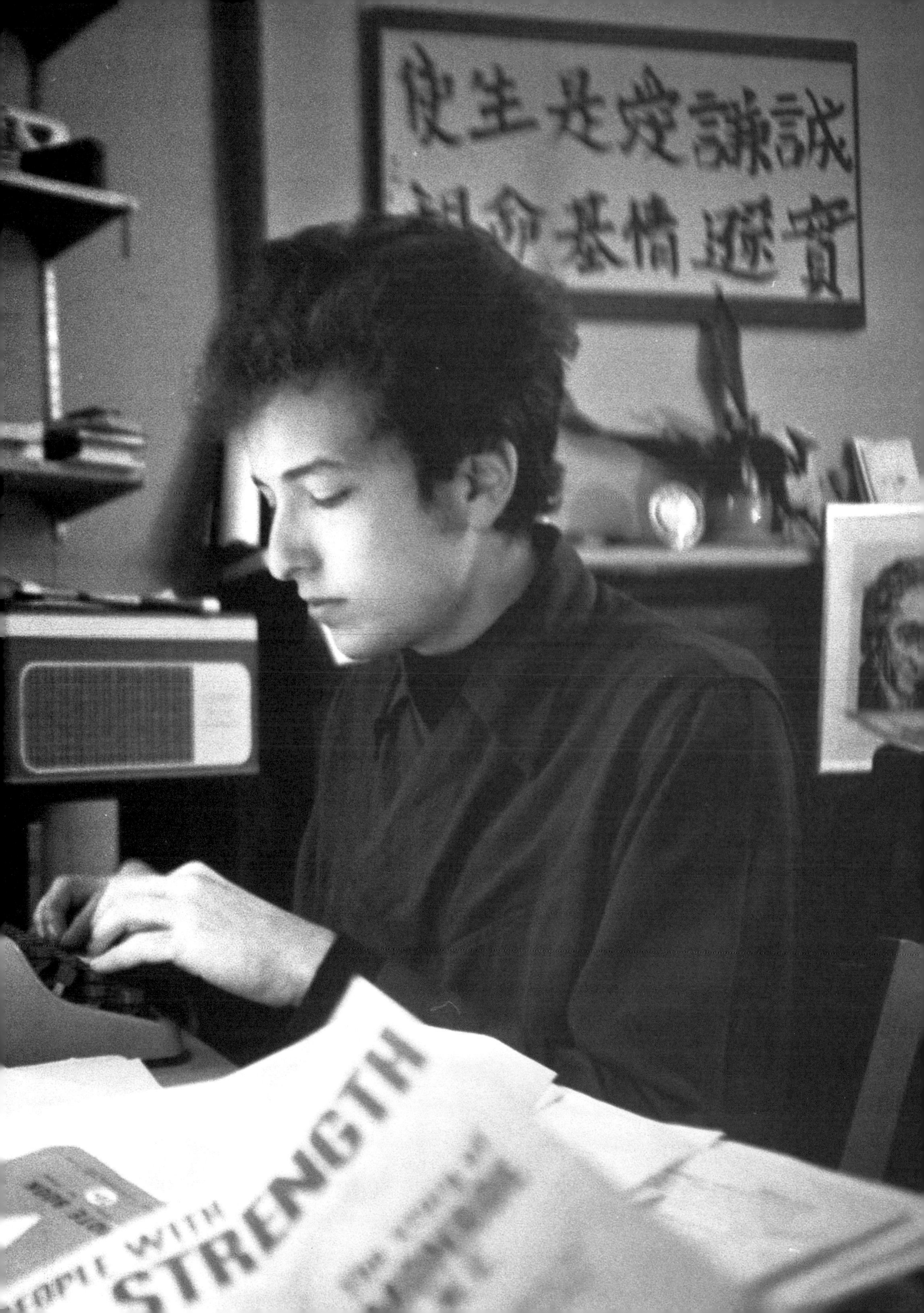
STRENGTH

MY BACK PAGES

Moderato (freely)

1. Crim - son flames tied through my ears Rol - lin'
2.-6. *See additional lyrics*

high and might - y traps ⸺ Pounced with

fire on flam - ing roads Us - ing i - deas as my

maps ⸺ "We'll meet on edg - es, soon," said

Copyright © 1964 Warner Bros. Inc.: renewed 1992 Special Rider Music. All Rights Reserved. International Copyright Secured.

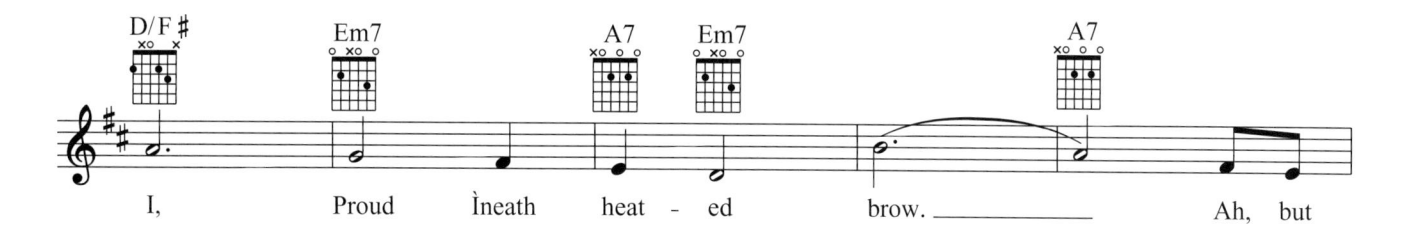

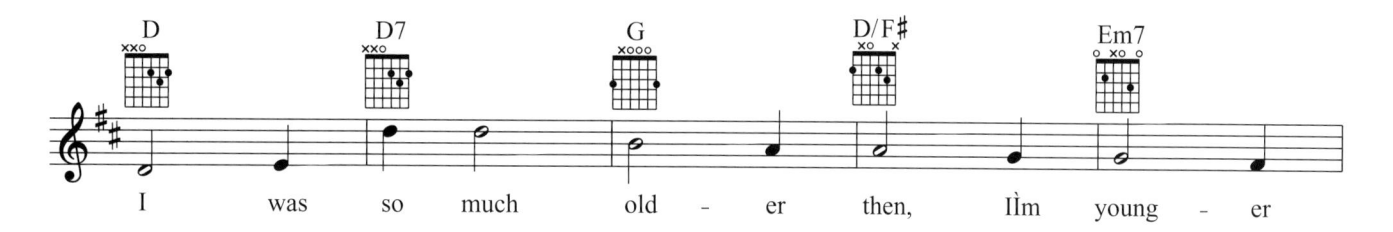

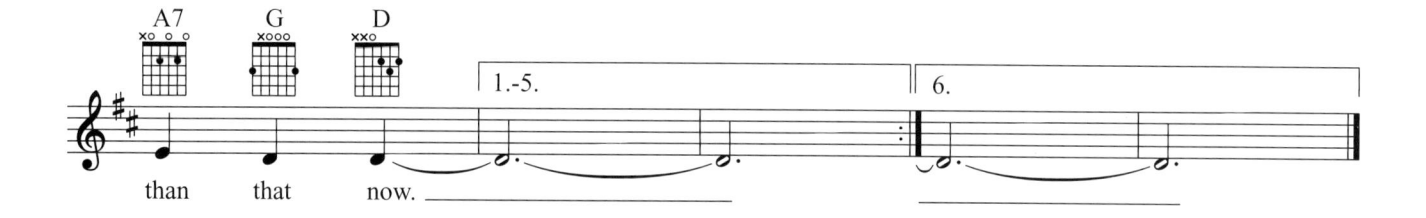

1. **Crimson flames tied through my ears**
   Chamas carmesins pendiam de minhas orelhas
   Rollin' high and mighty traps
   Fazendo rolar poderosas armadilhas
   Pounced with fire on flaming roads
   Precipitadas com fogo sobre ruas chamejantes
   Using ideas as my maps
   Usando minhas ideias como mapas
   "We'll meet on edges, soon," said I
   "Logo, nos encontraremos nas margens", eu disse,
   Proud 'neath heated brow
   Orgulhoso sob a fronte acalorada,
   Ah, but I was so much older then
   Ah, mas eu era muito mais velho então,
   I'm younger than that now
   Sou mais jovem agora.

2. **Half-wracked prejudice leaped forth**
    Preconceitos meio destroçados me empurravam adiante
   "Rip down all hate," I screamed
   "Destrua todo o ódio", gritei

Lies that life is black and white
Mentiras de que a vida é branco no preto
Spoke from my skull. I dreamed
Saíam do meu cérebro. Sonhava
Romantic facts of musketeers
Atos românticos de mosqueteiros
Foundationed deep, somehow.
De algum modo, profundamente enraizados
Ah, but I was so much older then
Ah, mas eu era muito mais velho então
I'm younger than that now
Sou mais jovem agora

3. **Girls' faces formed the forward path**
   Rostos de garotas mostravam o caminho
   From phony jealousy
   De falsos ciúmes
   To memorizing politics
   À memorização de políticos
   Of ancient history
   De histórias antigas
   Flung down by corpse evangelists
   Lançadas por cadáveres evangelistas
   Unthought of, though, somehow
   De algum modo, impensáveis, no entanto
   Ah, but I was so much older then
   Ah, mas eu era muito mais velho então
   I'm younger than that now
   Sou mais jovem agora

4. **A self-ordained professor's tongue**
   A boca de um autoproclamado professor
   Too serious to fool
   Muito sério para enganar
   Spouted out that liberty
   Declamava que liberdade
   Is just equality in school
   Não passa de igualdade na escola
   "Equality," I spoke the word
   "Igualdade", pronunciei a palavra

As if a wedding vow
Como uma promessa de casamento
Ah, but I was so much older then
Ah, mas eu era muito mais velho então
I'm younger than that now
Sou mais jovem agora

5. **In a soldier's stance, I aimed my hand**
   Em posição de soldado, apontei a mão
   At the mongrel dogs who teach
   Aos vira-latas que ensinam
   Fearing not that I'd become my enemy
   Sem temer que me tornasse meu próprio inimigo
   In the instant that I preach
   No instante em que pregava
   My pathway led by confusion boats
   Minha existência guiada por barcos confusos
   Mutiny from stern to bow
   Amotinados da popa à proa
   Ah, but I was so much older then
   Ah, mas eu era muito mais velho então
   I'm younger than that now
   Sou mais jovem agora

6. **Yes, my guard stood hard when abstract threats**
   Sim, minha guarda não baixou quando ameaças abstratas
   Too noble to neglect
   Nobres demais para negligenciar
   Deceived me into thinking
   Me ludibriaram a pensar
   I had something to protect
   Que tinha algo para proteger
   Good and bad, I define these terms
   Bom e mau, defino esses termos
   Quite clear, no doubt, somehow
   De algum modo, muito claramente, sem dúvida
   Ah, but I was so much older then
   Ah, mas eu era muito mais velho então
   I'm younger than that now
   Sou mais jovem agora

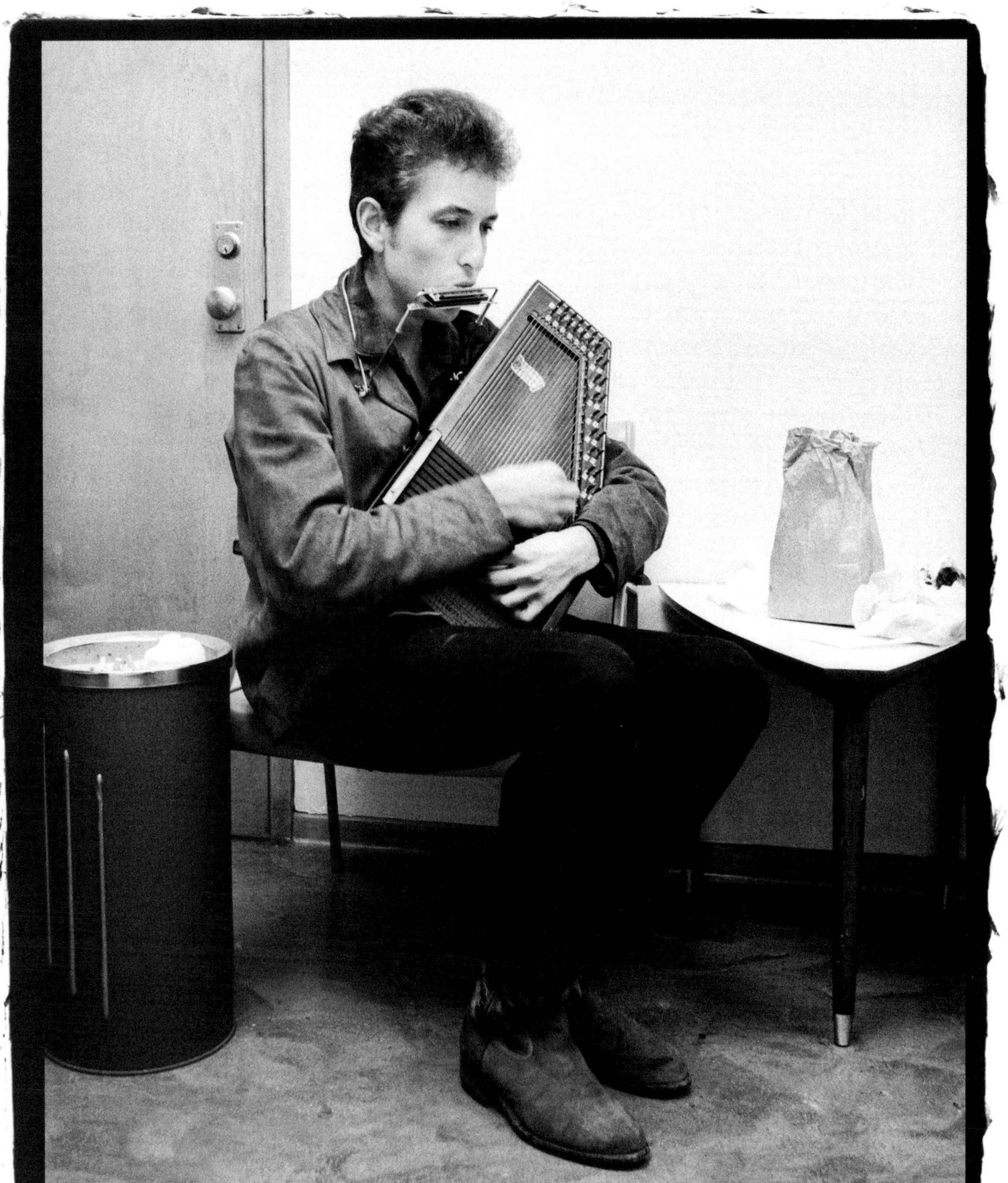

IT AIN'T ME, BABE
(NÃO SOU EU, BABY)

Another Side Of Bob Dylan, 1964

Apesar de parecer superficialmente um comentário irônico sobre o amor, "It Ain't Me, Babe" adquiriu com os anos uma ressonância maior no relacionamento de seu criador com o público. Foi ouvida pela primeira vez no álbum *Another Side Of Bob Dylan* em 1964, e, desde então, continuou a ser apresentada em seus *shows* ao vivo. Uma apresentação memorável em particular foi captada no filme panorâmico de Dylan, *Renaldo & Clara*. A versão *cover* da canção, feita pelos The Turtles, chegou ao topo das dez mais nas paradas dos Estados Unidos, em 1965.

It Ain't Me, Babe

Very brightly

1. Go 'way from my window, Leave at your own chosen speed. I'm not the one you want, babe, I'm not the one you need. You say you're lookin' for someone Never weak but always strong,

Copyright © 1964 Warner Bros. Inc.: renewed 1992 Special Rider Music. All Rights Reserved. International Copyright Secured.

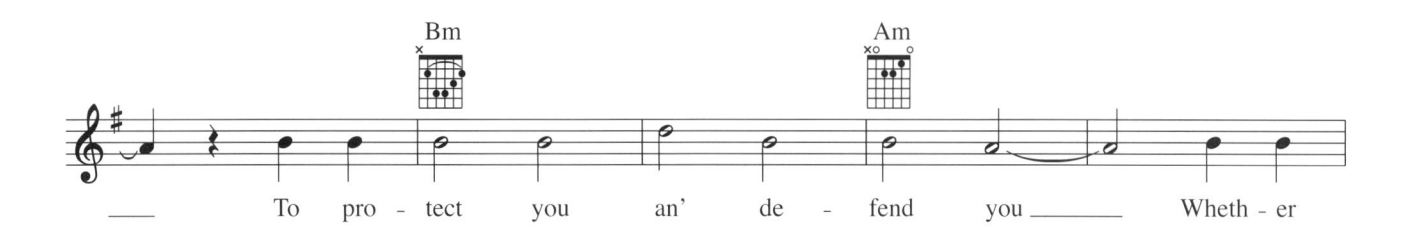

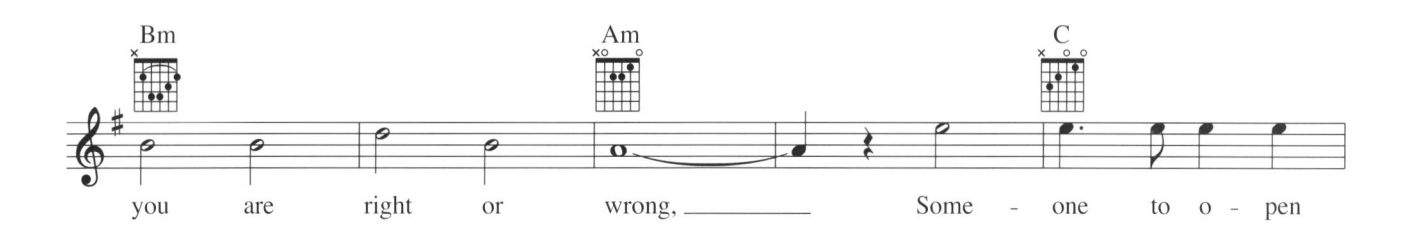

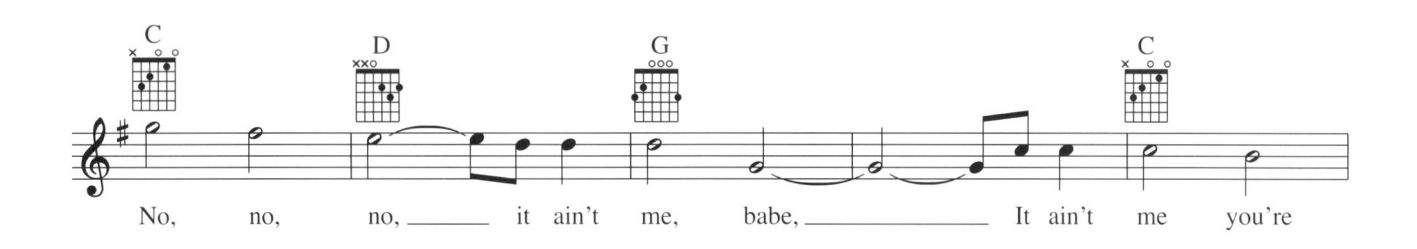

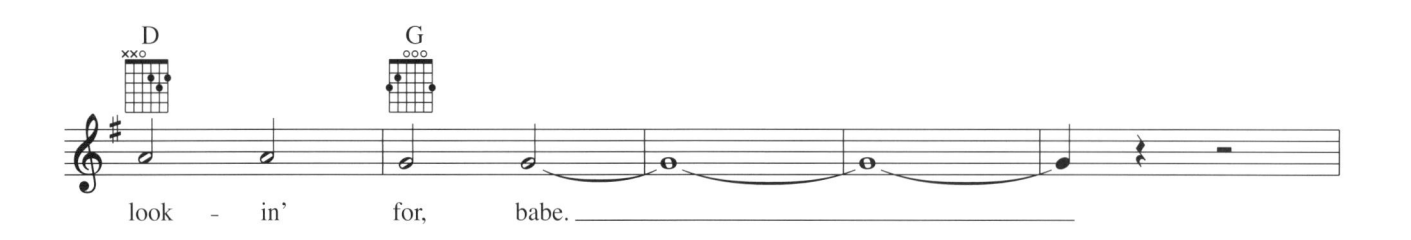

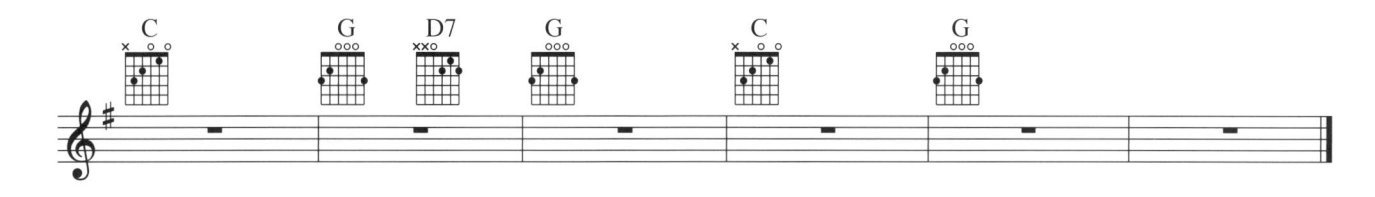

Bm   Am
To pro-tect you an' de-fend you _____ Wheth-er

| Bm   Am   C |
you are right or wrong, _____ Some-one to o-pen

| D   G |
each and ev-'ry door, _____ *Chorus* But it ain't me, babe, _____

| C   D   G   C |
No, no, no, _____ it ain't me, babe, _____ It ain't me you're

| D   G |
look-in' for, babe. _____

| C G D7 G C G |

1. **Go 'way from my window**
   Saia já da minha janela,
   Leave at your own chosen speed
   Vá na velocidade que quiser.
   I'm not the one you want, babe
   Não sou quem você quer, baby,
   I'm not the one you need
   Não sou quem você precisa.
   You say you're lookin' for someone
   Você diz que procura alguém que nunca seja fraco
   Never weak but always strong
   Mas sempre forte,
   To protect you an' defend you
   para te proteger e defender
   Whether you are right or wrong
   Esteja certa ou errada,
   Someone to open each and every door
   Alguém que abra todas as portas
   But it ain't me, babe
   Mas esse não sou eu, baby
   No, no, no, it ain't me, babe
   Não, não, não, não sou eu, querida,
   It ain't me you're lookin' for, babe
   Não sou eu quem você procura, baby.

2. **Go lightly from the ledge, babe**
   Afaste devagar o parapeito, baby
   Go lightly on the ground
   Caia devagar no chão
   I'm not the one you want, babe
   Eu não sou quem você quer, baby
   I will only let you down
   Só vou te decepcionar
   You say you're lookin' for someone
   Você diz que procura alguém
   Who will promise never to part
   Que prometa nunca partir

   Someone to close his eyes for you
   Alguém que feche os olhos por você
   Someone to close his heart
   Alguém que feche o próprio coração
   Someone who will die for you an' more
   Alguém que morra por você e mais
   But it ain't me, babe
   Mas esse não sou eu, baby
   No, no, no, it ain't me, babe
   Não, não, não, não sou eu, baby
   It ain't me you're lookin' for, babe
   Não sou eu quem você procura, baby

3. **Go melt back into the night, babe**
   Volte a se afundar de novo na noite, boneca,
   Everything inside is made of stone
   Tudo aqui dentro é feito de pedra
   There's nothing in here moving
   Não há nada aqui que se mova
   An' anyway I'm not alone
   E de mais a mais, não estou sozinho
   You say you're looking for someone
   Você diz que procura alguém
   Who'll pick you up each time you fall
   Que te ampare quando cair
   To gather flowers constantly
   Que colha flores sempre
   An' to come each time you call
   E que sempre atenda a teus chamados
   A lover for your life an' nothing more
   Um amor por toda vida e nada mais
   But it ain't me, babe
   Mas esse não sou eu, baby
   No, no, no, it ain't me, babe
   Não, não, não, não sou eu, baby
   It ain't me you're lookin' for, babe
   Não sou eu quem você procura, baby

"Minhas canções apenas falam comigo. Talvez seja uma coisa egoísta de dizer, mas é isso aí. Não tenho responsabilidade com ninguém, a não ser comigo mesmo."

Bob Dylan, 1965

TO RAMONA

(PARA RAMONA)

Another Side Of Bob Dylan, 1964

Esta esplêndida canção de amor foi ouvida pela primeira vez no álbum *Another Side Of Bob Dylan*, de 1964, estreando em concerto logo depois que o álbum foi lançado. Dylan tem retornado a esta canção muitas vezes desde então, e raramente deixando de estar à altura da qualidade de sua primeira exibição. Apesar de sua natureza muito pessoal, "To Ramona" foi gravada pela banda The Flying Burrito Brothers, em 1971.

"Foi apenas uma pessoa que conheci. Acho que a toquei pela primeira vez no Gaslight, provavelmente de madrugada."

Bob Dylan, 1985

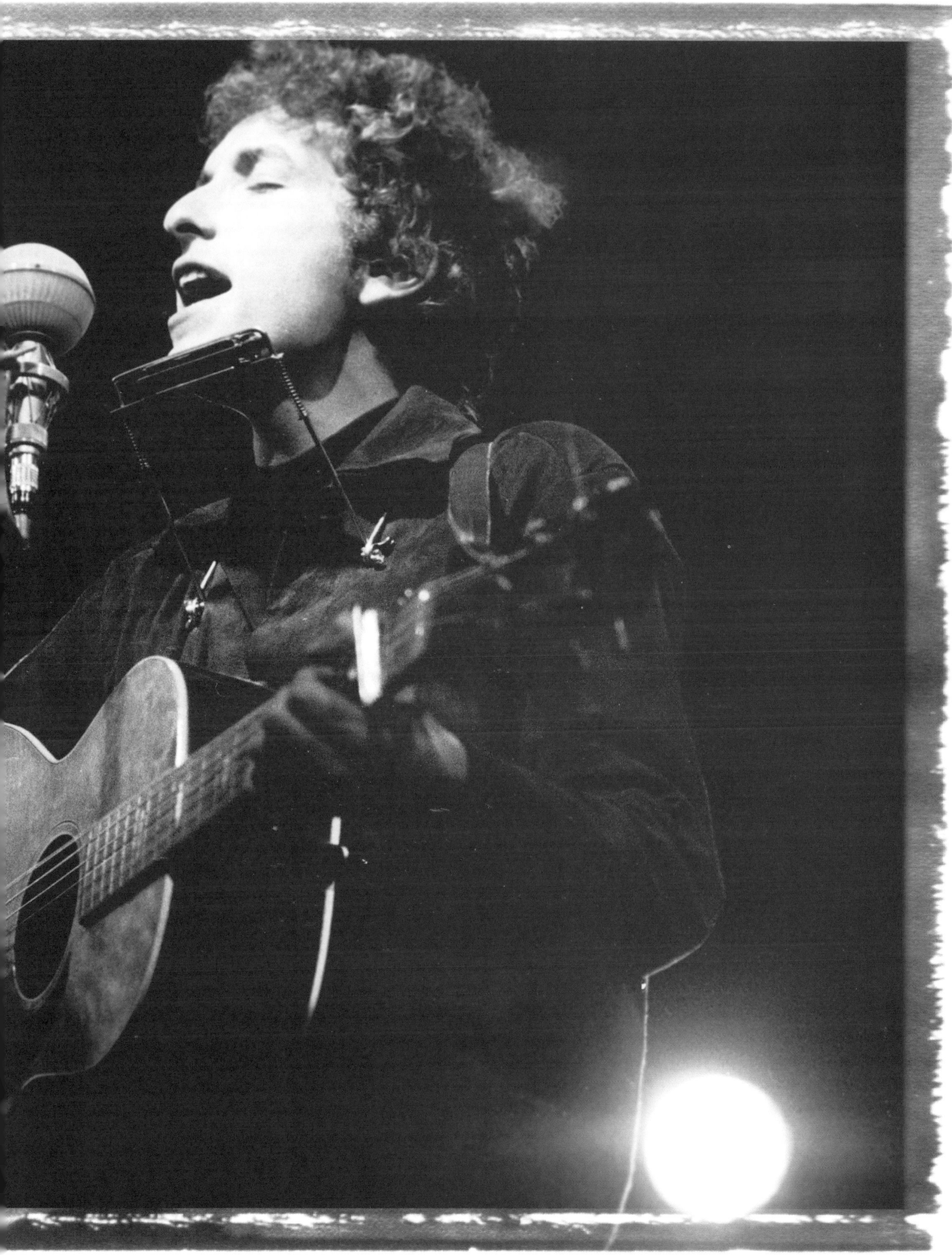

TO RAMONA

Moderato

1. Ra-mo-na, come clos-er, Shut soft-ly your wa-ter-y eyes. The pangs of your sad-ness Shall pass as your sens-es will rise. The flowers of the cit-y, Though breath-like, get death-like at times. And there's no use in try-in' T' deal with the dy-in', Though I can-not ex-plain that in lines.

D.S. four times

Copyright © 1964 Warner Bros. Inc.: renewed 1992 Special Rider Music. All Rights Reserved. International Copyright Secured.

1. **Ramona**
Ramona,
Come closer
Chega mais,
Shut softly your watery eyes
Feche suavemente teus olhos úmidos.
The pangs of your sadness
As pontadas da tua tristeza
Shall pass as your senses will rise
Vão passar assim que teus sentidos despertarem.
The flowers of the city
As flores da cidade,
Though breathlike
Apesar do alento,
Get deathlike at times
Às vezes parecem mortas.
And there's no use in tryin'
E de nada adianta tentar
T' deal with the dyin'
Negociar com o agonizante,
Though I cannot explain that in lines
Embora isso eu não consiga explicar em palavras.

2. **Your cracked country lips**
Teus lábios rachados de camponesa
I still wish to kiss
Ainda desejo beijar
As to be under the strength of your skin
Assim como ficar sob a força da tua pele
Your magnetic movements
Teus movimentos magnéticos
Still capture the minutes I'm in
Ainda captam os minutos que vivo
But it grieves my heart, love
Mas aflige meu coração, amor

To see you tryin' to be a part of
Ver que você tenta fazer parte
A world that just don't exist
De um mundo que não mais existe
It's all just a dream, babe
Não passa de um sonho, querida
A vacuum, a scheme, babe
Um vácuo, um complô, querida
That sucks you into feelin' like this
Que te absorve e faz com que te sinta assim

3. **I can see that your head**
   Posso ver que a tua cabeça
   Has been twisted and fed
   Foi retorcida e nutrida
   By worthless foam from the mouth
   Pela inútil espuma das palavras
   I can tell you are torn
   Posso dizer que você está dividida
   Between stayin' and returnin'
   Entre ficar ou retornar
   On back to the South
   de regresso ao sul.
   You've been fooled into thinking
   Você foi levada a pensar
   That the finishin' end is at hand
   Que a linha final está ao alcance das mãos
   Yet there's no one to beat you
   No entanto, não há ninguém para vencê-la
   No one t' defeat you
   Ninguém para derrotá-la
   'Cept the thoughts of yourself feeling bad
   A não ser teus próprios pensamentos
   de dores

4. **I've heard you say many times**
   Já ouvi você dizer várias vezes
   That you're better 'n no one
   Que não era melhor que ninguém
   And no one is better 'n you
   E que ninguém é melhor que você

If you really believe that
Se você acredita mesmo nisso
You know you got
Sabe que
Nothing to win and nothing to lose
Nada tem a ganhar nem a perder
From fixtures and forces and friends
De jogos, forças e amigos
Your sorrow does stem
Tua angústia nasce
That hype you and type you
O que te excita e tipifica
Making you feel
Te faz sentir
That you must be exactly like them
Que deve ser exatamente igual a eles

5. **I'd forever talk to you**
   Falaria contigo sem parar
   But soon my words
   Mas logo minhas palavras
   They would turn into a meaningless ring
   Se tornariam um zumbido sem sentido
   For deep in my heart
   Pois no fundo do meu coração
   I know there is no help I can bring
   Sei que não há ajuda que possa prestar
   Everything passes
   Tudo passa
   Everything changes
   Tudo muda
   Just do what you think you should do
   Faça apenas o que acredita que deve
   And someday maybe
   E algum dia talvez
   Who knows, baby
   Quem sabe, querida
   I'll come and be cryin' to you
   Serei eu a chorar diante de você

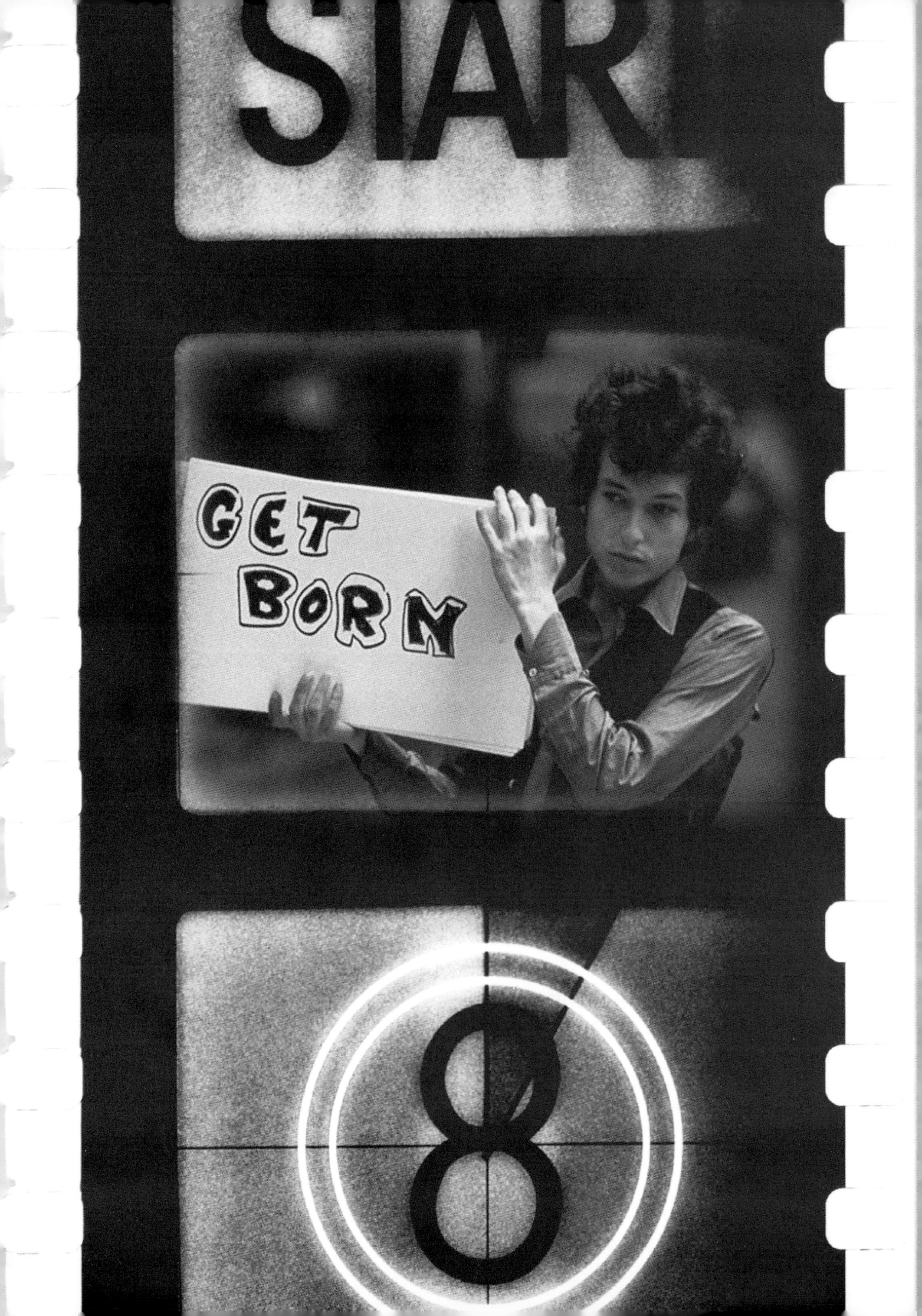

START
GET
BORN
8

SUBTERRANEAN HOMESICK BLUES
(*BLUES* NOSTÁLGICO SUBTERRÂNEO)

Bringing It All Back Home, 1965

Como primeira faixa do álbum *Bringing It All Back Home*, de 1965, "Subterranean Homesick Blues" chocou muitos dos fãs mais conservadores de Dylan com seu ritmo *rock'n' roll* e acompanhamento elétrico. Entrou para a história como tema do primeiro 'videoclipe',[4] filmado do lado de fora de um hotel em Londres, em maio de 1965. A canção foi uma salva de abertura adequada ao primeiro concerto da chamada turnê "infindável" de Dylan, em junho de 1988.

"É do Chuck Berry, um pouco do 'Too Much Monkey Business',[5] com uma dose das *scat songs* dos anos 1940."

Bob Dylan, 2004

---

4. N.T.: Clipe promocional extraído do documentário *Don't Look Back*, de D. A. Pennebaker.
5. N.T.: R.: *Single* de Chuck Berry, gravado, em 1956, e interpretado por vários artistas, como Elvis Presley, Beatles, Yardbirds.

SUBTERRANEAN HOMESICK BLUES

Moderate blues rock

1. Johnny's in the base-ment Mix-ing up the med-i-cine I'm on the pave-ment Think-ing a-bout the gov-ern-ment The man in the trench coat Badge out, laid off Says he's got a bad cough Wants to get it paid off Look out kid___ It's some-thin' you did___ God knows when___ But you're do-in' it a-gain You bet-ter duck down the al-ley-way Look-in' for a new friend The man in the coon-skin cap In the big pen Wants e-lev-en dol-lar bills You on-ly got ten.

Copyright © 1965 Warner Bros. Inc.; renewed 1993 Special Rider Music. All Rights Reserved. International Copyright Secured.

1. **Johnny's in the basement**
   Johnny está no porão
   Mixing up the medicine
   Preparando o remédio
   I'm on the pavement
   Estou na calçada
   Thinking about the government
   Pensando no governo
   The man in the trench coat
   O homem na capa de chuva
   Badge out, laid off
   Tira o crachá, demitido
   Says he's got a bad cough
   Diz que pegou um forte resfriado
   Wants to get it paid off
   E quer ser indenizado
   Look out kid
   Cuidado, garoto
   It's somethin' you did
   Alguma coisa você fez
   God knows when
   Deus sabe quando
   But you're doin' it again
   Mas está fazendo de novo
   You better duck down the alley way
   É melhor se esconder no beco
   Lookin' for a new friend
   E procurar um novo amigo
   The man in the coon-skin cap
   O homem com o gorro de pele
   In the big pen
   da grande jaula
   Wants eleven dollar bills
   Quer onze notas de dólar
   You only got ten
   Mas você só tem dez.

2. **Maggie comes fleet foot**
   Maggie chega ligeira
   Face full of black soot
   Cara coberta de fuligem negra

Talkin' that the heat put
Diz que a polícia plantou
Plants in the bed but
provas no colchão, mas
The phone's tapped anyway
O telefone está grampeado, de qualquer jeito
Maggie says that many say
Maggie diz que muitos dizem
They must bust in early May
Que eles vão invadir no início de maio
Orders from the D. A.
Ordens do promotor público
Look out kid
Cuidado, garoto
Don't matter what you did
Não importa o que você fez
Walk on your tip toes
Ande na ponta dos pés
Don't try "No Doz"
Não experimente pílulas de cafeína
Better stay away from those
Melhor ficar longe de quem
That carry around a fire hose
Anda com o extintor de incêndio
Keep a clean nose
Nada de cheirar
Watch the plain clothes
Cuidado com os caras à paisana
You don't need a weather man
Não é preciso que o homem do tempo
To know which way the wind blows
Te diga de que lado sopra o vento

3. **Get sick, get well**
   Passe mal, passe bem
   Hang around a ink well
   Dá umas voltas no tinteiro
   Ring bell, hard to tell
   Toque o sino, difícil dizer

If anything is goin' to sell
Se algo vai vender
Try hard, get barred
Tente bastante, seja barrado
Get back, write braille
Volte, escreva em braile
Get jailed, jump bail
Vá preso, não pague fiança
Join the army, if you fail
Se fracassar, entre para o exército
Look out kid
Cuidado, criança
You're gonna get hit
Você vai levar uma
But users, cheaters
Mas os usuários, falsários
Six-time losers
fracassados de sexta mão
Hang around the theaters
Circulam pelos teatros
Girl by the whirlpool
Garota na jacuzzi
Lookin' for a new fool
À procura de um novo otário
Don't follow leaders
Não siga os líderes
Watch the parkin' meters
Vigie os parquímetros

4. **Ah get born, keep warm**
   Ah, nasça, se aqueça
   Short pants, romance, learn to dance
   Bermudas, romance, aprenda a dançar

Get dressed, get blessed
Se arrume, se benza
Try to be a success
Tente o sucesso
Please her, please him, buy gifts
Satisfaça uma, satisfaça outra, compre presentes
Don't steal, don't lift
Não roube, não furte
Twenty years of schoolin'
Vinte anos de escola
And they put you on the day shift
E te colocam no turno da manhã
Look out kid
Cuidado, garoto
They keep it all hid
Eles mantêm tudo escondido
Better jump down a manhole
Melhor pular em um bueiro
Light yourself a candle
Acenda uma vela
Don't wear sandals
Não use sandálias
Try to avoid the scandals
Fique longe das fofocas
Don't wanna be a bum
Não seja um mané
You better chew gum
É melhor mascar chiclé
The pump don't work
A bomba não funciona
'Cause the vandals took the handles
Porque os vândalos roubaram as brocas

MAGGIE'S FARM
(FAZENDA DA MAGGIE)

Bringing It All Back Home, 1965

Este comentário hilário sobre hipocrisia e ambição, revelado, pela primeira vez, ao mundo no álbum *Bringing It All Back Home* em 1965, tornou-se um hino universal nas décadas seguintes. Radicais ingleses adotaram-no para si durante o governo da primeira-ministra Margaret "Maggie" Thatcher nos anos 1980. A canção foi parte importante do repertório ao vivo de Dylan por mais de quarenta anos, e uma versão particularmente mais irada serviu de faixa de abertura para o álbum *Hard Rain* em 1976.

"Era eletricidade casada com conteúdo. Ouvíamos música com letras que tinham significado, uma batida de *rock*, bateria e guitarras elétricas. Absolutamente impressionante."

Jac Holzman, fundador da Elektra Records

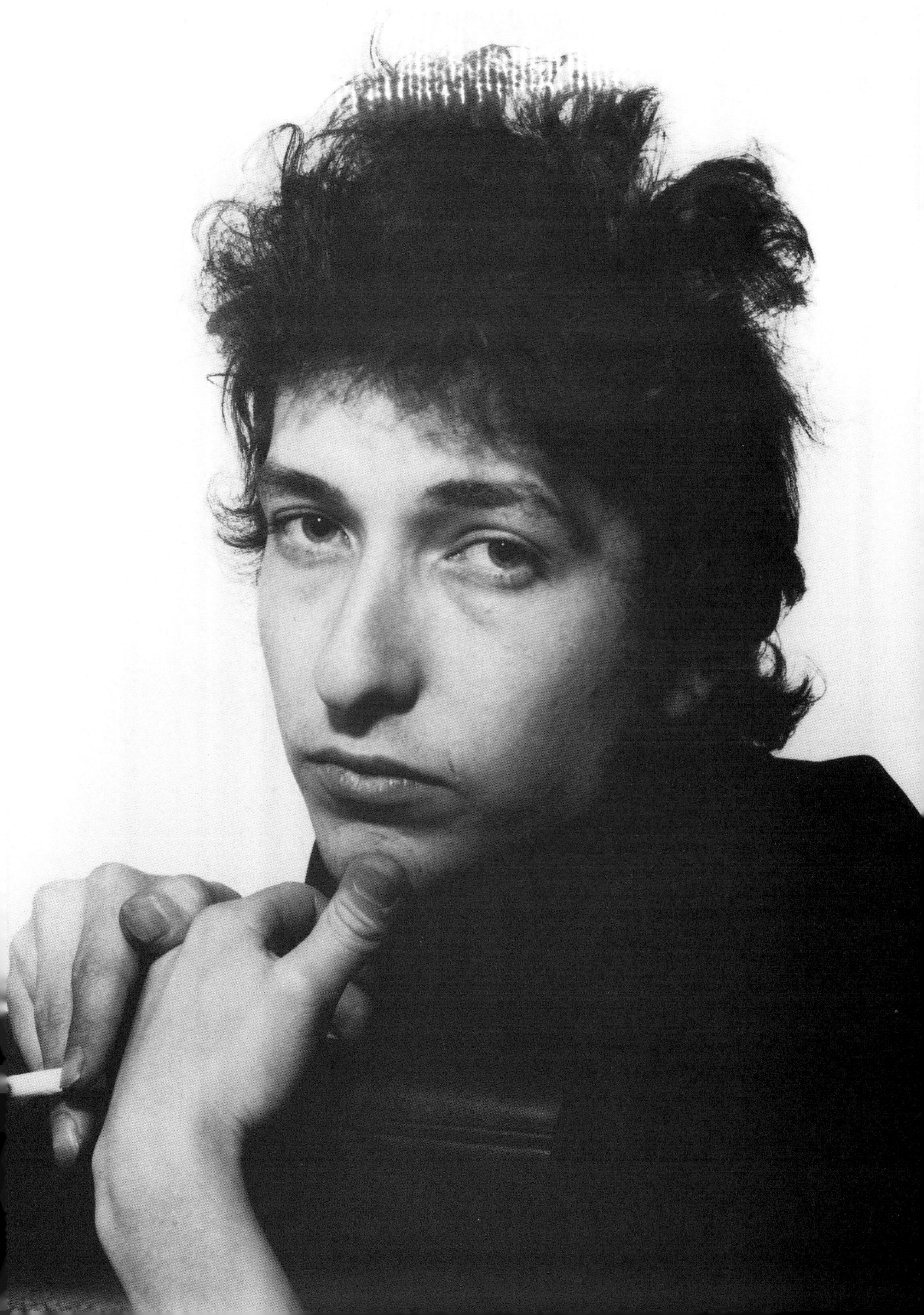

MAGGIE'S FARM

Medium bright

1. I ain't gonna work on Maggie's farm no more.

No, I ain't gonna work on Maggie's farm no more.

Well, I wake in the morning, Fold my hands and pray for rain. I got a head full of ideas That are drivin' me insane. It's a shame the way she makes me scrub the floor. I

repeat four times

ain't gonna work on Maggie's farm no more.

Copyright © 1965 Warner Bros. Inc.; renewed 1993 Special Rider Music. All Rights Reserved. International Copyright Secured.

1. **I ain't gonna work on Maggie's farm no more**
   Nunca mais vou trabalhar na fazenda da Maggie.
   No, I ain't gonna work on Maggie's farm no more
   Não, nunca mais vou trabalhar na fazenda da Maggie
   Well, I wake in the morning
   Bem, acordo de manhã,
   Fold my hands and pray for rain
   Junto as mãos e rezo por chuva.
   I got a head full of ideas
   Minha cabeça está cheia de ideias
   That are drivin' mc insane
   Que estão me levando à loucura.
   It's a shame the way she makes me scrub the floor
   É uma humilhação ela me fazer esfregar o chão.
   I ain't gonna work on Maggie's farm no more
   Nunca mais vou trabalhar na fazenda da Maggie.

2. **I ain't gonna work for Maggie's brother no more**
   Nunca mais vou trabalhar para o irmão da Maggie.
   No, I ain't gonna work for Maggie's brother no more
   Não, nunca mais vou trabalhar para o irmão da Maggie
   Well, he hands you a nickel
   Bem, ele te dá cinco centavos
   He hands you a dime
   Ele te dá dez centavos
   He asks you with a grin
   E pergunta rindo
   If you're havin' a good time
   Se você está se divertindo
   Then he fines you every time you slam the door
   Depois te multa quando você bate a porta
   I ain't gonna work for Maggie's brother no more
   Nunca mais vou trabalhar para o irmão da Maggie

3. **I ain't gonna work for Maggie's pa no more**
   Nunca mais vou trabalhar para o pai da Maggie
   No, I ain't gonna work for Maggie's pa no more
   Não, nunca mais vou trabalhar para o pai da Maggie

Well, he puts his cigar
Bem, ele apaga o charuto
Out in your face just for kicks
Bem na tua cara só pra te deixar puto
His bedroom window
A janela do quarto dele
It is made out of bricks
É de tijolos
The National Guard stands around his door
A Guarda Nacional monta guarda na porta dele
Ah, I ain't gonna work for Maggie's pa no more
Ah, não vou trabalhar para o pai da Maggie nunca mais

4. **I ain't gonna work for Maggie's ma no more**
   Nunca mais vou trabalhar para a mãe da Maggie
   No, I ain't gonna work for Maggie's ma no more
   Não, nunca mais vou trabalhar para a mãe da Maggie
   Well, she talks to all the servants
   Bem, ela conversa com todos os criados
   About man and God and law
   Sobre o homem, Deus e a lei
   Everybody says
   Todo mundo fala
   She's the brains behind pa
   Que ela é quem manda na casa.
   She's sixty-eight, but she says she's twenty-four
   Ela está com sessenta e oito, mas diz que tem vinte e quatro.
   I ain't gonna work for Maggie's ma no more
   Nunca mais vou trabalhar para a mãe da Maggie

5. **I ain't gonna work on Maggie's farm no more**
   Nunca mais vou trabalhar na fazenda da Maggie
   No, I ain't gonna work on Maggie's farm no more.
   Não, nunca mais vou trabalhar na fazenda da Maggie
   Well, I try my best
   Bom, faço o que posso

To be just like I am
para ser tal como sou
But everybody wants you
Mas todo mundo quer que a gente
To be just like them
Seja como eles são
They sing while you slave and I just get bored
Eles cantam enquanto você trabalha feito escravo, já me enchi
I ain't gonna work on Maggie's farm no more
Nunca mais vou trabalhar na fazenda da Maggie

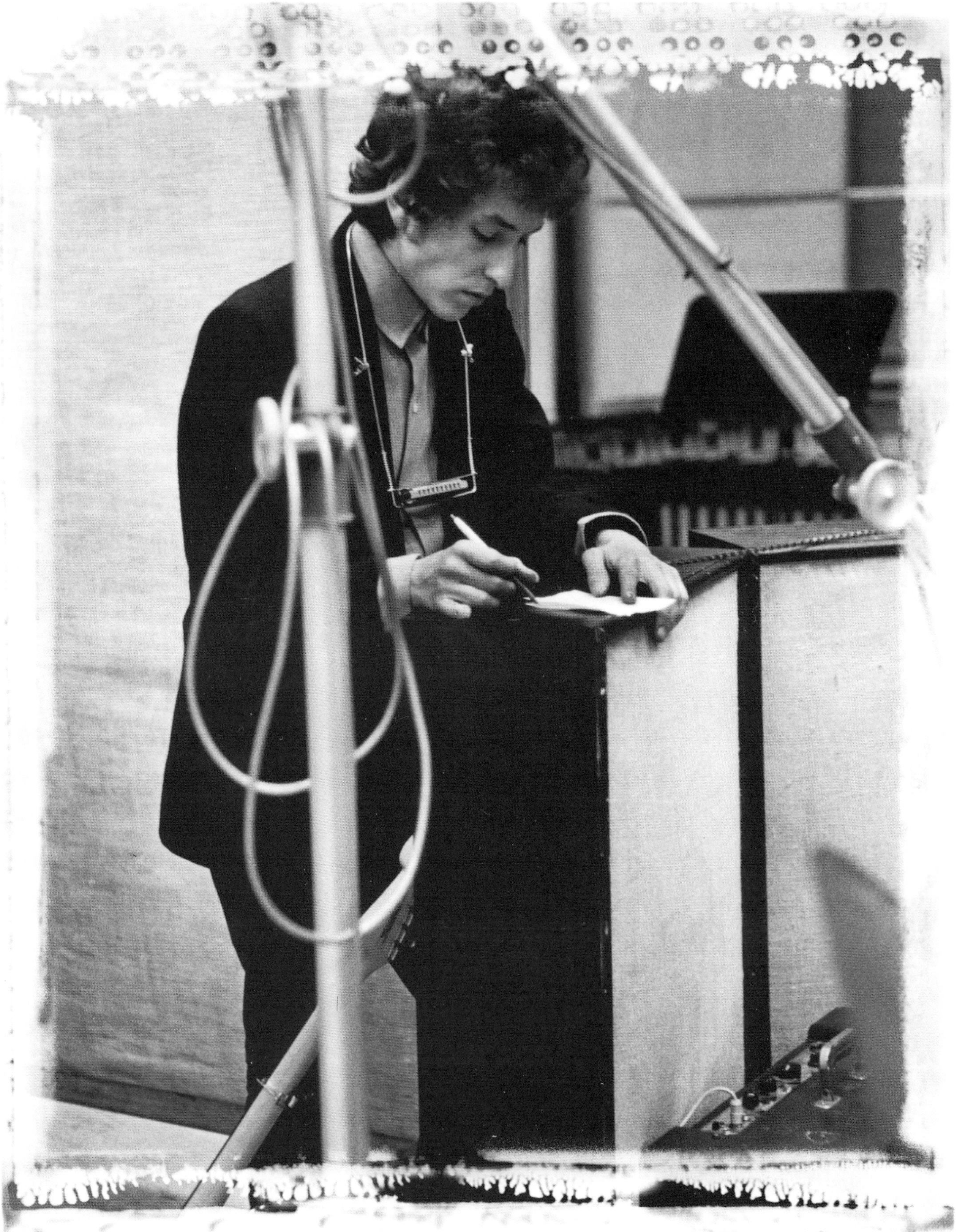

MR. TAMBOURINE MAN
(SENHOR TAMBORIM)

Bringing It All Back Home, 1965

Junto com "Blowin' In the Wind", "Mr. Tambourine Man" talvez seja a canção mais famosa de Bob Dylan – graças em parte ao sucesso global da versão *folk-rock* dos The Byrds em 1965. Ele começou a escrevê-la em fevereiro de 1964, lançando-a semanas depois durante um concerto em Londres. Dylan teceu sua complexa teia imagética em torno de uma figura central, inspirada em seu amigo, o guitarrista Bruce Langhorne.

"Durante uma gravação, [o produtor] Tom Wilson pediu para Bruce tocar tamborim. E ele tinha um tamborim imenso, quase do tamanho de uma roda de carroça. Lá estava ele tocando aquele tamborim, e essa visão simplesmente não saía da minha cabeça."

Bob Dylan, 1985

MR. TAMBOURINE MAN

Moderato (in 2)

Refrain

| G | A | D |

Hey! Mis-ter Tam-bou-rine Man, play a song for

| G | D | G | Em |

me, I'm not sleep-y and there is no place I'm

| A | G | A |

go-ing to. ____ Hey! Mis-ter Tam-bou-rine Man,

| D | G | D |

play a song for me, In the jin-gle jan-gle

| G | Em | A | D | G | D |

fifth time Fine

morn-ing I'll come fol-low-in' you. ____

Copyright © 1964, 1965 Warner Bros. Inc.; renewed 1992, 1993 Special Rider Music. All Rights Reserved. International Copyright Secured.

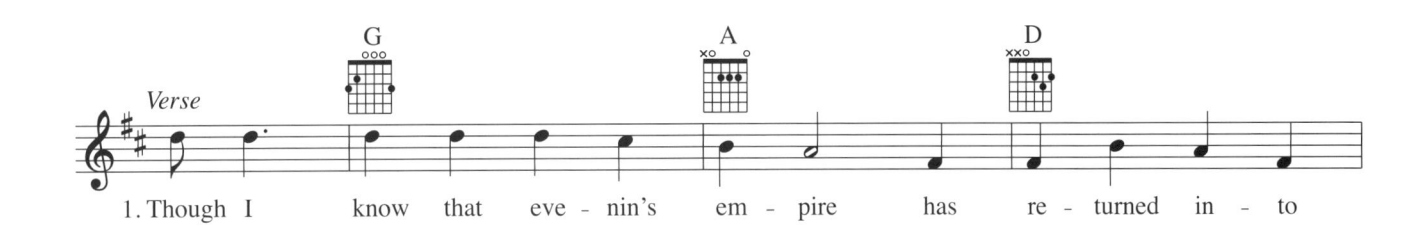

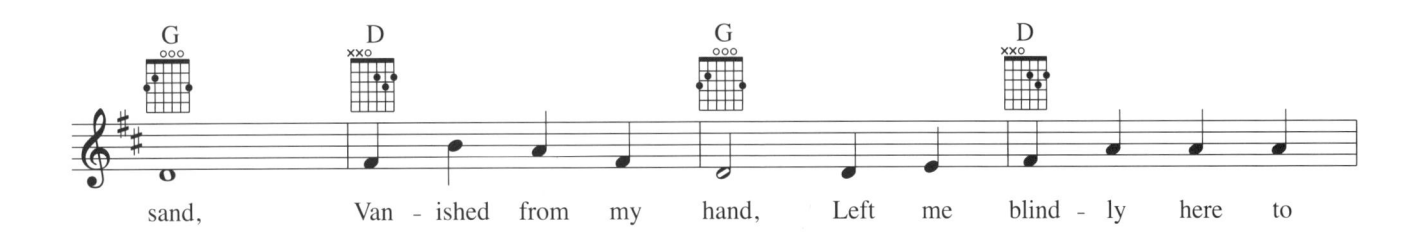

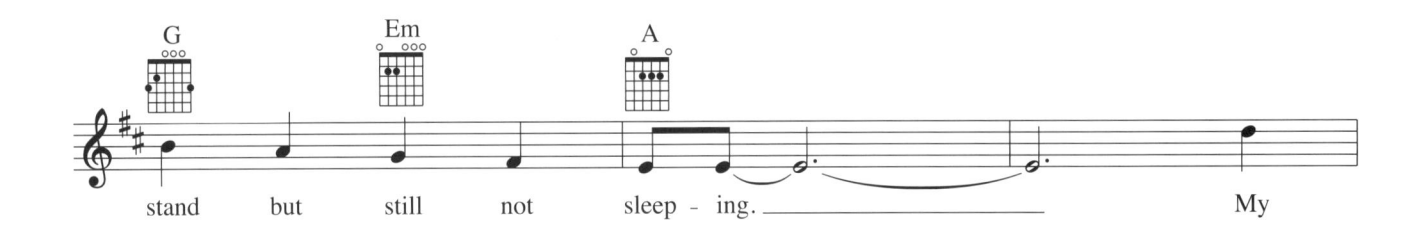

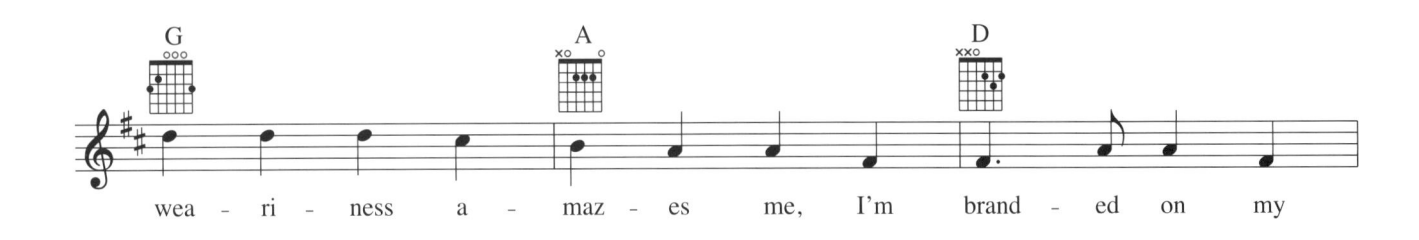

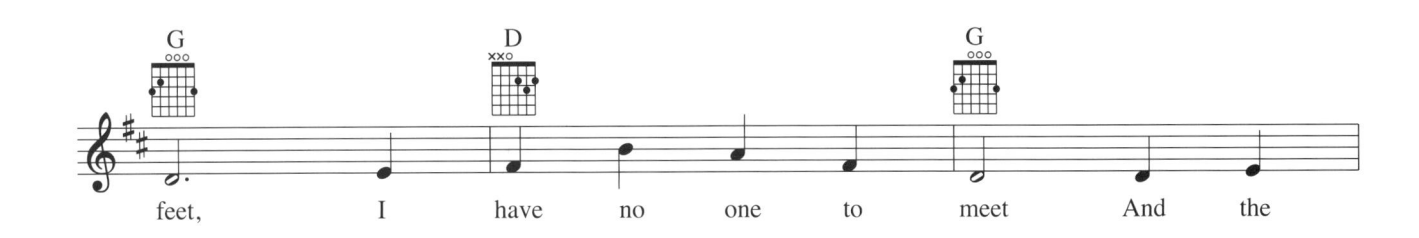

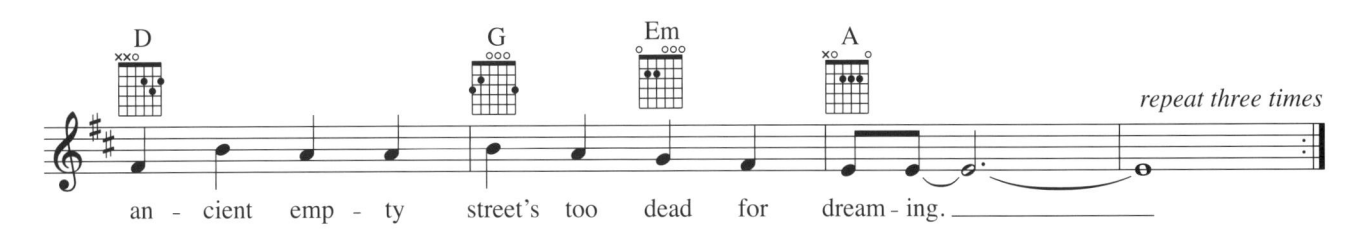

Verse

G   **A**   **D**

1. Though I know that eve - nin's em - pire has re - turned in - to

G   **D**   **G**   **D**

sand, Van - ished from my hand, Left me blind - ly here to

G   **Em**   **A**

stand but still not sleep - ing. _____ My

G   **A**   **D**

wea - ri - ness a - maz - es me, I'm brand - ed on my

G   **D**   **G**

feet, I have no one to meet And the

D   **G**   **Em**   **A**

repeat three times

an - cient emp - ty street's too dead for dream - ing. _____

Hey! Mr. Tambourine Man, play a song for me
Ei! Senhor Tamborim, toque uma canção para mim,
I'm not sleepy and there is no place I'm going to
Não estou com sono e não estou indo para nenhum lugar
Hey! Mr. Tambourine Man, play a song for me
Ei! Senhor Tamborim, toque uma canção para mim,
In the jingle jangle morning I'll come followin' you
Nessa manhã estridente, eu te acompanho.

1. **Though I know that evenin's empire has returned into sand**
   Embora eu saiba que o império da tarde voltou a ser areia,
   Vanished from my hand
   Escorreu da minha mão,
   Left me blindly here to stand but still not sleeping
   Me deixou cego aqui de pé, mas não adormecido
   My weariness amazes me, I'm branded on my feet
   Meu cansaço me surpreende, estou com os pés fincados,
   I have no one to meet
   Ninguém para encontrar
   And the ancient empty street's too dead for dreaming
   E a velha rua vazia está muito morta para sonhar.

2. **Take me on a trip upon your magic swirlin' ship**
   Leve-me para uma viagem em sua nave mágica que gira
   My senses have been stripped, my hands can't feel to grip
   Meus sentidos se esvaíram, minhas mãos perderam a força
   My toes too numb to step, wait only for my boot heels
   Meus pés dormentes só esperam os saltos da minha bota
   To be wanderin'
   Para vaguear
   I'm ready to go anywhere, I'm ready for to fade
   Estou pronto para ir a qualquer lugar, estou pronto para desaparecer
   Into my own parade, cast your dancing spell my way
   No meu próprio desfile, lance seu feitiço dançante em mim
   I promise to go under it
   Prometo te seguir

   Refrão

3. **Though you might hear laughin', spinnin', swingin' madly across the sun**
    Embora possa ouvir risos, girando, dando voltas alucinadas sob o sol,
    It's not aimed at anyone, it's just escapin' on the run
    Não se dirige a ninguém, é só uma escapatória
    And but for the sky there are no fences facin'
    E a não ser o céu não há obstáculos
    And if you hear vague traces of skippin' reels of rhyme
    E se ouvir vagos vestígios de rimas saltitantes
    To your tambourine in time, it's just a ragged clown behind
    No ritmo do seu tamborim, é apenas um palhaço em andrajos
    I wouldn't pay it any mind, it's just a shadow you're
    Nem prestei atenção, o que se vê é apenas uma sombra
    Seein' that he's chasin
    que ele percebe

    Refrão

4. **Then take me disappearin' through the smoke rings of my mind**
    Então, faça-me desaparecer nos anéis de fumaça da minha mente
    Down the foggy ruins of time, far past the frozen leaves
     Nas nebulosas ruínas do tempo, depois das folhas congeladas
    The haunted, frightened trees, out to the windy beach
    Das assombradas e assustadas árvores, longe na ventania da praia
    Far from the twisted reach of crazy sorrow
    Para longe do funesto alcance da aflição insana
    Yes, to dance beneath the diamond sky with one hand waving free
    Sim, dançar sob um céu de diamante acenando livre a mão
    Silhouetted by the sea, circled by the circus sands
    Perfilado pelo mar, rodeado pelas areias do circo
    With all memory and fate driven deep beneath the waves
    Todas as lembranças e destino engolidos pelas ondas
    Let me forget about today until tomorrow
    Faça-me esquecer de hoje até amanhã.

    Refrão

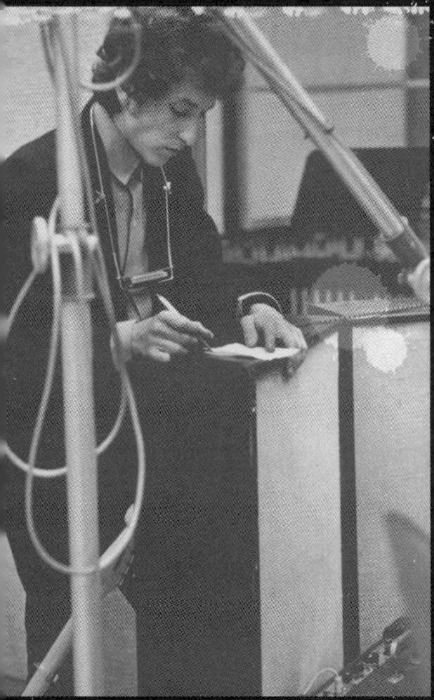

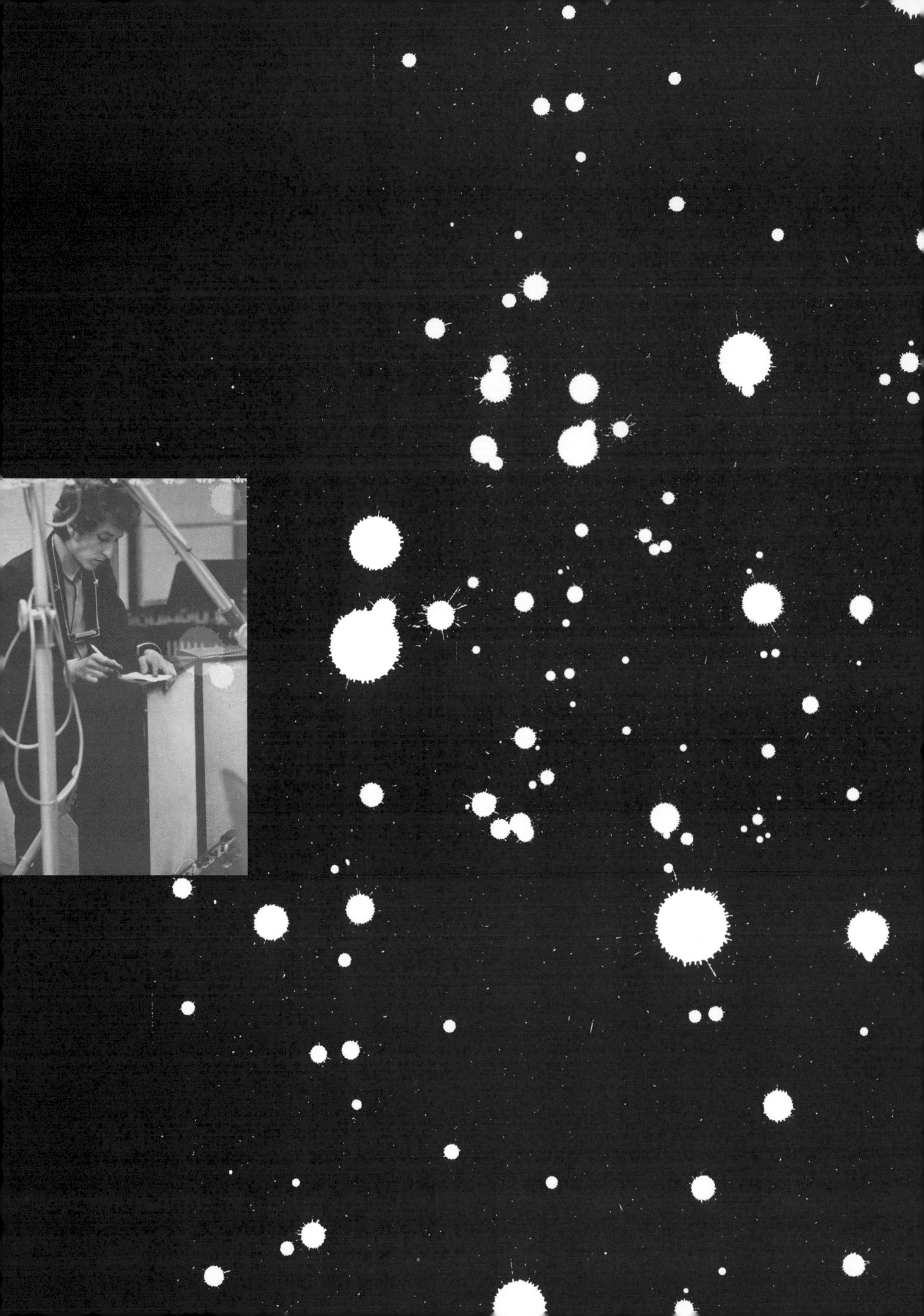

"Quando eu o ouvi cantar essa música, comecei a chorar. Sabia que estava presenciando o surgimento de um grande artista."

Liam Clancy

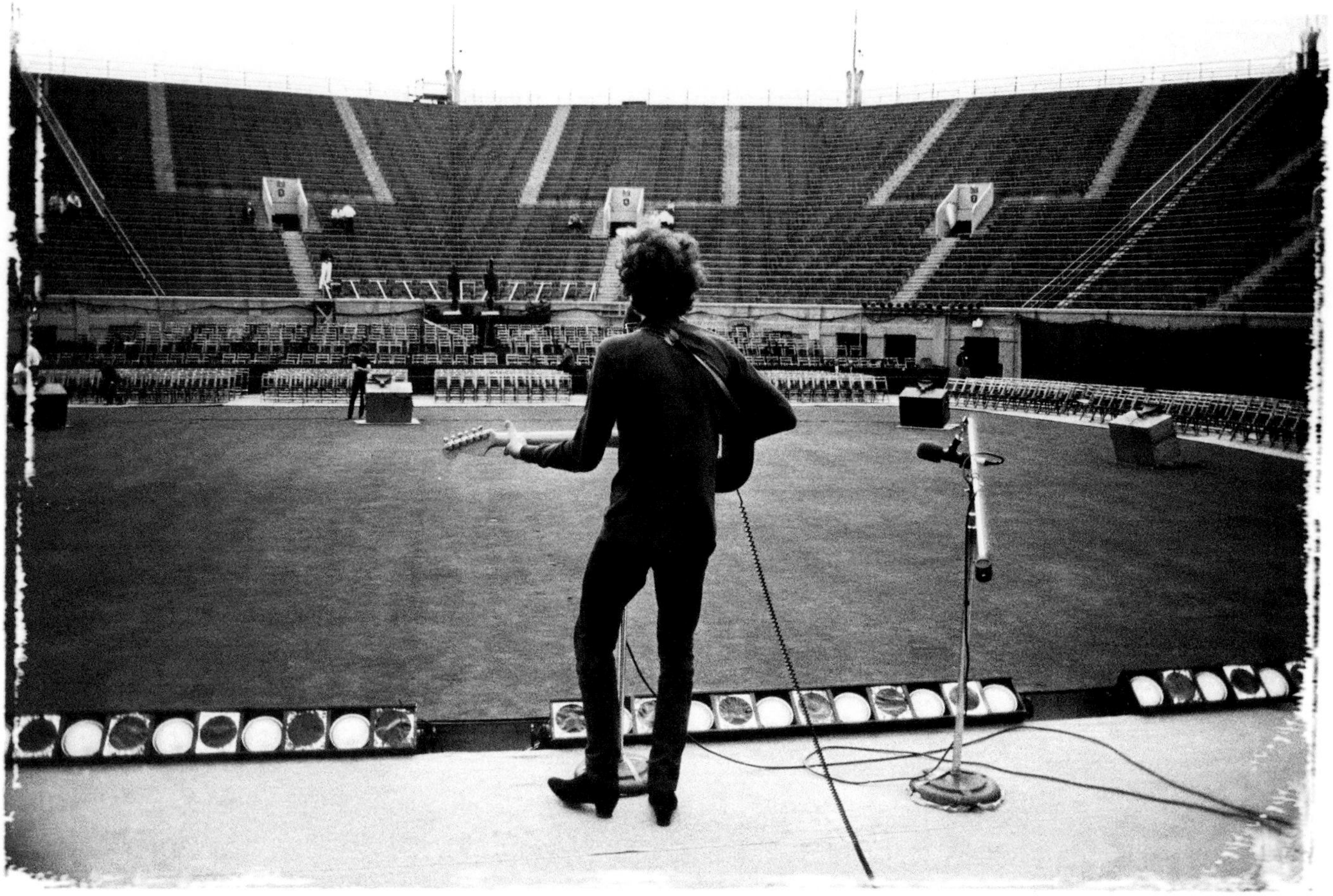

IT'S ALRIGHT, MA
(TUDO BEM, MÃE)
(I'M ONLY BLEEDING)
(SÓ ESTOU SANGRANDO)

Bringing It All Back Home, 1965

O público do Philharmonic Hall de Nova York, em outubro de 1964, foi o primeiro a ouvir esta espetacular fantasia lírica, que começa com feroz *riff* de *blues* acústico. Três meses depois, Dylan gravou-a para o álbum *Bringing It All Back Home*. Desde então, ele executou essa canção inúmeras vezes, e nos últimos anos, reavivando suas raízes do *blues* com seus emocionantes arranjos elétricos.

"Algumas das canções que compus simplesmente me dão uma sensação de admiração. Coisas do tipo 'It's Alright, Ma', só a aliteração nela já me deixa impressionado."

Bob Dylan, 1997

IT'S ALRIGHT, MA
(I'M ONLY BLEEDING)

Medium bright

Em | **Em7**

1. Dark - ness at the break of noon Shad - ows e - ven the sil - ver spoon The

Em6 | **Cmaj7**

hand - made blade, the child's bal - loon E - clips - es both the sun and moon To

Em

un - der - stand you know too soon, There is no sense in try - ing.

Em7

Point - ed threats, they bluff with scorn Su - i - cide re - marks are torn From the fool's gold

Em6 | **Cmaj7**

mouth - piece the hol - low horn Plays wast - ed words proves to warn That

Copyright © 1965 Warner Bros. Inc.; renewed 1993 Special Rider Music. All Rights Reserved. International Copyright Secured.

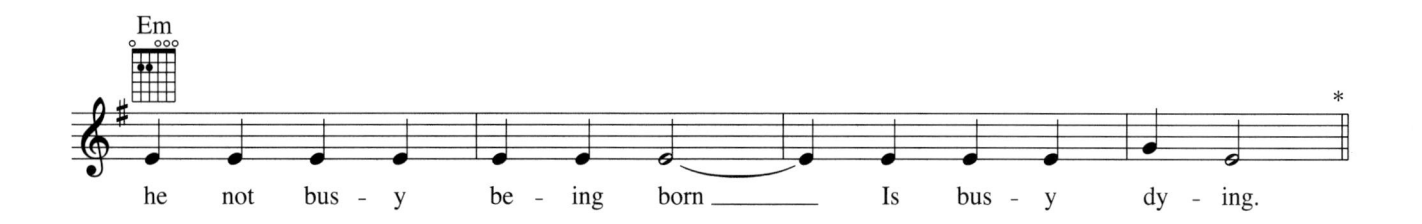

he not bus-y be-ing born _____ Is bus-y dy-ing.

Temp-ta-tion's page flies out the door You fol-low, find your-self at war Watch

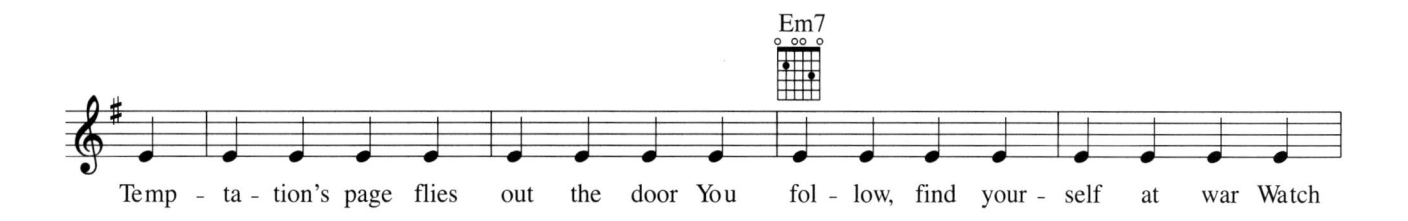

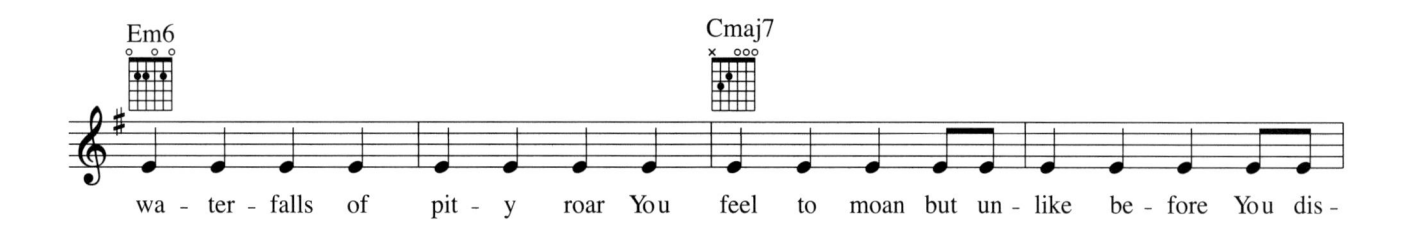

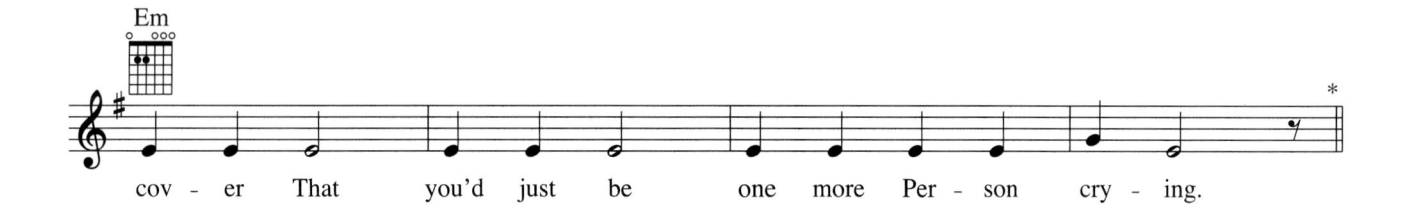

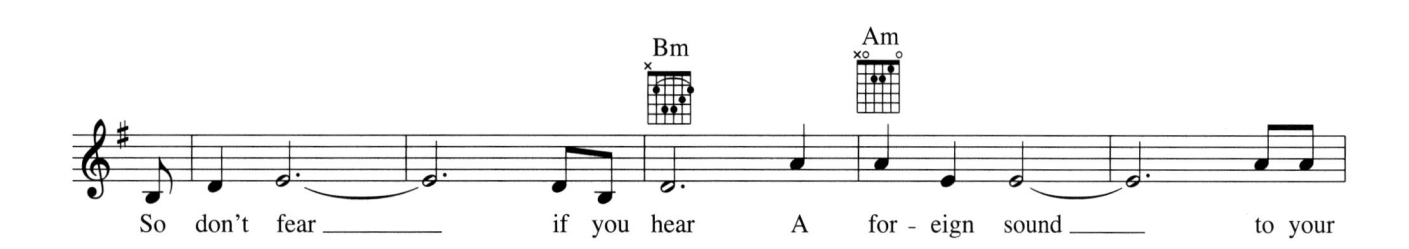

wa-ter-falls of pit-y roar You feel to moan but un-like be-fore You dis-

cov-er That you'd just be one more Per-son cry-ing.

So don't fear _____ if you hear A for-eign sound _____ to your

repeat four times

ear It's al-right Ma, _____ I'm on-ly sigh-ing.

* *The asterisks denote ad lib guitar breaks which occur at these points in the Dylan recording.*

1. **Darkness at the break of noon**
Escuridão ao romper do meio-dia
Shadows even the silver spoon
Sombreiam até a colher prateada
The handmade blade, the child's balloon
A lâmina feita a mão, o balão da criança
Eclipses both the sun and moon
Eclipsa tanto o sol quanto a lua
To understand you know too soon
Para entender que se sabe bem antes
There is no sense in trying
Não há motivo para tentar

Pointed threats, they bluff with scorn
Ameaças agudas blefam com desprezo
Suicide remarks are torn
Comentários suicidas se rompem
From the fool's gold mouthpiece the hollow horn
Do bocal dourado de um tolo, a trompa
Plays wasted words, proves to warn
Toca palavras gastas, confirmando o alerta
That he not busy being born is busy dying
Que ele não está ocupado nascendo está ocupado morrendo

Temptation's page flies out the door
A página da tentação sai voando pela porta
You follow, find yourself at war
Você a segue, e se vê na guerra
Watch waterfalls of pity roar
Assiste ao estrondo das cachoeiras da piedade
You feel to moan but unlike before
Quer se lamentar, mas diferente de antes
You discover that you'd just be one more
Descobre que não passa
Person crying
De mais uma pessoa que chora

So don't fear if you hear
Então não tema se ouvir
A foreign sound to your ear
Um som estranho a seu ouvido
It's alright, Ma, I'm only sighing
Está tudo bem, mãe, só estou suspirando

2. **As some warn victory, some downfall**
Enquanto uns antecipam vitória, outros caem
Private reasons great or small
Motivos particulares importantes ou mínimos
Can be seen in the eyes of those that call
Podem ser vistos nos olhos daqueles que chamam
To make all that should be killed to crawl
Para fazer rastejar tudo o que deveria ser destruído
While others say don't hate nothing at all
Enquanto outros dizem: não odeiem nada de forma alguma
Except hatred
Exceto o próprio ódio

Disillusioned words like bullets bark
Desiludidas palavras ladram como balas
As human gods aim for their mark
Enquanto deuses humanos apontam seus alvos
Made everything from toy guns that spark
Fizeram tudo brilhar, desde armas de brinquedo
To flesh-colored Christs that glow in the dark
Até Cristos coloridos encarnados que brilham no escuro
It's easy to see without looking too far
É fácil de ver sem ter que procurar muito longe
That not much is really sacred
Que não há muita coisa que seja realmente sagrada

While preachers preach of evil fates
Enquanto pastores pregam sobre destinos malévolos
Teachers teach that knowledge waits
Professores ensinam que a espera pelo conhecimento
Can lead to hundred-dollar plates
Pode gerar pratos de cem dólares
Goodness hides behind its gates
A bondade se esconde atrás de seus portões
But even the president of the United States
Mas mesmo o presidente dos Estados Unidos
Sometimes must have to stand naked
Às vezes tem que se apresentar despido

An' though the rules of the road have been lodged
E embora as regras da estrada estejam abrigadas
It's only people's games that you got to dodge
Não passa de um jogo das pessoas que você tem que se esquivar
And it's alright, Ma, I can make it
E está tudo bem, mãe, eu supero isso.

* *O asterisco denota intervalos* ad lib *da guitarra que ocorre nesses pontos na gravação de Dylan.*

3. **Advertising signs that con you**
   Cartazes publicitários que lhe enganam
   Into thinking you're the one
   Fazendo pensar que você é aquele
   That can do what's never been done
   Que pode fazer o que nunca foi feito
   That can win what's never been won
   Que pode ganhar o que nunca foi ganho
   Meantime life outside goes on
   Enquanto a vida lá fora continua
   All around you
   Como tudo ao seu redor

   You lose yourself, you reappear
   Você se perde, você ressurge
   You suddenly find you got nothing to fear
   Você de repente descobre que nada tem a temer
   Alone you stand with nobody near
   Sozinho você fica sem ninguém por perto
   When a trembling distant voice, unclear
   Quando uma voz trêmula e distante, indistinta
   Startles your sleeping ears to hear
   Perturba seus ouvidos dormentes para que ouça
   That somebody thinks they really found you
   Que alguém pensa que eles realmente te encontraram

   A question in your nerves is lit
   Uma pergunta em seus nervos se acende
   Yet you know there is no answer fit to satisfy
   Mesmo assim você sabe que não há resposta que satisfaça
   Insure you not to quit
   Inseguro você não desiste
   To keep it in your mind and not forget
   Mantendo em sua mente e não se esquecendo
   That it is not he or she or them or it
   Que não é a ele ou a ela ou a eles ou a qualquer coisa
   That you belong to
   Que você pertence

   Although the masters make the rules
   Embora os mestres façam as regras
   For the wise men and the fools
   Para os sábios e para os tolos
   I got nothing, Ma, to live up to
   Nada tenho, mãe, que alcance as expectativas

4. **For them that must obey authority**
   Quanto àqueles que precisam obedecer autoridades
   That they do not respect in any degree
   Que não respeitam em grau algum
   Who despise their jobs, their destinies
   Que desdenham seus empregos, seus destinos
   Speak jealously of them that are free
   Falam com inveja deles que são livres
   Cultivate their flowers to be
   Cultivam suas flores para que sejam
   Nothing more than something they invest in
   Nada além do que algo que investiram

   While some on principles baptized
   Enquanto alguns seguindo princípios se batizam
   To strict party platform ties
   Em plataformas partidárias de vínculos estritos
   Social clubs in drag disguise
   Em clubes sociais revestidos em disfarces
   Outsiders they can freely criticize
   O estranho do lado de fora, eles se sentem livres para criticar
   Tell nothing except who to idolize
   Expressando nada, exceto a quem idolatrar
   And then say God bless him
   E então dizem, Deus lhe abençoe

   While one who sings with his tongue on fire
   Enquanto aquele que canta com sua língua em chamas
   Gargles in the rat race choir
   Gargareja no coral da raça dos ratos
   Bent out of shape from society's pliers
   Com a figura retorcida pelos alicates da sociedade
   Cares not to come up any higher
   Não se importa em atingir um nível mais alto
   But rather get you down in the hole
   E sim fazê-lo descer ao buraco
   That he's in
   Em que ele se encontra

   But I mean no harm nor put fault
   Mas eu não desejo mal e nem quero colocar culpa
   On anyone that lives in a vault
   Em qualquer pessoa que vive trancado em um cofre
   But it's alright, Ma, if I can't please him
   Mas está tudo bem, mãe, se eu não posso agradá-la.

5. Old lady judges watch people in pairs
Velhas senhoras juízas observam pessoas em pares
Limited in sex, they dare
Limitadas no sexo, elas se atrevem
To push fake morals, insult and stare
Em promover falsos moralismos, insultam e encaram
While money doesn't talk, it swears
Enquanto o dinheiro não fala, ele xinga
Obscenity, who really cares
Obscenidade, quem realmente se importa
Propaganda, all is phony
Propaganda, tudo isso é falso

While them that defend what they cannot see
Enquanto aqueles que defendem o que não conseguem ver
With a killer's pride, security
Com o orgulho homicida, segurança
It blows the minds most bitterly
Preenchem as mentes da forma mais amarga
For them that think death's honesty
Pois aqueles que pensam que a honestidade da morte
Won't fall upon them naturally
Não cairá sobre eles de forma natural
Life sometimes must get lonely
A vida às vezes deve se tornar solitária

My eyes collide head-on with stuffed
Meus olhos colidem de frente com cemitérios estufados
Graveyards False gods, I scuff
Falsos deuses, eu me arrasto
At pettiness which plays so rough
Diante da mesquinhez que pega tão pesado
Walk upside-down inside handcuffs
Caminhem de cabeça para baixo, e por dentro algemados
Kick my legs to crash it off
Chutem minhas pernas para quebrá-las
Say okay, I have had enough what else can you show me?
Digam tudo bem, já suportei demais O que mais vocês podem me mostrar?

And if my thought-dreams could be seen
E se meus pensamentos-sonhos pudessem ser vistos
They'd probably put my head in a guillotine
Eles provavelmente colocariam minha cabeça em uma guilhotina
But it's alright, Ma, it's life, and life only
Mas está tudo bem, mãe, é a vida, apenas a vida

"Em alguns momentos de sua carreira de compositor, ele conseguiu, cristalizar as coisas tão bem que elas irão durar uns mil anos na história humana. Se não nos destruirmos até lá, no ano 3000, alguém, em algum lugar, estará cantando 'He not busy being born is busy dying'. Isso é bastante significativo. É uma contribuição à arte."

David Crosby

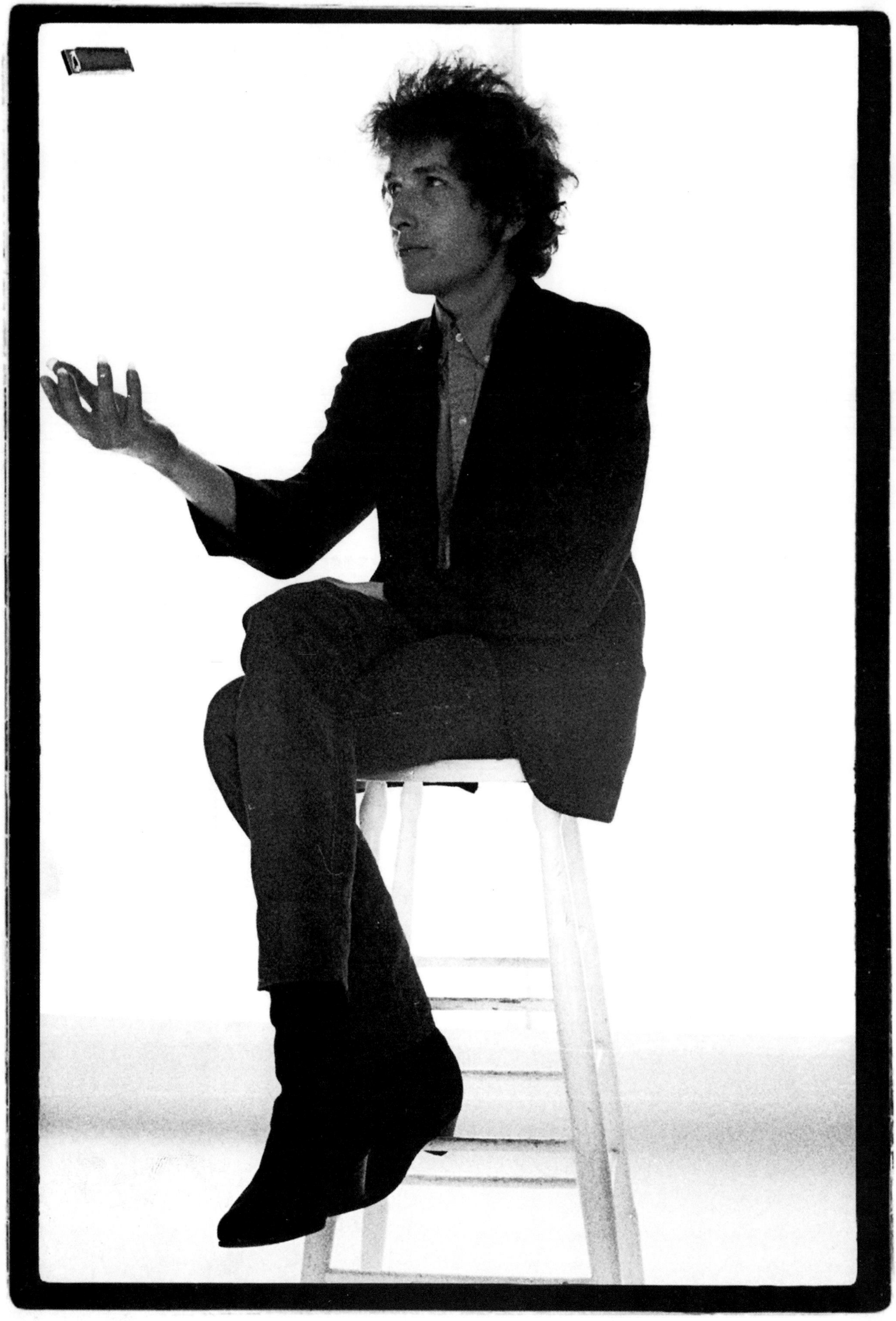

GATES OF EDEN
(PORTÕES DO ÉDEN)

🔘 *Bringing It All Back Home*, 1965

Esta composição foi gravada na mesma sessão de "Mr Tambourine Man" e "It's Alright, Ma (I'm Only Bleeding)", em janeiro de 1965, para o álbum *Bringing It All Back Home*. Sua primeira exibição ao vivo, no Philharmonic Hall de Nova York, na noite de Halloween de 1964, foi lançada no *The Bootleg Series Vol. 6*.

"É uma canção incrível. As influências em tantas de suas composições daquela época vieram de artistas como Martin Carthy,[6] de suas viagens à Inglaterra e dos gêneros tradicionais que ele absorveu. Não há muita distância entre o que Bob fez em 'Gates Of Eden' e uma melodia *folk* irlandesa ou escocesa."

Ralph McTell

---

[6]. N.T.: Cantor e guitarrista inglês de música *folk*, que, além de Dylan, influenciou também artistas como Paul Simon, Joan Baez, Donovan, entre outros.

GATES OF EDEN

Medium bright

Of war and peace the truth just twists Its cur-few gull just glides Up-on four-leg-ged for-est clouds The cow-boy an-gel rides With his can-dle lit in-to the sun Though its glow is waxed in black All ex-cept when 'neath the trees of E-den.

repeat eight times

Copyright © 1965 Warner Bros. Inc.; renewed 1993 Special Rider Music. All Rights Reserved. International Copyright Secured.

1. **Of war and peace the truth just twists**
   De guerra e paz a verdade se distorce
   Its curfew gull just glides
   Sua gaivota em toque de recolher no céu sobrevoa
   Upon four-legged forest clouds
   Sobre florestas de nuvens de quatro pernas o angélico
   The cowboy angel rides
   cowboy cavalga
   With his candle lit into the sun
   Com sua vela acesa ao sol
   Though its glow is waxed in black
   Embora o seu brilho ilumine no escuro
   All except when 'neath the trees of Eden
   Tudo, exceto quando se encontra sob as árvores do Éden

2. **The lamppost stands with folded arms**
   O poste da rua parado de braços cruzados
   Its iron claws attached
   Com suas garras de ferro presas
   To curbs 'neath holes where babies wail
   Nas sarjetas sob buracos onde os bebês choram
   Though it shadows metal badge
   Embora ofusque o emblema metálico
   All and all can only fall
   No final das contas pode apenas cair
   With a crashing but meaningless blow
   Fazendo um estrondo sem importância alguma
   No sound ever comes from the Gates of Eden
   Nem mesmo o som jamais saiu dos Portões do Éden

3. **The savage soldier sticks his head in sand**
   O soldado cruel enfia sua cabeça na areia
   And then complains
   E em seguida se queixa
   Unto the shoeless hunter who's gone deaf
   Ao caçador descalço que ficou surdo
   But still remains
   Mas que ainda permanece
   Upon the beach where hound dogs bay
   Sobre a praia onde os cães de caça ladram
   At ships with tattooed sails
   Para os navios com suas velas tatuadas
   Heading for the Gates of Eden
   Rumando para os Portões do Éden

4. **With a time-rusted compass blade**
   Com uma lâmina de compasso enferrujada pelo tempo

Aladdin and his lamp
Aladim e sua lâmpada
Sits with Utopian hermit monks
Senta-se com os monges eremitas utópicos
Side saddle on the Golden Calf
Sentado de lado na sela do Bezerro Dourado
And on their promises of paradise
E sobre suas promessas de paraíso
You will not hear a laugh
Você não ouvirá um riso
All except inside the Gates of Eden
Tudo, exceto dentro dos Portões do Éden

5. **Relationships of ownership**
Relacionamentos de posse
They whisper in the wings
Eles sussurram nas asas
To those condemned to act accordingly
Àqueles condenados a agir conforme acordado
And wait for succeeding kings
E aguardar pelos reis sucessores
And I try to harmonize with songs
E tento me harmonizar com as canções
The lonesome sparrow sings
Os cantos dos pardais tristes
There are no kings inside the Gates of Eden
Não há reis do lado de dentro dos Portões do Éden

6. **The motorcycle black madonna**
A madona da motocicleta preta
Two-wheeled gypsy queen
Rainha cigana de duas rodas
And her silver-studded phantom cause
Em sua causa fantasmagórica ornamentada em prata
The gray flannel dwarf to scream
A cinzenta flanela abafa o grito
As he weeps to wicked birds of prey
Enquanto ele chora pelas malvadas aves de rapina
Who pick up on his bread crumb sins
Que pegam seus pecados como migalhas de pão
And there are no sins inside the Gates of Eden
E não há pecados dentro dos Portões do Éden

7. **The kingdoms of Experience**
Os reinos da Experiência
In the precious wind they rot
No precioso vento apodrecem

While paupers change possessions
Enquanto os pobres trocam suas posses
Each one wishing for what the other has got
Cada qual desejando o que o outro ganhou
And the princess and the prince
Enquanto a princesa e o príncipe
Discuss what's real and what is not
Discutem o que é real e o que não é
It doesn't matter inside the Gates of Eden
Isso não importa dentro dos Portões do Éden

8. **The foreign sun, it squints upon**
    O forasteiro sol espreita sobre
    A bed that is never mine
    Uma cama que nunca foi minha
    As friends and other strangers
    Enquanto amigos e pessoas estranhas
    From their fates try to resign
    Tentam se resignar de seus destinos
    Leaving men wholly, totally free
    Deixando os homens totalmente livres
    To do anything they wish to do but die
    Para fazer tudo o que desejam, mas morrem
    And there are no trials inside the Gates of Eden
    E não há julgamentos dentro dos Portões do Éden

9. **At dawn my lover comes to me**
    Ao amanhecer meu amor vem até mim
    And tells me of her dreams
    E me conta os seus sonhos
    With no attempts to shovel the glimpse
    Sem tentar esconder o vislumbre
    Into the ditch of what each one means
    Dentro do buraco que significa para cada um
    At times I think there are no words
    Às vezes penso que não há palavras
    But these to tell what's true
    Mas estas contam o que é verdadeiro
    And there are no truths outside
    E não há verdades do lado de fora dos
    the Gates of Eden
    Portões do Éden

LOVE MINUS ZERO/NO LIMIT
(AMOR ABAIXO DE ZERO/SEM LIMITE)

Bringing It All Back Home, 1965

Lírica e hipnótica, "Love Minus Zero/No Limit" mostrou ser uma das canções mais eternas da obra-prima de Dylan em 1965, *Bringing It All Back Home*. A gravação em estúdio foi feita em janeiro daquele ano. Dylan prontamente a incluiu no repertório ao vivo daquele verão. A banda The Turtles e Joan Baez estão entre vários artistas que gravaram essa canção.

"Compor uma canção é como pescar em um riacho: você joga a linha e espera pegar alguma coisa. E, cá pra mim, duvido que quem estivesse pescando rio abaixo, onde estava Dylan, conseguiria pegar alguma coisa."

Arlo Guthrie

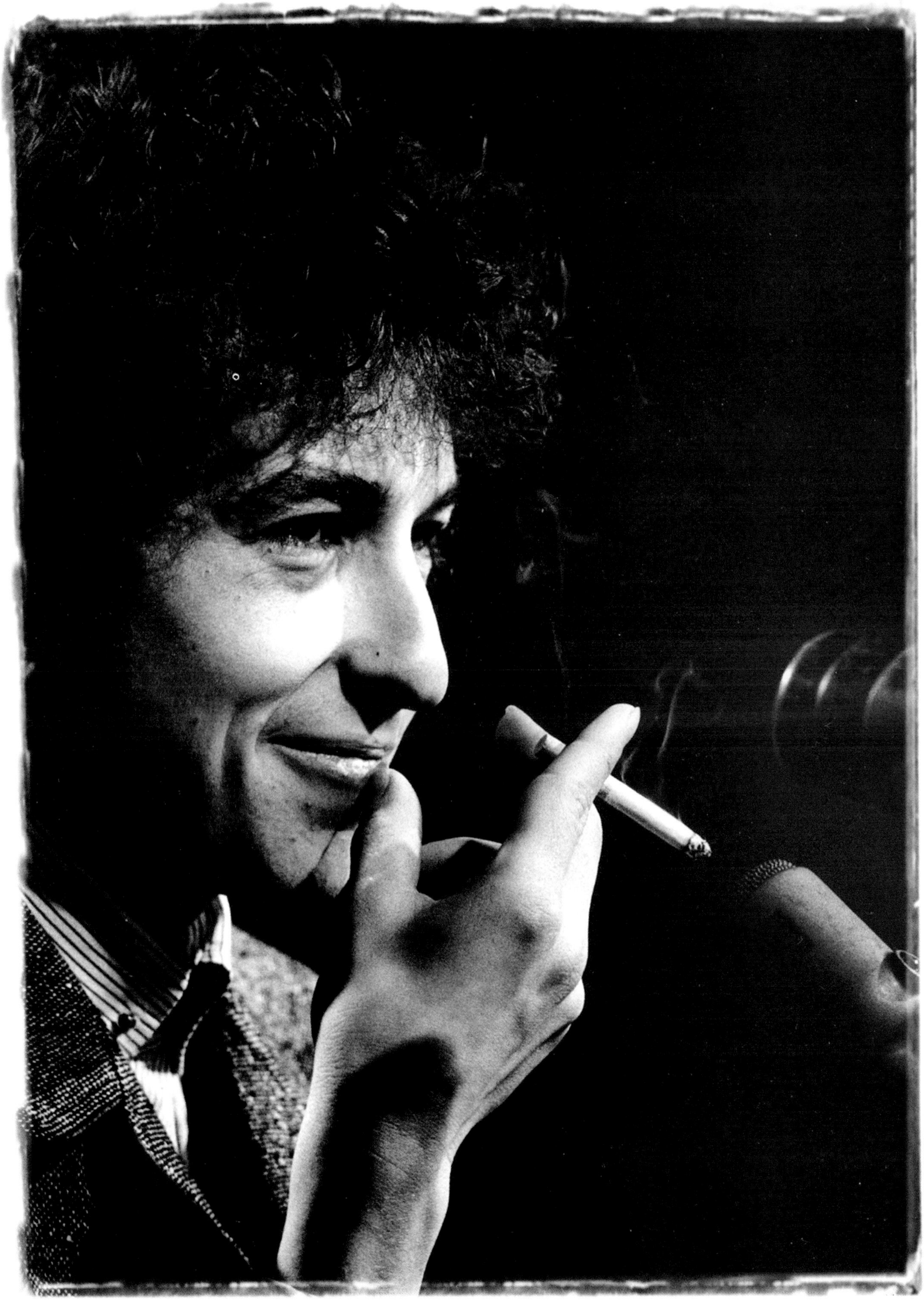

LOVE MINUS ZERO/NO LIMIT

Slowly, with feeling

1. My love she speaks like silence, Without ideals or violence, She doesn't have to say she's faithful, Yet she's true, like ice, like fire. People carry roses, Make promises by the hours, My love she laughs like the flowers, Valentines can't buy her.

repeat three times

Copyright © 1965 WARNER BROS. INC.; renewed 1993 Special Rider Music. All Rights Reserved. International Copyright Secured.

1. **My love she speaks like silence**
   Meu amor fala como o silêncio,
   Without ideals or violence
   Sem ideais ou violência,
   She doesn't have to say she's faithful
   Ela não precisa dizer que é fiel,
   Yet she's true, like ice, like fire
   Mesmo assim, ela é verdadeira, como o gelo, como o fogo.
   People carry roses
   As pessoas levam rosas,
   Make promises by the hours
   Fazem promessa por horas,
   My love she laughs like the flowers
   Meu amor, ela sorri como as flores,
   Valentines can't buy her
   Presentes não conseguem comprá-la.

2. **In the dime stores and bus stations**
   Nos bazares e estações rodoviárias
   People talk of situations
   As pessoas falam sobre situações
   Read books, repeat quotations
   Leem livros, repetem citações
   Draw conclusions on the wall
   Desenham conclusões na parede
   Some speak of the future
   Algumas comentam sobre o futuro
   My love she speaks softly
   Meu amor, ela fala com suavidade
   She knows there's no success like failure
   Ela sabe que não há sucesso como o fracasso
   And that failure's no success at all
   E que o fracasso não traz sucesso algum

3. **The cloak and dagger dangles**
   O manto e a cruz atraem
   Madams light the candpes
   Senhoras acendem as velas
   In ceremonies of the horsemen
   Em cerimônias de cavaleiros
   Even the pawn must hold a grudge
   Mesmo o peão deve guardar seu rancor
   Statues made of match sticks
   Estátuas feitas de palitos de fósforos
   Crumble into one another
   Desmoronam umas sobre as outras
   My love winks, she does not bother
   Meu amor pisca o olho, ela não se incomoda
   She knows too much to argue or to judge
   Ela sabe demais para argumentar ou julgar

4. **The bridge at midnight trembles**
   A ponte à meia-noite treme
   The country doctor rambles
   O médico no campo passeia
   Bankers' nieces seek perfection
   As sobrinhas dos banqueiros buscam a perfeição
   Expecting all the gifts that wise men bring
   Esperando todos os presentes que o esperto traz
   The wind howls like a hammer
   O vento bate como um martelo
   The night blows cold and rainy
   A noite assopra o frio e a chuva
   My love she's like some raven
   Meu amor, ela é como um corvo
   At my window with a broken wing
   Na minha janela com a asa quebrada

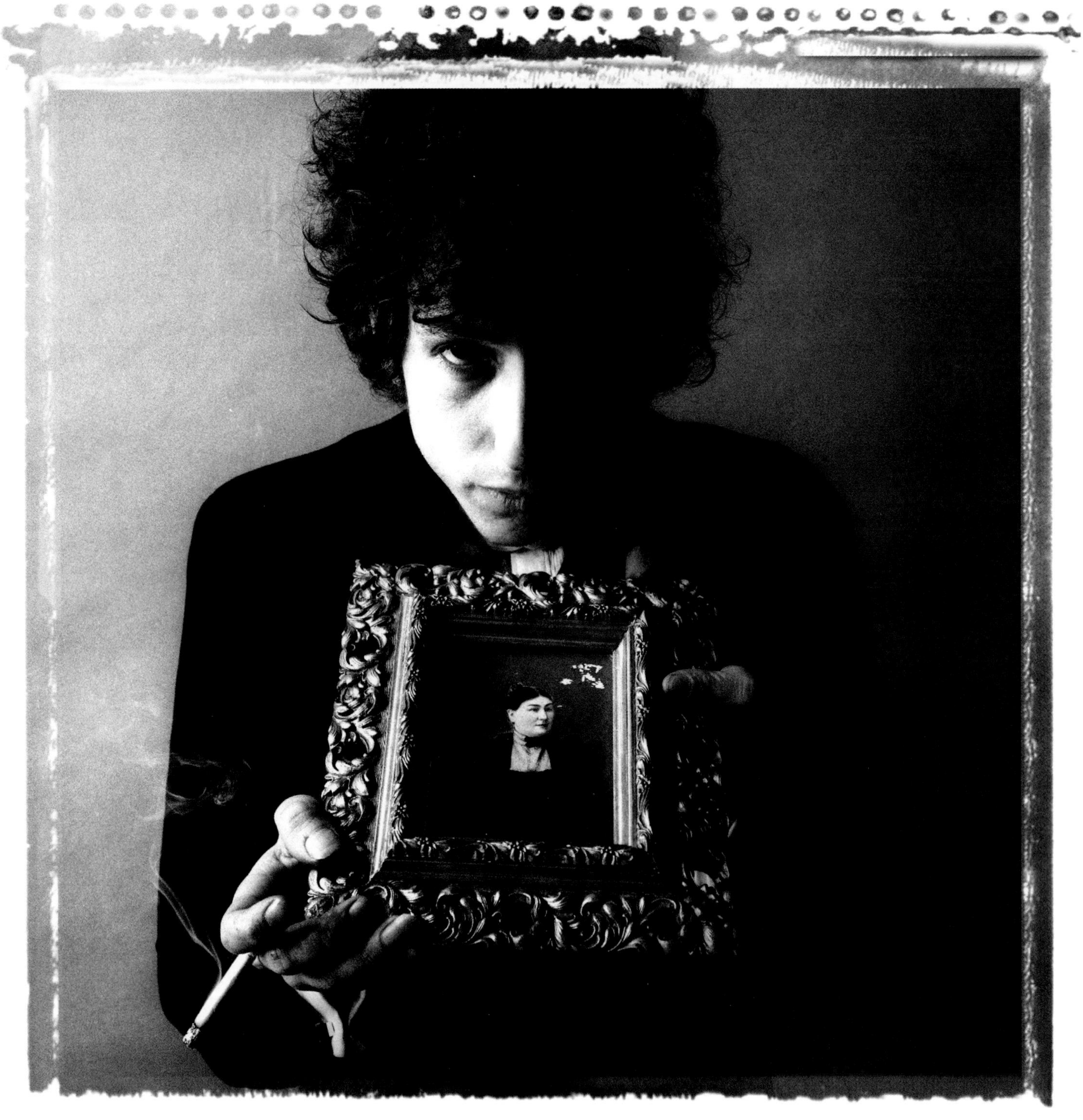

SHE BELONGS TO ME
(ELA ME PERTENCE)

Bringing It All Back Home, 1965

Poucos álbuns na história conseguiram produzir tantas canções "populares" como o *Bringing It All Back Home*. "She Belongs To Me" é apenas uma de meia dúzia de composições de Dylan, gravada em janeiro de 1965, que se associou indelevelmente a seu nome, e apareceu com frequência no seu repertório ao vivo. Muito tocada nos anos 1960, foi gravada por artistas tão díspares quanto o roqueiro *country* Rick Nelson e a banda de *rock* progressivo The Nice.

"Eu amo essa canção, é linda. Acho que dá até para ouvir a influência de Buddy Holly surgindo dela."

Donovan

SHE BELONGS TO ME

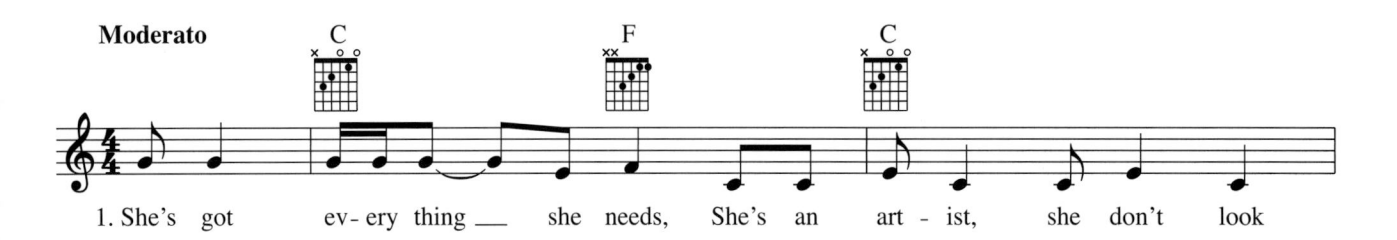

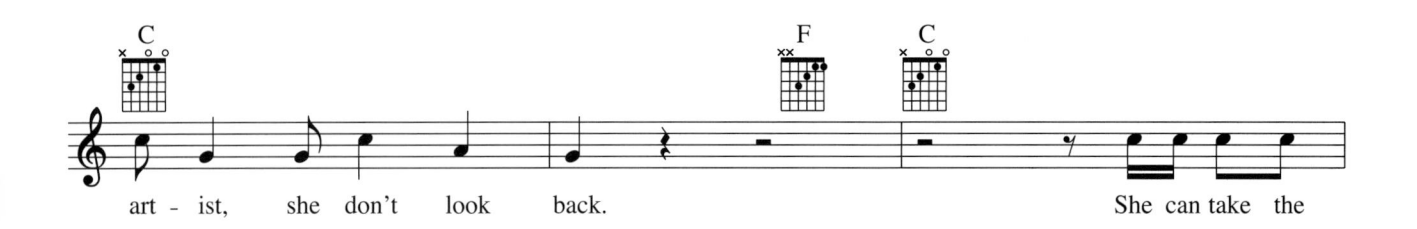

Moderato

1. She's got everything ___ she needs, She's an artist, she don't look back.

She's got everything ___ she needs, She's an artist, she don't look back.

She can take the dark out of the night-time And ___ paint the daytime black.

repeat four times

1. **She's got everything she needs**
   Ela conseguiu tudo do que precisa,
   She's an artist, she don't look back
   Ela é uma artista, ela não olha para trás.
   She's got everything she needs
   Ela conseguiu tudo do que precisa,
   She's an artist, she don't look back
   Ela é uma artista, ela não olha para trás.
   She can take the dark out of the nighttime
   Ela consegue extrair o escuro da noite
   And paint the daytime black
   E pintar o dia de preto.

2. **You will start out standing**
   Você começará ficando
   Proud to steal her anything she sees
   Orgulhoso de roubar dela o que ela vê
   You will start out standing
   Você começará ficando
   Proud to steal her anything she sees
   Orgulho de roubar dela o que ela vê
   But you will wind up peeking through her keyhole
   Mas vai acabar espiando pelo buraco da fechadura
   Down upon your knees
   Ajoelhado no chão

3. **She never stumbles**
   Ela nunca vacila
   She's got no place to fall
   Ela não tem onde cair
   She never stumbles
   Ela nunca vacila
   She's got no place to fall
   Ela não tem onde cair
   She's nobody's child
   Ela não é filha de ninguém
   The Law can't touch her at all
   A Lei não consegue tocá-la

4. **She wears an Egyptian ring**
   Ela usa um anel egípcio
   That sparkles before she speaks
   Que brilha antes de ela falar
   She wears an Egyptian ring
   Ela usa um anel egípcio
   That sparkles before she speaks
   Que brilha antes de ela falar
   She's a hypnotist collector
   Ela é uma colecionadora hipnotizadora
   You are a walking antique
   Você é uma antiguidade ambulante

5. **Bow down to her on Sunday**
   Curve-se diante dela no domingo
   Salute her when her birthday comes
   Cumprimente-a quando seu aniversário chegar
   Bow down to her on Sunday,
   Curve-se diante dela no domingo
   Salute her when her birthday comes
   Cumprimente-a quando seu aniversário chegar
   For Halloween give her a trumpet
   No Dia das Bruxas dê a ela uma trombeta
   And for Christmas, buy her a drum
   E no Natal, compre para ela um tambor

IT'S ALL OVER NOW, BABY BLUE
(ESTÁ TUDO ACABADO AGORA, *BABY BLUE*)

Bringing It All Back Home, 1965

Esta canção elegíaca fez parte tanto do álbum inovador *Bringing It All Back Home* de Dylan, em 1965, como de sua controversa apresentação no festival *folk* de verão de Newport. Uma de suas canções mais tocadas, foi gravada por artistas notáveis como The Grateful Dead, Them (com Van Morrison), Joan Baez, The Byrds, Leon Russell e The Animals.

"Essa canção ficou na minha cabeça por um bom tempo. Eu me lembro que, enquanto a compunha, recordei de uma música de Gene Vincent, 'Baby Blue', que era uma das minhas favoritas."

Bob Dylan, 1985

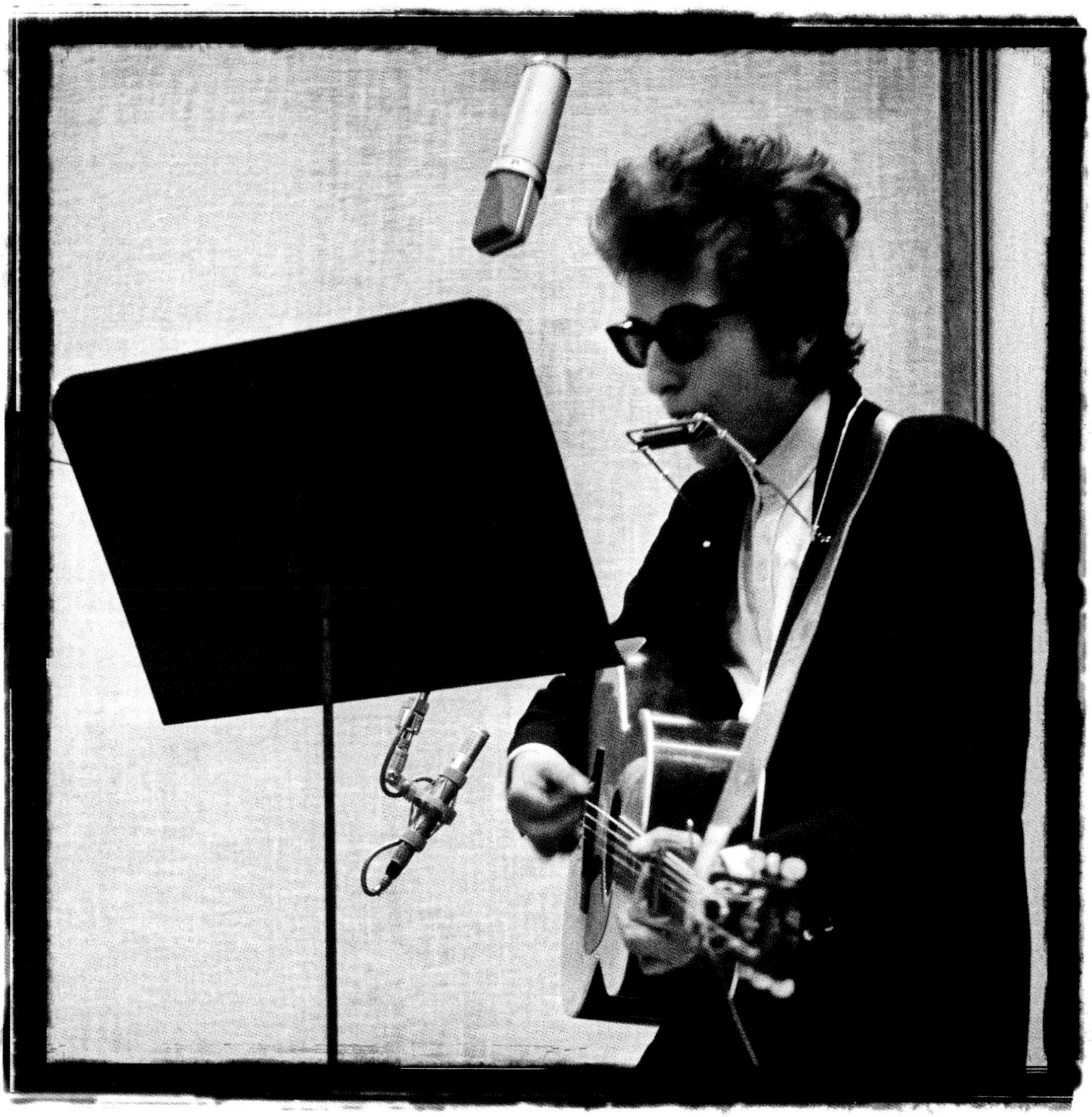

IT'S ALL OVER NOW, BABY BLUE

Medium slow

You must leave now, take what you need, you think will last. But whatever you wish to keep, you better grab it fast. Yonder stands your orphan with his gun, Crying like a fire in the sun. Look out the saints are comin' through And it's all over now, Baby Blue.

1. **You must leave now, take what you need, you think will last**
   Você tem que sair agora, pegue do que precisa, você acha que irá durar.
   But whatever you wish to keep, you better grab it fast
   Mas seja lá o que deseja guardar, é melhor pegar rápido.
   Yonder stands your orphan with his gun
   Ali fica o seu órfão, com sua arma,
   Crying like a fire in the sun
   Chorando como um fogo no sol.
   Look out the saints are comin' through
   Cuidado que os santos estão passando
   And it's all over now, Baby Blue
   E está tudo acabado agora, Baby Blue.

2. **The highway is for gamblers, better use your sense**
   A estrada é para os apostadores, melhor usar sua sensatez
   Take what you have gathered from coincidence
   Pegue o que você juntou por coincidência
   The empty-handed painter from your streets
   O pintor de mãos vazias de suas ruas
   Is drawing crazy patterns on your sheets
   Está desenhando formas alopradas em seus lençóis
   This sky, too, is folding under you
   Este céu também está se dobrando sob você
   And it's all over now, Baby Blue
   E está tudo acabado agora, Baby Blue

3. **All your seasick sailors, they are rowing home**
   Todos os seus marujos enjoados estão remando para casa
   All your reindeer armies, are all going home
   Todos os seus exércitos de renas estão todos indo para casa
   The lover who just walked out your door
   O amante que acabou de sair da sua porta
   Has taken all his blankets from the floor.
   Levou todos os seus cobertores do chão
   The carpet, too, is moving under you
   O carpete também está se movendo sob você
   And it's all over now, Baby Blue
   E está tudo acabado agora, Baby Blue

4. **Leave your stepping stones behind, something calls for you**
   Deixe seus degraus para trás, alguém lhe chama
   Forget the dead you've left, they will not follow you
   Esqueça os mortos que deixou para trás, eles não o seguirão
   The vagabond who's rapping at your door
   O vagabundo que está batendo na sua porta
   Is standing in the clothes that you once wore
   Está vestindo as roupas que você já vestiu
   Strike another match, go start anew
   Acenda outro fogo, vá começar outra vez
   And it's all over now, Baby Blue
   E está tudo acabado agora, Baby Blue

BOB DYLAN'S 115TH DREAM
(O 115º SONHO DE BOB DYLAN)

Bringing It All Back Home, 1965

Esta canção está incluída no final do lado "elétrico" do álbum de 1965 de Dylan, *Bringing It All Back Home* – completa, com um início em falso que remetia a um momento semelhante de um *single* de dez anos de Elvis Presley. Dylan foi acompanhado por um pequeno grupo composto por Bill Lee, John Hammond Jr., Bobby Gregg e o gênio da guitarra Bruce Langhorne.

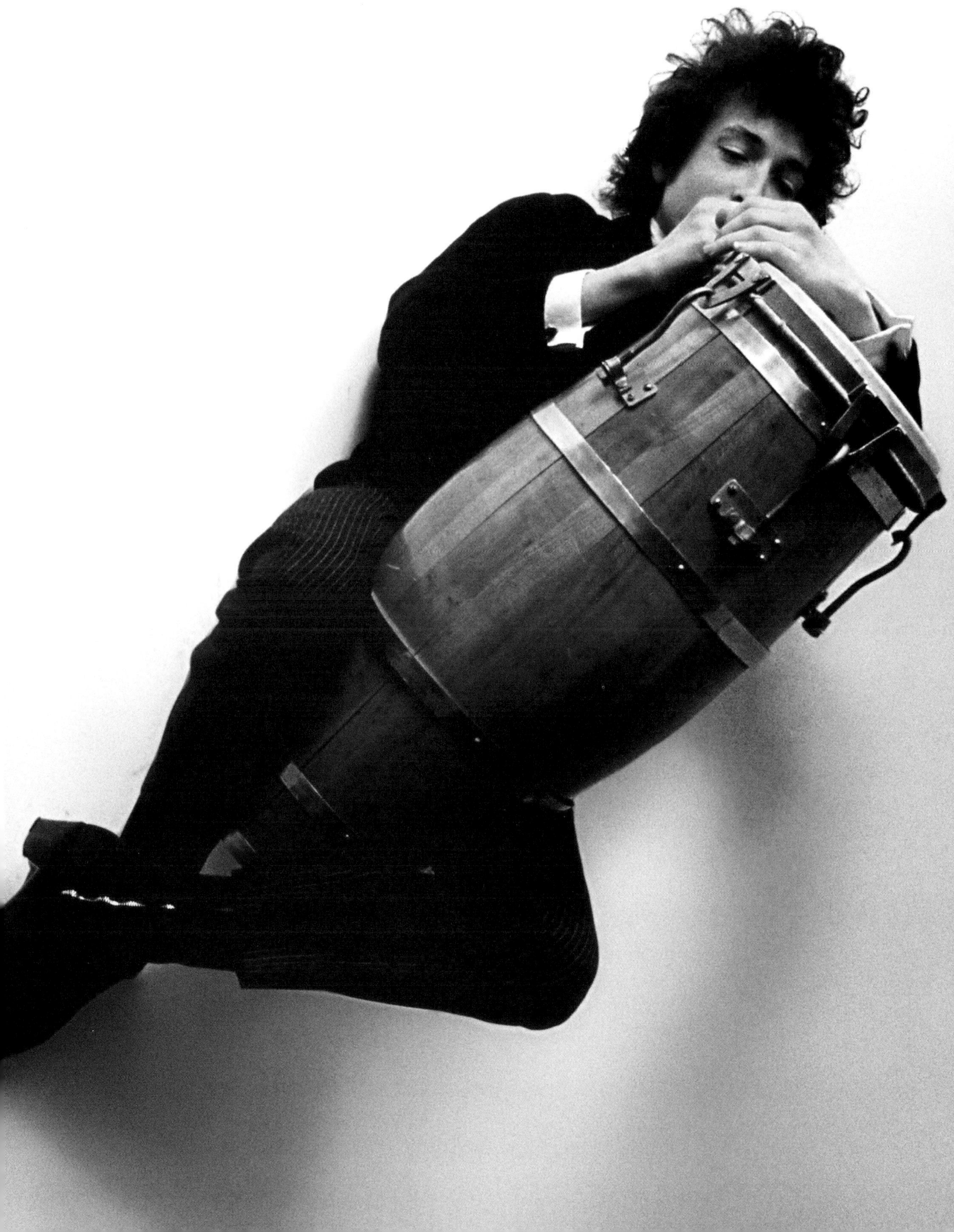

BOB DYLAN'S 115TH DREAM

Medium bright

D

1. I was riding on the Mayflower When I thought I spied some land I yelled for Captain A-rab I have yuh understand Who came running to the deck Said, "Boys, forget the whale Look on over yonder Cut the engines Change the sail Haul on the bow line." We sang that melody Like all tough sailors do When they are far away at sea

A7   D

G6   A7   D   *repeat ten times*

Copyright © 1965 Warner Bros. Inc.; renewed 1993 Special Rider Music. All Rights Reserved. International Copyright Secured.

1. **I was riding on the Mayflower**
   Navegava no Mayflower
   When I thought I spied some land
   Quando achei ter avistado uma terra
   I yelled for Captain Arab
   Gritei pelo Capitão Arab
   I have yuh understand
   Você vai entender
   Who came running to the deck
   Que quem veio correndo até o convés
   Said, "Boys, forget the whale
   Disse, "Rapazes, esqueçam a baleia
   Look on over yonder
   Olhem lá embaixo
   Cut the engines
   Desliguem os motores,
   Change the sail
   Mudem as velas
   Haul on the bowline"
   Icem os lais de guia."
   We sang that melody
   Cantamos essa melodia
   Like all tough sailors do
   Como todos os velhos lobos do mar
   When they are far away at sea
   Quando estão nos oceanos distantes

2. **"I think I'll call it America"**
   "Acho que vou chamá-la de América"
   I said as we hit land
   Disse quando cheguei em terra firme
   I took a deep breath
   Respirei bem fundo
   I fell down, I could not stand
   Caí, não aguentei
   Captain Arab he started
   O Capitão Arab começou
   Writing up some deeds
   A escrever alguns feitos
   He said, "Let's set up a fort
   Ele disse: "Vamos montar um forte
   And start buying the place with beads"
   E começar a comprar o lugar com miçangas"

   Just then this cop comes down the street
   Nisso surgiu este policial na rua
   Crazy as a loon
   Louco feito um pato
   He throw us all in jail
   Ele nos colocou todos na cadeia
   For carryin' harpoons
   Por porte de arpões

3. **Ah me I busted out**
   Ah, eu consegui escapar
   Don't even ask me how
   Nem me pergunte como
   I went to get some help
   Fui buscar alguma ajuda
   I walked by a Guernsey cow
   Passei por uma vaca malhada
   Who directed me down
   Que me indicou a direção
   To the Bowery slums
   As favelas do subúrbio
   Where people carried signs around
   Onde as pessoas carregavam placas ao redor
   Saying, "Ban the bums"
   Dizendo: "Acaba com os vadios"
   I jumped right into line
   Entrei direto na fila
   Sayin', "I hope that I'm not late"
   Dizendo: "Espero não ter me atrasado"
   When I realized I hadn't eaten
   Quando notei que não tinha comido
   For five days straight
   Por cinco dias seguidos

4. **I went into a restaurant**
   Fui para um restaurante
   Lookin' for the cook
   Procurar os cozinheiros
   I told them I was the editor
   Disse a eles que eu era um editor
   Of a famous etiquette book
   De um famoso livro de etiquetas
   The waitress he was handsome
   O garçom, ele era belo

He wore a powder blue cape
Ele vestia uma capa azul
I ordered some suzette, I said
Pedi um pouco de suzette, disse
"Could you please make that crepe"
"Poderia, por favor, fazer aquele crepe"
Just then the whole kitchen exploded
Foi quando toda a cozinha explodiu
From boilin' fat
Da gordura fervendo
Food was flying everywhere
Era comida voando para todo lado
And I left without my hat
E fui embora sem o meu chapéu

5. **Now, I didn't mean to be nosy**
   Agora, não queria ser intrometido
   But I went into a bank
   Mas fui a um banco
   To get some bail for Arab
   Conseguir algo para a fiança do Arab
   And all the boys back in the tank
   E para todos os garotos voltarem ao tanque
   They asked me for some collateral
   Eles me pediram alguma garantia
   And I pulled down my pants
   E eu abaixei minhas calças
   They threw me in the alley
   Eles me jogaram no beco
   When up comes this girl from France
   Quando de repente surge esta garota da França
   Who invited me to her house
   Que me convidou para ir até a sua casa
   I went, but she had a friend
   Eu fui, mas ela tinha um amigo
   Who knocked me out
   Que me deu um nocaute
   And robbed my boots
   E roubou minhas botas
   And I was on the street again
   E lá estava eu na rua outra vez

6. **Well, I rapped upon a house**
   Bem, bati na porta de uma casa
   With the U.S. flag upon display
   Com uma bandeira americana exposta
   I said, "Could you help me out
   Disse: "Poderia me ajudar
   I got some friends down the way"
   Tenho alguns amigos naquela direção"
   The man says, "Get out of here
   O homem disse: "Cai fora daqui
   I'll tear you limb from limb"
   Vou te quebrar osso por osso"
   I said, "You know they refused Jesus, too"
   Eu disse: "Você sabe que eles recusaram Jesus também"
   He said, "You're not Him
   Ele disse: "Você não é Ele
   Get out of here before I break your bones
   Cai fora daqui antes que eu quebre os seus ossos
   I ain't your pop"
   Não sou seu pai"
   I decided to have him arrested
   Decidi que ele tinha que ser preso
   And I went looking for a cop
   E fui procurar um policial

7. **I ran right outside**
   Corri para fora dali
   And I hopped inside a cab
   E saltei dentro de um táxi
   I went out the other door
   Sai pela outra porta
   This Englishman said, "Fab"
   Este inglês me disse, "Fab"
   As he saw me leap a hot dog stand
   Quando me viu saltar uma banca de cachorro-quente
   And a chariot that stood
   E uma carruagem que estava
   Parked across from a building
   Estacionada do outro lado do prédio

Advertising brotherhood
Anunciando a irmandade
I ran right through the front door
Corri direto pela porta da frente
Like a hobo sailor does
Como um marujo vadio faz
But it was just a funeral parlor
Mas não passava de uma funerária
And the man asked me who I was
E o homem me perguntou quem eu era

8. **I repeated that my friends**
   Repeti que meus amigos
   Were all in jail, with a sigh
   Estavam todos na cadeia, com um suspiro
   He gave me his card
   Ele me deu seu cartão
   He said, "Call me if they die"
   Ele disse: "Ligue para mim se eles morrerem"
   I shook his hand and said goodbye
   Apertei sua mão e disse adeus
   Ran out to the street
   Corri para a rua
   When a bowling ball came down the road
   Quando surgiu uma bola de boliche vindo na rua
   And knocked me off my feet
   E me acertou e me mandou para o chão
   A pay phone was ringing
   Um telefone público estava tocando
   It just about blew my mind
   Isso me deixou encanado
   When I picked it up and said hello
   Quando peguei o telefone e disse alô
   This foot came through the line
   Eis que um pé surge da linha

9. **Well, by this time I was fed up**
   Bem, neste ponto já estava esgotado
   At tryin' to make a stab
   De tanta tentativa

At bringin' back any help
Para conseguir qualquer ajuda
For my friends and Captain Arab
Para meus amigos e o Capitão Arab
I decided to flip a coin
Decidi jogar a moeda
Like either heads or tails
E que tanto cara como coroa
Would let me know if I should go
Deveria me mostrar se eu devia ir
Back to ship or back to jail
De volta ao navio ou de volta à cadeia
So I hocked my sailor suit
Então penhorei meu traje de marujo
And I got a coin to flip
E joguei a moeda no ar
It came up tails
Deu coroa
It rhymed with sails
Que rima com velas e proa
So I made it back to the ship
Então segui meu caminho de volta ao navio

10. **Well, I got back and took**
    Bem, voltei e tirei
    The parkin' ticket off the mast
    O bilhete do estacionamento do mastro
    I was ripping it to shreds
    Estava picando em pedacinhos
    When this coastguard boat went past
    Enquanto o barco da guarda costeira passava
    They asked me my name
    Eles perguntaram o meu nome
    And I said, "Captain Kidd"
    E eu disse, "Capitão Kidd"
    They believed me but
    Eles acreditaram em mim mas
    They wanted to know
    Eles queriam saber
    What exactly that I did
    O que eu fazia exatamente

I said for the Pope of Eruke
Eu disse que era para o Papa de Eruke
I was employed
Que eu trabalhava
They let me go right away
Eles me deixaram partir na mesma hora
They were very paranoid
Eles estavam muito paranoicos

11. **Well, the last I heard of Arab**
    Bem, a última vez que ouvi falar do Arab
    He was stuck on a whale
    Ele foi pego por uma baleia
    That was married to the deputy
    Que era casada com o delegado
    Sheriff of the jail
    O xerife da cadeia
    But the funniest thing was
    Mas a coisa mais engraçada que aconteceu foi
    When I was leavin' the bay
    Quando eu estava deixando a baía
    I saw three ships a-sailin'
    Eu vi três navios navegando
    They were all heading my way
    Estavam todos vindo na minha direção
    I asked the captain what his name was
    Eu perguntei ao capitão qual era o seu nome
    And how come he didn't drive a truck
    E por que ele não dirigia um caminhão
    He said his name was Columbus
    Ele disse que seu nome era Colombo
    I just said, "Good luck"
    Eu apenas disse, "Boa sorte"

"Não sabíamos onde fazer o corte. Daí, ele continuou, 'I was ridin' on the Mayflower...', e todo mundo deveria ter entrado no 'ridin', mas a gente ficou parado ali."

Bruce Langhorne

LIKE A ROLLING STONE
(COMO UMA PEDRA ROLANDO)

Highway 61 Revisited, 1965

Talvez a canção de *rock* mais importante de todos os tempos, "Like A Rolling Stone" mudou o panorama da música popular quando foi lançada em compacto simples, em 1965. Em seguida, passou à faixa de abertura no álbum *Highway 61 Revisited*. Desde então, raramente deixou de figurar no repertório ao vivo de Dylan, e continua tão emocionante e hínica nos dias de hoje quanto há mais de quarenta anos.

"Quando escutei 'Like A Rolling Stone', quis abandonar o ramo da música."
Frank Zappa

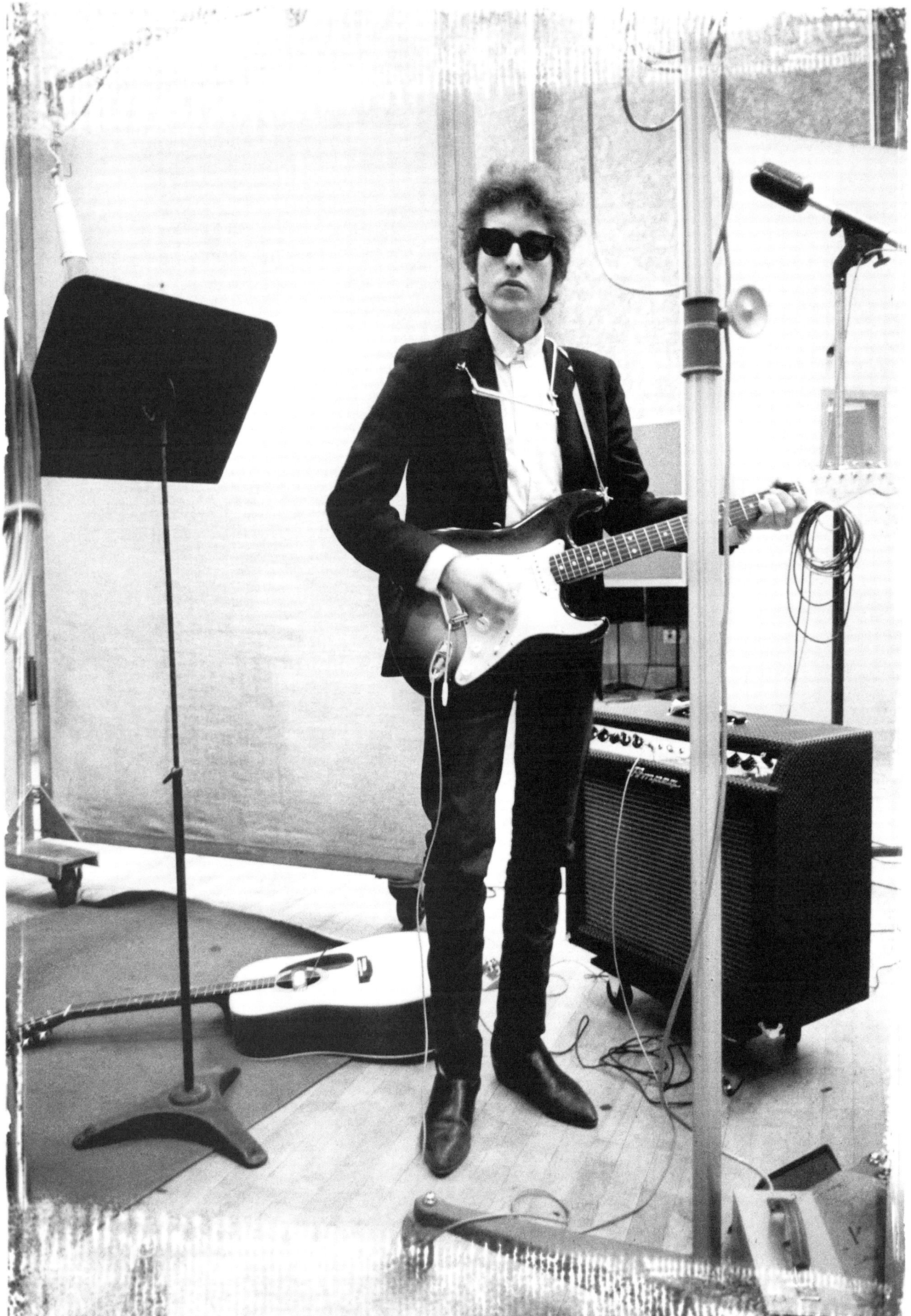

LIKE A ROLLING STONE

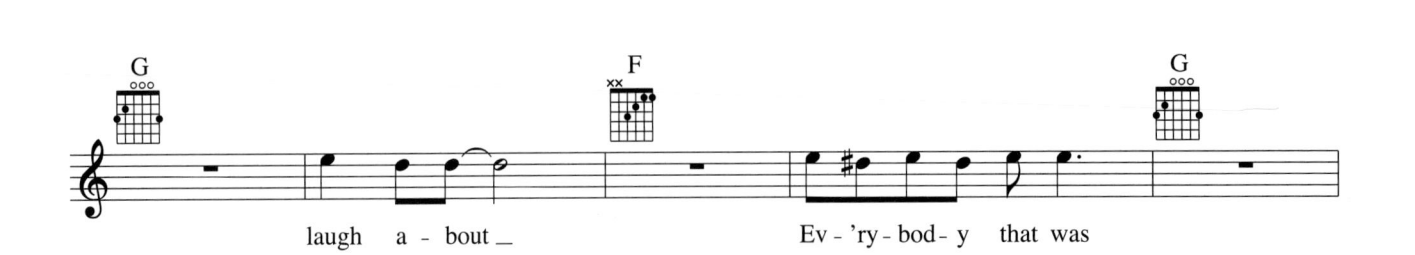

Bright

Verse

| C | Dm7 | C |

Once up-on ___ a time you dressed so fine ___ You threw the bums a dime

| F | G7 |

in your prime, ___ did-n't you? ___

| C | Dm7 | C | F |

Peo-ple'd call, say, "Be-ware doll, you're bound to fall," ___ You thought they were all

| G7 | F |

kid-din' you ___ You used to

| G | F | G |

laugh a-bout ___ Ev-'ry-bod-y that was

Copyright © 1965 Warner Bros. Inc.; renewed 1993 Special Rider Music. All Rights Reserved. International Copyright Secured.

| G | F | C | Dm7 | C |

hang - in' out ___ Now you don't talk so loud ___

| F | C | Dm7 | C | F |

Now you don't seem so proud ___ A - bout hav - ing to be

| G |

scroung - ing for your next meal. ___

Refrain
| C | F | G | F | C |

How does it feel How does it feel

| F | G | F | C | F | G |

To be with- out a home

| F | C | F | G | F | C |

Like a com - plete un - known Like a roll - ing stone?

Tag
| F | G | C | F | G | C |

fourth time to Tag

1. **Once upon a time you dressed so fine**
   Houve uma época que você se vestia tão bem
   You threw the bums a dime in your prime, didn't you?
   Atirava esmola aos mendigos no seu auge, não é?
   People'd call, say, "Beware doll, you're bound to fall"
   As pessoas chamavam e diziam, "Cuidado boneca, você está fadada a cair".
   You thought they were all kiddin' you
   Você achava que eram todos infantis, não é
   You used to laugh about
   Você costumava zombar de
   Everybody that was hangin' out
   Todos que saíam por aí
   Now you don't talk so loud
   Agora você não fala tão alto
   Now you don't seem so proud
   Agora você não parece tão orgulhosa
   About having to be scrounging for your next meal
   De ter que batalhar pela próxima refeição.

   How does it feel
   Como se sente?
   How does it feel
   Como se sente?
   To be without a home
   Por não ter uma casa
   Like a complete unknown
   Como uma completa desconhecida
   Like a rolling stone?
   Como uma pedra rolando?

2. **You've gone to the finest school all right, Miss Lonely**
   Você frequentou a melhor escola, tudo bem, Miss Solitária
   But you know you only used to get juiced in it
   Mas você sabe que apenas passava o tempo enchendo a cara por lá
   And nobody has ever taught you how to live on the street
   E ninguém jamais lhe ensinou como viver nas ruas
   And now you find out you're gonna have to get used to it
   E agora está descobrindo que vai ter que se acostumar com isso
   You said you'd never compromise
   Você dizia que nunca se comprometeria
   With the mystery tramp, but now you realize
   Com um vadio misterioso, mas agora você percebe

He's not selling any alibis
Que ele não está vendendo álibis
As you stare into the vacuum of his eyes
Enquanto você encara o vazio dos seus olhos
And ask him do you want to make a deal?
E pede a ele que faça o que quiser para fechar um negócio?

Refrão

3. **You never turned around to see the frowns on the jugglers and the clowns**
   Você nunca se virou para ver o franzir na testa dos malabaristas e palhaços
   When they all come down and did tricks for you
   Quando todos eles se aproximavam para fazer truques para você
   You never understood that it ain't no good
   Você nunca entendeu que não eram bons
   You shouldn't let other people get your kicks for you
   Você não deveria deixar que outros se divirtam no seu lugar
   You used to ride on the chrome horse with your diplomat
   Você costumava passear em um cavalo cromado com seu diplomata
   Who carried on his shoulder a Siamese cat
   Que levava no ombro um gato siamês
   Ain't it hard when you discover that
   Não é duro quando você descobre que
   He really wasn't where it's at
   Ele realmente não estava mais lá
   After he took from you everything he could steal
   Depois que arrancou de você tudo o que podia roubar

   Refrão

4. **Princess on the steeple and all the pretty people**
   Princesa na torre e todas as pessoas bonitas
   They're drinkin', thinkin' that they got it made
   Estão bebendo e achando que venceram na vida
   Exchanging all kinds of precious gifts and things
   Trocando todos os tipos de presentes e coisas caras
   But you'd better lift your diamond ring, you'd better pawn it babe
   Mas é melhor roubar o seu anel de diamante, é melhor penhorá-lo, querida
   You used to be so amused
   Você costumava se divertir tanto
   At Napoleon in rags and the language that he used
   Com o Napoleão aos trapos e o linguajar que ele usava

Go to him now, he calls you, you can't refuse
Vá até ele agora, ele a chama, você não pode recusar
When you got nothing, you got nothing to lose
Quando você não tem nada, você não tem nada a perder
You're invisible now, you got no secrets to conceal
Você está invisível agora, você não tem segredos para esconder

Refrão

"A primeira vez que ouvi Bob Dylan, estava no carro, com a minha mãe, ouvindo a WMCA, e de repente entra aquela batida que parecia que alguém tinha aberto com um chute a porta da sua cabeça – 'Like A Rolling Stone'. Sabia que estava ouvindo a voz mais dura que já tinha ouvido. Era uma voz pequena e, por alguma razão, parecia jovem e adulta ao mesmo tempo."

Bruce Springsteen

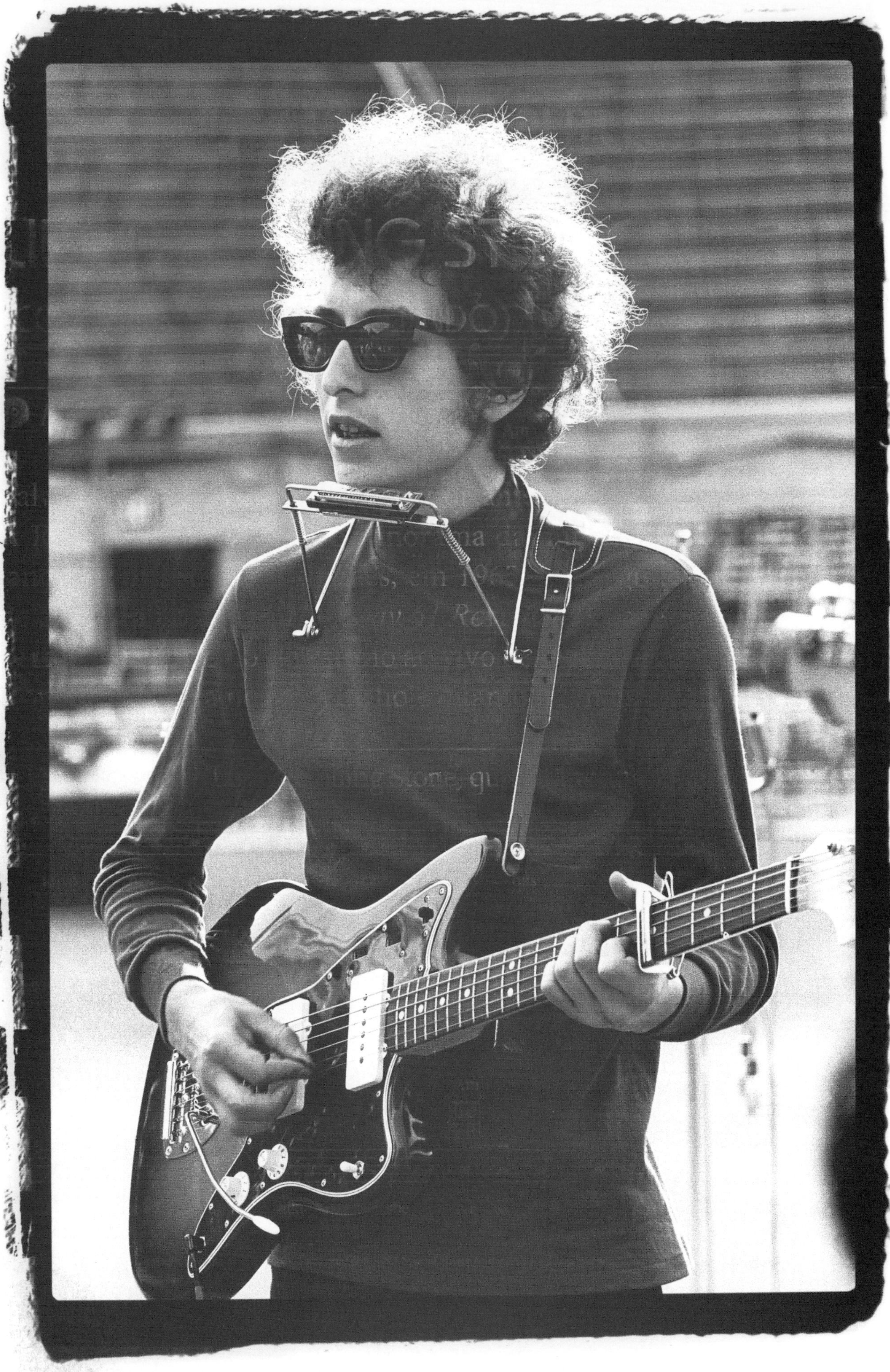

TOMBSTONE BLUES
(*BLUES* DA LÁPIDE)

Highway 61 Revisited, 1965

A segunda faixa do histórico álbum *Highway 61 Revisited*, "Tombstone Blues", foi gravada em julho de 1965. O *mix* do lançamento trazia um segmento de *blues* urbano, iluminado pelas inserções fantásticas da guitarra de Michael Bloomfield. Uma versão diferente, no álbum *The Bootleg Series Vol. 7*, contou com o acompanhamento vocal do grupo de R&B, Chambers Brothers. A primeira apresentação ao vivo da canção aconteceu um mês depois, no estádio de Forest Hills em Nova York.

TOMBSTONE BLUES

Very bright in 2

Verse

1. The sweet pretty things are in bed now of course The
2.-6. *See additional lyrics*

city fathers they're trying to endorse The

reincarnation of Paul Revere's horse But the

town has no need to be nervous

The ghost of Belle Starr she hands down her wits To

Jezebel the nun she violently knits A

Copyright © 1965 Warner Bros. Inc.; renewed 1993 Special Rider Music. All Rights Reserved. International Copyright Secured.

bald wig for Jack the Rip - per _____ who sits At the head of the cham - ber of com - merce _____ Ma - ma's in the fac - 'try _____ She ain't got no shoes _____ Dad - dy's in the al - ley He's look - in' for the fuse, I'm in the streets With the tomb - stone blues _____

Chorus

repeat five times

1. **The sweet pretty things are in bed now of course**
As belas criaturinhas doces foram para cama agora é claro
The city fathers they're trying to endorse
Os pais da cidade, eles estão tentando endossar
The reincarnation of Paul Revere's horse
A reencarnação do cavalo de Paul Revere
But the town has no need to be nervous
Mas a cidade não precisa ficar nervosa

The ghost of Belle Starr she hands down her wits
O fantasma de Belle Starr, sua esperteza
To Jezebel the nun she violently knits
Para Jezebel e a freira, ela violentamente tricoteia
A bald wig for Jack the Ripper who sits
Uma peruca de careca para Jack, o Estripador que se senta
At the head of the chamber of commerce
Na frente da câmara de comércio

Mama's in the fact'ry
Mamãe está na fábrica
She ain't got no shoes
Ela não tem sapatos
Daddy's in the alley
Papai está no beco
He's lookin' for the fuse
Ele está procurando um fusível,
I'm in the streets
Eu estou nas ruas
With the tombstone blues
Com o blues da lápide

2. **The hysterical bride in the penny arcade**
A noiva histérica no caça-níquel
Screaming she moans, "I've just been made"
Gritando, ela murmura, "Acabaram de fazer comigo"
Then sends out for the doctor who pulls down the shade
Então vai parar no médico que fecha a cortina e
Says, "My advice is to not let the boys in"
Diz, "Meu conselho é não deixar os garotos entrarem"

3. **Now the medicine man comes and he shuffles inside**
Agora aparece o curandeiro e entra lá dentro
He walks with a swagger and he says to the bride
Ele caminha com uma bolsa e diz para a noiva

"Stop all this weeping, swallow your pride
"Para toda esta choradeira, engula o seu orgulho
You will not die, it's not poison"
Você não vai morrer, não é veneno"

Refrão

4. **Well, John the Baptist after torturing a thief**
   Bem, João Batista depois de torturar um ladrão
   Looks up at his hero the Commander-in-Chief
   Olha para o seu herói, o comandante-chefe
   Saying, "Tell me great hero, but please make it brief
   Dizendo, "Diga-me grande herói, mas por favor seja breve
   Is there a hole for me to get sick in?"
   Há um buraco para mim para que eu possa passar mal?"

5. **The Commander-in-Chief answers him while chasing a fly**
   O comandante-chefe responde enquanto caça uma mosca
   Saying, "Death to all those who would whimper and cry"
   Dizendo, "Morte a todos que se deploram e choram"
   And dropping a bar bell he points to the sky
   E derrubando a barra de peso, ele aponta para o céu
   Saying, "The sun's not yellow it's chicken"
   Dizendo, "O sol não é amarelo, é covarde"

Refrão

6. **The king of the Philistines his soldiers to save**
   O rei dos filisteus seus soldados salvou
   Put jawbones on their tombstones and flatters their graves
   Colocando ossos de mandíbula em suas lápides e bajulando suas tumbas
   Puts the pied pipers in prison and fattens the slaves
   Colocam os flautistas na prisão e engordam os escravos
   Then sends them out to the jungle
   Depois os manda para longe na floresta

7. **Gypsy Davey with a blowtorch he burns out their camps**
   O cigano Davi, com um maçarico, queima seus campos
   With his faithful slave Pedro behind him he tramps
   Com seu fiel escravo Pedro o seguindo ele vagueia
   With a fantastic collection of stamps
   Com uma fantástica coleção de selos
   To win friends and influence his uncle
   Para conquistar amigos e a influência de seu tio

Refrão

8. **The geometry of innocence flesh on the bone**
   A geometria da inocência, carne no osso
   Causes Galileo's math book to get thrown
   Faz com que o livro de matemática de Galileu seja atirado
   At Delilah who sits worthlessly alone
   Em Dalila que está inutilmente sozinha
   But the tears on her cheeks are from laughter
   Mas as lágrimas em suas bochechas são de riso

9. **Now I wish I could give Brother Bill his great thrill**
   Agora eu gostaria de poder dar ao Irmão Bill sua grande emoção
   I would set him in chains at the top of the hill
   Eu o acorrentaria no topo da montanha
   Then send out for some pillars and Cecil B. DeMille
   Depois mandaria buscar alguns pilares e Cecil B. DeMille
   He could die happily ever after
   Ele poderia morrer feliz para sempre

   Refrão

10. **Where Ma Raney and Beethoven once unwrapped their bed roll**
    Onde Ma Raney e Beethoven uma vez desenrolaram seus sacos de dormir
    Tuba players now rehearse around the flagpole
    Tocadores de tuba agora ensaiam ao redor do mastro da bandeira
    And the National Bank at a profit sells road maps for the soul
    E o Banco Nacional para lucrar vende mapas rodoviários para a alma
    To the old folks home and the college
    Para o lar dos velhos e a faculdade

11. **Now I wish I could write you a melody so plain**
    Agora minha vontade era poder escrever uma melodia bem simples
    That could hold you dear lady from going insane
    Que evitasse que você, querida senhora, não ficasse louca
    That could ease you and cool you and cease the pain
    Que pudesse te acalmar e refrescar e acabar com a dor
    Of your useless and pointless knowledge
    De seu inútil e supérfluo conhecimento

    Refrão

"O período 'Woody Guthrie' de Dylan era muito bom e eu gostava dele na época, mas ele teve uma segunda onda de popularidade quando se tornou mais psicodélico... e naquela época o John [Lennon] apaixonou-se especialmente por sua poesia. Todas aquelas canções eram ótimas."

Paul McCartney

IT TAKES A LOT TO LAUGH,
(É PRECISO MUITO PARA RIR,)
IT TAKES A TRAIN TO CRY
(BASTA UM TREM PARA CHORAR)

Highway 61 Revisited, 1965

Esta música com modulação de *blues* nasceu com um vigoroso arranjo elétrico, antes de Dylan topar com uma versão mais reflexiva, presente no álbum *Highway 61 Revisited* de 1965. Uma das mais memoráveis execuções ao vivo foi no Concerto para Bangladesh, de George Harrison, em agosto de 1971. Al Kooper, que tocou na gravação original de Dylan com Michael Bloomfield, revisitou a canção no álbum *Super Session*, que lhe rendeu a marca de um milhão de cópias vendidas.

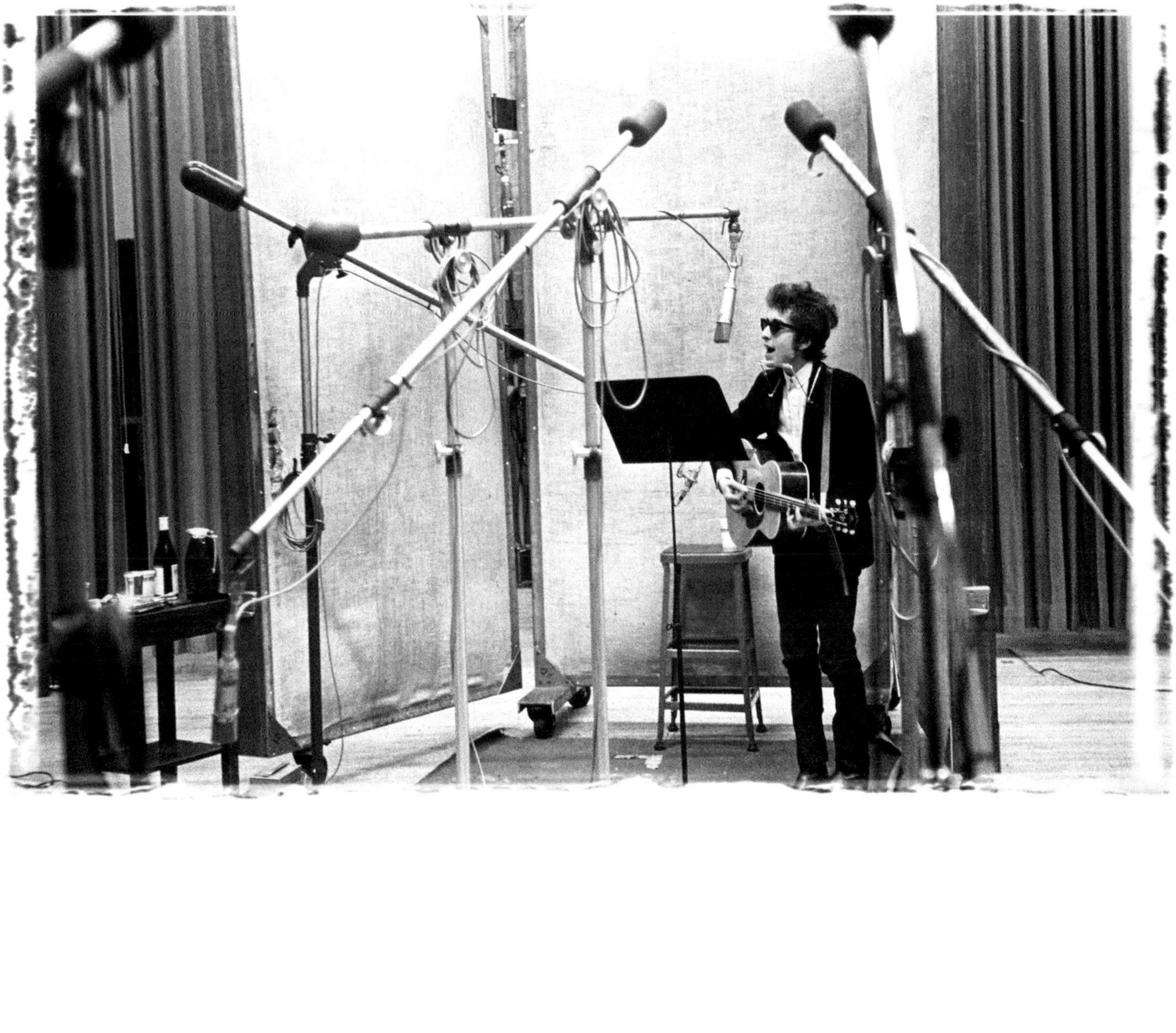

IT TAKES A LOT TO LAUGH, IT TAKES A TRAIN TO CRY

Medium slow blues tempo

G

1. Well, I ride on a mail train, babe, Can't buy a thrill.

Well, I've been up all night, baby Leanin' on the window sill.

G7   C   D7

Well, if I die on top of the hill And

G   C   G

if I don't make it You know my baby will.

repeat two times

1. **Well, I ride on a mailtrain, baby**
   Bom, viajo no trem dos correios, baby,
   Can't buy a thrill
   Não consigo comprar uma.
   Well, I've been up all night, baby
   Pois é, fiquei acordado a noite inteira,
   Leanin' on the windowsill
   Apoiado no batente da janela.
   Well, if I die
   Bom, se eu morrer
   On top of the hill
   no topo da montanha
   And if I don't make it
   E se não conseguir chegar
   You know my baby will
   Você sabe, meu bem irá.

2. **Don't the moon look good, mama,**
   A lua não fica bonita, mãe
   Shinin' through the trees?
   Quando brilha no meio das árvores?
   Don't the brakeman look good, mama,
   O maquinista não fica bonito, mãe
   Flagging down the "Double E"?
   Quando sinaliza o "Mi dobrado"?
   Don't the sun look good
   O sol não fica bonito
   Goin' down over the sea?
   Quando cai no mar?
   Don't my gal look fine
   Minha garota não fica bonita
   When she's comin' after me?
   Quando vem atrás de mim?

3. **Now the wintertime is coming**
   Pois é, o inverno está chegando
   The windows are filled with frost
   As janelas estão cobertas de gelo
   I went to tell everybody
   Eu fui contar a todos,
   But I could not get across
   Mas não consegui passar.
   Well, I wanna be your lover, baby
   Bem, eu quero ser seu amor, baby
   I don't wanna be your boss
   Não quero ser seu patrão
   Don't say I never warned you
   Não diga que nunca te avisei
   When your train gets lost
   Quando o trem se extraviar

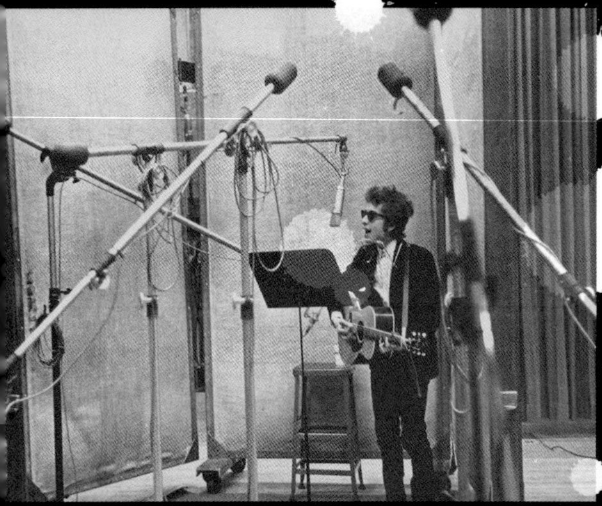

"Bob é um cara estranho, sabe: música estranha, palavras estranhas, sessão de gravação estranha. Mas eu gostava das canções. Ele canta e os músicos se ajeitam em torno delas. Suas canções são longas, complexas, eloquentes. Ele é um poeta."

Michael Bloomfield

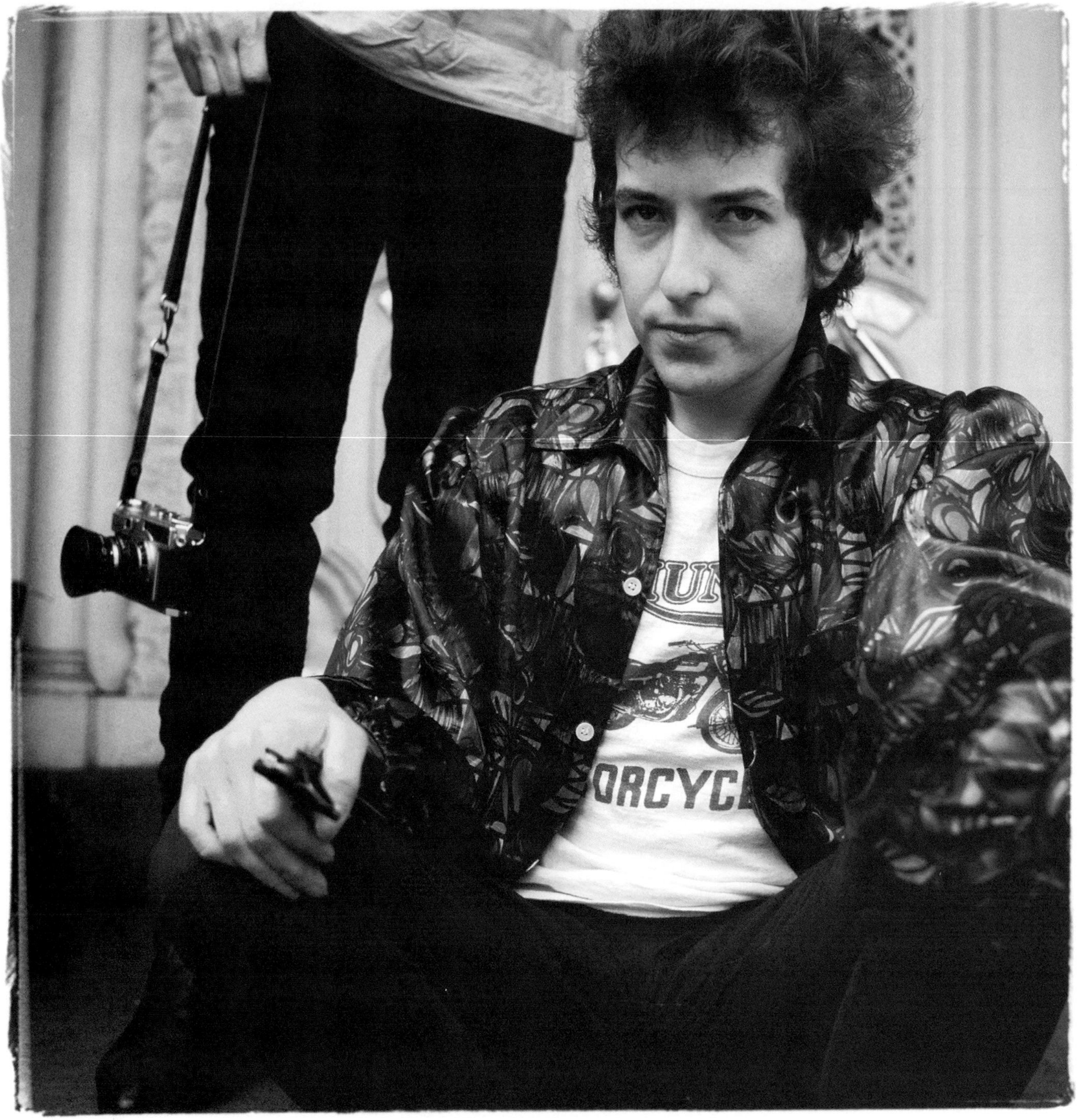

HIGHWAY 61 REVISITED

(RODOVIA 61 REVISITADA)

Highway 61 Revisited, 1965

Esta canção-título do álbum clássico de 1965 tinha Michael Bloomfield na guitarra, solo, e o próprio Dylan tocando uma sirene da polícia. Mais de quarenta anos depois, "Highway 61 Revisited" continua como uma peça importante nos seus *shows* ao vivo. Terry Reid e Johnny Winter estão entre os poucos artistas que tiveram coragem suficiente para interpretar uma versão desse hino de Dylan.

"Desde o momento que o conheci, achei o cara grande, um gênio, meio shakespeariano. Todo álbum que lançou, até *Highway 61*, aumentava meu temor secreto: 'Puxa vida, o que ele vai fazer depois? Ele não vai conseguir superar o anterior'. E, daí, coloquei para tocar o *Highway 61*, caí na risada e pensei que coisa mais ridícula. É impossivelmente bom, não pode ser tão bom. Como uma mente humana consegue fazer isso?"

Phil Ochs

HIGHWAY 61 REVISITED

Bright (in 4)

[D] 1. Oh God said to Abraham, "Kill me a son," Abe says, "Man, you must be puttin' me on"— God say, "No." Abe say, "What?" God say, "You can do what you want Abe, but [G7] The next time you see me [D] comin' you better run" Well [A7] Abe says, "Where do you want this killin' done?" [D] God says, "Out on Highway Sixty-one."

repeat four times

Copyright © 1965 WARNER BROS. Inc.; renewed 1993 Special Rider Music. All Rights Reserved. International Copyright Secured.

1. **Oh God said to Abraham, "Kill me a son"**
   Oh, Deus disse a Abraão, "Mata-me um filho",
   Abe says, "Man, you must be puttin' me on"
   Abe disse, "Cara, você está sacaneando comigo"
   God say, "No." Abe say, "What?"
   Deus disse, "Não". Abe disse, "O quê?"
   God say, "You can do what you want Abe, but
   Deus disse, "Pode fazer o que você quiser Abe,
   The next time you see me comin' you better run"
   mas a próxima vez que me ver chegando, é melhor correr"
   Well Abe says, "Where do you want this killin' done?"
   Bem, Abe disse, "Onde você quer que este assassinato seja feito?"
   God says, "Out on Highway 61"
   Deus disse, "Lá na Rodovia 61".

2. **Well Georgia Sam he had a bloody nose**
   Bem, o Sam da Geórgia, estava com o nariz sangrando
   Welfare Department they wouldn't give him no clothes
   O Departamento de Auxílio ao Desemprego não queria lhe dar roupas
   He asked poor Howard where can I go
   Ele perguntou ao pobre Howard para onde devia ir
   Howard said there's only one place I know
   Howard disse que só havia um lugar que ele sabia
   Sam said tell me quick man I got to run
   Sam disse, conta-me rápido, homem estou com pressa
   Ol' Howard just pointed with his gun
   O Velho Howard apenas apontou com sua arma
   And said that way down on Highway 61
   E disse é naquela direção na Rodovia 61

3. **Well Mack the Finger said to Louie the King**
   Bem, Mack Dedo-Duro disse para Louie, o Rei
   I got forty red, white and blue shoe strings
   Eu tenho quarenta cadarços vermelhos, brancos e azuis
   And a thousand telephones that don't ring
   E mil telefones que não funcionam

Do you know where I can get rid of these things
Você sabe onde eu posso me livrar dessas coisas
And Louie the King said let me think for a minute son
E Louie o Rei disse, deixe-me pensar um minuto, filho
And he said yes I think it can be easily done
E disse sim, acho que é algo fácil de fazer
Just take everything down to Highway 61
Apenas leve tudo para a Rodovia 61

4. **Now the fifth daughter on the twelfth night**
Agora, a quinta filha na décima segunda noite
Told the first father that things weren't right
Contou ao primeiro pai que as coisas não estavam bem
My complexion she said is much too white
Minha tez, disse ela, é muito branca
He said come here and step into the light he says hmm you're right
Ele disse venha aqui debaixo da luz, ele disse, hum, você tem razão
Let me tell the second mother this has been done
Deixe-me contar à segunda mãe como isso pode ser resolvido
But the second mother was with the seventh son
Mas a segunda mãe estava com o sétimo filho
And they were both out on Highway 61
E ambos estavam na Rodovia 61

5. Now the rovin' gambler he was very bored
Agora, o apostador itinerante estava muito entediado
He was tryin' to create a next world war
Ele estava tentando criar a próxima guerra mundial
He found a promoter who nearly fell off the floor
Ele encontrou um *promoter* que quase caiu duro no chão
He said I never engaged in this kind of thing before
Ele disse, eu nunca me meti neste tipo de negócio antes
But yes I think it can be very easily done
Mas, sim, acho que pode ser muito fácil de fazer
We'll just put some bleachers out in the sun
Basta colocarmos algumas arquibancadas ao sol
And have it on Highway 61
E fazê-la na Rodovia 61

BALLAD OF A THIN MAN
(BALADA DE UM HOMEM ESGUIO)

Highway 61 Revisited, 1965

Esta enigmática balada sobre a incompreensão de "Mr. Jones" era regularmente exibida nos *shows* ao vivo de Dylan, desde sua estreia no álbum *Highway 61 Revisited* em 1965. O próprio Dylan tocava o segmento inconfundível ao piano, acompanhado por uma banda de estrelas, incluindo o legendário guitarrista Michael Bloomfield e Al Kooper no órgão.

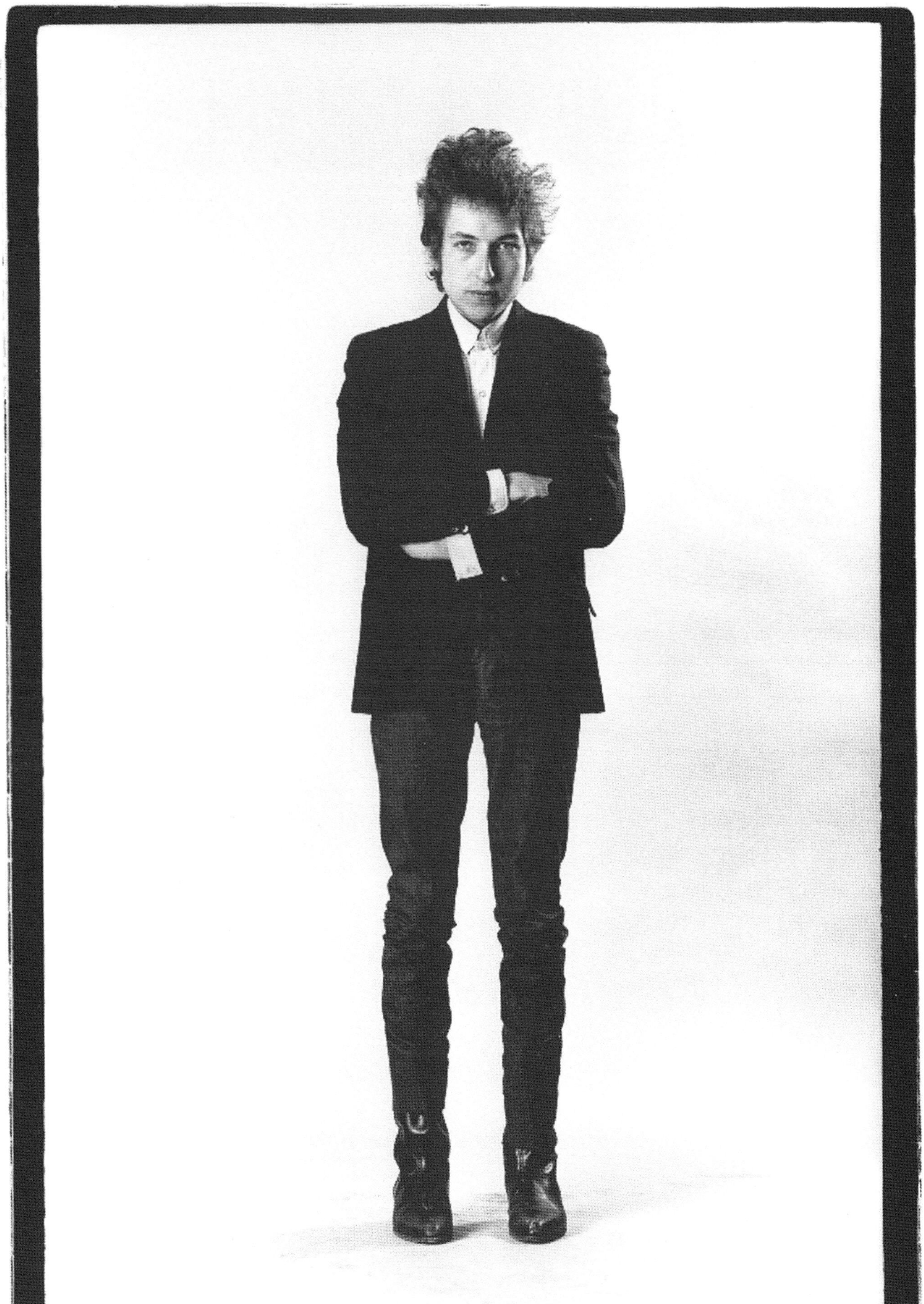

BALLAD OF A THIN MAN

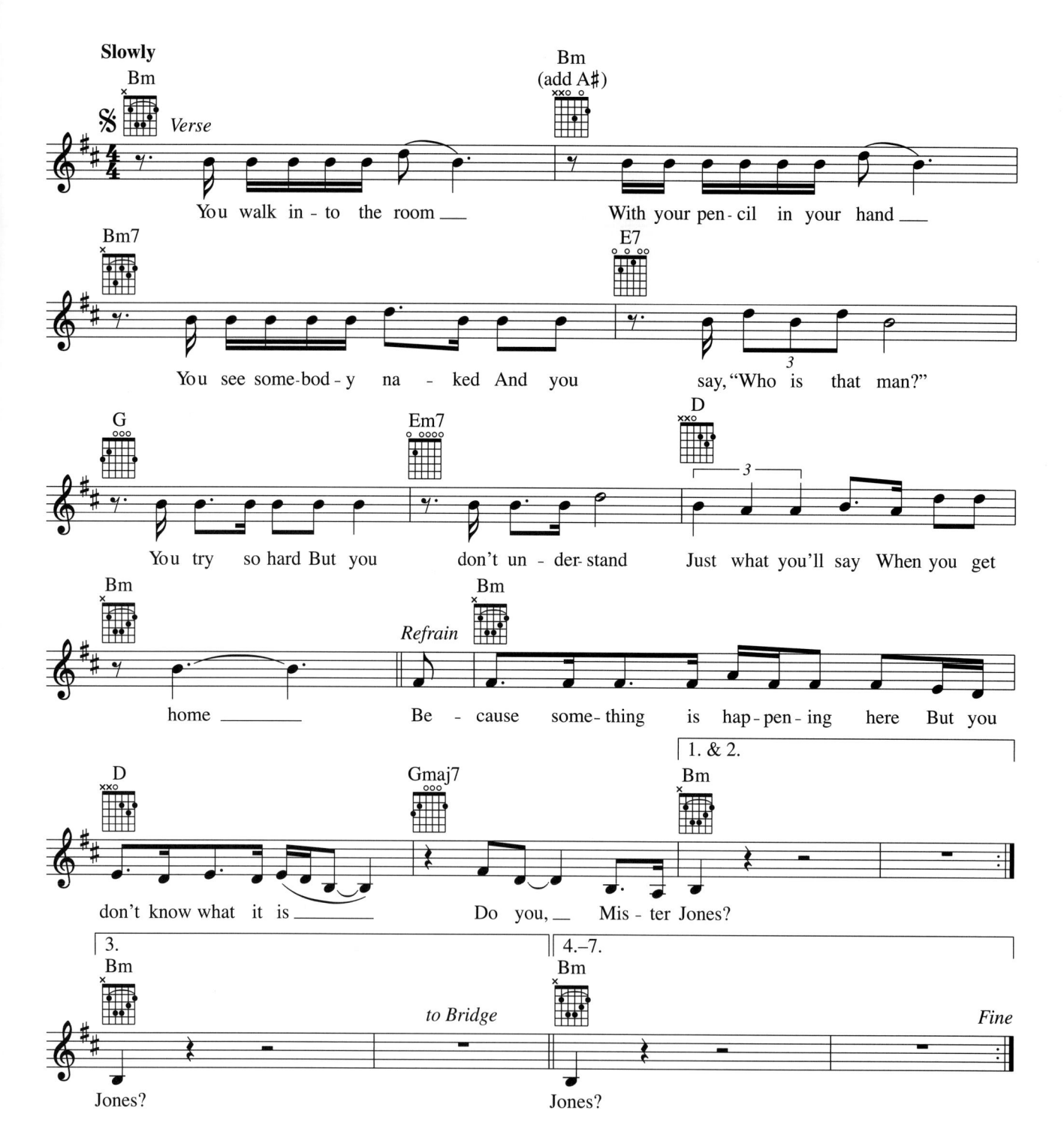

Slowly

Verse

Bm — You walk in-to the room___
Bm (add A#) — With your pen-cil in your hand___
Bm7 — You see some-bod-y na-ked And you
E7 — say, "Who is that man?"
G — You try so hard But you
Em7 — don't un-der-stand
D — Just what you'll say When you get
Bm — home___

Refrain

Bm — Be-cause some-thing is hap-pen-ing here But you
D — don't know what it is___
Gmaj7 — Do you,___ Mis-ter Jones?

1. & 2. Bm

3. Bm — *to Bridge* — Jones?

4.–7. Bm — Jones? — *Fine*

Copyright © 1965 Warner Bros. Inc.; renewed 1993 Special Rider Music. All Rights Reserved. International Copyright Secured.

Bridge

You have many contacts ⸺ Among the lumberjacks To get you facts When someone attacks your imagination But nobody has any respect Anyway they already expect you To just give a check To tax-deductible charity organizations.

D.S.

1. **You walk into the room**
    Você entra na sala
    With your pencil in your hand
    Com o lápis na mão
    You see somebody naked
    Você vê alguém nu
    And you say, "Who is that man?"
    E diz, "Quem é esse homem?"
    You try so hard
    Você tenta, tenta
    But you don't understand
    Mas não consegue entender
    Just what you'll say
    O que vai dizer
    When you get home
    Quando chegar em casa
    Because something is happening here
    Porque há algo acontecendo aqui
    But you don't know what it is
    Mas você não sabe o que é
    Do you, Mister Jones? Jones? Jones?
    E você sabe o que é, Senhor Jones? Jones? Jones?
    You have many contacts
    Você tem muitos contatos
    Among the lumberjacks
    Entre os lenhadores
    To get you facts
    Para juntar os fatos
    When someone attacks your imagination
    Quando alguém ataca sua imaginação
    But nobody has any respect
    Mas ninguém tem respeito algum
    Anyway they already expect you
    De algum modo eles já esperam que você
    To just give a check
    Para entregar um cheque
    To tax-deductible charity organizations
    dedutível no imposto às organizações de caridade

2. **You raise up your head**
    Você ergue a cabeça
    And you ask, "Is this where it is?"
    E você pergunta, "Isso onde está?"
    And somebody points to you and says,
    E alguém aponta para você e diz,
    "It's his."
    "É dele".
    And you say, "What's mine?"
    E você diz, "O que é meu?"
    And somebody else says, "Where what is?"
    E outra pessoa diz, "Onde o que é?"
    And you say, "Oh my God
    E você diz, "Oh, meu Deus
    Am I here all alone?"
    Estou aqui completamente sozinho?"

    Because something is happening here
    Porque algo está acontecendo aqui
    But you don't know what it is
    Mas você não sabe o que é
    Do you, Mister Jones?
    Você sabe o que é, Senhor Jones?

3. **You hand in your ticket**
    Você entrega sua entrada
    And you go watch the geek
    E vai assistir o descolado
    Who immediately walks up to you
    Que imediatamente caminha até você
    When he hears you speak.
    Quando ouve você falar
    And says, "How does it feel
    E diz, "Como se sente
    To be such a freak?"
    Sendo tão esquisito?"
    And you say, "Impossible"
    E você diz, "Impossível"
    As he hands you a bone
    E ele coloca um osso na sua mão

    Because something is happening here
    Porque algo está acontecendo aqui
    But you don't know what it is
    Mas você não sabe o que é

Do you, Mister Jones?
Você sabe o que é, Senhor Jones?

Bridge:
Ponte:
You have many contacts
Você tem muitos contatos
Among the lumberjacks
Entre os lenhadores
To get you facts
Para juntar seus fatos
When someone attacks your imagination
Quando alguém ataca sua imaginação
But nobody has any respect
Mas ninguém tem respeito algum
Anyway they already expect you
De algum modo eles já esperam que você
To just give a check
Entregue um cheque
To tax-deductible charity organizations
Dedutível no imposto às organizações de caridade.

4. **You've been with the professors**
   Você tem estado com os professores
   And they've all liked your looks
   E todos eles gostaram da sua aparência
   With great lawyers you have
   Com grandes advogados você já
   Discussed lepers and crooks
   Discutiu sobre leprosos e desonestos
   You've been through all of
   Você já vasculhou todos os
   F. Scott Fitzgerald's books
   Livros de F. Scott Fitzgerald
   You're very well read
   Você é muito letrado
   It's well known
   Isso já é reconhecido
   Because something is happening here
   Porque algo está acontecendo aqui
   But you don't know what it is
   Mas você não sabe o que é

Do you, Mister Jones?
Você sabe o que é, Senhor Jones?

5. **Well, the sword swallower, he comes up to you**
   Bem, quando o engolidor de espada chega até você
   And then he kneels
   E em seguida se ajoelha
   He crosses himself
   Faz o sinal da cruz
   And then he clicks his high heels
   E então ele pressiona seus saltos altos
   And without further notice
   E sem aviso prévio algum
   He asks you how it feels
   Ele pergunta como você se sente
   And he says, "Here is your throat back
   E ele diz, "Aqui está sua garganta de volta
   Thanks for the loan"
   Obrigado pelo empréstimo"

   Because something is happening here
   Porque algo está acontecendo aqui
   But you don't know what it is
   Mas você não sabe o que é
   Do you, Mister Jones?
   Você sabe o que é, Senhor Jones?

6. **Now you see this one-eyed midget**
   Agora você vê este anão de um só olho
   Shouting the word "NOW"
   Gritando a palavra "AGORA"
   And you say, "For what reason?"
   E você diz, "Qual é o motivo?"
   And he says, "How?"
   E ele diz, "Como?"
   And you say, "What does this mean?"
   E você diz, "O que significa isso?"
   And he screams back, "You're a cow
   E ele grita de volta, "Você é uma vaca
   Give me some milk
   Me dá um pouco de leite
   Or else go home"
   Ou senão vá embora"

Because something is happening here
Porque algo está acontecendo aqui
But you don't know what it is
Mas você não sabe o que é
Do you, Mister Jones?
Você sabe o que é, Senhor Jones?

7. **Well, you walk into the room**
   Bem, você entra na sala
   Like a camel and then you frown
   Como um camelo e em seguida franze a testa
   You put your eyes in your pocket
   Você coloca seus olhos no bolso
   And your nose on the ground
   E seu nariz no chão
   There ought to be a law
   Deveria haver uma lei
   Against you comin' around
   Contra sua mudança de direção
   You should be made
   Deveriam fazer com que você
   To wear earphones
   Usasse fones de ouvido

   Because something is happening here
   Porque algo está acontecendo aqui
   But you don't know what it is
   Mas você não sabe o que é
   Do you, Mister Jones?
   Você sabe o que é, Senhor Jones?

"Diz ao fraco que é fraco, e por que é fraco, o que não deixa de ser uma satisfação. Ser capaz de fazer isso e de forma tão bela, para mim, é maravilhoso. Acho que só Dylan foi capaz de realizar algo semelhante em termos de composição moderna."

Jerry Garcia, Grateful Dead

QUEEN JANE APPROXIMATELY
(RAINHA JANE APROXIMADAMENTE)

Highway 61 Revisited, 1965

Rica e evocativa, "Queen Jane Approximately" abre o lado dois do álbum *Highway 61 Revisited* de 1965. Nunca foram confirmados os rumores de que ele tocara essa canção ao vivo naquele ano, portanto, sua primeira apresentação pública conhecida ocorreu 22 anos depois, em 4 de julho de 1987, dia da independência dos Estados Unidos, com o The Grateful Dead. Uma gravação posterior daquela turnê foi incluída no CD *Dylan & The Dead*.

"Dylan deu ao *rock' n' roll* o que eu gostaria que tivesse dado quando eu era pequeno – respeitabilidade, um pouco de autoridade. Ele tirou o gênero do domínio dos ignorantes que martelavam instrumentos elétricos e o colocou em um patamar completamente diferente."

Jerry Garcia, Grateful Dead

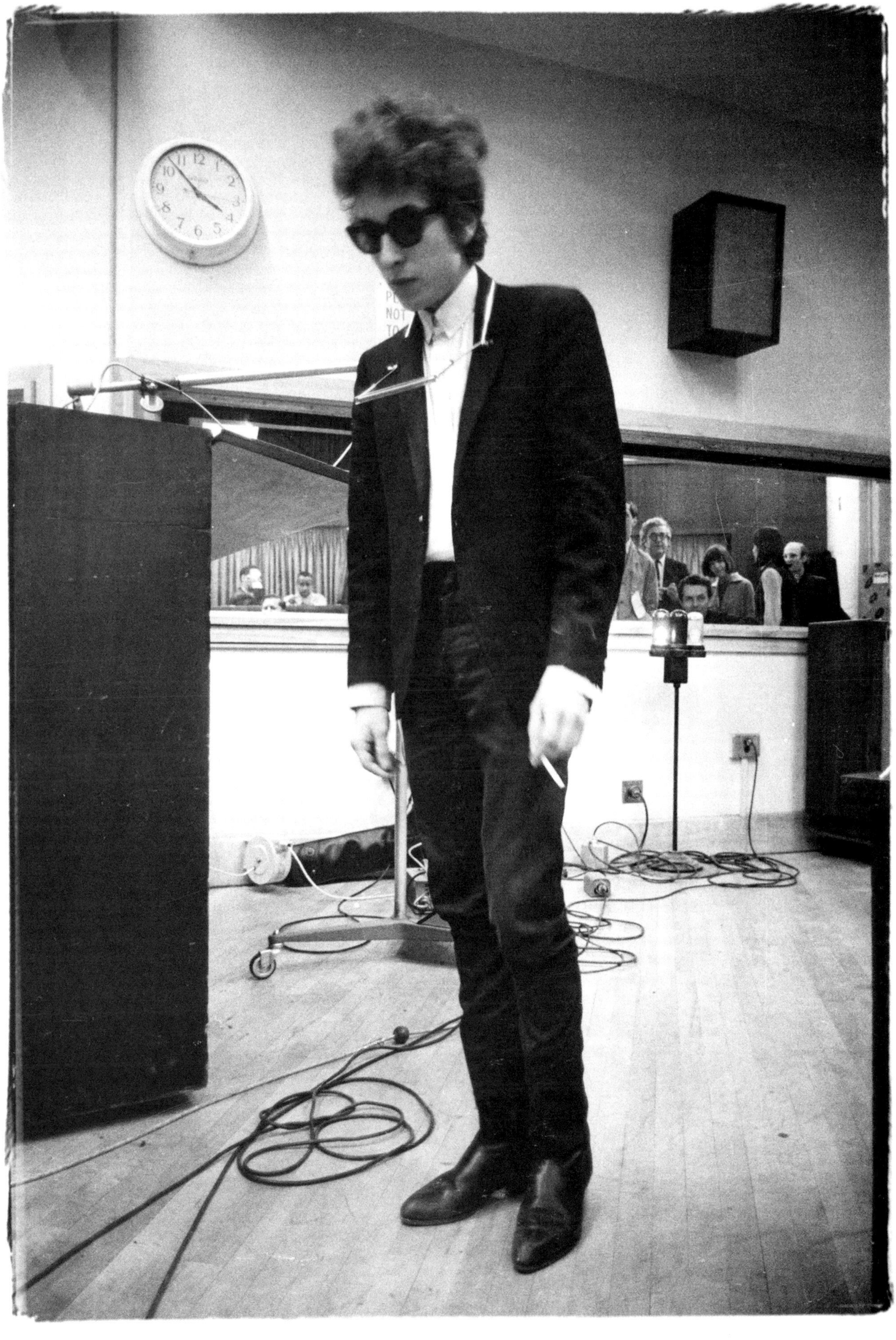

QUEEN JANE APPROXIMATELY

Moderato

| Dm9 | Em | F | C |

When your moth-er _____ sends back all your in-vi-ta-tions

| Dm9 | Em | F | G7 |

And your fa-ther _____ to your sis-ter he ___ ex - plains _____

| C | F | C |

That you're ti - red _____ of your-self and all of your cre - a - tions

| Am | C | F | C |

Won't you come see me, Queen Jane?

| F | C | F | C |

Won't you come see me, Queen Jane?

repeat four times

Copyright © 1965 WARNER BROS. Inc.; renewed 1993 Special Rider Music. All Rights Reserved. International Copyright Secured.

1. **When your mother sends back all your invitations**
   Quando a sua mãe devolve todos os seus convites
   And your father to your sister he explains
   E o seu pai explica para tua irmã
   That you're tired of yourself and all of your creations
   Que você está cansado de você mesmo e de todas as suas criações
   Won't you come see me, Queen Jane?
   Você não vem me ver, Rainha Jane?
   Won't you come see me, Queen Jane?
   Você não vem me ver, Rainha Jane?

2. **Now when all of the flower ladies want back what they have lent you**
   Agora que todas as floristas querem de volta o que te emprestaram
   And the smell of their roses does not remain
   E o cheiro das rosas não permanece mais
   And all of your children start to resent you
   E todos os teus filhos começam a te detestar
   Won't you come see me, Queen Jane?
   Você não vem me ver, Rainha Jane?
   Won't you come see me, Queen Jane?
   Você não vem me ver, Rainha Jane?

3. **Now when all the clowns that you have commissioned**
   Agora que todos os palhaços que você contratou
   Have died in battle or in vain
   Morreram na batalha ou em vão
   And you're sick of all this repetition
   E você já se cansou de toda esta repetição
   Won't you come see me, Queen Jane?
   Você não vem me ver, Rainha Jane?
   Won't you come see me, Queen Jane?
   Você não vem me ver, Rainha Jane?

4. **When all of your advisers heave their plastic**
   Quando todos os consultores atiram os plásticos
   At your feet to convince you of your pain
   A teus pés para te convencer da tua dor
   Trying to prove that your conclusions should be more drastic
   Tentando provar que as tuas conclusões deviam ser mais drásticas
   Won't you come see me, Queen Jane?
   Você não vem me ver, Rainha Jane?
   Won't you come see me, Queen Jane?
   Você não vem me ver, Rainha Jane?

5. **Now when all the bandits that you turned your other cheek to**
   Agora que todos os bandidos a quem você deu a outra face
   All lay down their bandanas and complain
   Tiram suas bandanas e reclamam
   And you want somebody you don't have to speak to
   E o que você quer é alguém com quem não tenha de conversar
   Won't you come see me, Queen Jane?
   Você não vem me ver, Rainha Jane?
   Won't you come see me, Queen Jane?
   Você não vem me ver, Rainha Jane?

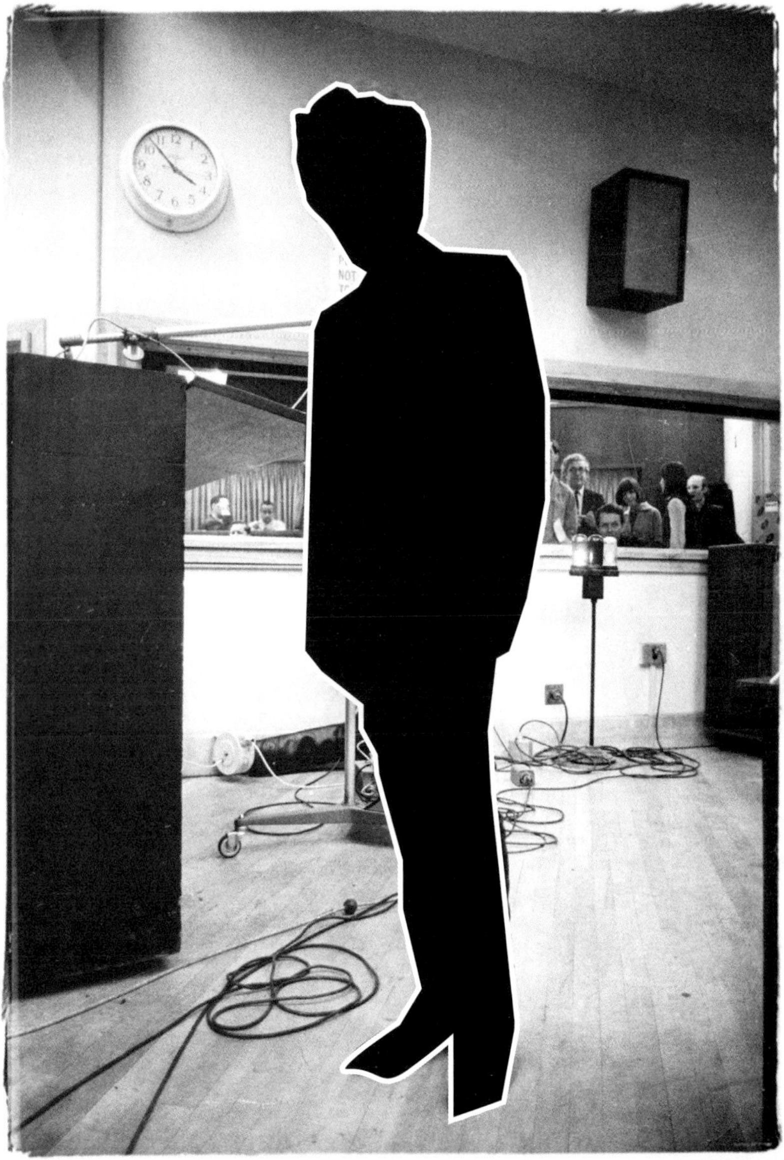

JUST LIKE TOM THUMB'S BLUES
(IGUAL AO *BLUES* DO PEQUENO POLEGAR)

🔘 *Highway 61 Revisited*, 1965

Mais uma das preciosidades incluídas no *Highway 61 Revisited*, "Just Like Tom Thumb's Blues" foi gravada durante uma sessão surpreendentemente criativa em 2 de agosto de 1965. Ainda no mesmo mês, Dylan e sua banda apresentaram-na em público, pela primeira vez, em Nova York. Pode-se ouvir uma interpretação espetacular da canção em sua turnê de 1966, no Reino Unido, lançada em compacto simples naquele ano, e também no álbum *The Bootleg Series Vol. 4*. Judy Collins foi uma das primeiras cantoras a interpretá-la.

"Eu fui atraída pelas imagens, que achei espetaculares. O produtor do Bob, Albert Grossman, um velho amigo meu, me apresentou ao Bob. E Bob, por sua vez, sempre me mostrava suas novas composições, caso achasse que havia alguma adequada para eu gravar. Eu estava na posição privilegiada de poder ouvir essas canções em primeira mão, direto da boca do próprio criador. Era maravilhoso."

Judy Collins

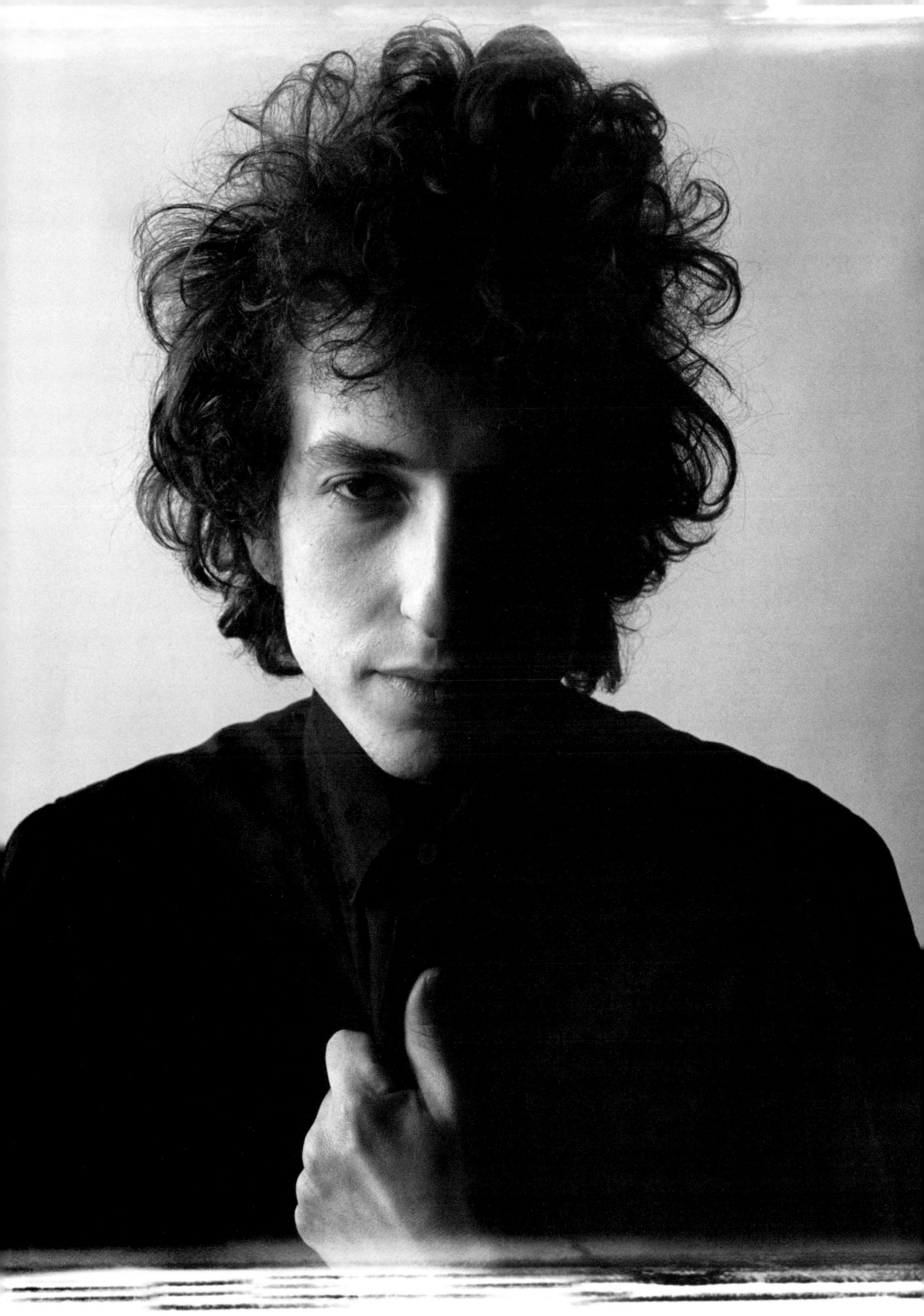

JUST LIKE TOM THUMB'S BLUES

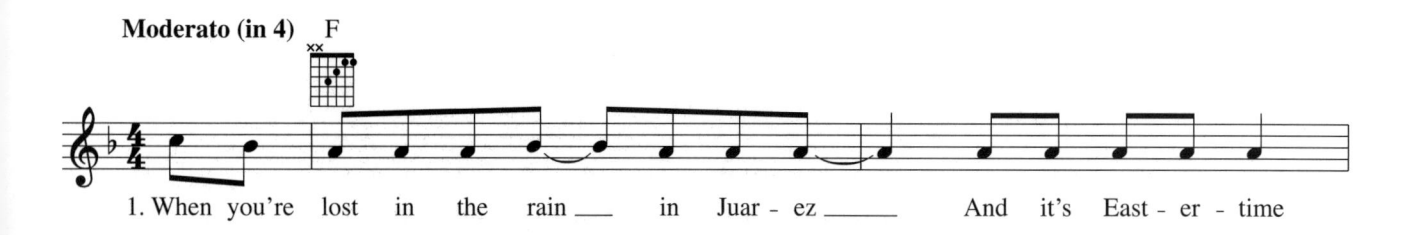

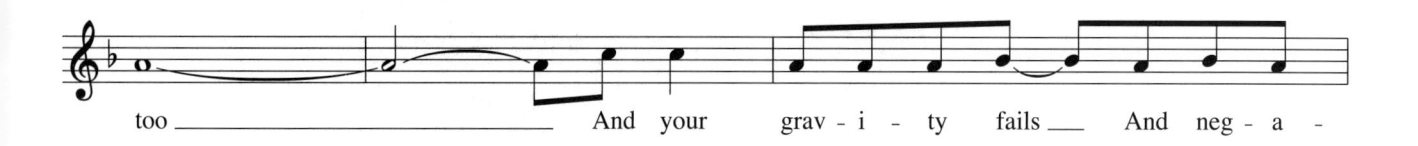

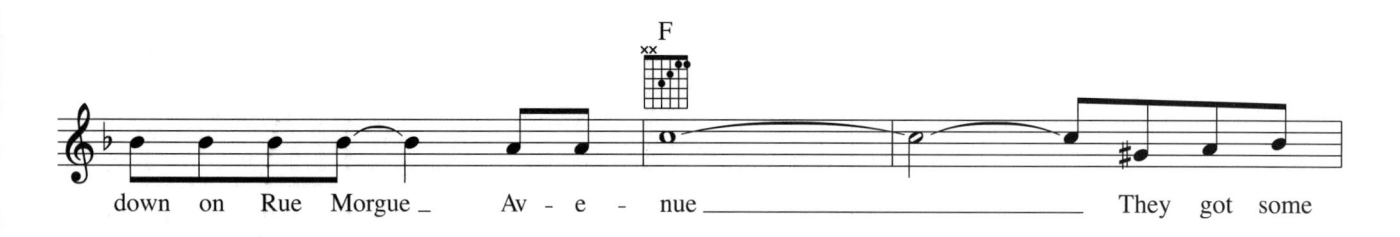

Moderato (in 4)   F

1. When you're lost in the rain in Juarez And it's Easter time too And your gravity fails And negativity don't pull you through

F7   Bb

Don't put on any airs When you're

F

down on Rue Morgue Avenue They got some

C7   F   Bb   F

repeat five times

hungry women there And they really make a mess outta you

Copyright © 1965 Warner Bros. Inc.; renewed 1993 Special Rider Music. All Rights Reserved. International Copyright Secured.

1. **When you're lost in the rain in Juarez**
   Quando a gente está perdido na chuva em Juarez
   And it's Eastertime too
   além de ser Páscoa
   And your gravity fails
   E a gravidade falha
   And negativity don't pull you through
   E a negatividade não consegue recuperar
   Don't put on any airs
   Não dê uma de bacana
   When you're down on Rue Morgue Avenue
   Quando passar na Rue Morgue Avenue
   They got some hungry women there
   Lá as mulheres são famintas
   And they really make a mess outta you
   E vão fazer picadinho de você

2. **Now if you see Saint Annie**
   Agora, se você vir Santa Ana
   Please tell her thanks a lot
   Por favor agradeça a ela
   I cannot move
   Não consigo me mexer
   My fingers are all in a knot
   Todos os meus dedos estão grudados
   I don't have the strength
   E não tenho força
   To get up and take another shot
   Para levantar e tentar de novo
   And my best friend, my doctor
   E o meu melhor amigo, meu médico
   Won't even say what it is I've got
   Nem mesmo me diz o que eu tenho

3. Sweet Melinda
Doce Melinda
The peasants call her the goddess of gloom
A gente do campo a chama de deusa da melancolia
She speaks good English
Seu linguajar é perfeito
And she invites you up into her room
E ela te convida para ir ao quarto
And you're so kind
E você tem a gentileza
And careful not to go to her too soon
E o cuidado de não chegar nela cedo demais
And she takes your voice
E ela rouba a tua voz
And leaves you howling at the moon
E te deixa uivando para a lua

4. Up on Housing Project Hill
No alto do Morro do Projeto Habitacional
It's either fortune or fame
Ou é fortuna ou fama
You must pick up one or the other
Escolha uma ou outra
Though neither of them are to be what they claim
Apesar de nenhuma delas ser o que parece
If you're lookin' to get silly
Se você está tentando fazer graça
You better go back to from where you came
É melhor voltar para o lugar de onde veio
Because the cops don't need you
Porque a polícia não precisa de você
And man they expect the same
E cara, ela espera o mesmo

5. Now all the authorities
Todas as autoridades
They just stand around and boast
só ficam por aí se vangloriando
How they blackmailed the sergeant-at-arms
De como chantagearam o oficial da lei
Into leaving his post
Para que deixasse seu posto
And picking up Angel who
E pegasse o anjo que
Just arrived here from the coast
Acabou de chegar do litoral
Who looked so fine at first
E que de início parecia tão bem
But left looking just like a ghost
Mas saiu parecendo um fantasma

6. I started out on burgundy
Eu comecei com borgonha
But soon hit the harder stuff
Mas logo acabei pegando mais pesado
Everybody said they'd stand behind me
Todos dizem que estarão do meu lado
When the game got rough
Quando o jogo ficar pesado
But the joke was on me
Mas a piada era comigo
There was nobody even there to call my bluff
Não havia sequer alguém por lá para segurar o meu blefe
I'm going back to New York City
Vou voltar para a cidade de Nova York
I do believe I've had enough
Acho que já passei do limite

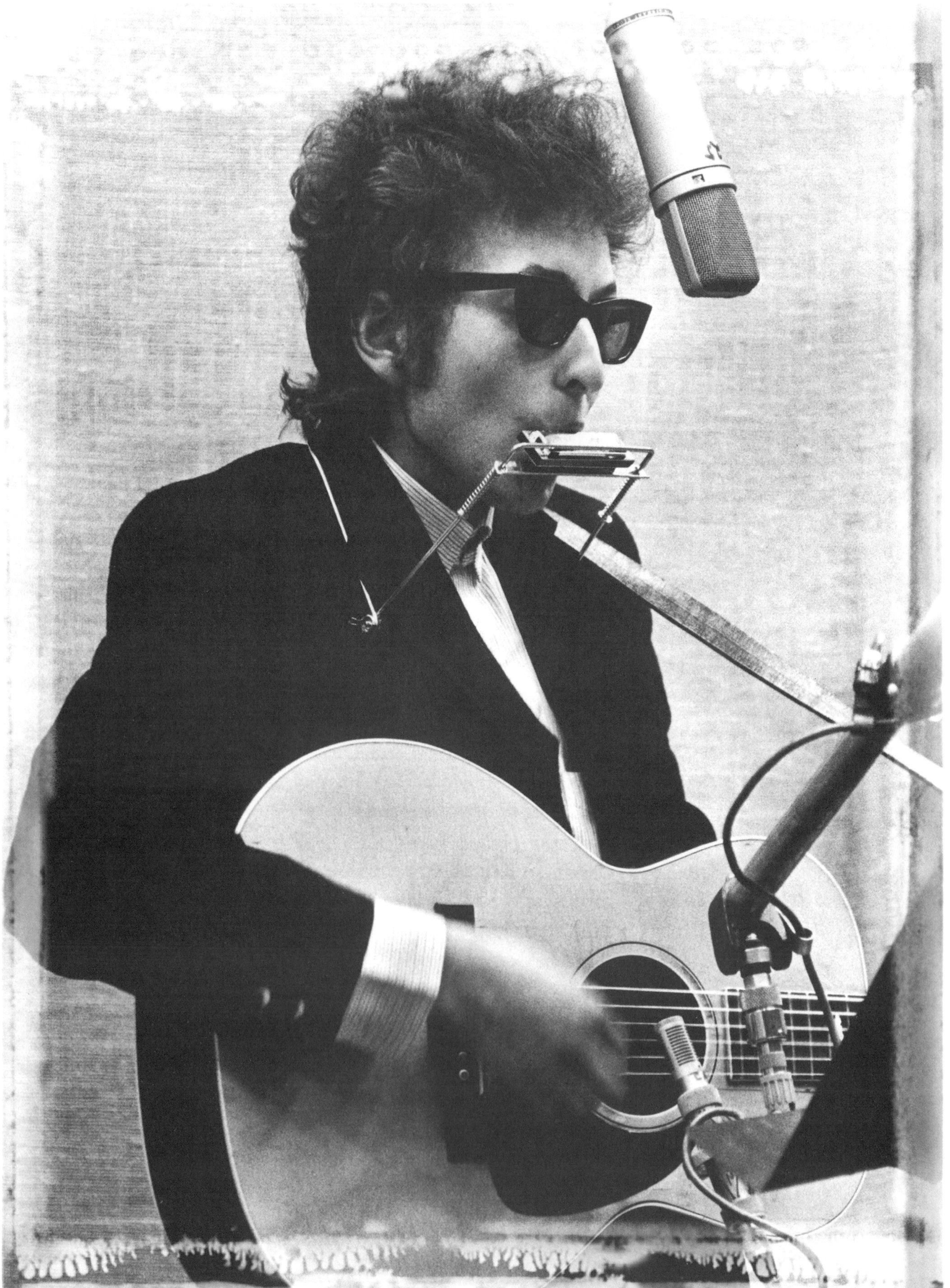

DESOLATION ROW
(CORREDOR DA DESOLAÇÃO)

Highway 61 Revisited, 1965

Como faixa de encerramento do histórico *Highway 61 Revisited*, de 1965, Dylan desvendou esta canção épica de onze minutos, na qual Michael Bloomfield contribuiu com alguns dos seus mais líricos toques de guitarra. "Desolation Row" de imediato tornou-se uma pedra fundamental dos *shows* ao vivo de Dylan, permanecendo em seu repertório até os dias de hoje.

"Eu sei mesmo o que são minhas canções. Algumas são de quatro minutos, algumas de cinco e algumas, acredite se quiser, são de onze ou doze."

Bob Dylan, 1966

DESOLATION ROW

Slowly with a steady beat

(D) They're selling postcards of the hanging (G) They're painting the passports (D) brown The beauty (A7) parlor is filled with sailors (G) The circus is in town (D) Here comes the blind commissioner They've got him in a (D) trance One hand is tied (A7) to the tightrope walker (G) The other is in his (D) pants (G) And the riot squad they're restless They need somewhere to (D) go As (A7) Lady and I look out tonight From (G) Desolation (D) Row

repeat nine times

Copyright © 1965; renewed 1993 Special Rider Music. All Rights Reserved. International Copyright Secured.

1. **They're selling postcards of the hanging**
   Eles estão vendendo cartões-postais do enforcamento
   They're painting the passports brown
   Pintando os passaportes de marrom
   The beauty parlor is filled with sailors
   Os salões de beleza estão cheios de marinheiros
   The circus is in town
   O circo está na cidade
   Here comes the blind commissioner
   Aí vem o comissário cego
   They've got him in a trance
   Que foi posto em transe
   One hand is tied to the tight-rope walker
   Uma mão está amarrada ao cordão apertado do sapato
   The other is in his pants
   A outra está presa em sua calça
   And the riot squad they're restless
   E a tropa de choque está inquieta
   They need somewhere to go
   Pois precisam de um lugar para ir
   As Lady and I look out tonight
   Enquanto a Senhora e eu observamos a noite
   From Desolation Row
   Do Corredor da Desolação

2. **Cinderella, she seems so easy**
   A Cinderela parece tão simples,
   "It takes one to know one," she smiles
   "O roto fala do rasgado", sorri,
   And puts her hands in her back pockets
   E põe as mãos nos bolsos de trás
   Bette Davis style
   Como a Bette Davis faz
   And in comes Romeo, he's moaning
   E aí chega Romeu, gemendo
   "You Belong to Me I Believe"
   "Você é Minha, Acredito"
   And someone says," You're in the wrong place my friend
   E alguém diz, "Você está no lugar errado, amigo
   You better leave.
   É melhor ir embora".
   And the only sound that's left
   E o único som que resta
   After the ambulances go
   Depois que as ambulâncias partiram
   Is Cinderella sweeping up
   É o da Cinderela varrendo
   On Desolation Row
   O Corredor da Desolação

3. **Now the moon is almost hidden**
   Agora a lua está quase oculta
   The stars are beginning to hide
   As estrelas começam a se esconder
   The fortune-telling lady
   A cartomante
   Has even taken all her things inside
   até já recolheu suas coisas
   All except for Cain and Abel
   Tudo menos Caim e Abel
   And the hunchback of Notre Dame
   E o corcunda de Notre Dame
   Everybody is making love
   Todo mundo está fazendo amor
   Or else expecting rain
   Ou esperando chuva
   And the Good Samaritan, he's dressing
   E o Bom Samaritano está se vestindo
   He's getting ready for the show
   Está se aprontando para o *show*
   He's going to the carnival tonight
   Ele vai ao parque de diversões hoje à noite
   On Desolation Row
   No Corredor da Desolação

4. **Now Ophelia, she's 'neath the window**
   Ofélia está sob a janela
   For her I feel so afraid
   Sinto medo por ela
   On her twenty-second birthday
   Aos vinte e dois anos
   She already is an old maid
   já é solteirona
   To her, death is quite romantic
   Para ela, a morte é muito romântica
   She wears an iron vest
   Ela veste um colete de metal
   Her profession's her religion
   A profissão é sua religião

Her sin is her lifelessness
Seu pecado é a falta de vida
And though her eyes are fixed upon
E embora tenha os olhos fixos no
Noah's great rainbow
Grande arco-íris de Noé
She spends her time peeking
Ela passa o tempo espreitando
Into Desolation Row
O Corredor da Desolação

5. Einstein, disguised as Robin Hood
   Einstein, disfarçado de Robin Hood
   With his memories in a trunk
   como as lembranças em um baú
   Passed this way an hour ago
   Passou por aqui há uma hora
   With his friend, a jealous monk
   Com seu amigo, um monge invejoso
   He looked so immaculately frightful
   que parecia tão imaculadamente assustador
   As he bummed a cigarette
   Ao filar um cigarro
   Then he went off sniffing drainpipes
   Depois saiu inalando o esgoto
   And reciting the alphabet
   E recitando o alfabeto
   Now you would not think to look at him
   Nem dá para imaginar olhando para ele
   But he was famous long ago
   que foi famoso há muito tempo
   For playing the electric violin
   Por tocar violino elétrico
   On Desolation Row
   No Corredor da Desolação

6. Dr. Filth, he keeps his world
   O dr. Sujeira mantém seu mundo
   Inside of a leather cup
   Dentro de uma taça de couro
   But all his sexless patients
   Mas todos os seus pacientes assexuados
   They're trying to blow it up
   estão tentando explodi-la

   Now his nurse, some local loser
   A sua enfermeira, uma fracassada
   She's in charge of the cyanide hole
   é responsável pelo buraco de cianeto
   And she also keeps the cards that read
   E também guarda os cartões que dizem
   "Have Mercy on His Soul"
   "Tenha Piedade da Sua Alma"
   They all play on penny whistles
   Todos eles todos tocam flauta doce
   You can hear them blow
   É possível ouvi-los tocar
   If you lean your head out far enough
   Esticando a cabeça
   From Desolation Row
   no Corredor da Desolação

7. Across the street they've nailed the curtains
   Do outro lado da rua eles pregaram as cortinas
   They're getting ready for the feast
   e se preparam para a festa
   The Phantom of the Opera
   O Fantasma da Ópera
   A perfect image of a priest
   Perfeita imagem de um padre
   They're spoonfeeding Casanova
   O Casanova está sendo tratado a pão de ló
   To get him to feel more assured
   Para que ele se sinta mais confiante
   Then they'll kill him with self-confidence
   Então eles o matarão com autoestima
   After poisoning him with words
   Depois de envenená-lo com palavras
   And the Phantom's shouting to skinny girls
   E o Fantasma grita para as magricelas
   "Get Outa Here If You Don't Know
   "Deem o Fora Daqui Se Vocês Não Sabem
   Casanova is just being punished for going
   Que o Casanova só está sendo punido por ter ido
   To Desolation Row"
   Ao Corredor da Desolação"

8. Now at midnight all the agents
   À meia-noite todos os agentes
   And the superhuman crew
   E a tripulação sobrenatural
   Come out and round up everyone
   Aparecem e juntam todos os
   That knows more than they do
   Que sabem mais que eles
   Then they bring them to the factory
   Daí eles são levados para a fábrica
   Where the heart-attack machine
   Onde ligam a máquina de ataque cardíaco
   Is strapped across their shoulders
   em volta dos seus ombros
   And then the kerosene
   E então o querosene
   Is brought down from the castles
   É trazido dos castelos
   By insurance men who go
   Pelos homens do seguro que vão
   Check to see that nobody is escaping
   Verificar se ninguém está fugindo
   To Desolation Row
   Para o Corredor da Desolação

9. Praise be to Nero's Neptune
   Louvado seja o Netuno de Nero
   The Titanic sails at dawn
   O Titanic navega na aurora
   And everybody's shouting
   E todos gritam
   "Which Side Are You On?"
   "De Que Lado Vocês Estão?"
   And Ezra Pound and T. S. Eliot
   E Ezra Pound e T. S. Eliot
   Fighting in the captain's tower
   Lutam na torre do capitão
   While calypso singers laugh at them
   Enquanto os cantores de calipso zombam deles
   And fishermen hold flowers
   E os pescadores seguram flores
   Between the windows of the sea
   Entre as janelas do mar
   Where lovely mermaids flow
   Onde deslizam adoráveis sereias
   And nobody has to think too much
   E ninguém precisa pensar demais
   About Desolation Row
   No Corredor da Desolação

10. Yes, I received your letter yesterday
    Sim, eu recebi sua carta ontem
    (About the time the door knob broke)
    (Bem na hora que a maçaneta da porta quebrou)
    When you asked how I was doing
    Quando você me perguntou como eu estava indo
    Was that some kind of joke?
    O que era isso, uma piada?
    All these people that you mention
    Todas essas pessoas que você mencionou
    Yes, I know them, they're quite lame
    É, eu conheço, são bastante fracas
    I had to rearrange their faces
    Eu tive de refazer rostos
    And give them all another name
    E dar outro nome a todas elas
    Right now I can't read too good
    Neste instante, não consigo ler muito bem
    Don't send me no more letters, no
    Não me mande mais cartas, não
    Not unless you mail them
    a não ser que você as envie
    From Desolation Row
    Do Corredor da Desolação

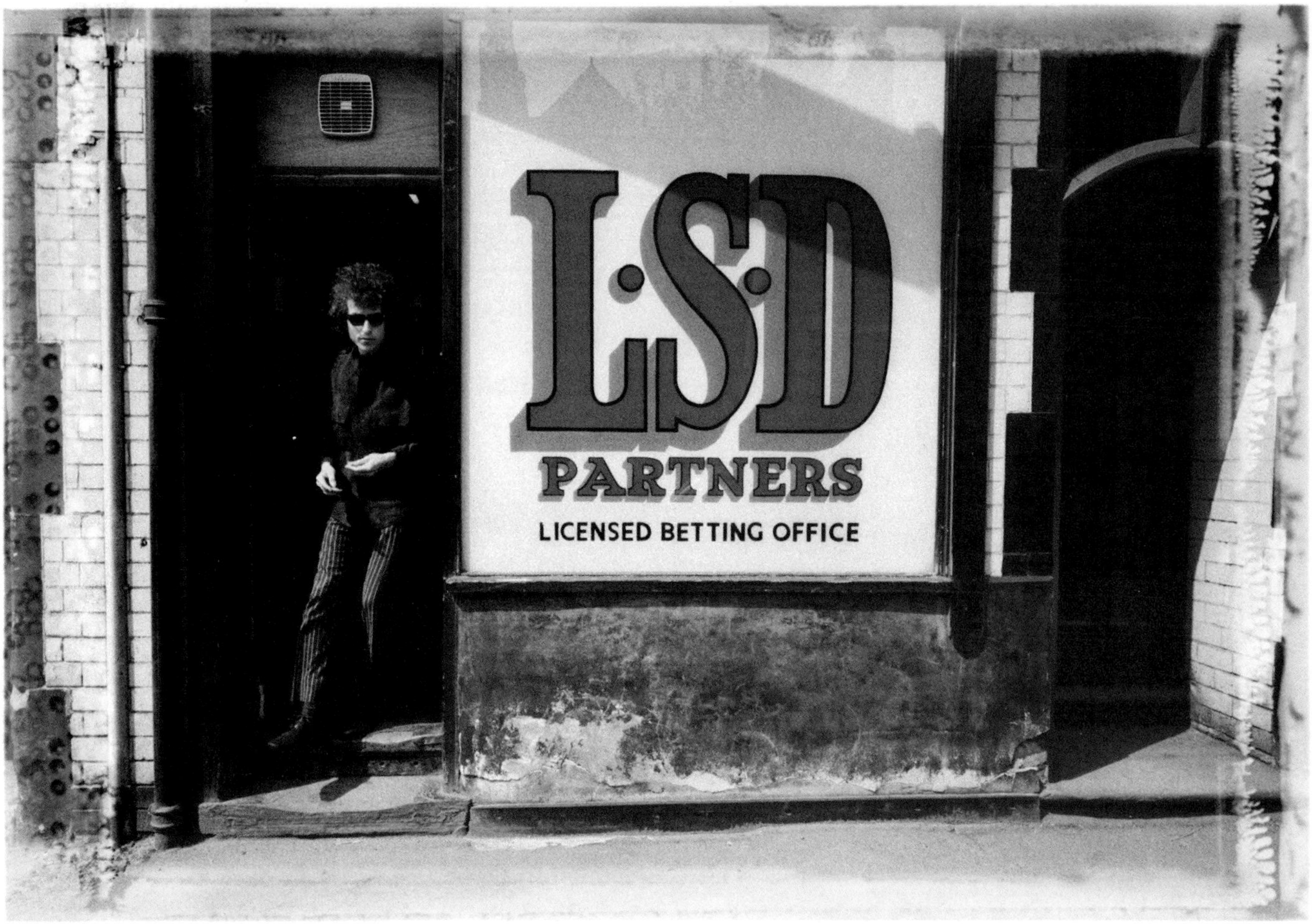
L·S·D
PARTNERS
LICENSED BETTING OFFICE

POSITIVELY 4TH STREET
(POSITIVAMENTE, 4TH STREET)

Bob Dylan's Greatest Hits, 1967

Single de sucesso, em 1965, "Positively 4th Street" foi a canção "pop" mais direta e sincera composta até aquele momento. Dylan nunca explicou a quem essa canção se dirigia, mas a ferocidade e o desdém exibidos pela letra não perderam o brilho, passadas mais de quatro décadas.

"Aquela canção em particular me mostrou – lembro que pensei, 'Até que enfim a música *pop* americana amadureceu. Agora a gente pode cantar sobre qualquer coisa'. Quando ele cantava, 'You got a lot of nerve to say you are my friend', só nessa declaração havia uma canção diferente de qualquer outra que já tinha ouvido antes."

Joni Mitchell

POSITIVELY 4TH STREET

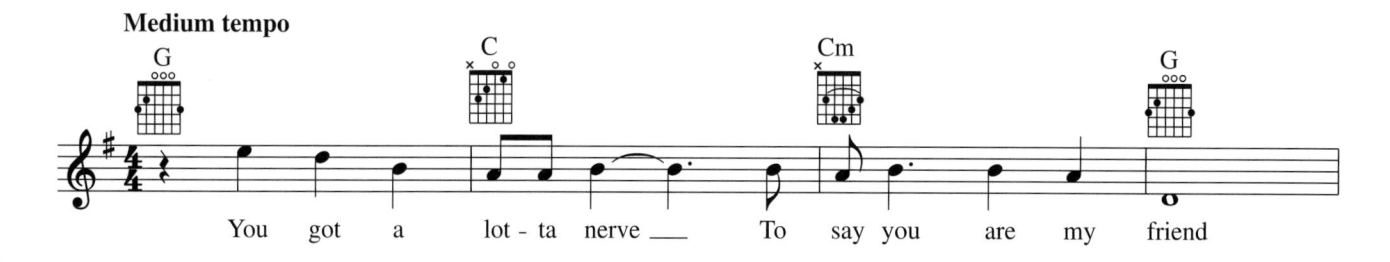

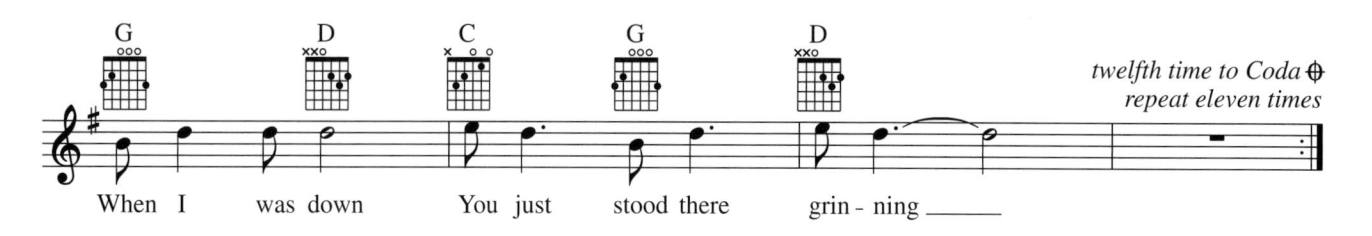

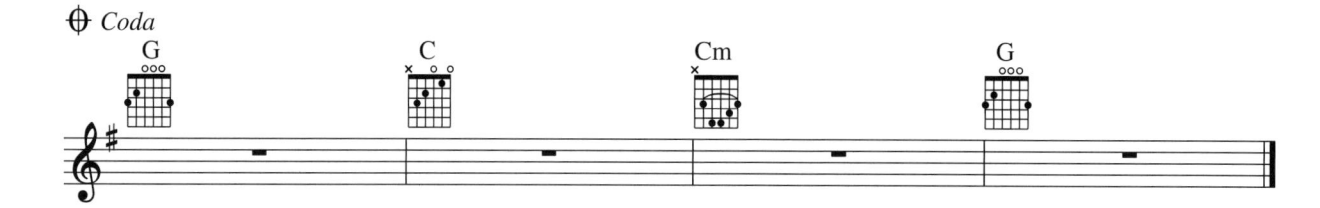

Medium tempo

You got a lot-ta nerve — To say you are my friend

When I was down You just stood there grin-ning —

twelfth time to Coda
repeat eleven times

𝄌 *Coda*

---

1. **You got a lotta nerve**
   Você tem muita coragem
   To say you are my friend
   De dizer que é meu amigo
   When I was down
   Quando eu estava na pior
   You just stood there grinning
   Você ficou ali parado, rindo

2. **You got a lotta nerve**
   Você tem muita coragem
   To say you gotta helping hand to lend
   De dizer que pode me dar a mão
   You just want to be on
   O teu negócio é ficar
   The side that's winning
   Do lado que está ganhando

3. **You say I let you down**
   Você diz que eu te decepcionei
   You know it's not like that
   Você sabe que não é bem assim
   If you're so hurt
   Se você está tão magoada
   Why then don't you show it
   Por que então não demonstra

4. **You say you lost your faith**
   Você diz que perdeu a fé
   But that's not where it's at
   Mas não é onde a coisa está
   You had no faith to lose
   Você não tinha fé para perder
   And you know it
   E você sabe disso

Copyright © 1965 WARNER Bros. Inc.: renewed 1993 Special Rider Music. All Rights Reserved. International Copyright Secured.

5. **I know the reason**
   Eu sei por quê
   That you talk behind my back
   Você fala nas minhas costas
   I used to be among the crowd
   Eu andava com a turma
   You're in with
   que você anda

6. **Do you take me for such a fool**
   Você acha que sou tão idiota
   To think I'd make contact
   Para pensar que eu entraria em contato
   With the one who tries to hide
   Com alguém que tenta esconder
   What he don't know to begin with
   O que não sabe para começo de conversa

7. **You see me on the street**
   Você me vê na rua
   You always act surprised
   Você sempre finge estar surpresa
   You say, "How are you?" "Good luck"
   Você diz, "Como vai?", "Boa sorte"
   But you don't mean it
   Mas não é o que deseja

8. **When you know as well as me**
   Quando você sabe como eu sei
   You'd rather see me paralyzed
   Você preferiria me ver paralisado
   Why don't you just come out once
   Por que não aparece de uma vez
   And scream it
   E grita

9. **No, I do not feel that good**
   Não, eu não me sinto tão bem assim
   When I see the heartbreaks you embrace
   Quando vejo as mágoas que você abraça
   If I was a master thief
   Se eu fosse um ladrão-mor
   Perhaps I'd rob them
   Talvez eu as roubaria

10. **And now I know you're dissatisfied**
    E agora eu sei que você não está satisfeita
    With your position and your place
    Com a sua posição e o seu lugar
    Don't you understand
    Você não entende
    It's not my problem
    Isso não é problema meu

11. **I wish that for just one time**
    Eu gostaria que pelo menos uma vez
    You could stand inside my shoes
    Você pudesse se sentir no meu lugar
    And just for that one moment
    E que nesse único momento
    I could be you
    Eu pudesse ser você

12. **Yes, I wish that for just one time**
    Sim, eu gostaria que pelo menos uma vez
    You could stand inside my shoes
    Você pudesse se sentir no meu lugar
    You'd know what a drag it is
    Você saberia que puxado que é
    To see you
    Ver você

VISIONS OF JOHANNA
(VISÕES DE JOHANNA)

Blonde On Blonde, 1966

Geralmente descrita como a melhor canção de Dylan, "Visions of Johanna" foi composta no final de 1965 (sob o título provisório de "Freeze Out"), e gravada em duas ocasiões com os futuros membros do The Band, antes da gravação para a posteridade no álbum *Blonde On Blonde* ser feita em Nashville. Antes do lançamento do disco, Dylan já a tocava, e as aparições ocasionais em seu repertório são aguardadas com muita emoção até os dias de hoje.

"'Mona Lisa must have had the highway blues' é uma grande observação. Ele comenta sobre ela como ninguém jamais fez, e mesmo assim é muito contemporânea. Ele veio da mesma tradição de Woody Guthrie e Jack Kerouac – a estrada, a carona, a longa linhagem de violeiros pegando carona com violões no ombro, que estava relacionada à tradição do vagabundo. Você sabia o que era 'blues da estrada', mas seus pais não!"

Loudon Wainwright III

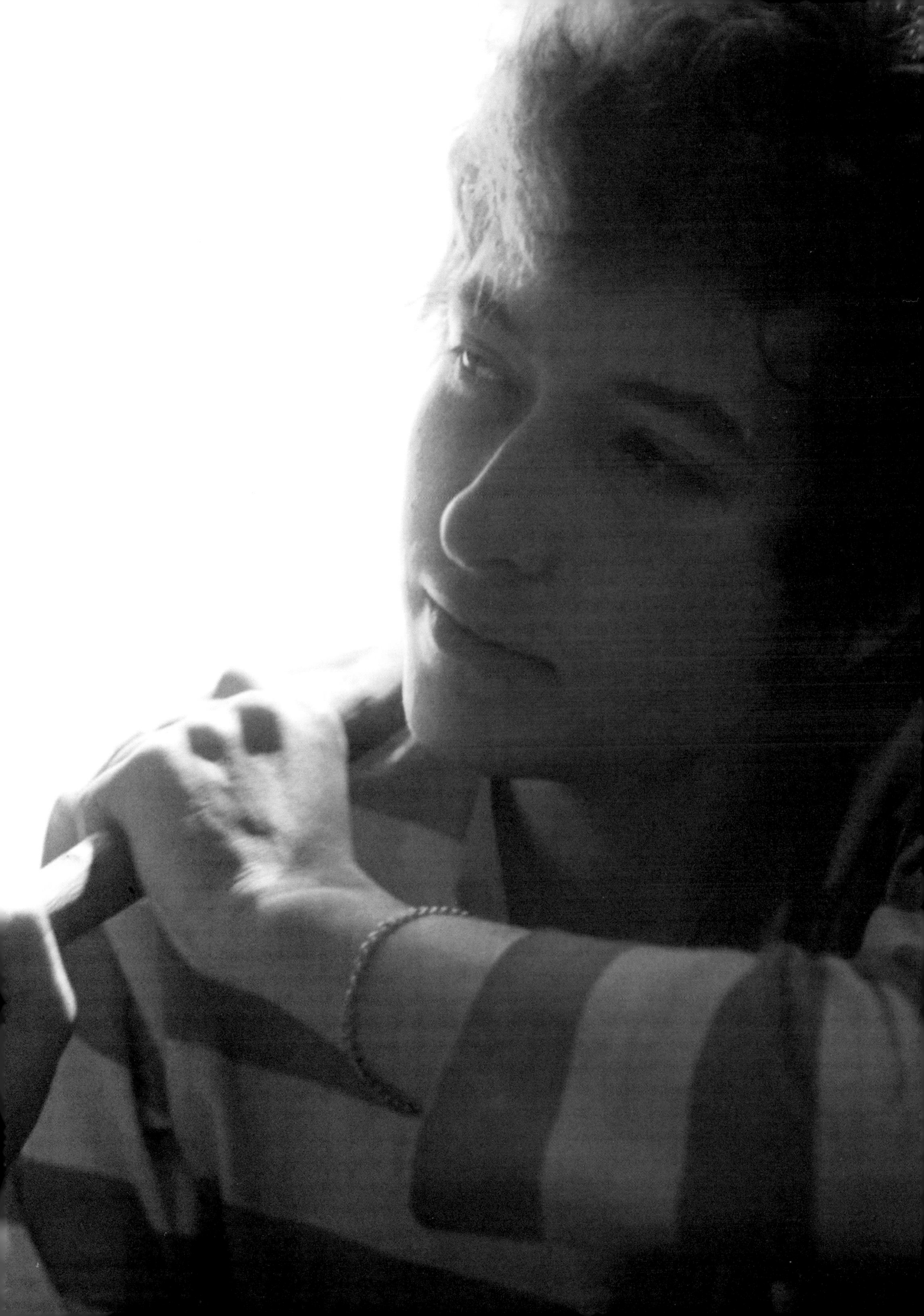

VISIONS OF JOHANNA

Moderately slow

1. Ain't it just like the night to play tricks when you're tryin' to be so quiet? _____ We sit here stranded, though we're all _____ doin' our best to deny it _____ And Louise holds a handful of rain, temptin' you _____ to devise _____

   lot where the ladies play blindman's bluff with the key chain _____ And the all-night girls they whisper of escapades out on the "D" train _____ We can hear the nightwatchman click his flashlight Ask himself if it's him or them that's really into

   little boy lost, _____ he takes himself so serious- ly _____ He brags of his misery, he likes _____ to live dangerous-ly _____ And when He speaks of a farewell kiss _____ to bringing her name up

   side the museums, Infinity goes up on trial _____ Voices echo this is what sal- vation must be like after a while _____ But Mona Lisa must-a had the highway blues You can tell _____ by the way she

Copyright © 1966; renewed 1994 Dwarf Music. All Rights Reserved. International Copyright Secured.

A | **D**

fy it _____
sane _____
me _____
smiles _____

Lights flick-er from the op-po-site
Lou - ise, she's all right, she's just
He's sure got a lot-ta
See the prim-i-tive wall - flow-er

A | **D** | **A**

loft   In this room the heat pipes just cough   The
near   She's del-i-cate and seems like the mir-ror _____   But she just
gall   to be so use-less and all   Mut-ter-
freeze   When the jel-ly - faced wom-en all sneeze   Hear the

D | **A**

coun - try mu - sic sta - tion plays soft   But there's noth-ing, real-ly noth-ing to turn
makes it all__ too con-cise and too clear   That Jo - han-na's not here
ing small talk__ at the wall   while I'm in the
one with__ the mus-tache say, "Jeeze, I can't find my knees."

E7 | **A**

off
hall   Just Lou - ise   and her
                                    The ghost of 'lec - tric - i - ty
                                    How can I ex - plain?   Oh,
                                    Oh, jewels and bin - oc - u - lars

D | **E7** | **A**

lov - er so en - twined _____   And these vi-sions
howls in the bones of her face _____   Where these vi-sions
it's so hard to get on _____   And these vi-sions
hang from the head of the mule _____   But these vi-sions

[D] [A/C#] [E7] [A]

_____ of Jo-han-na _____ that _ con - quer my mind _
_____ of Jo-han-na _____ have now tak - en my place _
_____ of Jo-han-na, _ they kept me up _____ past the dawn _
_____ of Jo-han-na, _ they make it all _____ seem so cruel _

[D] [A]

|1.2.3.| |4.|

2. In the emp-ty
3. Now,
4. In -   5. The

[D] [E7] [A]

ped-dler now _ speaks _ to the count-ess who's pre-tend-ing to care for him _

[D] [E7]

Say-in', "Name me some-one that's not a par-a-site and I'll _ go out _ and say _ a prayer _

[A] [E]

_ for him" But like Lou-ise _ al-ways says _ "Ya can't

[E7] [A]

look at much, _ can ya man?" As she, her-self, pre - pares for him _

And Ma-don-na, she still has not showed We see this
emp-ty cage now cor-rode Where her cape of the stage once had
flowed The fid-dler, he now steps to the road He writes
ev-'ry-thing's been re-turned which was owed On the back of the fish truck that loads
While my con-science ex-plodes The har-mon-i-cas play the
skel-e-ton keys and the rain And these vi-sions
of Jo-han-na are now all that re-main

1. **Ain't it just like the night to play tricks when you're tryin' to be so quiet?**
   Não parece uma boa noite para brincadeiras enquanto você está tentando ficar quieta?
   We sit here stranded, though we're all doin' our best to deny it
   Estamos aqui encalhados, embora fazemos o nosso melhor para negar isso
   And Louise holds a handful of rain, temptin' you to defy it
   E Louise segura um punhado de chuva na mão, tentando desobedecê-la
   Lights flicker from the opposite loft
   Luzes piscam no andar de cima do lado oposto,
   In this room the heat pipes just cough
   Nessa sala o radiador apenas tosse
   The country music station plays soft
   A estação de rádio de música *country* toca baixinho
   But there's nothing, really nothing to turn off
   Mas não há nada, absolutamente nada que a desligue
   Just Louise and her lover so entwined
   Apenas Louise e seu amante tão entrelaçados
   And these visions of Johanna that conquer my mind
   E essas visões de Johanna que conquistam minha mente

2. **In the empty lot where the ladies play blindman's bluff with the key chain**
   No terreno baldio onde as mulheres brincam de cabra-cega com o molho de chaves
   And the all-night girls they whisper of escapades out on the "D" train
   E todas as garotas noturnas, elas suspiram sobre fugas no trem "D"
   We can hear the night watchman click his flashlight
   Podemos ouvir o guarda-noturno com sua lanterna
   Ask himself if it's him or them that's really insane
   Pergunte a si mesmo se é ele ou elas que são insanos
   Louise, she's all right, she's just near
   Louise, ela é legal, ela está apenas próxima
   She's delicate and seems like the mirror
   Ela é delicada e parece como o espelho
   But she just makes it all too concise and too clear
   Mas ela simplesmente deixa tudo muito conciso e claro

That Johanna's not here
Que Johanna não está aqui
The ghost of 'lectricity howls in the bones of her face
O fantasma da eletricidade uiva nos ossos de sua face
Where these visions of Johanna have now taken my place
Onde essas visões de Johanna acabaram de tomar o meu lugar

3. **Now, little boy lost, he takes himself so seriously**
   Agora, o pequeno garoto perdido, ele pega pesado consigo mesmo
   He brags of his misery, he likes to live dangerously
   Ele se gaba da sua miséria, ele gosta de viver perigosamente
   And when bringing her name up
   E quando ele se lembra do nome dela
   He speaks of a farewell kiss to me
   Ele me conta sobre um beijo de despedida
   He's sure got a lotta gall to be so useless and all
   Ele certamente tem muitas amarguras para ser tão inútil e muito mais
   Muttering small talk at the wall while I'm in the hall
   Resmungando futilidades no muro enquanto estou na sala
   How can I explain?
   Como posso explicar?
   Oh, it's so hard to get on
   Oh, isso é muito difícil de lidar
   And these visions of Johanna, they kept me up past the dawn
   E essas visões de Johanna, elas me fizeram passar a noite em claro

4. **Inside the museums, Infinity goes up on trial**
   Dentro dos museus, a infinidade é posta à prova
   Voices echo this is what salvation must be like after a while
   Vozes ecoam que isso é o que a salvação deve ser depois de algum tempo
   But Mona Lisa musta had the highway blues
   Mas a Mona Lisa deve ter tido o seu *blues* da estrada
   You can tell by the way she smiles
   Dá para notar pelo jeito que ela sorri

See the primitive wallflower freeze
Veja a flor primitiva estática na parede
When the jelly-faced women all sneeze
Enquanto todas as mulheres de rostos gelatinosos espirram
Hear the one with the mustache say, "Jeeze
Ouça aquele de bigode dizer, "Jesus,
I can't find my knees"
não consigo encontrar meus joelhos"
Oh, jewels and binoculars hang from the head of the mule
Oh, joias e binóculos pendurados na cabeça da mula
But these visions of Johanna, they make it all seem so cruel
Mas essas visões de Johanna, elas fazem tudo parecer tão cruel

5. **The peddler now speaks to the countess who's pretending to care for him**
   O vendedor ambulante agora fala às incontáveis pessoas fingindo prestar atenção
   Sayin', "Name me someone that's not a parasite and I'll go out and say a prayer for him"
   Dizendo, "Diga o nome de alguém que não seja um parasita que saio e faço uma oração para ele"
   But like Louise always says
   Mas como Louise sempre diz
   "Ya can't look at much, can ya man?"
   "Você não consegue enxergar muito, consegue, homem?"
   As she, herself, prepares for him
   Enquanto ela mesma se prepara para ele
   And Madonna, she still has not showed
   E Madonna, ela ainda não foi mostrada
   We see this empty cage now corrode
   Vemos esta jaula vazia e corroída
   Where her cape of the stage once had flowed
   Onde sua capa no palco uma vez emanou
   The fiddler, he now steps to the road
   O violinista, ele agora põe o pé na estrada

He writes ev'rything's been returned which was owed
Ele escreve que tudo voltou a ser o que era
On the back of the fish truck that loads
Na traseira de um caminhão de peixe sendo carregado
While my conscience explodes
Enquanto minha consciência explode
The harmonicas play the skeleton keys and the rain
As gaitas tocam as notas principais e a chuva
And these visions of Johanna are now all that remain
E essas visões de Johanna são agora tudo o que permanece

ONE OF US MUST KNOW
(UM DE NÓS DEVERÁ SABER)
(SOONER OR LATER)
(CEDO OU TARDE)

Blonde On Blonde, 1966

Lançado como um compacto simples em 1966, e incluído no álbum clássico Blonde On Blonde, "One Of Us Must Know" foi gravada em Nova York, em janeiro daquele ano. Na sessão de gravação estavam quatro dos futuros membros da The Band, mais Bobby Gregg, que, juntos, formavam o grupo da turnê de Dylan naquela altura. Dylan não tocou essa canção em concerto algum durante toda uma década.

"Um amigo meu costumava tocar Blonde On Blonde. Eu percebia no disco algo verdadeiramente forte. Percebi que ele de fato estava fazendo uma fusão. Era muito intenso."

Eric Clapton

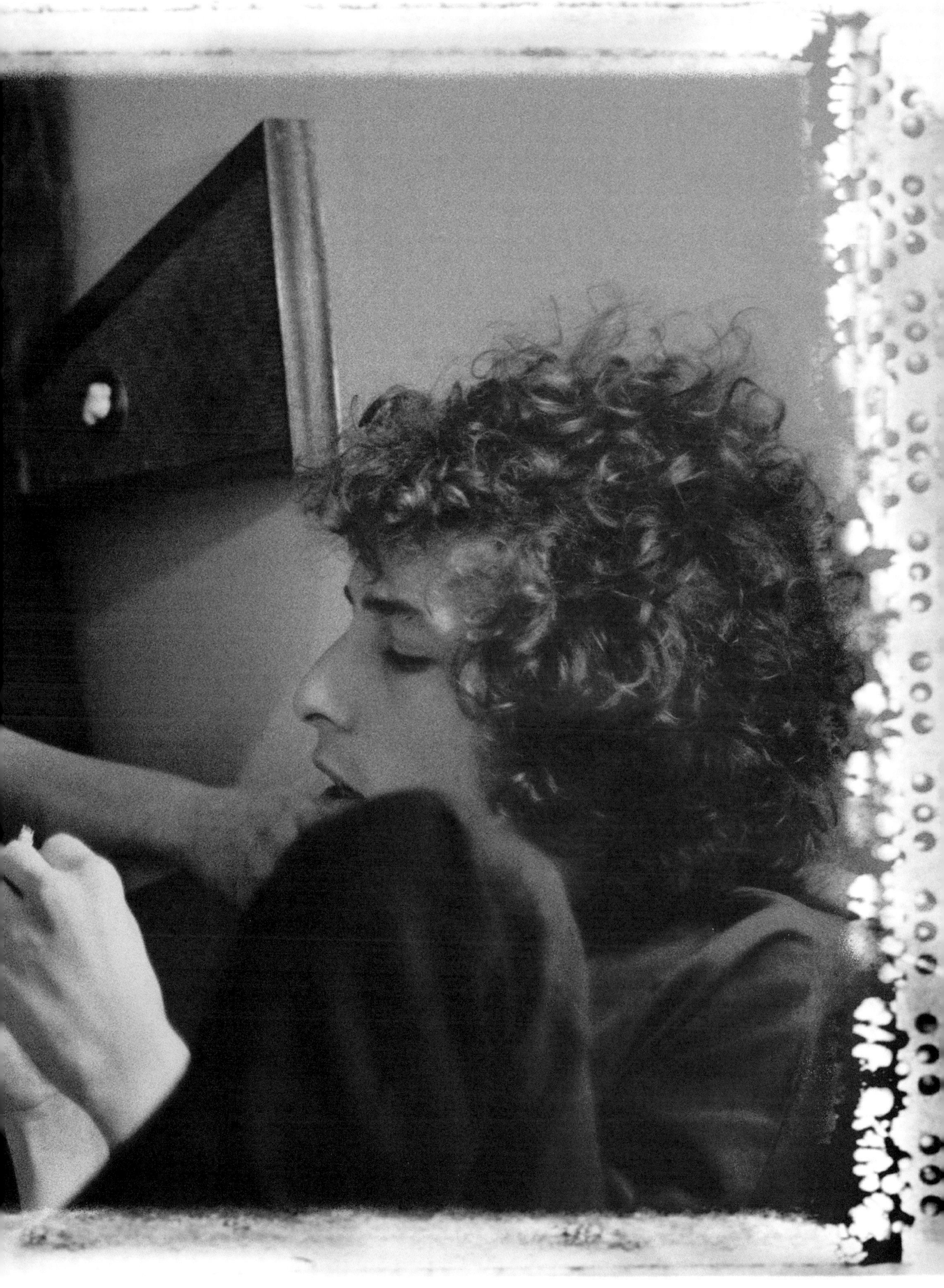

ONE OF US MUST KNOW
(SOONER OR LATER)

Moderately

did-n't mean ___ to treat you so bad ___ Your
could-n't see ___ what you could show me ___ Your
could-n't see ___ when it start-ed snow in' ___ Your

You should-n't take it so per-son-al ___ I did-n't mean ___
scarf had kept your mouth well hid ___ I could-n't see ___
voice was all that I heard ___ I could-n't see ___

to make you so sad ___ You just hap-pened to be
how you could know me ___ But you said you knew me and I be-
where we were go - in' ___ But you said you knew an' I

there, that's all ___ When I saw you say "good-bye" ___
lieved you did ___ When you whis-pered
took your word ___ And then you told me lat-er,

Copyright © 1966; renewed 1994 Dwarf Music. All Rights Reserved. International Copyright Secured.

to your friends and smile / I thought that it was well ___
in my ear / And asked me if I was leav-in' with
as I a-pol-o-gized / That you were just kid-din' me, you weren't real-ly

___ un-der-stood ___ / That you'd be com-in' back in a lit-tle while
you or her ___ / I did-n't re-al-ize just what I did hear
from the farm ___ / An' I told you, as you clawed out my eyes That I

I did-n't know ___ that you were say-in' "good-bye" ___ for good ___
I did-n't re-al-ize how young you were ___
nev-er real-ly meant ___ to do you an-y harm ___

But, soon-er or lat-er, one of us ___ must know

You just did what you're sup-posed to do Soon-er or lat-er, one of us must know That I

real-ly did ___ try to get close to you

2. I
3. I

1. I didn't mean to treat you so bad
Não era a minha intenção tratá-la tão mal
You shouldn't take it so personal
Você não devia ter levado isso para um tão pessoal
I didn't mean to make you so sad
Não era a minha intenção fazê-la se sentir tão triste
You just happened to be there, that's all
Acontece que você estava lá, é só isso
When I saw you say "goodbye" to your friend and smile
Quando eu a vi dizer "adeus" ao seu amigo e sorrir
I thought that it was well understood
Achei que já estava bem claro
That you'd be comin' back in a little while
Que você estaria voltando logo
I didn't know that you were sayin' "goodbye" for good
Eu não sabia que estava dizendo "adeus" para sempre

But, sooner or later, one of us must know
Mas, cedo ou tarde, um de nós deverá saber
You just did what you're supposed to do
Que você só fez o que deveria
Sooner or later, one of us must know
Cedo ou tarde, um de nós deverá saber
That I really did try to get close to you
Que eu realmente tentei me aproximar de você

2. I couldn't see what you could show me
Não pude ver o que você poderia me mostrar
Your scarf had kept your mouth well hid
Seu lenço manteve sua boca bem oculta
I couldn't see how you could know me
Não pude ver como você poderia me conhecer
But you said you knew me and I believed you did
Mas você disse que me conhecia e eu acreditei nisso
When you whispered in my ear
Quando você sussurrou no meu ouvido
And asked me if I was leavin' with you or her
E me perguntou se eu estava saindo com você ou com ela
I didn't realize just what I did hear
Eu não me dei conta do que havia escutado
I didn't realize how young you were
Eu não me dei conta do quão jovem você era

But, sooner or later, one of us must know
Mas, cedo ou tarde, um de nós deverá saber
You just did what you're supposed to do
Que você só fez o que deveria
Sooner or later, one of us must know
Cedo ou tarde, um de nós deverá saber
That I really did try to get close to you
Que eu realmente tentei me aproximar de você

3. **I couldn't see when it started snowin'**
Não pude ver quando começou a nevar
Your voice was all that I heard
Sua voz era tudo o que eu ouvia
I couldn't see where we were goin'
Não pude ver enquanto estávamos indo
But you said you knew an' I took your word
Mas você disse que sabia e eu acreditei na sua palavra
And then you told me later, as I apologized
E então você me disse depois, enquanto eu me desculpava
That you were just kiddin' me, you weren't really from the farm
Que você estava apenas brincando comigo, que você não era mesmo do campo
An' I told you, as you clawed out my eyes
E eu lhe disse, enquanto você unhava meus olhos
That I never really meant to do you any harm
Que eu nunca tive a intenção de lhe fazer mal algum

But, sooner or later, one of us must know
Mas, cedo ou tarde, um de nós deverá saber
You just did what you're supposed to do
Que você só fez o que deveria
Sooner or later, one of us must know
Cedo ou tarde, um de nós deverá saber
That I really did try to get close to you
Que eu realmente tentei me aproximar de você

RAINY DAY WOMEN # 12 & 35
(MULHERES DOS DIAS CHUVOSOS Nºs 12 E 35)

🔘 *Blonde On Blonde*, 1966

Com sua exuberante atmosfera de parque de diversões, "Rainy Day Women" foi um sucesso que não saiu das paradas de 1966, alcançando o topo das dez mais nos dois lados do Atlântico. Serviu também como faixa de abertura perfeita para o álbum Blonde On Blonde. A sessão de gravação foi caótica, atingindo o ápice quando Charlie McCoy amarrou o baixo no trompete e começou a tocá-los simultaneamente.

"'Everybody must get stoned' é como nadar contra a corrente. Em diferentes ocasiões você poderá se encontrar em uma situação infeliz e quando você faz aquilo em que acredita, algumas pessoas simplesmente ficam ofendidas com isso. É possível perceber através da história que muitos se sentiram ofendidos por outros que tinham um ponto de vista diferente das coisas. E 'being stoned' é apenas uma maneira de dizer isso."

Bob Dylan, 1986

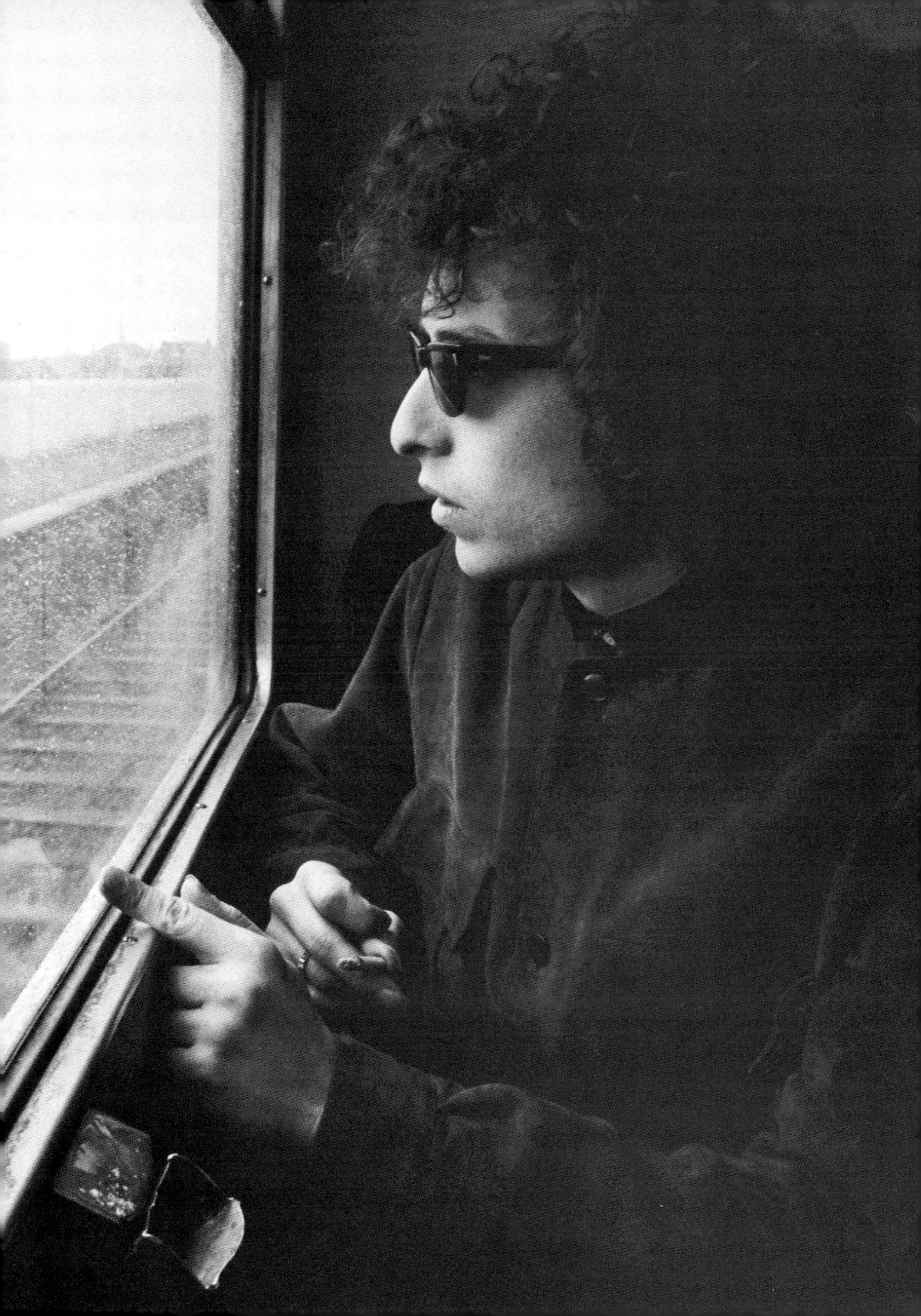

RAINY DAY WOMEN # 12 & 35

Moderately (in 2)

1. Well, they'll stone ya when you're trying to be so good, ____ They'll stone ya just a-like they said they would. ____ They'll stone ya when you're tryin' to go home. ____ Then they'll stone ya when you're there all a-lone. ____ But I would not ____ feel ____ so all a-lone, ____ Ev-ery-bod-y must get stoned. ____ 2. Well, they'll Ev-ery-bod-y must get stoned. ____

Copyright © 1966; renewed 1994 Dwarf Music. All Rights Reserved. International Copyright Secured.

1. **Well, they'll stone ya when you're trying to be so good**
   Bem, vão te drogar quando você tentar ser bondoso
   They'll stone ya just a-like they said they would
   Te drogar bem do jeito que disseram que fariam.
   They'll stone ya when you're tryin' to go home
   Vão te drogar quando tentar chegar em casa.
   Then they'll stone ya when you're there all alone
   Vão te drogar quando estiver totalmente sozinho,
   But I would not feel so all alone
   Mas não me sentiria tão sozinho
   Everybody must get stoned
   Todo mundo tem que se drogar.

2. **Well, they'll stone ya when you're walkin' 'long the street**
   Bem, eles o apedrejarão quando você estiver caminhando pela rua
   They'll stone ya when you're tryin' to keep your seat
   Eles o apedrejarão quando você estiver tentando manter seu assento
   They'll stone ya when you're walkin' on the floor
   Eles o apedrejarão quando você estiver caminhando no chão
   They'll stone ya when you're walkin' to the door
   Eles o apedrejarão quando você estiver caminhando para a porta
   But I would not feel so all alone
   Mas eu não me sentiria totalmente sozinho
   Everybody must get stoned
   Todos devem ser apedrejados

3. **They'll stone ya when you're at the breakfast table**
   Eles o apedrejarão quando você estiver à mesa para o café
   They'll stone ya when you are young and able
   Eles o apedrejarão quando você for jovem e capacitado
   They'll stone ya when you're tryin' to make a buck
   Eles o apedrejarão quando você estiver tentando ganhar uma grana
   They'll stone ya and then they'll say, "good luck"
   Eles o apedrejarão e então eles dirão, "boa sorte"
   Tell ya what, I would not feel so all alone
   Digo isso a você, eu não me sentiria totalmente sozinho
   Everybody must get stoned
   Todos devem ser apedrejados

4. **Well, they'll stone you and say that it's the end**
   Bem, eles o apedrejarão e dirão que é a última vez
   Then they'll stone you and then they'll come back again
   Então eles o apedrejarão e em seguida voltarão novamente
   They'll stone you when you're riding in your car
   Eles o apedrejarão quando você estiver dirigindo o seu carro
   They'll stone you when you're playing your guitar
   Eles o apedrejarão quando você estiver tocando seu violão
   Yes, but I would not feel so all alone
   Sim, mas eu não me sentiria totalmente sozinho
   Everybody must get stoned
   Todos devem ser apedrejados

5. **Well, they'll stone you when you walk all alone**
   Bem, eles o apedrejarão quando estiver andando sozinho
   They'll stone you when you are walking home
   Eles o apedrejarão quando estiver caminhando para casa
   They'll stone you and then say you are brave
   Eles o apedrejarão e então dirão que você é corajoso
   They'll stone you when you are set down in your grave
   Eles o apedrejarão quando você for colocado na sua cova
   But I would not feel so all alone
   Mas eu não me sentiria totalmente sozinho
   Everybody must get stoned
   Todos devem ser apedrejados

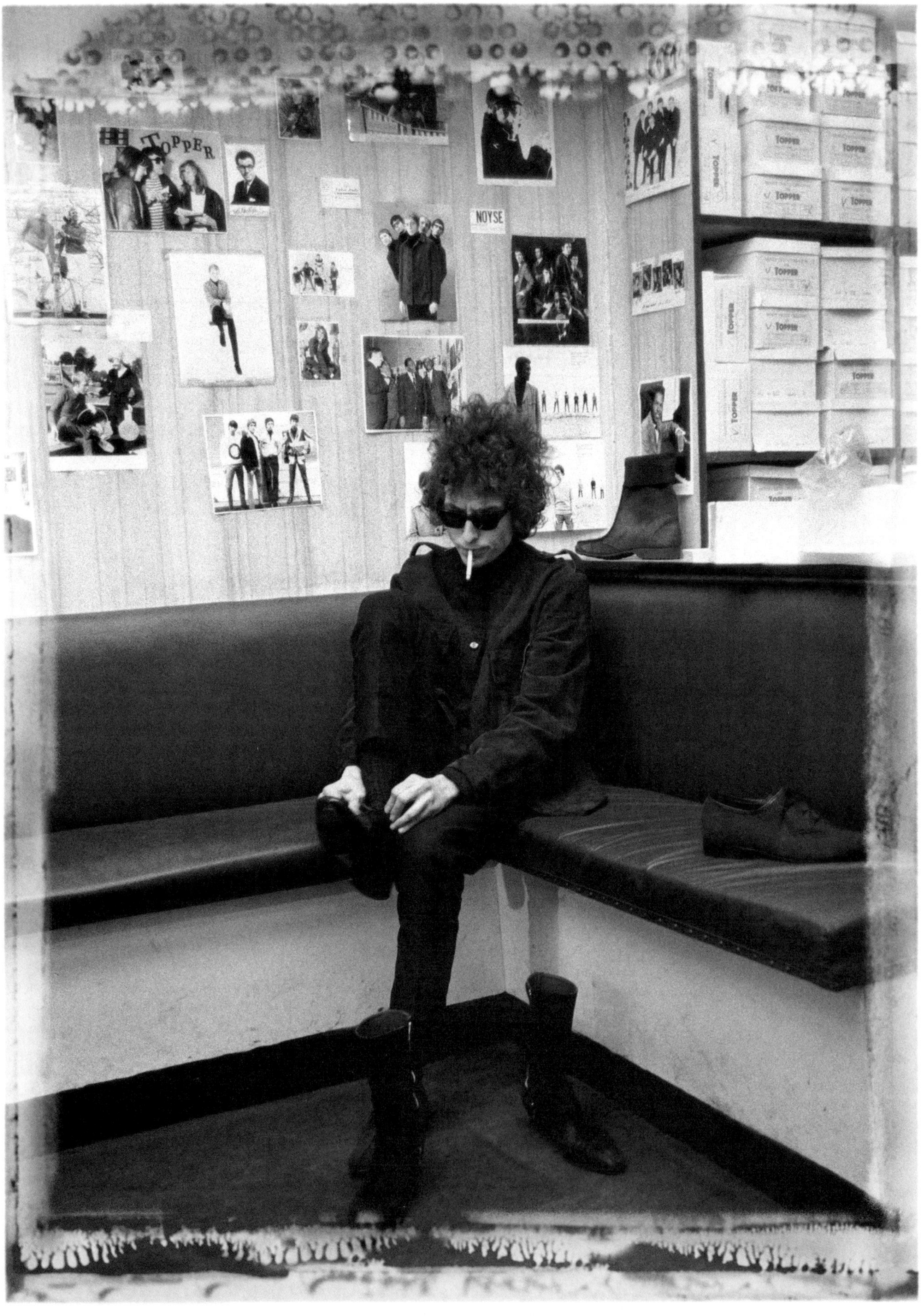
TOPPER
NOYSE

I WANT YOU
(EU QUERO VOCÊ)

Blonde On Blonde, 1966

"I Want You" esteve no topo das 20 mais tocadas nos dois lados do Atlântico em 1966, quando foi um dos destaques do álbum duplo *Blonde On Blonde*. Apesar de não constar das apresentações ao vivo, naquele ano, apareceu depois em dois álbuns dos concertos de Dylan, *Bob Dylan At Budokan* e *Dylan & The Dead*.

I WANT YOU

Moderately bright (quasi in 2)

Verse

1. The guilt-y un-der-tak-er sighs, The lone-some or-gan grind-er cries, The sil-ver sax-o-phones say I should re-fuse you. The cracked bells and washed-out horns Blow in-to my face with scorn, But it's

drunk-en pol-i-ti-cian leaps Up-on the street where moth-ers weep And the sav-iors who are fast a-sleep, They wait for you. And I wait for them to in-ter-rupt Me drink-in' from my bro-ken cup And

Copyright © 1966; renewed 1994 Dwarf Music. All Rights Reserved. International Copyright Secured.

not that way, I was-n't born to lose you. I
ask me to o-pen up the gate for you.

want you, I want you, I

want you so bad, Hon-ey, I want you.

1. 2. The
2. To Interlude
Fine Now

Interlude
all my fa - thers, they've gone down, True love they've been with-

out it. But all their daugh-ters put me down 'Cause I don't think a-bout

D.S. al Fine
(3rd and 4th Verse)
it. 3. Well, I re-

1. **The guilty undertaker sighs**
   O coveiro culpado suspira,
   The lonesome organ grinder cries
   O solitário tocador de realejo chama,
   The silver saxophones say I should refuse you
   Os saxofones prateados dizem que eu deveria recusá-la.
   The cracked bells and washed-out horns
   Os sinos rachados e as buzinas
   Blow into my face with scorn
   Soam na minha cara com desprezo,
   But it's not that way
   Mas não foi dessa forma
   I wasn't born to lose you
   Que nasci para perder você.

   I want you, I want you
   Eu quero você, eu quero você,
   I want you so bad
   Eu quero você demais,
   Honey, I want you
   Minha querida, eu quero você.

2. **The drunken politician leaps**
   O político bêbado salta
   Upon the street where mothers weep
   Na rua onde as mães lamentam
   And the saviors who are fast asleep, they wait for you
   E os salvadores que caem rápido no sono,
   And I wait for them to interrupt
   Eles esperam você.
   Me drinkin' from my broken cup
   E eu espero que eles me impeçam
   And ask me to
   De beber em taça quebrada
   Open up the gate for you
   E que me peçam que abra o portão para você.

   I want you, I want you
   Eu quero você, eu quero você,
   I want you so bad
   Eu quero você demais,
   Honey, I want you
   Minha querida, eu quero você.

   How all my fathers, they've gone down
   Agora todos os meus pais se arruinaram,
   True love they've been without it
   O verdadeiro amor, eles ficaram sem nenhum.
   But all their daughters put me down
   Mas todas as suas filhas me rejeitaram
   'Cause I don't think about it
   Porque não ligo muito para isso.

3. **Well, I return to the Queen of Spades**
   Bem, eu retorno à Rainha de Espada
   And talk with my chambermaid
   E converso com minha criada
   She knows that I'm not afraid
   Ela sabe que eu não tenho medo
   To look at her
   De olhar para ela
   She is good to me
   Ela é bondosa comigo
   And there's nothing she doesn't see
   E não há nada que ela não veja
   She knows where I'd like to be
   Ela sabe onde eu gostaria de estar
   But it doesn't matter
   Mas não importa

   I want you, I want you
   Eu quero você, eu quero você
   I want you so bad
   Eu quero você demais
   Honey, I want you
   Minha querida, eu quero você

4. Now your dancing child with his Chinese suit
Agora seu filho dançarino com seu traje chinês

He spoke to me, I took his flute
Ele falou comigo, eu tirei a flauta dele

No, I wasn't very cute to him
Não, eu não fui muito legal com ele

Was I?
Fui?

But I did it, though, because he lied
Mas eu fui sim, embora ele mentisse

Because he took you for a ride
Porque ele a levou para um passeio

And because time was on his side
E porque o tempo estava do lado dele

And because I . . .
E porque eu...

I want you, I want you
Eu quero você, eu quero você

I want you so bad
Eu quero você demais

Honey, I want you
Minha querida, eu quero você

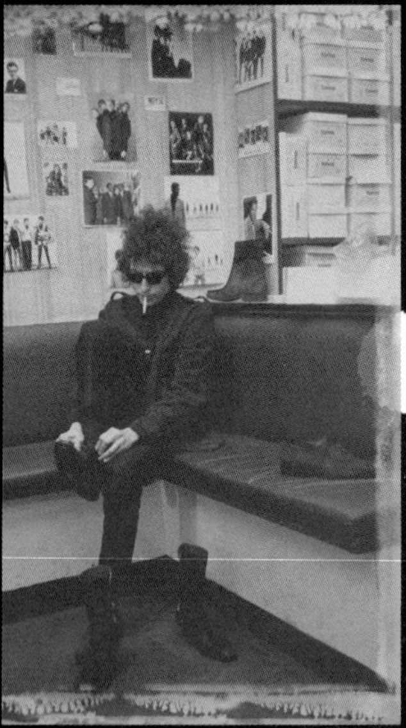

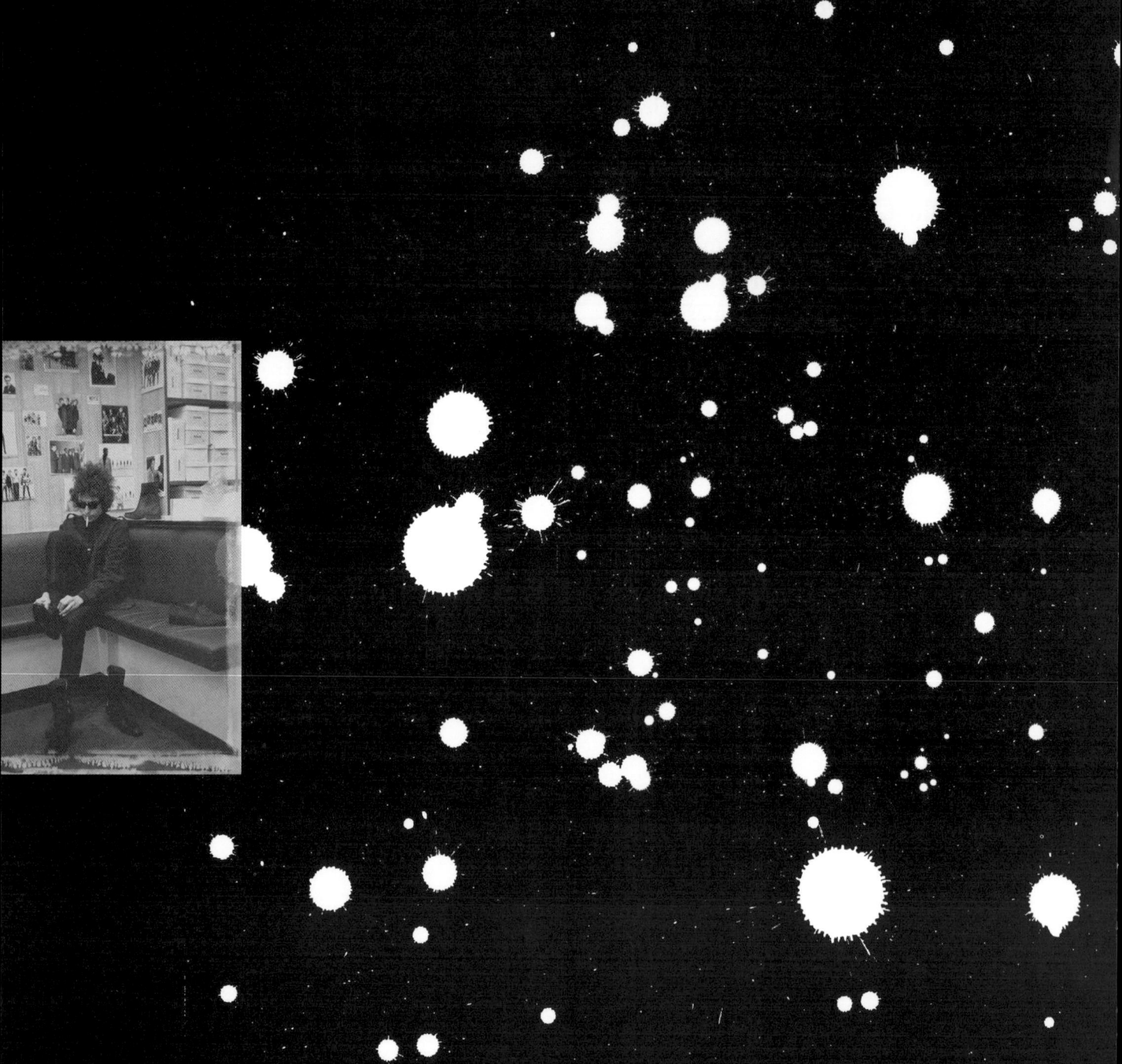

"Ele levou a poesia para a música *pop* e foi quem, de verdade, iniciou todo esse fenômeno do artista e compositor. Várias de suas composições são muito belas, e parecem tornar-se mais profundas à medida que envelhecemos."

Bryan Ferry

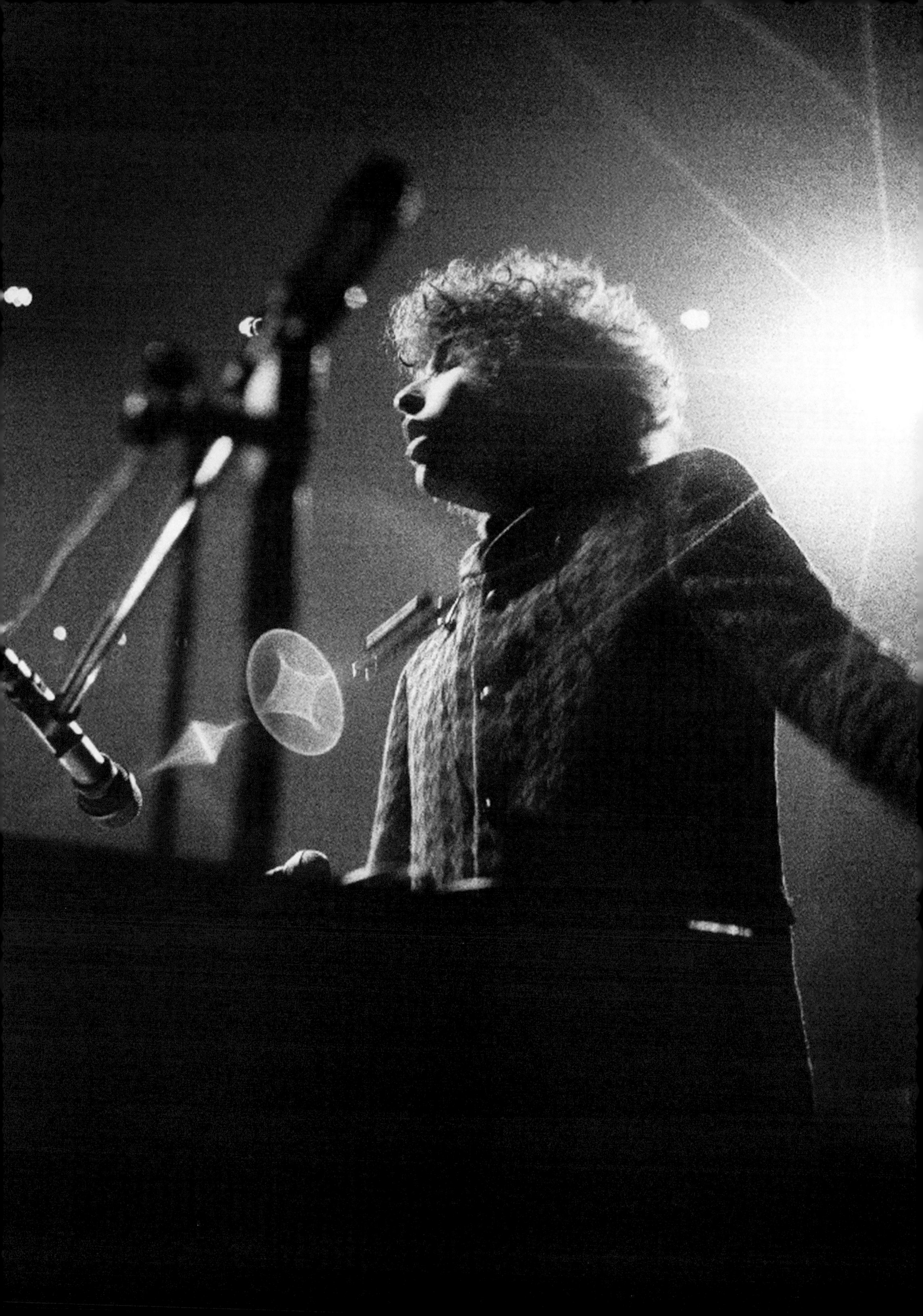

JUST LIKE A WOMAN
(COMO UMA MULHER)

Blonde On Blonde, 1966

Esta crítica comovente e aflitiva sobre as relações sexuais foi gravada para o álbum *Blonde On Blonde*, em março de 1966. O compacto simples de Dylan chegou aos 40 mais tocados dos Estados Unidos naquele ano, ao passo que, na Inglaterra, foi a versão de Manfred Mann que liderou as paradas de sucesso. Executada com frequência por Dylan em concertos, essa canção proporcionou um clímax memorável à sua breve apresentação no Concerto para Bangladesh em 1971.

"'Just Like A Woman' é uma canção difícil de definir. É uma daquelas que a gente toca umas mil vezes e ainda se pergunta, 'qual é o lance?', mas sabe que há um sentimento verdadeiro nela."

Bob Dylan, 1992

JUST LIKE A WOMAN

Moderately slow (with a ♩♪ feel)

1. No-bod-y feels an-y pain To-
2. Mar-y, she's my friend Yes, I be-
   I just can't fit Yes, I be-

night as I stand in-side the rain Ev-'ry-bod-y knows That
lieve I'll go see her a-gain No-bod-y has to guess That
lieve it's time for us to quit When we meet a-gain

Ba-by's got new clothes But late-ly I see her
Ba-by can't be blessed Till she sees fi-nal-ly that
In-tro-duced as friends Please don't let on

rib-bons and her bows Have fall-en from her
she's like all the rest With her fog, her am-phet-a-mine and her
that you knew me when I was hun-gry and it was your

curls. She takes just like a wom-an, yes, she does She
pearls. She takes just like a wom-an, yes, she does She
world. Ah, you fake just like a wom-an, yes, you do You

Copyright © 1966; renewed 1994 Dwarf Music. All Rights Reserved. International Copyright Secured.

makes love just like a wom-an, yes, she does — And she aches just like a
makes love just like a wom-an, yes, she does — And she aches just like a
make love just like a wom-an, yes, you do — Then you ache just like a

wom-an _____ But she breaks just like a lit-tle girl.
wom-an _____ But she breaks just like a lit-tle girl.
wom-an _____ But you

2. Queen   It was

rain-ing __ from the first __ And I was dy-ing there of thirst So I came in here _____

_____ And your long-time curse __ hurts __ But what's worse is this

pain in here __ I can't stay in here __ Ain't it clear __ that

break just like a lit-tle girl.

1. **Nobody feels any pain**
   Ninguém sente dor alguma
   Tonight as I stand inside the rain
   Hoje à noite enquanto fico parado na chuva
   Ev'rybody knows
   Todos sabem que a
   That Baby's got new clothes
   Baby está com roupas novas
   But lately I see her ribbons and her bows
   Mas ultimamente eu tenho visto suas fitas e laços
   Have fallen from her curls
   Caindo de seus cachos
   She takes just like a woman, yes, she does
   Ela lida como uma mulher, sim, é como ela faz
   She makes love just like a woman, yes, she does
   Ela faz amor como uma mulher, sim, é como ela faz
   And she aches just like a woman
   E ela se magoa como uma mulher, sim, é como ela faz
   But she breaks just like a little girl
   Mas ela chora como uma garotinha

2. **Queen Mary, she's my friend**
   A Rainha Mary é minha amiga
   Yes, I believe I'll go see her again
   Sim, eu acredito que vou vê-la novamente
   Nobody has to guess
   Ninguém precisa adivinhar que
   That Baby can't be blessed
   Baby não é abençoada
   Till she sees finally that she's like all the rest
   Até que ela consegue finalmente ver que ela é como as demais em sua bruma
   With her fog, her amphetamine and her pearls
   sua anfetamina e suas pérolas
   She takes just like a woman, yes, she does
   Ela lida como uma mulher, sim, é como ela faz
   She makes love just like a woman, yes, she does
   Ela faz amor como uma mulher, sim, é como ela faz
   And she aches just like a woman
   E ela se magoa como uma mulher, sim, é como ela faz
   But she breaks just like a little girl
   Mas ela chora como uma garotinha

It was raining from the first
Estava chovendo pela primeira vez
And I was dying there of thirst
E eu estava ali morrendo de desejo
So I came in here
Então vim até aqui
And your long-time curse hurts
E seu feitiço de longo tempo machuca
Is this pain in here
Mas o que é pior é esta dor aqui
I can't stay in here
Eu não posso ficar aqui
Ain't it clear that?
Não ficou claro que você se magoa como uma garotinha?

3. **I just can't fit**
Não consigo me adaptar
Yes, I believe it's time for us to quit
Sim, acredito que está na hora de terminarmos
When we meet again
Quando nos encontrarmos novamente
Introduced as friends
Me apresente como se fôssemos amigos
Please don't let on that you knew me when
Por favor, não deixe escapar que você me conhecia
I was hungry and it was your world
Quando eu estava faminto e aquele era o seu mundo

Ah, you fake just like a woman, yes, you do
Ah, você finge como uma mulher, sim, você faz
You make love just like a woman, yes, you do
Você faz amor como uma mulher, sim, você faz
Then you ache just like a woman
Em seguida você se magoa como uma mulher
But you break just like a little girl
Mas você chora como uma garotinha.

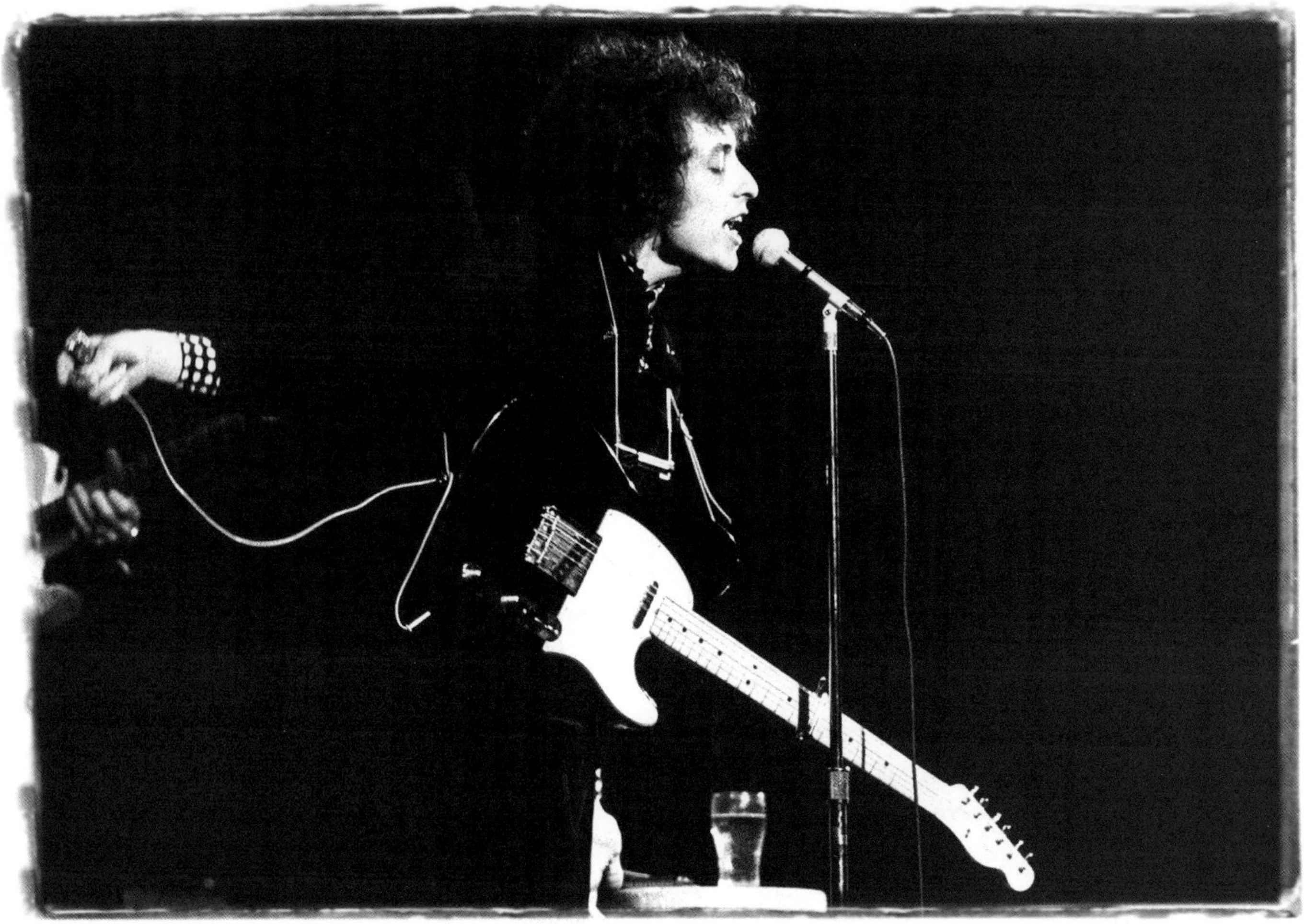

STUCK INSIDE OF MOBILE
(ESTOU PRESO EM MOBILE)
WITH THE MEMPHIS BLUES AGAIN
(COM O *BLUES* DE MEMPHIS OUTRA VEZ)

Blonde On Blonde, 1966

Quase dezoito horas foi quanto levou para ser aperfeiçoada no estúdio, mas "Stuck Inside Of Mobile"[7] simboliza o "som frenético de metal" que Dylan relembra, com orgulho, como a marca do seu álbum duplo de 1966, *Blonde On Blonde*. Dez anos depois, Dylan apresentou a canção ao público pela primeira vez na turnê do Rolling Thunder Revue, e incluiu uma apresentação feita na cidade de Fort Worth, Texas, no álbum *Hard Rain*.

---

7. N. T.: Mobile, cidade do Estado de Alabama, nos Estados Unidos.

STUCK INSIDE OF MOBILE
(WITH THE MEMPHIS BLUES AGAIN)

Moderately, with a beat

Verse

1. Oh, the rag-man draws circles _____ Up and down _ the block. _
_____ I'd ask him what _ the mat-ter was But I
know that he don't talk. _____ And the la-dies _____ treat me kind-
-ly _____ And fur-nish me _ with tape, _____ But
deep in-side _ my heart _____ I know I _ can't es-cape. _

Copyright © 1966; renewed 1994 Dwarf Music. All Rights Reserved. International Copyright Secured.

Chorus

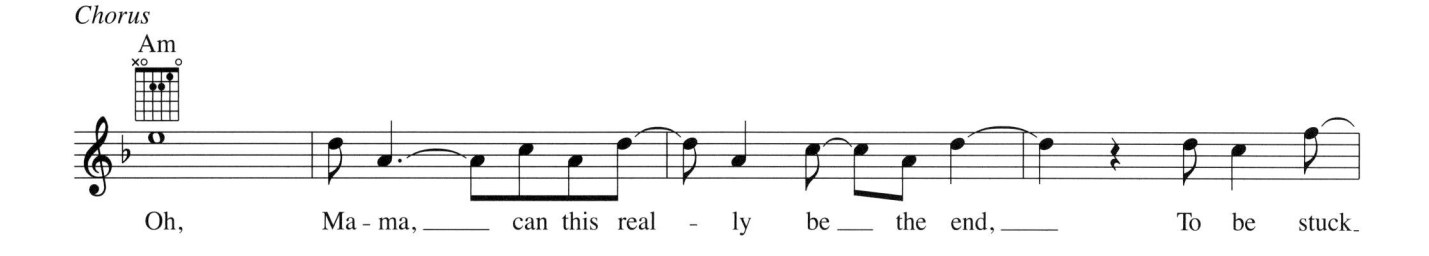

Oh, Ma-ma, can this really be the end, To be stuck inside of Mobile with the Memphis blues again. 2. Well,

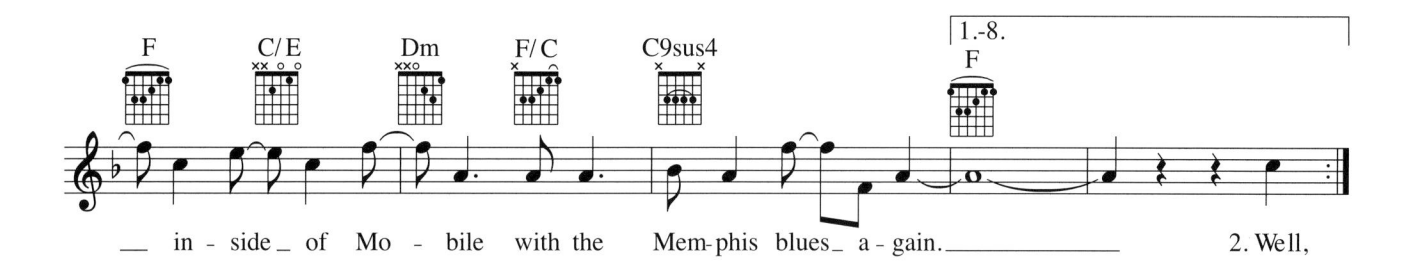

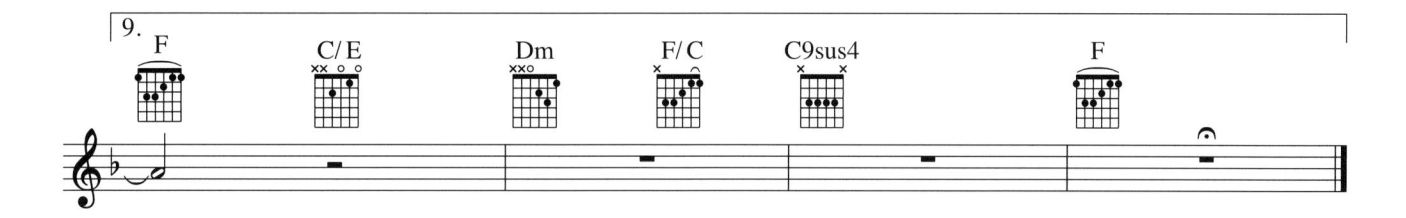

1. **Oh, the ragman draws circles**
   Oh, o trapeiro desenha círculos
   Up and down the block
   por todo o quarteirão.
   I'd ask him what the matter was
   Tenho vontade de perguntar o que acontece
   But I know that he don't talk
   Mas sei que ele não fala.
   And the ladies treat me kindly
   E as senhoras me tratam com gentileza
   And furnish me with tape
   E me dão fita adesiva
   But deep inside my heart
   Mas bem no fundo do coração
   I know I can't escape
   Sei que não vou me safar.
   Oh, Mama, can this really be the end
   Mãe, será que é mesmo o fim,
   To be stuck inside of Mobile
   Ficar preso em Mobile
   With the Memphis blues again
   Com o *blues* de Memphis outra vez.

2. **Well, Shakespeare, he's in the alley**
   Bem, Shakespeare está no beco
   With his pointed shoes and his bells
   Com sapatos de bico fino e badulaques
   Speaking to some French girl
   Conversando com uma francesa
   Who says she knows me well
   Que diz que me conhece muito bem
   And I would send a message
   E bem que eu queria enviar uma mensagem
   To find out if she's talked
   Para descobrir se ela falou
   But the post office has been stolen
   Mas o correio foi assaltado
   And the mailbox is locked
   E a caixa do correio está trancada

   Refrão

3. Mona tried to tell me
Mona tentou me dizer
To stay away from the train line
Pra ficar longe da linha do trem
She said that all the railroad men
Ela disse que todos os ferroviários
Just drink up your blood like wine
bebem teu sangue como se fosse vinho
An' I said, "Oh, I didn't know that
E eu disse, "Puxa, não sabia disso,
But then again, there's only one I've met
Mas, também, só conheci um
An' he just smoked my eyelids
Que fumou minhas pálpebras
An' punched my cigarette"
E esmurrou meu cigarro"

Refrão

4. Grandpa died last week
O vovô morreu semana passada
And now he's buried in the rocks
E hoje está enterrado nas rochas
But everybody still talks about
Mas todos ainda comentam
How badly they were shocked
como isso os chocou
But me, I expected it to happen
Mas eu já esperava isso
I knew he'd lost control
Sabia que ele tinha ficado louco
When he built a fire on Main Street
Quando ele fez uma fogueira na Rua Principal
And shot it full of holes
E deixou-a em ruínas.

Refrão

5. Now the senator came down here
Bem, o senador veio até aqui
Showing ev'ryone his gun
Exibindo sua arma
Handing out free tickets
Distribuindo entradas grátis
To the wedding of his son
Para o casamento do seu filho
An' me, I nearly got busted
E eu quase fui pego
An' wouldn't it be my luck
Bem que seria minha chance
To get caught without a ticket
De ser pego sem uma entrada
And be discovered beneath a truck
E flagrado embaixo de um caminhão.

Refrão

6. Now the preacher looked so baffled
Bem, o pregador pareceu tão perplexo
When I asked him why he dressed
Quando perguntei por que ele se vestia
With twenty pounds of headlines
Com dez quilos de manchetes
Stapled to his chest
pregadas no peito
But he cursed me when I proved it to him
Mas ele me amaldiçoou quando mostrei pra ele
Then I whispered, "Not even you can hide
Daí sussurrei, "Nem mesmo você consegue se esconder
You see, you're just like me
Viu, você é igual a mim
I hope you're satisfied"
Espero que esteja satisfeito"

Refrão

7. **Now the rainman gave me two cures**
   Agora o homem da chuva me deu dois remédios
   Then he said, "Jump right in"
   E depois me disse, "Vai fundo"
   The one was Texas medicine
   Um era um elixir do Texas
   The other was just railroad gin
   O outro não passava de gim dos ferroviários
   An' like a fool I mixed them
   E como um idiota eu os misturei
   An' it strangled up my mind
   E isso me estrangulou a cabeça
   An' now people just get uglier
   E agora as pessoas ficam cada vez mais feias
   An' I have no sense of time
   E eu perdi a noção do tempo

   Refrão

8. **When Ruthie says come see her**
   Quando a Ruthie me pediu para ir vê-la
   In her honky-tonk lagoon
   Em sua lagoa de má fama
   Where I can watch her waltz for free
   Onde posso vê-la valsar de graça
   'Neath her Panamanian moon
   Sob o luar panamenho
   An' I say, "Aw come on now
   Eu respondi, "Ah, peraí
   You must know about my debutante"
   Você deve saber sobre a minha debutante"
   An' she says, "Your debutante just knows what you need
   E ela diz, "Tua debutante só sabe do que você precisa
   But I know what you want"
   Mas eu sei o que você quer"

   Refrão

9. **Now the bricks lay on Grand Street**
   Agora os tijolos recobrem a avenida
   Where the neon madmen climb
   Que os loucos de neon escalam
   They all fall there so perfectly
   Todos caem lá tão perfeitamente
   It all seems so well timed
   Tudo parece tão bem sincronizado
   An' here I sit so patiently
   E aqui me sento pacientemente
   Waiting to find out what price
   Esperando descobrir qual o preço
   You have to pay to get out of
   Que se paga para evitar de
   Going through all these things twice
   Passar por isso uma segunda vez

   Refrão

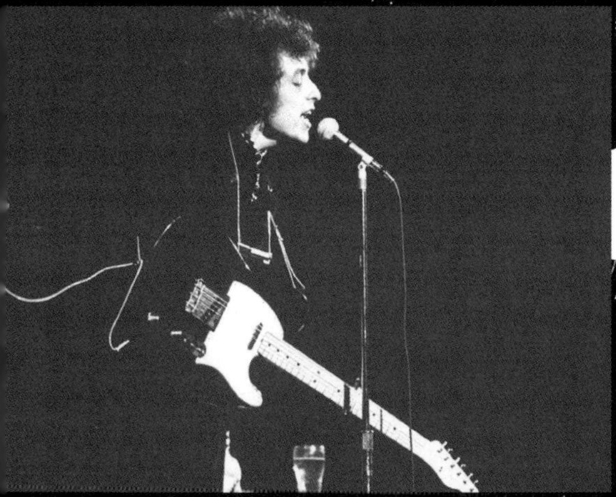

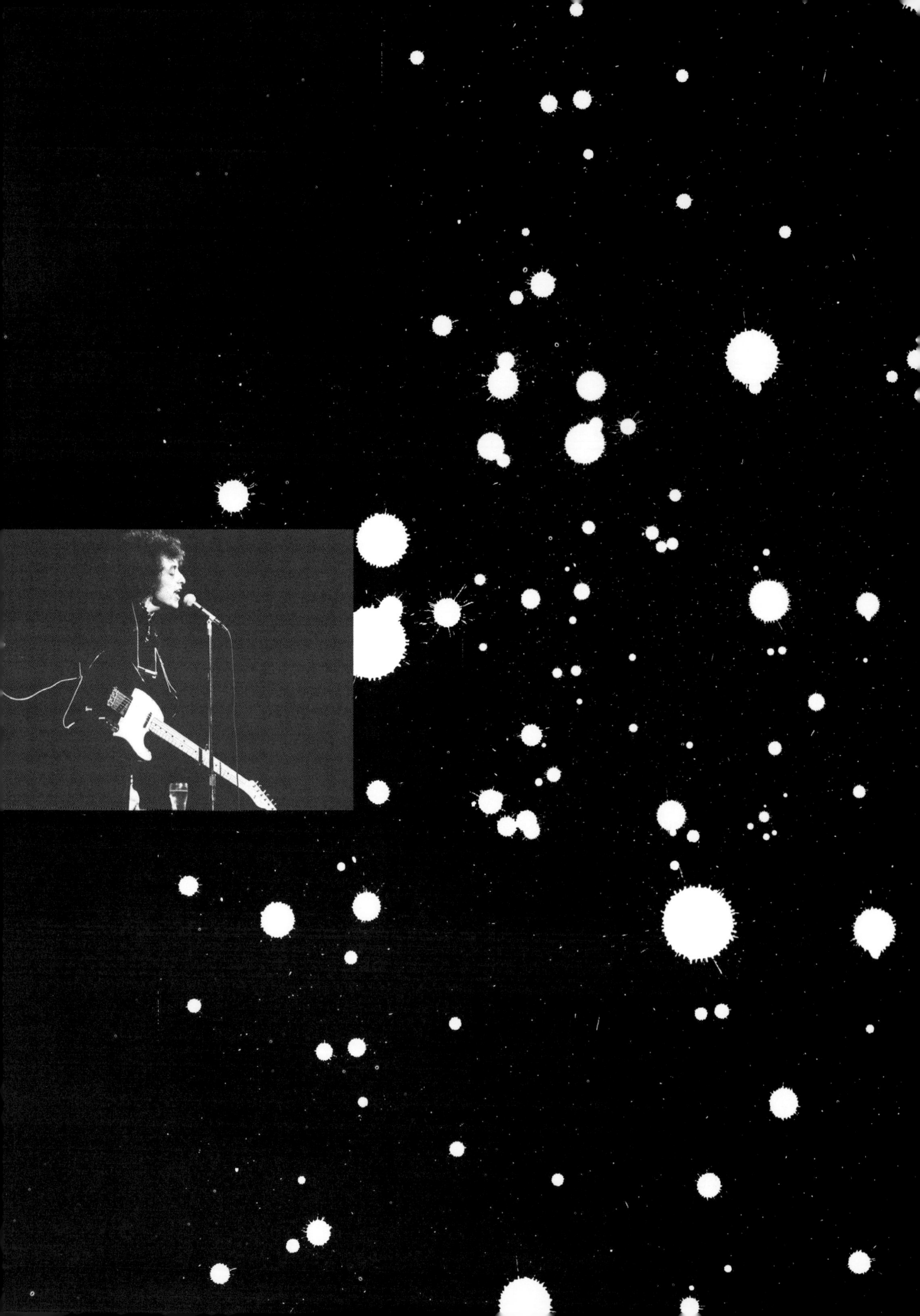

"Aquele disco é inacreditável. É triunfal, provocador e emocionante do começo ao fim. A bateria, cara. É do Kenny Buttrey. Fico engasgado às vezes só de ouvir a batida da caixa. Nem consigo acreditar como é bonito."

Frank Black, The Pixies

MOST LIKELY YOU GO YOUR WAY
O MAIS PROVÁVEL É QUE VOCÊ SIGA O SEU CAMINHO
(AND I'LL GO MINE)
(E EU SEGUIREI O MEU)

Blonde On Blonde, 1966

Como a maioria das composições do álbum *Blonde On Blonde*, esta foi gravada nos estúdios da Columbia, em Nashville, nas primeiras semanas de 1966. Entre os músicos que participaram das sessões de gravação estavam os futuros astros do *rock*, Al Kooper e Joe South, além de Robbie Robertson (que logo se tornaria líder do The Band). Em muitos *shows* da turnê nos Estados Unidos de Dylan com o The Band, em 1974, essa canção servia tanto para abrir como para encerrar a sequência.

"Eu era zelador do estúdio durante as sessões do *Blonde On Blonde*. Jamais atreveria interromper sua criação, mas fui fisgado. Para mim, ele era a régua – o padrão – pelo qual todos são medidos. Como o Muhammad Ali!"

Kris Kristofferson

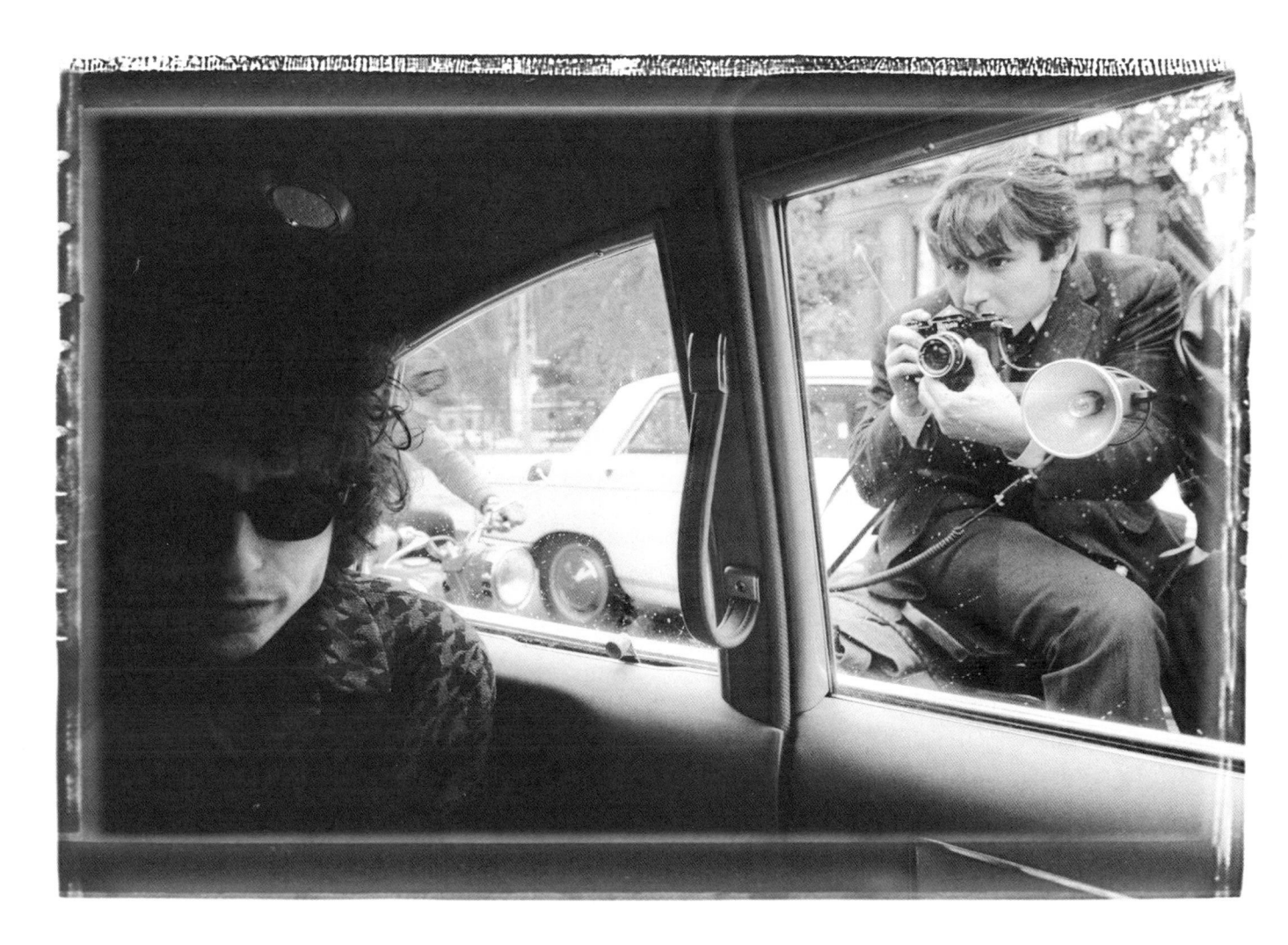

MOST LIKELY YOU GO YOUR WAY
(AND I'LL GO MINE)

Moderately, with a beat

G | Am

You say you love me And you're thinkin' of me, But you know you could be wrong.
You say you disturb me And you don't deserve me, But you know sometimes you lie.
You say you're sorry For tellin' stories That you know I believe are true.

G | Am

You say you told me That you wanna hold me, But you know you're not that strong.
You say you're shakin' And you're always achin', But you know how hard you try.
You say ya got some Other kinda lover And yes, I believe you do.

Bm

I just can't do what I done before,
Sometimes it gets so hard to care,
You say my kisses are not like his, But

Copyright © 1966; renewed 1994 Dwarf Music. All Rights Reserved. International Copyright Secured.

Am			G	

I just can't beg you any more. I'm gonna let you pass
It can't be this way ev-'ry-where. And I'm gonna let you pass,
this time I'm not gon-na tell you why that is. I'm just gon-na let you pass,

| | D | | G | Bm |

And I'll go last. Then time will tell just
Yes, and I'll go last. Then time will tell just
Yes, and I'll go last. Then time will tell

| C | G | C | D | D9 |

No chord   *to Coda* ⊕

who fell And who's been left be-hind, When you go your way and I go
who fell And who's been left be-hind, When you go your way and I go
who fell And who's been left be-hind, When you go your way and I go

| G | | | Em |

1.   *2.*

mine.
mine.

The judge, he holds a grudge, He's gon-na

| D | | Em |

call on you. But he's bad-ly built And he walks on stilts, Watch out he don't

| D | | | G |

D.S. al Coda ⊕   *Coda* ⊕

fall on you.   mine.

You say you love me
Você diz que me ama
And you're thinkin' of me
E que está pensando em mim,
But you know you could be wrong
Mas sabe que pode estar enganada.
You say you told me
Você diz que me contou
That you wanna hold me
Que quer me prender
But you know you're not that strong
Mas sabe que não é tão forte assim.
I just can't do what I done before
Não consigo mais fazer o que fiz antes,
I just can't beg you anymore
Não consigo mais implorar.
I'm gonna let you pass
Vou te deixar ir
And I'll go last
E eu vou partir depois.
Then time will tell just who fell
Logo, o tempo dirá quem foi que caiu
And who's been left behind
E quem foi deixado para trás,
When you go your way and I go mine
Quando você seguir o seu caminho e eu seguir o meu.

You say you disturb me
Você diz que me atormenta
And you don't deserve me
E que não me merece,
But you know sometimes you lie
Mas você sabe que às vezes mente.
You say you're shakin'
Você diz que está tremendo
And you're always achin'
E que está sempre sofrendo,
But you know how hard you try
Mas sabe o quanto tenta.
Sometimes it gets so hard to care
Às vezes é tão difícil,
It can't be this way ev'rywhere
Não pode ser assim em todo lugar.
And I'm gonna let you pass
E eu vou deixá-la passar,
Yes, and I'll go last
Sim, você finalmente irá.
Then time will tell just who fell
Então o tempo dirá quem foi que caiu
And who's been left behind
E quem foi deixado para trás,
When you go your way and I go mine
Quando você seguir o seu caminho e eu seguir o meu.

The judge, he holds a grudge
O juiz guarda um rancor,
He's gonna call on you
Ele vai intimá-lo
But he's badly built
Mas ele tem um complexo físico
And he walks on stilts
E ele anda de muletas,
Watch out he don't fall on you
Cuidado, ele não cai na sua.

You say you're sorry
Você diz que está arrependida
For tellin' stories
Por ter me contado histórias
That you know I believe are true
Que você sabe que eu acredito serem verdadeiras.
You say ya got some
Você diz que encontrou alguém

Other kinda lover
Outro tipo de amante
And yes, I believe you do
E, sim, eu acredito que tenha.
You say my kisses are not like his
Você diz que meus beijos não são como os dele.
But this time I'm not gonna tell you why that is
Mas dessa vez não vou contar o que é.
I'm just gonna let you pass
Eu simplesmente vou deixá-la passar,
Yes, and I'll go last
Sim, você finalmente irá
Then time will tell who fell
Então o tempo dirá quem foi que caiu
And who's been left behind
E quem foi deixado para trás,
When you go your way and I go mine
Quando você seguir o seu caminho e eu seguir o meu.

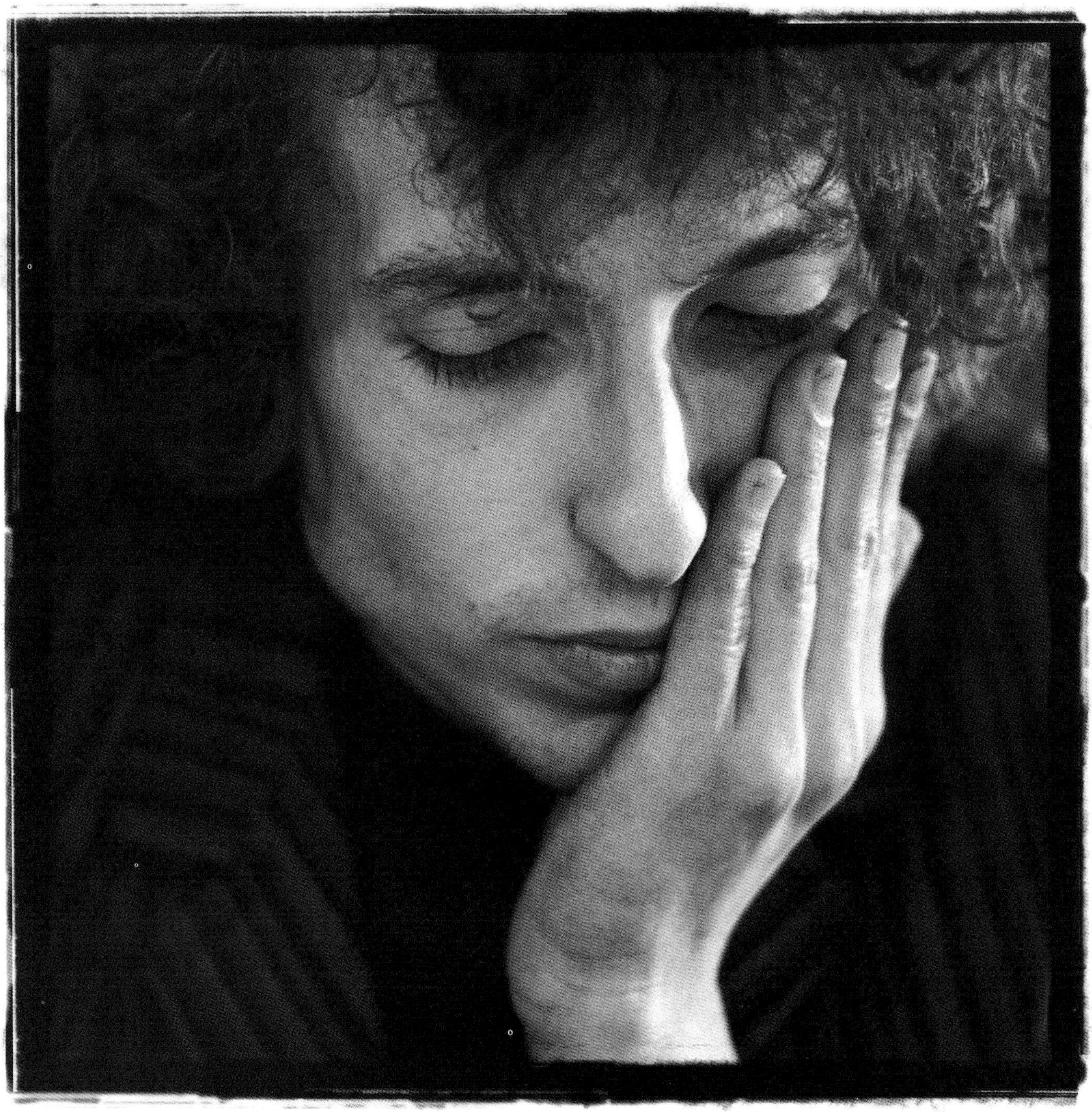

SAD-EYED LADY OF THE LOWLANDS
(DONA DOS OLHOS MELANCÓLICOS DA PLANÍCIE)

Blonde On Blonde, 1966

O lançamento desta canção no álbum *Blonde On Blonde* marcou a primeira ocasião na história do *rock* em que uma única faixa preenchia um lado inteiro de um disco. Foi composta enquanto os músicos aguardavam no estúdio o início de uma gravação, e à medida que começaram a gravar nenhum deles percebeu que a canção teria duração de mais de doze minutos.

SAD-EYED LADY OF THE LOWLANDS

Moderately slow

Verse

1. With your mer - cu - ry mouth ____ in the mis-sion-ar - y times, And your eyes ____ like smoke ____ and your prayers like rhymes, And your sil - ver ____ cross, and your voice like chimes, Oh, who a - mong them do they think could bur - y you? ____ With your pock - ets well pro - tect - ed at ____ last, And your street - car vi - sions ____ which you place on the

grass, And your flesh like silk, and your face like glass, Who a-mong them do they think could car-ry you?

Chorus
Sad-eyed la-dy of the low-lands, Where the sad-eyed proph-et says that no man comes, My ware-house eyes, my A-ra-bian drums, Should I leave them by your gate, Or sad-eyed la-dy, should I wait?

2. With your

1. **With your mercury mouth in the missionary times**
   Com sua boca de mercúrio em tempos missionários,
   And your eyes like smoke and your prayers like rhymes
   E seus olhos como fumaça e suas orações como rimas,
   And your silver cross, and your voice like chimes
   E seu crucifixo de prata e sua voz como sinos,
   Oh, who among them do they think could bury you?
   Oh, quem entre eles pensa que poderia enterrá-la?
   With your pockets well protected at last
   Com seus bolsos finalmente bem protegidos,
   And your streetcar visions which you place on the grass
   E suas visões de bonde que você coloca na grama,
   And your flesh like silk, and your face like glass
   E sua pele feito seda e seu rosto feito vidro,
   Who among them do they think could carry you?
   Quem entre eles pensa que poderia carregá-la?
   Sad-eyed lady of the lowlands
   Dona dos olhos melancólicos da planície,
   Where the sad-eyed prophet says that no man comes
   Onde o profeta dos olhos melancólicos diz que nenhum homem virá,
   My warehouse eyes, my Arabian drums
   Meus olhos de armazém, meus tambores árabes,
   Should I leave them by your gate
   Deveria eu deixá-los no seu portão,
   Or, sad-eyed lady, should I wait?
   Ou dona dos olhos melancólicos, eu deveria esperar?

2. **With your sheets like metal and your belt like lace**
   Com seus lençóis como um metal e seu cinto como uma renda
   And your deck of cards missing the jack and the ace
   E seu jogo de cartas faltando o valete e o ás
   And your basement clothes and your hollow face
   E suas roupas do porão e seu rosto cavado

Who among them can think he could outguess you?
Quem entre eles pensa que poderia prever melhor que você?
With your silhouette when the sunlight dims
Com sua silhueta quando o sol se escurece
Into your eyes where the moonlight swims
Nos seus olhos onde o luar se põe a nadar
And your matchbook songs and your gypsy hymns
E suas canções de caixa de fósforos e seus hinos ciganos
Who among them would try to impress you?
Quem entre eles tentaria impressioná-la?

Refrão

3. The kings of Tyrus with their convict list
Os reis de Tiro com suas listas de convictos
Are waiting in line for their geranium kiss
Estão esperando na fila por seus beijos de gerânio
And you wouldn't know it would happen like this
E você não saberia que aconteceria dessa forma
But who among them really wants just to kiss you?
Mas quem entre eles realmente deseja apenas beijá-la?
With your childhood flames on your midnight rug
Com seu ardor da infância em seu cobertor da meia-noite
And your Spanish manners and your mother's drugs
E seu costume espanhol e as drogas da sua mãe
And your cowboy mouth and your curfew plugs
E sua boca de vaqueiro e seus toque de recolher
Who among them do you think could resist you?
Quem entre eles você acha que poderia resisti-la?

Refrão

4. Oh, the farmers and the businessmen, they all did decide
Oh, os fazendeiros e os homens de negócio, eles todos decidiram

To show you the dead angels that they used to hide
Mostrar para você os anjos mortos que eles costumavam esconder
But why did they pick you to sympathize with their side?
Mas por que eles a escolheram para simpatizar com o lado deles?
Oh, how could they ever mistake you?
Oh, como podem eles sempre enganá-la?
They wished you'd accepted the blame for the farm
Eles queriam que você se sentisse culpada pela fazenda
But with the sea at your feet and the phony false alarm
Mas com o mar aos seus pés e o enganoso alarme falso
And with the child of a hoodlum wrapped up in your arms
E com o filho de um rufião sendo embalado em seus braços
How could they ever, ever persuade you?
Como poderiam eles sempre, sempre persuadi-la?

Refrão

5. With your sheet-metal memory of Cannery Row
Com sua memória de chapa de metal do Cannery Row
And your magazine-husband who one day just had to go
E seu marido de revista que um certo dia teve que partir
And your gentleness now, which you just can't help but show
E sua delicadeza agora que você não tem como não demonstrar
Who among them do you think would employ you?
Quem entre eles você acha que poderia empregá-la?
Now you stand with your thief, you're on his parole
Agora você fica com seu bandido, você faz parte da sua condicional
With your holy medallion which your fingertips fold
Com seu medalhão sagrado envolvido na ponta de seus dedos
And your saintlike face and your ghostlike soul
E sua cara de santa e sua alma fantasmagórica
Oh, who among them do you think could destroy you
Oh, quem entre eles você acha que poderia destruí-la

Refrão

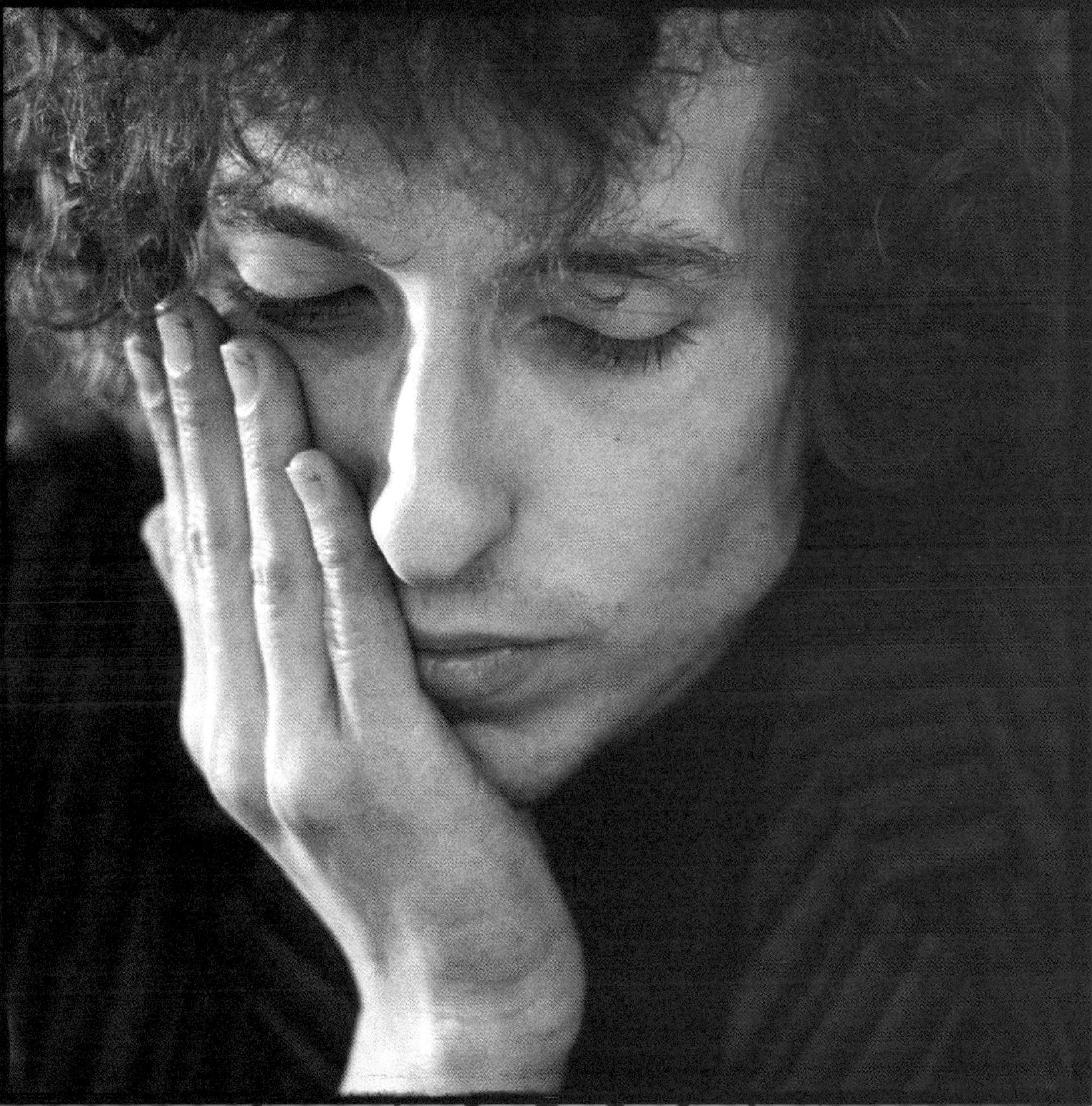

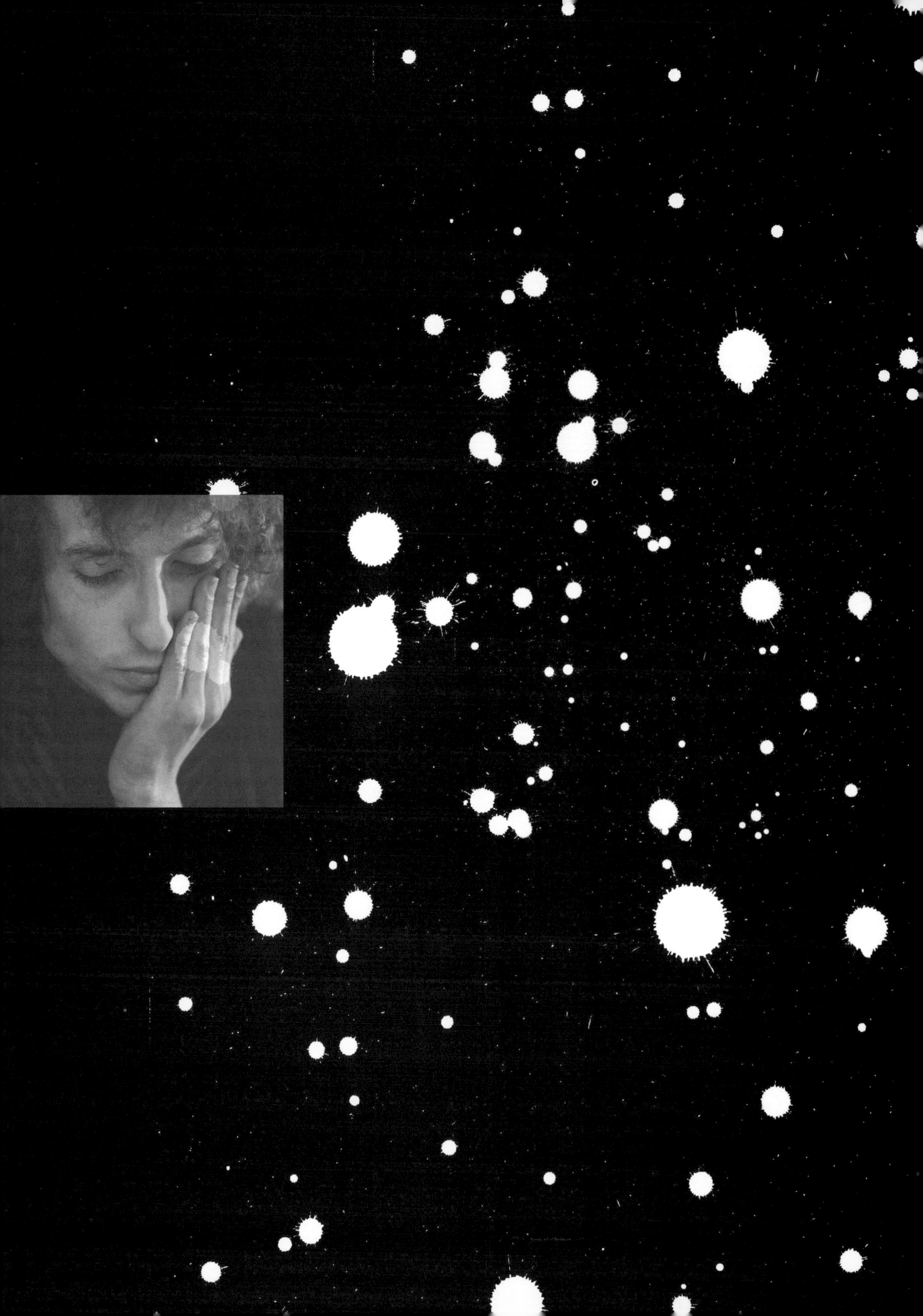

"Era uma primeira gravação. Sem saber quanto tempo esse negócio ia durar, a gente se preparava para uma simples gravação de dois ou três minutos. Depois de uns dez minutos, a gente começou a rir uns dos outros. Quer dizer, chegamos ao clímax cinco minutos atrás! Daí, pra onde a gente vai?"

Kenny Buttrey, baterista no *Blonde On Blonde*

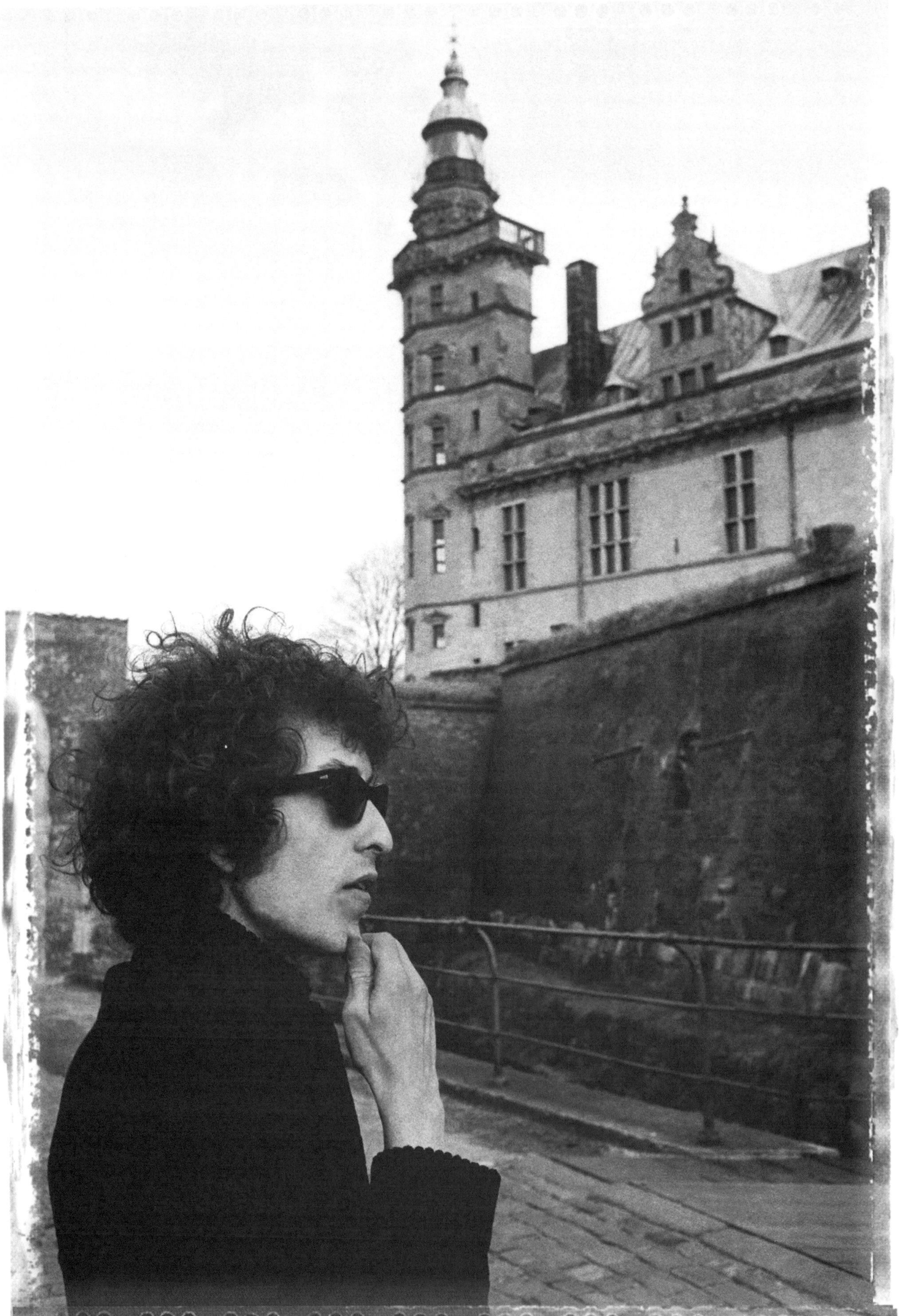

I SHALL BE RELEASED
(VOU SER SOLTO)

Bob Dylan's Greatest Hits, Vol. 2, 1971

Quando as chamadas "Basement Tapes" começaram a circular entre músicos e fãs no final dos anos 1960, "I Shall Be Released" foi considerada um clássico instantâneo. Foi gravada por seu grupo de acompanhamento, The Band, no álbum *Music From Big Pink*. Dylan regravou a canção em 1971 para o *More Greatest Hits*, passando a executá-la com uma variedade deslumbrante de arranjos desde então. "I Shall Be Released" tem sido tocada como hino de encerramento de vários concertos beneficentes de astros da música há anos.

"Ele estava compondo versos menores, em que cada um tinha um significado. Cada verso tinha que avançar a história, impulsionando a canção adiante... Não havia desperdício de linguagem nem de fôlego... E dali surgiram alguns dos trabalhos que fizemos com o The Band, como 'I Shall Be Released'"

Allen Ginsberg

I SHALL BE RELEASED

Slowly

1. They say ev-'ry-thing can be re-placed, _____ Yet ev-'ry dis-tance is not near. _____ So I re-mem-ber ev-'ry face _____ Of ev-'ry man who put me here. _____ I see my light come shin-ing From the west un-to the east. _____ An-y day now, an-y day now, I shall be re-leased. _____

2. They say ev-'ry man needs pro-tec-tion, _____ They say ev-'ry man must fall. _____ Yet I swear I see my re-flec-tion _____ Some place so high a-bove this wall. _____

Copyright © 1967, 1970; renewed 1995 Dwarf Music. All Rights Reserved. International Copyright Secured.

|2.|

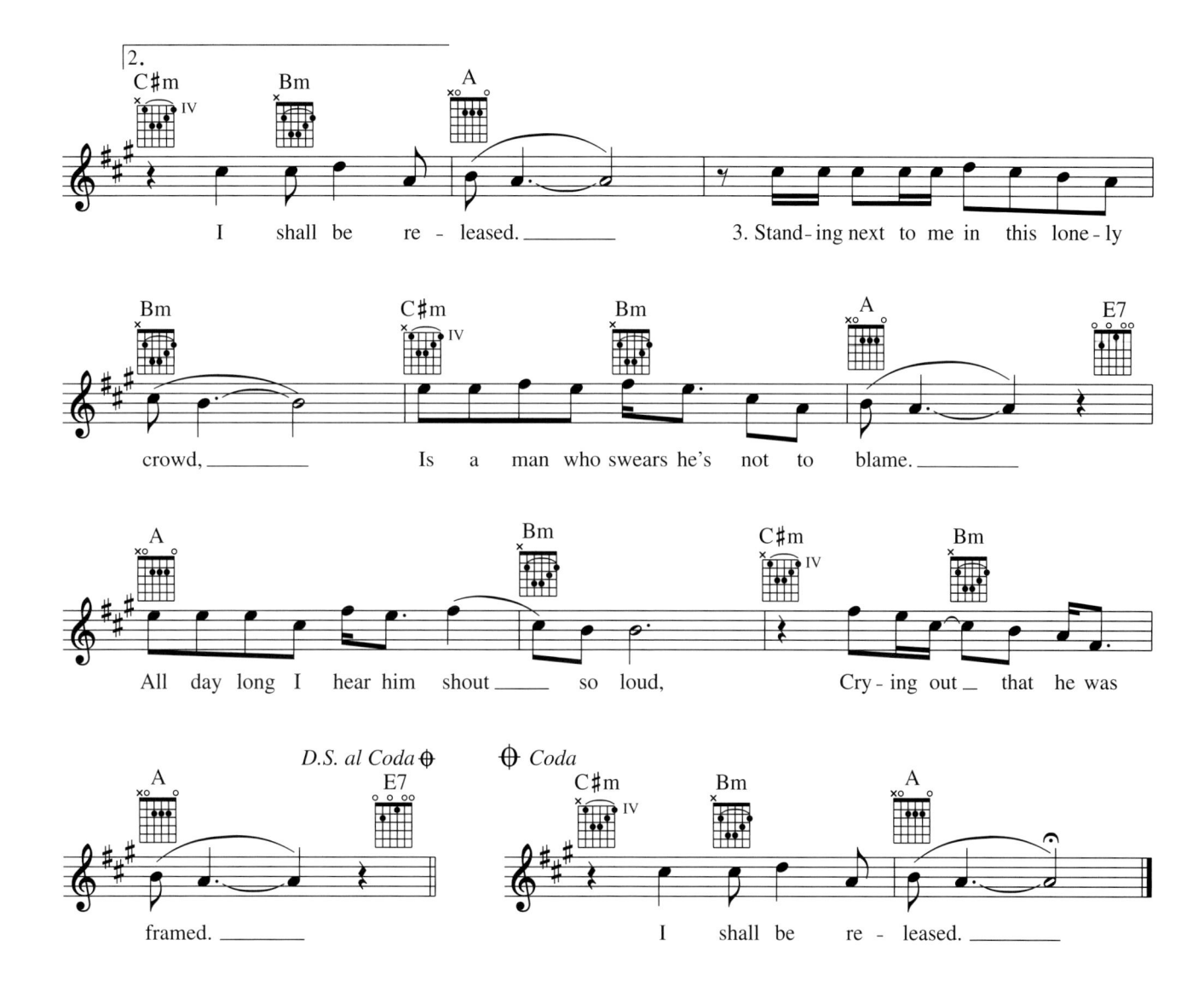

C#m Bm A

I shall be re - leased. 3. Stand-ing next to me in this lone - ly

Bm C#m Bm A E7

crowd, Is a man who swears he's not to blame.

A Bm C#m Bm

All day long I hear him shout so loud, Cry - ing out that he was

D.S. al Coda *Coda*

A E7 C#m Bm A

framed. I shall be re - leased.

1. **They say ev'rything can be replaced**
   Eles dizem que tudo pode ser substituído,
   Yet ev'ry distance is not near
   No entanto toda distância não é perto.
   So I remember ev'ry face
   Assim, me lembro de cada rosto
   Of ev'ry man who put me here
   De cada homem que me colocou aqui

   I see my light come shining
   Vejo que minha luz vem brilhando
   From the west unto the east
   Do oeste ao leste.
   Any day now, any day now
   Qualquer dia desses, qualquer dia desses
   I shall be released
   Vou ser solto.

2. **They say ev'ry man needs protection**
   Dizem que todo homem precisa de proteção,
   They say ev'ry man must fall
   Dizem que todo homem deve cair.
   Yet I swear I see my reflection
   No entanto, juro ver meu reflexo
   Some place so high above this wall
   Em algum lugar bem acima desse muro.

   I see my light come shining
   Vejo que minha luz vem brilhando
   From the west unto the east
   Do oeste ao leste.
   Any day now, any day now
   Qualquer dia desses, qualquer dia desses
   I shall be released
   Vou ser solto.

3. Standing next to me in this lonely crowd
   Ao meu lado, nessa multidão solitária,
Is a man who swears he's not to blame
Está um homem que jura não ser culpado.
All day long I hear him shout so loud
O dia inteiro o ouço gritar com força,
Crying out that he was framed
que armaram contra ele.

I see my light come shining
Vejo que minha luz vem brilhando
From the west unto the east
Do oeste ao leste.
Any day now, any day now
Qualquer dia desses, qualquer dia desses
I shall be released
Vou ser solto.

QUINN THE ESKIMO
(QUINN, O ESQUIMÓ)

(THE MIGHTY QUINN)[8]
(O PODEROSO QUINN)

Self Portrait, 1970

O conjunto de *pop* inglês, Manfred Mann, foi o primeiro a chamar a atenção do público com esta canção, quando a sua versão (intitulada "The Mighty Quinn") atingiu o primeiro lugar nas paradas do Reino Unido, no início de 1968. Um ano antes, receberam uma fita com a gravação original dos "Basement Tapes" de Bob Dylan, feita com os futuros membros do The Band. Em 1969, Dylan e The Band tocaram "Quinn The Eskimo" no festival da Ilha de Wight, que foi incluída no lançamento do álbum *Self Portrait* de 1970.

"Eu acho que Dylan realmente gostava do que fazíamos, e nos anos 1960 ele disse que as nossas versões eram bem melhores do que qualquer outra. Isso porque a gente as tratava com falta de respeito, e mudava tudo, em vez de simplesmente copiá-lo."

Manfred Mann

---

8. N. T.: O personagem é uma referência ao ator Anthony Quinn, que Dylan adorava, e que interpretou o papel principal em um documentário sobre a vida dos esquimós.

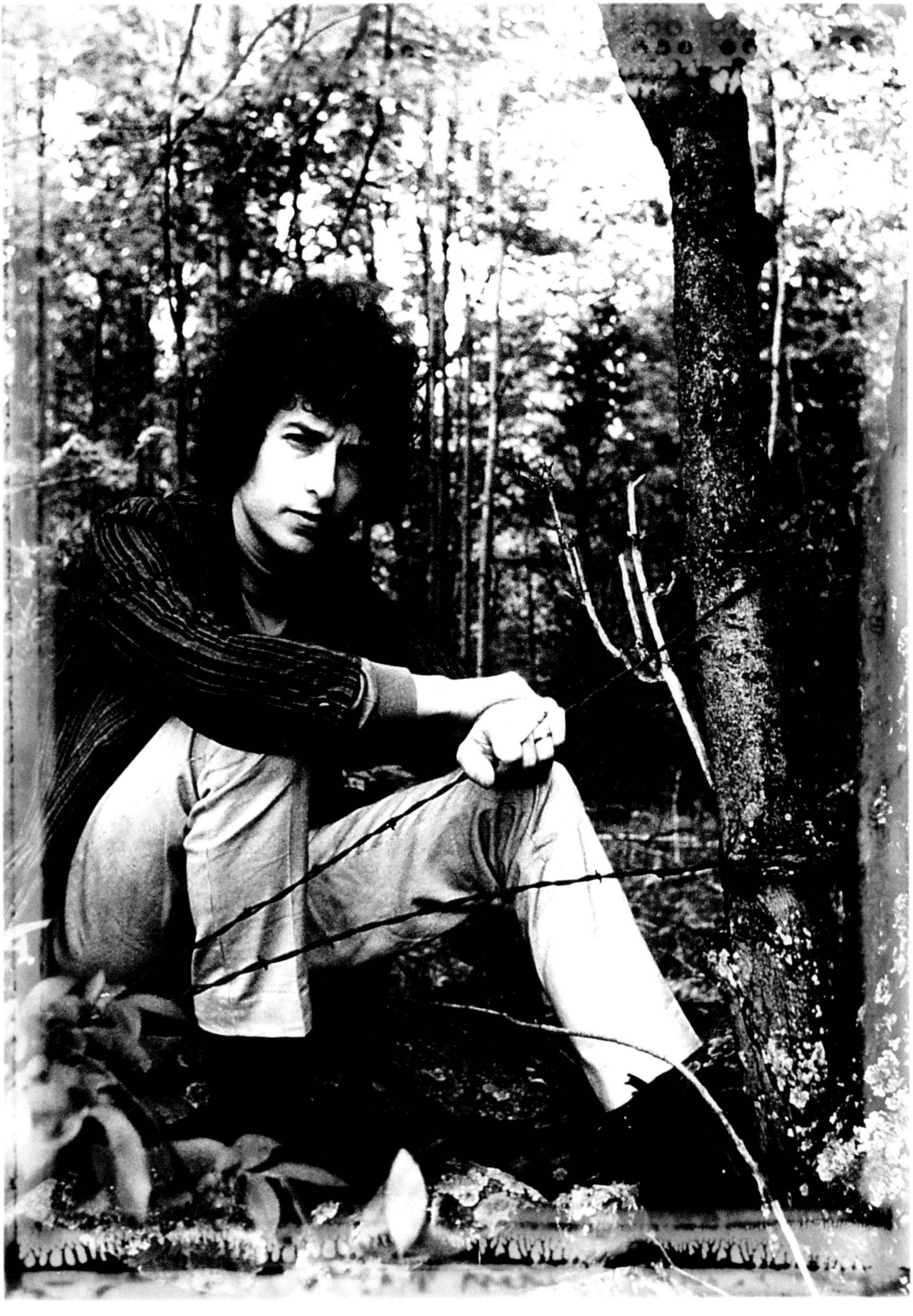

QUINN THE ESKIMO
(THE MIGHTY QUINN)

Moderately slow, with a steady beat

Verse

1. Ev-'ry-bod-y's build-ing the big ships and the boats, Some are build-ing mon-u-ments, Oth-ers, jot-ting down notes, Ev-'ry-bod-y's in des-pair, Ev-'ry girl and boy But when Quinn the Es-ki-mo gets here, Ev-'ry-bod-y's gon-na jump for joy.

Chorus

Come all with-out, come all with-in, You'll not see noth-ing like the might-y Quinn.

Copyright © 1968; renewed 1996 Dwarf Music. All Rights Reserved. International Copyright Secured.

Come all with-out, come all with-in, You'll not see noth-in' like the might-y Quinn. might-y Quinn.

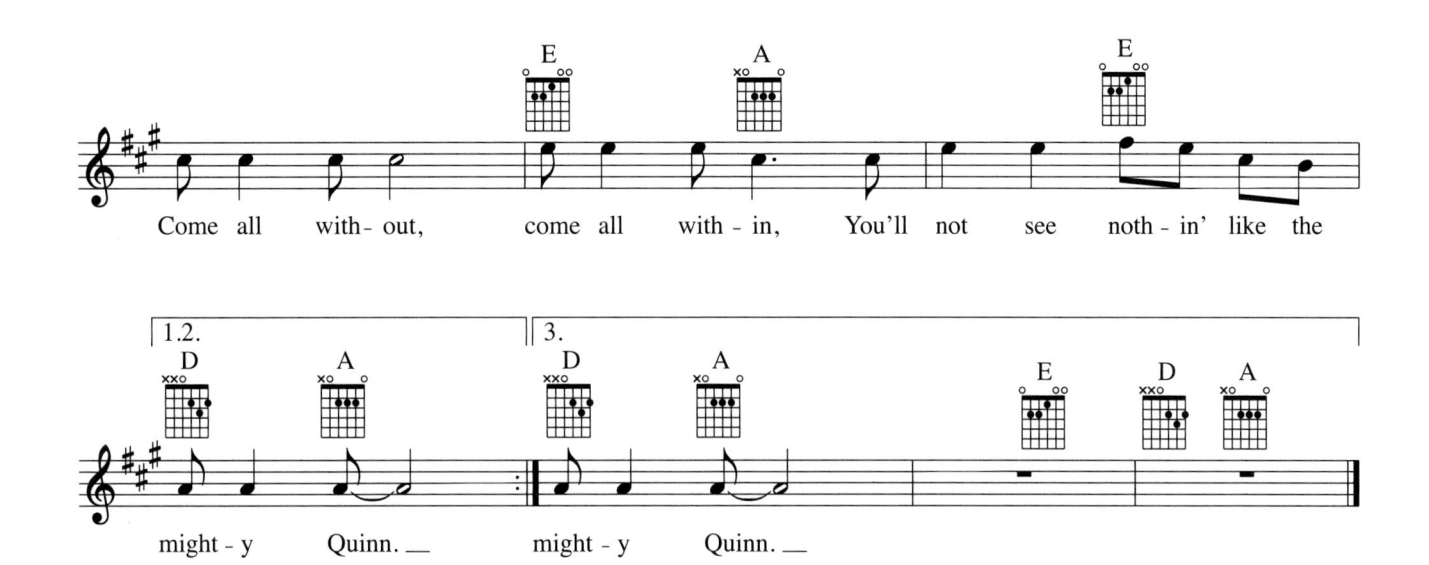

1. **Ev'rybody's building the big ships and the boats**
   Todos estão construindo navios e barcos,
   Some are building monuments
   Alguns estão erguendo monumentos,
   Others, jotting down notes
   Outros tomam notas,
   Ev'rybody's in despair
   Todos estão desesperados,
   Ev'ry girl and boy
   Cada menino, cada menina
   But when Quinn the Eskimo gets here
   Mas quando Quinn, o Esquimó, chegar,
   Ev'rybody's gonna jump for joy
   Todos irão pular de alegria.
   Come all without,
   Venham todos para fora,
   come all within
   Venham todos para dentro,
   You'll not see nothing like the mighty Quinn
   Vocês não verão nada parecido com o poderoso Quinn.

2. **I like to do just like the rest, I like my sugar sweet**
   Gosto de fazer como os demais, do açúcar gosto doce
   But guarding fumes and making haste
   Mas guardar ódio e me apressar
   It ain't my cup of meat
   Não é bem o que gosto
   Ev'rybody's 'neath the trees
   Todos sob as árvores
   Feeding pigeons on a limb
   Alimentam as pombas no galho

But when Quinn the Eskimo gets here
Mas quando Quinn, o Esquimó, chegar aqui
All the pigeons gonna run to him
Todas as pombas vão voar em sua direção
Come all without, come all within
Venham todos para fora, venham todos para dentro
You'll not see nothing like the mighty Quinn
Vocês não verão nada igual ao poderoso Quinn

3. **A cat's meow and a cow's moo, I can recite 'em all**
O miado do gato e o mugido da vaca, consigo imitar
Just tell me where it hurts yuh, honey
Me diz onde dói, uh, docinho
And I'll tell you who to call
E eu lhe direi a quem deve chamar
Nobody can get no sleep
Ninguém consegue dormir
There's someone on ev'ryone's toes
Tem sempre um pegando no pé do outro
But when Quinn the Eskimo gets here
Mas assim que Quinn, o Esquimó, chegar
Ev'rybody's gonna wanna doze
Todos vão querer cochilar
Come all without, come all within
Venham todos para fora, venham todos para dentro
You'll not see nothing like the mighty Quinn
Vocês não verão nada igual ao poderoso Quinn

YOU AIN'T GOIN' NOWHERE

(VOCÊ NÃO VAI A LUGAR NENHUM)

Bob Dylan's Greatest Hits, Vol. 2, 1971

Uma das canções legendárias do "Basement Tapes", "You Ain't Goin' Nowhere" foi gravada com duas letras totalmente diferentes. A mais convencional foi interpretada pelo The Byrds em 1968, o que assegurou que a canção se tornasse um clássico de *country-rock*. Dylan reviu a composição em 1971, para o álbum *More Greatest Hits*, mas só a tocou em turnês a partir de 1997.

"Fomos um dos primeiros a ouvir a *basement tape*. Aquela composição chamou nossa atenção de cara. Ela se ajustava perfeitamente ao que a gente pretendia fazer quando estávamos gravando o álbum *country Sweetheart Of The Rodeo* lá em Nashville."

Chris Hillman, The Byrds

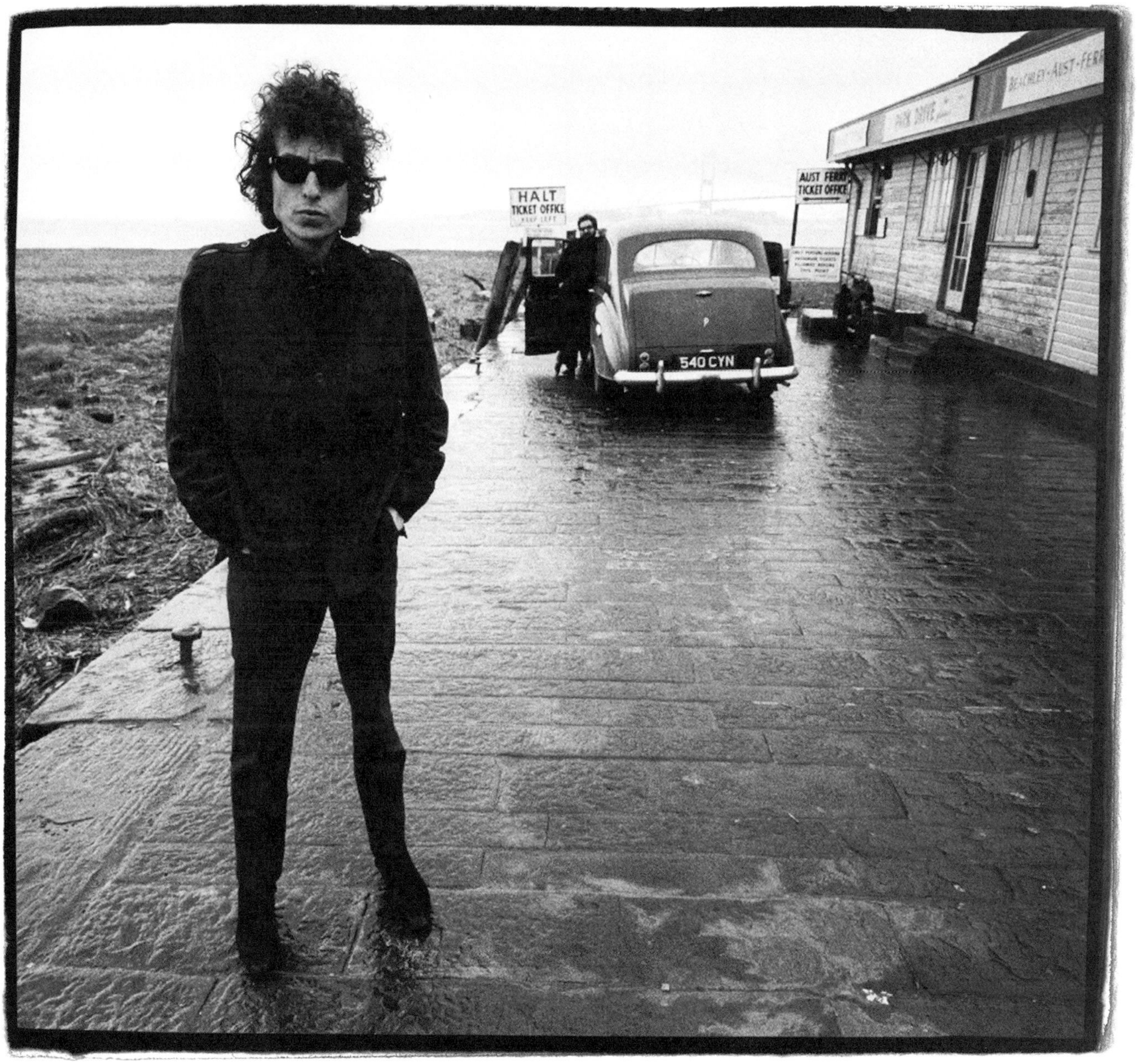
HALT
TICKET OFFICE
TICKET OFFICE
PARK DRIVE
540 CYN

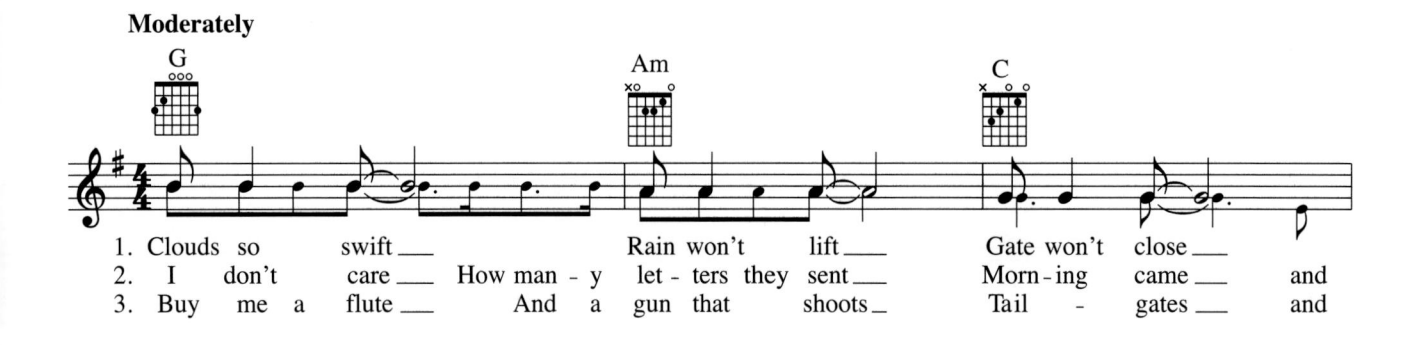

YOU AIN'T GOIN' NOWHERE

Moderately

| G | Am | C |

1. Clouds so swift____ Rain won't lift____ Gate won't close____
2. I don't care____ How man-y let-ters they sent____ Morn-ing came____ and
3. Buy me a flute____ And a gun that shoots____ Tail - gates____ and

| G | Am |

Rail - ings froze____ Get your mind____ off win - ter time____
morn - ing went____ Pick up your mon - ey And pack up your tent____
sub - sti - tutes____ Strap your - self____ To the tree with roots____

| C | G | D7 F# | G | Am |

You ain't goin'____ no - where____
You ain't goin'____ no - where____   Whoo - ee!____ Ride me high____ To -
You ain't goin'____ no - where____

| C | G | D7/F# | G | Am |

mor - row's the day My bride's gon - na come Oh, oh,____ are we gon - na fly

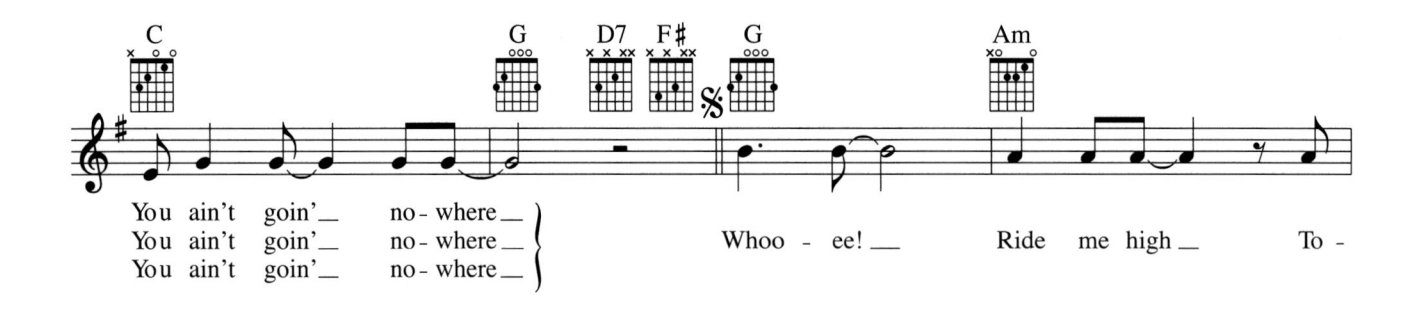

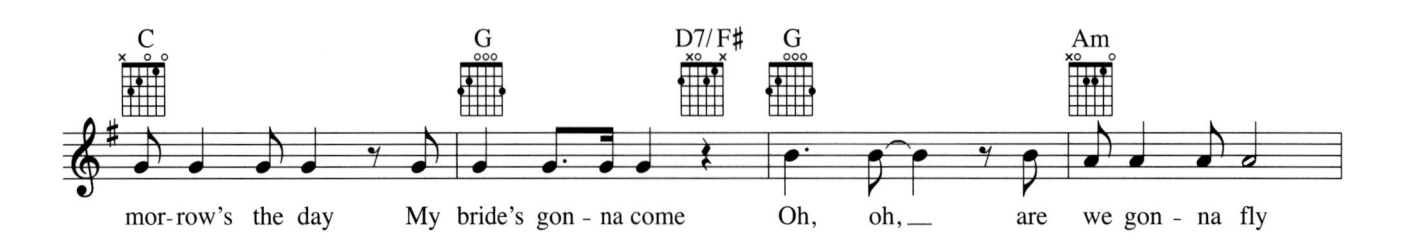

Copyright © 1967, 1972; renewed 1995 Dwarf Music. All Rights Reserved. International Copyright Secured.

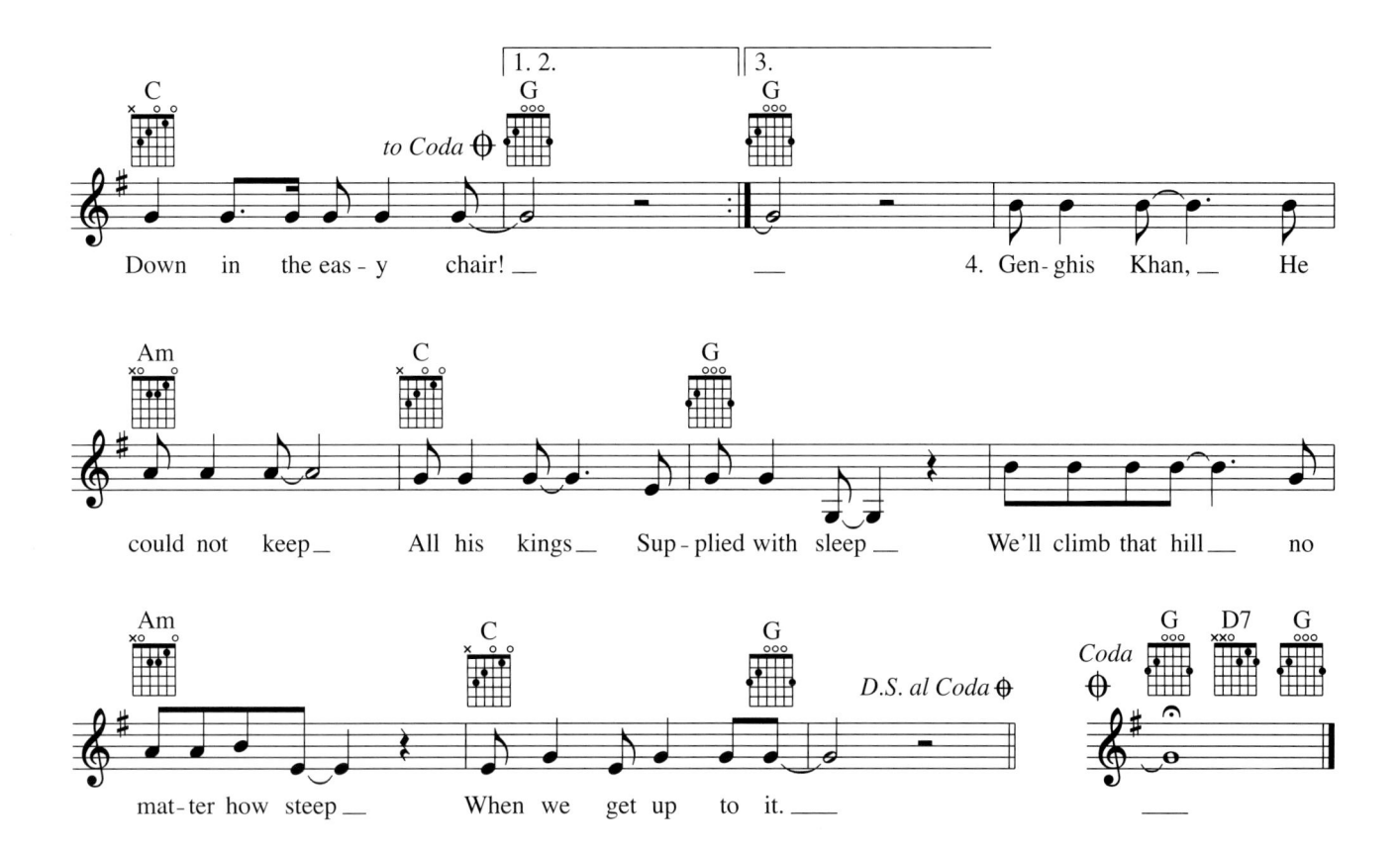

Down in the eas-y chair! __ 4. Gen-ghis Khan, __ He

could not keep __ All his kings __ Sup-plied with sleep __ We'll climb that hill __ no

mat-ter how steep __ When we get up to it. __

1. **Clouds so swift**
   Nuvens tão rápidas
   Rain won't lift
   A chuva não vai se dissipar
   Gate won't close
   Nem o portão fechar
   Railings froze
   As grades congelaram
   Get your mind off wintertime
   Pode esquecer o inverno
   You ain't goin' nowhere
   Você não vai a lugar nenhum
   Whoo-ee! Ride me high
   Whooee! Me leva lá pra cima
   Tomorrow's the day
   Amanhã é o dia
   My bride's gonna come
   De a minha noiva chegar
   Oh, oh, are we gonna fly
   Oh, Oh, a gente vai aterrissar
   Down in the easy chair!
   De poltrona estofada!

2. **I don't care**
   Nem quero saber
   How many letters they sent
   Quantas cartas eles mandaram
   Morning came and morning went
   A manhã chegou e se foi
   Pick up your money
   Pega tua grana
   And pack up your tent
   Arruma a tua barraca
   You ain't goin' nowhere
   Você não vai a lugar algum
   Whoo-ee! Ride me high
   Whooee! Me leva lá pra cima
   Tomorrow's the day
   Amanhã é o dia
   My bride's gonna come
   De a minha noiva chegar
   Oh, oh, are we gonna fly
   Oh, Oh, a gente vai aterrissar
   Down in the easy chair!
   De poltrona estofada!

3. **Buy me a flute**
   And a gun that shoots
   Me compra uma flauta
   Tailgates and substitutes
   E uma arma que atire
   Strap yourself
   Porta traseira e sobressalente
   To the tree with roots
   Se amarre
   You ain't goin' nowhere
   Na árvore com raízes
   Whoo-ee! Ride me high
   Whooee! Me leva lá pra cima
   Tomorrow's the day
   Amanhã é o dia
   My bride's gonna come
   De a minha noiva chegar
   Oh, oh, are we gonna fly
   Oh, Oh, a gente vai aterrissar
   Down in the easy chair!
   De poltrona estofada!

4. **Genghis Khan**
   Gengis Khan
   He could not keep
   Não conseguia manter
   All his kings
   Todos os seus reis
   Supplied with sleep
   Abastecidos de sono
   We'll climb that hill no matter how steep
   Subiremos aquele morro, pouco importa sua altura
   When we get up to it
   Quando chegarmos lá em cima
   Whoo-ee! Ride me high
   Whooee! Me leva lá pra cima
   Tomorrow's the day
   Amanhã é o dia
   My bride's gonna come
   De a minha noiva chegar
   Oh, oh, are we gonna fly
   Oh, Oh, a gente vai aterrissar
   Down in the easy chair!
   De poltrona estofada!

HALT
TICKET OFFICE
AUST FERRY
TICKET OFFICE
BEACHLEY-AUST-
540 CYN

THIS WHEEL'S ON FIRE
(ESSA RODA ESTÁ EM CHAMAS)

The Basement Tapes, 1975

Composta em parceria com Rick Danko durante as chamadas sessões de gravação das *basement tapes*, em 1967, esta canção ficou conhecida do público através da versão de Julie Driscoll, no ano seguinte, sendo imediatamente seguida pela própria gravação de Danko com o The Band em seu LP de estreia, *Music From The Big Pink*. Dylan só lançou sua própria versão em 1975, passando a incluí-la em seus *shows* a partir de 1996. Driscoll e Ade Edmondson regravaram-na em nova versão como tema da série de TV da BBC, *Absolutely Fabulous*, que foi ao ar pela primeira vez em 1992.

"Eu estava aprendendo a tocar piano sozinho. Algumas das músicas que eu tinha composto ao piano, um dia antes, pareciam se encaixar perfeitamente nas letras de Dylan. Então o Dylan e eu escrevemos o refrão juntos."

Rick Danko

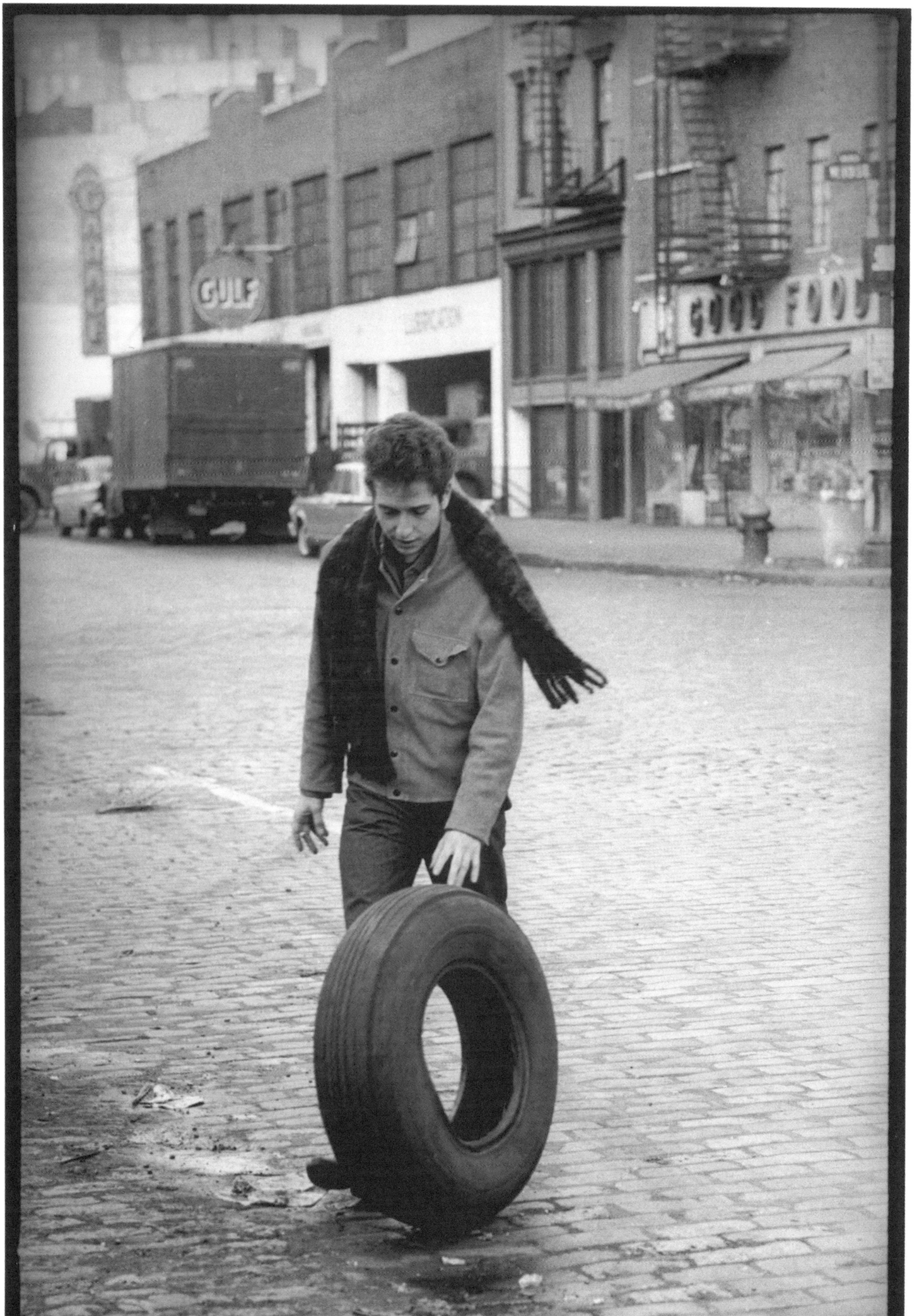
GULF
GOOD FOOD

THIS WHEEL'S ON FIRE

Com Rick Danko

Slowly

[Am] If your mem-'ry serves you well, We were goin' to
mem-'ry serves you well, I was goin' to
mem-'ry serves you well, You'll re-

[B°7] meet a-gain and wait,
con-fis-cate your lace,
mem-ber you're the one

[E] So I'm goin' to un-pack all
And wrap it up in a
That called on me to call

[F] my things And [Dm] sit be-fore it gets too [Am] late. No
sail-or's knot And hide it in your case. If I
on them To get you your fa-vors done. And

[C] man a-live will come to you [Am] With an-oth-er tale to [C] tell,
knew for sure that it was yours... But it was oh so hard to tell.
af-ter ev-'ry plan had failed And there was noth-ing more to tell,

Copyright © 1967, 1970; renewed 1995 Dwarf Music. All Rights Reserved. International Copyright Secured.

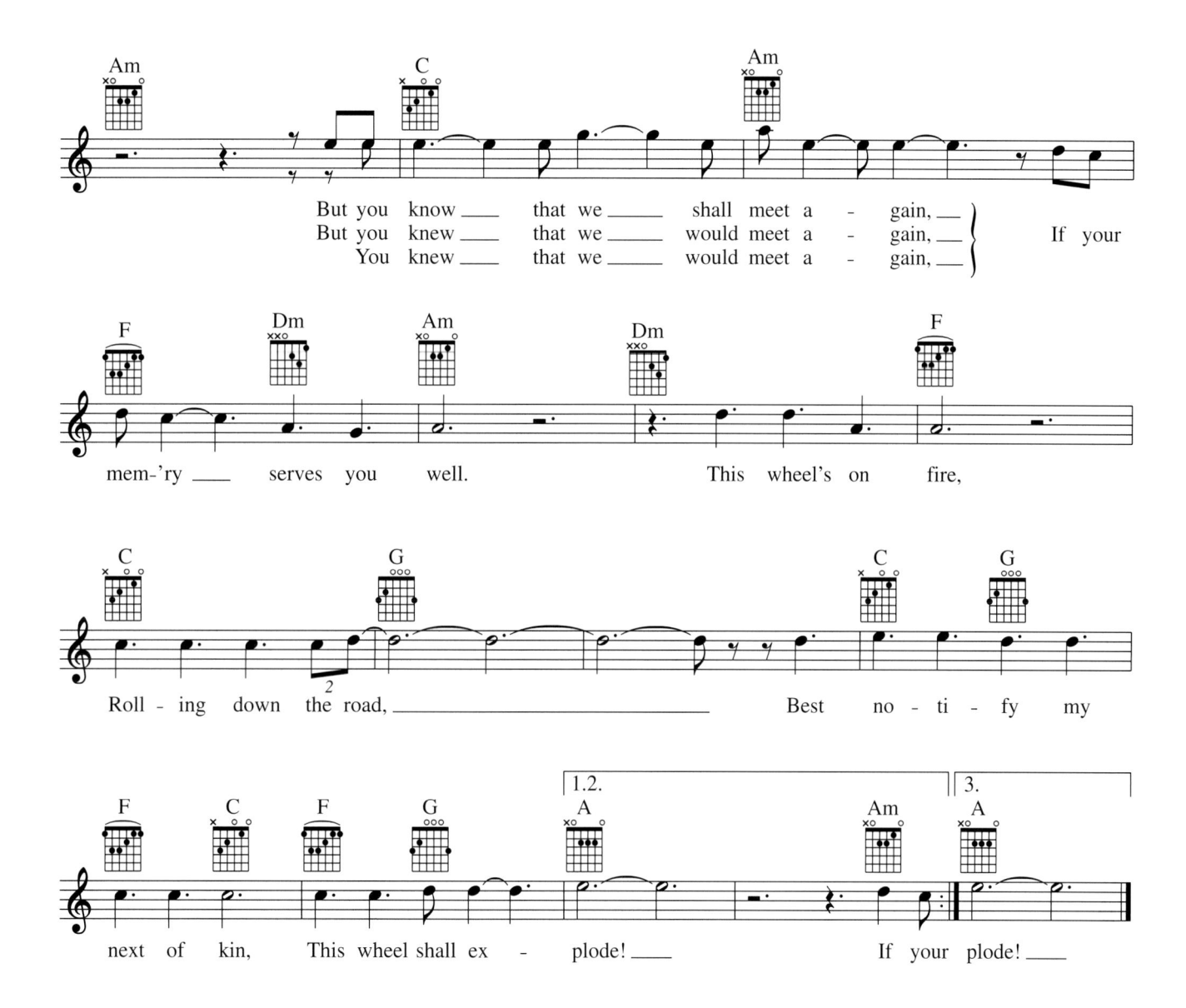

But you know that we shall meet a - gain,
But you knew that we would meet a - gain, If your
You knew that we would meet a - gain,

mem-'ry serves you well. This wheel's on fire,

Roll - ing down the road, Best no - ti - fy my

next of kin, This wheel shall ex - plode! If your plode!

1. **If your mem'ry serves you well**
   Se a tua memória não falha,
   We were goin' to meet again and wait
   A gente ia se encontrar de novo e esperar,
   So I'm goin' to unpack all my things
   Então, eu vou desfazer minhas malas
   And sit before it gets too late
   E me sentar antes que fique muito tarde.
   No man alive will come to you
   Nenhum homem vai chegar a você
   With another tale to tell
   Com outra história para contar,
   But you know that we shall meet again
   Mas você sabe que a gente vai se encontrar de novo,
   If your mem'ry serves you well
   Se a tua memória não falha.
   This wheel's on fire
   Esta roda está em chamas,
   Rolling down the road
   Rolando estrada abaixo,
   Best notify my next of kin
   Melhor notificar meu parente mais próximo,
   This wheel shall explode!
   Ela vai explodir!

2. **If your mem'ry serves you well**
   Se a tua memória não falha,
   I was goin' to confiscate your lace
   Eu ia confiscar tua fita,
   And wrap it up in a sailor's knot
   E dar nela um nó de marinheiro
   And hide it in your case
   E escondê-la na tua mala.
   If I knew for sure that it was yours . . .
   Se tivesse certeza que era tua...
   But it was oh so hard to tell
   Mas eu tinha, é tão difícil dizer.

But you knew that we would meet again
Mas você sabia que a gente ia se encontrar de novo,
If your mem'ry serves you well
Se a tua memória não falha.
This wheel's on fire
Esta roda está em chamas,
Rolling down the road
Rolando estrada abaixo,
Best notify my next of kin
Melhor notificar meu parente mais próximo,
This wheel shall explode!
Ela vai explodir!

3. **If your mem'ry serves you well**
   Se a tua memória não falha,
   You'll remember you're the one
   Você deve se lembrar que foi você
   That called on me to call on them
   Que me pediu para pedir a eles
   To get you your favors done
   Que cumprissem as tuas ordens
   And after ev'ry plan had failed
   E depois que todos os planos falharam
   And there was nothing more to tell
   E não havia mais nada para dizer,
   You knew that we would meet again
   Mas você sabia que a gente ia se encontrar de novo,
   If your mem'ry served you well
   Se a tua memória não falha.
   This wheel's on fire
   Esta roda está em chamas,
   Rolling down the road
   Rolando estrada abaixo,
   Best notify my next of kin
   Melhor notificar meu parente mais próximo,
   This wheel shall explode!
   Ela vai explodir!

TEARS OF RAGE
(LÁGRIMAS DE IRA)

The Basement Tapes, 1975

"Tears Of Rage", segunda composição importante escrita em parceria com um membro do The Band durante a era das *basement tapes*, serviu de faixa de abertura memorável para o álbum, *Music From Big Pink*, de 1968. Mais do que justo, Richard Manuel foi o vocalista da faixa, já que foi ele o autor da melodia. A tão aguardada apresentação ao vivo da canção por Dylan finalmente ocorreu em 1989.

"Bob desceu ao porão com uma folha de papel datilografada, e disse, 'Você tem alguma música para isso?', Eu tinha uns dois movimentos musicais que pareciam se encaixar, então elaborei um pouco mais, porque não tinha certeza do significado da letra. Eu não podia subir as escadas correndo e perguntar, 'Bob, o que quer dizer isto? Agora o coração está repleto de ouro como se fosse uma carteira?'"

Richard Manuel

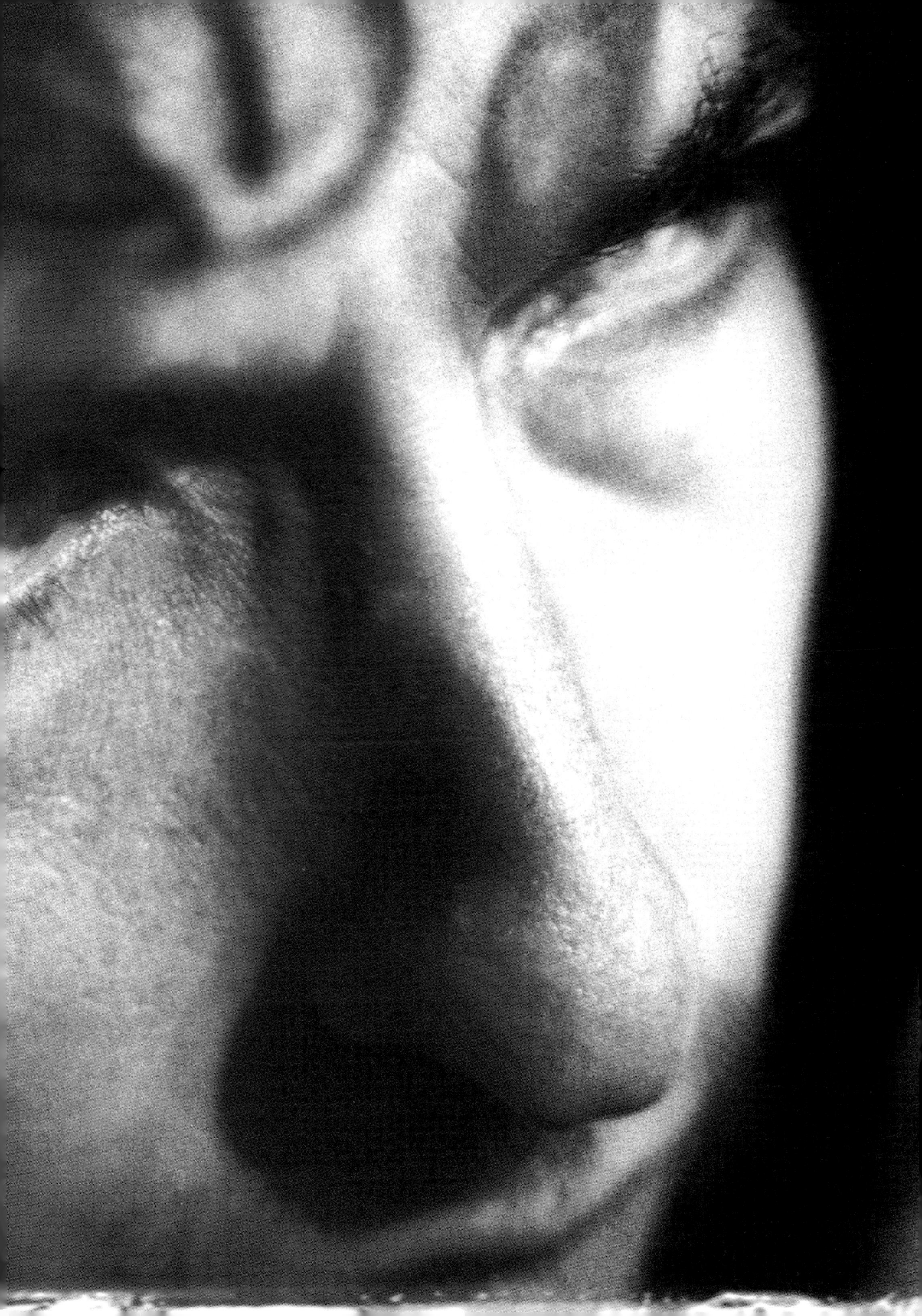

TEARS OF RAGE

Com Richard Manuel

Slowly

We car-ried you in our arms On
point-ed out the way to go And
all ver-y pain-less When you

In-de-pend-ence Day, And now you'd throw us
scratched your name in sand, Though you just thought it was
went out to re-ceive All that false in-

all a-side And put us on our way. Oh
noth-ing more Than a place for you to stand. Now, I
struc-tion Which we nev-er could be-lieve. And

what dear daugh-ter 'neath the sun Would
want you to know that while we watched, You dis-
now the heart is filled with gold As

Copyright © 1968, 1970; renewed 1996 Dwarf Music. All Rights Reserved. International Copyright Secured.

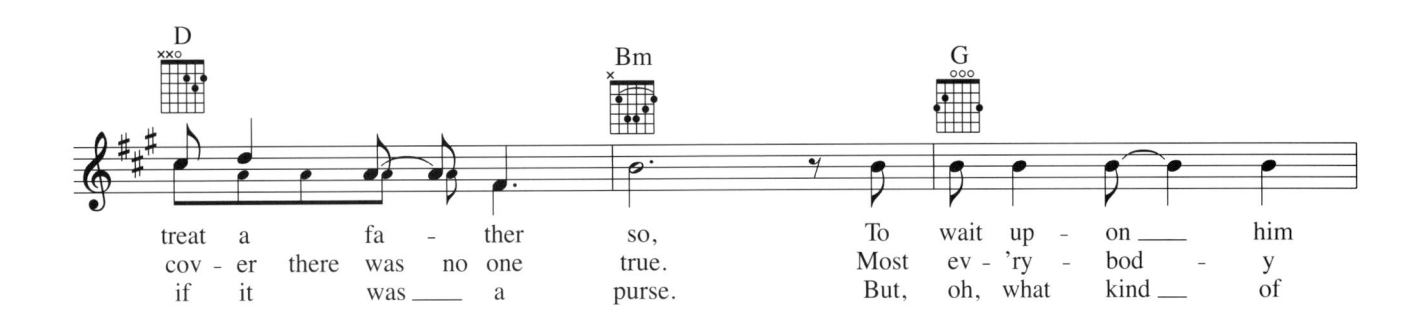

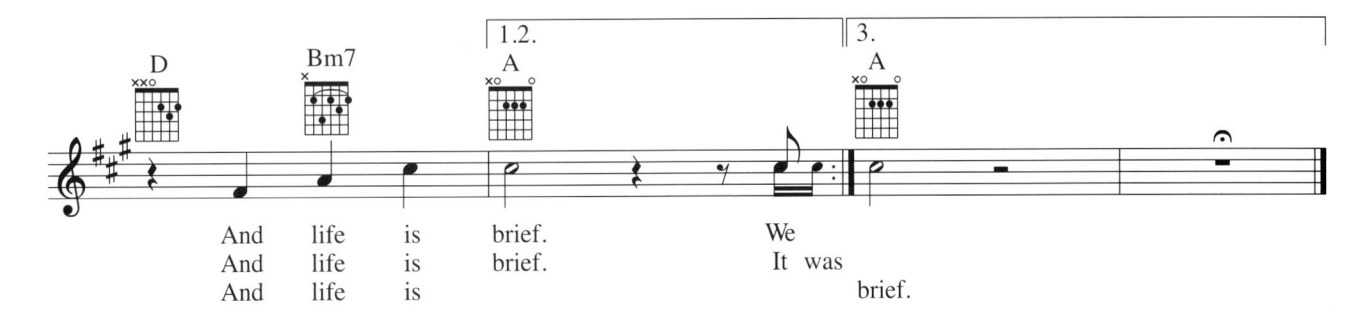

D			Bm	G	
treat a fa - ther so,			To wait up - on him		
cov - er there was no one true.			Most ev - 'ry - bod - y		
if it was a purse.			But, oh, what kind of		

D		A	
hand and foot And al - ways tell him, "No?"			
real - ly thought It was a child-ish thing to do.			
love is this Which goes from bad to worse?			

C#7	F#m	D	Bm7
Tears of rage, tears of grief,		Why must I al - ways	
Tears of rage, tears of grief,		Must I al - ways	
Tears of rage, tears of grief,		Must I al - ways	

A	C#7		F#m
be the thief?	Come to me now, you know We're so a - lone		
be the thief?	Come to me now, you know We're so low		
be the thief?	Come to me now, you know We're so low		

D	Bm7	1.2. A	3. A
And life is brief.			
And life is brief.		We It was	
And life is			brief.

1. **We carried you in our arms**
   Nós te carregamos nos braços
   On Independence Day
   No Dia da Independência,
   And now you'd throw us all aside
   Agora você simplesmente nos descarta
   And put us on our way
   E mostra o caminho da porta
   Oh what dear daughter 'neath the sun
   Oh, que filha querida nesse mundo
   Would treat a father so
   Trataria um pai assim,
   To wait upon him hand and foot
   Atendendo-o solicitamente em tudo
   And always tell him, "No?"
   Para sempre dizer-lhe, "Não"?
   Tears of rage, tears of grief
   Lágrimas de ira, lágrimas de tristeza,
   Why must I always be the thief?
   Por que sempre sou eu o bandido?
   Come to me now, you know
   Venha pra perto de mim, você sabe
   We're so alone
   Que estamos tão sós
   And life is brief
   E a vida é curta.

2. **We pointed out the way to go**
   Nós mostramos o caminho a seguir
   And scratched your name in sand
   E escrevemos teu nome na areia,
   Though you just thought it was nothing more
   Embora para você nada mais era
   Than a place for you to stand
   Do que um lugar onde ficar.
   Now, I want you to know that while we watched
   Agora, quero que saiba que enquanto te observávamos,
   You discover there was no one true
   Você descobriu que ninguém era sincero.

Most ev'rybody really thought
Quase todos pensaram
It was a childish thing to do
Que foi uma infantilidade.
Tears of rage, tears of grief
Lágrimas de ira, lágrimas de tristeza,
Must I always be the thief?
Por que sou eu sempre o bandido?
Come to me now, you know
Venha pra perto de mim, você sabe
We're so low
Que estamos tão sós
And life is brief
E a vida é curta.

3. It was all very painless
Não houve dor alguma
When you went out to receive
Quando você partiu para receber
All that false instruction
Todas aquelas falsas instruções
Which we never could believe
Que jamais poderíamos crer.
And now the heart is filled with gold
E agora o coração está repleto de ouro
As if it was a purse
Como se fosse uma carteira.
But, oh, what kind of love is this
Mas que espécie de amor é este
Which goes from bad to worse?
Que vai de mal a pior?
Tears of rage, tears of grief
Lágrimas de ira, lágrimas de tristeza,
Must I always be the thief?
Por que sou eu sempre o bandido?
Come to me now, you know
Venha pra perto de mim, você sabe
We're so low
Que estamos tão sós
And life is brief
E a vida é curta.

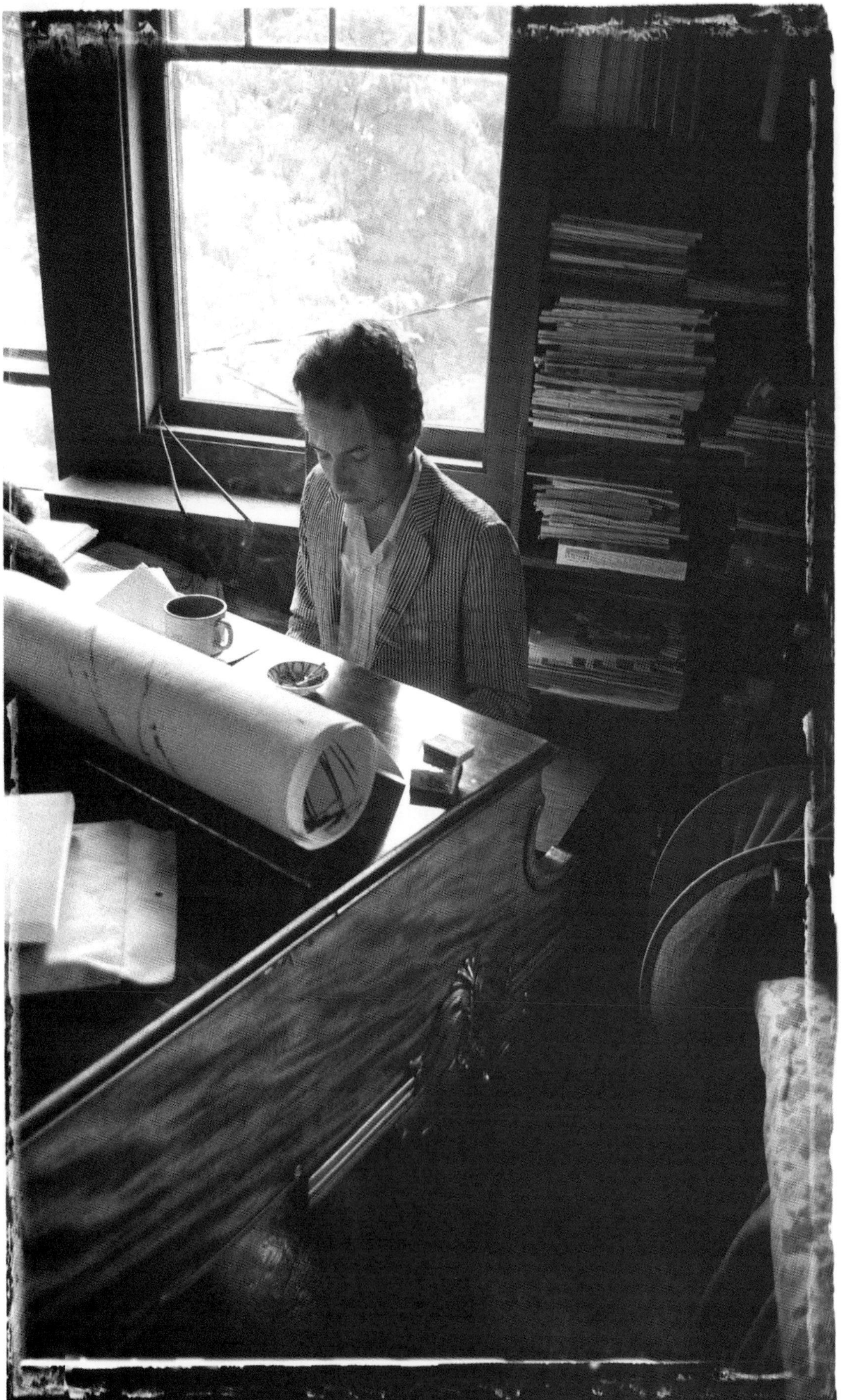

I DREAMED I SAW ST. AUGUSTINE
(SONHEI QUE VI SANTO AGOSTINHO)

John Wesley Harding, 1967

Com raro acompanhamento do baixista Charlie McCoy e do baterista Kenny Buttrey, Dylan gravou esta canção enigmática para o álbum *John Wesley Harding* em outubro de 1967. Ele a apresentou com o The Band no festival da Ilha de Wight, em 1969, e pouco tempo depois sua velha amiga Joan Baez a incluiu no álbum de interpretações de Dylan, *Any Day Now*.

"*John Wesley Harding* era um álbum temeroso – lidando apenas com o medo, lidando com o mal de forma temerosa, quase. Tudo que eu queria fazer era achar as palavras certas. Foi corajoso fazer isso."

Bob Dylan, 1978

I DREAMED I SAW ST. AUGUSTINE

Slowly

1. I dreamed I saw St. Augustine, (F)
A-live as you or me, (Bb) (F)
Tear-ing through these quar-ters In the ut-most mis-er-y, (G7) (Bb)
With a blan-ket un-der-neath his arm (F)
And a coat of sol-id gold, (Bb) (F) (C)
Search-ing for the ver-y souls Whom al-read-y have been sold. (Dm) (F) (Bb) (F)

Copyright © 1968; renewed 1996 Dwarf Music. All Rights Reserved. International Copyright Secured.

1. **I dreamed I saw St. Augustine**
   Sonhei que vi Santo Agostinho,
   Alive as you or me
   Vivo como você ou como eu,
   Tearing through these quarters
   Atravessando esses quarteirões
   In the utmost misery
   Na mais absoluta miséria,
   With a blanket underneath his arm
   Com um cobertor debaixo do braço
   And a coat of solid gold
   E um casaco de ouro maciço,
   Searching for the very souls
   À procura das mesmas almas
   Whom already have been sold
   Que já foram vendidas.

2. **"Arise, arise," he cried so loud**
   "Levanta, levanta", ele gritava bem alto
   In a voice without restraint
   Com uma voz imoderada
   "Come out, ye gifted kings and queens
   "Saí, reis e rainhas
   And hear my sad complaint
   E ouvi meu triste lamento
   No martyr is among ye now
   Não há mártir entre vós agora
   Whom you can call your own
   A quem podeis chamar de vossos
   So go on your way accordingly
   Então segui vosso caminho portanto
   But know you're not alone"
   Mas sabei que não estais sozinhos"

3. **I dreamed I saw St. Augustine**
   Sonhei que vi Santo Agostinho
   Alive with fiery breath
   Vivo e com a respiração ardente
   And I dreamed I was amongst the ones
   E sonhei que estava entre os
   That put him out to death
   Que o conduziram à morte
   Oh, I awoke in anger
   Acordei com ódio
   So alone and terrified
   Tão sozinho e apavorado
   I put my fingers against the glass
   Coloquei meus dedos contra o vidro
   And bowed my head and cried
   Baixei a cabeça e chorei

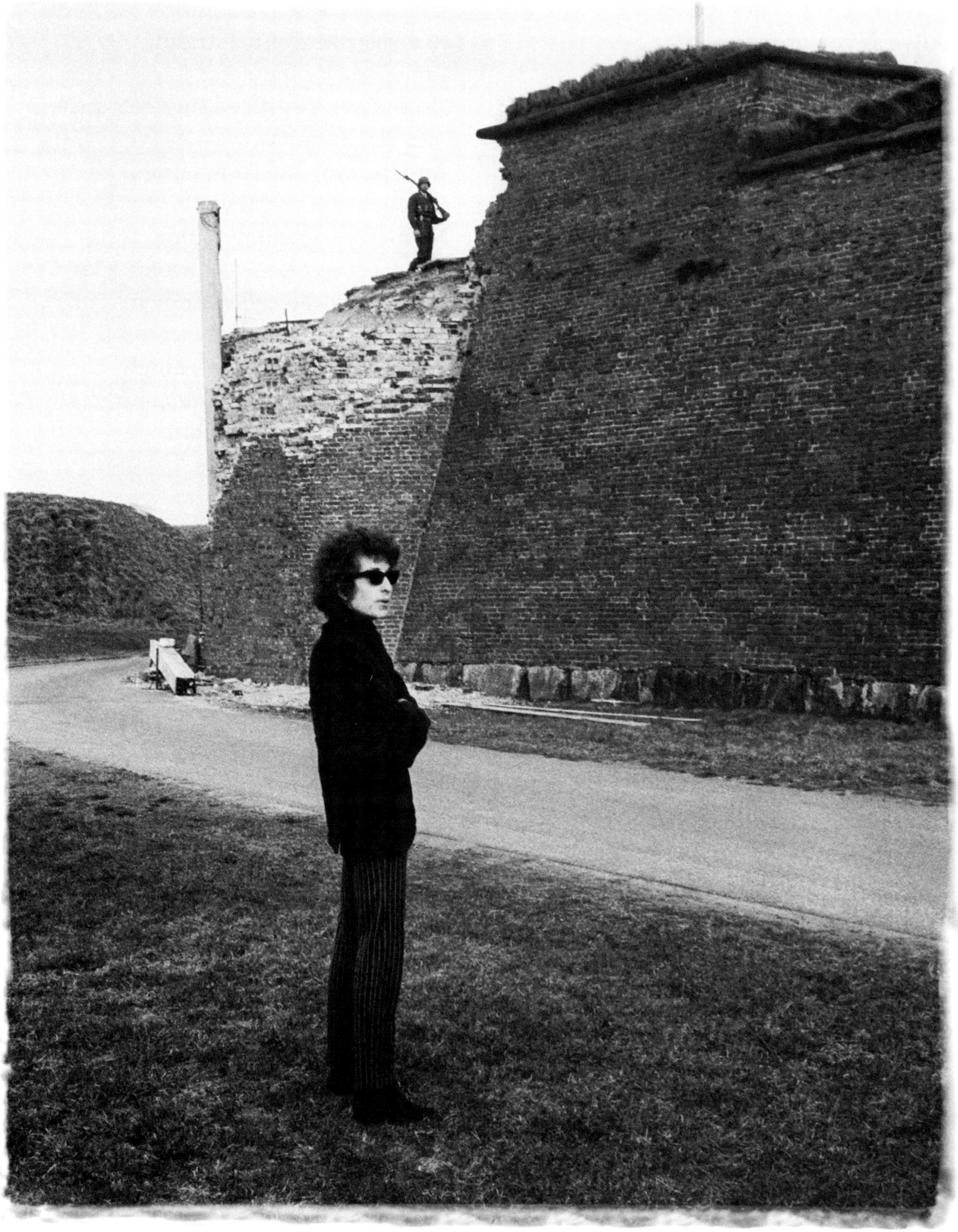

ALL ALONG THE WATCHTOWER
(AO LARGO DA TORRE DE VIGIA)

John Wesley Harding, 1967

Lançada primeiro no álbum *John Wesley Harding*, em dezembro de 1967, "All Along The Watchtower" tornou-se posteriormente um hino do *rock* nas mãos de Jimi Hendrix. A gravação original de Dylan era mais leve, e foi feita em Nashville com uma banda menor e com os melhores *sidemen* da cidade. Tempos depois ele reprisou a canção nos álbuns ao vivo *Before The Flood* e *Dylan & The Dead*.

"As canções do álbum *John Wesley Harding* carecem da noção tradicional do tempo. 'All Along The Watchtower' abre-se de forma levemente diferente, meio estranha, porque temos o ciclo de eventos operando em uma ordem totalmente inversa."

Bob Dylan, 1968

ALL ALONG THE WATCHTOWER

| Am | Am/G | F | G | Am | Am/G |

"There must be some way out of here," said the joker to the

| F | G | Am | Am/G | F | G |

thief. "There's too much con - fu - sion,

| Am | Am/G | F | G | Am | Am/G | F | G |

I can't get no re - lief. Busi - ness men, they drink my wine.

| Am | Am/G | F | G | Am | Am/G | F | G |

plow - men dig my earth, None of them a - long the line

| Am | Am/G | F | G | Am | Am/G | F | G |

know what an - y of it is worth." "No rea - son to get ex - cit - ed,"

| Am | Am/G | F | G | Am | Am/G | F | G |

the thief, he kind - ly spoke, "There are man - y here a - mong us

Copyright © 1968; renewed 1996 Dwarf Music. All Rights Reserved. International Copyright Secured.

who feel that life is but a joke. But, you and I, we've been through that, and this is not our fate, ___ So let us not talk false-ly now, the hour is get-ting late." ___ All a-long the watch tow-er, ___ prin-ces kept the view ___ While all the wom-en came and went, bare-foot ser-vants, too. ___ Out-side ___ in the dis-tance a wild-cat did growl, ___ Two rid-ers were ap-proach-ing, the wind be-gan to howl.

"There must be some way out of here," said the joker to the thief
"Deve haver um jeito de sair daqui", disse o bufão ao ladrão.
"There's too much confusion, I can't get no relief
"Reina muita confusão, não encontro alívio."
Businessmen, they drink my wine, plowmen dig my earth
"Os negociantes bebem o meu vinho, os lavradores aram a minha terra,
None of them along the line know what any of it is worth"
Nenhum deles no horizonte sabe o quanto isto vale."

"No reason to get excited," the thief, he kindly spoke
"Não há motivo para ficar nervoso", disse o ladrão com gentileza,
"There are many here among us who feel that life is but a joke
"Muitos aqui entre nós acham que a vida não passa de uma anedota.
But you and I, we've been through that, and this is not our fate
Mas, você e eu, já passamos por isso, e este não é o nosso destino,
So let us not talk falsely now, the hour is getting late"
Então deixemos de falsidade, já está ficando tarde."

All along the watchtower, princes kept the view
Ao largo da torre de vigia, os príncipes continuavam a observar
While all the women came and went, barefoot servants, too
Enquanto todas as mulheres iam e vinham, e os serviçais descalços também.

Outside in the distance a wildcat did growl
Lá fora um gato selvagem berrou,
Two riders were approaching, the wind began to howl
Dois cavaleiros se aproximavam, o vento começou a uivar.

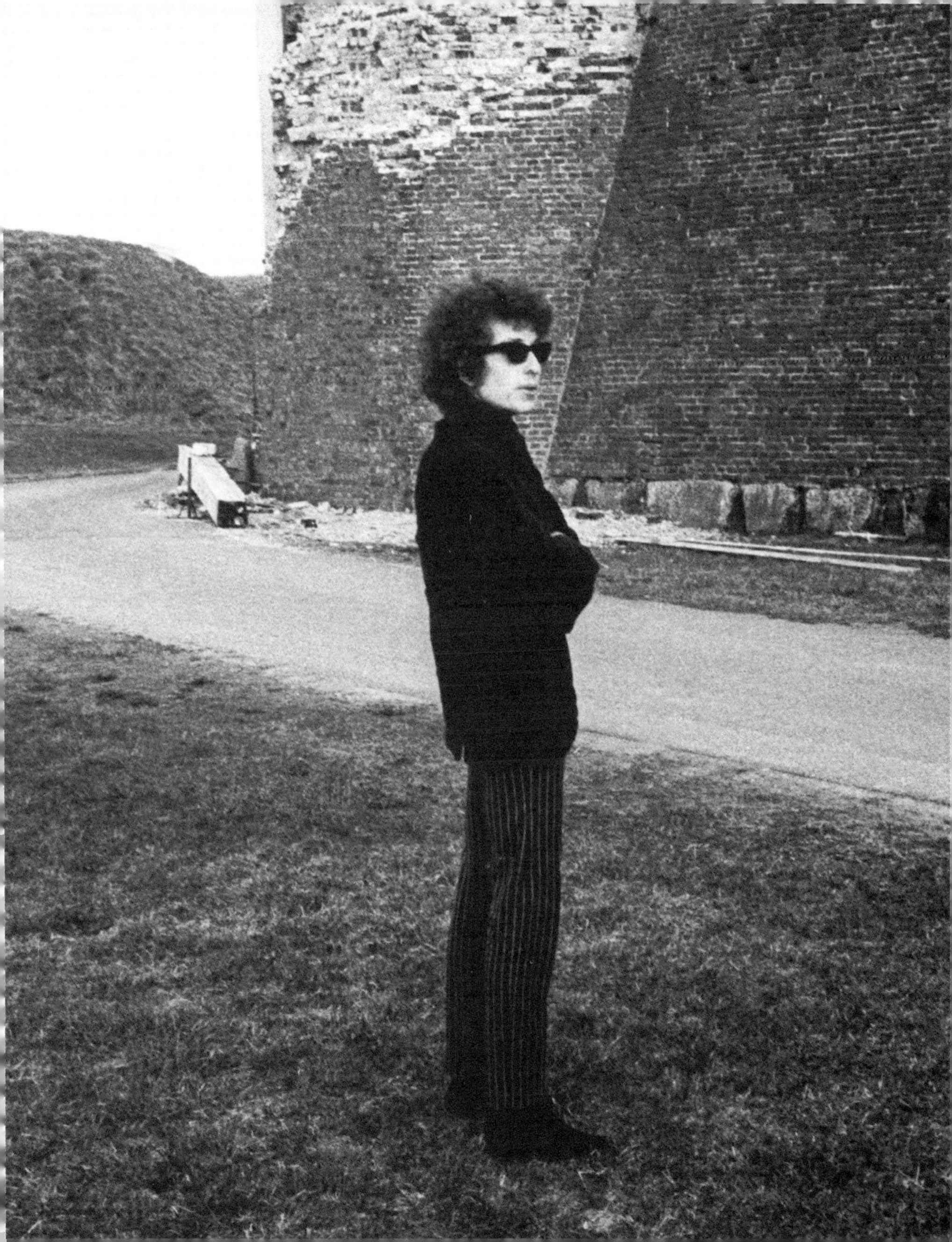

DRIFTER'S ESCAPE
(A FUGA DO VAGABUNDO)

John Wesley Harding, 1967

Gravada em formato acústico no álbum *John Wesley Harding*, em 1967, "Drifter's Escape" ressurgiu no repertório ao vivo de Dylan no início dos anos 1990, como *rock* robusto. Assim como "All Along The Watchtower", era a favorita de Jimi Hendrix, cuja gravação foi lançada logo após a sua morte.

"Uma canção tem que ter uma certa qualidade para que eu possa cantá-la e colocá-la em uma gravação. Um aspecto que tem que ter é que não se repita."

Bob Dylan, 1968

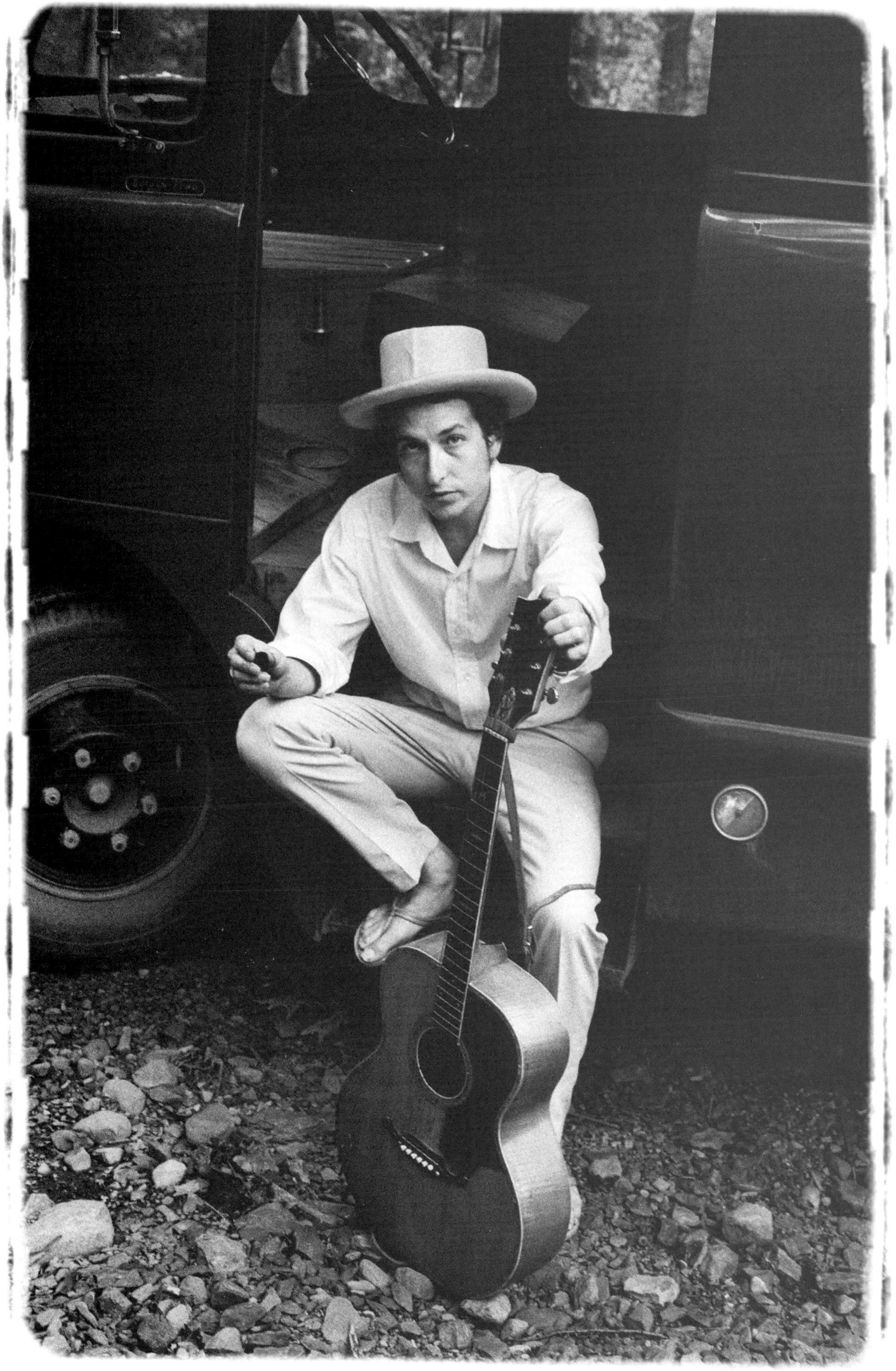

DRIFTER'S ESCAPE

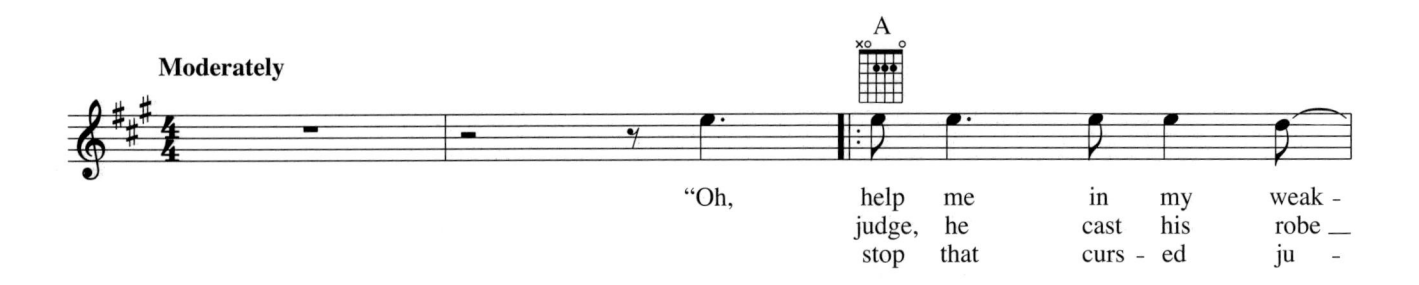

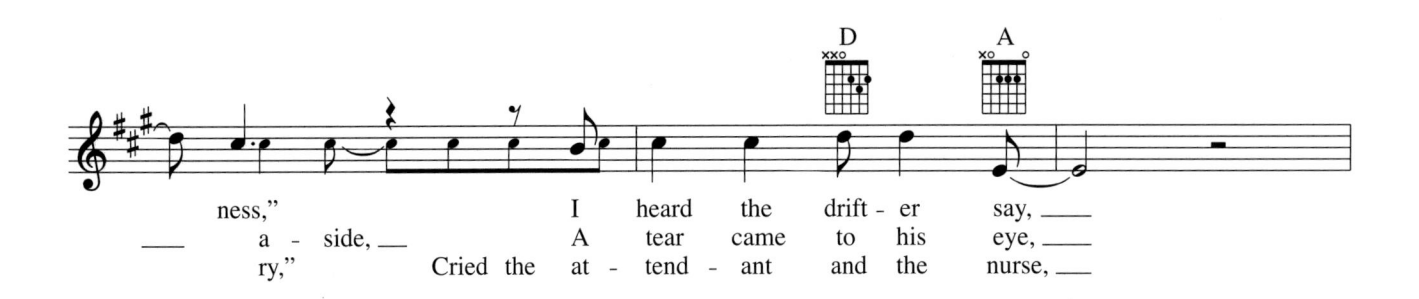

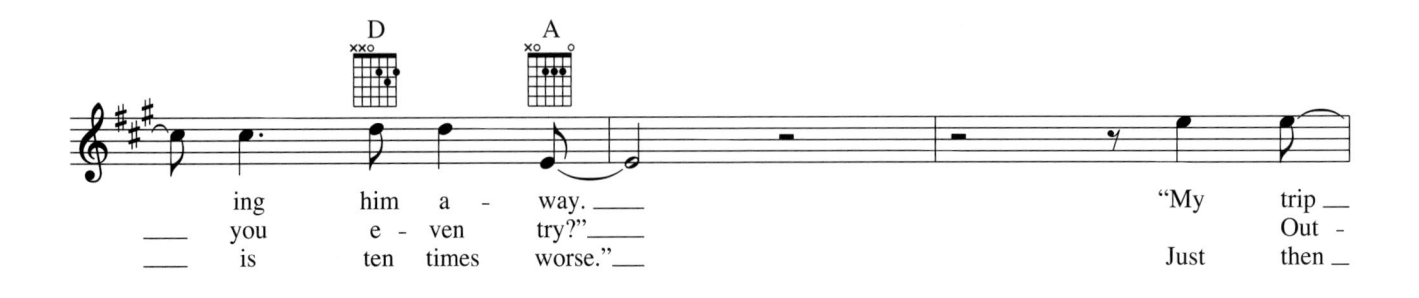

Moderately

[A]

"Oh, help me in my weak-ness," I heard the drifter say,
judge, he cast his robe a-side, A tear came to his eye,
stop that curs-ed ju-ry," Cried the at-tend-ant and the nurse,

[D] [A]

As they car-ried him from the court-room, And were tak-ing him a-way.
"You fail to un-der-stand," he said, "Why must you e-ven try?"
"The trial was bad e-nough, But this is ten times worse."

[D] [A]

"My trip
Out
Just then

Copyright © 1968; renewed 1996 Dwarf Music. All Rights Reserved. International Copyright Secured.

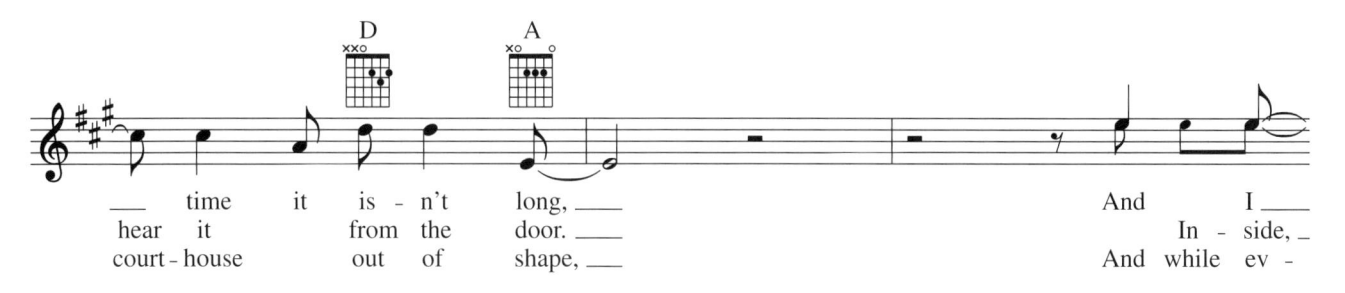

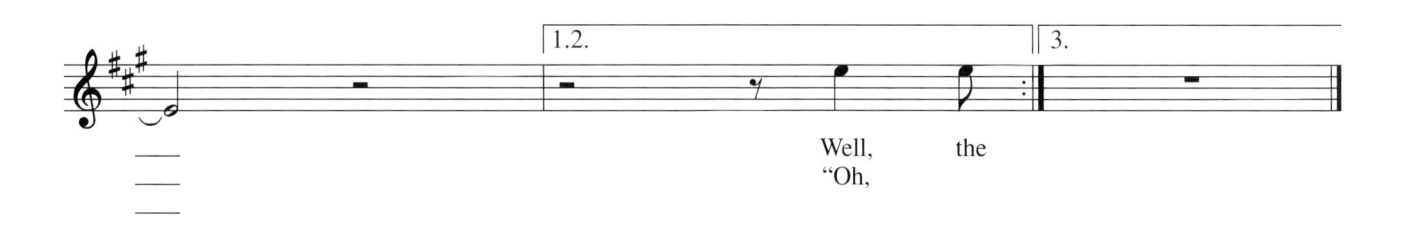

___ has-n't been a pleas - ant one And my ___
side, the crowd was stir - ring, You could
___ a bolt of light - ning Struck the

D A

___ time it is - n't long, ___ And I ___
hear it from the door. ___ In - side, ___
court - house out of shape, ___ And while ev -

___ still do not know ___ What it was ___ that I've done wrong."
___ the judge was step - ping down, While the ju - ry cried for more. ___
'ry - bod - y knelt to pray The drift - er did es - cape. ___

D A

1.2. Well, the
"Oh,

3.

"Oh, help me in my weakness"
"Oh, ajude-me com minha fraqueza",
I heard the drifter say
Ouvi o vagabundo dizer,
As they carried him from the courtroom
Enquanto o tiravam da sala do tribunal
And were taking him away
E o levavam para longe,
"My trip hasn't been a pleasant one
"Minha viagem não foi das melhores
And my time it isn't long
E não tenho muito tempo,
And I still do not know
Mas ainda não sei
What it was that I've done wrong"
O que foi que fiz de errado."
Well, the judge, he cast his robe aside
Bem, o juiz tirou sua beca,
A tear came to his eye
Uma lágrima caiu dos olhos,
"You fail to understand," he said
"Você não consegue entender", disse ele,
"Why must you even try?"
"Por que ainda tenta?"

Outside, the crowd was stirring
Lá fora, a multidão se agitava,
You could hear it from the door
Se podia ouvir da porta,
Inside, the judge was stepping down
Lá dentro, o juiz já se retirava,
While the jury cried for more
Enquanto o júri exigia mais.
"Oh, stop that cursed jury"
"Oh, cale esse maldito júri",
Cried the attendant and the nurse
Gritaram a atendente e a enfermeira,
"The trial was bad enough
"O julgamento já foi bastante ruim,
But this is ten times worse"
Mas isso é dez vezes pior."
Just then a bolt of lightning
Foi justo quando um relâmpago
Struck the courthouse out of shape
Caiu no tribunal e o avariou,
And while ev'rybody knelt to pray
E enquanto todos se ajoelhavam para rezar
The drifter did escape
O vagabundo conseguiu escapar

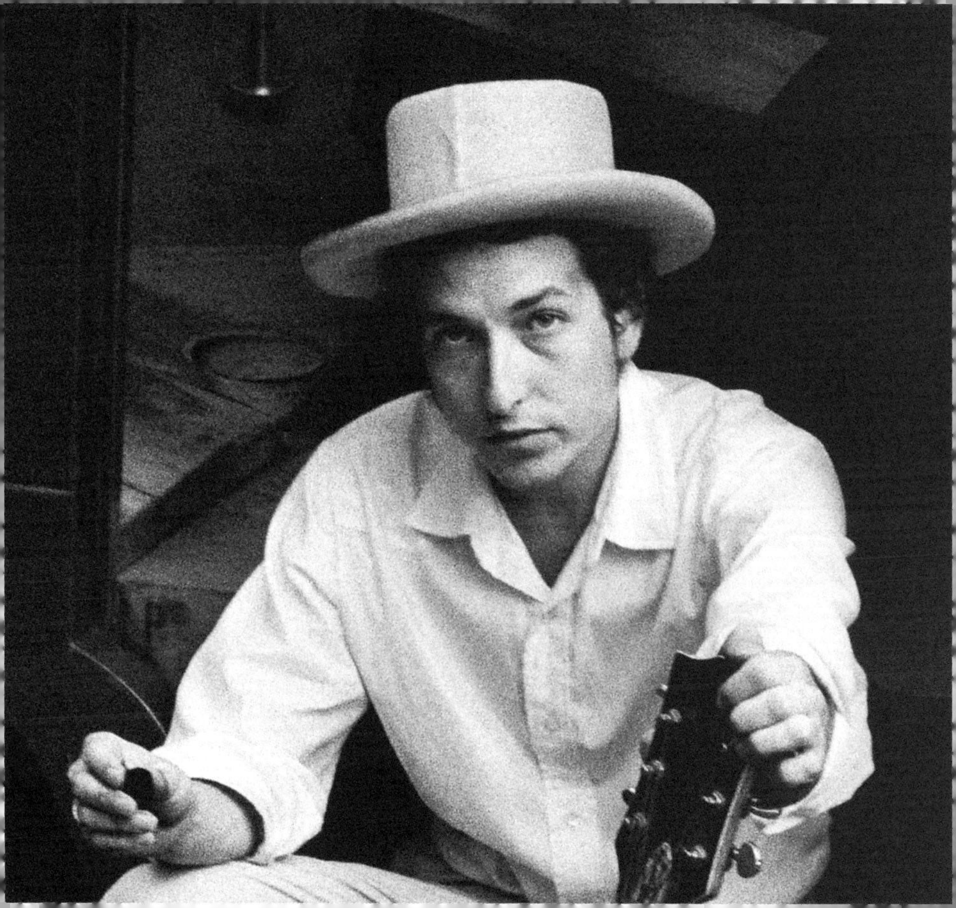

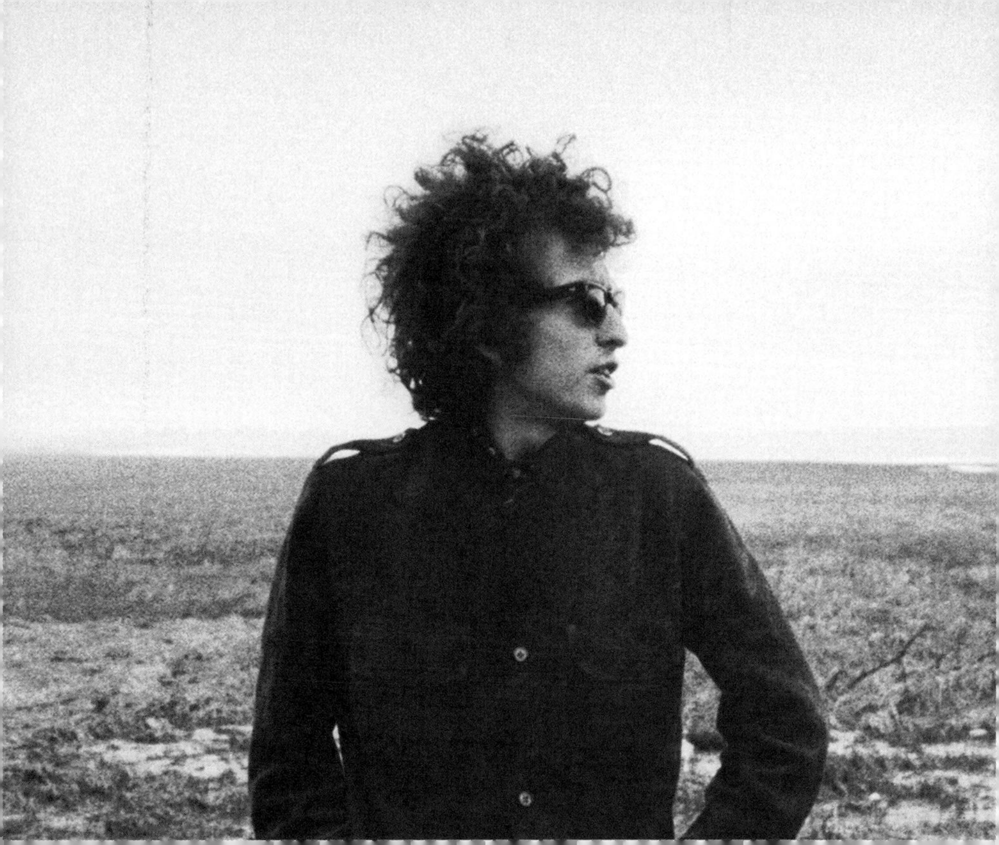

I PITY THE POOR IMMIGRANT
(TENHO PENA DO POBRE IMIGRANTE)

John Wesley Harding, 1967

Dylan apresentou esta melodia comovente como uma balada acústica suave, no álbum *John Wesley Harding*, em 1967. Em 1976, ele a tocou em público, pela primeira vez, em sete anos, com Joan Baez e o The Rolling Thunder Revue, com um arranjo vibrante de *rock* – uma incrível demonstração de sua capacidade infalível de recriar seu próprio material de formas inesperadas.

"Antes de compor *John Wesley Harding*, descobri algo sobre todas as canções que compus anteriormente. Descobri que quando usava palavras como 'ele' e 'eles', estava na verdade falando só sobre eu mesmo. Eu mergulhei no *John Wesley Harding* com esse conhecimento na minha cabeça."

Bob Dylan, 1970

I PITY THE POOR IMMIGRANT

Moderately

| F | Bb |

1. I pity the poor immigrant Who

| C7 | F |

wishes he would-'ve stayed home,

Who uses all his power to do

| Bb | C7 |

evil But in the end is always left so a-

| F | Dm |

lone. That man whom

| Am | Bb |

with his fingers cheats And who lies with

Copyright © 1968; renewed 1996 Dwarf Music. All Rights Reserved. International Copyright Secured.

ev - 'ry breath, Who pas - sion - ate - ly hates his life And like - wise, fears his death.

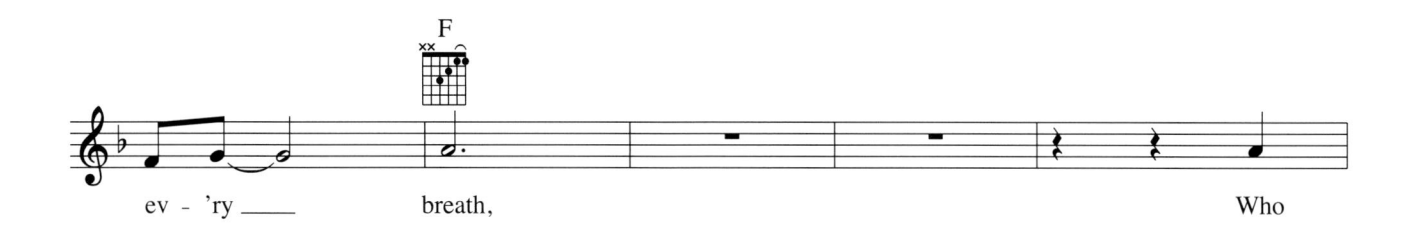

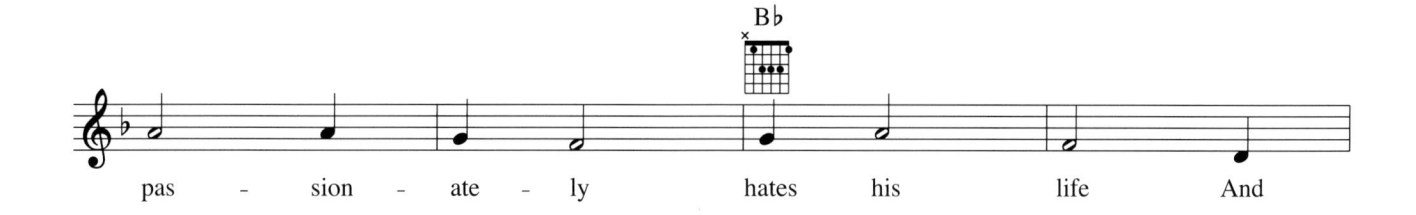

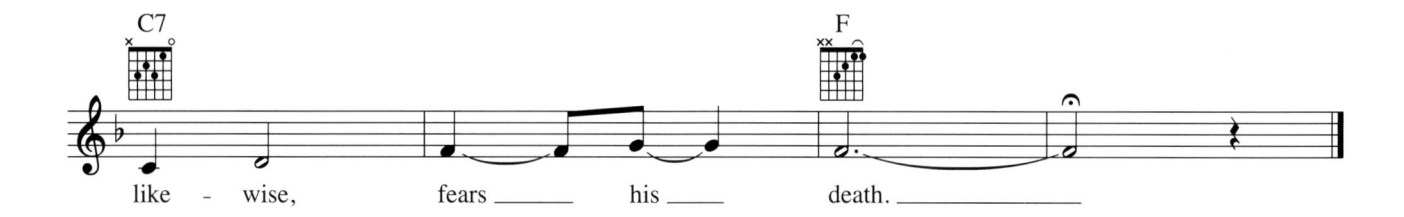

1. I pity the poor immigrant
Tenho pena do pobre imigrante
Who wishes he would've stayed home
Que desejaria ter ficado em casa,
Who uses all his power to do evil
Que utiliza toda sua força para fazer o mal
But in the end is always left so alone
Mas no final sempre fica tão só
That man whom with his fingers cheats
O homem que com seus dedos engana
And who lies with ev'ry breath
E mente como quem respira,
Who passionately hates his life
Que odeia sua vida com tanta paixão
And likewise, fears his death
E, da mesma forma, teme sua morte.

2. I pity the poor immigrant
Tenho pena do pobre imigrante
Whose strength is spent in vain
Cuja força é gasta em vão
Whose heaven is like Ironsides
Cujo céu é como um exército invencível
Whose tears are like rain,
Cujas lágrimas são como a chuva
Who eats but is not satisfied
Que come, mas não se sacia
Who hears but does not see
Que ouve, mas não vê
Who falls in love with wealth itself
Que se apaixona pela própria riqueza
And turns his back on me
E dá as costas para mim

3. I pity the poor immigrant
Tenho pena do pobre imigrante
Who tramples through the mud,
Que caminha sobre a lama
Who fills his mouth with laughing
Que enche sua boca de riso
And who builds his town with blood,
E que constrói sua cidade com sangue
Whose visions in the final end
Cujas visões no derradeiro momento
Must shatter like the glass
Devem fazer-se em pedaços, como o vidro
I pity the poor immigrant
Tenho pena do pobre imigrante
When his gladness comes to pass
Quando sua alegria acontecer

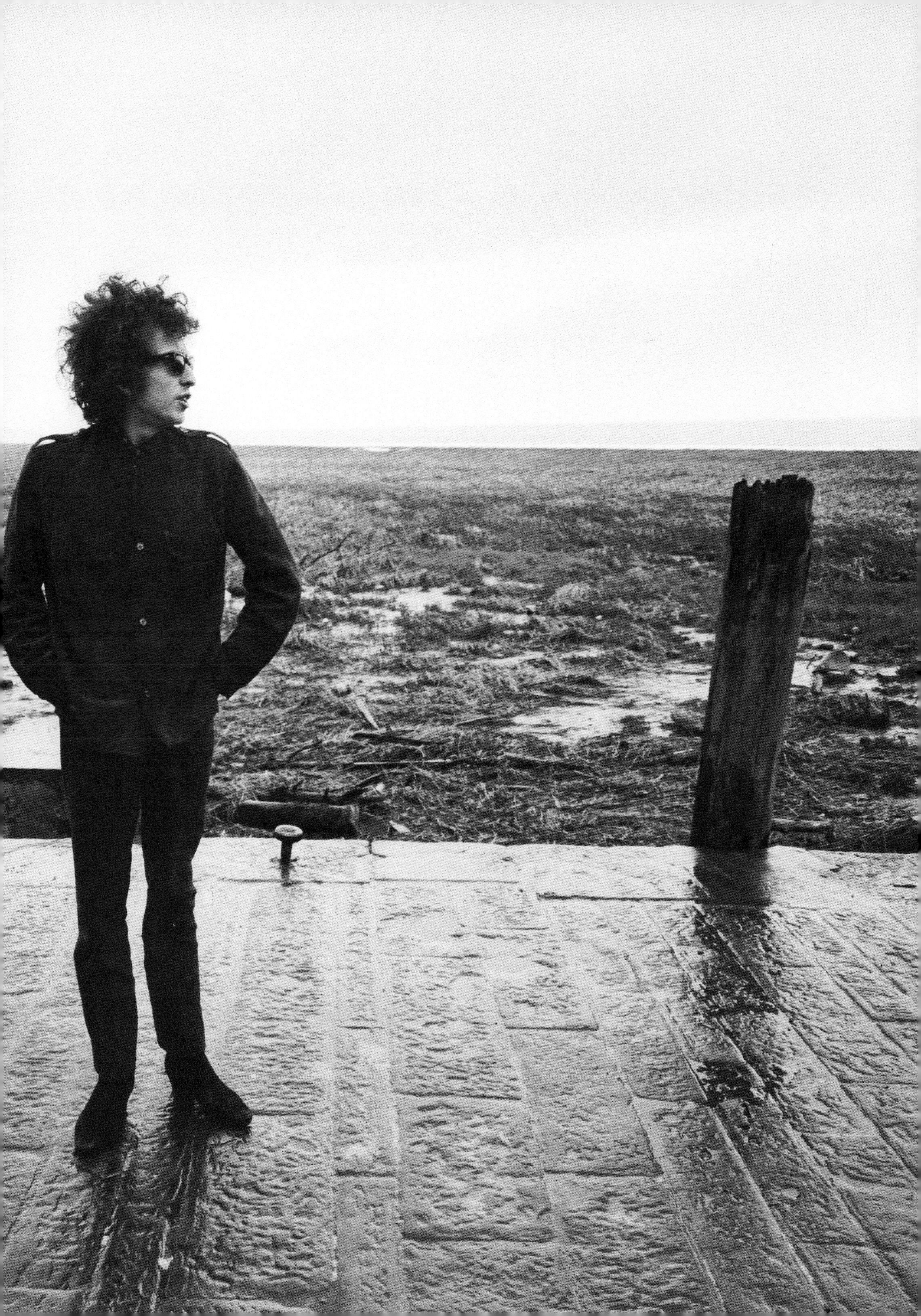

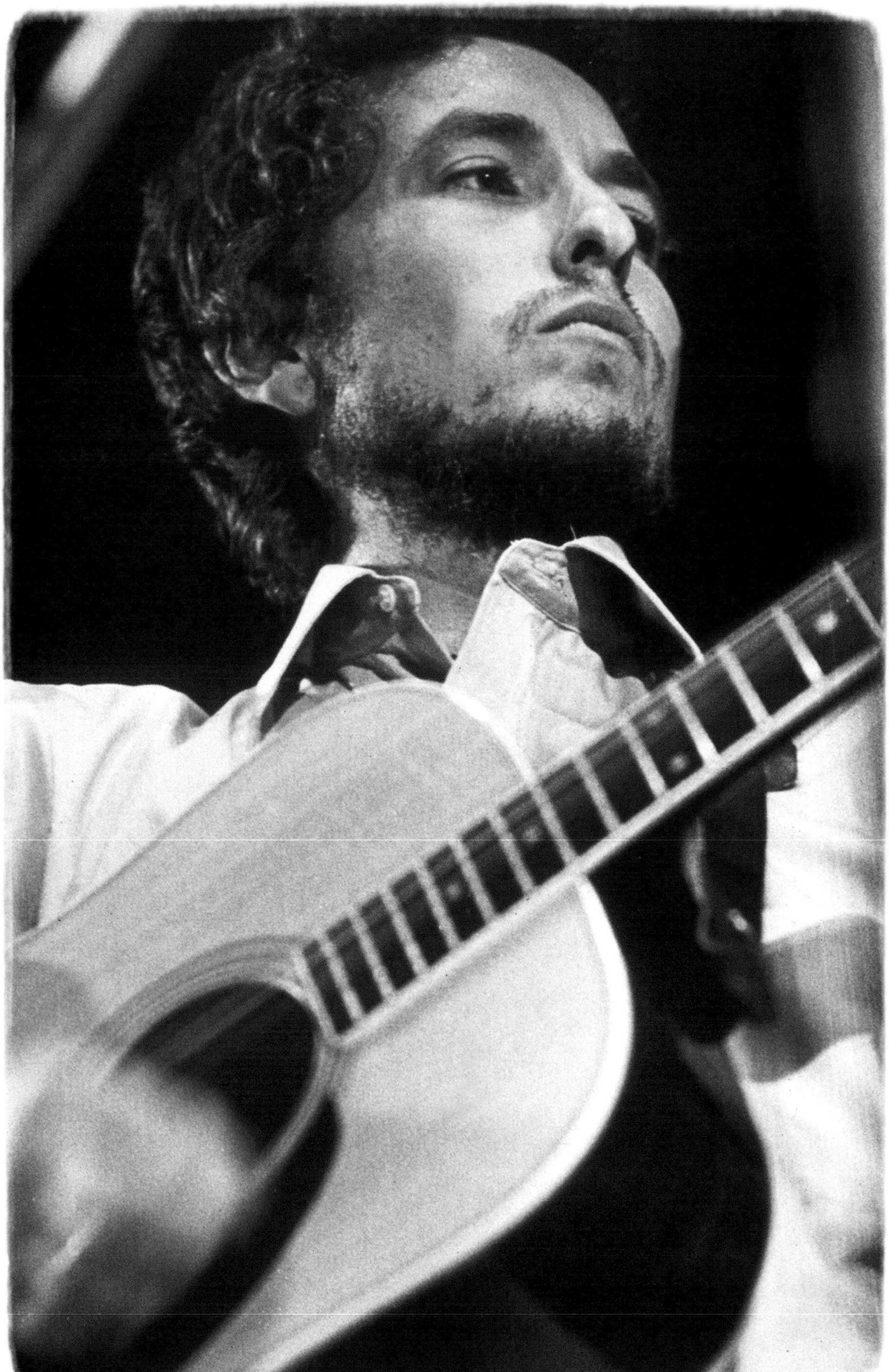

I'LL BE YOUR BABY TONIGHT
(SEREI O SEU BEM ESTA NOITE)

John Wesley Harding, 1967

Com a *pedal steel guitar* de Pete Drake dando um tempero autêntico de Nashville, "I'll Be Your Baby Tonight" antecipava as futuras aventuras de Dylan, quando foi incluída como faixa de encerramento do álbum *John Wesley Harding*, em 1967. Ele a tocou pela primeira vez no concerto do festival da Ilha de Wight, em agosto de 1969.

"Talvez fosse a ironia, não sei. É uma canção simples, um sentimento comum. Gostava de pensar que foi composta em um lugar onde não há luta, mas é provável que esteja errado... às vezes a gente está queimando por dentro, e ainda assim faz algo que parece tão legal, tranquilo e controlado."

Bob Dylan, 1985

I'LL BE YOUR BABY TONIGHT

Moderately

Close your eyes, _____ close the door, _____
(Shut the) light, _____ shut the shade, _____

You don't have to wor-ry _____ an-y-more. _____
You don't have to be a-fraid. _____

I'll _____ be your _____ ba-by to-

1. night. _____ Shut the
2. night.

Well, that mock-ing-bird's gon-na sail a-way, _____

Copyright © 1968; renewed 1996 Dwarf Music. All Rights Reserved. International Copyright Secured.

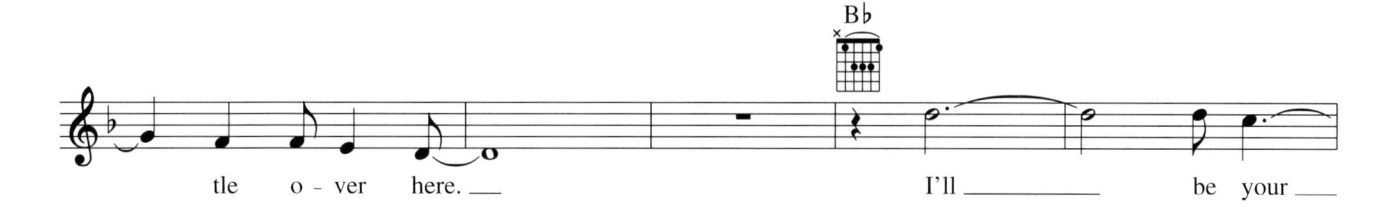

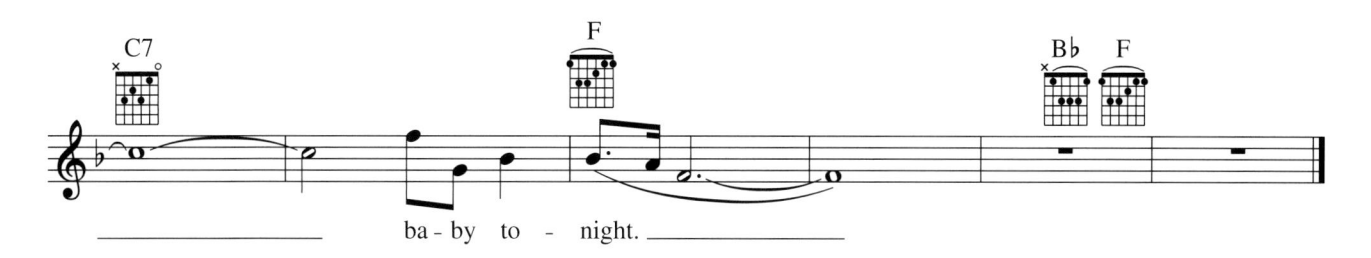

| F | | | | | G | | |

We're gon-na for-get it. That big, fat moon is gon-na

| | | C7 No chord | | | | |

shine like a spoon, But we're gon-na let it, You won't re-gret it. Kick your

| F | | | | | G7 | |

shoes off, do not fear, Bring that bot-

| | | | Bb | | |

tle o-ver here. I'll be your

| C7 | | F | | Bb F |

ba-by to-night.

Close your eyes, close the door
Feche os olhos, feche a porta,
You don't have to worry anymore
Você não precisa mais se preocupar.
I'll be your baby tonight
Serei o seu bem esta noite.

Shut the light, shut the shad
Apague a luz, baixe a vidraça,
You don't have to be afraid
Você não precisa ficar com medo.
I'll be your baby tonight
Serei o seu bem esta noite.

Well, that mockingbird's gonna sail away
Bom, aquele sabiá vai voar para longe,
We're gonna forget it
Nós vamos esquecê-lo.
That big, fat moon is gonna shine like a spoon
Aquela lua enorme e gorda vai brilhar como uma colher,
But we're gonna let it
Mas nós vamos deixá-la
You won't regret it
Você não vai se arrepender,

Kick your shoes off, do not fear
Tire os sapatos, não tenha medo,
Bring that bottle over here
Pegue aquela garrafa ali.
I'll be your baby tonight
Serei o seu bem esta noite.

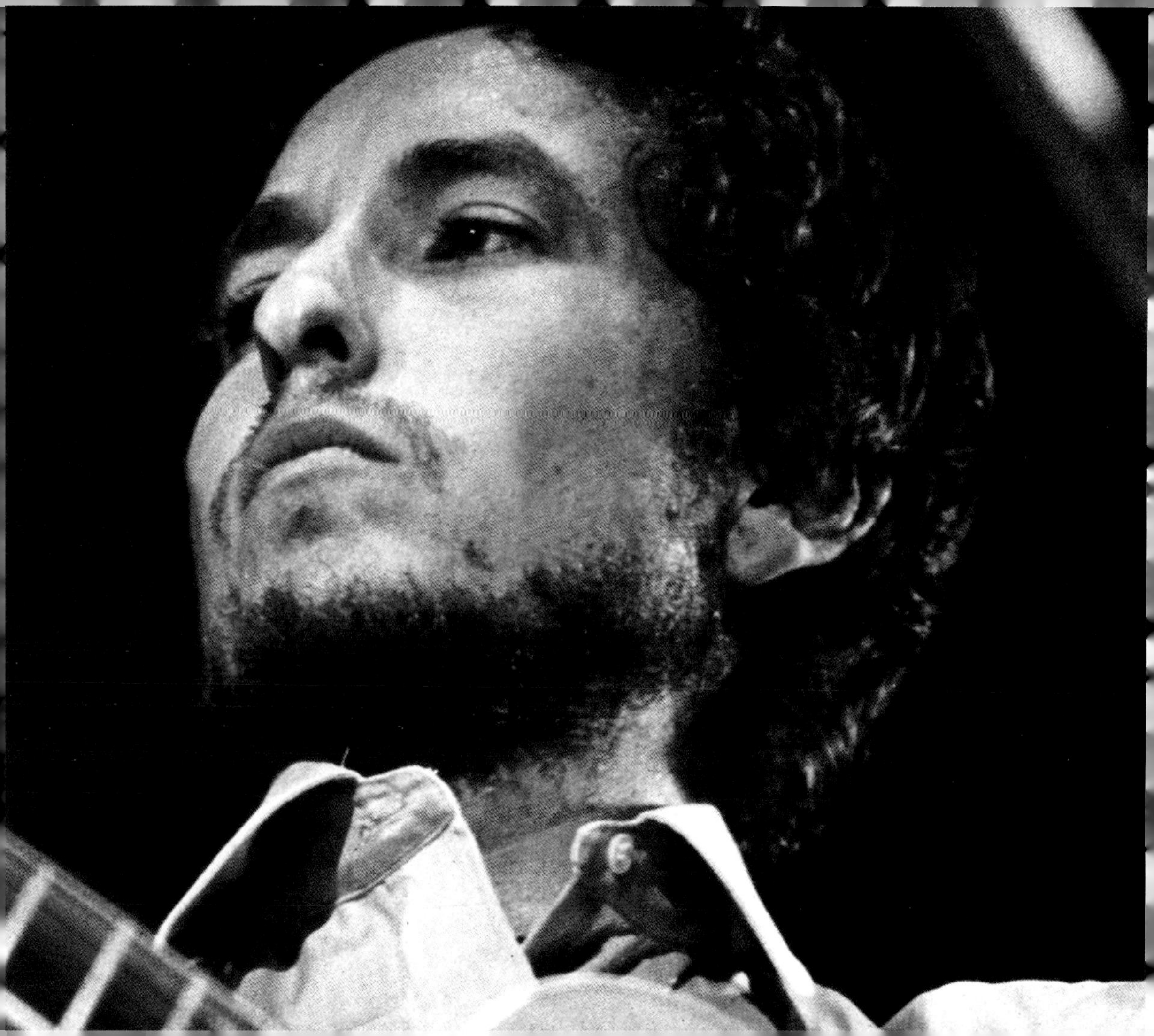

DEAR LANDLORD
(CARO PROPRIETÁRIO)

🔴 *John Wesley Harding*, 1967

"Dear Landlord" foi a última canção gravada para o álbum *John Wesley Harding*, em novembro de 1967. Charlie McCoy, Kenny Buttrey e Pete Drake fizeram o acompanhamento sutil. Joe Cocker transformou a canção em um arranjo rápido de R&B para a sua versão de 1969. Dylan finalmente cantou pela primeira vez a canção no palco durante um concerto em 1992.

"'Dear Landlord' na realidade era apenas o primeiro verso. Acordei um dia com as palavras na minha cabeça. Então depois eu pensei, o que mais posso acrescentar?"

Bob Dylan, 1985

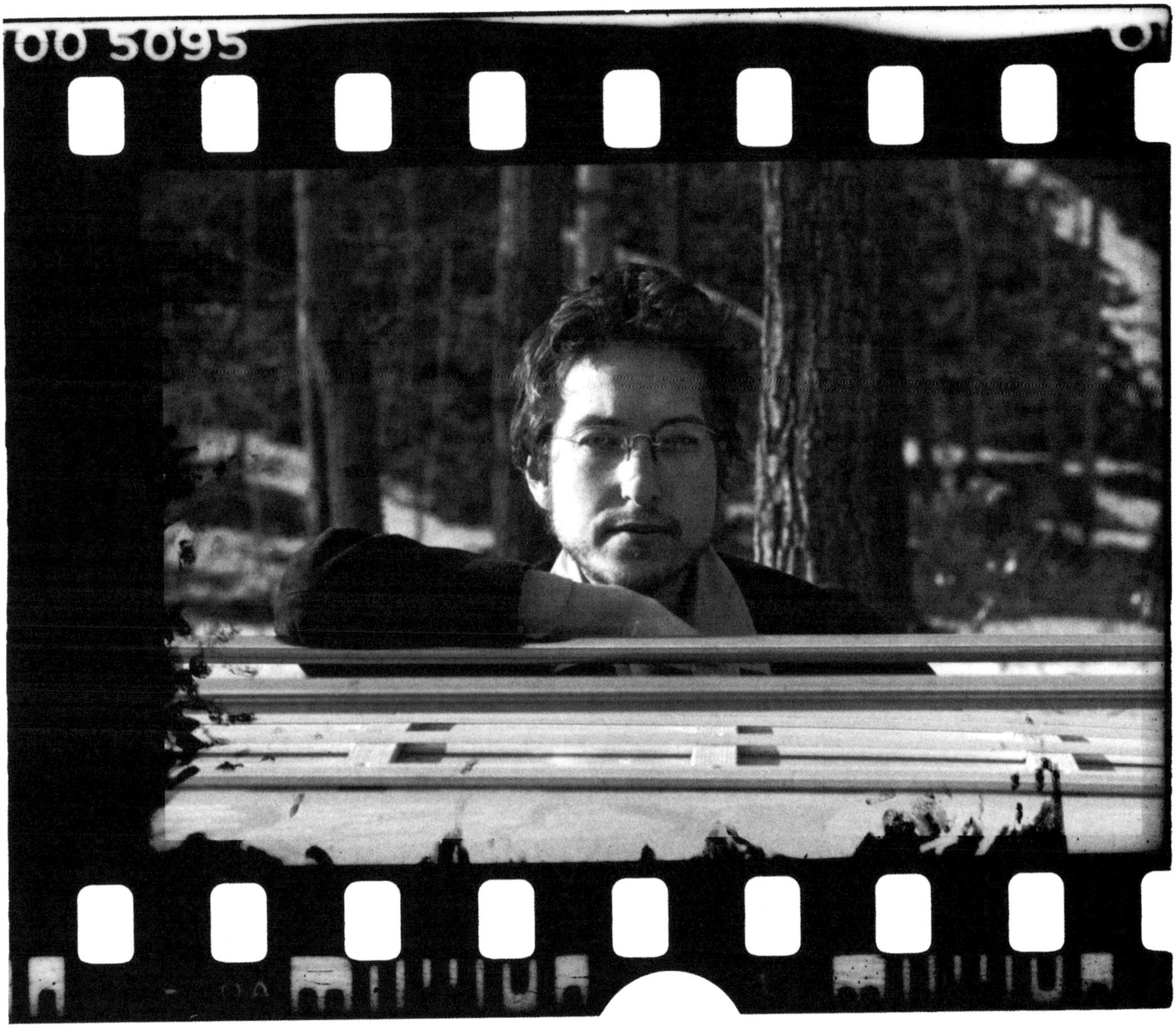
00 5095

DEAR LANDLORD

Moderately slow

C — Dear landlord, Please don't put a price on my
E7 — soul.
Am Am/G F Em — My burden is heavy, My dreams are beyond control.
Dm F F7 — When that steamboat whistle blows,
Bb C Dm7 — I'm gonna give you all I got to give, And I do hope you receive it well,
C C7 F Gm — Dependin' on the way you feel that you
Dm F G — 1. N.C. 2. live.

Copyright © 1968; renewed 1996 Dwarf Music. All Rights Reserved. International Copyright Secured.

1. **Dear landlord**
   Caro proprietário,
   Please don't put a price on my soul
   Por favor, não ponha um preço na minha alma.
   My burden is heavy
   Meu fardo é pesado,
   My dreams are beyond control
   Meus sonhos são incontroláveis.
   When that steamboat whistle blows
   Quando soar o apito daquele barco a vapor,
   I'm gonna give you all I got to give
   Vou lhe dar tudo o que posso,
   And I do hope you receive it well
   E espero que aceite,
   Dependin' on the way you feel that you live
   Dependendo do jeito que você acha que vive.

2. **Dear landlord**
   Caro proprietário
   Please heed these words that I speak
   Por favor, preste atenção nas minhas palavras
   I know you've suffered much
   Sei que você já sofreu bastante
   But in this you are not so unique
   Mas você não é o único
   All of us, at times, we might work too hard
   Todos nós, às vezes, temos que dar duro
   To have it too fast and too much
   Para conseguir rápido demais e muito
   And anyone can fill his life up
   E qualquer um pode preencher a própria vida
   With things he can see but he just cannot touch
   Com coisas que pode ver mas não consegue tocar

3. **Dear landlord**
   Caro proprietário
   Please don't dismiss my case
   Por favor, não se esqueça do meu caso
   I'm not about to argue
   Não estou a fim de discutir
   I'm not about to move to no other place
   Não estou a fim de mudar para outro lugar
   Now, each of us has his own special gift
   Agora, cada um de nós tem um talento especial
   And you know this was meant to be true
   E você sabe que é verdade
   And if you don't underestimate me
   E se você não me subestimar
   I won't underestimate you
   Eu não o subestimarei

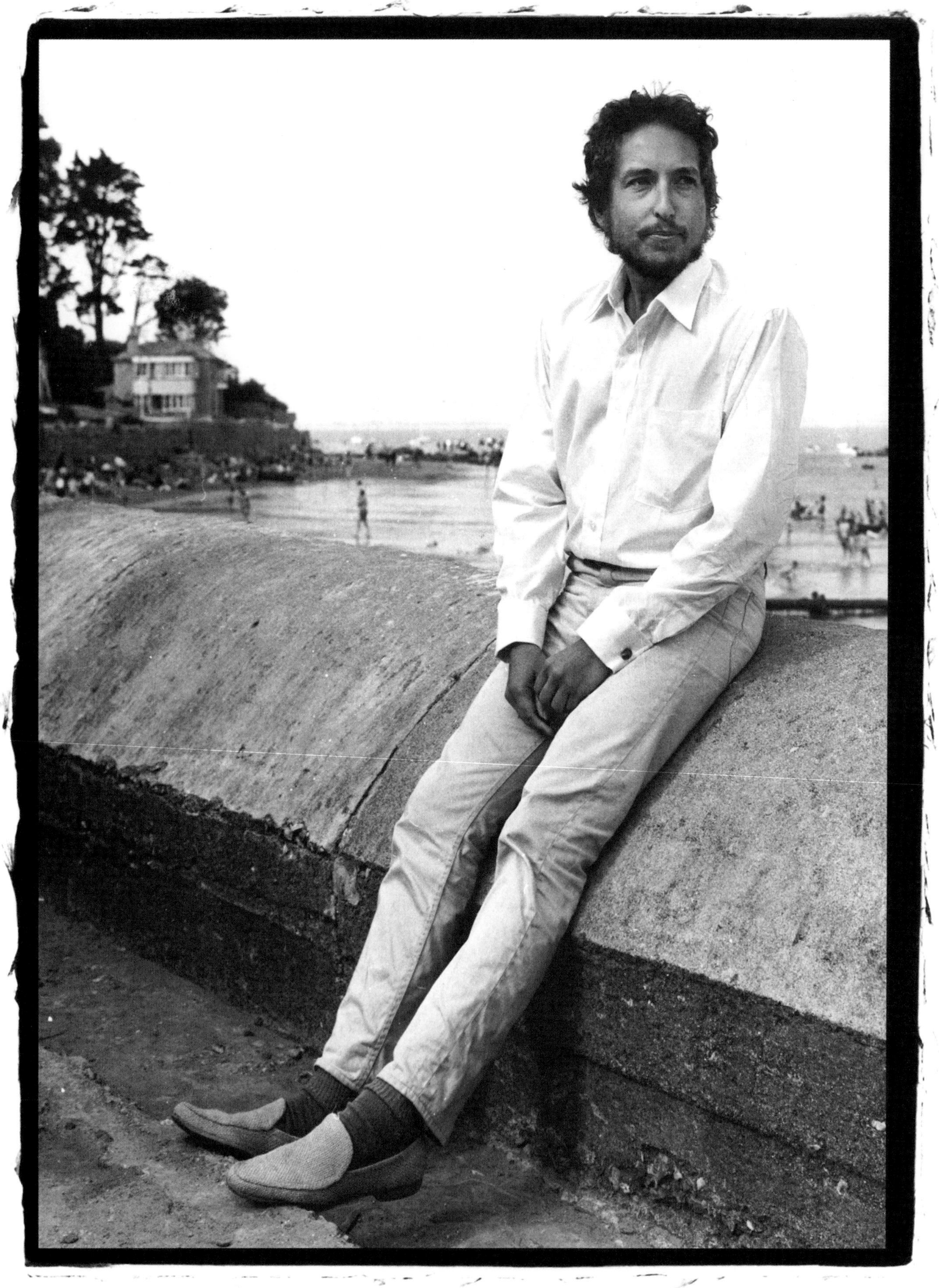

LAY, LADY, LAY
(DEITE, DONA, DEITE)

Nashville Skyline, 1969

É possível afirmar ser esta a canção mais popular do álbum *Nashville Skyline* de Dylan, "Lay Lady Lay" se tornou o grande sucesso de 1969, atingindo a primeira posição entre as 10 mais tocadas nas paradas de sucesso do Reino Unido e dos Estados Unidos. O conhecido arranjo e a letra foram modificados por Dylan, em 1976, para as apresentações com o Rolling Thunder Revue, conforme documentado no álbum ao vivo *Hard Rain*. Desde então, a canção permaneceu no seu repertório ao vivo em um formato mais convencional.

LAY, LADY, LAY

Lay, la-dy, lay, _ lay a-cross my big brass bed _

Lay, la-dy, lay, _ lay a-cross my big brass bed _

What-ev-er col-ors you have _ in your mind _

I'll show them to you and you'll see them shine _ Lay, la-dy, lay, _

lay a-cross my big brass bed _ Stay, la-dy, stay, _

Copyright © 1969; renewed 1997 Big Sky Music. All Rights Reserved. International Copyright Secured.

stay with your man a-while __ Un-til the break of __ day, __

let me see you make him smile __

His clothes are dirt - y but his __ hands are clean __

And you're the best __ thing that he's ev - er seen __

Stay, la - dy, stay, __ stay with your man __ a-while

Why wait an - y long - er for __ the world to be - gin __

You can have your cake __ and eat it too __

Why wait any longer for the one you love When he's standing in front of you

Lay, lady, lay, lay across my big brass bed

Stay, lady, stay, stay while the night is still ahead

I long to see you in the morning light I long to reach for you in the night

Stay, lady, stay, stay while the night is still ahead

Lay, lady, lay, lay across my big brass bed
Deite, dona, deite, deite na minha enorme cama de latão
Lay, lady, lay, lay across my big brass bed
Deite, dona, deite, deite na minha enorme cama de latão
Whatever colors you have in your mind
Quaisquer que sejam as cores que você esteja pensando
I'll show them to you and you'll see them shine
Eu as mostrarei e você irá vê-las brilhar

Lay, lady, lay, lay across my big brass bed
Deite, dona, deite, deite na minha enorme cama de latão
Stay, lady, stay, stay with your man awhile
Fique, dona, fique, fique com seu homem um pouco mais
Until the break of day, let me see you make him smile
Até o raiar do dia, mostre-me como você o faz sorrir
His clothes are dirty but his hands are clean
As roupas dele estão sujas, mas suas mãos estão limpas
And you're the best thing that he's ever seen
E você é a melhor coisa que ele já viu

Stay, lady, stay, stay with your man awhile
Fique, dona, fique, fique com seu homem um pouco mais
Why wait any longer for the world to begin
Por que esperar mais tempo para o mundo começar
You can have your cake and eat it too
Se você pode ter a faca e o queijo na mão
Why wait any longer for the one you love
Por que esperar mais tempo por quem você ama
When he's standing in front of you
Quando ele está bem ali diante de você

Lay, lady, lay, lay across my big brass bed
Deite, dona, deite, deite na minha enorme cama de latão
Stay, lady, stay, stay while the night is still ahead
Fique, dona, fique, fique enquanto a noite ainda é uma criança
I long to see you in the morning light
Desejo vê-la sob a luz da manhã
I long to reach for you in the night
Desejo tocá-la durante a noite
Stay, lady, stay, stay while the night is still ahead
Fique, dona, fique, fique enquanto a noite ainda é uma criança

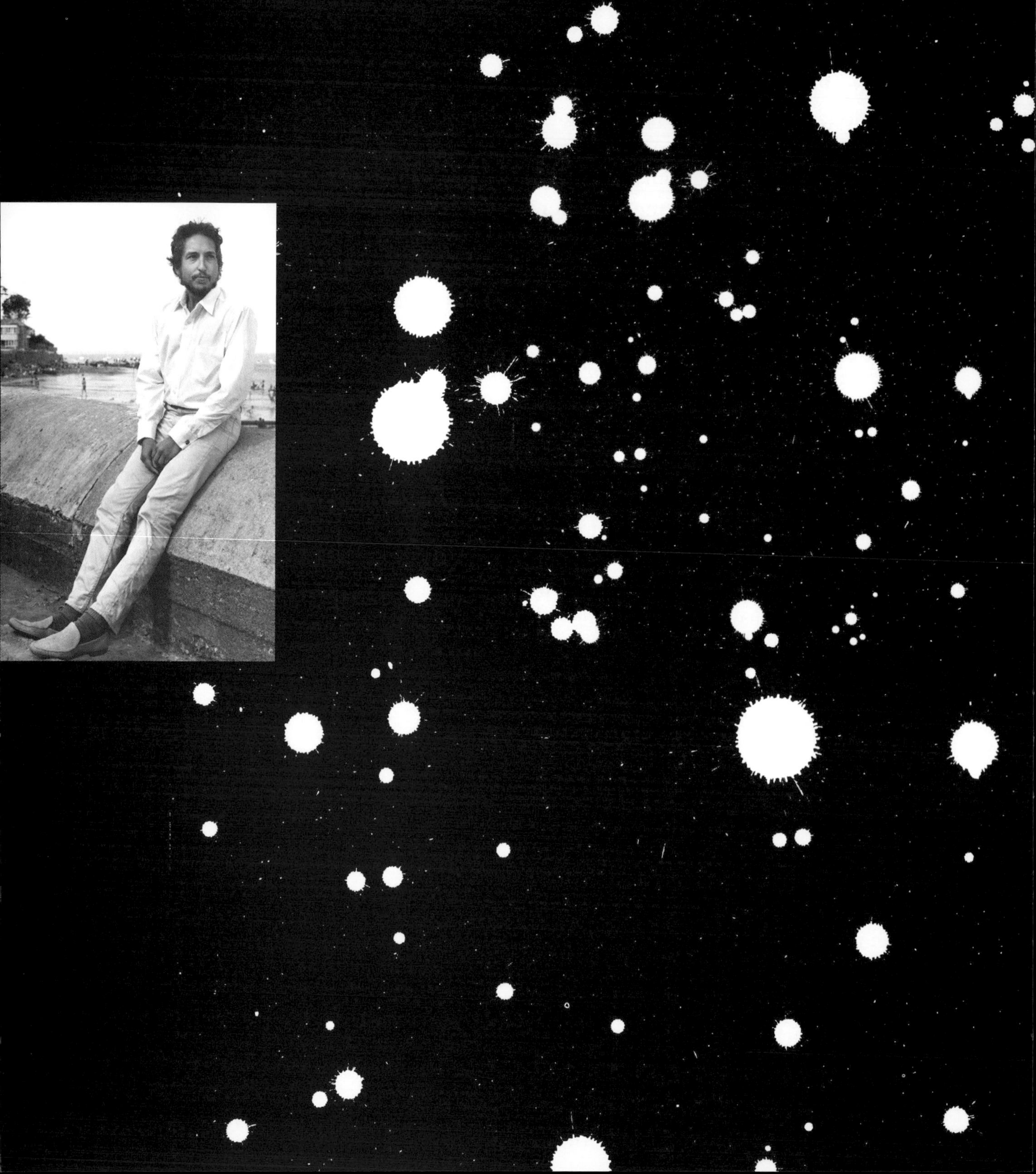

"*Nashville Skyline* é um álbum muito importante. Ele estava se afastando, voltando às raízes. Suas baladas são excelentes. O que dizer de 'Lay, Lady, Lay'? Quem mais podia interpretá-la?"

Eric Clapton

I THREW IT ALL AWAY

(JOGUEI TUDO FORA)

Nashville Skyline, 1969

Simples e profunda, "I Threw It All Away" sintetiza a leveza com que Dylan se aventurou no coração da música *country*, em 1969, no álbum *Nashville Skyline*. Ele a executou no programa de TV *Johnny Cash Show* e no festival da Ilha de Wight. Sete anos depois, a canção incorporou um tom mais sombrio quando foi incluída no álbum ao vivo *Hard Rain*.

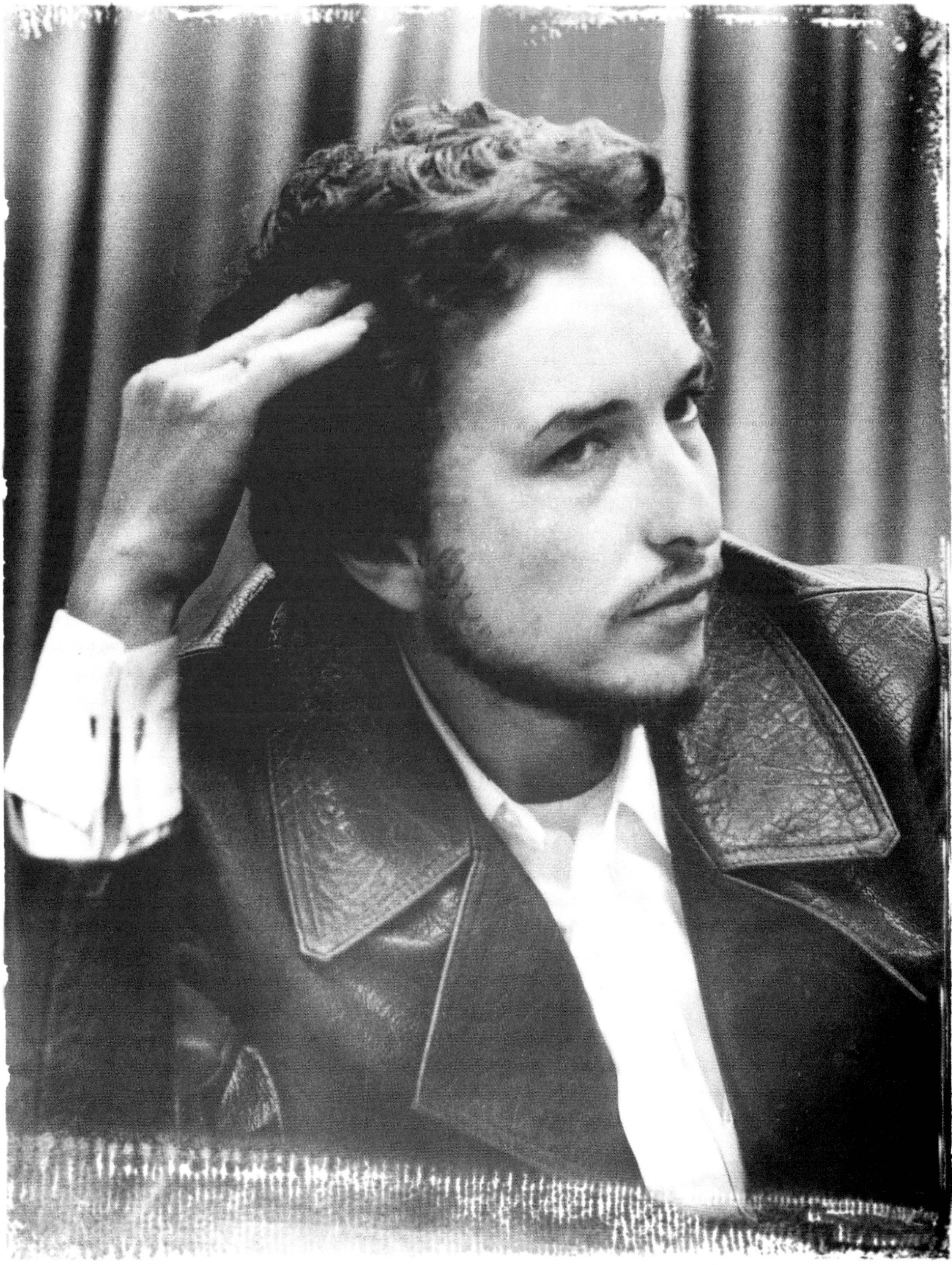

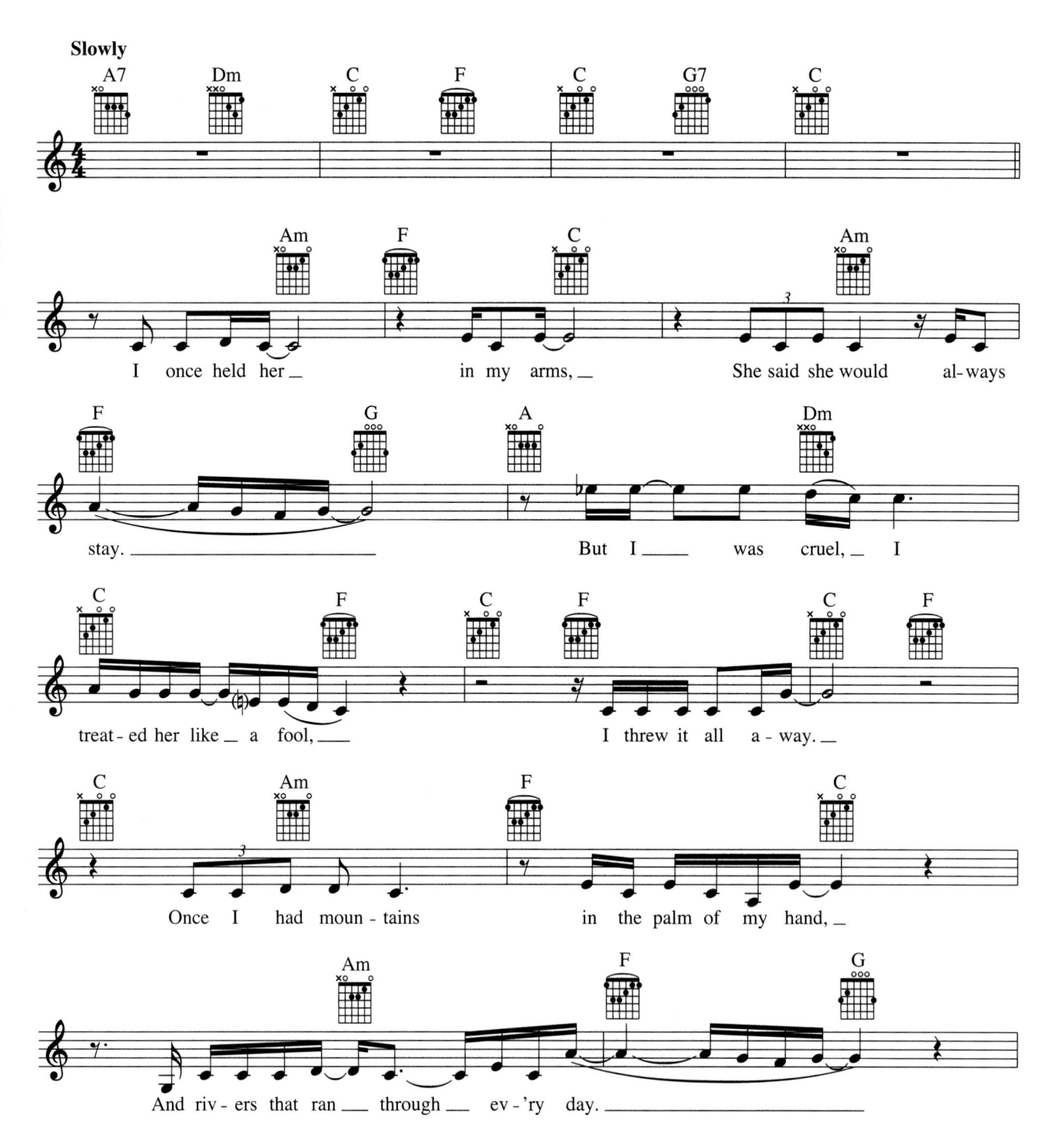

I THREW IT ALL AWAY

Slowly

| A7 | Dm | C | F | C | G7 | C |

| Am | F | C | Am |

I once held her in my arms, She said she would al-ways

| F | G | A | Dm |

stay. But I was cruel, I

| C | F | C | F | C | F |

treat-ed her like a fool, I threw it all a-way.

| C | Am | F | C |

Once I had moun-tains in the palm of my hand,

| Am | F | G |

And riv-ers that ran through ev-'ry day.

Copyright © 1969; renewed 1997 Big Sky Music. All Rights Reserved. International Copyright Secured.

I must have been mad, I never knew what I had, Until I threw it all away. Love is all there is, it makes the world go 'round, Love and only love, it can't be denied. No matter what you think about it You just won't be able to do without it. Take a tip from one who's tried. So if you find someone that gives you all of her love, Take it to your heart, don't let it stray,

For one thing that's cer-tain, You will sure-ly be a-hurt-in', If you throw it all a-way. If you throw it all a-way.

I once held her in my arms
Um dia, eu a tive nos braços,
She said she would always stay
Ela disse que ficaria para sempre.
But I was cruel
Mas eu fui cruel
I treated her like a fool
Tratei-a como uma idiota,
I threw it all away
Joguei tudo fora.

Once I had mountains in the palm of my hand
Uma vez eu tive as montanhas na palma da mão,
And rivers that ran through ev'ry day
E os rios que fluíam todos os dias.
I must have been mad
Eu devia estar louco

I never knew what I had
Não sabia o que tinha,
Until I threw it all away
Até jogar tudo fora.

Love is all there is, it makes the world go 'round
O amor é tudo o que existe, é o que faz o mundo girar,
Love and only love, it can't be denied
O amor, e somente o amor, não adianta negar.
No matter what you think about it
Não importa o que se pense
You just won't be able to do without it
Jamais poderemos viver sem ele.
Take a tip from one who's tried
Siga o conselho de quem tentou.

So if you find someone that gives you all of her love
Assim, se encontrar alguém que te abra o coração,
Take it to your heart, don't let it stray
Acalente esse amor, não deixe passar,
For one thing that's certain
Pois uma coisa é certa,
You will surely be a-hurtin'
Você vai sofrer,
If you throw it all away
Se jogar tudo fora.
If you throw it all away
Se jogar tudo fora.

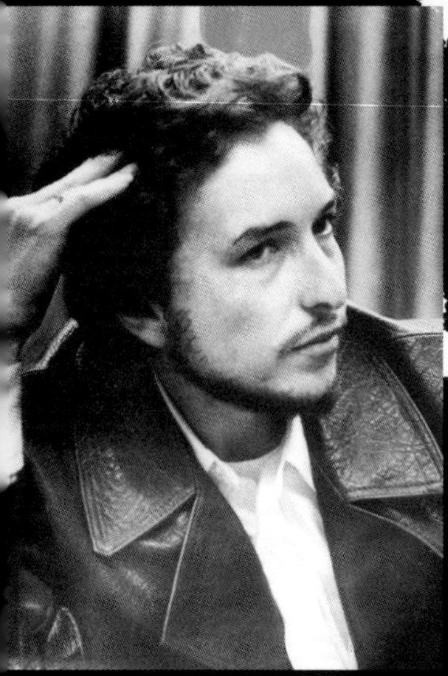

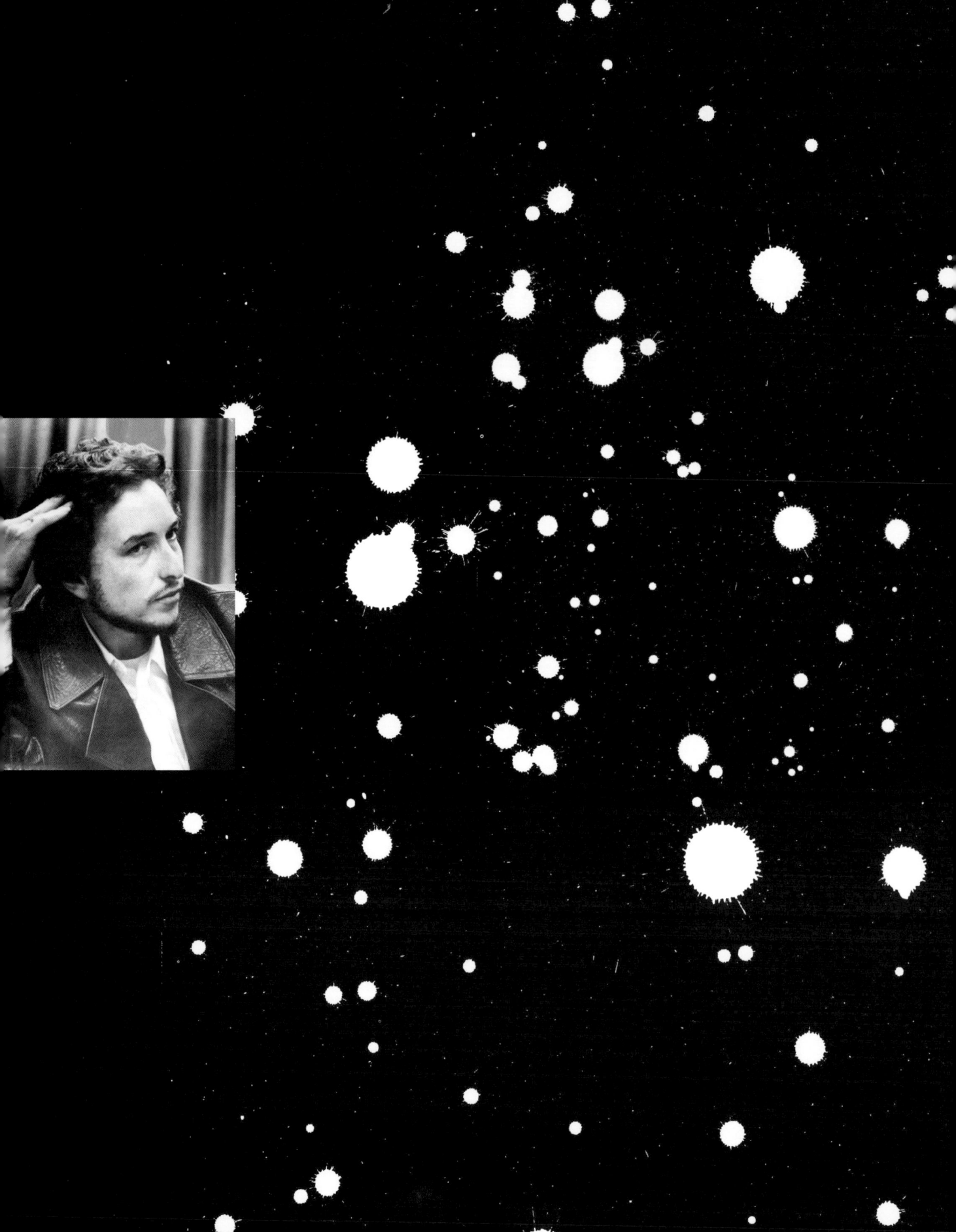

"É uma canção com que todos conseguem se identificar. Todo mundo já se arrependeu de ter estragado algum relacionamento antigo. É fácil cantar essa música."

Rob Snarski, The Blackeyed Susans

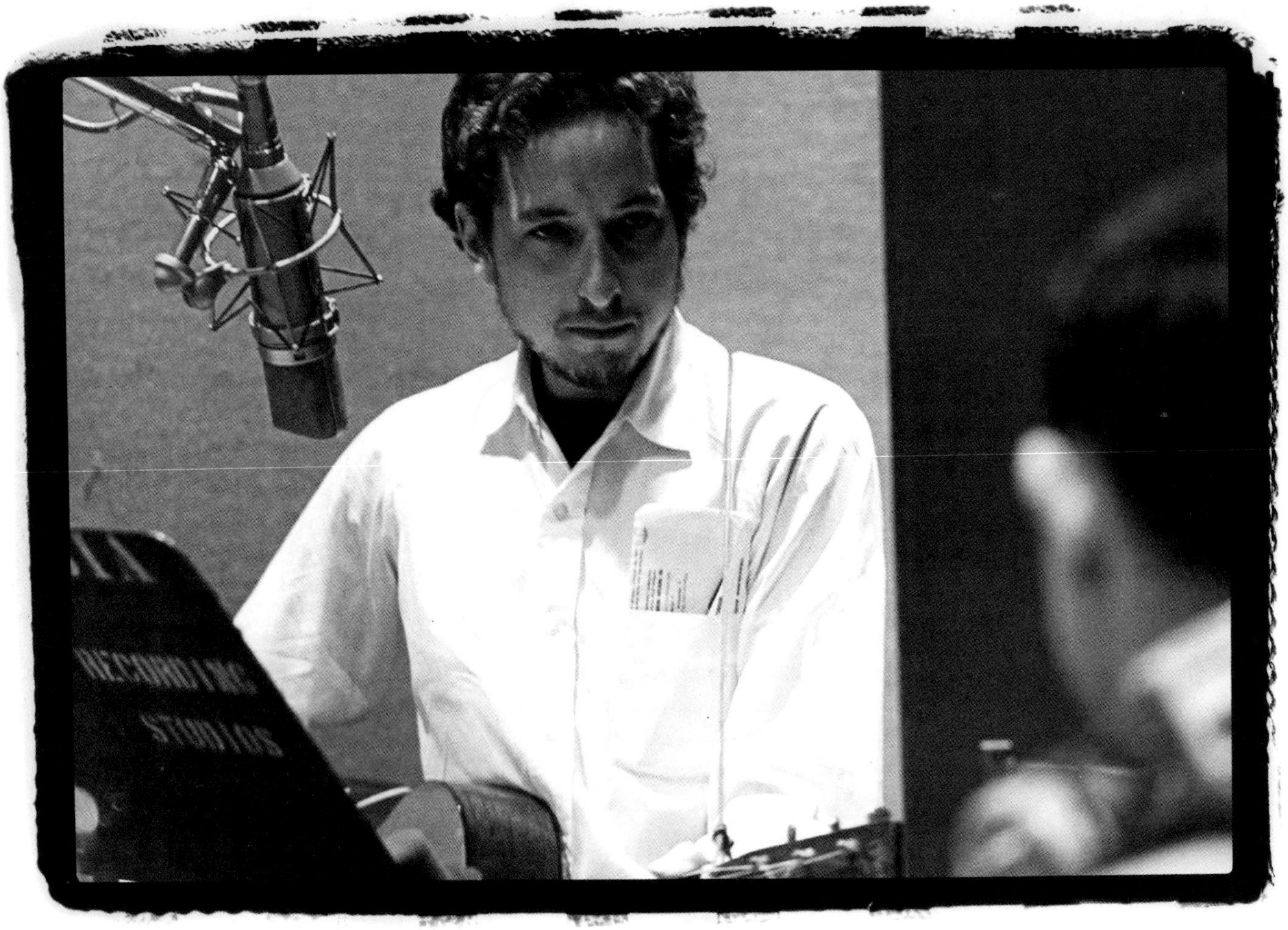

TONIGHT I'LL BE STAYING HERE WITH YOU

(ESTA NOITE VOU FICAR AQUI COM VOCÊ)

Nashville Skyline, 1969

"Tonight I'll Be Staying Here With You" foi escrita no Ramada Hotel, em Nashville, durante as sessões de gravação de *Nashville Skyline*, em fevereiro de 1969. Um *hit* menor no final daquele mesmo ano, foi executada ao vivo (embora sob formato radicalmente revisto) em 1975. Cher e Jeff Beck estão entre os artistas que a gravaram.

TONIGHT I'LL BE STAYING HERE WITH YOU

Moderately slow, with a beat

Throw my tick-et out the win-dow, Throw my suit-case out there, too,___ Throw my trou-bles out the door, I don't need them an-y more 'Cause to-night I'll be stay-ing here with you. I should have left this town__ this morn-ing But it was more than I could do. Oh, your love comes on so strong And I've

Copyright © 1969; renewed 1997 Big Sky Music. All Rights Reserved. International Copyright Secured.

waited all day long __ For to-night when I'll be stay-ing here with you. Is it real-ly an-y won-der the love that a stran-ger might re-ceive. You cast your spell and I went un-der, I find it so dif-fi-cult __ to leave.

I can hear that whis-tle blow-in', I see that sta-tion-mas-ter, too, If there's a poor boy on the street, Then let him have my seat 'Cause to-night I'll be stay-ing here with you. __

D.S. al Coda
(Instrumental)

Throw my ticket out the window
Jogue minha passagem pela janela,
Throw my suitcase out there, too
Jogue minha mala também.
Throw my troubles out the door
Jogue os meus problemas pela porta,
I don't need them anymore
Eu não preciso mais deles,
'Cause tonight I'll be staying here with you
Porque esta noite vou ficar aqui com você.

I should have left this town this morning
Deveria ter deixado a cidade esta manhã
But it was more than I could do
Mas era pedir demais.
Oh, your love comes on so strong
Oh, o seu amor chega tão forte

And I've waited all day long
E esperei o dia inteiro
For tonight when I'll be staying here with you
Pra esta noite chegar pois vou ficar aqui com você.

Is it really any wonder
É realmente algo de se espantar
The love that a stranger might receive
O amor que um estranho pode receber.
You cast your spell and I went under
Você jogou seu feitiço e eu caí,
I find it so difficult to leave
Acho difícil conseguir sair.

I can hear that whistle blowin'
Ouço o som do apito,
I see that stationmaster, too
Vejo o chefe da estação de trem também.
If there's a poor boy on the street
Se houver um garoto pobre na rua,
Then let him have my seat
Então, ele pode ficar no meu lugar
'Cause tonight I'll be staying here with you
Porque esta noite eu vou ficar aqui com você.

Throw my ticket out the window
Jogue minha passagem pela janela,
Throw my suitcase out there, too
Jogue minha mala também.
Throw my troubles out the door
Jogue os meus problemas pela porta,
I don't need them anymore
Eu não preciso mais deles,
'Cause tonight I'll be staying here with you
Porque esta noite eu vou ficar aqui com você.

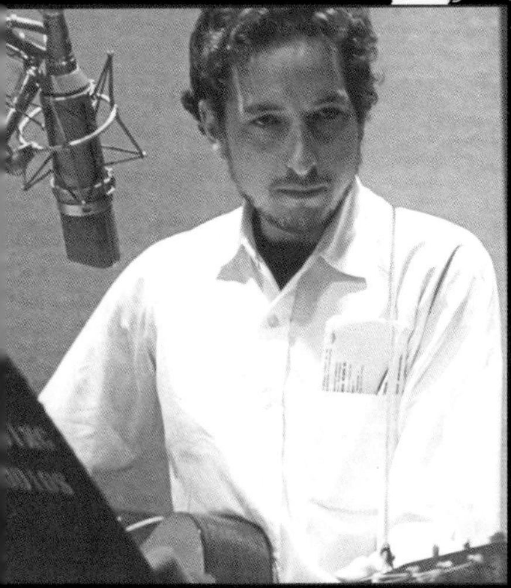

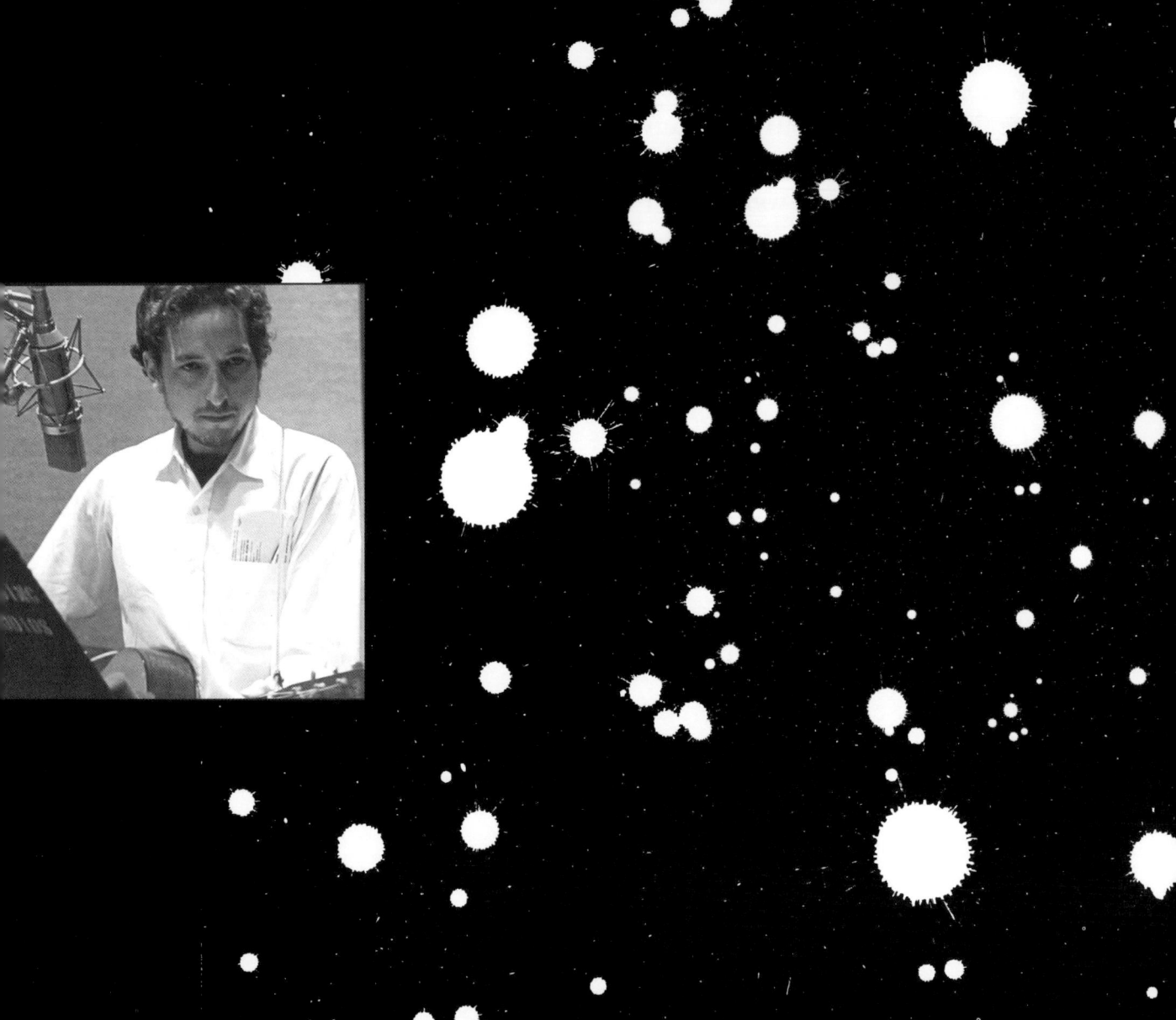

"Bob escreveu essa canção durante as sessões de gravação, me parece. Uma manhã, ele apareceu com ela, e nós a gravamos na hora. Era uma canção bonita, muito simples, mas que falava direto ao coração."

Charlie McCoy,
baixista no *Nashville Skyline*

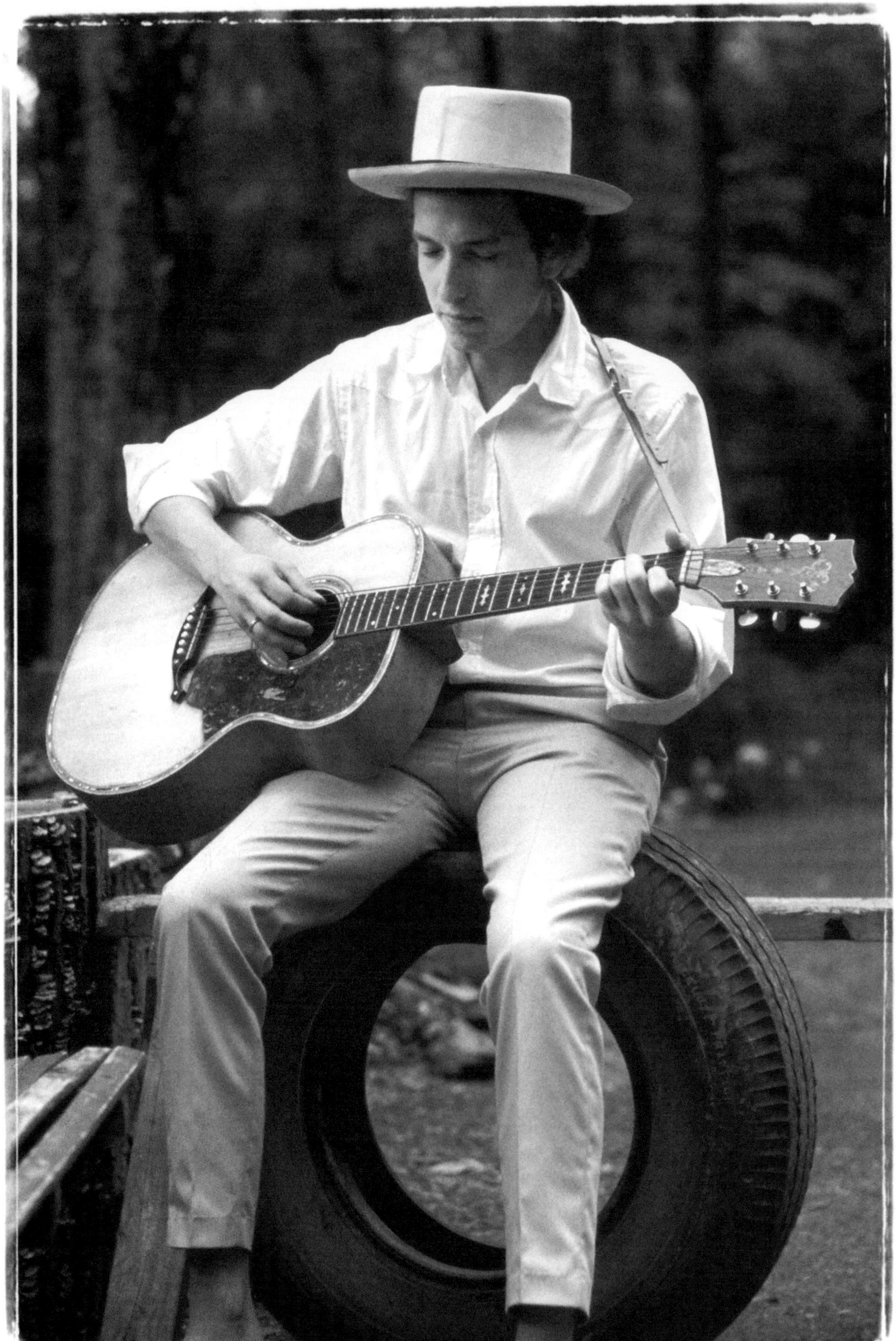

IF NOT FOR YOU
(SE NÃO FOSSE POR VOCÊ)

New Morning, 1970

Esta delicada melodia *country* foi gravada na companhia de George Harrison durante as sessões de gravação do álbum *New Morning*, em 1970. Logo em seguida, Harrison gravou-a para o álbum *All Things Must Pass*, e Olivia Newton-John usou o mesmo arranjo no seu *single*, em 1971. Mas, só em 1992, Dylan a incluiu no próprio repertório ao vivo.

IF NOT FOR YOU

Moderately bright

| E | A | E | B | A |

If not for you, ___ Babe, I could-n't

| E | B | A | E | B |

find the door, ___ Could-n't e-ven see the floor ___

| A | G#m | F#m7 | E | B |

I'd be sad and blue, ___ If not for you.

| A | E | B | A | E | B |

If not for you, ___

| A | E | A |

Babe, I'd ___ lay a-wake all night, ___ Wait for the

| E | A | G#m |

morn-in' light ___ To shine in through, ___

Copyright © 1970, 1985 Big Sky Music. All Rights Reserved. International Copyright Secured.

| F#m7 | G#m | F#m7 | E |

But it would not be new, ___ If not for you.

| A | B E | A |

If not for you

| E | B | E |

My sky would fall Rain would gath-er too. ___

| A | E | F# |

With-out your love I'd be no-where at all, I'd be lost if not for

| B | A | G#m F#m | E A | G#m F#m7 |

you, And you know it's true.

| E | A | E |

If not for you My sky would fall,

| B | E | A |

Rain would gath-er too. ___ With-out your love I'd

| E | F# | B | A |

be no-where at all, Oh!___ What would I____ do___ If not___ for you.___

| G#m | F#m | B | A | G#m | F#m7 | B | A |

| G#m | F#m | E | A | E |

If not for you, ___

| A | E | A |

Win-ter would have no spring, ___ Could-n't hear the

| E | A | G#m |

rob-in sing, ___ I just would-n't have a clue, ___

| F#m7 | G#m | F#m7 | B9sus4 |

An-y-way it would-n't ring true, ___ If not___ for you.___

| E | A | E |

repeat & fade

If not for___ you. ___

If not for you
Se não fosse por você,
Babe, I couldn't find the door
Querida, não conseguiria encontrar a porta,
Couldn't even see the floor
Não conseguiria nem ver o chão
I'd be sad and blue
Eu seria triste e deprimido,
If not for you
Se não fosse por você.

If not for you
Se não fosse por você,
Babe, I'd lay awake all night
Baby, ficaria acordado a noite inteira,
Wait for the mornin' light
Esperando a luz da manhã
To shine in through
Chegar
But it would not be new
Mas isso não seria novidade,
If not for you
Se não fosse por você.

If not for you
Se não fosse por você,
My sky would fall
Meu céu desabaria,
Rain would gather too
E a chuva também.
Without your love
Sem o seu amor,
I'd be nowhere at all
Não estaria em lugar algum

I'd be lost if not for you
Estaria perdido se não fosse por você,
And you know it's true
E você sabe que é verdade.
If not for you
Se não fosse por você
My sky would fall
Meu céu desabaria,
Rain would gather too
E a chuva também,
Without your love
Sem o seu amor,
I'd be nowhere at all
Não estaria em lugar algum,
Oh! what would I do
Oh! O que eu faria
If not for you
Se não fosse por você

If not for you
Se não fosse por você,
Winter would have no spring
O inverno não teria a primavera,
Couldn't hear the robin sing
Não ouviria o pintarroxo cantar,
I just wouldn't have a clue
Eu não teria noção de nada,
Anyway it wouldn't ring true
E, em qualquer caso, nada seria verdadeiro,
If not for you
Se não fosse por você.
If not for you
Se não fosse por você.

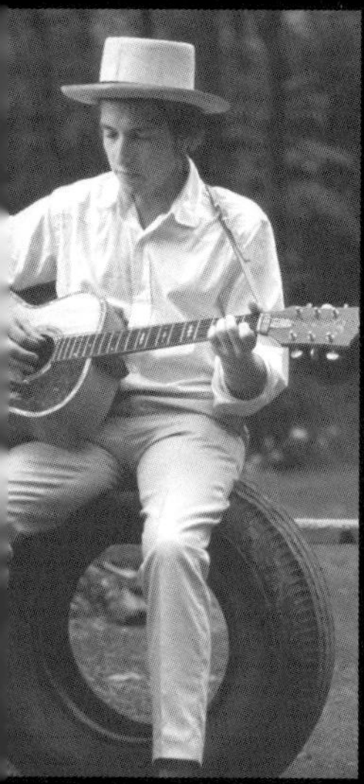

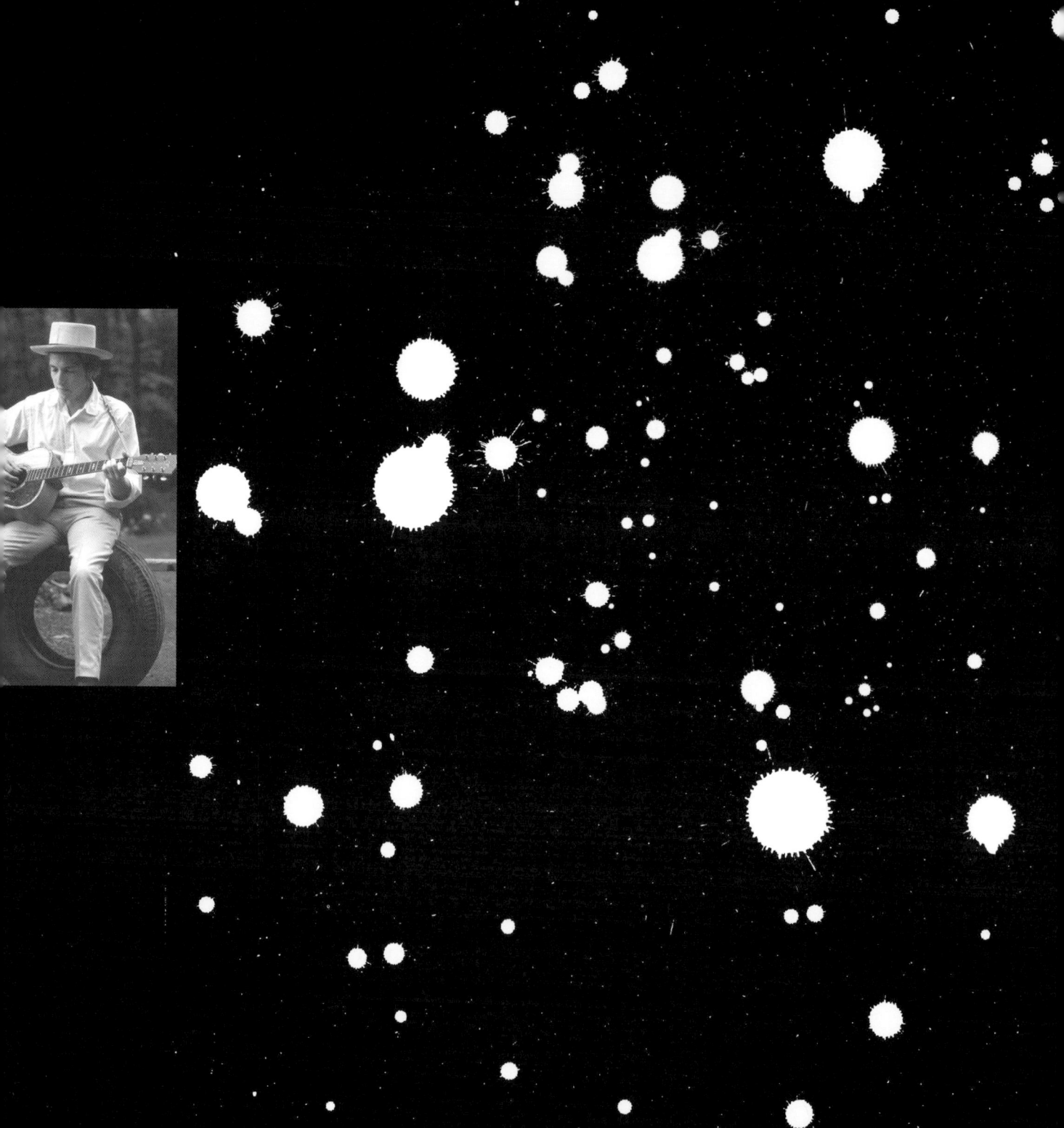

"Eu escrevi a canção pensando na minha mulher. Parece bem simples, meio Tex-Mex. Mas nunca exploraria todas as possibilidades de instrumentação no estúdio, acrescentaria partes, etc. ou faria mudanças na batida, então ela saiu, assim, meio *folk*."

Bob Dylan, 1985

NEW MORNING
(NOVA MANHÃ)

💿 *New Morning*, 1970

Gravada em junho de 1970, "New Morning" tornou-se faixa-título de um álbum de Bob Dylan quatro meses depois. Mas a canção teve que esperar mais de vinte anos para estrear ao vivo. A gravação original contava com alguns dos melhores músicos de estúdio americanos, como Al Kooper, Russ Kunkel, Charlie Daniels e Ron Cornelius.

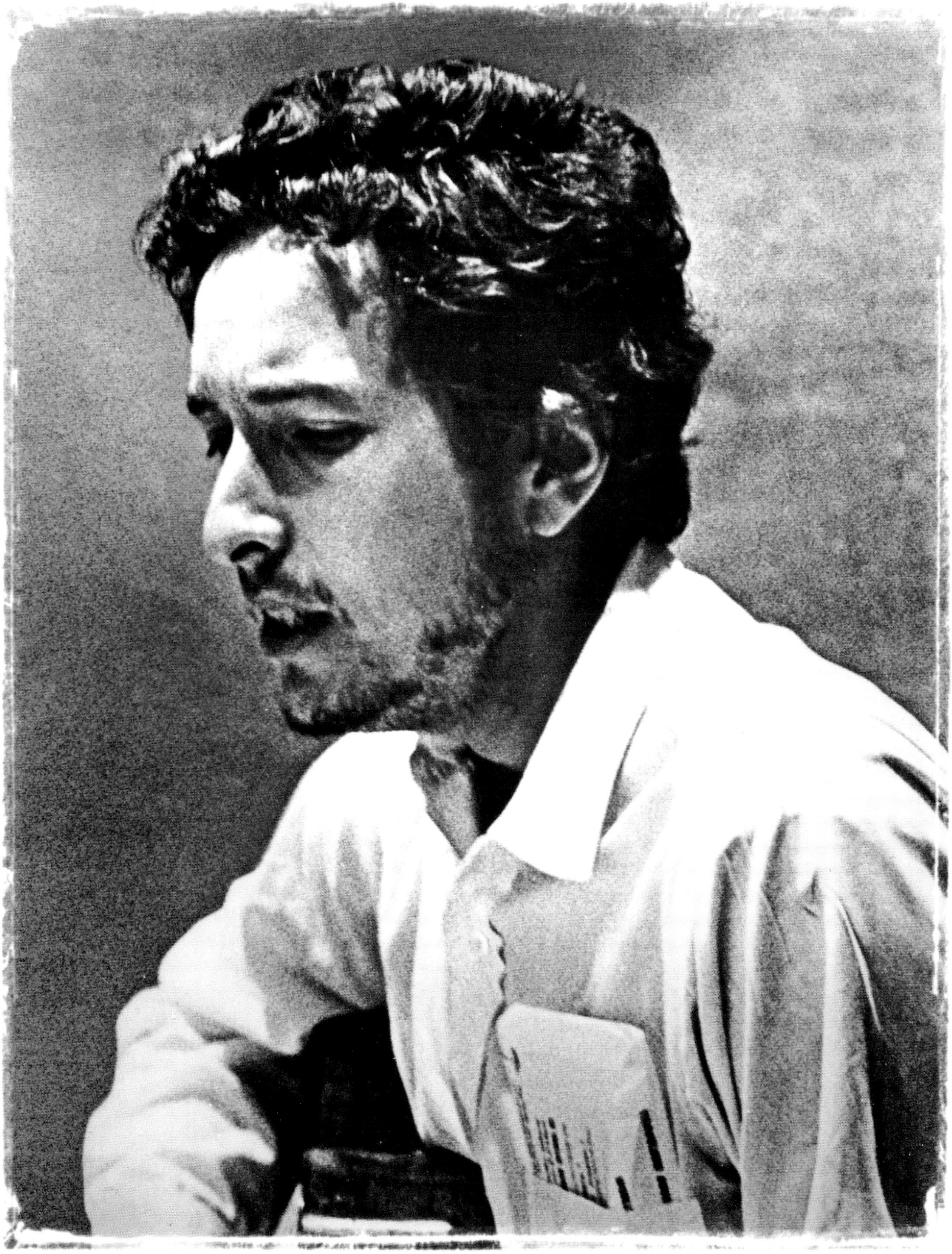

NEW MORNING

Moderately

Can't you hear that rooster crowin'?
Can't you hear that motor turnin'?
Rabbit runnin' down across the road
Automobile comin' into style
Underneath the bridge where the water flowed through
Comin' down the road for a country mile or two.
So happy just to see you smile
So happy just to see you smile
Underneath the sky of blue
Underneath the sky of blue
On this new
On this new

Copyright © 1970, 1976 Big Sky Music. All Rights Reserved. International Copyright Secured.

New Morning

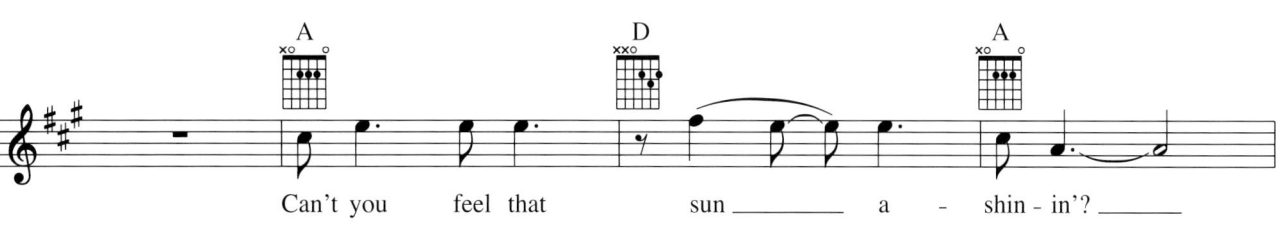

A	D	A	D

_____ morn-ing, _____ new morn-ing On this
_____ morn-ing, _____ new morn-ing On this

A	D	A	D (1.)

new morn-ing _____ with you.
new morn-ing _____ with you.

(2.) D | G | F#m7

The night _ passed a-way so _____ quick-ly _____

G | E

It al-ways does _ when you're _ with _ me. _____

A | D | A

Can't you feel that sun _____ a - shin-in'? _____

D | A | C#m/G#

Ground hog run-nin' by the coun-try stream _

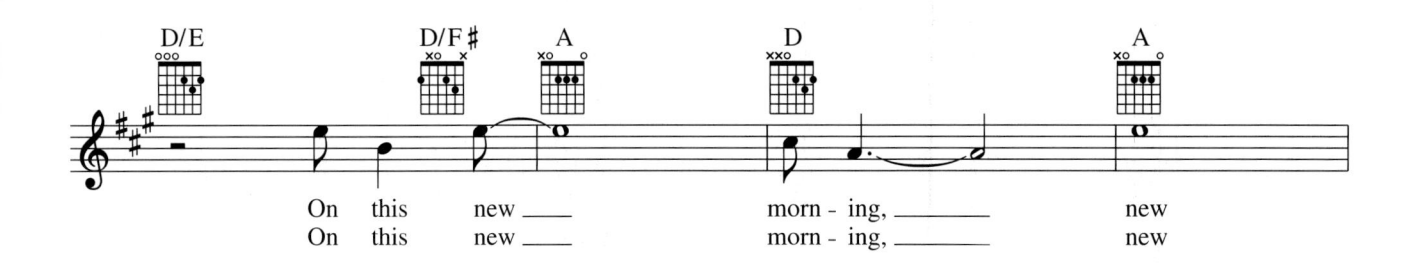

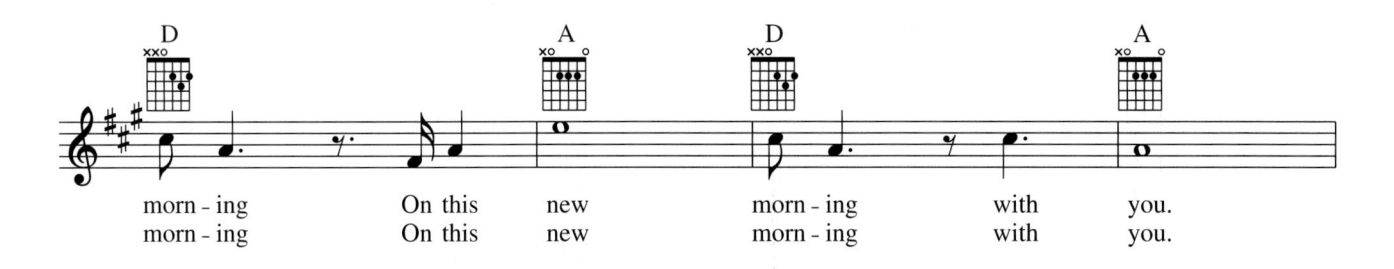

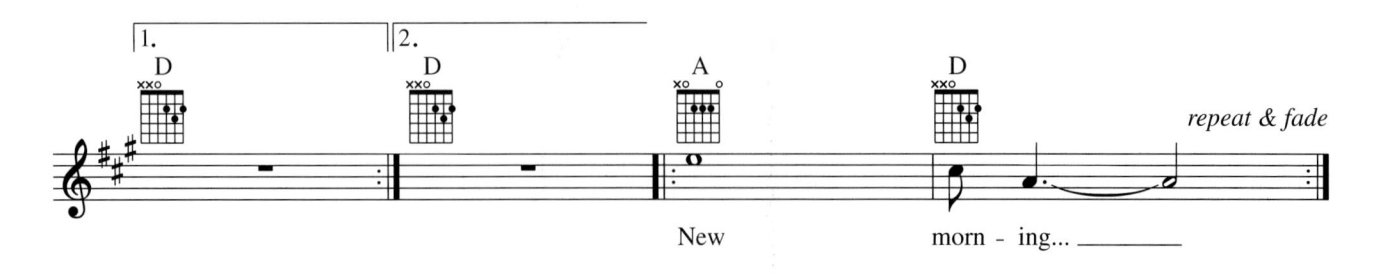

| A/G | F#m | D | A/C# |

This must be the day that all of my dreams come true

| Bm | C#m | Bm7 |

So hap-py just to be a-live ____ Un-der-neath ____ the sky ____ of blue
So hap-py just to be a-live ____ Un-der-neath ____ the sky ____ of blue

| D/E | D/F# | A | D | A |

On this new ____ morn-ing, _____ new
On this new ____ morn-ing, _____ new

| D | A | D | A |

morn-ing On this new morn-ing with you.
morn-ing On this new morn-ing with you.

1. | D | 2. | D | A | D |

repeat & fade

New morn-ing... _____

Can't you hear that rooster crowin'?
Você consegue ouvir aquele galo cantar?
Rabbit runnin' down across the road
O coelho cruzar a estrada ligeiro
Underneath the bridge where the water flowed through
Debaixo da ponte onde a água flui

So happy just to see you smile
Tão feliz só em te ver sorrir
Underneath the sky of blue
Sob o céu azul
On this new morning, new morning
Nessa nova manhã, nova manhã
On this new morning with you
Nessa nova manhã com você.

Can't you hear that motor turnin'?
Você consegue ouvir o motor funcionar?
Automobile comin' into style
O automóvel chega em grande estilo
Comin' down the road for a country mile or two
Descendo a estrada uma ou duas milhas

So happy just to see you smile
Tão feliz só em te ver sorrir
Underneath the sky of blue
Sob o céu azul
On this new morning, new morning
Nessa nova manhã, nova manhã
On this new morning with you
Nessa nova manhã com você.

The night passed away so quickly
A noite passou tão rápido

It always does when you're with me
Sempre é assim quando você está comigo.

Can't you feel that sun a-shinin'?
Consegue sentir o sol brilhar?
Groundhog runnin' by the country stream
A marmota corre junto à margem do riacho.
This must be the day that all of my dreams come true
Hoje deve ser o dia em que todos os meus sonhos se realizam
So happy just to be alive
Tão feliz só por estar vivo
Underneath the sky of blue
Sob o céu azul
On this new morning, new morning
Nessa nova manhã, nova manhã.
On this new morning with you
Nessa nova manhã com você.

So happy just to be alive
Tão feliz só por estar vivo
Underneath the sky of blue
Sob o céu azul
On this new morning, new morning
Nesta nova manhã, nova manhã.
On this new morning with you
Nesta nova manhã com você.
New morning . . .
Nova manhã...

"Um produtor da Broadway entrou em contato comigo. Ele queria que eu escrevesse as canções para uma peça de Archibald MacLeish chamada *The Devil and Daniel Webster*. Parecia uma ideia interessante, então eu gravei algumas coisas baseadas no que ele estava fazendo, e gravei 'New Morning'."

Bob Dylan, 1985

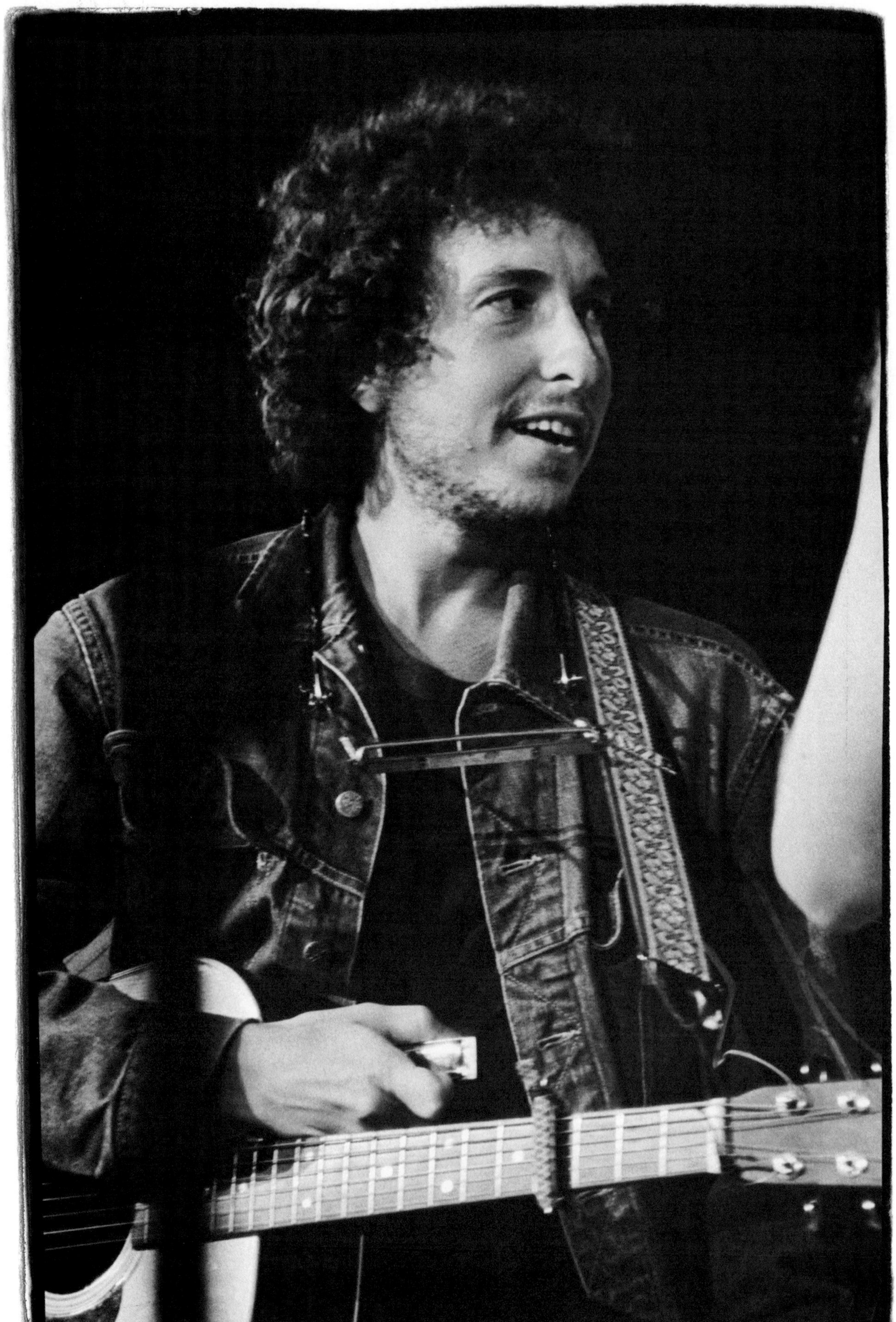

WATCHING THE RIVER FLOW
(VENDO O RIO PASSAR)

Bob Dylan's Greatest Hits, Vol. 2, 1971

Uma das duas canções editadas durante umas sessões experimentais com Leon Russell e sua banda, em 1971, "Watching The River Flow" foi lançada como *single*, naquele verão, alcançando o topo das 30 mais no Reino Unido. Apareceu também na coletânea dos *More Greatest Hits* no final do mesmo ano. Dylan interpretou-a pela primeira vez, em público, em 1978, e ela continua a fazer parte do seu repertório ao vivo até hoje.

WATCHING THE RIVER FLOW

Moderate blues

(F) What's the matter with me, I don't have (Bb7) much to say, With the (F) Daylight sneakin' through the window And I'm (G) still in this all - (C) night café. (F) Walkin' to and fro beneath the (Bb) moon Out to where the trucks are rollin' slow,

Wish I was back in the city Instead of this old bank of sand, With the sun beating down over the chimney tops And the one I love so close at hand. If I had wings and I could fly, I know where I would go.

Copyright © 1971, 1976 Big Sky Music. All Rights Reserved. International Copyright Secured.

To sit down on ____ this bank of sand ____
But right now ____ I'll just sit here so con-
tent-ed-ly And watch the riv-er flow. ____
And watch the riv-er flow. ____

Peo-ple dis-a-gree-ing on all just a-bout ev-'ry-thing, ____ yeah,
Peo-ple dis-a-gree-ing ev-ery-where you look, ____

Makes you stop and all ____ won-der why. ____ Why
Makes you wan-na stop ____ and read a book. Why

on-ly yes-ter-day I saw some-bod-y on the street ____ Who just ____ could-n't help but
on-ly yes-ter-day I saw some-bod-y on the street ____ That was ____

cry.
real-ly shook. ____ Oh, ____ this ol' riv-er keeps on roll-in',
But this ol' riv-er keeps on roll-in',

though, No matter what gets in the way and which way the
though, No matter what gets in the way and which way the

wind does blow, And as long as it does I'll just
wind does blow, And as long as it does I'll just

1. sit here And watch the river flow.
2. sit here And watch the

river flow. Watch the river flow,

Watch-in' the river flow, Watch-in' the

river flow, But I'll sit down on this bank of

sand And watch the river flow.

What's the matter with me
O que está acontecendo comigo,
I don't have much to say
Não tenho muito o que dizer,
Daylight sneakin' through the window
A luz do dia espia através da janela
And I'm still in this all-night café
E eu ainda estou neste café noturno
Walkin' to and fro beneath the moon
Andando para lá e para cá sob a lua
Out to where the trucks are rollin' slow
Para o lugar onde os caminhões trafegam lentamente,
To sit down on this bank of sand
Para sentar neste banco de areia
And watch the river flow
E ver o rio passar.

Wish I was back in the city
Queria estar de volta à cidade
Instead of this old bank of sand
Em vez deste velho banco de areia,
With the sun beating down over the chimney tops
Com o sol batendo no alto das chaminés
And the one I love so close at hand
E com quem amo bem perto de mim.
If I had wings and I could fly
Se eu tivesse asas e pudesse voar,
I know where I would go
Eu sei para onde iria.
But right now I'll just sit here so contentedly
Mas, neste instante, vou ficar aqui sentado, satisfeito
And watch the river flow
E ver o rio passar.

People disagreeing on all just about everything, yeah
As pessoas que discordam de praticamente quase tudo
Makes you stop and all wonder why
Te obrigam a parar e se perguntar por quê.
Why only yesterday I saw somebody on the street
Ora ontem mesmo vi alguém na rua

Who just couldn't help but cry
Que não conseguia parar de chorar.
Oh, this ol' river keeps on rollin', though
E, no entanto, este velho rio continua correndo,
No matter what gets in the way and which way the wind does blow
Pouco importa quem se mete no caminho e de que lado o vento sopra,
And as long as it does I'll just sit here
E enquanto ele continuar, vou ficar aqui sentado
And watch the river flow
E ver o rio passar.

People disagreeing everywhere you look
As pessoas que discordam estão por todo lado,
Makes you wanna stop and read a book
Isso te dá vontade de querer parar e ler um bocado.
Why only yesterday I saw somebody on the street
Ora, ontem mesmo eu vi alguém na rua
That was really shook
Que estava realmente perturbado.
But this ol' river keeps on rollin', though
Mas, no entanto, este velho rio continua correndo,
No matter what gets in the way and which way the wind does blow
Pouco importa quem se mete no caminho e de que lado o vento sopra,
And as long as it does I'll just sit here
E enquanto ele continuar, vou ficar aqui sentado

And watch the river flow
E ver o rio passar.
Watch the river flow
Ver o rio passar,
Watchin' the river flow
Ver o rio passar,
Watchin' the river flow
Ver o rio passar,
But I'll sit down on this bank of sand
Mas vou sentar neste banco de areia
And watch the river flow
E ver o rio passar.

"Nós apostamos que ele conseguia escrever uma canção ali, na hora. Então eu toquei um tema que gravamos com minha banda e, então, passei a observá-lo trabalhar nele. Ele caminhava de um lado para outro do estúdio, e as palavras começaram a brotar."

Leon Russell

WHEN I PAINT MY MASTERPIECE
(QUANDO PINTAR MINHA OBRA-PRIMA)

Bob Dylan's Greatest Hits, Vol. 2, 1971

Como "Watching The River Flow", "When I Paint My Masterpiece" foi o resultado de uma breve sessão de gravação com o produtor/tecladista Leon Russell e sua banda. The Band gravou-a para o álbum *Cahoots,* de 1971, e Dylan tocou com eles no final daquele ano. Posteriormente, passou a ser a canção de abertura dos concertos do Rolling Thunder Revue, em 1975.

"Essa foi outra canção que ele compôs quando eu estava lá no estúdio, observando-o trabalhar. Foi daí que veio o refrão: 'you'll be there with me when I paint my masterpiece'. E era exatamente onde eu estava."

Leon Russell

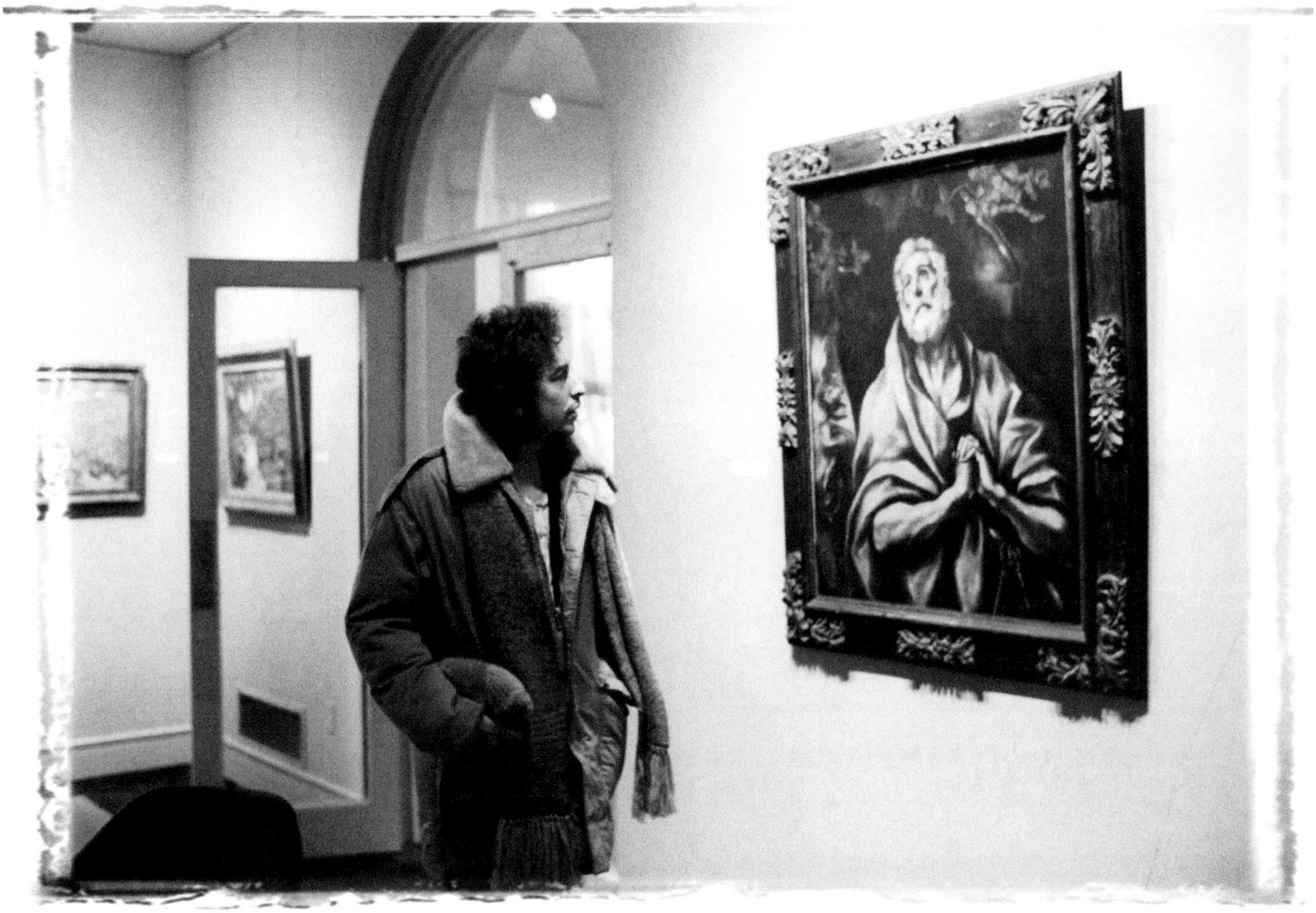

WHEN I PAINT MY MASTERPIECE

Moderately slow

Oh, the streets of Rome are filled with rub-ble,___ An-cient foot-
hours I've spent_ in-side the Col - i - se - um,___ Dodg-ing li -
Rome and land-ed in Brus-sels, On a plane_

prints ____ are ev-ery-where._ You can
ons ____ and wast-in' time._ Oh, those
___ ride so bump-y that I al-most cried._

al-most think___ that you're see - in' dou-ble___ On a
might-y kings of the jun-gle, I could hard-ly stand to see 'em,___ Yes, it
Cler-gy-men in un - i - form and young girls pull-in' mus-cles,___ Ev-ery-

cold, dark night_ on the Span-ish Stairs. _____
sure has been_ a long, hard climb. _____
one was there to greet me when I stepped in - side. _____

Got to hur-ry on back_____ to my ho-tel room, Where I've
Train wheels run-nin' through the back of my mem-o-ry,___ When I
News-pa - per men eat-ing can-dy _____

Copyright © 1971, 1976 Big Sky Music. All Rights Reserved. International Copyright Secured.

got me a date with Bot - ti - cel - li's niece. She
ran on the hill - top fol - low - ing a pack of wild geese.
Had to be held down by big po - lice.

prom - ised _____ that she'd be right there with me When I
Some - day, ____ ev - ery - thing is gon - na be smooth like a rhap - so - dy ____ When I
Some - day, ____ ev - ery - thing is gon - na be

to Coda

1. paint _____ my mas - ter - piece. ____ Oh, the
2. paint _____ my mas - ter - piece. ____

Sail - in' 'round the world _____ in a dirt - y gon - do - la.

Oh, to be back _ in the land _ of Co - ca ____ Co - la!

D.S. al Coda

I left

Coda

dif - f'rent

When I paint my mas - ter - piece. _____

Oh, the streets of Rome are filled with rubble
Ah, as ruas de Roma estão cheias de entulho,
Ancient footprints are everywhere
Pegadas antigas estão por toda a parte.
You can almost think that you're seein' double
Você quase chega a pensar que está vendo em dobro
On a cold, dark night on the Spanish Stairs
Em uma noite fria e escura na Praça de Espanha
Got to hurry on back to my hotel room
Saí correndo de volta ao quarto do hotel,
Where I've got me a date with Botticelli's niece
Onde tinha marcado com a sobrinha de Botticelli.
She promised that she'd be right there with me
Ela prometeu que ficaria lá comigo
When I paint my masterpiece
Quando eu pintasse minha obra-prima.

Oh, the hours I've spent inside the Coliseum
Ah, as horas que passamos dentro do Coliseu,
Dodging lions and wastin' time
Esquivando-se dos leões e perdendo tempo.
Oh, those mighty kings of the jungle, I could hardly stand to see 'em
Oh, aqueles poderosos reis da floresta, mal conseguia ficar em pé para vê-los,
Yes, it sure has been a long, hard climb
E com certeza foi uma longa e dura escalada.
Train wheels runnin' through the back of my memory
Os trilhos do trem correm no fundo da minha memória,
When I ran on the hilltop following a pack of wild geese
Quando corri ao topo da montanha perseguindo um bando de gansos selvagens.
Someday, everything is gonna be smooth like a rhapsody
Um dia, tudo vai ficar doce como uma rapsódia
When I paint my masterpiece
Quando eu pintar minha obra-prima

Sailin' round the world in a dirty gondola
Velejando ao redor do mundo em uma imunda gôndola.
Oh, to be back in the land of Coca-Cola!
Oh, estar de volta na terra da Coca-Cola!

I left Rome and landed in Brussels
Saí de Roma e aterrissei em Bruxelas,
On a plane ride so bumpy that I almost cried
Em um voo tão turbulento que quase chorei.
Clergymen in uniform and young girls pullin' muscles
Sacerdotes paramentados e garotas puxando ferro,
Everyone was there to greet me when I stepped inside
Todos estavam lá para me cumprimentar quando entrei.
Newspapermen eating candy
Jornalistas comendo doce
Had to be held down by big police
Tiveram de ser contidos pela polícia.
Someday, everything is gonna be diff'rent
Um dia, tudo será diferente
When I paint my masterpiece
Quando eu pintar minha obra-prima.

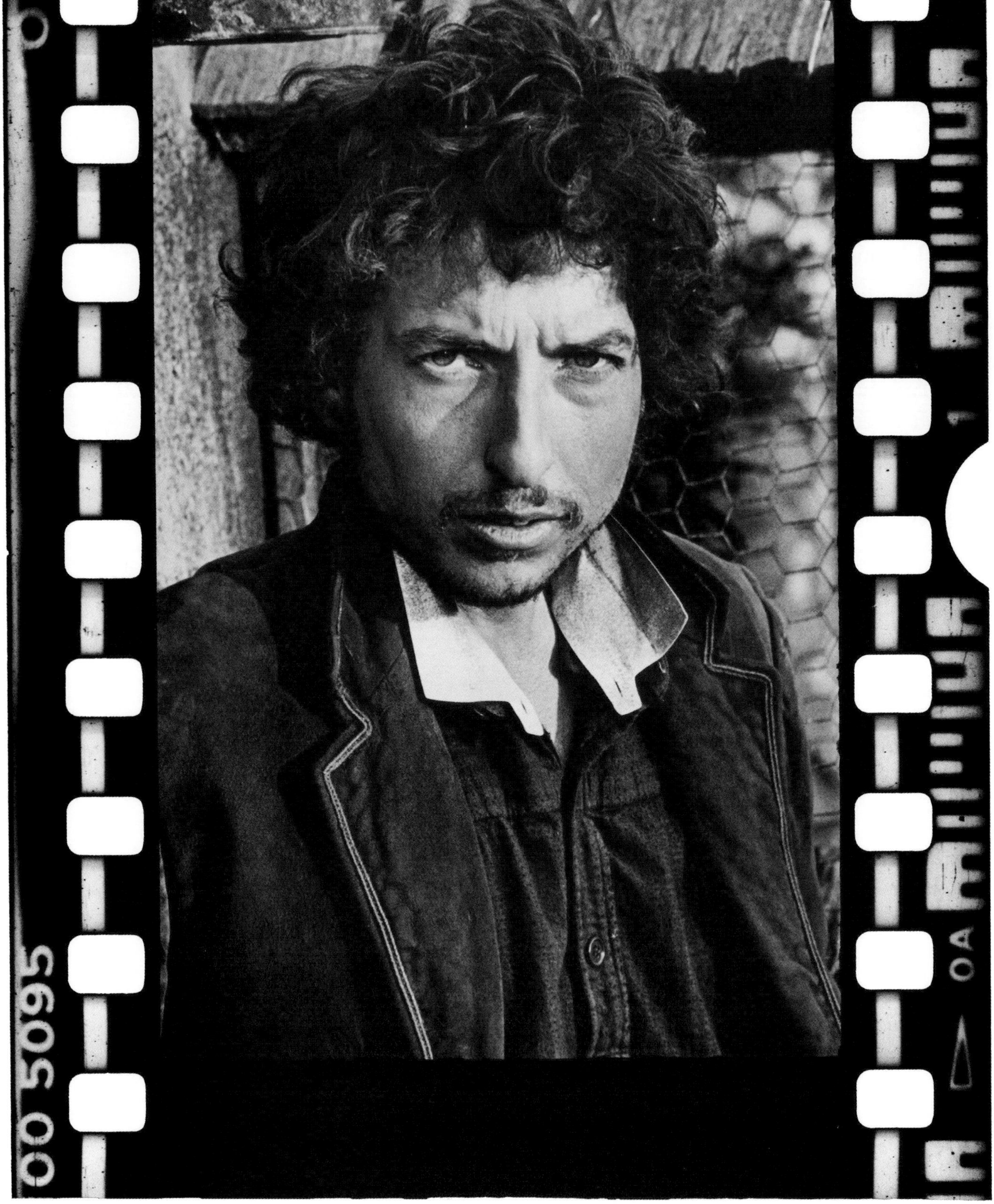
00 5095

KNOCKIN' ON HEAVEN'S DOOR

(BATENDO À PORTA DO CÉU)

Pat Garrett and Billy the Kid, 1973

Em novembro de 1972, Bob Dylan foi ao México para filmar uma participação no filme de Sam Peckinpah, *Pat Garrett and Billy The Kid*. Contratado para compor a trilha sonora para o filme, Dylan gravou esta balada comovente, em fevereiro de 1973. Tornou-se um grande sucesso no final daquele ano, e desde então retornou em diversas ocasiões às paradas de sucesso pelas interpretações de artistas, como Eric Clapton e Guns 'N' Roses.

"É uma canção tão incrível, muito espiritual."

Eric Clapton

KNOCKIN' ON HEAVEN'S DOOR

Slowly

| G | D | Am7 | G | D |

1. Ma-ma, take this badge off of me   I can't use it an-y more.
2. Ma-ma, put my guns in the ground   I can't shoot them an-y more.

| C | G | D | Am7 |

It's get-tin' dark, too dark for me to see
That long black cloud is com-in' down

| G | D | C | G | D |

I feel like I'm knock-in' on heav-en's door.
I feel like I'm knock-in' on heav-en's door.   Knock, knock, knock-in' on heav-en's door

| Am7 | G | D | C |

Knock, knock, knock-in' on heav-en's door

| G | D | Am7 | G | D |

Knock, knock, knock-in' on heav-en's door   Knock, knock, knock-in' on heav-en's door

1. C   **2.** C   G   D   Am7

repeat & fade

Copyright © 1973, 1976 Ram's Horn Music. All Rights Reserved. International Copyright Secured.

1. **Mama, take this badge off of me**
   Mãe, tire este distintivo de mim
   I can't use it anymore
   Ele não serve mais para nada.
   It's gettin' dark, too dark for me to see
   Está ficando escuro, tão escuro que não consigo enxergar
   I feel like I'm knockin' on heaven's door
   Acho que estou batendo à porta do céu.

   Knock, knock, knockin' on heaven's door
   Toc, toc, toc na porta do céu
   Knock, knock, knockin' on heaven's door
   Toc, toc, toc na porta do céu
   Knock, knock, knockin' on heaven's door
   Toc, toc, toc na porta do céu
   Knock, knock, knockin' on heaven's door
   Toc, toc, toc na porta do céu

2. **Mama, put my guns in the ground**
   Mãe, ponha minhas armas no chão
   I can't shoot them anymore
   Não vou mais disparà-las
   That long black cloud is comin' down
   Aquela enorme nuvem negra está descendo
   I feel like I'm knockin' on heaven's door
   Acho que estou batendo à porta do céu.

   Knock, knock, knockin' on heaven's door
   Toc, toc, toc na porta do céu
   Knock, knock, knockin' on heaven's door
   Toc, toc, toc na porta do céu
   Knock, knock, knockin' on heaven's door
   Toc, toc, toc na porta do céu
   Knock, knock, knockin' on heaven's door
   Toc, toc, toc na porta do céu

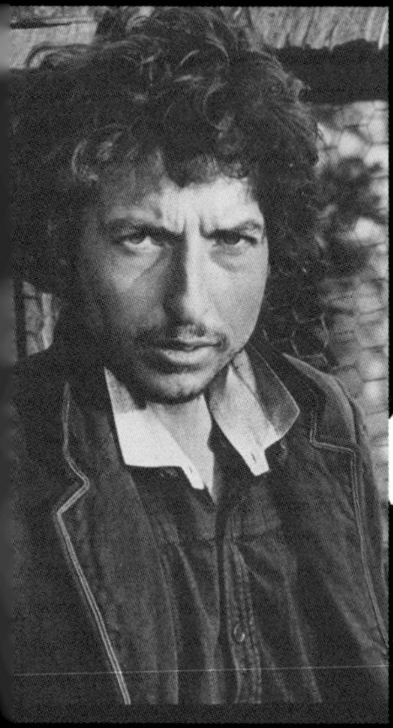

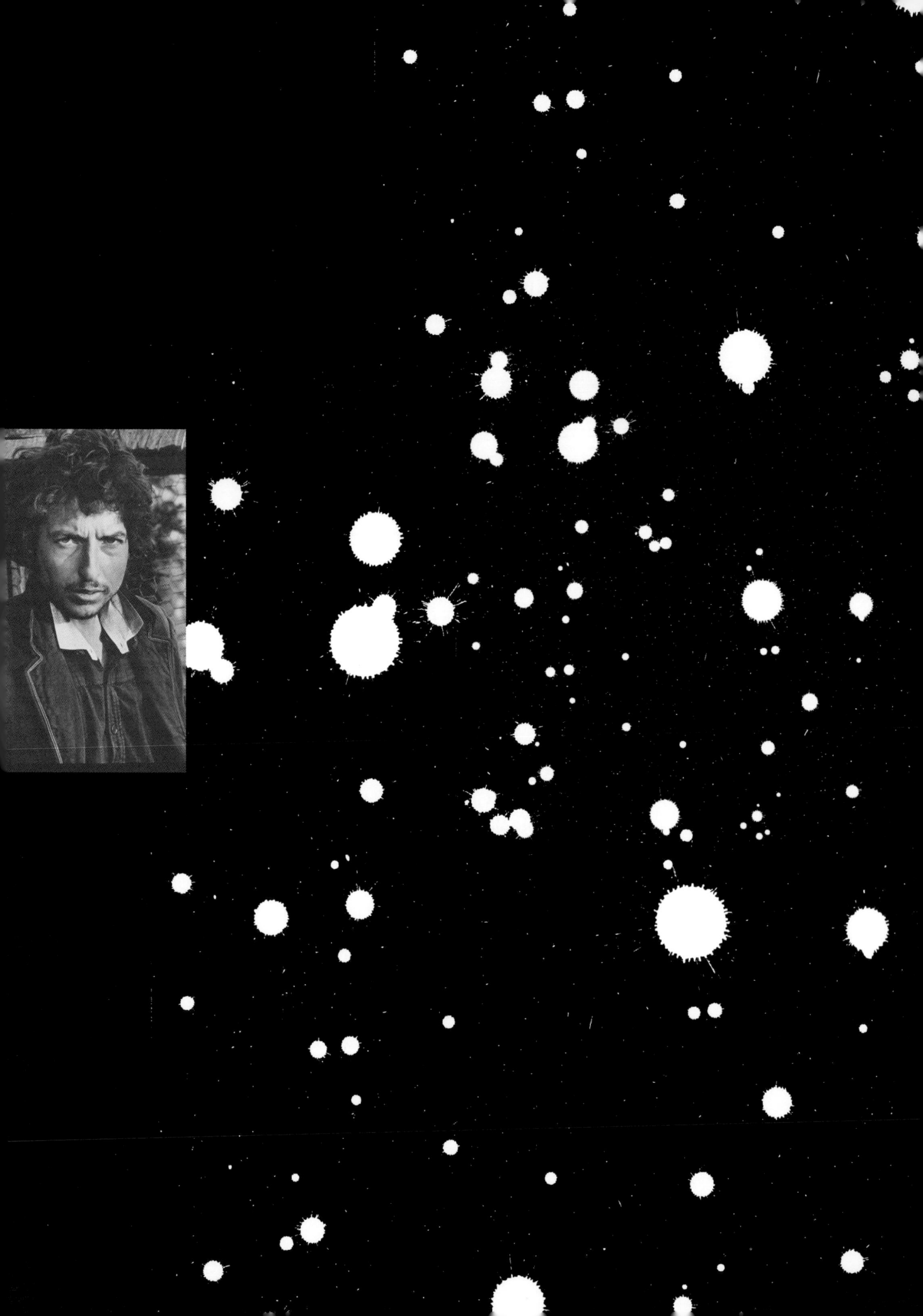

"'Knockin' On Heaven's Door' é algo extraordinário."

Allen Ginsberg

FOREVER YOUNG
(JOVEM PARA SEMPRE)

Planet Waves, 1974

A hínica "Forever Young" foi gravada com arranjos acústicos e elétricos durante as sessões de gravação do álbum *Planet Waves*, em novembro de 1973. Incapaz de decidir qual versão incluir no disco, Dylan optou por ambas. Uma antiga gravação demo da canção surgiu logo em seguida, quando da compilação do disco *Biograph*. Já as apresentações ao vivo podem ser conferidas em *The Last Waltz* e *Bob Dylan At Budokan*.

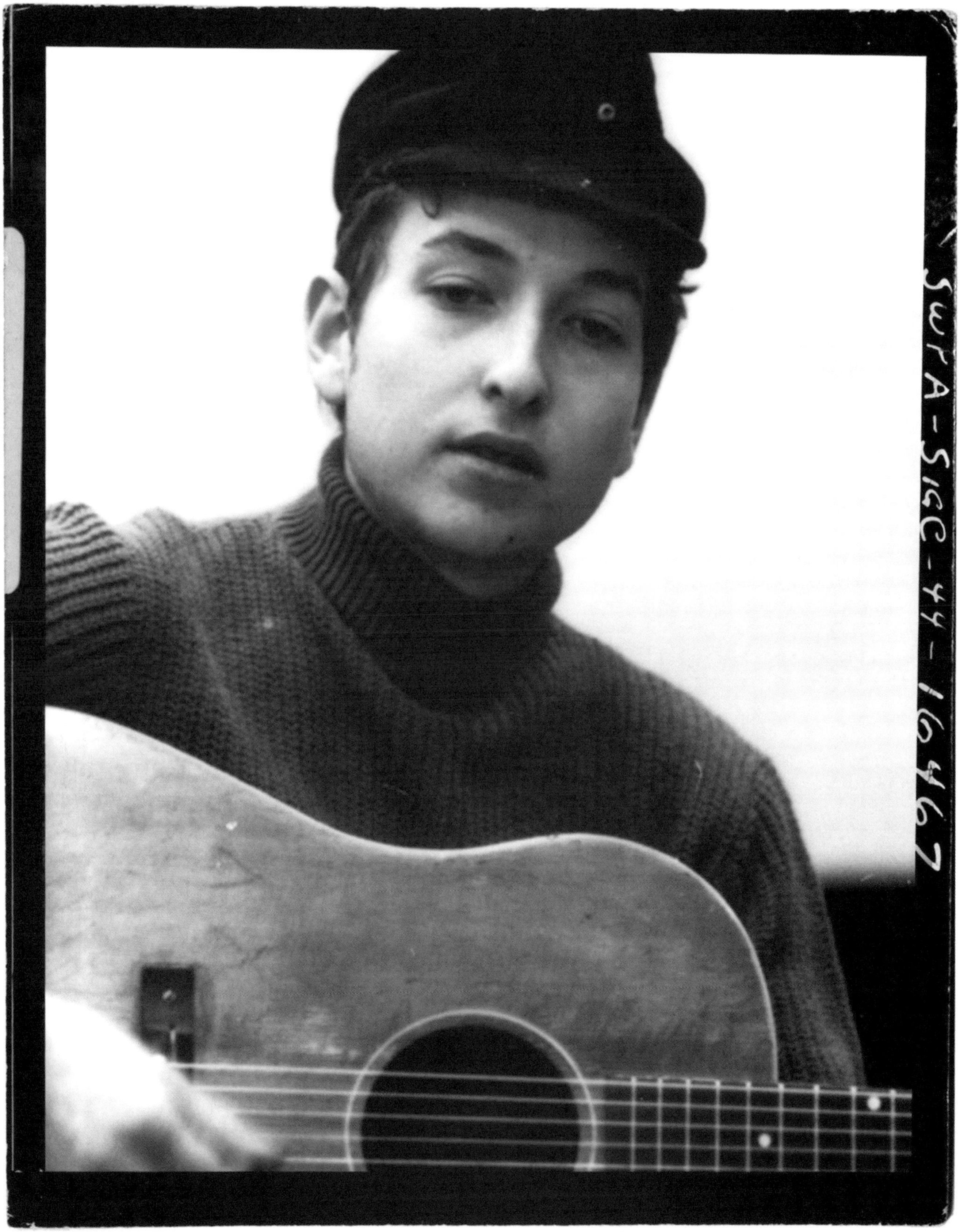

FOREVER YOUNG

Slowly

May God bless and keep you always, ___ May your wishes all come true, ___ May you always do for others And let others do ___ for you. ___ May you build a ladder to the stars ___ And climb on every rung, ___ May you stay ___ forever young, ___ Forever young, ___ forever young, ___

Copyright © 1973, 1985 Ram's Horn Music. All Rights Reserved. International Copyright Secured.

May __ you __ stay _____ for - ev - er __ young. __

May you grow up to be right-eous, May you grow up to be true, __ May you al-ways know the truth __ And see the lights sur-round-ing you. __

May you al-ways be cou - ra - geous, __ Stand up-right and be strong, __ May you stay __ for - ev - er young, __ For - ev - er young, __ for - ev - er young, __ May you stay __ for - ev - er __ young. __ May your hands al-ways be bus - y, May your feet al - ways be swift, __ May you have a strong foundation When the winds of changes shift.

May your heart always be joyful, May your song always be sung, May you stay forever young, Forever young, forever young, May you stay forever young.

harmonica solo ad lib.

May God bless and keep you always
Que Deus lhe abençoe e lhe proteja sempre,
May your wishes all come true
Que todos os seus desejos se realizem,
May you always do for others
Que sempre faça por outros
And let others do for you
E permita que outros façam por você.
May you build a ladder to the stars
Que construa uma escada aos céus
And climb on every rung
E que suba cada degrau,

May you stay forever young
Que permaneça jovem para sempre,
Forever young, forever young
Para sempre jovem, para sempre jovem,
May you stay forever young
Que permaneça jovem para sempre.

May you grow up to be righteous
Que cresça para ser justo,
May you grow up to be true
Que cresça para ser autêntico,
May you always know the truth
Que sempre conheça a verdade
And see the lights surrounding you
E veja as luzes a seu redor.
May you always be courageous
Que seja sempre corajoso,
Stand upright and be strong
Mantenha-se firme e seja forte,

May you stay forever young
Que permaneça jovem para sempre,
Forever young, forever young
Sempre jovem, jovem para sempre,
May you stay forever young
Que permaneça jovem para sempre,

May your hands always be busy
Que suas mãos estejam sempre ocupadas,
May your feet always be swift
Que seus pés sejam sempre rápidos,
May you have a strong foundation
Que seu alicerce seja forte
When the winds of changes shift
Quando os ventos mudarem de direção.
May your heart always be joyful
Que seu coração seja sempre alegre,
May your song always be sung
Que sua canção seja sempre cantada,

May you stay forever young
Que permaneça jovem para sempre,
Forever young, forever young
Sempre jovem, jovem para sempre,
May you stay forever young
Que permaneça jovem para sempre.

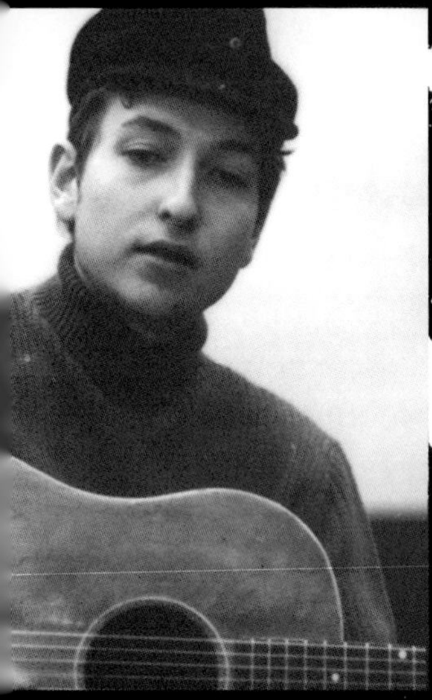

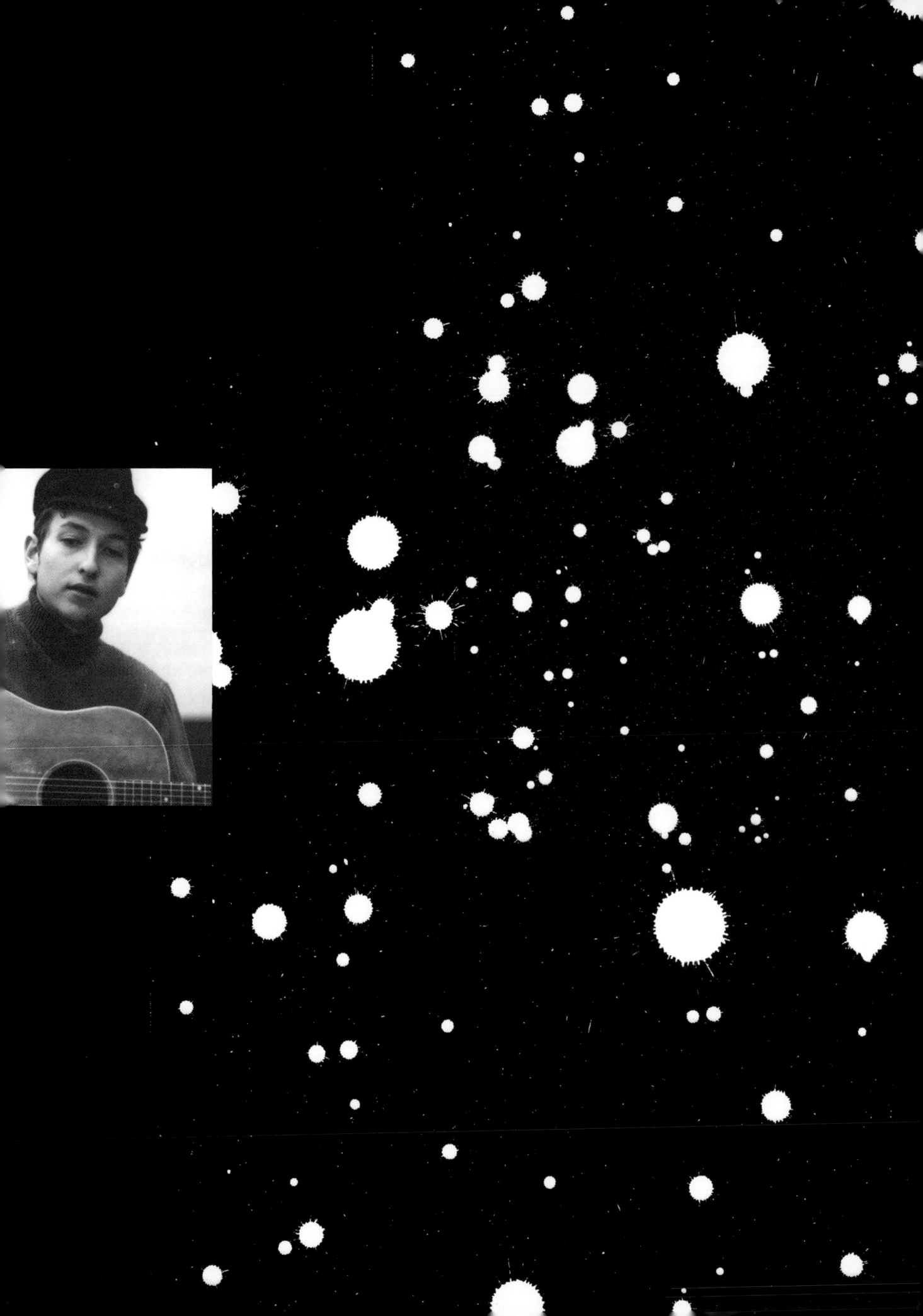

"'Forever Young' é uma bela canção. Ouvi gente cantando em volta da fogueira de acampamentos, sem saber que era de Dylan, e quando contava, eles diziam, 'Jura, esse belo clássico é do Dylan?'"

Allen Ginsberg

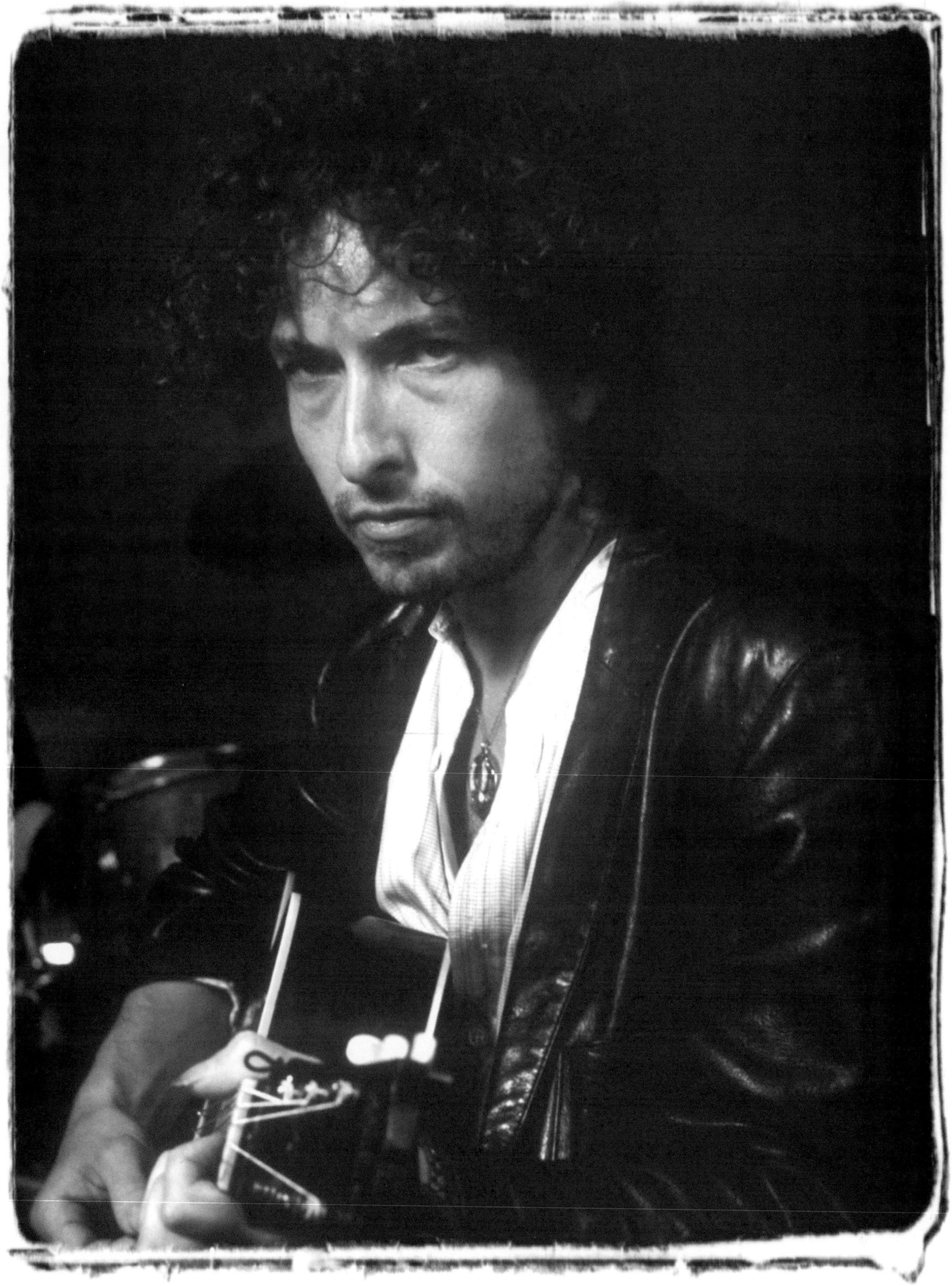

TANGLED UP IN BLUE

(ENREDADO NA TRISTEZA)

Blood On The Tracks, 1975

Dylan gravou duas versões totalmente diferentes desta incrível canção para o álbum *Blood On The Tracks*. Mas ainda não estava satisfeito, Dylan reescreveu-a para o palco, anunciando depois que a versão gravada no álbum *Real Live* de 1984 representava sua encarnação definitiva. Ele tocou "Tangled Up In Blue" em centenas de concertos desde então, muitas vezes ajustando os versos enquanto canta.

"Essa é uma das dez melhores canções do século XX."

Richard Thompson

TANGLED UP IN BLUE

Moderately, in 2

1. Early one mornin' the sun was shinin', I was layin' in bed
Wond'rin' if she'd changed at all, If her hair was still red. Her folks, they said our lives together
Sure was gonna be rough. They never did like Mama's
home-made dress, Papa's bankbook wasn't big enough. And

Copyright © 1974, 1976 Ram's Horn Music. All Rights Reserved. International Copyright Secured.

| A | Bm | D |

I was stand-in' on the side of the road___ Rain fall-in' on my shoes___

| G | A | Bm | D |

Head-ing out for the East___ Coast Lord knows I've paid some

| G | A | C | G | D |

dues get-tin' through, ___ Tan-gled up in blue.

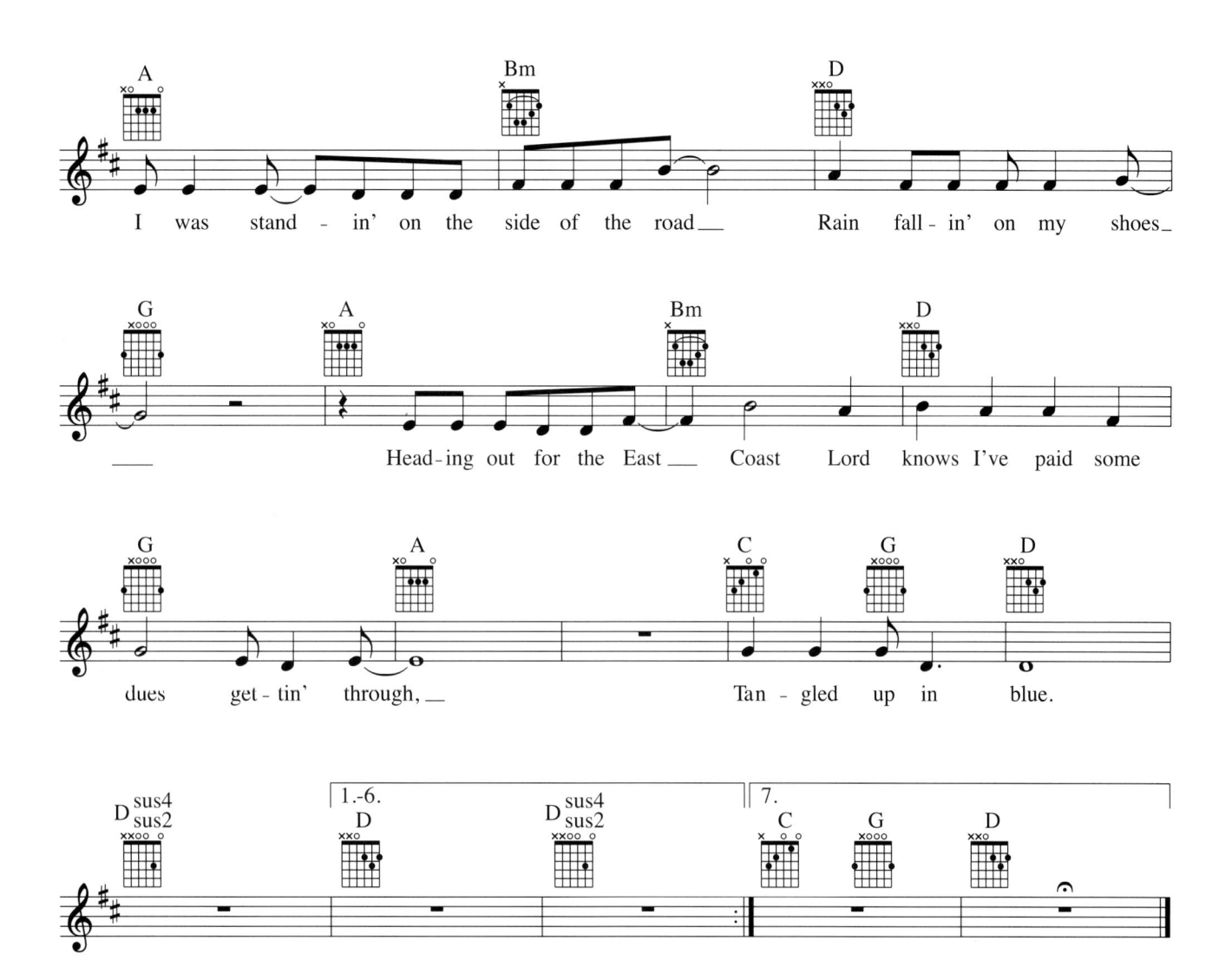

| D sus4 sus2 | 1.-6. D | D sus4 sus2 | 7. C | G | D |

1. **Early one mornin' the sun was shinin'**
Numa manhã bem cedo o sol brilhava,
I was layin' in bed
E eu deitado na cama
Wond'rin' if she'd changed at all
Me perguntava se ela tinha mesmo mudado
If her hair was still red
Se seu cabelo ainda era da cor vermelha
Her folks they said our lives together
Seus pais diziam que nossa vida juntos
Sure was gonna be rough
Com certeza ia ser dura
They never did like Mama's homemade dress
Eles nunca gostaram dos vestidos que a mamãe fazia
Papa's bankbook wasn't big enough
A conta bancária do papai não era muito recheada
And I was standin' on the side of the road
E eu estava em pé na beira da estrada
Rain fallin' on my shoes
Com a chuva molhando meus sapatos
Heading out for the East Coast
Indo para a Costa Leste
Lord knows I've paid some dues gettin' through
Deus sabe que paguei minhas dívidas tentando me virar
Tangled up in blue
Enredado na tristeza

2. **She was married when we first met**
Ela era casada quando nos conhecemos
Soon to be divorced
Prestes a se divorciar
I helped her out of a jam, I guess
Eu ajudei-a sair da enrascada, eu acho
But I used a little too much force
Mas usei um pouco de força demais
We drove that car as far as we could
Fomos de carro o mais longe possível
Abandoned it out West
E o abandonamos no oeste
Split up on a dark sad night
Rompemos em uma noite triste e escura
Both agreeing it was best
Ambos concordando que era melhor
She turned around to look at me
Ela se virou para me olhar
As I was walkin' away
Enquanto eu partia
I heard her say over my shoulder
Eu a ouvi dizer sobre o ombro,
"We'll meet again someday on the avenue"
"Algum dia nos encontraremos de novo na avenida"
Tangled up in blue
Enredado na tristeza

3. **I had a job in the great north woods**
Tinha um emprego nos vastos bosques do norte
Working as a cook for a spell
Trabalhando como cozinheiro por um tempo
But I never did like it all that much
Mas nunca gostei muito daquilo
And one day the ax just fell
E um dia o machado caiu
So I drifted down to New Orleans
Então acabei indo pra Nova Orleans
Where I happened to be employed
Onde aconteceu de eu arrumar um emprego
Workin' for a while on a fishin' boat
Trabalhando por um tempo em um barco pesqueiro
Right outside of Delacroix.
Bem nos arredores de Delacroix
But all the while I was alone
Mas todo esse tempo estava sozinho
The past was close behind
O passado estava logo ali atrás

I seen a lot of women
Vi muitas mulheres
But she never escaped my mind
Mas ela nunca saiu da minha cabeça
And I just grew
E eu fiquei cada vez mais
Tangled up in blue
Enredado na tristeza

4. She was workin' in a topless place
Ela trabalhava em um bar de topless
And I stopped in for a beer
E eu entrei lá para tomar uma cerveja
I just kept lookin' at the side of her face
Só observando seu perfil
In the spotlight so clear
À luz do foco
And later on as the crowd thinned out
E mais tarde enquanto a multidão dispersava
I's just about to do the same
Eu prestes a fazer o mesmo
She was standing there in back of my chair
Lá estava ela atrás da minha cadeira
Said to me, "Don't I know your name?"
E me disse, "Eu não sei o seu nome?"
I muttered somethin' underneath my breath
Murmurei algo em voz bem baixa
She studied the lines on my face
Ela estudou as linhas do meu rosto
I must admit I felt a little uneasy
Devo admitir que me senti um pouco constrangido
When she bent down to tie the laces of my shoe
Quando ela se abaixou para amarrar os cordões do meu sapato
Tangled up in blue
Enredado na tristeza

5. She lit a burner on the stove and offered me a pipe
Ela acendeu uma boca do fogão e me ofereceu um cachimbo

"I thought you'd never say hello" she said
"Achei que você nunca diria olá", ela disse
"You look like the silent type"
"Você parece do tipo silencioso"
Then she opened up a book of poems
Então abriu um livro de poemas
And handed it to me
E o entregou a mim
Written by an Italian poet
Escrito por um poeta italiano
From the thirteenth century
Do século treze
And every one of them words rang true
E cada uma daquelas palavras soava verdadeira
And glowed like burnin' coal
E brilhava como carvão em brasa
Pourin' off of every page
Derramando de cada página
Like it was written in my soul from me to you
Como se estivesse escrita na minha alma, de mim para você
Tangled up in blue
Enredado na tristeza

6. I lived with them on Montague Street
Morei com eles na Montague Street
In a basement down the stairs
Em um porão debaixo da escada
There was music in the cafés at night
Havia música nos cafés à noite
And revolution in the air
E revolução no ar
Then he started into dealing with slaves
Então ele começou com o tráfico de escravos
And something inside of him died
E algo dentro dele morreu
She had to sell everything she owned
Ela teve de vender tudo o que tinha
And froze up inside
E se se tornou muito fria

And when finally the bottom fell out
E quando finalmente chegou ao fundo
I became withdrawn
Eu me tornei taciturno
The only thing I knew how to do
A única coisa que sabia fazer
Was to keep on keepin' on like a bird that flew
Era seguir adiante como um pássaro que voa,
Tangled up in blue
Enredado na tristeza

7. **So now I'm goin' back again**
   Então, agora estou voltando outra vez
   I got to get to her somehow
   Preciso encontrá-la de alguma forma
   All the people we used to know
   Todas as pessoas que conhecíamos
   They're an illusion to me now
   São uma ilusão para mim agora
   Some are mathematicians
   Alguns são matemáticos
   Some are carpenter's wives
   Algumas são casadas com marceneiros
   Don't know how it all got started
   Não sei como tudo isso começou
   I don't know what they're doin' with their lives
   Não sei o que estão fazendo da vida
   But me, I'm still on the road
   Quanto a mim, continuo na estrada
   Headin' for another joint
   Em direção a outra espelunca
   We always did feel the same
   Sempre sentimos a mesma coisa
   We just saw it from a different point of view
   Mas de outro ponto de vista
   Tangled up in blue
   Enredado na tristeza

"Estava tentando fazer algo que pensava que nunca havia sido feito antes: contar uma história e ser um personagem presente nela, sem que fosse algum tipo de farsa, débil, e tentando ser sentimentaloide. Eu estava tentando ser alguém no presente enquanto invocava um monte de imagens do passado."

Bob Dylan, 1985

SIMPLE TWIST OF FATE
(SIMPLES GOLPE DO DESTINO)

Blood On The Tracks, 1975

"Simple Twist Of Fate" foi uma das dez composições magníficas que despontaram nas sessões de gravação do álbum *Blood On The Tracks*, em 1974. Dylan reescreveu logo em seguida boa parte da letra para um programa de TV, em homenagem ao produtor veterano John Hammond, em setembro de 1975. No mesmo ano, fez fama a interpretação feita por Joan Baez em que dedicava um verso a uma imitação do compositor da canção.

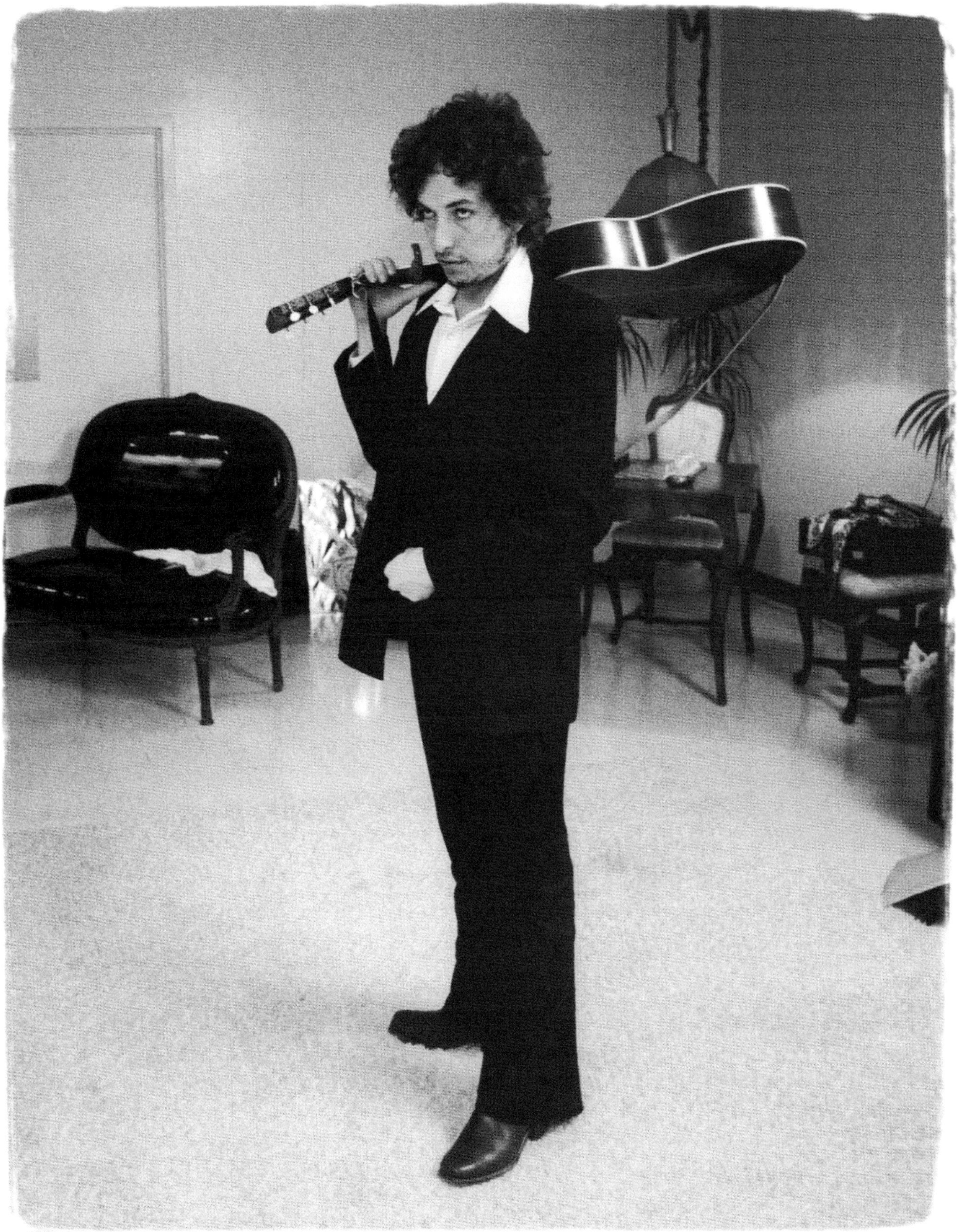

SIMPLE TWIST OF FATE

Moderately

[D]
1. They sat together in the park
[F#m/C#] As the evening sky grew dark, [D7/C] She looked at him and he felt a
[D7] spark [G] tingle to his bones. [Gm] 'Twas then he felt alone
[D] and wished [F#m] that he'd gone [G] straight And
[D] watched out [G/A] for a simple [D] twist of fate.

[F#m/C#]
They walked along by the old canal A little confused, I re-

Copyright © 1974, 1976 Ram's Horn Music. All Rights Reserved. International Copyright Secured.

mem- ber well   And stopped in-to a strange hotel with a ne-

on burn-in' bright.   He felt the heat of the night

hit him like a freight train

Moving with a sim-ple twist of fate.

1.2. | 3.

1. **They sat together in the park**
   Eles se sentaram no parque
   As the evening sky grew dark
   Enquanto o céu da tarde escurecia
   She looked at him and he felt a spark tingle to his bones
   Ela olhou para ele e ele sentiu uma fagulha estremecendo seus ossos
   'Twas then he felt alone and wished that he'd gone straight
   Foi então que se sentiu só e desejou que tivesse se emendado
   And watched out for a simple twist of fate
   E atentado para um simples golpe do destino

   They walked along by the old canal
   Eles caminharam à margem do velho canal
   A little confused, I remember well
   Um pouco confusos, me lembro bem
   And stopped into a strange hotel with a neon burnin' bright
   E pararam em um estranho hotel com uma brilhante luz de neon
   He felt the heat of the night hit him like a freight train
   Ele sentiu o calor da noite golpeá-lo como um trem de carga
   Moving with a simple twist of fate
   Avançando com um simples golpe do destino

2. **A saxophone someplace far off played**
   Ao longe, em algum lugar, um saxofone tocava
   As she was walkin' by the arcade
   Acompanhando seus passos pela galeria
   As the light bust through a beat-up shade where he was wakin' up
   Enquanto a luz invadia a desgastada veneziana onde ele despertava
   She dropped a coin into the cup of a blind man at the gate
   Ela jogou uma moeda no copo de um cego na entrada
   And forgot about a simple twist of fate
   E se esqueceu do simples golpe do destino

   He woke up, the room was bare
   Ele acordou, a sala estava vazia
   He didn't see her anywhere
   Ele não a viu em parte alguma

He told himself he didn't care, pushed the window open wide
Dizendo a si mesmo que não se importava, abriu bem a janela
Felt an emptiness inside to which he just could not relate
Sentiu um vazio por dentro que não conseguia entender
Brought on by a simple twist of fate
Empurrado por um simples golpe do destino

3. **He hears the ticking of the clocks**
Ele ouve o tique-taque dos relógios
And walks along with a parrot that talks
E passeia com um papagaio que fala
Hunts her down by the waterfront docks where the sailers all come in
Ele a procura às margens das docas onde chegam todos os marujos
Maybe she'll pick him out again, how long must he wait
Talvez ela o escolha de novo, quanto tempo precisa esperar
Once more for a simple twist of fate
Mais uma vez por um simples golpe do destino

People tell me it's a sin
Dizem que é pecado
To know and feel too much within
Entender e sentir muito interiormente.
I still believe she was my twin, but I lost the ring.
Eu ainda acredito que ela era minha metade, mas perdi o anel
She was born in spring, but I was born too late
Ela nasceu na primavera, e eu muito tarde
Blame it on a simple twist of fate
Coloquem a culpa em um simples golpe do destino

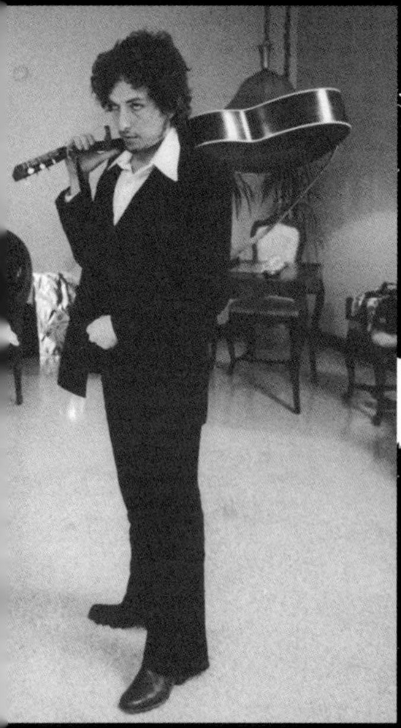

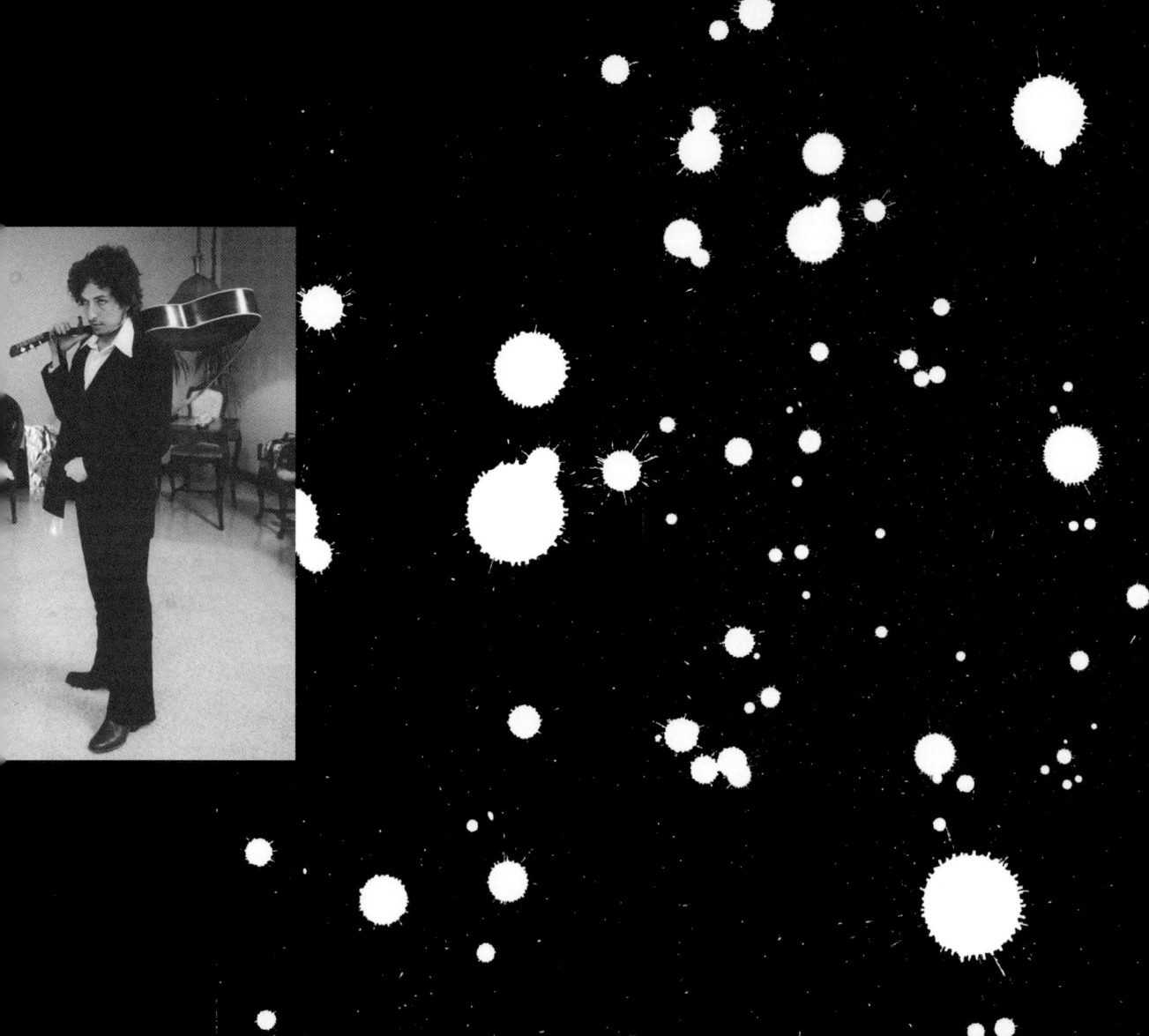

"Se Dylan não tivesse dito as coisas que disse, alguém diria. Já imaginaram como seria o mundo se Bob Dylan não existisse? Seria horrível."

George Harrison

YOU'RE A BIG GIRL NOW
(VOCÊ JÁ É GRANDINHA)

Blood On the Tracks, 1975

A tensa paisagem emocional de "You're A Big Girl Now" foi uma das várias canções feitas para o *Blood On The Tracks* regravadas um pouco antes da data de lançamento do álbum, em janeiro de 1975. Uma leitura ainda mais profunda da canção apareceu um ano depois no álbum do concerto *Hard Rain*.

"Li que essa composição era sobre a minha mulher. Eu gostaria que alguém me perguntasse primeiro antes de escrever e publicar coisas assim. Quer dizer, só podia ser sobre minha mulher, certo? Cretinos, enganadores e estúpidos."

Bob Dylan, 1985

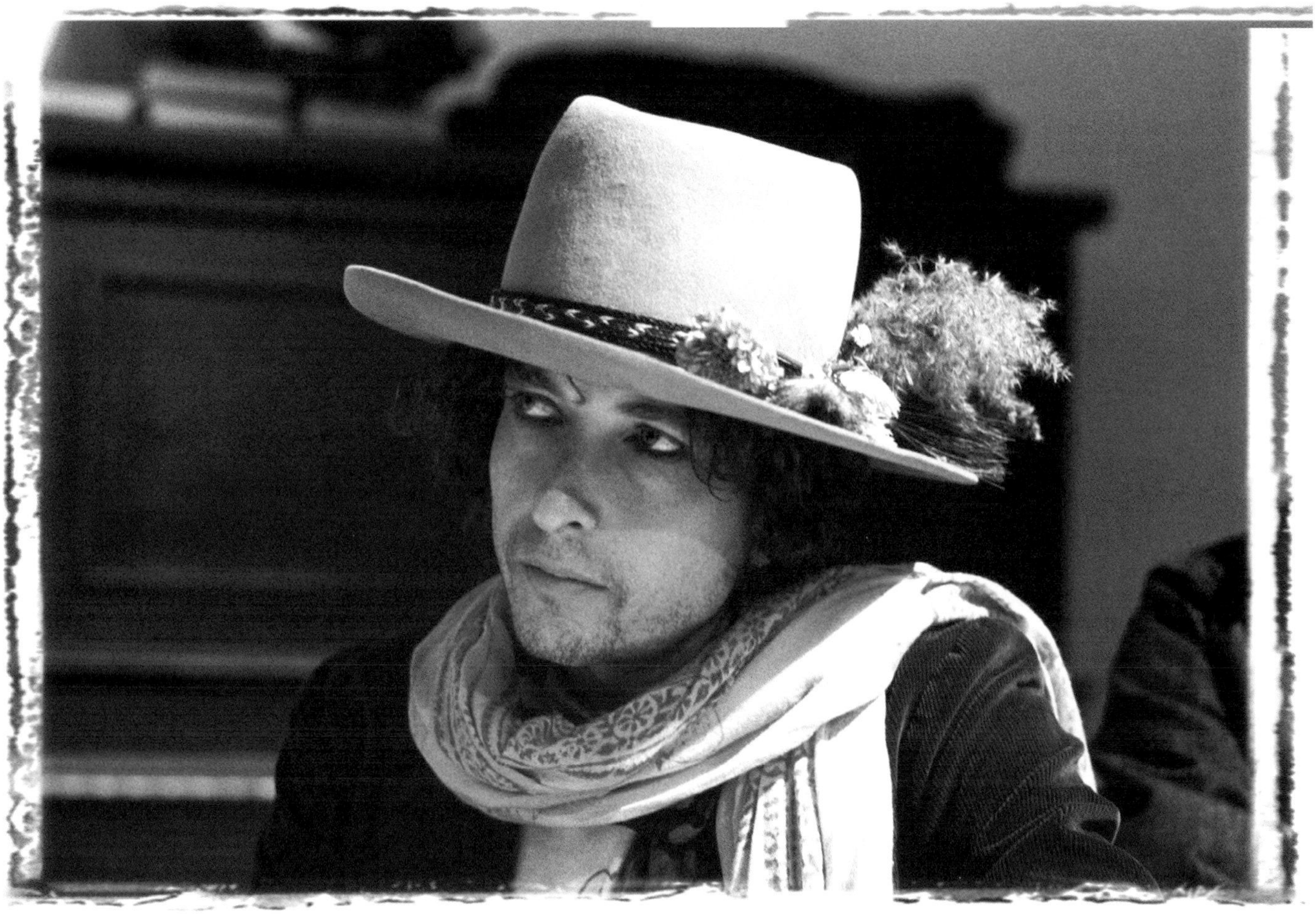

YOU'RE A BIG GIRL NOW

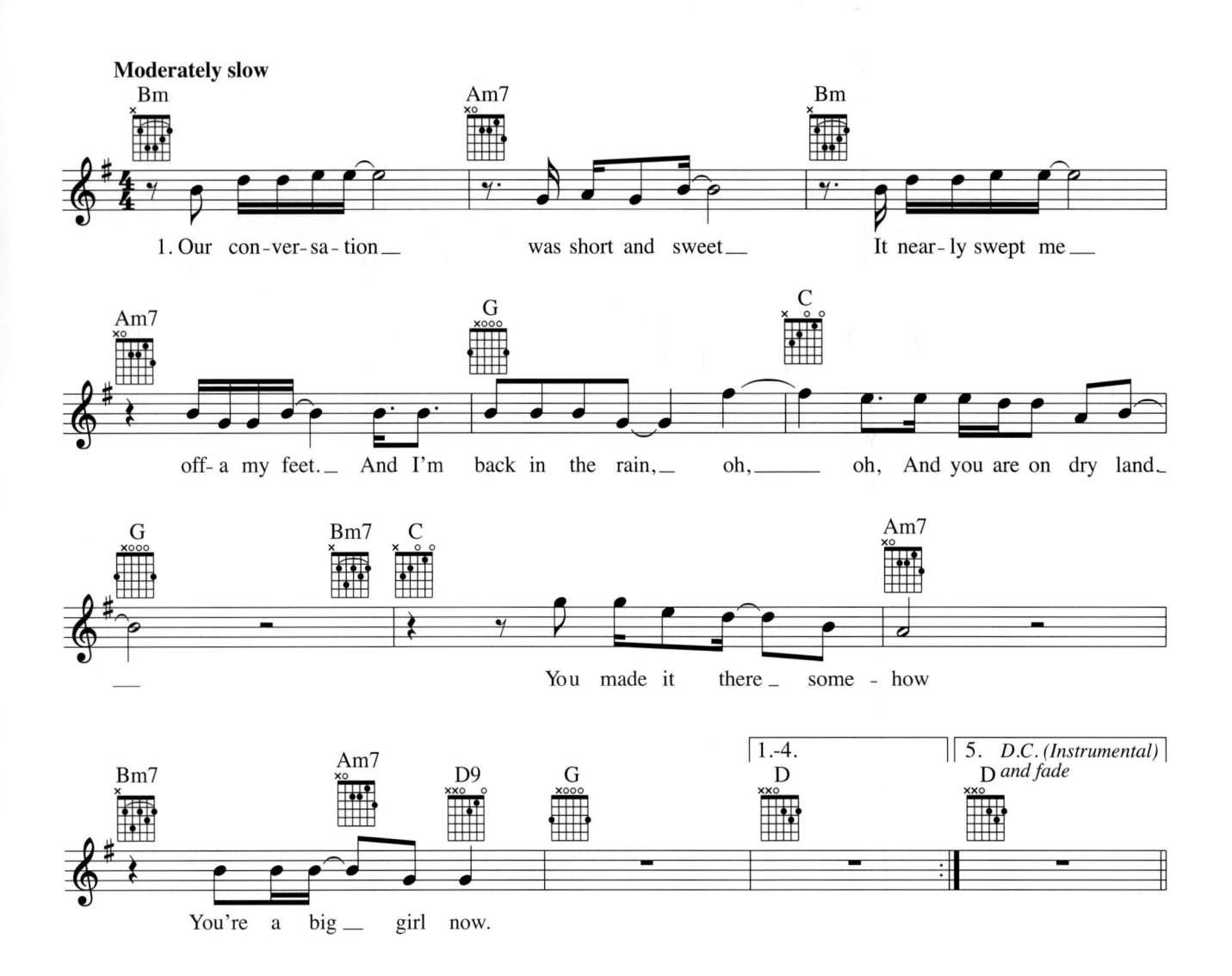

Moderately slow

1. Our conversation was short and sweet__ It nearly swept me off-a my feet.__ And I'm back in the rain,__ oh,_____ oh, And you are on dry land.__ You made it there__ some-how You're a big__ girl now.

1.-4. D
5. D.C. (Instrumental) and fade D

Copyright © 1974, 1985 Ram's Horn Music. All Rights Reserved. International Copyright Secured.

1. **Our conversation was short and sweet**
   Nossa conversa foi curta e agradável
   It nearly swept me off-a my feet
   Quase perdi o chão.
   And I'm back in the rain, oh, oh
   E estou outra vez debaixo da chuva, oh, oh
   And you are on dry land
   E você pisando em terra firme
   You made it there somehow
   Você conseguiu chegar lá de alguma forma
   You're a big girl now
   Você já é grandinha

2. **Bird on the horizon, sittin' on a fence**
   Pássaro no horizonte, pousando em uma cerca
   He's singin' his song for me at his own expense
   Ele está cantando para mim porque quer
   And I'm just like that bird, oh, oh
   Sou exatamente como aquele pássaro, oh, oh
   Singin' just for you
   Cantando só pra você
   I hope that you can hear
   Espero que consiga ouvir
   Hear me singin' through these tears
   Ouvir-me cantar através das lágrimas

3. **Time is a jet plane, it moves too fast**
   O tempo é um avião a jato, move-se rápido demais
   Oh, but what a shame if all we've shared can't last
   Oh, mas que pena se tudo o que compartilhamos não permaneceu
   I can change, I swear, oh, oh
   Eu posso mudar, eu juro, oh, oh
   See what you can do
   Veja o que pode fazer

I can make it through
Eu consigo superar
You can make it too
Você também

4. **Love is so simple, to quote a phrase**
   O amor é tão simples, fazendo uma citação
   You've known it all the time, I'm learnin' it these days
   Você sempre soube, eu estou aprendendo agora
   Oh, I know where I can find you, oh, oh
   Oh, sei onde posso encontrá-la, oh, oh
   In somebody's room
   No quarto de alguém
   It's a price I have to pay
   É o preço que tenho de pagar
   You're a big girl all the way
   Você é grandinha em todos os sentidos

5. **A change in the weather is known to be extreme**
   Uma mudança no tempo é algo extremo
   But what's the sense of changing horses in midstream?
   Mas qual a lógica em trocar de cavalos no meio da correnteza?
   I'm going out of my mind, oh, oh
   Estou perdendo a razão, oh, oh
   With a pain that stops and starts
   E essa dor que para e começa
   Like a corkscrew to my heart
   É como um saca-rolha no meu coração
   Ever since we've been apart
   Desde que nos separamos

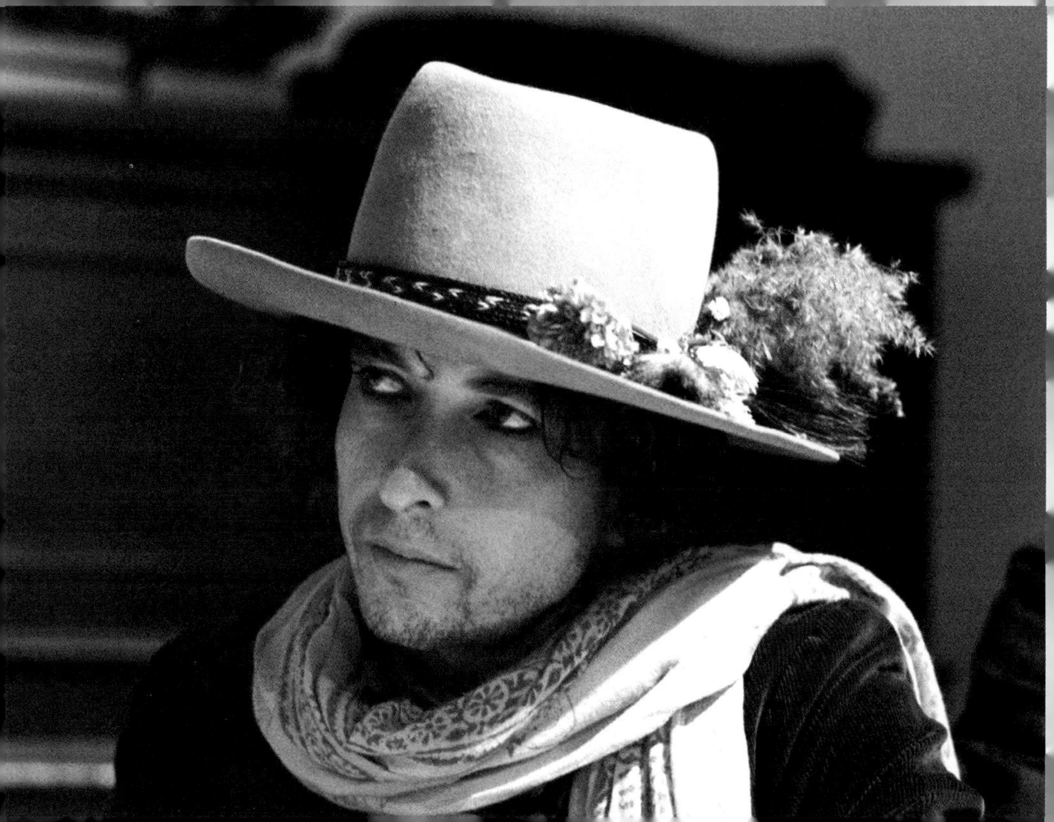

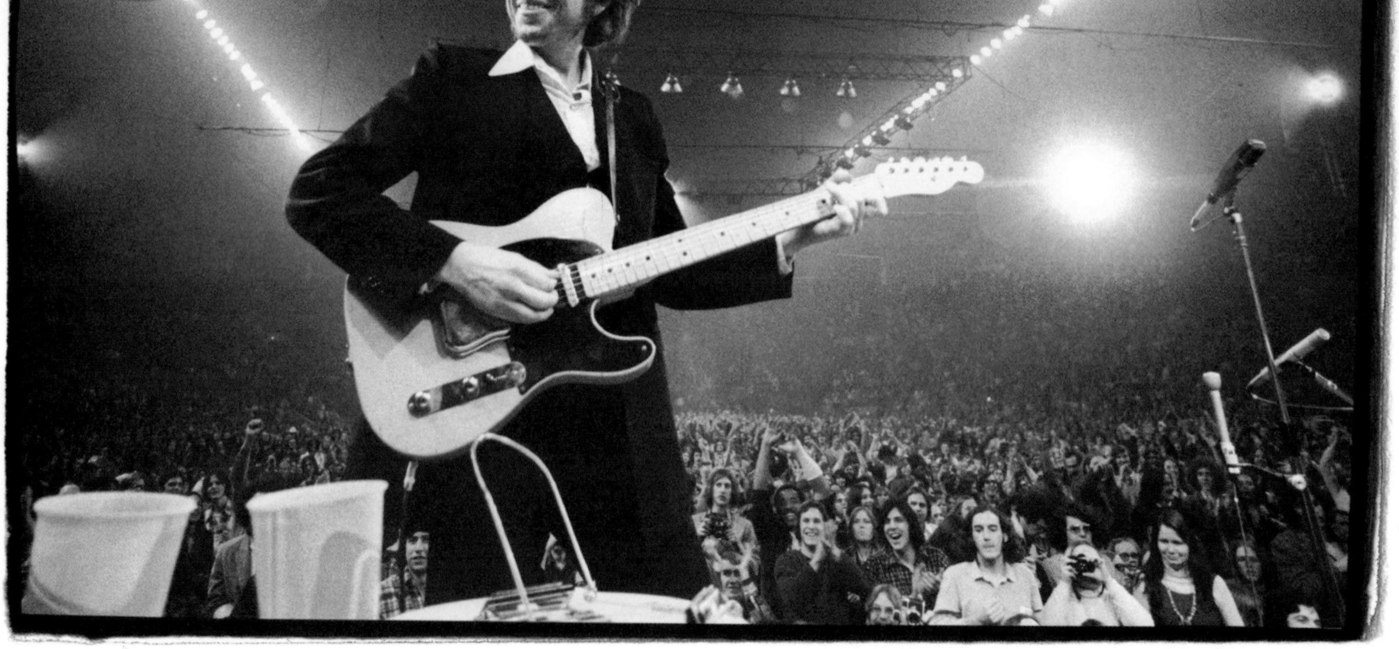

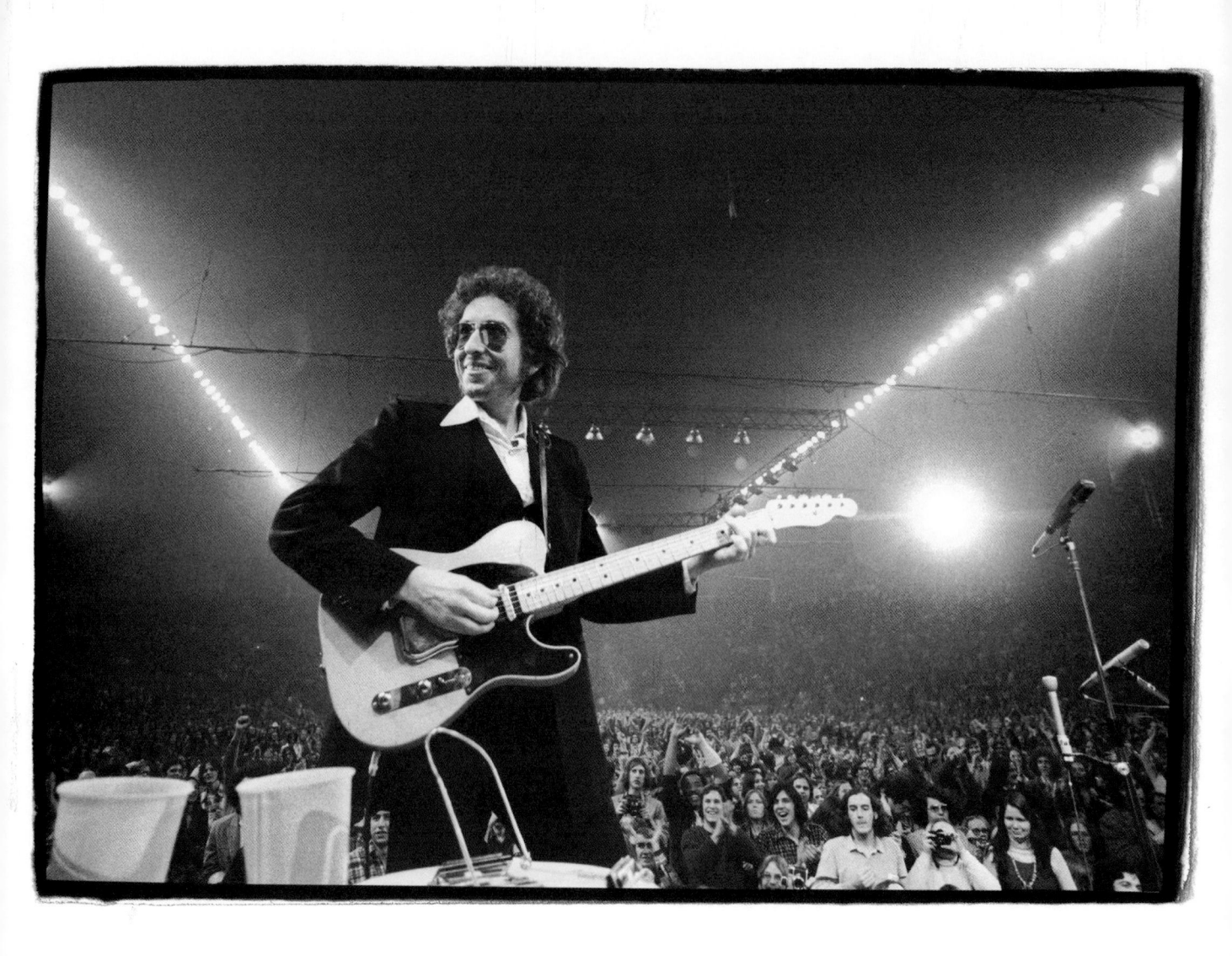

IDIOT WIND
(VENTO IDIOTA)

Blood On The Tracks, 1975

Esta canção tensa e acusatória foi ampla, mas talvez erradamente interpretada como autobiográfica quando apareceu no disco *Blood On The Tracks*, em janeiro de 1975. No ano seguinte, uma comovente apresentação ao vivo serviu de destaque para o álbum *Hard Rain*. Dylan inesperadamente apresentou-a durante uma maratona de concertos em 1992, mas depois nunca mais a tocou.

IDIOT WIND

Slowly, with a steady beat

[Cm] 1. Someone's got it in for me, they're planting stories in the press [D]
[G] [Cm] Whoever it is I wish they'd cut it out but when they will [D] I can only
[G] guess. [Em] They say I shot a man [Bm] named Gray [Am] and took his wife to It-a-ly, [G]
[Em] She inherited a mil-[Bm]lion bucks and when she died [Am] it came to me. [G] I can't
[Bm] help it if I'm [C] lucky. [Cm] People see me all the time and
[D] they just can't remember how to act [G] Their minds are filled with big i-[Cm]deas,

Copyright © 1974, 1976 Ram's Horn Music. All Rights Reserved. International Copyright Secured.

| D | G | Em | Bm |

im-ag-es _____ and dis-tort-ed facts. _____ E-ven you, __ yes-ter-day __ you

| Am | G | Em | Bm |

had to ask __ me where __ it was __ at, I could-n't be-lieve, __ af-ter all these years, _____

| Am | G | Bm | C |

you did-n't know __ me bet-ter than that __ Sweet la - dy. _____

| G | C | G |

Id - i - ot wind, __ blow-ing ev-ery time __ you move your mouth, _____

| C | Dsus4 | D | G |

Blow-ing down the back-roads __ head-in' south. Id - i - ot wind, __

| C | G |

blow-ing ev - ery time __ you move __ your teeth, _____ You're an

| C | D |

id - i - ot, babe, __ It's a won - der that you still know how to breathe. __

1.-3.
| G | C/G | G | C/G |

4.
| G | C/G | G | C/G | G |

1. **Someone's got it in for me**
    Alguém está me perseguindo,
    they're planting stories in the press
    Inventaram histórias na imprensa
    Whoever it is I wish they'd cut it out but when they will
    Seja lá quem for, gostaria que parasse com isso, mas quando isso vai acontecer
    I can only guess
    Só posso adivinhar,
    They say I shot a man named Gray and took his wife to Italy
    Dizem que atirei em um homem chamado Gray e fugi com sua mulher para a Itália,
    She inherited a million bucks and when she died it came to me
    Ela herdou um milhão de pratas e quando ela morreu, herdei a grana toda.
    I can't help it if I'm lucky
    Que posso fazer se sou sortudo
    People see me all the time and they just can't remember how to act
    As pessoas me veem o tempo todo, mas não sabem como agir
    Their minds are filled with big ideas
    Sua cabeça está cheia de grandes ideias,
    images and distorted facts
    Imagens e fatos distorcidos.
    Even you, yesterday you had to ask me where it was at
    Inclusive você, ontem, teve de me perguntar onde eu estava,
    I couldn't believe after all these years, you didn't know me better than that
    Não pude acreditar, depois de todos esses anos, você não me conhece um pouco melhor
    Sweet lady
    Dona do meu coração.

    Idiot wind, blowing every time you move your mouth
    Vento idiota, ele sopra toda vez que mexe os lábios,
    Blowing down the backroads headin' south
    Sopra nas estradas que vão para o sul.
    Idiot wind, blowing every time you move your teeth
    Vento idiota, ele sopra toda vez que mexe os dentes,
    You're an idiot, babe
    Você é uma idiota, baby
    It's a wonder that you still know how to breathe
    É um milagre que ainda saiba respirar.

2. **I ran into the fortune-teller, who said beware of lightning that might strike**
    Esbarrei em uma cartomante, que me disse para tomar cuidado com o raio que poderá cair
    I haven't known peace and quiet for so long I can't remember what it's like
    Faz tanto tempo que não sei o que é paz e tranquilidade que nem me lembro como são
    There's a lone soldier on the cross, smoke pourin' out of a boxcar door
    Há um soldado solitário na cruz, fumaça sai da porta de um vagão
    You didn't know it, you didn't think it could be done,
    Você não sabia, não achava que seria possível,

in the final end he won the wars
No final de tudo, ele ganhou as guerras
After losin' every battle
Após perder cada batalha
I woke up on the roadside, daydreamin' 'bout the way things sometimes are
Acordei na beira da estrada, sonhando acordado como são as coisas às vezes
Visions of your chestnut mare shoot through my head and are makin' me see stars
Visões de uma égua castanha atravessam minha cabeça e me fazem ver estrelas
You hurt the ones that I love best and cover up the truth with lies
Você magoa quem mais amo e cobre a verdade com mentiras
One day you'll be in the ditch, flies buzzin' around your eyes
Um dia você vai estar na vala, moscas zunindo ao redor dos seus olhos
Blood on your saddle
Sangue na sela

Idiot wind, blowing through the flowers on your tomb
Vento idiota, soprando as flores da sua tumba
Blowing through the curtains in your room
Soprando através das cortinas do seu quarto
Idiot wind, blowing every time you move your teeth
Vento idiota, soprando toda vez que você mexe os dentes
You're an idiot, babe
Você é uma idiota, baby
It's a wonder that you still know how to breathe
É um milagre que ainda saiba respirar

3. **It was gravity which pulled us down and destiny which broke us apart**
   Foi a gravidade que nos destruiu e o destino que nos separou
   You tamed the lion in my cage but it just wasn't enough to change my heart
   Você domou o leão da minha jaula, mas não bastou para mudar meu coração
   Now everything's a little upside down, as a matter of fact the wheels have stopped
   Agora tudo está um pouco de cabeça para baixo, tanto é que as rodas pararam
   What's good is bad, what's bad is good, you'll find out when you reach the top
   O que é bom é mau, o que é mau é bom, você vai descobrir quando atingir o topo
   You're on the bottom
   Que está no fundo

   I noticed at the ceremony, your corrupt ways had finally made you blind
   Na cerimônia me dei conta do teu jeito depravado que acabou te cegando
   I can't remember your face anymore, your mouth has changed, your eyes don't look into mine
   Não consigo me lembrar mais do teu rosto, tua boca mudou, teus olhos não olham para os meus
   The priest wore black on the seventh day and sat stone-faced while the building burned
   O padre trajava preto no sétimo dia e se sentou petrificado enquanto o prédio ardia
   I waited for you on the running boards, near the cypress trees, while the springtime turned
   Eu te esperei no estribo, perto dos ciprestes, enquanto a primavera lentamente se
   Slowly into Autumn
   Transformava em outono

Idiot wind, blowing like a circle around my skull
Vento idiota, soprando como um círculo ao redor do meu crânio
From the Grand Coulee Dam to the Capitol
Desde a Represa Grand Coulee até o Capitólio
Idiot wind, blowing every time you move your teeth
Vento idiota, soprando toda vez que você mexe os dentes
You're an idiot, babe
Você é uma idiota, baby
It's a wonder that you still know how to breathe
É um milagre que ainda saiba respirar

4. **I can't feel you anymore, I can't even touch the books you've read**
   Não consigo mais te sentir nem sequer tocar os livros que leu
   Every time I crawl past your door, I been wishin' I was somebody else instead
   Toda vez que me arrasto ao passar à sua porta, desejava ser outra pessoa
   Down the highway, down the tracks, down the road to ecstasy
   Na estrada, nos trilhos, no caminho que leva ao êxtase
   I followed you beneath the stars, hounded by your memory
   Eu te segui sob as estrelas, acossado pela lembrança
   And all your ragin' glory
   E toda tua glória furiosa

   I been double-crossed now for the very last time and now I'm finally free
   Fui traído pela derradeira vez e finalmente estou livre
   I kissed goodbye the howling beast on the borderline which separated you from me
   Dei um beijo de adeus à besta que uiva na fronteira que te separou de mim
   You'll never know the hurt I suffered nor the pain I rise above
   Jamais saberá do mal que sofri nem da dor que superei
   And I'll never know the same about you, your holiness or your kind of love
   E eu nunca saberei o mesmo de você, tua santidade ou teu jeito de amar
   And it makes me feel so sorry
   O que me deixa muito triste

   Idiot wind, blowing through the buttons of our coats
   Vento idiota, soprando pelos botões do nosso casaco
   Blowing through the letters that we wrote
   Soprando pelas cartas que escrevemos
   Idiot wind, blowing through the dust upon our shelves
   Vento idiota, soprando a poeira da nossa estante
   We're idiots, babe
   Somos idiotas, baby
   It's a wonder we can even feed ourselves
   É um milagre que ainda possamos nos alimentar

"Eu queria compor essa canção como uma pintura. Muita gente pensava que essa música, esse álbum, *Blood On The Tracks*, tinha a ver comigo, o que parecia na época. Não tinha a ver comigo. Era apenas um conceito de transformar em imagens o que desafia o tempo – ontem, hoje e amanhã. Eu queria que, entre elas, todas tivessem alguma forma estranha de ligação."

Bob Dylan, 1985

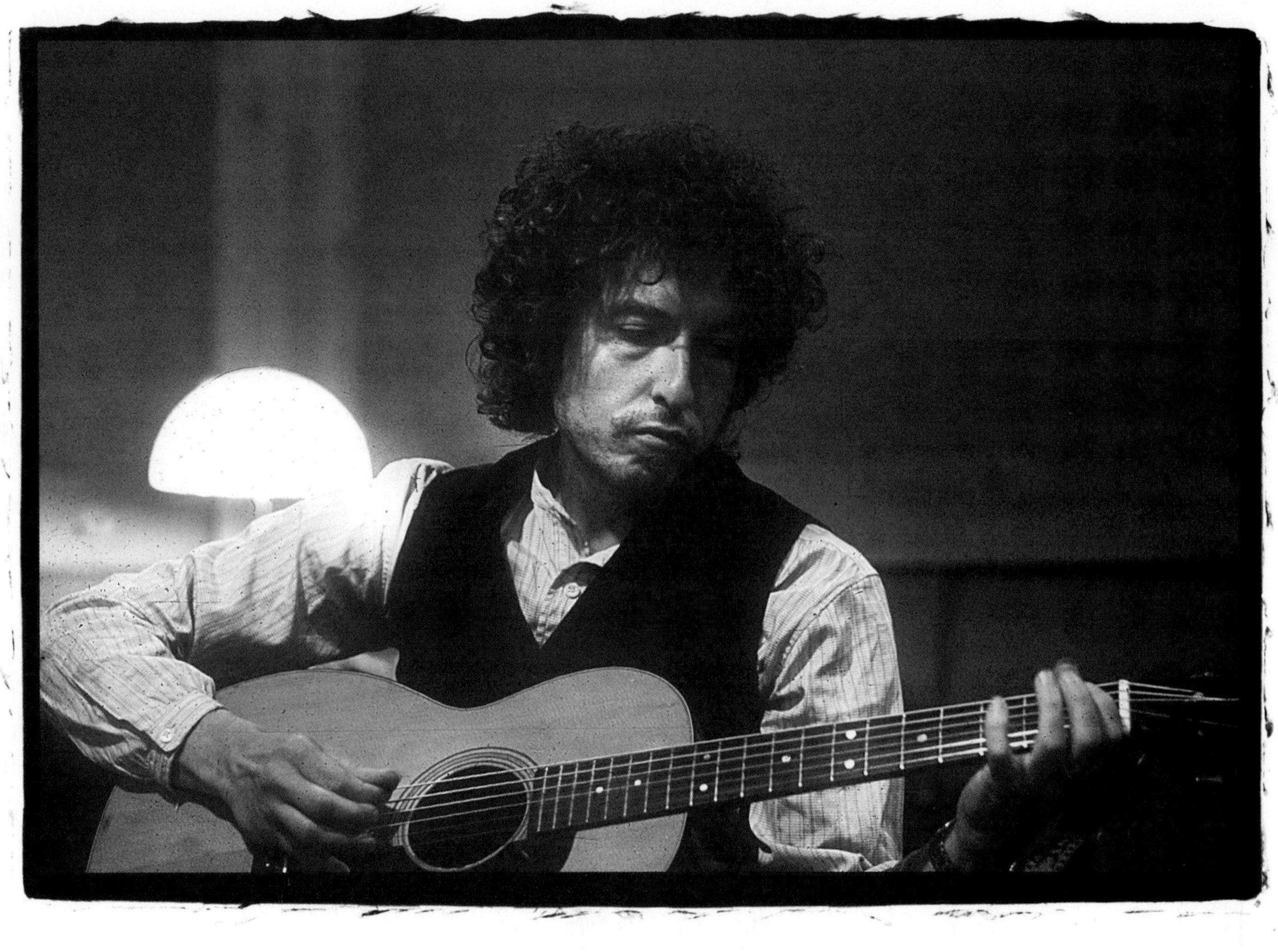

IF YOU SEE HER, SAY HELLO

(SE VOCÊ VÊ-LA, DIGA OI)

Blood On The Tracks, 1975

Esta canção profundamente pessoal foi incluída no ciclo notável de composições que formava o álbum *Blood On The Tracks*. Uma versão um pouco anterior foi incluída no *The Bootleg Series Vols. 1-3*, em 1991. Dylan interpretou-a vez ou outra no decorrer de suas apresentações ao vivo, quase sempre reescrevendo a letra original.

"Adoro essa música – é a minha favorita."

Nick Cave

IF YOU SEE HER, SAY HELLO

Moderately slow

1. If you see her, say hello, she might be in Tangier She left here last early spring, is livin' there, I hear Say for me that I'm alright though things get kind of slow She might think that I've forgotten her, don't tell her it isn't so.

Copyright © 1974, 1976 Ram's Horn Music. All Rights Reserved. International Copyright Secured.

1. **If you see her, say hello,**
   Se você vê-la, diga oi,
   she might be in Tangier
   Ela pode estar em Tânger
   She left here last early Spring, is livin' there, I hear
   Ela partiu no início da última primavera, está morando lá, ouvi falar
   Say for me that I'm all right though things get kind of slow
   Diga por mim que estou bem, embora as coisas andem meio devagar
   She might think that I've forgotten her, don't tell her it isn't so
   Talvez ela pense que eu a esqueci, não, diga que não é bem assim.

2. **We had a falling-out, like lovers often will**
   Tivemos uma discussão, como os amantes sempre terão
   And to think of how she left that night, it still brings me a chill
   E só de pensar como ela partiu naquela noite ainda me dá arrepios
   And though our separation, it pierced me to the heart
   E embora nossa separação tenha transpassado meu coração
   She still lives inside of me, we've never been apart
   Ela ainda vive em mim, nunca estivemos separados

3. **If you get close to her, kiss her once for me**
   Se chegar perto dela, beije-a uma vez por mim
   I always have respected her for busting out and gettin' free
   Sempre a respeitei por ela ter caído fora e se libertado
   Oh, whatever makes her happy, I won't stand in the way
   Oh, seja lá o que a faça feliz, não vou ficar no caminho
   Though the bitter taste still lingers on from the night I tried to make her stay
   Embora ainda perdure o sabor amargo da noite que tentei fazê-la ficar

4. **I see a lot of people as I make the rounds**
   Vejo um monte de gente quando saio por aí
   And I hear her name here and there as I go from town to town
   E ouço o nome dela aqui e ali, quando vou de cidade em cidade
   And I've never gotten used to it, I've just learned to turn it off
   E nunca consegui me acostumar com isso, apenas aprendi a me desligar
   Either I'm too sensitive or else I'm gettin' soft
   Ou estou muito sensível ou então ficando mole

5. **Sundown, yellow moon, I replay the past**
   Pôr do sol, lua amarela, repito o passado
   I know every scene by heart, they all went by so fast
   Conheço cada cena de cor, todas elas passaram tão rápido
   If she's passin' back this way, I'm not that hard to find
   Se ela voltar por este caminho, não é difícil me achar
   Tell her she can look me up if she's got the time
   Diga a ela que me procure se tiver tempo

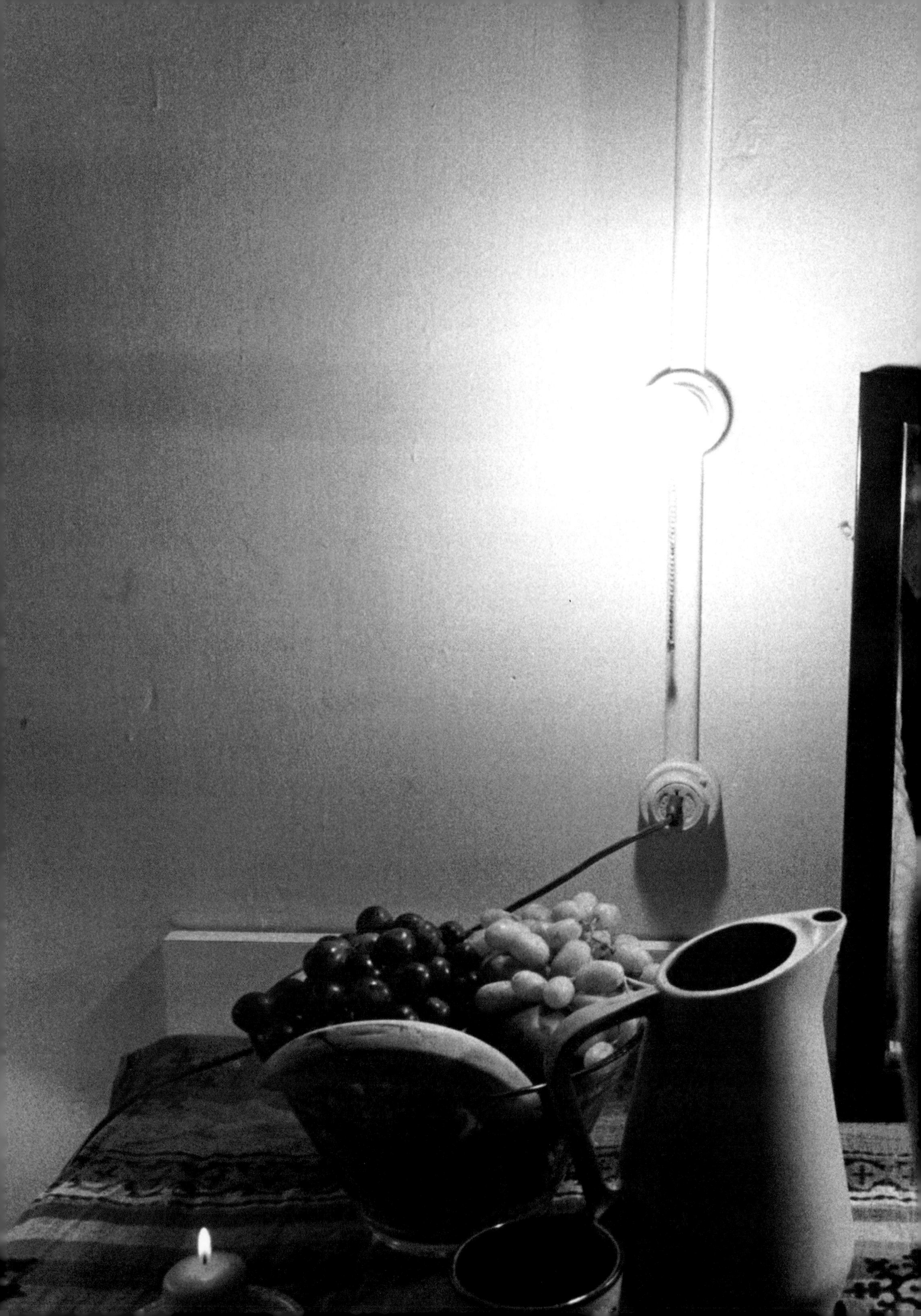

YOU'RE GONNA MAKE ME LONESOME WHEN YOU GO

(VOU FICAR SOLITÁRIO QUANDO VOCÊ SE FOR)

Blood On The Tracks, 1975

Este encantador retrato agridoce de um romance foi escrito no verão de 1974 para o épico *Blood On The Tracks*. Depois de aparecer nos roteiros musicais da turnê de 1976, Dylan nunca mais a tocou em público novamente. Mas a canção alcançou merecidamente sucesso maior ainda no começo do século XXI, por meio da interpretação sensível de Madeleine Peyroux.

"É mesmo uma bela canção. Eu sempre pensei assim – e esta é uma parte menos conhecida de seu trabalho como compositor – que a sua visão romântica das coisas sempre tem uma aspecto agridoce. No que me diz respeito, ele compõe as mais belas canções de amor, de várias maneiras, por isso fiquei tão empolgada para gravar essa canção."

Madeleine Peyroux

YOU'RE GONNA MAKE ME LONESOME WHEN YOU GO

Moderately fast

1. I've seen love go by my door__ It's never been__ this close before__ Never been so easy or so slow.__ Been shooting in__ the dark too long__ When somethin's not right it's wrong. Yer gonna make me lonesome__ when you go.

2. Dragon clouds so high above__ I've only known__ careless love, It's always hit__ me from below.__ This time around it's more correct__ Right on target, so direct, Yer gonna make me lonesome__ when you go.

3. Purple clover, Queen Anne lace,__ Crimson hair__ across your face,__ You could make me cry__ if you don't know.__ Can't remember what I was thinkin' of You might be spoilin' me too much, love, Yer gonna make me lonesome when you go.

Flowers on the hillside, bloomin' crazy,__
Yer gonna make me wonder what I'm doin',__ go.

Copyright © 1974, 1975 Ram's Horn Music. All Rights Reserved. International Copyright Secured.

Crick-ets talk-in' back and forth in rhyme,
Stay-in' far be-hind with-out you.
Blue riv-er run-nin' slow and la-zy,
Yer gon-na make me won-der what I'm say-in',
I could stay with you for-ev-er And nev-er re-al-ize the time.
Yer gon-na make me give my-self a good talk-in' to. 5. I'll
4. Sit-u-a-tions have end-ed sad, Re-la-tion-ships have all been bad.
look for you in old Hon-o-lu-lu, San Fran-cis-co, Ash-ta-bu-la,
Mine-'ve been like Ver-laine's and Rim-baud. But
Yer gon-na have to leave me now, I know. But I'll
there's no way I can com-pare All those scenes to this af-fair,
see you in the sky a-bove, In the tall grass, in the ones I love,
Yer gon-na make me lone-some when you go.
Yer gon-na make me lone-some when you go.

1. **I've seen love go by my door**
    Vi o amor passar pela minha porta
    It's never been this close before
    Nunca esteve assim tão perto antes
    Never been so easy or so slow
    Nunca assim tão fácil e tão lento.
    Been shooting in the dark too long
    Estive atirando no escuro por muito tempo
    When somethin's not right it's wrong
    Quando algo não está certo, é porque está errado
    Yer gonna make me lonesome when you go
    Vou ficar solitário quando você se for.

2. **Dragon clouds so high above**
    Nuvens de dragão bem lá no alto
    I've only known careless love
    Só conheci o amor descuidado,
    It's always hit me from below
    Que sempre me acertava por baixo,
    This time around it's more correct
    Desta vez está mais correto
    Right on target, so direct
    Bem no alvo, tão direto,
    Yer gonna make me lonesome when you go
    Vou ficar solitário quando você se for.

3. **Purple clover, Queen Anne's Lace**
    Trevo púrpuro, cenoura agreste,
    Crimson hair across your face
    Cabelo carmesim no rosto,
    You could make me cry if you don't know
    Você podia me fazer chorar se não sabe
    Can't remember what I was thinkin' of
    Não consigo lembrar o que estava pensando
    You might be spoilin' me too much, love
    Você deve estar me mimando muito, amor,
    Yer gonna make me lonesome when you go
    Vou ficar solitário quando você se for.

    Flowers on the hillside, bloomin' crazy
    Flores nas encostas crescendo loucamente,
    Crickets talkin' back and forth in rhyme
    Grilos de lá para cá fazendo rimas,

Blue river runnin' slow and lazy
Rio azul correndo lento e sereno,
I could stay with you forever
Poderia ficar com você para sempre
And never realize the time
Sem nunca perceber o tempo.

4. **Situations have ended sad**
   As situações terminaram tristemente,
   Relationships have all been bad
   As relações foram todas más.
   Mine've been like Verlaine's and Rimbaud
   As minhas foram como a de Verlaine e Rimbaud.
   But there's no way I can compare
   Mas não há como comparar
   All those scenes to this affair
   Todas aquelas cenas com este caso,
   Yer gonna make me lonesome when you go
   Vou ficar solitário quando você se for.

   Yer gonna make me wonder what I'm doin'
   Vou ficar me perguntando o que estou fazendo
   Stayin' far behind without you
   Tão longe de você.
   Yer gonna make me wonder what I'm sayin'
   Vou ficar me perguntando o que estou dizendo,
   Yer gonna make me give myself a good talkin' to
   Você vai me obrigar a ter uma conversa franca comigo mesmo.

5. **I'll look for you in old Honolulu**
   Vou te procurar em Honolulu,
   San Francisco, Ashtabula
   São Francisco, Ashtabula,
   Yer gonna have to leave me now, I know
   Logo você tem de me deixar, eu sei.
   But I'll see you in the sky above
   Mas vou te ver lá no céu,
   In the tall grass, in the ones I love
   Na grama alta, naqueles que amo,
   Yer gonna make me lonesome when you go
   Vou ficar solitário quando você se for.

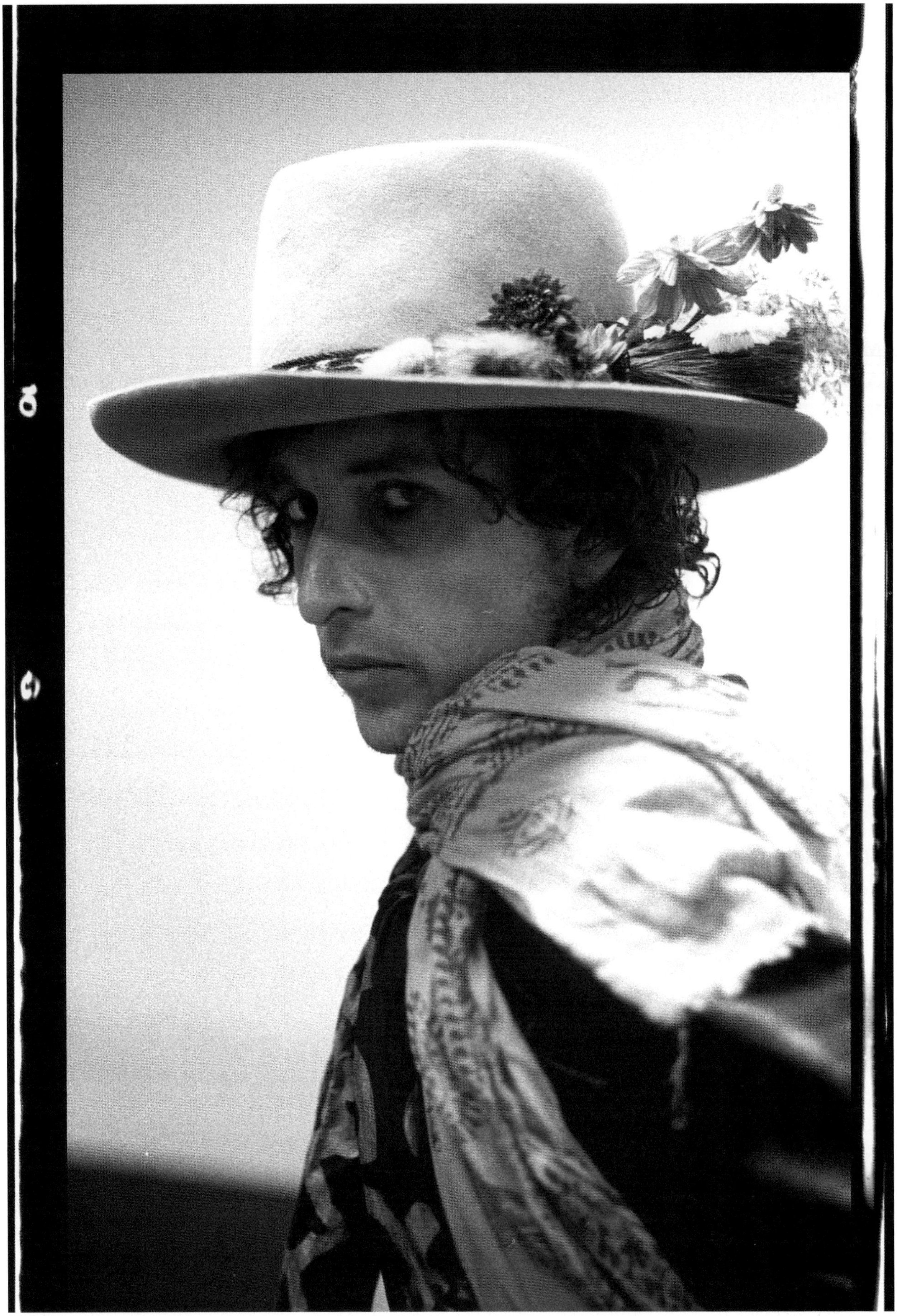

LILY, ROSEMARY AND THE JACK OF HEARTS

(LILY, ROSEMARY E O VALETE DE COPAS)

💿 *Blood On The Tracks*, 1975

Esta longa narrativa do *Blood On The Tracks* permanece como um dos elementos mais comoventes de toda a discografia de Dylan; é um enredo surreal, estimulado por uma musicalidade imaculadamente concisa. Infelizmente, a canção nunca inspirou o filme que sua trama exigia, e só uma única vez foi incluída nos concertos de Dylan, em dueto com Joan Baez, durante a segunda turnê do Rolling Thunder Revue.

LILY, ROSEMARY AND THE JACK OF HEARTS

Fast country style

1. The festival was over, the boys were all plannin' for a fall, The cabaret was quiet except for the drillin' in the wall. The curfew had been lifted and the gamblin' wheel shut down, Anyone with any sense had already left town. He was standin' in the doorway lookin' like the Jack of Hearts.

1.-15.

16. D.S. (Instrumental) and fade

2. He

Copyright © 1974, 1976 Ram's Horn Music. All Rights Reserved. International Copyright Secured.

1. **The festival was over, the boys were all plannin' for a fall**
   O festival terminou, os garotos planejavam um golpe,
   The cabaret was quiet except for the drillin' in the wall
   O cabaré está quieto, a não ser o barulho da furadeira na parede,
   The curfew had been lifted and the gamblin' wheel shut down
   O toque de recolher fora suspenso e a roleta de apostas freada,
   Anyone with any sense
   Qualquer um com um mínimo de bom senso
   had already left town
   já teria saído da cidade.
   He was standin' in the doorway lookin' like the Jack of Hearts
   Ele estava diante da porta de entrada parecendo o Valete de Copas.

2. **He moved across the mirrored room, "Set it up for everyone," he said**
   Atravessou o salão espelhado, "Bebida para todos", disse ele
   Then everyone commenced to do what they were doin' before he turned their heads
   Então todos começaram a fazer o que estavam fazendo antes de virar a cabeça
   Then he walked up to a stranger and he asked him with a grin
   Depois, se aproximou de um estranho e perguntou com um sorriso aberto
   "Could you kindly tell me, friend, what time the show begins?"
   "Poderia por gentileza me dizer, amigo, a que horas começa o *show*?"
   Then he moved into the corner, face down like the Jack of Hearts
   Em seguida foi para um canto, cabeça para baixo como o Valete de Copas

3. **Backstage the girls were playin' five-card stud by the stairs**
   Nos bastidores, as garotas jogavam pôquer perto das escadas
   Lily had two queens, she was hopin' for a third to match her pair
   Lily tinha duas rainhas, e torcia por uma terceira para juntar com seu par
   Outside the streets were fillin' up, the window was open wide
   Lá fora as ruas se abarrotavam, a janela estava bem aberta
   A gentle breeze was blowin', you could feel it from inside
   Uma brisa suave soprava, e se podia senti-la lá dentro
   Lily called another bet and drew up the Jack of Hearts
   Lily fez outra aposta e tirou o Valete de Copas

4. **Big Jim was no one's fool, he owned the town's only diamond mine**
   Jim Grandão não era nenhum idiota, era dono da única mina de diamantes da cidade
   He made his usual entrance lookin' so dandy and so fine
   Fez sua entrada de praxe, todo elegante e muito fino
   With his bodyguards and silver cane and every hair in place
   Com seus guarda-costas, bengala prateada e cada fio de cabelo no lugar
   He took whatever he wanted to and he laid it all to waste
   Pegou tudo o que queria e deixou tudo desperdiçar
   But his bodyguards and silver cane were no match for the Jack of Hearts
   Mas seus guarda-costas e a bengala prateada não eram páreo para o Valete de Copas

5. **Rosemary combed her hair and took a carriage into town**
   Rosemary penteou o cabelo e tomou uma carruagem até a cidade
   She slipped in through the side door lookin' like a queen without a crown
   Entrou pela porta lateral parecendo uma rainha sem coroa
   She fluttered her false eyelashes and whispered in his ear
   Piscou seus cílios postiços, sussurrou no ouvido dele
   "Sorry, darlin', that I'm late," but he didn't seem to hear
   "Desculpe meu atraso, benzinho", mas ele pareceu não escutar
   He was starin' into space over at the Jack of Hearts
   Estava absorto com o olhar sobre o Valete de Copas

6. **"I know I've seen that face before," Big Jim was thinkin' to himself**
   "Sei que já vi esse cara antes", Jim Grandão pensou consigo mesmo
   "Maybe down in Mexico or a picture up on somebody's shelf"
   "Talvez lá no México ou num retrato na estante de alguém"
   But then the crowd began to stamp their feet and the house lights did dim
   Mas daí a multidão começou a bater o pé, as luzes diminuíram
   And in the darkness of the room there was only Jim and him
   E na escuridão da sala havia apenas Jim e ele,
   Starin' at the butterfly who just drew the Jack of Hearts
   Olhos fixos na borboleta que acabava de tirar o Valete de Copas

7. **Lily was a princess, she was fair-skinned and precious as a child**
   Lily era uma princesa de pele clara e preciosa como uma criança
   She did whatever she had to do, she had that certain flash every time she smiled
   Fazia tudo que tinha de fazer, seu sorriso emitia certo brilho.
   She'd come away from a broken home, had lots of strange affairs
   Vinha de um lar desfeito, teve vários casos estranhos
   With men in every walk of life which took her everywhere
   Com homens de todo tipo que a levavam para todo canto.
   But she'd never met anyone quite like the Jack of Hearts
   Mas nunca cruzou com alguém assim como o Valete de Copas.

8. **The hangin' judge came in unnoticed and was being wined and dined**
   O juiz da forca entrou sem ser notado e deram-lhe de beber e comer
   The drillin' in the wall kept up but no one seemed to pay it any mind
   Ninguém parecia prestar atenção ao barulho da broca na parede
   It was known all around that Lily had Jim's ring
   Todo mundo sabia que Lily usava a aliança de Jim
   And nothing would ever come between Lily and the king
   E nada se interporia entre Lily e o rei
   No, nothin' ever would except maybe the Jack of Hearts
   Não, nada mesmo, a não ser talvez o Valete de Copas

9. **Rosemary started drinkin' hard and seein' her reflection in the knife**
Rosemary começou a entornar o copo e a ver sua imagem refletida na faca
She was tired of the attention, tired of playin' the role of Big Jim's wife
Ela estava cansada da atenção, cansada de bancar a esposa do Jim Grandão
She had done a lot of bad things, even once tried suicide
Ela, que já fizera muitas besteiras, até tentado o suicídio
Was lookin' to do just one good deed before she died
Pensava fazer algo de bom antes de morrer
She was gazin' to the future, riding on the Jack of Hearts
Vislumbrava o futuro, montando o Valete de Copas

10. **Lily washed her face, took her dress off and buried it away**
Lily lavou o rosto, tirou o vestido e o escondeu em um canto
"Has your luck run out?" she laughed at him, "Well, I guess you must have known it would someday
"A sorte te abandonou?" ela disse a ele rindo, "Bem, acho que já deveria saber que aconteceria um dia.
Be careful not to touch the wall, there's a brand-new coat of paint
Cuidado para não tocar na parede, há uma nova camada de tinta fresca,
I'm glad to see you're still alive, you're lookin' like a saint."
Fico feliz em ver que ainda está vivo, você está parecendo um santo"
Down the hallway footsteps were comin' for the Jack of Hearts.
Descendo as escadas do corredor vinham em busca do Valete de Copas

11. **The backstage manager was pacing all around by his chair**
O chefe dos bastidores dava voltas em torno da cadeira
"There's something funny going on," he said, "I can just feel it in the air"
"Alguma coisa estranha está acontecendo", disse ele, "Posso sentir no ar"
He went to get the hangin' judge, but the hangin' judge was drunk
Ele foi buscar o juiz da forca, mas o juiz estava bêbado
As the leading actor hurried by in the costume of a monk
Enquanto o ator principal passava, apressado, fantasiado de monge
There was no actor anywhere better than the Jack of Hearts
Não havia em nenhum lugar ator melhor que o Valete de Copas

12. **Lily's arms were locked around the man that she dearly loved to touch**
Os braços de Lily entrelaçavam o homem que ela tanto amava tocar
She forgot all about the man she couldn't stand who hounded her so much
Esquecendo o homem que não a perseguia tanto
"I've missed you so," she said to him, and he felt she was sincere
"Senti tanto a sua falta", ela disse, e ele percebeu que era sincero
But just beyond the door he felt jealousy and fear
Mas o ciúme e o medo rondavam atrás da porta
Just another night in the life of the Jack of Hearts
Apenas mais uma noite na vida do Valete de Copas

13. No one knew the circumstance but they say that it happened pretty quick
   Ninguém sabia das circunstâncias, mas dizem que aconteceu muito rápido
   The door to the dressing room burst open and a cold revolver clicked
   A porta do camarim se abriu de um golpe e ouviu-se o clique de um frio revólver
   And Big Jim was standin' there, ya couldn't say surprised
   Lá estava Jim Grandão, e nem mesmo tinha o ar surpreso
   Rosemary right beside him, steady in her eyes
   Rosemary bem a seu lado, com o olhar firme
   She was with Big Jim but she was leanin' to the Jack of Hearts
   Ela estava com o Jim, mas se inclinava para o Valete de Copas

14. Two doors down the boys finally made it through the wall
   Duas portas adiante os garotos finalmente conseguiram atravessar a parede
   And cleaned out the bank safe, it's said that they got off with quite a haul
   E limparam o cofre do banco, dizem que saíram de lá com um bom butim
   In the darkness by the riverbed they waited on the ground
   Na escuridão às margens do rio, esperaram agachados no chão
   For one more member who had business back in town
   Por outro membro que tinha negócios na cidade
   But they couldn't go no further without the Jack of Hearts
   Pois não podiam ir mais longe sem o Valete de Copas

15. The next day was hangin' day, the sky was overcast and black
   No dia seguinte, o do enforcamento, o céu estava coberto e negro,
   Big Jim lay covered up, killed by a penknife in the back
   Jim Grandão jazia coberto, morto com um canivete nas costas
   And Rosemary on the gallows, she didn't even blink
   E Rosemary na forca nem sequer piscou
   The hangin' judge was sober, he hadn't had a drink
   O juiz da forca estava sóbrio, não bebeu uma gota
   The only person on the scene missin' was the Jack of Hearts.
   A única pessoa que faltava na cena era o Valete de Copas

16. The cabaret was empty now, a sign said, "Closed for repair"
   O cabaré estava vazio agora, uma placa dizia, "Fechado para reparos",
   Lily had already taken all of the dye out of her hair
   Lily já tirara toda a tinta do cabelo
   She was thinkin' 'bout her father, who she very rarely saw
   Pensava no pai, que ela raramente vira
   Thinkin' 'bout Rosemary and thinkin' about the law
   Depois, pensou em Rosemary e na lei
   But, most of all she was thinkin' 'bout the Jack of Hearts
   Mas, sobretudo, pensava no Valete de Copas

"Ele entendia a força da música *folk* e seu poder de contar histórias. Não era convencional. Ele percebeu a capacidade de o *folk* transmitir mensagens atemporais. Seu talento era tão palpável que era possível senti-lo."

Paul Stookey, um terço do trio *folk* Peter, Paul & Mary

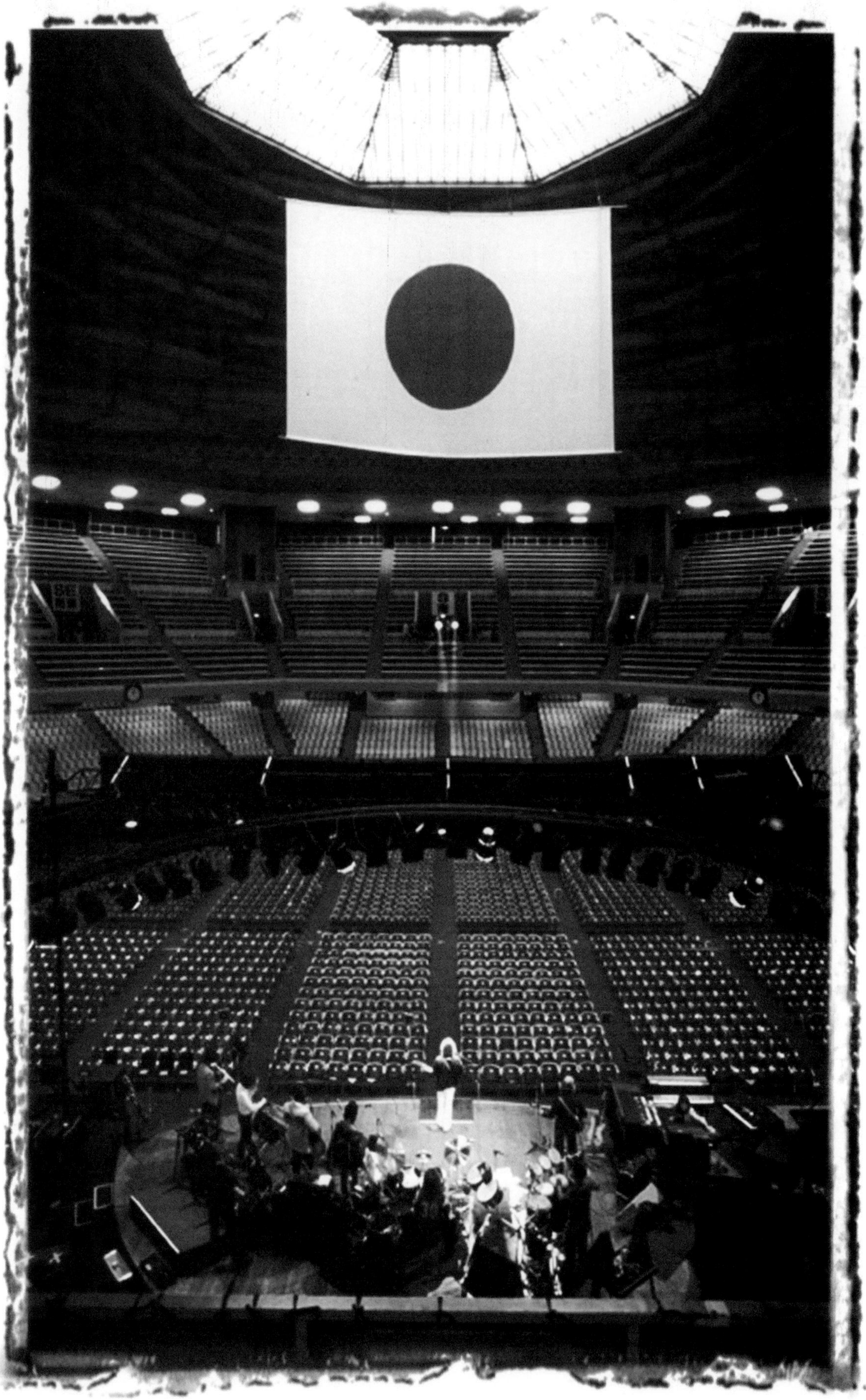

SHELTER FROM THE STORM

(ABRIGO DA TEMPESTADE)

Blood on the Tracks, 1975

"Shelter From The Storm" foi gravada durante as primeiras sessões do *Blood On The Tracks*, em setembro de 1974. Em 1976, foi tocada com regularidade durante a segunda turnê do Rolling Thunder Revue, sendo que uma versão elétrica (com Bob Dylan tocando guitarra *slide*) foi incluída no especial de TV *Hard Rain* e no álbum ao vivo. Posteriormente, a canção apareceu no disco *Bob Dylan At Budokan* em 1978, e desde então vem sendo tocada inúmeras vezes.

SHELTER FROM THE STORM

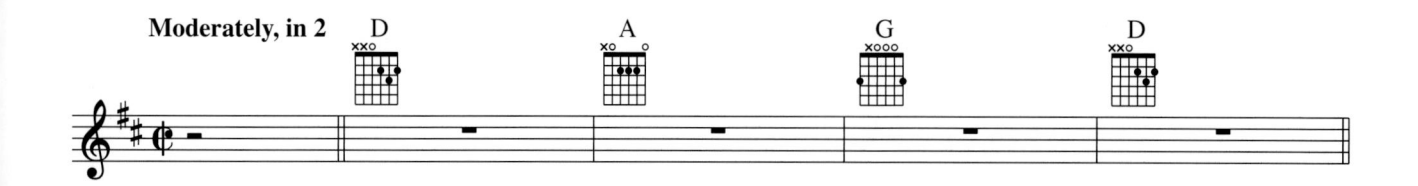

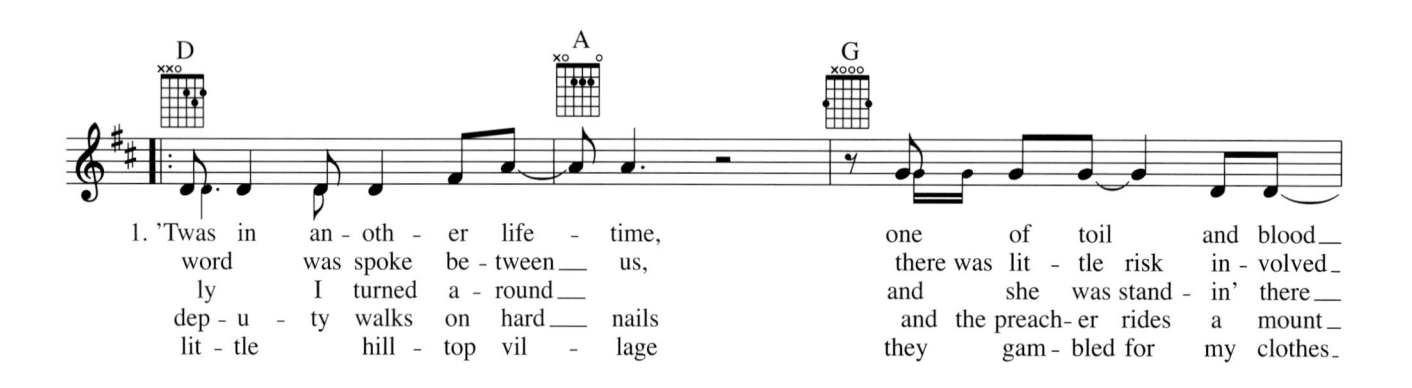

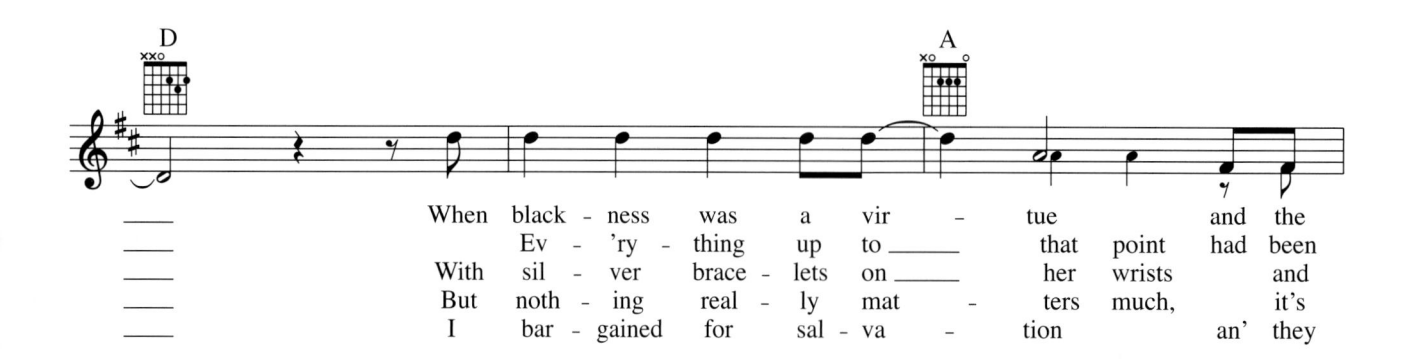

Moderately, in 2

| D | A | G | D |

D A G

1. 'Twas in an-oth-er life-time, one of toil and blood
   word was spoke be-tween us, there was lit-tle risk in-volved
   ly I turned a-round and she was stand-in' there
   dep-u-ty walks on hard nails and the preach-er rides a mount
   lit-tle hill-top vil-lage they gam-bled for my clothes

D A

When black-ness was a vir-tue and the
Ev-'ry-thing up to that point had been
With sil-ver brace-lets on her wrists and
But noth-ing real-ly mat-ters much, it's
I bar-gained for sal-va-tion an' they

Copyright © 1974, 1976 Ram's Horn Music. All Rights Reserved. International Copyright Secured.

[G] road was full of mud [D] I came in from the wil-
left un-re-solved. Try im-ag-in-ing a place
flow-ers in her hair. She walked up to me so grace-
doom a lone that counts And the one-eyed un-der-tak-
gave me a le-thal dose. I of-fered up my in-

[A] der-ness, [G] a crea-ture void of form.
where it's al-ways safe and warm.
ful-ly and took my crown of thorns. "Come
er, he blows a fu-tile horn.
no-cence and got re-paid with scorn.

[D] in," she said, [D/A] "I'll give you [G] shel-ter from [D] the storm."

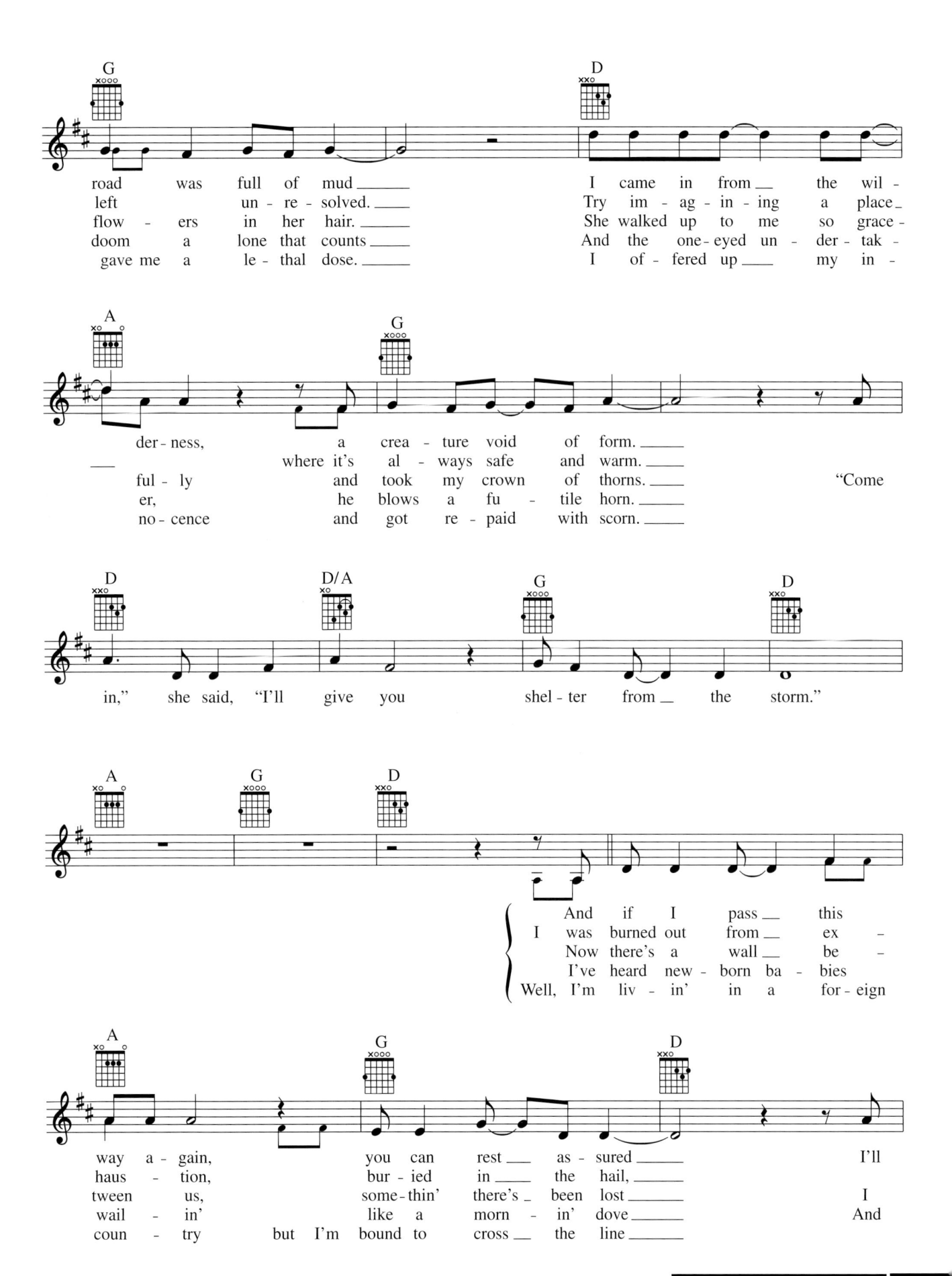

[A] [G] [D] And if I pass this
I was burned out from ex-
Now there's a wall be-
I've heard new-born ba-bies
Well, I'm liv-in' in a for-eign

[A] way a-gain, [G] you can rest as-sured [D] I'll
haus-tion, bur-ied in the hail,
tween us, some-thin' there's been lost I
wail-in' like a morn-in' dove And
coun-try but I'm bound to cross the line

al - ways do my best ___ for her, on that I give ___ my word ___
Poi - soned in the bush - es an' blown out on ___ the trail, ___
took too much for grant - ed, got my sig - nals crossed. ___
old men with bro - ken teeth strand - ed with - out love. ___
Beau - ty walks a ra - zor's edge, some - day I'll make it mine. ___

___ In a world of steel - eyed death, and men ___ who are
___ Hunt - ed like a croc - o - dile, ___
___ Just to think that it all be - gan ___ on a
___ Do I un - der - stand your ques - tion, man, ___ is it
___ If I could on - ly turn back the clock ___ to when

fight - ing to be warm. ___
rav - aged in the corn. ___
long - for - got - ten morn. ___
hope - less and for - lorn? ___
God and her were born. ___

"Come in," she said, "I'll give ___

___ you shel - ter from ___ the storm."

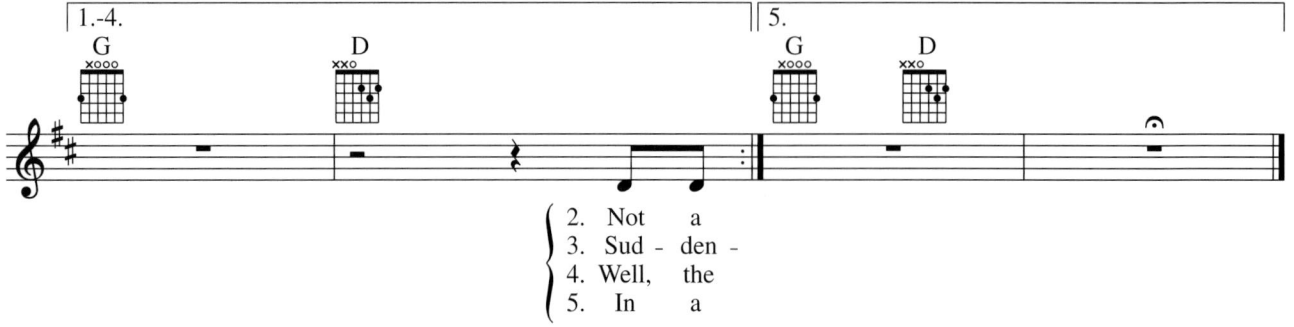

1.-4.

5.

2. Not a
3. Sud - den -
4. Well, the
5. In a

1. **'Twas in another lifetime, one of toil and blood**
   Foi em outra vida, uma de labuta e sangue
   When blackness was a virtue and the road was full of mud
   Quando a negrura era virtude e a estrada pura lama
   I came in from the wilderness, a creature void of form
   Vinha do deserto criatura desprovida de forma.
   "Come in," she said, "I'll give you shelter from the storm"
   "Entre", disse ela, "te darei abrigo da tempestade".

   And if I pass this way again, you can rest assured
   E se eu retomar este caminho, pode ter certeza
   I'll always do my best for her, on that I give my word
   Que farei sempre meu melhor por ela, disso dou minha palavra
   In a world of steel-eyed death, and men who are fighting to be warm
   Em um mundo de morte com olhar de aço, e homens que lutam para ser afáveis.
   "Come in," she said, "I'll give you shelter from the storm"
   "Entre", disse ela, "te darei abrigo da tempestade".

2. **Not a word was spoke between us,**
   Não trocamos nenhuma palavra,
   There was little risk involved
   Havia pouco risco envolvido
   Everything up to that point had been left unresolved
   Até aquele momento tudo ficou sem se resolver.
   Try imagining a place where it's always safe and warm
   Tente imaginar um lugar que seja sempre seguro e aconchegante.
   "Come in," she said, "I'll give you shelter from the storm"
   "Entre", disse ela, "te darei abrigo da tempestade".

   I was burned out from exhaustion, buried in the hail
   Estava exausto, enterrado no granizo,
   Poisoned in the bushes an' blown out on the trail
   Envenenado nos arbustos e expulso da trilha,
   Hunted like a crocodile, ravaged in the corn
   Perseguido como um crocodilo, destruído no milharal.
   "Come in," she said, "I'll give you shelter from the storm"
   "Entre", disse ela, "te darei abrigo da tempestade".

3. **Suddenly I turned around and she was standin' there**
   De repente, me viro e lá estava ela
   With silver bracelets on her wrists and flowers in her hair
   Com braceletes de prata no pulso e flores no cabelo.
   She walked up to me so gracefully and took my crown of thorns
   Aproximou-se de mim com tanta graça e tirou minha coroa de espinhos.
   "Come in," she said, "I'll give you shelter from the storm"
   "Entre", disse ela, "te darei abrigo da tempestade".

Now there's a wall between us, somethin' there's been lost
Agora há um muro que nos separa, algo se perdeu
I took too much for granted, got my signals crossed
Não dei o devido valor, entendi mal a situação
Just to think that it all began on a long-forgotten morn
E pensar que tudo começou em uma longa e esquecida manhã.
"Come in," she said, "I'll give you shelter from the storm"
"Entre", disse ela, "te darei abrigo da tempestade".

4. Well, the deputy walks on hard nails and the preacher rides a mount
Bem, o suplente anda sobre pregos e o pregador cavalga uma montaria
But nothing really matters much, it's doom alone that counts
Mas na verdade nada tem muita importância, o que conta é a fatalidade
And the one-eyed undertaker, he blows a futile horn
E o coveiro caolho toca uma corneta fútil.
"Come in," she said, "I'll give you shelter from the storm"
"Entre", disse ela, "te darei abrigo da tempestade".

I've heard newborn babies wailin' like a mournin' dove
Ouvi os recém-nascidos chorarem como pombas matinais
And old men with broken teeth stranded without love
E velhos com dentes quebrados, abandonados, sem amor.
Do I understand your question, man, is it hopeless and forlorn?
Entendo tua pergunta, cara, não há esperança e amparo?
"Come in," she said, "I'll give you shelter from the storm"
"Entre", disse ela, "te darei abrigo da tempestade".

5. In a little hilltop village, they gambled for my clothes
No pequeno vilarejo no alto da montanha, eles apostavam minhas roupas
I bargained for salvation an' they gave me a lethal dose
Negociei minha salvação e me deram uma dose letal.
I offered up my innocence and got repaid with scorn
Ofereci minha inocência e fui retribuído com desprezo.
"Come in," she said, "I'll give you shelter from the storm"
"Entre", disse ela, "te darei abrigo da tempestade".

Well, I'm livin' in a foreign country but I'm bound to cross the line
Bem, moro em um país estrangeiro, mas estou prestes a cruzar a fronteira
Beauty walks a razor's edge, someday I'll make it mine
A beleza caminha sob o fio da navalha, algum dia ela será minha.
If I could only turn back the clock to when God and her were born
Se pudesse apenas voltar o tempo para quando Deus e ela nasceram.
"Come in," she said, "I'll give you shelter from the storm"
"Entre", disse ela, "te darei abrigo da tempestade".

"Amo a bela complexidade de suas imagens. Ele usa imagens muito específicas, mesclando-as com a melodia para que tudo pareça uma primeira inspiração. Os melhores artistas fazem isso. É como se a canção refletisse a nossa própria vida."

— Rosanne Cash

HURRICANE

(HURRICANE)

Desire, 1976

Depois de uma visita à prisão onde o boxeador Rubin "Hurricane" Carter cumpria pena, durante o verão de 1975, Dylan e o parceiro Jacques Levy escreveram este relato cinematográfico das circunstâncias que o levaram à prisão – injustamente, assim Carter alegava. A canção abria o álbum *Desire* de Dylan, e esteve presente no Rolling Thunder Revue durante a turnê do final de 1975.

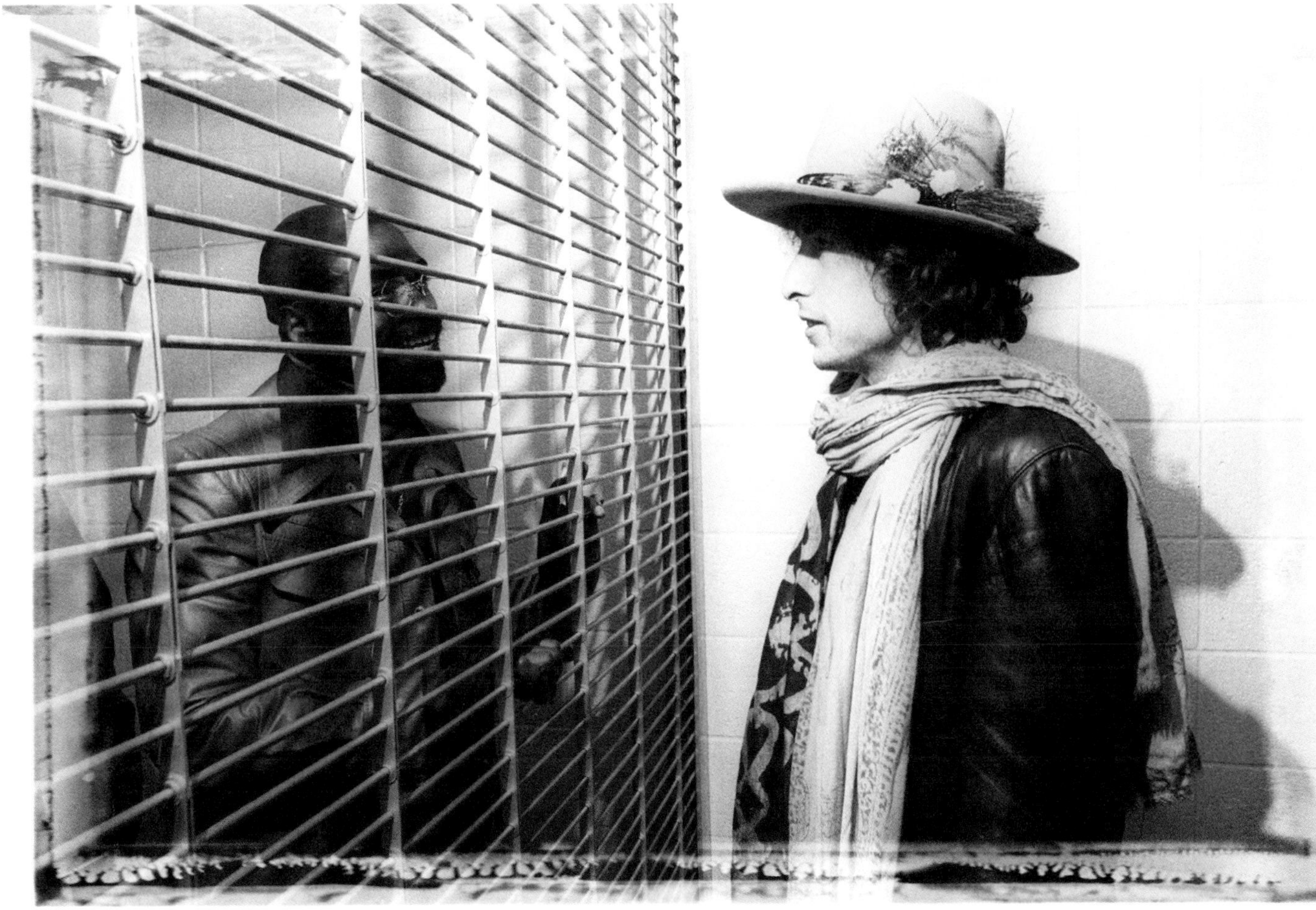

HURRICANE

Com Jacques Levy

Moderately

1. Pistol shots ring out in the bar-room night __ Enter Patty Valentine from the upper hall. __ She sees the bartender in a pool of blood, __ Cries out, "My God, they killed __ them all!" _____ Here comes the story of the Hurricane, __ The man the authorities came __ to blame __ For somethin' that he never done. Put in a prison cell, but

Copyright © 1975 Ram's Horn Music. All Rights Reserved. International Copyright Secured.

(music notation: C – Em/B – Am – F – C – G [1.–10.])

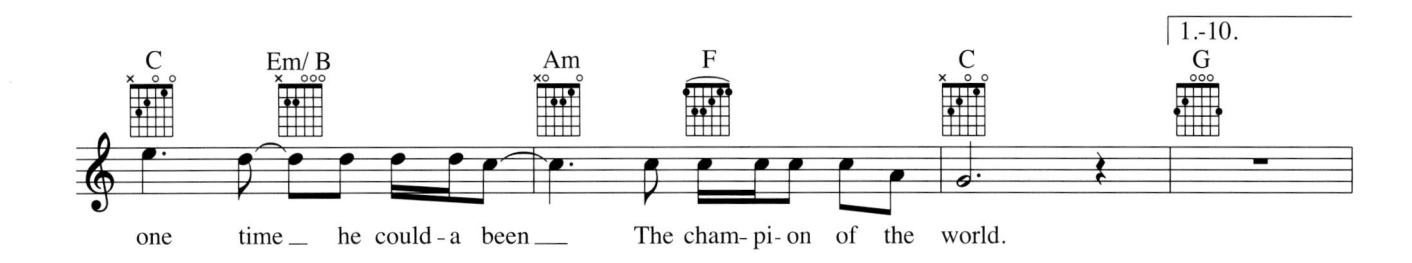

one time_ he could-a been_ The cham-pi-on of the world.

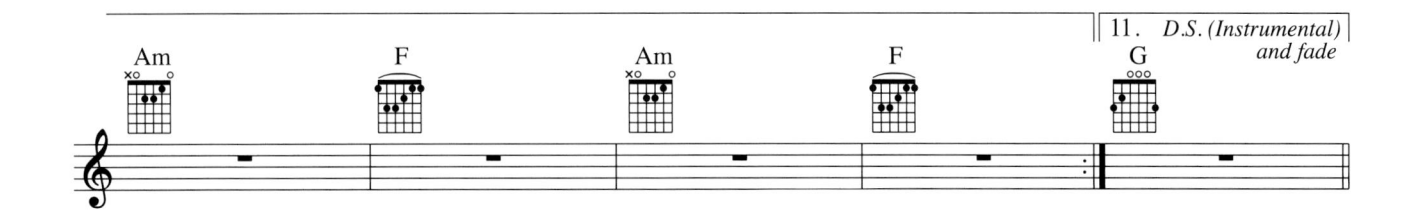

(Am – F – Am – F – G ‖ 11. D.S. (Instrumental) and fade)

1. Pistol shots ring out in the barroom night
   Tiros de pistola ressoam na noite no bar
   Enter Patty Valentine from the upper hall
   Chega Patty Valentine vindo do salão superior
   She sees the bartender in a pool of blood
   Ela vê o *barman* em uma poça de sangue,
   Cries out, "My God, they killed them all!"
   Grita: "Meu Deus, eles mataram todo mundo!"
   Here comes the story of the Hurricane
   Eis a história de Hurricane
   The man the authorities came to blame
   O homem que as autoridades culparam
   For somethin' that he never done
   Por algo que nunca fez.
   Put in a prison cell, but one time he could-a been
   Meteram-no numa cela, mas ele podia ter sido
   The champion of the world
   O campeão do mundo.

2. Three bodies lyin' there does Patty see
   Três corpos caídos ali é o que Patty vê

And another man named Bello, movin' around mysteriously
E outro homem chamado Bello, rondando misteriosamente
"I didn't do it," he says, and he throws up his hands
"Não fiz nada", diz levantando as mãos
"I was only robbin' the register, I hope you understand
"Eu estava só roubando a registradora, espero que entenda
I saw them leavin'," he says, and he stops
E os vi saindo", disse ele, e para
"One of us had better call up the cops"
"É melhor um de nós ligar para a polícia"
And so Patty calls the cops
E então Patty liga para a polícia
And they arrive on the scene with their red lights flashin'
E eles entram em cena, piscando suas luzes vermelhas
In the hot New Jersey night
Em uma noite quente de Nova Jersey

3. **Meanwhile, far away in another part of town**
   Enquanto isso, longe dali em outra parte da cidade
   Rubin Carter and a couple of friends are drivin' around
   Rubin Carter e dois amigos passeiam de carro
   Number one contender for the middleweight crown
   O candidato número um à coroa dos pesos médios
   Had no idea what kinda shit was about to go down
   Não tinha a menor ideia da merda que estava para acontecer
   When a cop pulled him over to the side of the road
   Quando a polícia mandou que parasse no acostamento
   Just like the time before and the time before that
   Como da última vez e da vez anterior
   In Paterson that's just the way things go
   Em Paterson é assim que as coisas funcionam
   If you're black you might as well not show up on the street
   Se for negro, é melhor nem botar a cara na rua
   'Less you wanna draw the heat
   A não ser que forçar a barra

4. **Alfred Bello had a partner and he had a rap for the cops**

Alfred Bello tinha um sócio que tinha um culpado para os tiras
Him and Arthur Dexter Bradley were just out prowlin' around
Ele e Arthur Dexter Bradley estavam perambulando pela noite
He said, "I saw two men runnin' out, they looked like middleweights
Disse, "Vi dois homens correndo, pareciam pesos médios
They jumped into a white car with out-of-state plates"
Entraram num carro branco com placas de outro estado"
And Miss Patty Valentine just nodded her head
E a senhorita Patty Valentine apenas consentiu com a cabeça
Cop said, "Wait a minute, boys, this one's not dead"
O policial disse, "Espera um pouco, gente, este cara não está morto"
So they took him to the infirmary
Ele foi levado então à enfermaria
And though this man could hardly see
E embora mal pudesse enxergar
They told him that he could identify the guilty men
Pediram que ele identificasse os culpados

5. **Four in the mornin' and they haul Rubin in**
   Às quatro da matina eles arrastam Rubin
   Take him to the hospital and they bring him upstairs
   Até o hospital e o levam escada acima
   The wounded man looks up through his one dyin' eye
   O ferido levanta a cabeça com seu único olho moribundo
   Says, "Wha'd you bring him in here for? He ain't the guy!"
   Diz, "Pra que trouxeram este cara aqui? Não foi ele!"
   Yes, here's the story of the Hurricane
   É, esta é a história de Hurricane
   The man the authorities came to blame
   O homem que as autoridades resolveram culpar
   For somethin' that he never done
   Por algo que nunca fez
   Put in a prison cell, but one time he could-a been
   Meteram-no numa cela, mas ele poderia ter sido
   The champion of the world
   O campeão do mundo

6. **Four months later, the ghettos are in flame**
   Seis meses depois, os guetos estão fervendo
   Rubin's in South America, fightin' for his name
   Rubin está na América do Sul, lutando por seu nome
   While Arthur Dexter Bradley's still in the robbery game
   Enquanto Arthur Dexter Bradley continua no esporte do roubo
   And the cops are puttin' the screws to him, lookin' for somebody to blame
   E a polícia, pressionando, à procura de um culpado
   "Remember that murder that happened in a bar?"
   "Lembra daquele assassinato que aconteceu num bar?"
   "Remember you said you saw the getaway car?"
   "Lembra que disse que viu o carro dos fugitivos?"
   "You think you'd like to play ball with the law?"
   "Que tal cooperar com a justiça?"
   "Think it might-a been that fighter that you saw runnin' that night?"
   "Quem sabe não foi aquele lutador que você viu correndo naquela noite?"
   "Don't forget that you are white"
   "Não esqueça que você é branco"

7. **Arthur Dexter Bradley said, "I'm really not sure"**
   Arthur Dexter Bradley disse, "Não tenho muita certeza"
   Cops said, "A poor boy like you could use a break
   Os policiais disseram, "Um cara pobre como você podia ter um refresco
   We got you for the motel job and we're talkin' to your friend Bello
   Descolamos um trampo pra você no motel e estamos conversando com seu amigo Bello
   Now you don't wanta have to go back to jail, be a nice fellow
   Se não quiser voltar pra cadeia, seja um bom moço
   You'll be doin' society a favor
   É um favor que você faz à sociedade
   That sonofabitch is brave and gettin' braver
   Aquele filho da puta está cada vez mais corajoso
   We want to put his ass in stir
   A gente quer fritar o rabo dele
   We want to pin this triple murder on him
   Enquadrar o cara neste triplo homicídio
   He ain't no Gentleman Jim"
   Ele não é nenhum Gentleman Jim"[9]

---

9. N.T.: Referência ao filme de 1942, estrelado por Errol Flynn como o campeão de peso-pesado, James J. Corbett, baseado em sua autobiografia, *The Roar of the Crowd*.

8. Rubin could take a man out with just one punch
Rubin podia nocautear um homem com apenas um soco
But he never did like to talk about it all that much
Mas nunca gostou de falar muito sobre isso
"It's my work," he'd say, "and I do it for pay
"É o meu trabalho", dizia ele, "e faço pelo ganha-pão
And when it's over I'd just as soon go on my way
E quando acabar seguirei meu caminho
Up to some paradise
Para algum paraíso
Where the trout streams flow and the air is nice
Onde as trutas descem o rio e o ar é puro
And ride a horse along a trail"
E cavalgar pela trilha"
But then they took him to the jailhouse
Mas então foi levado à prisão
Where they try to turn a man into a mouse
Onde tentam reduzir um homem a um rato

9. All of Rubin's cards were marked in advance
Todas as cartas de Rubin já estavam marcadas
The trial was a pig-circus, he never had a chance
O julgamento foi um circo, ele nunca teve chance
The judge made Rubin's witnesses drunkards from the slums
O juiz fez parecer as testemunhas de Rubin como bêbados das favelas
To the white folks who watched he was a revolutionary bum
Para os brancos que assistiam, ele era um vagabundo revolucionário
And to the black folks he was just a crazy nigger
E para os negros, não passava de um crioulo doido
No one doubted that he pulled the trigger
Ninguém duvidava que ele puxara o gatilho
And though they could not produce the gun
E embora não pudessem apresentar a arma
The D.A. said he was the one who did the deed
O promotor público disse que ele era o autor do crime
And the all-white jury agreed
E o júri de brancos concordou

10. Rubin Carter was falsely tried
Rubin Carter foi falsamente julgado
The crime was murder "one," guess who testified?
O crime foi homicídio "doloso", e adivinha quem testemunhou?
Bello and Bradley and they both baldly lied
Bello e Bradley, e ambos mentiram descaradamente
And the newspapers, they all went along for the ride
E todos os jornais foram atrás
How can the life of such a man
Como pode a vida de um homem como esse
Be in the palm of some fool's hand?
Estar na palma da mão de um cretino?
To see him obviously framed
Vê-lo vítima de uma clara armação
Couldn't help but make me feel ashamed to live in a land
Só faz-me sentir envergonhado de viver num país
Where justice is a game
Onde a justiça não passa de um jogo

11. Now all the criminals in their coats and their ties
Agora todos os criminosos em seus ternos e gravatas
Are free to drink martinis and watch the sun rise
Estão livres para beber martini e ver o sol nascer
While Rubin sits like Buddha in a ten-foot cell
Enquanto Rubin se senta como Buda em uma cela de três metros
An innocent man in a living hell
Um inocente num inferno em vida
That's the story of the Hurricane
Esta é a história de Hurricane
But it won't be over till they clear his name
Mas ela só vai acabar quando limparem seu nome
And give him back the time he's done
E devolvam o tempo que ele cumpriu
Put in a prison cell, but one time he could-a been
Meteram-no numa cela, mas ele poderia ter sido
The champion of the world
O campeão do mundo

"Li o livro que Hurricane me mandou e ele me tocou profundamente. Percebi que o homem era mesmo inocente, pelo que escreveu e conhecendo aquela parte do país. Daí, fui visitá-lo e o apoiei na tentativa de conseguir um novo julgamento."

Bob Dylan, 1985

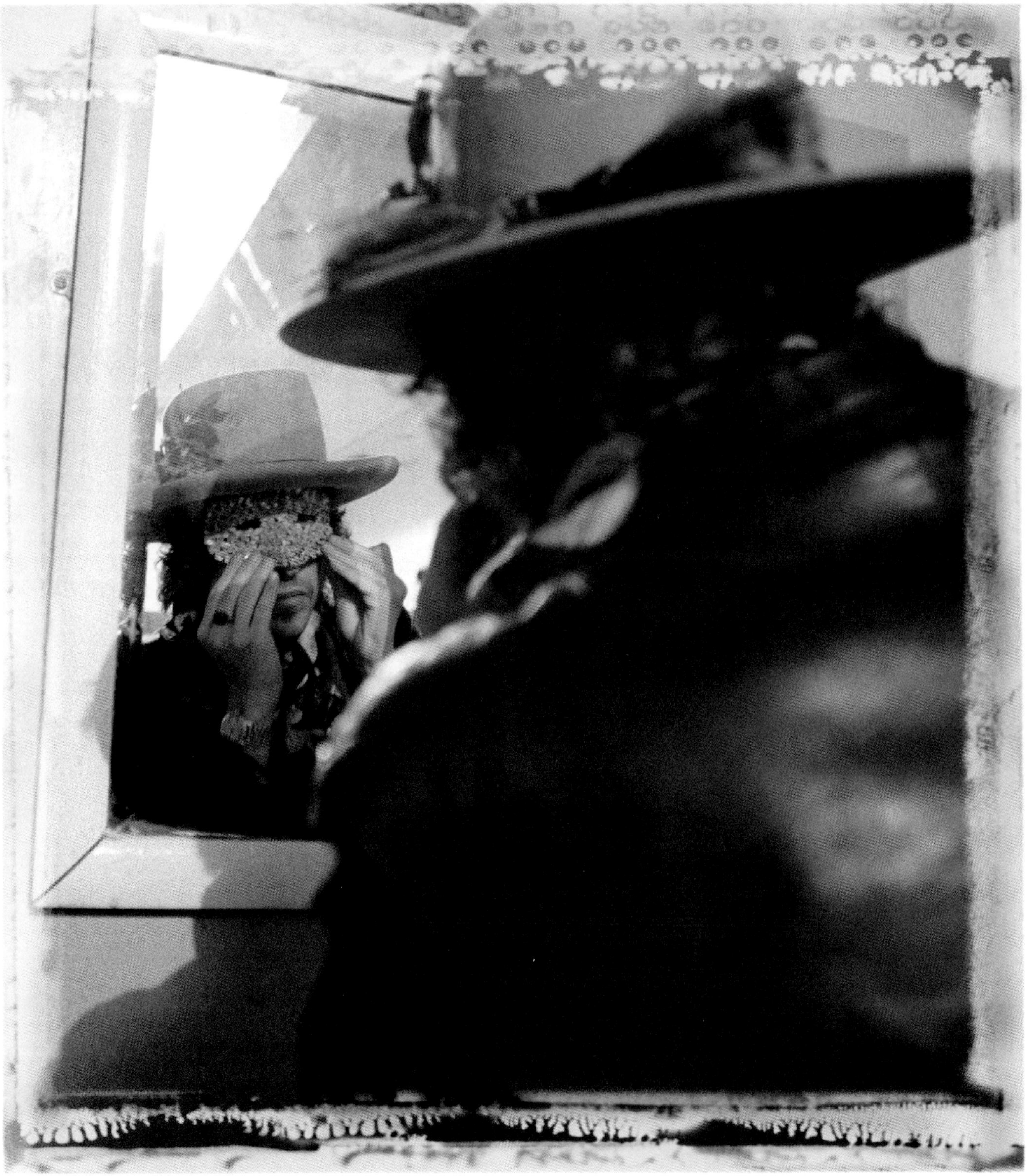

ISIS
(ÍSIS)

🔘 *Desire*, 1976

Foco de uma sequência extraordinária do *show* do filme de Dylan, *Renaldo & Clara*, "Isis" foi escrita com Jacques Levy durante as sessões de gravação do álbum *Desire*, no verão de 1975. A canção teve bastante destaque nas duas turnês do Rolling Thunder Revue, mas, desde 1976, Dylan não mais a tocou em *shows*.

"Foi simplesmente extraordinário, nós dois a fizemos como um aquecimento. A gente começou a trabalhar nessa música e continuamos nela, depois demos um tempo e não sabíamos onde a história nos levava. A gente se divertiu pra caramba inventando um verso atrás do outro. Continuamos assim até as cinco da manhã quando terminamos a canção. E a gente achou que ela ficou o máximo."

Jacques Levy

ISIS

Com Jacques Levy

Moderately

1. I married Isis on the fifth day of May, But I could not hold on to her ver-y long. So I cut off my hair and I rode straight a-way For the wild un-known coun-try where I could not go wrong.

1.-12.

13.

2. I

1. **I married Isis on the fifth day of May**
   Eu me casei com Ísis no quinto dia de maio,
   But I could not hold on to her very long
   Mas não fiquei muito tempo com ela.
   So I cut off my hair and I rode straight away
   Daí cortei meu cabelo e pus o pé na estrada, direto
   For the wild unknown country where I could not go wrong
   Para uma terra selvagem e desconhecida onde não podia me desviar.

2. **I came to a high place of darkness and light**
   Cheguei num lugar alto de trevas e luz
   The dividing line ran through the center of town
   A linha divisória cortava o centro da cidade
   I hitched up my pony to a post on the right
   Amarrei meu pônei num poste à direita
   Went in to a laundry to wash my clothes down
   Fui até a lavanderia lavar minha roupa

3. **A man in the corner approached me for a match**
   Um homem na esquina se aproxima pedindo fogo
   I knew right away he was not ordinary
   Saquei na hora que não era um qualquer
   He said, "Are you lookin' for somethin' easy to catch?"
   Ele disse, "Tá a fim de pegar algo fácil?"
   I said, "I got no money." He said, "That ain't necessary"
   Eu disse, "Tô sem grana". Ele disse, "Não encana"

4. **We set out that night for the cold in the North**
   Saímos naquela noite rumo ao frio do Norte
   I gave him my blanket, he gave me his word
   Dei pra ele meu cobertor, e ele sua palavra
   I said, "Where are we goin'?" He said we'd be back by the fourth
   Eu disse, "Onde a gente tá indo?" Ele disse, estamos de volta para o feriado
   I said, "That's the best news that I've ever heard"
   Eu disse, "Essa é a melhor notícia que já ouvi"

5. **I was thinkin' about turquoise, I was thinkin' about gold**
   Pensava em turquesas, pensava em ouro
   I was thinkin' about diamonds and the world's biggest necklace
   Pensava em diamantes e no maior colar do mundo

As we rode through the canyons, through the devilish cold
Enquanto atravessávamos os cânions, sob um frio indecente
I was thinkin' about Isis, how she thought I was so reckless
Pensava em Ísis e em como ela me achava tão impaciente

6. **How she told me that one day we would meet up again**
   Como ela me disse que um dia a gente voltaria a se encontrar,
   And things would be different the next time we wed
   E que as coisas vão ser diferentes da próxima vez que a gente casar
   If I only could hang on and just be her friend
   Se pelo menos eu tivesse ficado e sido seu amigo
   I still can't remember all the best things she said
   Mesmo assim não consigo me lembrar de todas as coisas boas que disse

7. **We came to the pyramids all embedded in ice**
   Chegamos às pirâmides, todas talhadas no gelo
   He said, "There's a body I'm tryin' to find
   Ele disse, "Tô procurando um corpo
   If I carry it out it'll bring a good price"
   Se conseguir tirar daqui, vou ganhar uma nota"
   'Twas then that I knew what he had on his mind
   Foi daí que me dei conta do que lhe passava pela cabeça

8. **The wind it was howlin' and the snow was outrageous**
   O vento uivava e a neve era terrível
   We chopped through the night and we chopped through the dawn
   Escavamos a noite inteira e escavamos até o amanhecer
   When he died I was hopin' that it wasn't contagious
   Quando ele morreu torci pra não ser nada contagioso
   But I made up my mind that I had to go on
   Mas decidi prosseguir

9. **I broke into the tomb, but the casket was empty**
   Violei a tumba, mas o caixão estava vazio
   There was no jewels, no nothin', I felt I'd been had
   Não havia joias, nem nada, percebi que me dei mal
   When I saw that my partner was just bein' friendly
   Quando vi que meu sócio só estava sendo legal
   When I took up his offer I must-a been mad
   Quando aceitei sua oferta, devia estar biruta

10. **I picked up his body and I dragged him inside**
    Peguei o corpo dele e arrastei pra dentro,
    Threw him down in the hole and I put back the cover.
    Joguei o defunto no buraco e coloquei de volta a tampa
    I said a quick prayer and I felt satisfied
    Fiz uma rezinha e me dei por satisfeito.
    Then I rode back to find Isis just to tell her I love her
    Então voltei pra encontrar Ísis só pra dizer que a amo

11. **She was there in the meadow where the creek used to rise**
    Lá estava ela no vale onde o riacho tomava seu curso.
    Blinded by sleep and in need of a bed
    Cego de sono e precisando de uma cama
    I came in from the East with the sun in my eyes
    Cheguei do leste com o sol nos olhos
    I cursed her one time then I rode on ahead
    Eu a amaldiçoei uma vez e depois segui adiante

12. **She said, "Where ya been?" I said, "No place special"**
    Ela disse, "Por onde andou?", eu disse, "Nenhum lugar especial"
    She said, "You look different." I said, "Well, not quite"
    Ela disse, "Você parece diferente", eu disse, "Nem tanto"
    She said, "You been gone." I said, "That's only natural"
    Ela disse, "Você foi embora", eu disse, "É normal"
    She said, "You gonna stay?" I said, "Yeah, I jes might"
    Ela disse, "Você vai ficar?", eu disse, "É, pode ser"

13. **Isis, oh, Isis, you mystical child.**
    Ísis, oh, Ísis, criatura mística
    What drives me to you is what drives me insane
    O que me instiga você, é o que instiga minha loucura
    I still can remember the way that you smiled
    Ainda me lembro do seu sorriso
    On the fifth day of May in the drizzlin' rain
    No quinto dia de maio sob a garoa fina

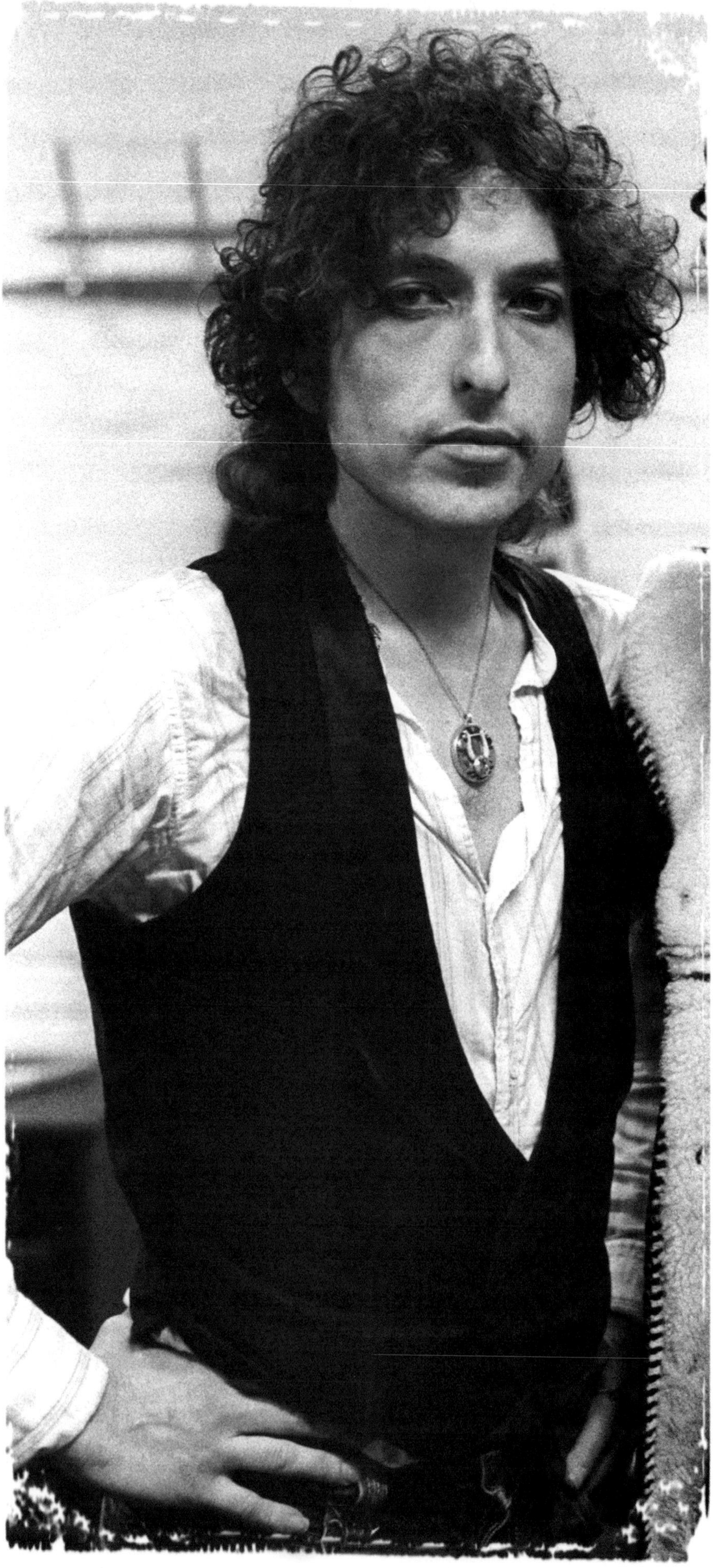

ONE MORE CUP OF COFFEE

(MAIS UMA XÍCARA DE CAFÉ)

Desire, 1976

Escrita em parceria com Jacques Levy, "One More Cup Of Coffee" foi incluída no álbum *Desire*, na turnê do Rolling Thunder Revue e no filme *Renaldo & Clara*. Até o início dos anos 1990, Dylan continuou a interpretá-la esporadicamente.

"É uma canção cigana. Ela foi escrita durante um festival cigano no sul da França, no verão. Alguém me levou a uma festa de aniversário lá, e o fato de ter ficado durante uma semana provavelmente influenciou nos versos dessa canção. Mas o 'vale lá embaixo' talvez veio de outro lugar."

Bob Dylan, 1991

ONE MORE CUP OF COFFEE

Com Jacques Levy

Slowly

1. Your breath is sweet___ Your eyes are like_____ two jewels in the sky.___
Your back is straight, your hair _ is smooth___ On the pil-low where _ you lie.___
But I don't sense af-fec-tion _____ No grat-i-tude or love _____
Your loy-al-ty is not _ to me _____ But to the stars _ a-bove. ___

Chorus
One more cup of cof-fee for the road,_ One more cup of cof-fee 'fore I go_

Copyright © 1975, 1976 Ram's Horn Music. All Rights Reserved. International Copyright Secured.

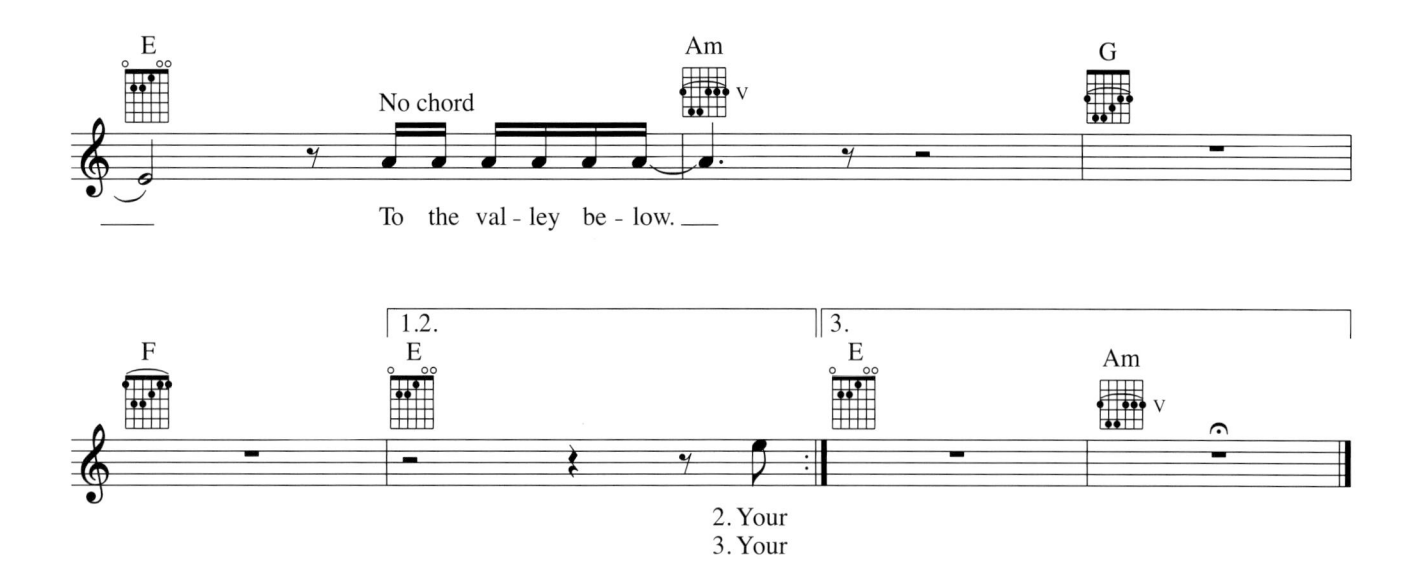

To the val-ley be-low.

2. Your
3. Your

1. **Your breath is sweet**
   Tua respiração é doce
   Your eyes are like two jewels in the sky
   Teus olhos são como duas joias no céu.
   Your back is straight, your hair is smooth
   Teu dorso é reto, teu cabelo é macio
   On the pillow where you lie
   No travesseiro onde descansa.
   But I don't sense affection
   Mas não sinto afeto
   No gratitude or love
   Nem gratidão nem amor
   Your loyalty is not to me
   Tua lealdade não é por mim
   But to the stars above
   Mas para as estrelas do céu.
   One more cup of coffee for the road
   Mais uma xícara de café para a estrada.
   One more cup of coffee 'fore I go
   Mais uma xícara de café antes de ir
   To the valley below
   Para o vale lá embaixo.

2. **Your daddy he's an outlaw**
   Teu pai é um fora da lei
   And a wanderer by trade
   E um vagabundo de profissão
   He'll teach you how to pick and choose
   Ele vai te ensinar a escolher
   And how to throw the blade
   E como lançar a faca
   He oversees his kingdom
   Ele vigia teu reino

So no stranger does intrude
Para que nenhum estranho invada
His voice it trembles as he calls out
A voz dele treme quando pede
For another plate of food
Outro prato de comida

Refrão

3. **Your sister sees the future**
Tua irmã prediz o futuro
Like your mama and yourself
Como tua mãe e você mesma
You've never learned to read or write
Você não sabe ler nem escrever
There's no books upon your shelf
Não tem um livro na estante
And your pleasure knows no limits
E teu prazer é sem limites
Your voice is like a meadowlark
Tua voz é como a de uma cotovia
But your heart is like an ocean
Mas teu coração é como um oceano
Mysterious and dark
Misterioso e sombrio

Refrão

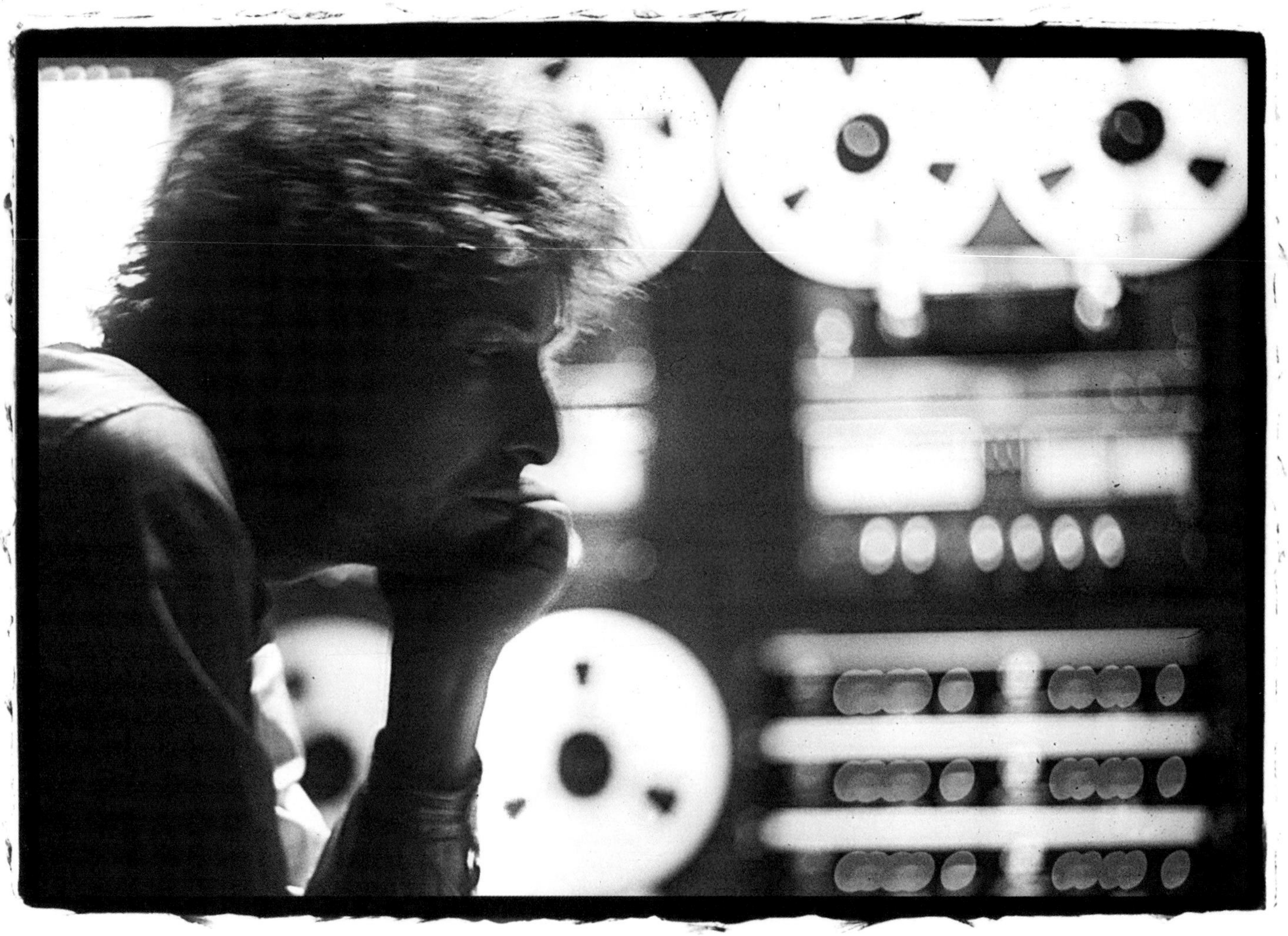

OH, SISTER

(OH, MANA)

🎵 *Desire*, 1976

Uma das canções mais pungentes da discografia de Dylan, "Oh, Sister" foi gravada durante as memoráveis sessões espontâneas para o álbum *Desire*, em julho de 1975. Coube a Emmylou Harris o desafio de harmonizar sua voz com a de Dylan, com o mínimo de ensaios. Nos três anos seguintes, Dylan interpretou "Oh, Sister" de forma regular nos *shows*, mas desapareceu de seu repertório em julho de 1978.

"Eu teria me sentido muito intimidada, exceto pelo fato de que fomos direto ao trabalho, que consistia em ler a letra. A gente estava gravando a canção, observando-o e tentando frasear com ele, embora não soubesse como a canção era. Era tudo ao vivo. Era como um pintor que joga tinta na tela e, mesmo assim, havia um verdadeiro método na sua loucura. Ele sabia o que estava fazendo. Foi uma experiência extraordinária."

Emmylou Harris

OH, SISTER

Com Jacques Levy

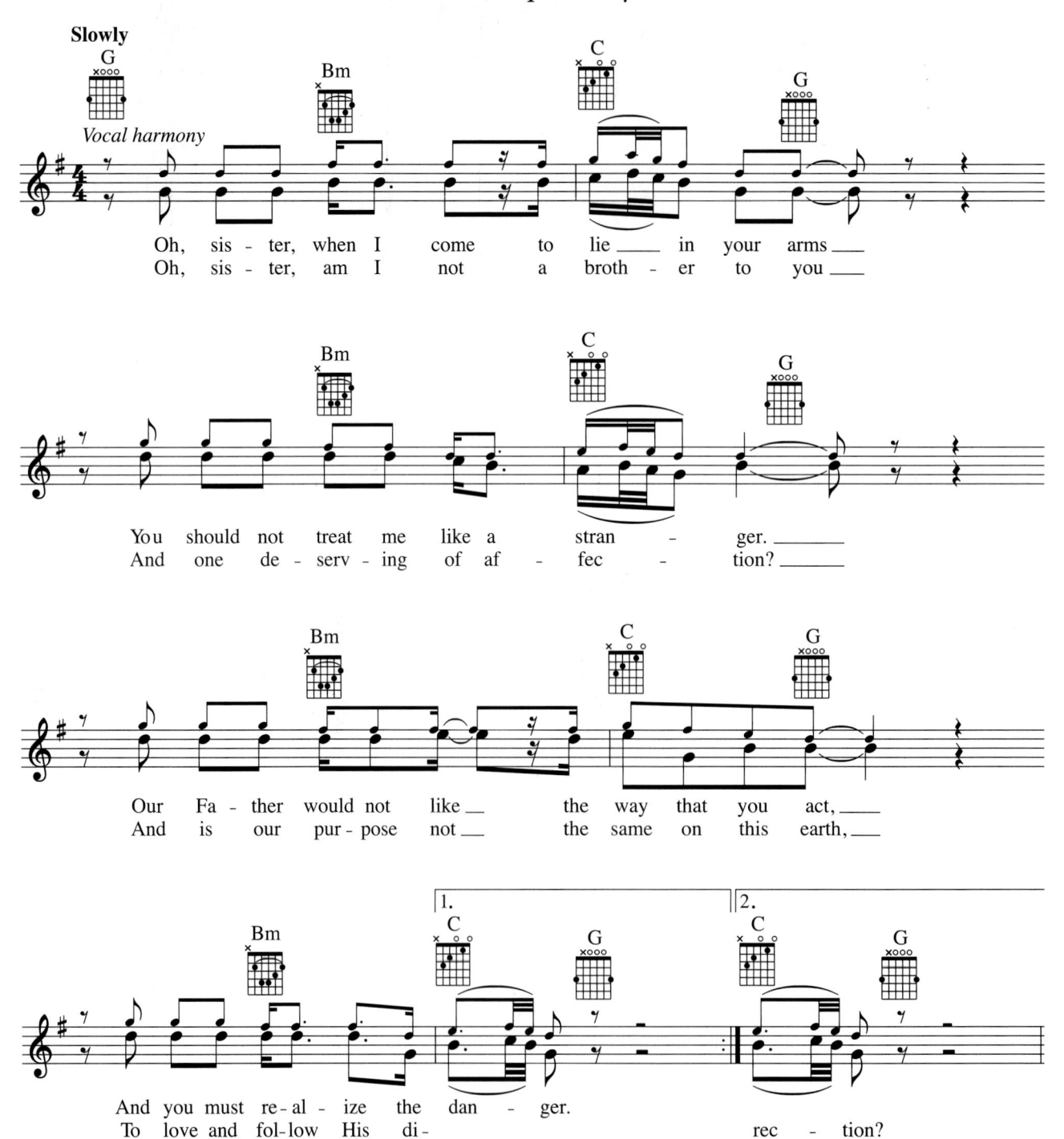

Slowly

Vocal harmony

Oh, sis - ter, when I come to lie in your arms
Oh, sis - ter, am I not a broth - er to you

You should not treat me like a stran - ger.
And one de - serv - ing of af - fec - tion?

Our Fa - ther would not like the way that you act,
And is our pur - pose not the same on this earth,

1. And you must re - al - ize the dan - ger.
2. To love and fol - low His di - rec - tion?

Copyright © 1975, 1976 Ram's Horn Music. All Rights Reserved. International Copyright Secured.

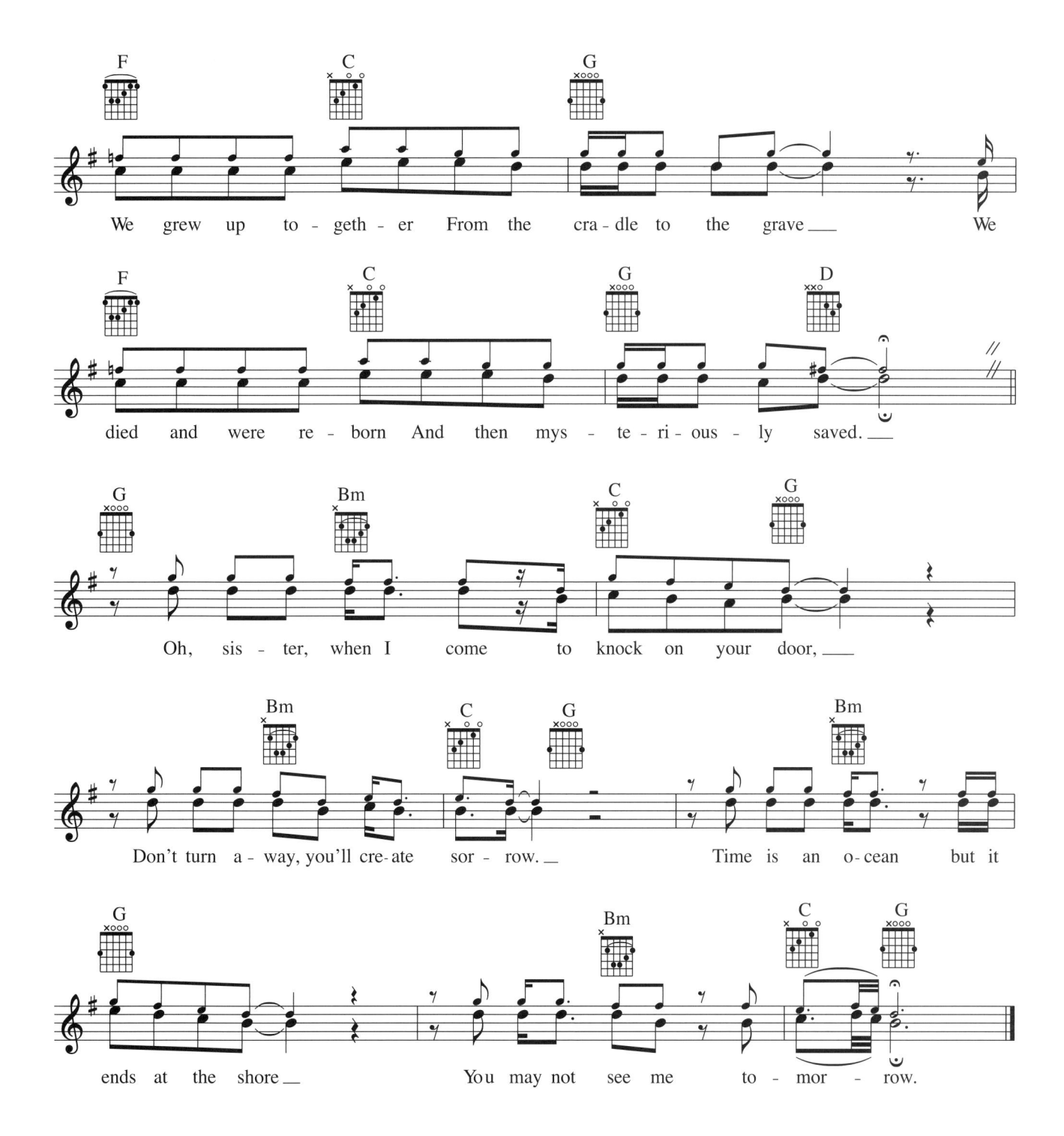

We grew up to-geth-er From the cra-dle to the grave We died and were re-born And then mys-te-ri-ous-ly saved.

Oh, sis-ter, when I come to knock on your door, Don't turn a-way, you'll cre-ate sor-row. Time is an o-cean but it ends at the shore You may not see me to-mor-row.

Oh, sister, when I come to lie in your arms
Oh, mana, quando venho me deitar nos teus braços
You should not treat me like a stranger
Você não devia me tratar como um estranho.
Our Father would not like the way that you act
Nosso Pai não gostaria de teu modo de agir.
And you must realize the danger
E você precisa perceber o perigo.

Oh, sister, am I not a brother to you
Oh, mana, não sou um irmão pra você
And one deserving of affection?
E que merece teu afeto?
And is our purpose not the same on this earth
E por acaso não é nosso propósito o mesmo nesta terra,
To love and follow His direction?
Amar e seguir Seu ensinamento?

We grew up together
Crescemos juntos
From the cradle to the grave
Do berço ao túmulo
We died and were reborn
Morremos e renascemos
And then mysteriously saved
E fomos misteriosamente salvos

Oh, sister, when I come to knock on your door
Oh, mana, quando bater na tua porta,
Don't turn away, you'll create sorrow
Não vire as costas, você vai gerar sofrimento.
Time is an ocean but it ends at the shore
O tempo é um oceano, mas ele acaba na areia
You may not see me tomorrow
Pode ser que você nem me veja amanhã

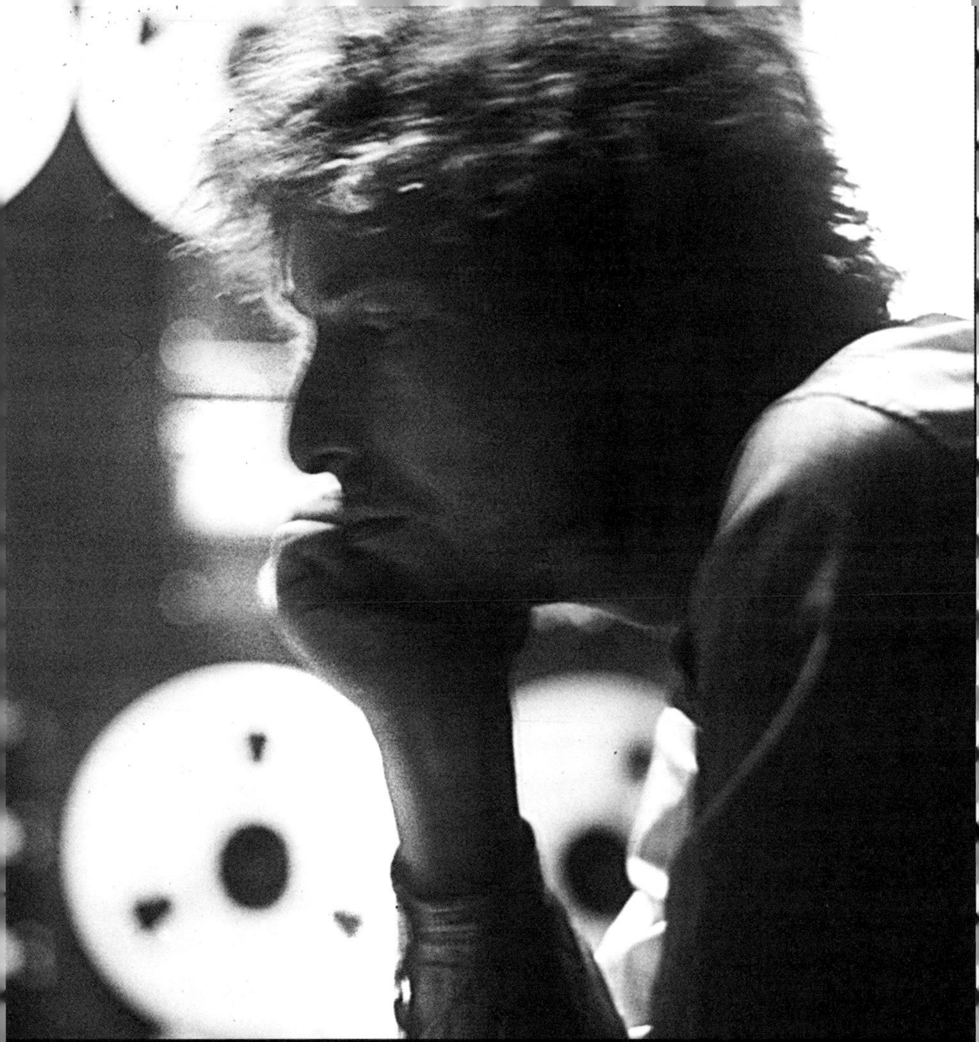

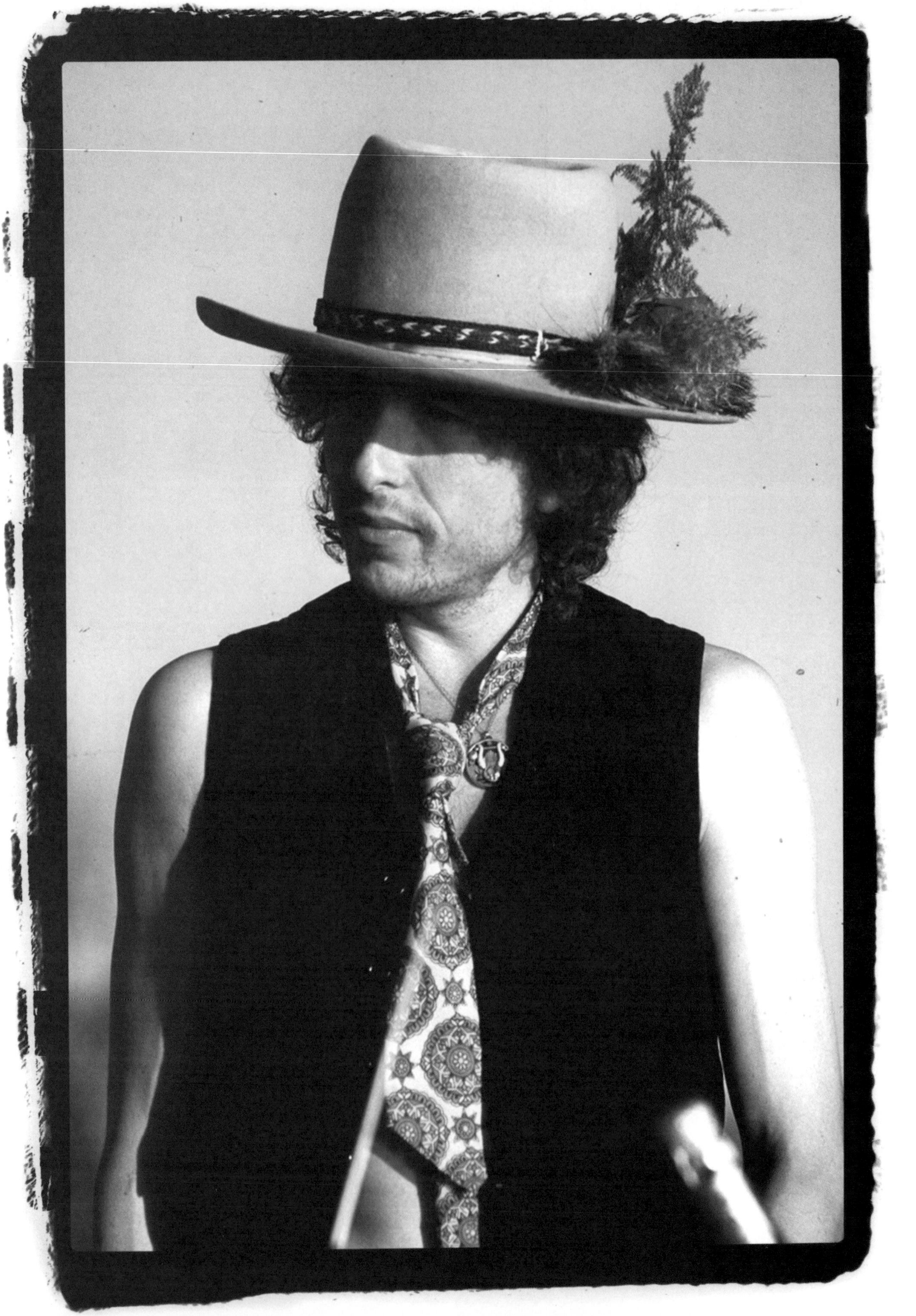

ROMANCE IN DURANGO

(ROMANCE EM DURANGO)

Desire, 1976

Este drama de filme de caubói, escrito em parceria com o dramaturgo Jacques Levy para o álbum *Desire*, foi talvez parcialmente inspirado pelas experiências de Dylan no México no *set* de filmagem de *Pat Garrett and Billy The Kid*. A canção recebeu a devida atenção na primeira turnê do Rolling Thunder Revue, em 1975, conforme documentado em outro filme dirigido por Dylan, *Renaldo & Clara*. A canção reapareceu de forma inesperada no roteiro de uma apresentação triunfante em Londres, em 2003.

ROMANCE IN DURANGO

Com Jacques Levy

Moderately slow

1. Hot chil-i pep-pers in the blis-ter-ing sun

Dust on my face and my cape,

Me and Mag-da-le-na on the run

I think this time we shall es-cape.

Copyright © 1975, 1985 Ram's Horn Music. All Rights Reserved. International Copyright Secured.

Sold my guitar to the baker's son
For a few crumbs and a place to hide,
But I can get another one And I'll play for Magdalena as we ride.

Chorus
No llores, mi querida Dios nos vigila Soon the horse will take us to Durango. Agárrame, mi vida Soon the desert will be gone. Soon you will be dancing the fandango.

1. Hot chili peppers in the blistering sun
 Ardidas pimentas malaguetas ao sol escaldante
Dust on my face and my cape
Poeira na cara e na capa,
Me and Magdalena on the run
Eu e Madalena em fuga
I think this time we shall escape
Acho que desta vez vamos escapar.

Sold my guitar to the baker's son
Vendi minha guitarra para o filho do padeiro
For a few crumbs and a place to hide
Por algumas migalhas e um esconderijo,
But I can get another one
Mas eu posso arranjar outra
And I'll play for Magdalena as we ride
E vou tocar pra Madalena enquanto cavalgamos.

No llores, mi querida
No llores, mi querida
Dios nos vigila
Dios nos vigila
Soon the horse will take us to Durango
Daqui a pouco o cavalo nos levará a Durango.
Agarrame, mi vida
Agárrame, mi vida
Soon the desert will be gone
Daqui a pouco o deserto estará longe.
Soon you will be dancing the fandango
Logo você vai estar dançando o fandango.

2. Past the Aztec ruins and the ghosts of our people
Passando as ruínas astecas e os fantasmas do nosso povo
Hoofbeats like castanets on stone
As ferraduras são como castanholas na pedra

At night I dream of bells in the village steeple
À noite sonho com sinos da torre da vila
Then I see the bloody face of Ramon
Então vejo o rosto ensanguentado de Ramon

Was it me that shot him down in the cantina
Fui eu quem atirou nele na cantina
Was it my hand that held the gun?
Era a minha mão que segurava a arma?
Come, let us fly, my Magdalena
Venha, vamos dar no pé, minha Madalena
The dogs are barking and what's done is done
Os cães ladram e o que passou, passou

Refrão

3. **At the corrida we'll sit in the shade**
   Na corrida sentaremos à sombra
   And watch the young torero stand alone
   E assistiremos ao jovem toureiro sozinho na arena
   We'll drink tequila where our grandfathers stayed
   Beberemos tequila onde ficaram os nossos avôs
   When they rode with Villa into Torreon
   Quando entraram com Villa em Torreon

   Then the padre will recite the prayers of old
   Depois o padre recitará as antigas orações
   In the little church this side of town
   Na pequena igreja desta parte da cidade
   I will wear new boots and an earring of gold
   Usarei botas novas e um brinco de ouro
   You'll shine with diamonds in your wedding gown
   Você brilhará com diamantes no seu vestido de noiva

   The way is long but the end is near
   O caminho é longo mas o final está próximo

Already the fiesta has begun
A *fiesta* já começou
The face of God will appear
O rosto de Deus surgirá
With His serpent eyes of obsidian
Com Seus olhos de serpente de obsidiana

Refrão

4. **Was that the thunder that I heard?**
Foi esse o trovão que ouvi?
My head is vibrating, I feel a sharp pain
Minha cabeça vibra, sinto uma dor aguda
Come sit by me, don't say a word
Venha sentar a meu lado, não diga uma palavra
Oh, can it be that I am slain?
Oh, será que vou ser assassinado?

Quick, Magdalena, take my gun
Rápido, Madalena, pegue minha arma
Look up in the hills, that flash of light
Veja lá nas colinas aquele facho de luz
Aim well my little one
Mire bem, minha pequena
We may not make it through the night
Talvez não passemos desta noite

Refrão

"A primeira coisa que me veio foi a imagem de um cartão-postal que recebi uma vez... com a foto de uma *hacienda* mexicana, ou algo parecido – alguma cabana mexicana – uma cabana com um maço de pimentas no telhado ao sol. Então a primeira linha foi 'Ardidas pimentas malaguetas ao sol', e lembro de ter dito, 'Não, sol escaldante', e assim montamos o primeiro verso."

Jacques Levy

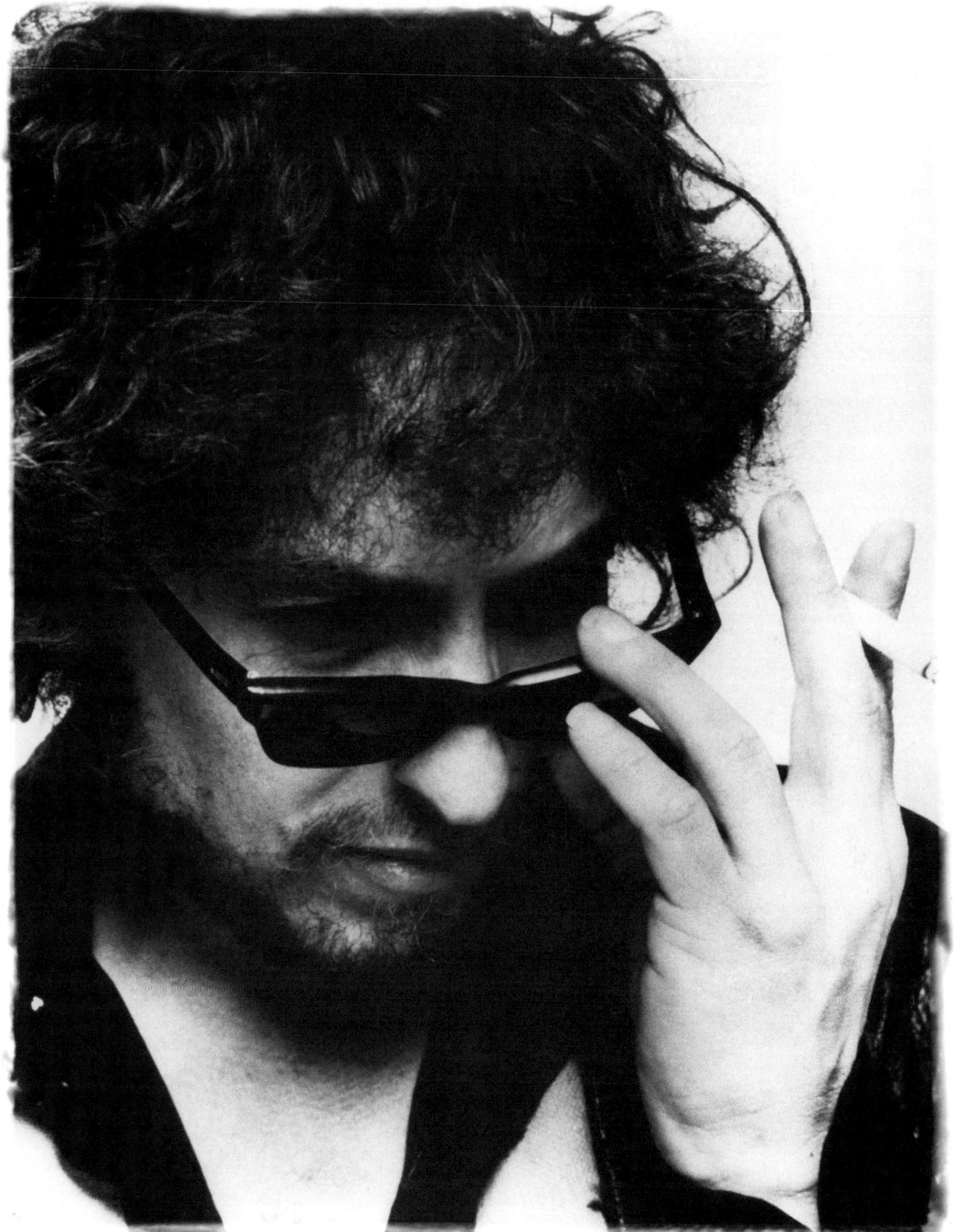

SEÑOR
(SEÑOR)
(TALES OF YANKEE POWER)
(CONTOS DO PODER IANQUE)

Street Legal, 1978

O álbum *Street Legal* foi gravado na primavera de 1978, durante uma breve pausa na turnê mundial mais cara de toda a carreira de Dylan. "Señor" estreou duas semanas antes de o álbum chegar às lojas, em um concerto no anfiteatro da Universal, em Hollywood, em 1º de junho de 1978. Fez parte de seu repertório quando chegou à Europa para a primeira turnê no continente em doze anos, e desde então continuou a apresentá-la.

SEÑOR
(TALES OF YANKEE POWER)

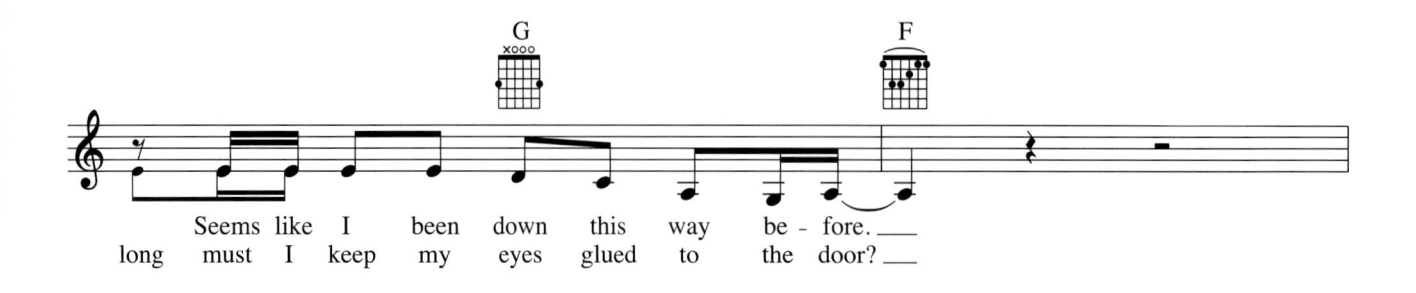

Moderately slow

Se - ñor, se - ñor, do you know where we're head-in'? Lin-coln Coun-ty Road or Ar-ma-ged-don? Seems like I been down this way be-fore. Is there an-y truth in that, se-ñor? Se -

ñor, se - ñor, do you know where she is hid-in'? How long are we gon-na be rid-in'? How long must I keep my eyes glued to the door? Will there be an-y com-fort there, se-ñor? There's a

Copyright © 1978 Special Rider Music. All Rights Reserved. International Copyright Secured.

C				Em			

wick-ed wind still blow-in' on that up-per deck, There's an
last thing I re-mem-ber be-fore I stripped and kneeled Was that

F				Am			

i-ron cross still hang-in' down from a-round her neck. There's a
train-load of fools bogged down in a mag-net-ic field. A

C				Em			

march-in' band still play-in' in that va-cant lot Where she
gyp-sy with a bro-ken flag and a flash-ing ring Said,

F				Am			

held me in her arms one time and said, "For-get me not." Se-
"Son, this ain't a dream no more, it's the real thing." Se-

Am				Em			

ñor, se - ñor, I can
ñor, se - ñor, you know their

F		C		G/B		Am	

see that paint-ed wag-on, I can smell the tail of the drag-on.
hearts is as hard as leath-er. Well, give me a min-ute, let me get it to-geth-er.

```
        G                           F
Can't stand the sus - pense an - y - more.              Can you
I just got - ta pick my - self up off the floor.
```

1. Dm   Am | 2. Dm
tell me who to con - tact here, se - ñor?   Well, the   I'm read - y when you are, se -

Am   Em
ñor.   Se - ñor,   se - ñor,   let's

F   C   G/B   Am
dis - con - nect these ca - bles,   O - ver - turn these ta - bles.

        G   F
This place don't make sense to me __ no more.   Can you

Dm   Am
                                                D.S. (Instrumental) & fade
tell me what we're wait - ing for, se - ñor? __

Señor, señor, do you know where we're headin'?
Señor, señor, sabe para onde estamos indo?
Lincoln County Road or Armageddon?
Lincoln County Road ou Armagedom?
Seems like I been down this way before
Parece que já passei por aqui antes.
Is there any truth in that, señor?
Há alguma verdade nisso, *señor*?

Señor, señor, do you know where she is hidin'?
Señor, señor, sabe onde ela se esconde?
How long are we gonna be ridin'?
Quanto tempo vamos continuar dirigindo?
How long must I keep my eyes glued to the door?
Quanto tempo vou ficar com os olhos grudados na porta?
Will there be any comfort there, señor?
Haverá algum alívio por lá, *señor*?

There's a wicked wind still blowin' on that upper deck
Um vento perverso ainda sopra no convés,
There's an iron cross still hanging down from around her neck
Uma cruz de ferro ainda está pendurada no pescoço dela.
There's a marchin' band still playin' in that vacant lot
Uma banda marcial ainda está tocando naquele terreno baldio
Where she held me in her arms one time and said, "Forget me not"
Onde ela me tomou nos braços uma vez e disse, "Não se esqueça de mim".

Señor, señor, I can see that painted wagon
Señor, señor, posso ver aquele vagão pintado,
I can smell the tail of the dragon
Posso sentir o cheiro do rabo do dragão.
Can't stand the suspense anymore
Não aguento mais essa tensão.

Can you tell me who to contact here, señor?
Pode me dizer quem devo contatar por aqui, *señor*?

Well, the last thing I remember before I stripped and kneeled
Bem, a última coisa que me lembro antes de me despir e ajoelhar
Was that trainload of fools bogged down in a magnetic field
Era o trem lotado de idiotas presos em um campo magnético.
A gypsy with a broken flag and a flashing ring
Uma cigana com uma bandeira rasgada e um anel brilhante disse:
Said, "Son, this ain't a dream no more, it's the real thing"
"Filho isso não é um sonho, é real".

Señor, señor, you know their hearts is as hard as leather
Señor, señor, sabe que o coração deles é duro como couro.
Well, give me a minute, let me get it together
Bem, espere um pouco, deixe-me recuperar.
I just gotta pick myself up off the floor
Só preciso me levantar.
I'm ready when you are, señor
Estarei pronto quando você estiver, *señor*.

Señor, señor, let's disconnect these cables
Señor, *señor*, vamos desconectar estes cabos,
Overturn these tables
Derrubar estas mesas.
This place don't make sense to me no more
Este lugar já não tem nenhum sentido pra mim.
Can you tell me what we're waiting for, señor?
Pode me dizer o que estamos esperando, *señor*?

"Señor' era um desses negócios de fronteira... como um ianque perdido num domingo triste, tipo quermesse... Para mim, é o resultado de duas pessoas que dependiam uma da outra, porque nenhuma delas teve a coragem de aguentar sozinha e, de repente, elas se separam."

Bob Dylan, 1985

GOTTA SERVE SOMEBODY

(VOCÊ TEM QUE SERVIR ALGUÉM)

Slow Train Coming, 1979

O lançamento do álbum *Slow Train Coming* marcou uma nova e radical orientação na obra de Dylan. "Gotta Serve Somebody" era a faixa de abertura, gravada no lendário *Muscle Shoals Sound Studio*, em Alabama, em maio de 1979. A canção lhe rendeu pela primeira vez um Prêmio Grammy como a melhor *performance* vocal masculina de *rock* de 1979.

"Gosto um bocado de 'Serve Somebody'. Tô contente que ele compôs ela, porque, sabe como é, chega uma hora que um artista não pode só seguir a multidão. Se tu é um artista como o Bob Dylan, a multidão é que tem que te seguir."

Bob Marley

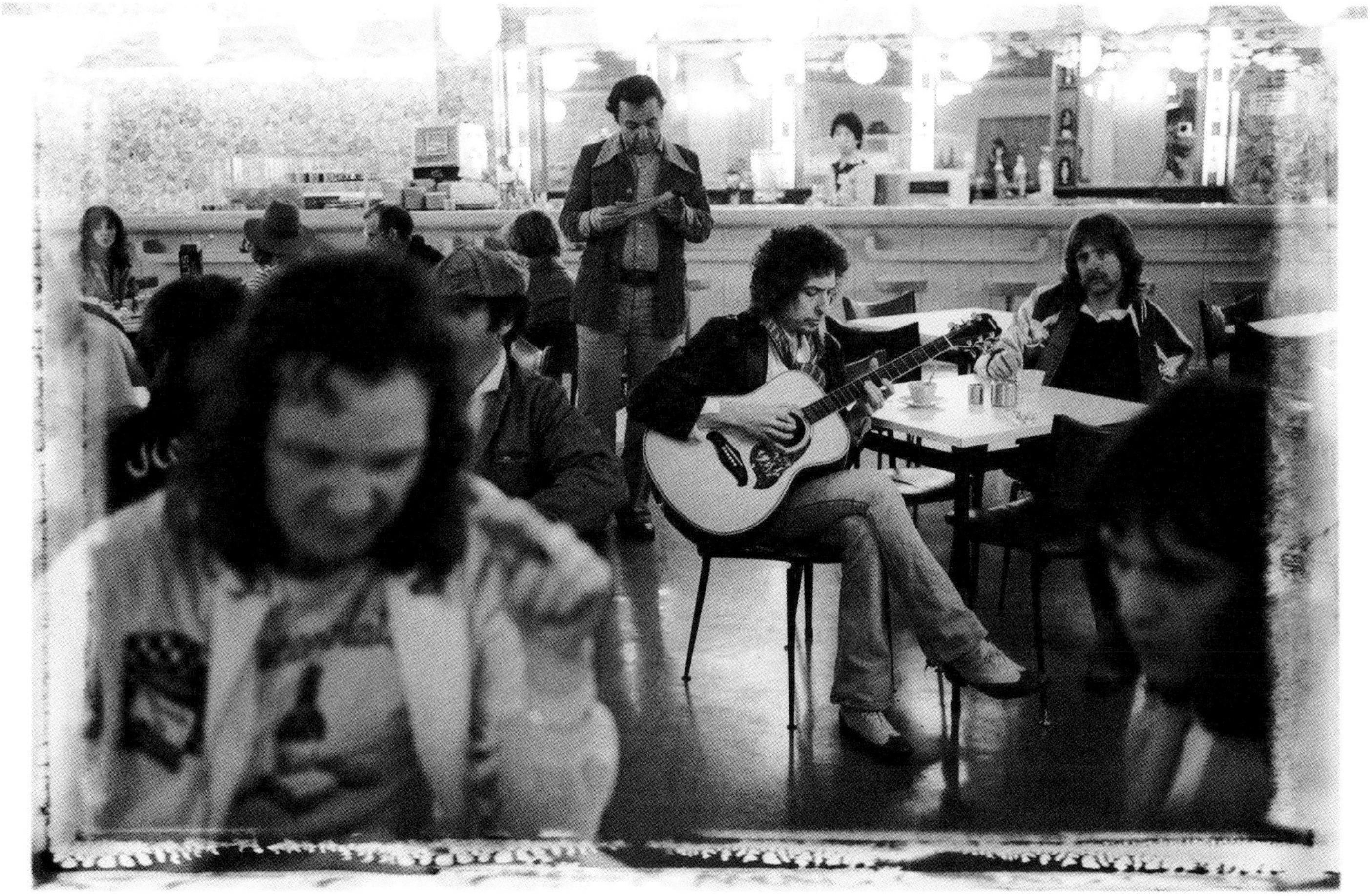

GOTTA SERVE SOMEBODY

Moderately slow

Am

Verse

1. You may be an am-bas-sa-dor to Eng-land or France,

You may like to gam-ble, you might like to dance,

You may be the heav-y-weight cham-pion of the world,

Chorus

You may be a so-cial-ite with a long string of pearls But you're gon-na have to

D7

serve some-bod-y, yes in-deed You're gon-na have to serve

Copyright © 1979 Special Rider Music. All Rights Reserved. International Copyright Secured.

Am — somebody. **E7** Well, it may be the devil or it **D7** may be the Lord But you're gonna have to serve somebody. **Am**

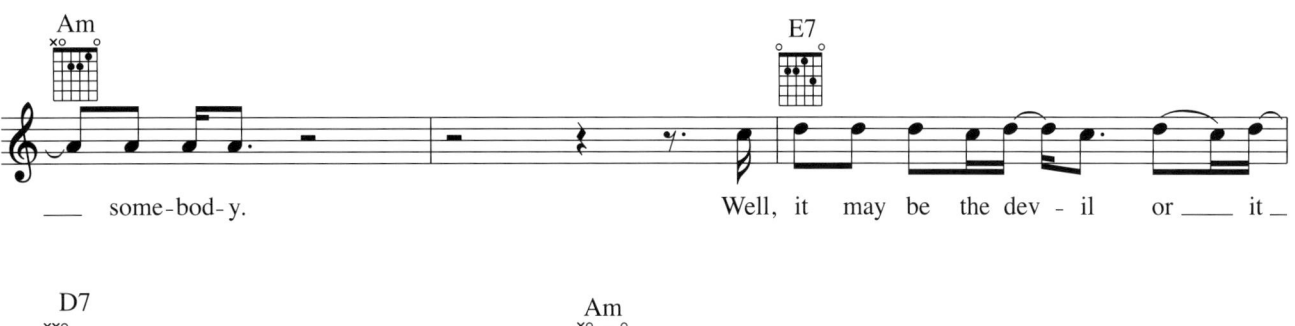

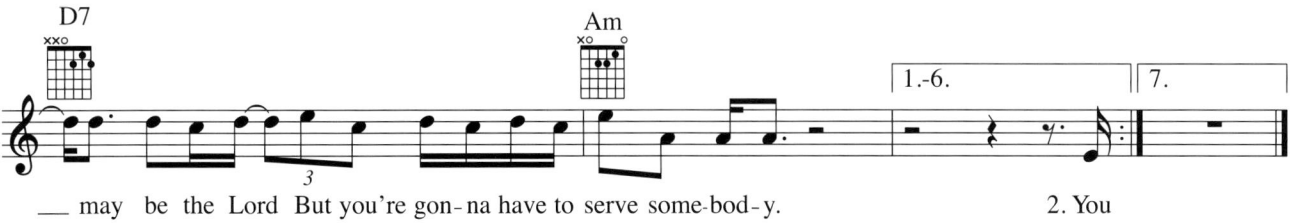

1.-6. 2. You

7.

1. You may be an ambassador to England or France,
Você pode ser um embaixador na Inglaterra ou na França,
You may like to gamble, you might like to dance,
Pode gostar de jogar, pode gostar de dança,
You may be the heavyweight champion of the world,
Pode ser o campeão do mundo em peso-pesado,
You may be a socialite with a long string of pearls
Ou uma socialite com um longo colar de pérolas

But you're gonna have to serve somebody, yes indeed
Mas você tem que servir alguém, é claro
You're gonna have to serve somebody,
Você tem que servir alguém.
Well, it may be the devil or it may be the Lord
Seja o demônio ou nosso Senhor
But you're gonna have to serve somebody.
Mas você tem que servir alguém.

2. You might be a rock 'n' roll addict prancing on the stage
Você pode ser um viciado em *rock' n' roll* pulando no palco
You might have drugs at your command, women in a cage
Pode ter drogas quando quiser, mulheres numa jaula
You may be a business man or some high-degree thief
Pode ser um homem de negócios ou um ladrão de alto escalão
They may call you Doctor or they may call you Chief
Eles podem te chamar de Doutor ou te chamar de Chefe

But you're gonna have to serve somebody, yes indeed
Mas você tem que servir alguém, é claro
You're gonna have to serve somebody
Você tem que servir alguém.
Well, it may be the devil or it may be the Lord
Seja o demônio ou nosso Senhor

But you're gonna have to serve somebody
Mas você tem que servir alguém.

3. **You may be a state trooper, you might be a young Turk**
   Você pode ser um guarda estadual, pode ser um jovem turco
   You may be the head of some big TV network
   Pode ser o diretor de uma grande rede de televisão
   You may be rich or poor, you may be blind or lame
   Pode ser rico ou pobre, pode ser cego ou manco
   You may be living in another country under another name
   Pode estar morando em outro país com outro nome

   But you're gonna have to serve somebody, yes indeed
   Mas você tem que servir alguém, é claro
   You're gonna have to serve somebody
   Você tem que servir alguém.
   Well, it may be the devil or it may be the Lord
   Seja o demônio ou nosso Senhor
   But you're gonna have to serve somebody
   Mas você tem que servir alguém.

4. **You may be a construction worker working on a home**
   Você pode ser um operário da construção trabalhando em uma casa
   You may be living in a mansion or you might live in a dome
   Pode estar morando em uma mansão ou talvez morar em uma abóboda
   You might own guns and you might even own tanks
   Pode ter armas e até tanques
   You might be somebody's landlord, you might even own banks
   Você pode ser o senhorio da casa de alguém e até dono de banco

   But you're gonna have to serve somebody, yes indeed
   Mas você tem que servir alguém, é claro
   You're gonna have to serve somebody
   Você tem que servir alguém.

Well, it may be the devil or it may be the Lord
Seja o demônio ou nosso Senhor
But you're gonna have to serve somebody.
Mas você tem que servir alguém.

5. **You may be a preacher with your spiritual pride**
   Você pode ser um pregador com orgulho espiritual
   You may be a city councilman taking bribes on the side
   Você pode ser conselheiro municipal recebendo dinheiro por fora
   You may be workin' in a barbershop, you may know how to cut hair
   Você pode trabalhar numa barbearia, e saber cortar cabelo
   You may be somebody's mistress, may be somebody's heir
   Pode ser amante de alguém, ou talvez herdeiro

   But you're gonna have to serve somebody, yes indeed
   Mas você tem que servir alguém, é claro
   You're gonna have to serve somebody
   Você tem que servir alguém.
   Well, it may be the devil or it may be the Lord
   Seja o demônio ou nosso Senhor
   But you're gonna have to serve somebody
   Mas você tem que servir alguém.

6. **Might like to wear cotton, might like to wear silk,**
   Talvez goste de usar algodão, ou talvez de usar seda
   Might like to drink whiskey, might like to drink milk
   Talvez goste de beber uísque, ou então de beber leite
   You might like to eat caviar, you might like to eat bread
   Talvez goste de comer caviar, talvez goste de comer pão
   You may be sleeping on the floor, sleeping in a king-sized bed
   Talvez durma no chão, ou em uma cama *king-size*

   But you're gonna have to serve somebody, yes indeed
   Mas você tem que servir alguém, é claro

You're gonna have to serve somebody
Você tem que servir alguém.
Well, it may be the devil or it may be the Lord
Seja o demônio ou nosso Senhor
But you're gonna have to serve somebody
Mas você tem que servir alguém.

7. **You may call me Terry, you may call me Timmy**
Você pode me chamar de Terry, pode me chamar de Timmy
You may call me Bobby, you may call me Zimmy
Pode me chamar de Bobby, pode me chamar de Zimmy
You may call me R.J., you may call me Ray
Pode me chamar de R.J., pode me chamar de Ray
You may call me anything but no matter what you say
Você pode me chamar de qualquer coisa não importa o que diga

You're gonna have to serve somebody, yes indeed
Você tem que servir alguém, é claro
You're gonna have to serve somebody
Você tem que servir alguém.
Well, it may be the devil or it may be the Lord
Seja o demônio ou nosso Senhor
But you're gonna have to serve somebody
Mas você tem que servir alguém.

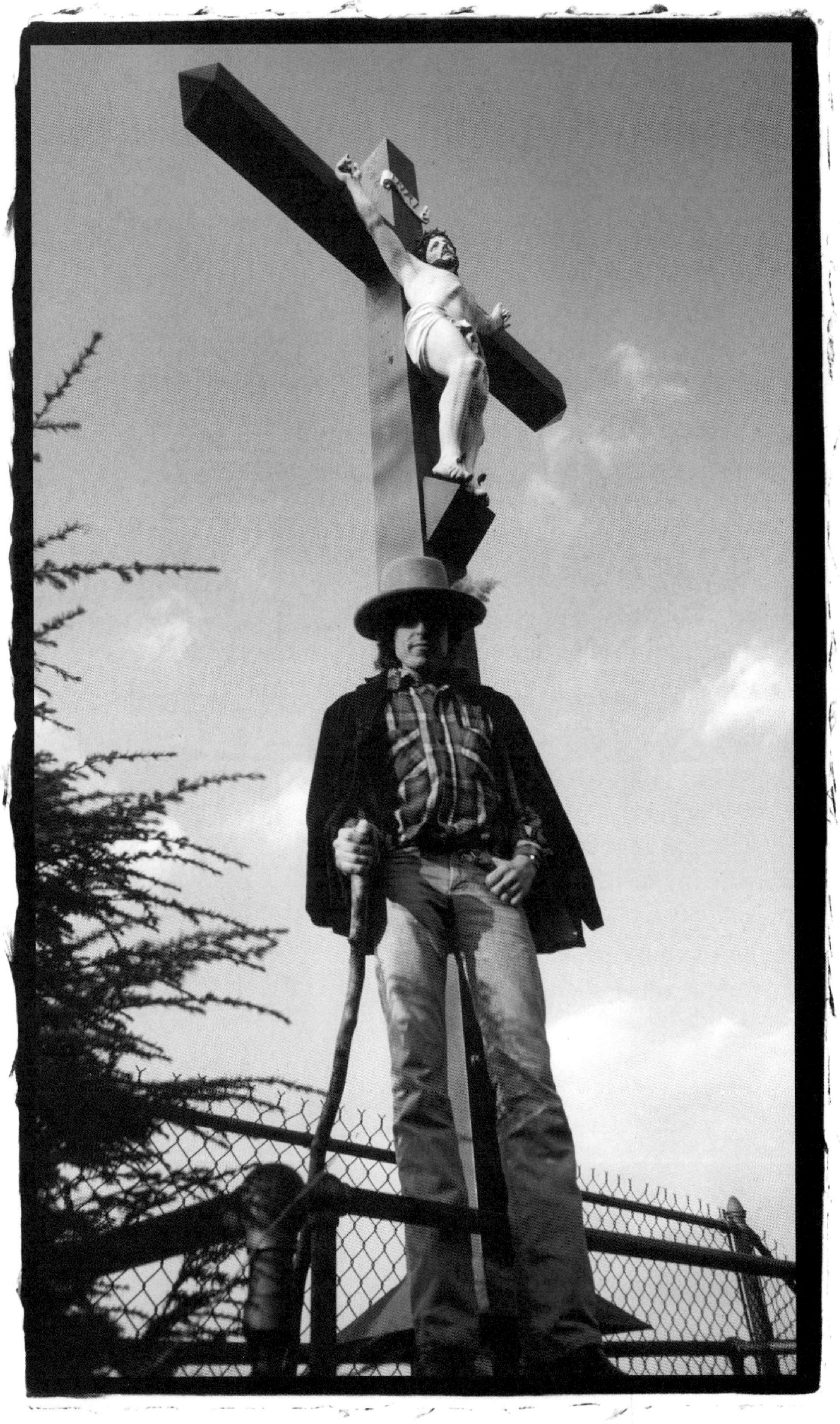

I BELIEVE IN YOU

(CREIO EM TI)

Slow Train Coming, 1979

Uma das expressões mais abrangentes da fé religiosa de Dylan, "I Believe In You" apareceu no álbum *Slow Train Coming* em 1979. Ele retornou regularmente à canção nos *shows*, no final dos anos 1980 e início dos anos 1990, e de novo no século XXI.

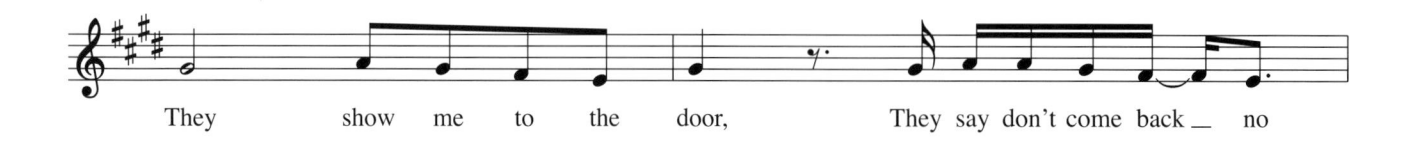

I BELIEVE IN YOU

Moderately slow

E

They ask me how I feel And if my love is real And how I know I'll make it through. And they, they look at me and frown, They'd like to drive me from this town, They don't want me a-round 'Cause I be-lieve in you.

They show me to the door, They say don't come back no

Copyright © 1979 Special Rider Music. All Rights Reserved. International Copyright Secured.

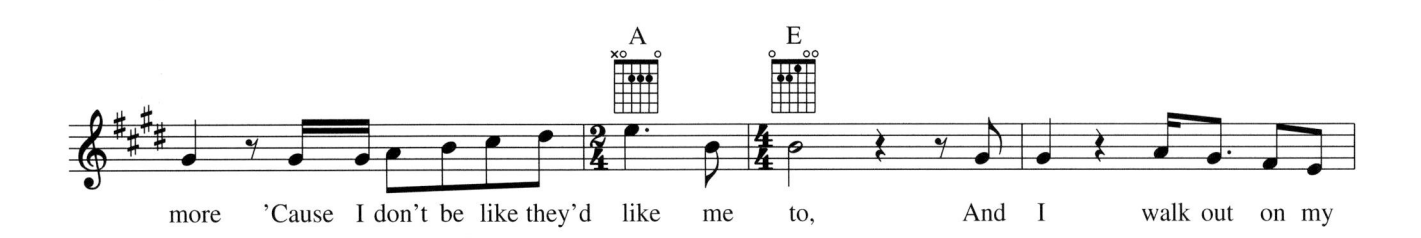

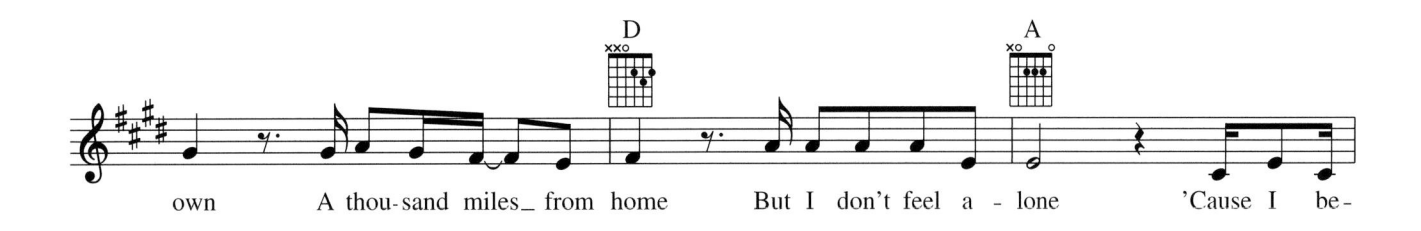

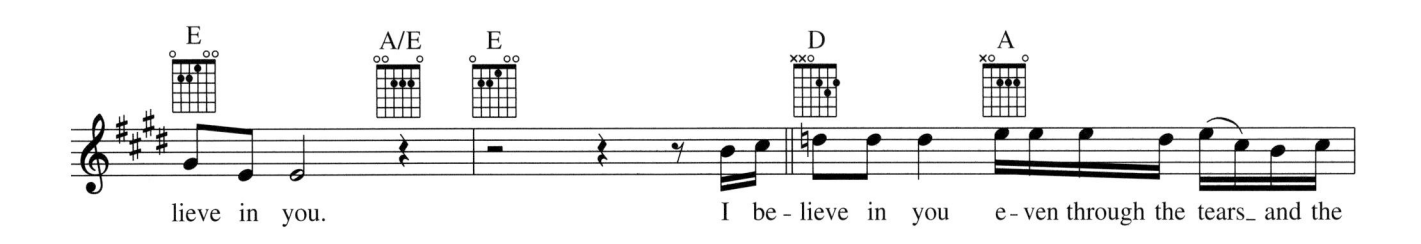

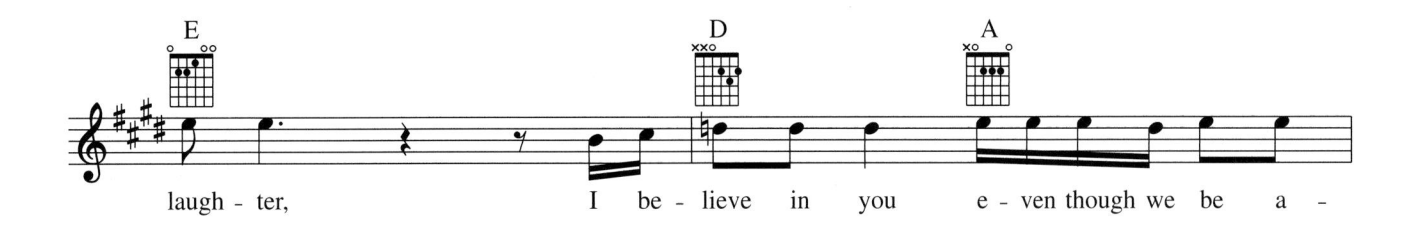

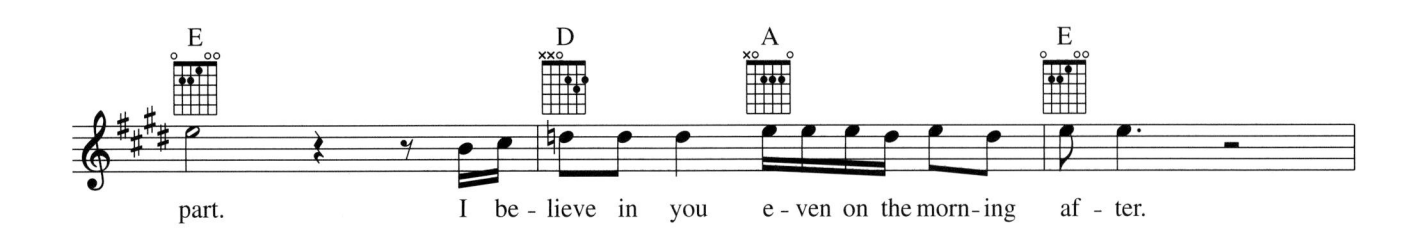

more 'Cause I don't be like they'd like me to, And I walk out on my own A thousand miles from home But I don't feel alone 'Cause I believe in you.

I believe in you even through the tears and the laughter, I believe in you even though we be apart. I believe in you even on the morning after.

Oh, when the dawn is nearing Oh, when the night is disappearing

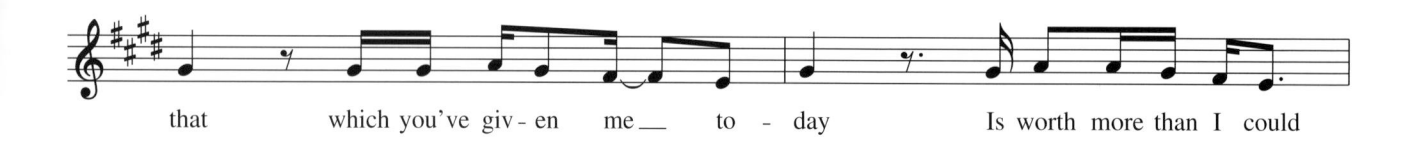

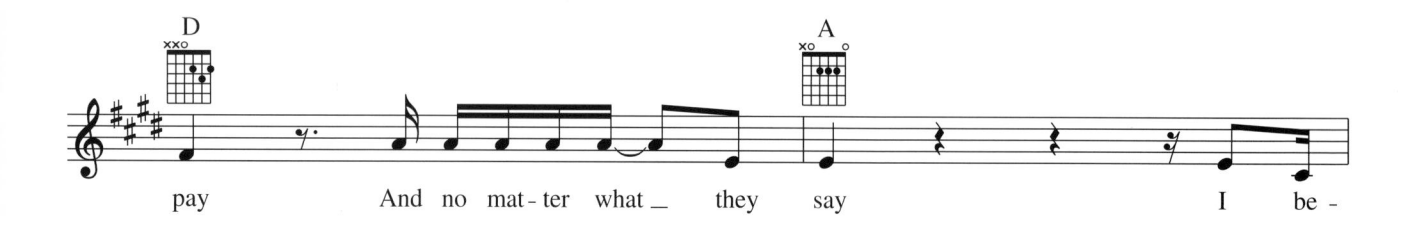

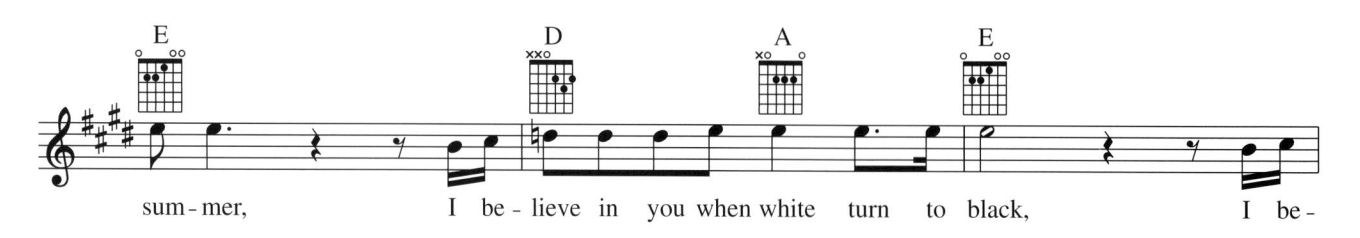

Oh, this feeling's still here in my heart. Don't let me drift too far, Keep me where you are Where I will always be renewed. And that which you've given me today Is worth more than I could pay And no matter what they say I believe in you. I believe in you when winter turn to summer, I believe in you when white turn to black, I believe in you e-ven though __ I be out-num-bered.

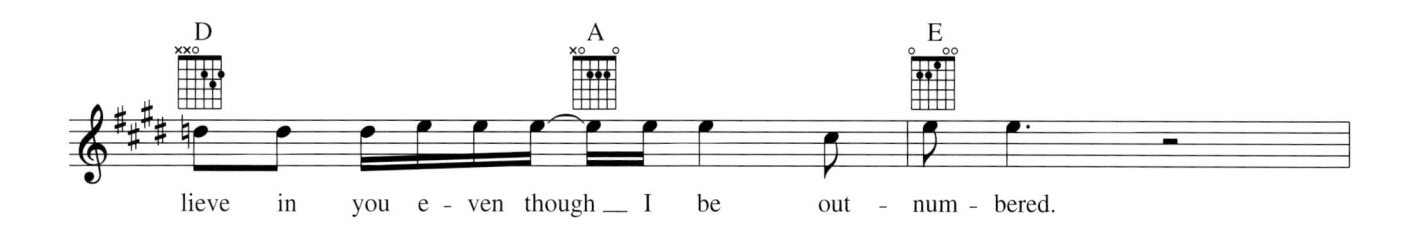

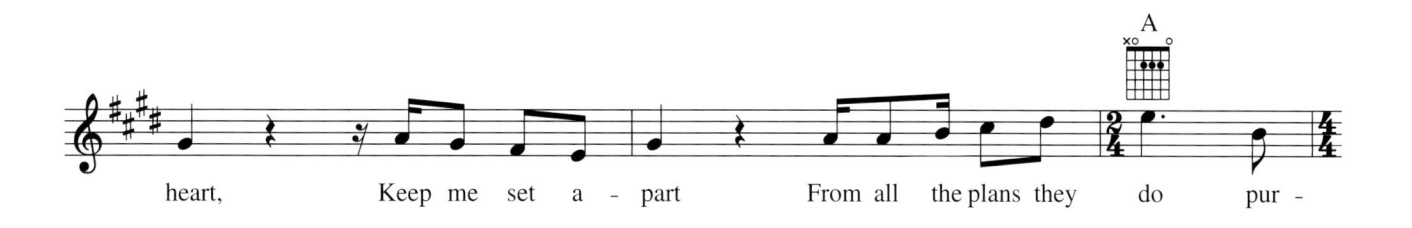

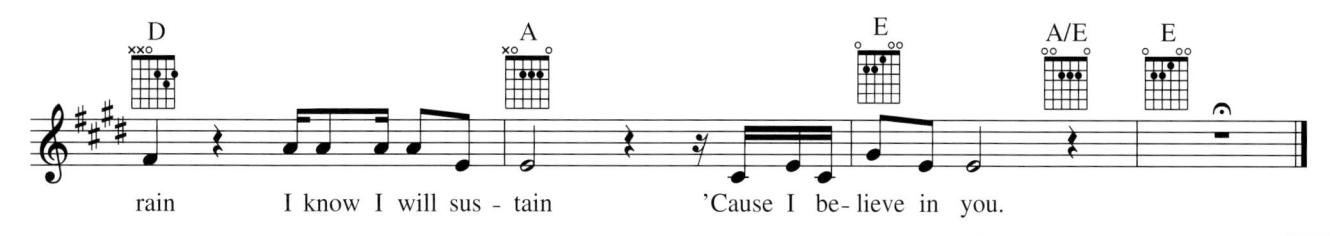

Oh, though the earth may shake me Oh, though my friends for-sake me

Oh, e-ven that could-n't make me go back. Don't let me change my

heart, Keep me set a-part From all the plans they do pur-

sue. And I, I don't mind the pain Don't mind the driv-ing

rain I know I will sus-tain 'Cause I be-lieve in you.

They ask me how I feel
Me perguntam como me sinto
And if my love is real
E se meu amor é verdadeiro
And how I know I'll make it through
E como sei que irei vencer.
And they, they look at me and frown
E eles, eles me olham e franzem a testa,
They'd like to drive me from this town
Eles gostariam de me expulsar da cidade,
They don't want me around
Eles não me querem por aqui
'Cause I believe in you
Porque creio em ti.

They show me to the door
Eles me acompanham até a porta,
They say don't come back no more
E dizem não volte mais aqui
'Cause I don't be like they'd like me to
Porque não sou como querem que eu seja,
And I walk out on my own
E caminho sozinho
A thousand miles from home
A milhares de quilômetros de casa
But I don't feel alone
Mas não me sinto só
'Cause I believe in you
Porque creio em ti.

I believe in you even through the tears and the laughter
Creio em ti mesmo entre lágrimas e riso,
I believe in you even though we be apart
Creio em ti mesmo se estamos separados.
I believe in you even on the morning after
Creio em ti mesmo no dia seguinte.
Oh, when the dawn is nearing
Oh, quando a aurora se aproxima
Oh, when the night is disappearing
Oh, quando a noite desaparece
Oh, this feeling is still here in my heart
Oh, este sentimento continua aqui no meu coração.

Don't let me drift too far
Não me deixe ser levado longe demais
Keep me where you are
Guarda-me onde estás
Where I will always be renewed
Onde sempre serei renovado.
And that which you've given me today
E o que me destes hoje
Is worth more than I could pay
Vale mais do que posso pagar
And no matter what they say
E não importa o que digam
I believe in you
Creio em ti.

I believe in you when winter turn to summer
Creio em ti quando o inverno se torna verão,
I believe in you when white turn to black
Creio em ti quando o branco se torna negro,
I believe in you even though I be outnumbered
Creio em ti mesmo que estejam em maior número que eu.
Oh, though the earth may shake me
Oh, mesmo que a terra me estremeça
Oh, though my friends forsake me
Oh, mesmo que meus amigos me abandonem
Oh, even that couldn't make me go back
Oh, nem isso vai me fazer voltar atrás.

Don't let me change my heart
Não me deixes mudar meu coração.
Keep me set apart
Mantenha-me longe
From all the plans they do pursue
De todos os planos que eles perseguem.
And I, I don't mind the pain
E eu, pouco me importa a dor
Don't mind the driving rain
Pouco me importa a força da chuva
I know I will sustain
Eu sei que suportarei
'Cause I believe in you
Porque creio em ti.

SAVING GRACE

(GRAÇA SALVADORA)

💿 *Saved*, 1980

A capacidade de Dylan de desconcertar seus críticos e seu público foi perfeitamente ilustrada pelo furor que rodeava os álbuns *Slow Train Coming* e *Saved*. A controvérsia ofuscou a força de algumas de suas melhores composições, entre elas esta maravilhosa balada gospel do álbum *Saved* de 1980, enriquecida por um dos solos de gaita mais sentimentais de Dylan.

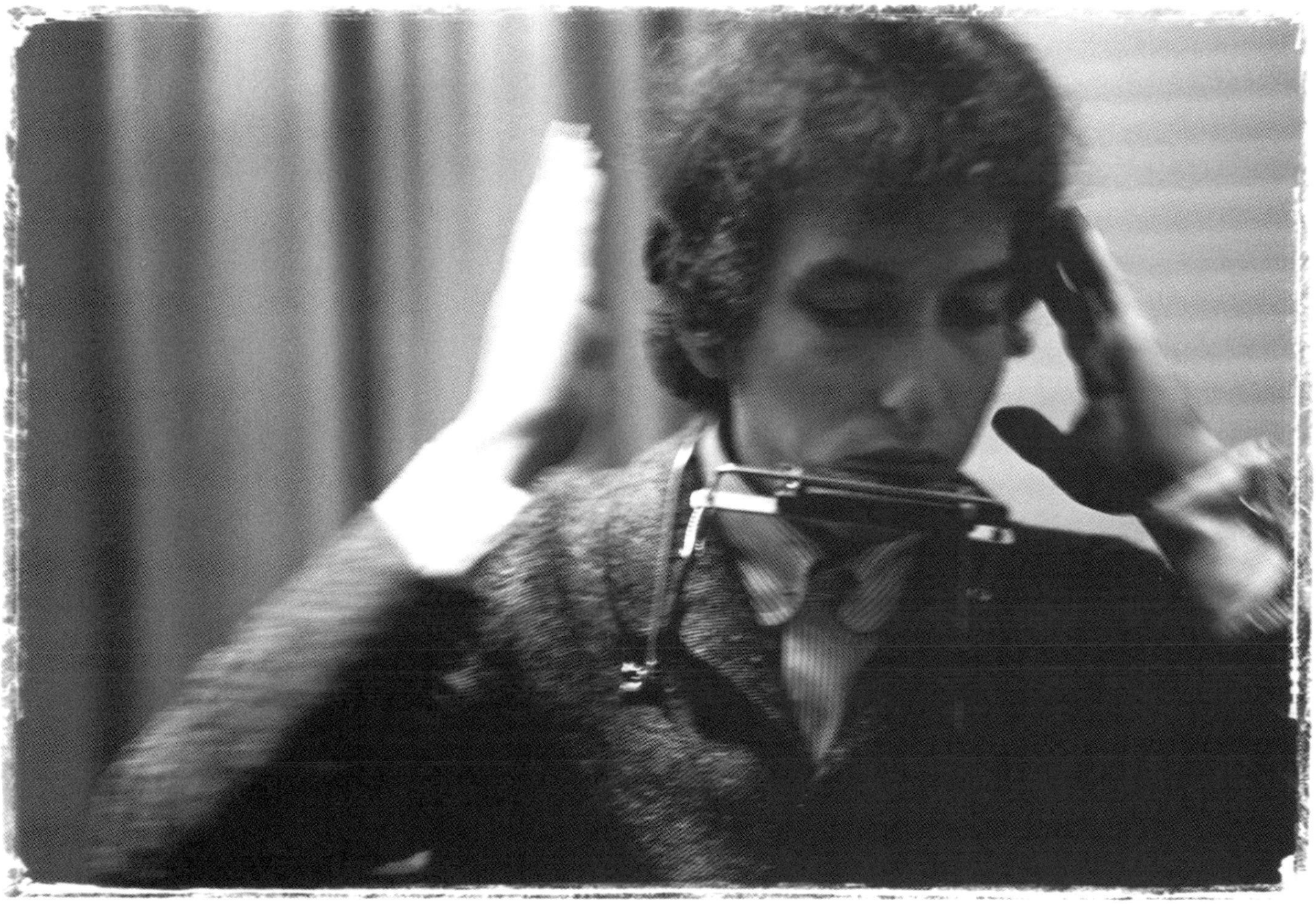

SAVING GRACE

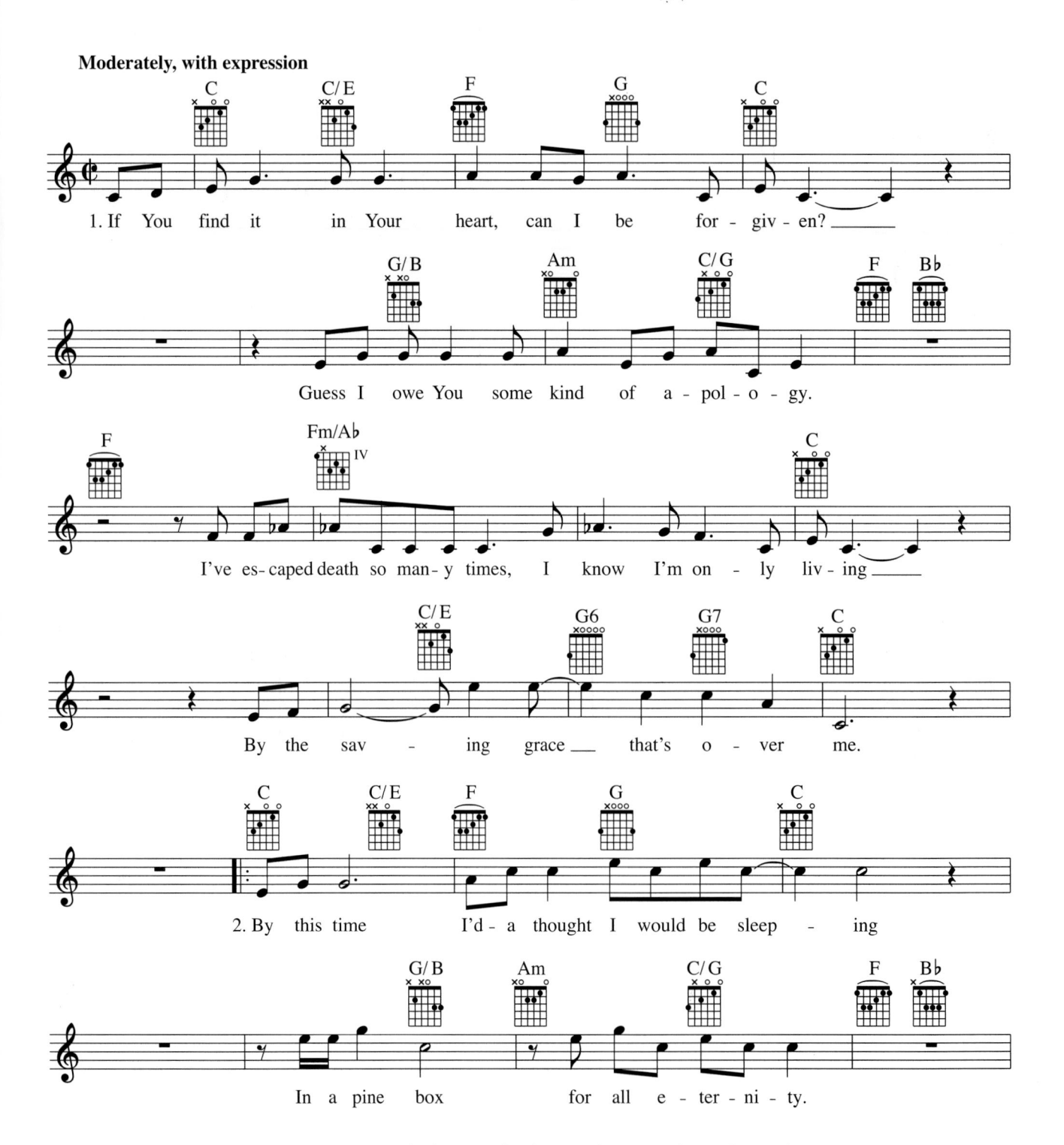

Moderately, with expression

1. If You find it in Your heart, can I be for-giv-en?
Guess I owe You some kind of a-pol-o-gy.
I've es-caped death so man-y times, I know I'm on-ly liv-ing
By the sav-ing grace ___ that's o-ver me.

2. By this time I'd-a thought I would be sleep-ing
In a pine box for all e-ter-ni-ty.

Copyright © 1980 Special Rider Music. All Rights Reserved. International Copyright Secured.

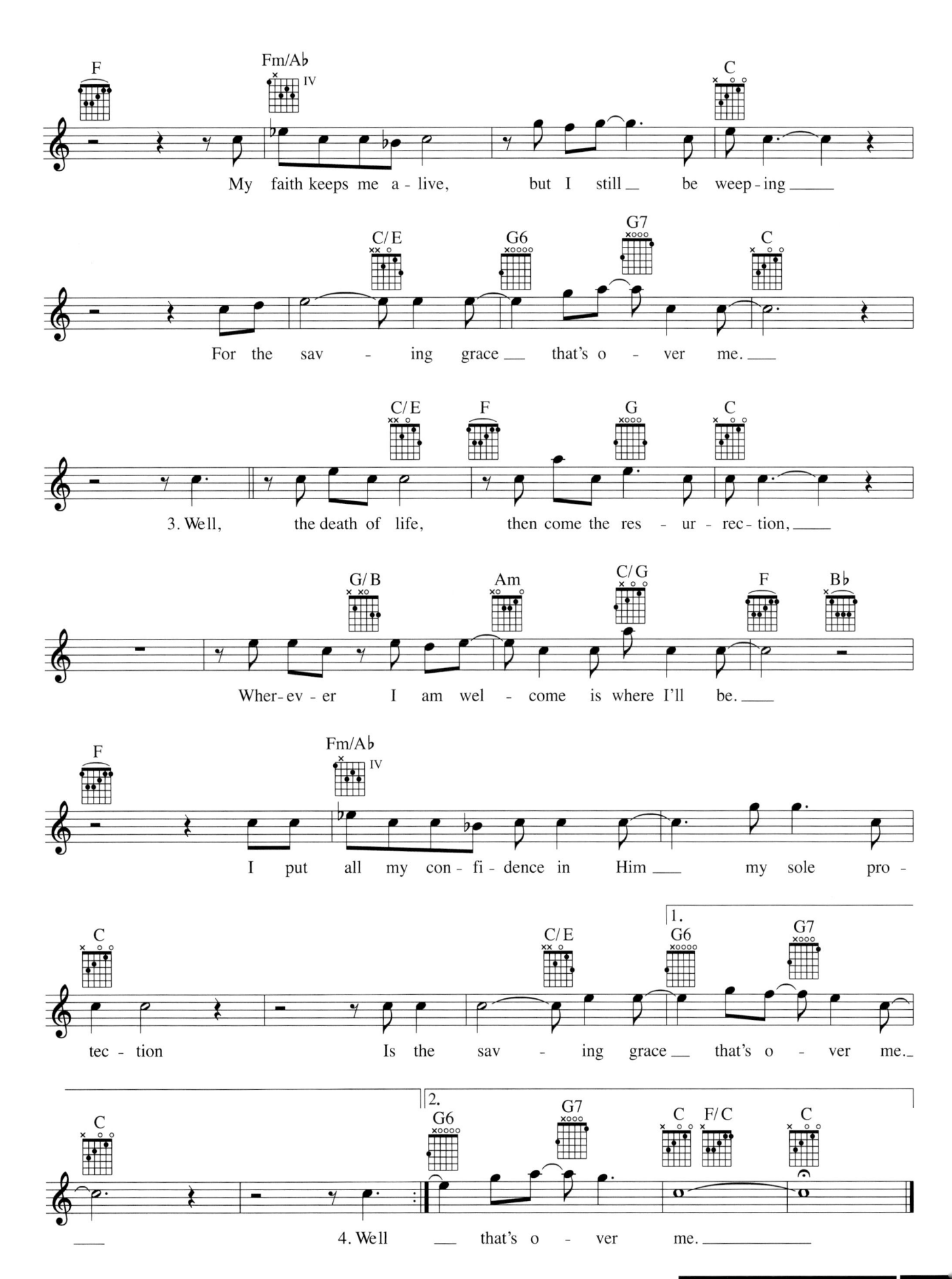

My faith keeps me alive, but I still be weeping
For the saving grace that's over me.

3. Well, the death of life, then come the resurrection,
Wherever I am welcome is where I'll be.

I put all my confidence in Him, my sole protection
Is the saving grace that's over me.

4. Well that's over me.

1. **If you find it in Your heart, can I be forgiven?**
   Se a encontras em Teu coração, posso ser perdoado?
   Guess I owe You some kind of apology.
   Acho que Te devo algum tipo de desculpa.
   I've escaped death so many times, I know I'm only living
   Já escapei da morte muitas vezes, sei que vivo apenas
   By the saving grace that's over me
   Pela graça salvadora que está sobre mim.

2. **By this time I'd-a thought I would be sleeping**
   A essa altura, creio que já estaria dormindo
   In a pine box for all eternity
   Em um caixão de pinho por toda a eternidade.
   My faith keeps me alive, but I still be weeping
   Minha fé me mantém vivo, mas ainda estarei chorando
   For the saving grace that's over me
   Pela graça salvadora que está sobre mim.

3. **Well, the death of life, then come the resurrection**
   Sim, a morte da vida, depois chega a ressurreição,
   Wherever I am welcome is where I'll be
   Onde eu seja bem-vindo é onde estarei.
   I put all my confidence in Him, my sole protection
   Deposito n'Ele toda a minha confiança.
   Is the saving grace that's over me
   Minha única proteção é a graça salvadora que está sobre mim.

4. **Well, the devil's shining light, it can be most blinding**
   Bem, a luz resplandecente do diabo pode muito bem cegar
   But to search for love, that ain't no more than vanity
   Mas a busca pelo amor não passa de vaidade
   As I look around this world all that I'm finding
   Ao olhar o mundo ao redor, tudo o que encontro
   Is the saving grace that's over me
   É a graça salvadora que está sobre mim

5. **The wicked know no peace and you just can't fake it**
   O ímpio não conhece a paz e não há como falsificá-la
   There's only one road and it leads to Calvary
   Há só um caminho que conduz ao Calvário
   It gets discouraging at times, but I know I'll make it
   É desencorajador às vezes, mas sei que conseguirei
   By the saving grace that's over me
   Pela graça salvadora que está sobre mim

"As pessoas me diziam quando ele lançou seus discos cristãos, 'Este cara está acabado – ele não tem mais o que dizer para nós'. Para mim, aquelas foram algumas das canções gospels mais lindas que já entraram para o cenário da música gospel."

Leonard Cohen

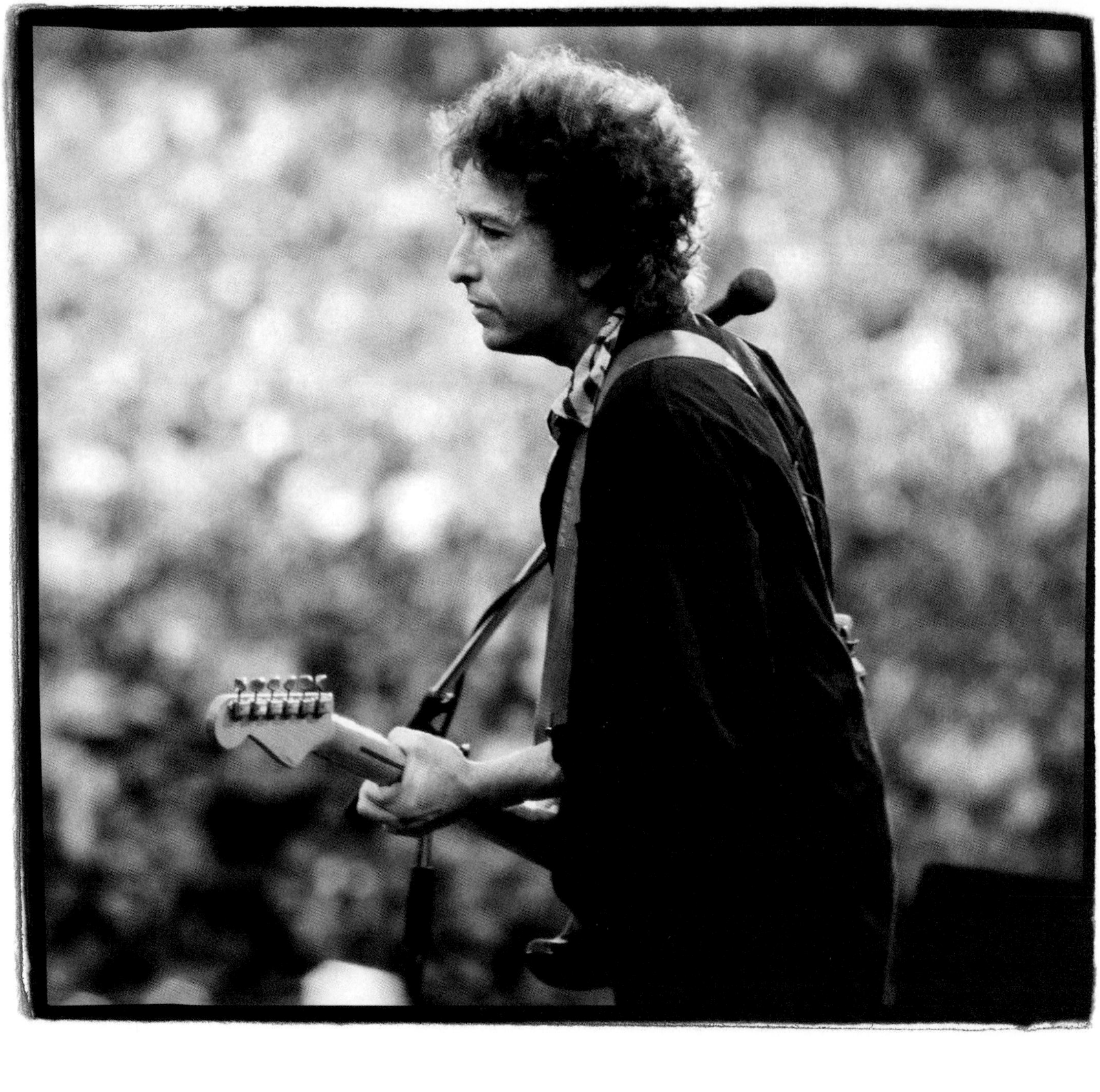

EVERY GRAIN OF SAND

(CADA GRÃO DE AREIA)

Shot Of Love, 1981

Uma das baladas mais líricas de Dylan, "Every Grain Of Sand" foi gravada em maio de 1981 para o álbum *Shot Of Love*. Uma apresentação demo, gravada oito meses antes, foi lançada na coleção retrospectiva de 1991, *The Bootleg Series Vol. 1-3*.

"É um bom poema adaptado para música. É uma bela melodia também, não?"

Bob Dylan, 1991

EVERY GRAIN OF SAND

Moderately slow, in 2

1. In the time of my confession, in the hour of my deepest need
When the pool of tears beneath my feet flood every newborn seed
There's a dyin' voice within me reaching out somewhere,
Toiling in the danger and in the morals of de-

Flowers of indulgence and the weeds of yesteryear,
Like crim-'nals they have choked the breath of conscience and good cheer.
The sun beat down upon the steps of time to light the way
To ease the pain of idleness and the memory of de-

Copyright © 1981 Special Rider Music. All Rights Reserved. International Copyright Secured.

A		A7	D	

spair. Don't have the in-cli-na-tion to look back on an-y mis-
cay. I gaze in-to the door-way of temp-ta-tion's an-gry

A		A7	D	

take, Like Cain, I now be-hold this chain of e-vents that I ___ must
flame And ev-ery time I pass that way I al-ways hear ___ my

A	G	D	Gmaj7	D

break. In the fu-ry ___ of the mo-ment I can see the Mas-ter's
name. Then on-ward ___ in my jour-ney I come to un-der-

Gmaj7	D	Gmaj7	A	A9sus4

hand In ev-ery leaf that trem-bles, in ev-ery grain ___ of
stand That ev-ery hair is num-bered like ev-ery grain ___ of

1. D
2. D

sand. 2. Oh, the sand. 3. I have

D	Gmaj7	D	Gmaj7

gone from rags to rich-es in the sor-row of the night In the

| D | Gmaj7 | A Asus4 A |

vi-o-lence __ of a sum-mer's dream, in the chill of a win-tr-y light, In the

| D | Gmaj7 | D | Gmaj7 |

bit-ter dance of lone-li-ness fad-ing __ in-to space, In the

| D | Gmaj7 | A Asus4 A |

bro-ken mir-ror of in-no-cence on each for-got-ten __ face. I

| A7 | D | A |

hear the an-cient foot-steps like the mo-tion of __ the sea Some-

| A7 | D | A G |

times I turn, there's some-one there, oth-er times it's on-ly me. I am

| D | Gmaj7 | D | Gmaj7 |

hang-ing in the bal-ance __ of the re-al-i-ty of man Like

| D | Gmaj7 | A A9sus4 | D |

ev-ery __ spar-row fall-ing, like ev-ery grain __ of sand.

1. **In the time of my confession, in the hour of my deepest need**
   No momento da minha confissão, na hora da minha mais profunda necessidade
   When the pool of tears beneath my feet flood every newborn seed
   Quando a poça de lágrimas sob os meus pés inunda cada nova semente
   There's a dyin' voice within me reaching out somewhere
   Uma voz que se apaga dentro de mim, buscando algum lugar,
   Toiling in the danger and in the morals of despair
   Lutando penosamente no perigo e na moral do desespero.

   Don't have the inclination to look back on any mistake
   Não tenho a tendência de rever cada erro do passado,
   Like Cain, I now behold this chain of events that I must break
   Como Caim, contemplo agora esta cadeia de eventos que devo romper.
   In the fury of the moment I can see the Master's hand
   Na fúria do momento, vejo a mão do Mestre
   In every leaf that trembles, in every grain of sand
   Em cada folha que balança, em cada grão de areia.

2. **Oh, the flowers of indulgence and the weeds of yesteryear**
   Oh, as flores da indulgência e as ervas daninhas de outrora
   Like criminals, they have choked the breath of conscience and good cheer
   Sufocaram, como criminosas, o alento da consciência e do bom humor.
   The sun beat down upon the steps of time to light the way
   O sol bate nos passos do tempo para iluminar o caminho
   To ease the pain of idleness and the memory of decay
   Para aliviar a dor da indolência e a lembrança da decadência.

   I gaze into the doorway of temptation's angry flame
   Contemplo o portal da irada chama da tentação
   And every time I pass that way I always hear my name
   E cada vez que passo por aqui, sempre ouço o meu nome.
   Then onward in my journey I come to understand
   E, depois, seguindo minha jornada, chego a compreender
   That every hair is numbered
   Que cada fio de cabelo é contado
   Like every grain of sand
   Como cada grão de areia.

3. I have gone from rags to riches in the sorrow of the night
Já passei da miséria à riqueza na angústia da noite
In the violence of a summer's dream, in the chill of a wintry light
Na violência de um sonho de verão, no frio de uma luz invernal,
In the bitter dance of loneliness fading into space
Na amarga dança da solidão que se esvai no espaço,
In the broken mirror of innocence on each forgotten face
No espelho quebrado da inocência de cada rosto esquecido.

I hear the ancient footsteps like the motion of the sea
Ouço antigos passos como o vaivém do mar
Sometimes I turn, there's someone there, other times it's only me.
Às vezes me viro, e há alguém lá, às vezes só eu.
I am hanging in the balance of the reality of man
Estou suspenso na balança da realidade humana
Like every sparrow falling, like every grain of sand
Como cada pardal que cai, como cada grão de areia.

"Every Grain Of Sand' era uma canção excelente, não sofri para escrevê-la. Levou uns 12 segundos – ou foi assim que me pareceu."

Bob Dylan, 1992

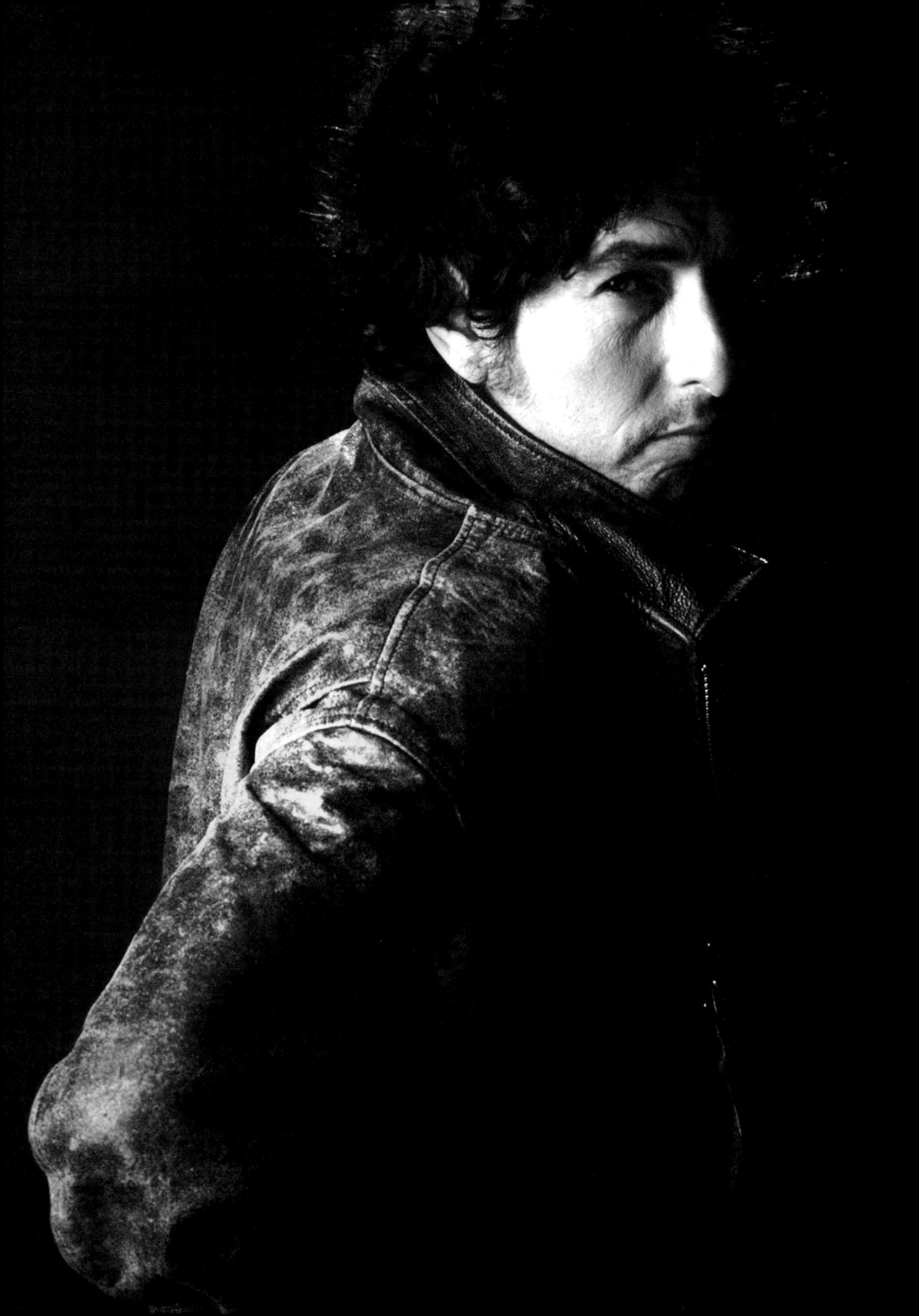

JOKERMAN

(PALHAÇO)[10]

Infidels, 1983

Talvez a joia mais brilhante do álbum *Infidels,* produzido por Mark Knopfler, "Jokerman" passou por uma série de revisões no início dos anos 1980 até emergir como faixa de abertura e tema de um dos primeiros vídeos promocionais de Dylan. Foi a primeira canção que interpretou na turnê de 1984, e que costumava também abrir seus *shows*, em 1994.

---

10. N.T.: Jokerman é uma palavra inexistente no inglês, formada sob o modelo de "Loverman", influência da música negra americana. A palavra *Joker* significa curinga.

JOKERMAN

Brightly

1. Standing on the waters casting your bread / While the eyes of the i-dol with the i-ron head are glow-ing. / Dis-tant ships sail-ing in-to the mist, / You were born with a snake in both of your fists while a hur-ri-cane was blow-ing. / Free-dom just a-round the cor-ner for you / But with the

Copyright © 1983 Special Rider Music. All Rights Reserved. International Copyright Secured.

| Cm7 | F | B♭ |

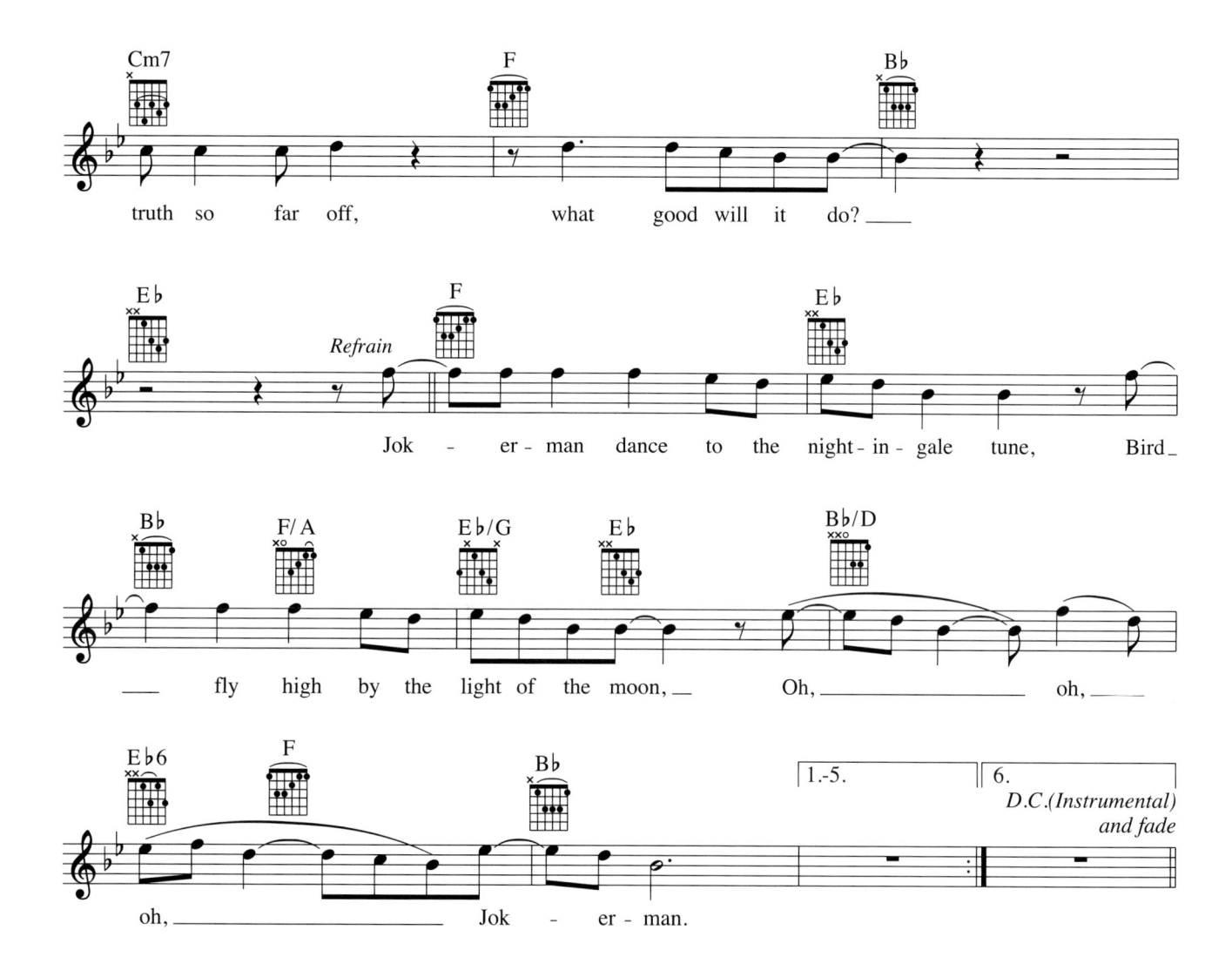

truth so far off, what good will it do? ___

| E♭ | F | E♭ |

Refrain
Jok - er - man dance to the night-in-gale tune, Bird ___

| B♭ | F/A | E♭/G | E♭ | B♭/D |

___ fly high by the light of the moon, ___ Oh, ___ oh, ___

| E♭6 | F | B♭ |

1.-5. | 6.
D.C.(Instrumental) and fade

oh, ___ Jok - er - man.

1. Standing on the waters casting your bread
   De pé sobre as águas, jogando migalhas
   While the eyes of the idol with the iron head are glowing.
   Enquanto brilham os olhos do ídolo com cabeça de ferro.
   Distant ships sailing into the mist,
   Navios distantes navegam na névoa,
   You were born with a snake in both of your fists while a hurricane was blowing
   Você nasceu com uma cobra nos pulsos quando o furacão soprava.
   Freedom just around the corner for you
   A liberdade te espera ali na esquina
   But with the truth so far off, what good will it do?
   Mas, com a verdade tão longe, de que adianta?
   Jokerman dance to the nightingale tune
   O palhaço dança ao som do rouxinol,
   Bird fly high by the light of the moon
   O pássaro voa alto sob a luz da lua,
   Oh, oh, oh, Jokerman
   Oh, oh, oh, Palhaço.

2. So swiftly the sun sets in the sky
   Tão rápido quanto o sol se põe no céu
   You rise up and say goodbye to no one
   Você se levanta e diz adeus a ninguém
   Fools rush in where angels fear to tread
   Os tolos correm para onde os anjos não se atrevem a pisar
   Both of their futures, so full of dread, you don't show one
   Seus dois futuros, tão terríveis, você não revela nenhum
   Shedding off one more layer of skin
   Perdendo mais uma camada de pele
   Keeping one step ahead of the persecutor within
   Você mantém um passo à frente do seu perseguidor interior.

   Refrão

3. You're a man of the mountains, you can walk on the clouds
   Você é um homem das montanhas, consegue andar nas nuvens
   Manipulator of crowds, you're a dream twister
   Manipulador das massas, você trapaceia os sonhos
   You're going to Sodom and Gomorrah
   Você vai a Sodoma e Gomorra.
   But what do you care? Ain't nobody there would want to marry your sister
   Mas e daí? Não, ninguém por aí quer casar com a sua irmã
   Friend to the martyr, a friend to the woman of shame
   Amigo do mártir, um amigo da mulher desonrada
   You look into the fiery furnace, see the rich man without any name
   Você olha a fornalha incandescente, e vê rico sem nome

   Refrão

4. **Well, the Book of Leviticus and Deuteronomy**
   Bem, o Levítico e o Deuteronômio
   The law of the jungle and the sea are your only teachers
   A lei da selva e do mar são seus únicos mestres.
   In the smoke of the twilight on a milk-white steed
   Na névoa do crepúsculo sobre um cavalo branco como o leite
   Michelangelo indeed could've carved out your features
   Michelangelo, de fato, poderia ter esculpido seus traços
   Resting in the fields, far from the turbulent space
   Você repousa nos campos, longe do espaço turbulento
   Half asleep near the stars with a small dog licking your face
   Adormecido junto às estrelas um cãozinho lambe sua cara

   Refrão

5. **Well, the rifleman's stalking the sick and the lame**
   Bem, o atirador persegue o enfermo e o aleijado
   Preacherman seeks the same, who'll get there first is uncertain
   O pregador busca o mesmo, quem chegará lá primeiro é incerto
   Nightsticks and water cannons, tear gas, padlocks
   Cassetetes e canhões de água, gás lacrimogêneo, cadeados
   Molotov cocktails and rocks behind every curtain
   Coquetéis molotov e pedras detrás das cortinas
   False-hearted judges dying in the webs that they spin
   Juízes traiçoeiros morrendo nas redes que teceram
   Only a matter of time 'til night comes steppin' in
   É só uma questão de tempo até que caia a noite

   Refrão

6. **It's a shadowy world, skies are slippery gray**
   É um mundo de sombra, o céu de um cinza escorregadio
   A woman just gave birth to a prince today and dressed him in scarlet
   Uma mulher acabou de parir um príncipe e o vestiu de escarlate
   He'll put the priest in his pocket, put the blade to the heat
   Ele colocará o padre no bolso, exporá a lâmina ao fogo
   Take the motherless children off the street
   Tirará as crianças órfãs da rua
   And place them at the feet of a harlot
   E as colocará aos pés da meretriz
   Oh, Jokerman, you know what he wants
   Oh, Palhaço, você sabe o que ele quer
   Oh, Jokerman, you don't show any response
   Oh, Palhaço, você não reage a nada

   Refrão

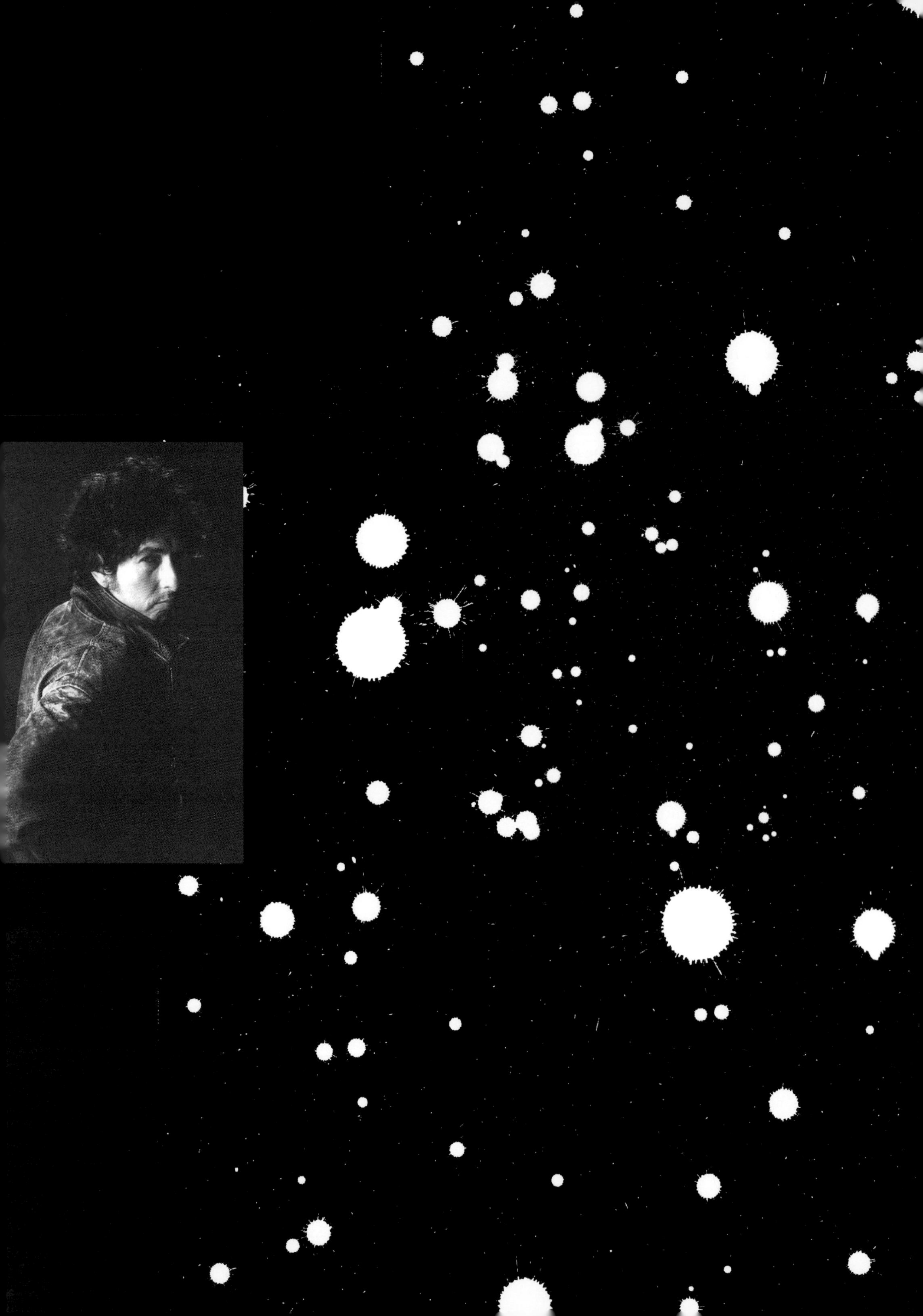

"Compus 'Jokerman' nas ilhas [caribenhas]. É muito mística. As formas e as sombras parecem tão antigas."

Bob Dylan, 1984

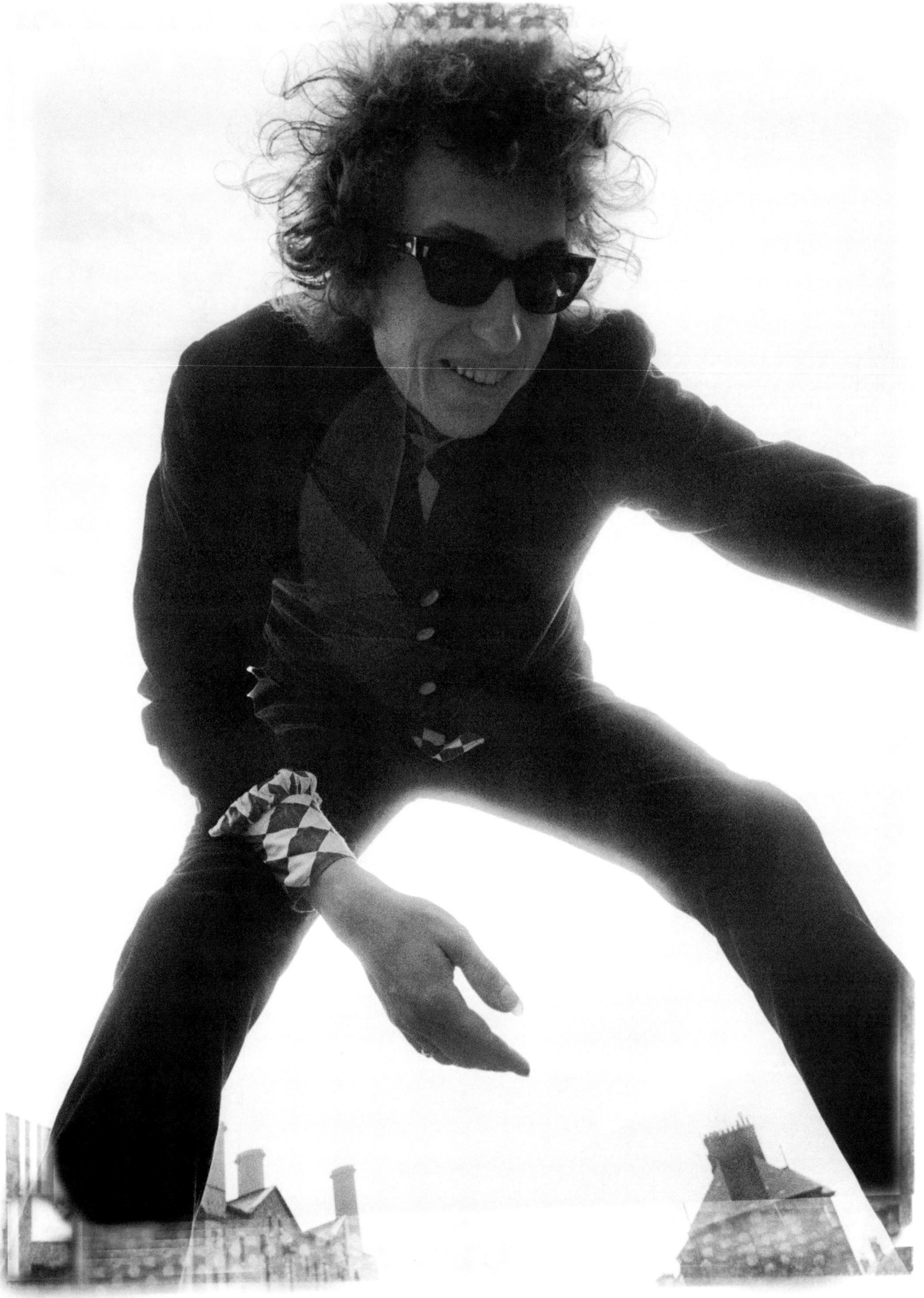

BLIND WILLIE MCTELL
(O CEGO WILLIE MCTELL)

🎵 *Infidels*, 1983

Inspirado no clássico *blues* "St James Infirmary", Dylan compôs esta canção em 1983, durante as sessões de gravação do álbum *Infidels*. Ele experimentou dois arranjos diferentes antes de decidir omiti-la do disco acabado. Mas "Blind Willie McTell" finalmente veio à luz na coletânea retrospectiva *The Bootleg Series Vol. 1-3*, em 1991.

BLIND WILLIE MCTELL

Steadily ♩ = 80

1. Seen the ar-row on the door-post, Say-ing, "This land is con-demned All the way from New Or-leans To Je-ru-sa-lem." I trav-elled through East Tex-as where ma-ny mar-tyrs fell, And I know no one can sing the blues Like Blind Wil-lie Mc-Tell.

2. Well, I

(Verse 2 see block lyrics)

Copyright © 1983 Special Rider Music. All Rights Reserved. International Copyright Secured.

3. See them big plantations burning, Hear the cracking of the whips,
(Verse 4 see block lyrics)
Smell that sweet magnolia blooming, See the ghosts of slavery ships. I can hear them tribes a-moaning, (I can) hear that undertaker's bell; Nobody can sing the blues Like Blind Willie McTell.

Instrumental - piano

5. Well, God is in his heaven and we all want what's his, But power and greed and corruptible seed Seem to be all that there is.

I'm gaz-ing out the win-dow Of the St. James Hot-el,

And I know no one can sing the blues Like Blind Wil-lie Mc-Tell.

Instrumental

1. **Seen the arrow on the doorpost**
Vi a seta no umbral da porta,
Saying,
Com os dizeres,
"This land is condemned
"Esta terra está condenada
All the way from New Orleans
De Nova Orleans
To Jerusalem."
Até Jerusalém".
I traveled through East Texas
Percorri o leste do Texas
Where many martyrs fell
Onde muitos mártires tombaram,
And I know no one can sing the blues
E sei que ninguém canta *blues*
Like Blind Willie McTell
Como o Cego Willie McTell.

2. **Well, I heard that hoot owl singing**
É, ouvi cantar a coruja,
As they were taking down the tents
Enquanto desmontavam as barracas;
The stars above the barren trees
As estrelas no céu, as árvores secas
Were his only audience
Eram seu único público.
Them charcoal gypsy maidens
As jovens ciganas negras como carvão
Can strut their feathers well
Sabem abanar bem as penas,
But nobody can sing the blues
Mas ninguém canta *blues*
Like Blind Willie McTell
Como o Cego Willie McTell.

3. **See them big plantations burning**
Veja como ardem as suas grandes plantações,
Hear the cracking of the whips
Ouça o estalar dos chicotes,
Smell that sweet magnolia blooming
Sinta o doce perfume das magnólias em flor,
See the ghosts of slavery ships
Veja os fantasmas dos navios negreiros.

I can hear them tribes a-moaning
Posso ouvir o lamento das tribos,
Hear that undertaker's bell
O sino do coveiro;
Nobody can sing the blues
É, mas ninguém canta *blues*
Like Blind Willie McTell
como o Cego Willie McTell.

4. **There's a woman by the river**
   Há uma mulher perto do rio
   With some fine young handsome man
   Com algum jovem bonito e elegante;
   He's dressed up like a squire
   Está vestido como um cavalheiro,
   Bootlegged whiskey in his hand
   Com uma garrafa de uísque contrabandeado nas mãos.
   There's a chain gang on the highway
   Há uma quadrilha de presos na estrada,
   I can hear them rebels yell
   Dá pra ouvir os gritos dos rebelados,
   And I know no one can sing the blues
   E sei que ninguém canta *blues*
   Like Blind Willie McTell
   Como o Cego Willie McTell.

5. **Well, God is in His heaven**
   Deus está no céu
   And we all want what's his
   E todos desejamos o que lhe pertence,
   But power and greed and corruptible seed
   Mas o poder, a ganância e a semente da corrupção
   Seem to be all that there is
   Parecem ser tudo o que existe.
   I'm gazing out the window
   Olho pela janela
   Of the St. James Hotel
   Do Hotel St. James,
   And I know no one can sing the blues
   E sei que ninguém canta *blues*
   Like Blind Willie McTell
   Como o Cego Willie McTell.

"Comecei a tocá-la ao vivo porque ouvi o The Band tocar. Aparentemente, era um demo, mostrando aos músicos como devia tocá-la. Nunca foi desenvolvida por completo, nem tentei terminá-la. Não havia qualquer outro motivo para ser eliminada do disco."

Bob Dylan, 2006

BROWNSVILLE GIRL

(A GAROTA DE BROWNSVILLE)

Knocked Out Loaded, 1986

Produto da única colaboração com o dramaturgo Sam Shepard, o épico "Brownsville Girl" nasceu sob o nome de "New Danville Girl", em 1985, durante as sessões de gravação do álbum *Empire Burlesque*. Depois de passar por revisões na letra, constou, no ano seguinte, do álbum *Knocked Out Loaded*.

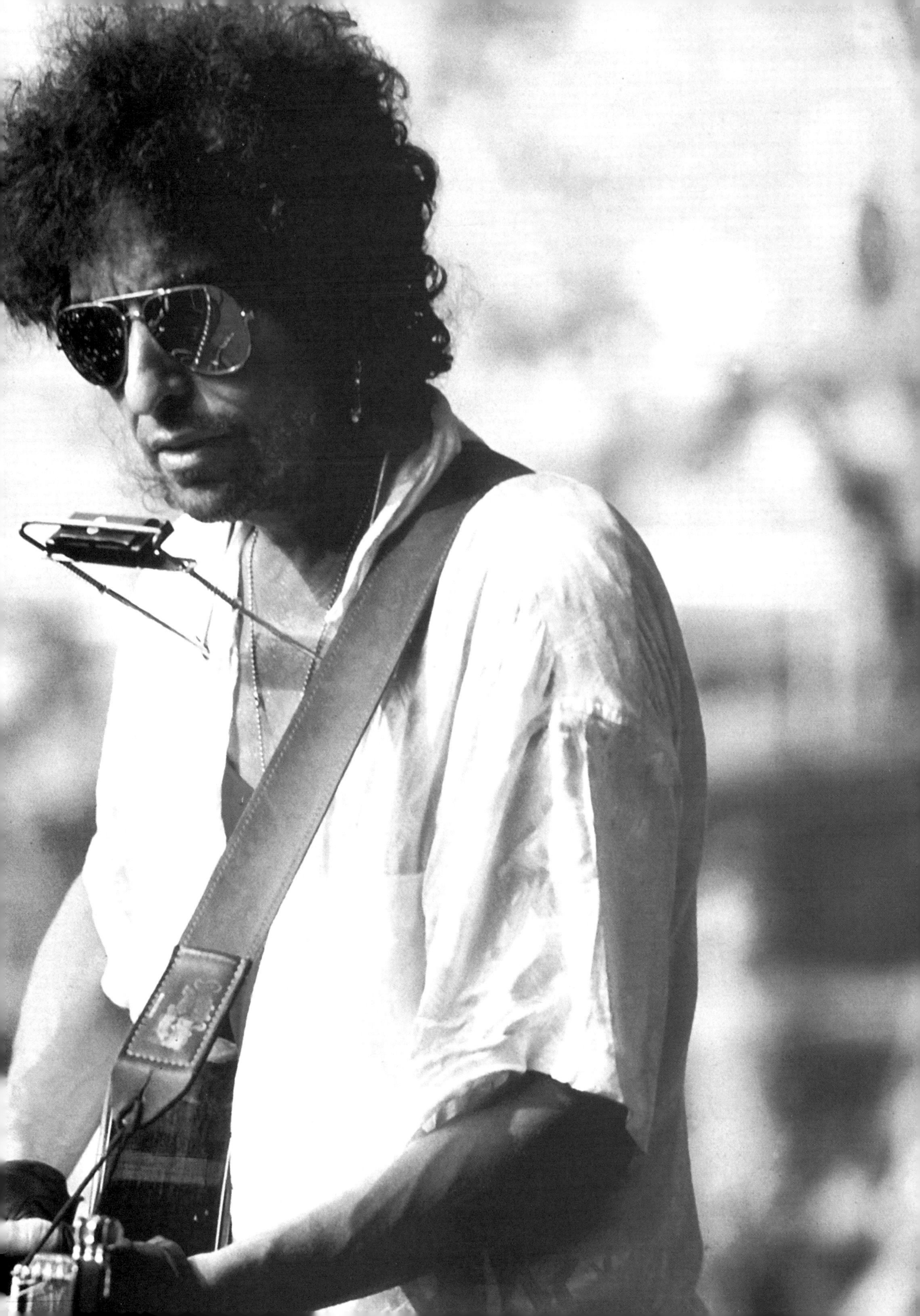

BROWNSVILLE GIRL

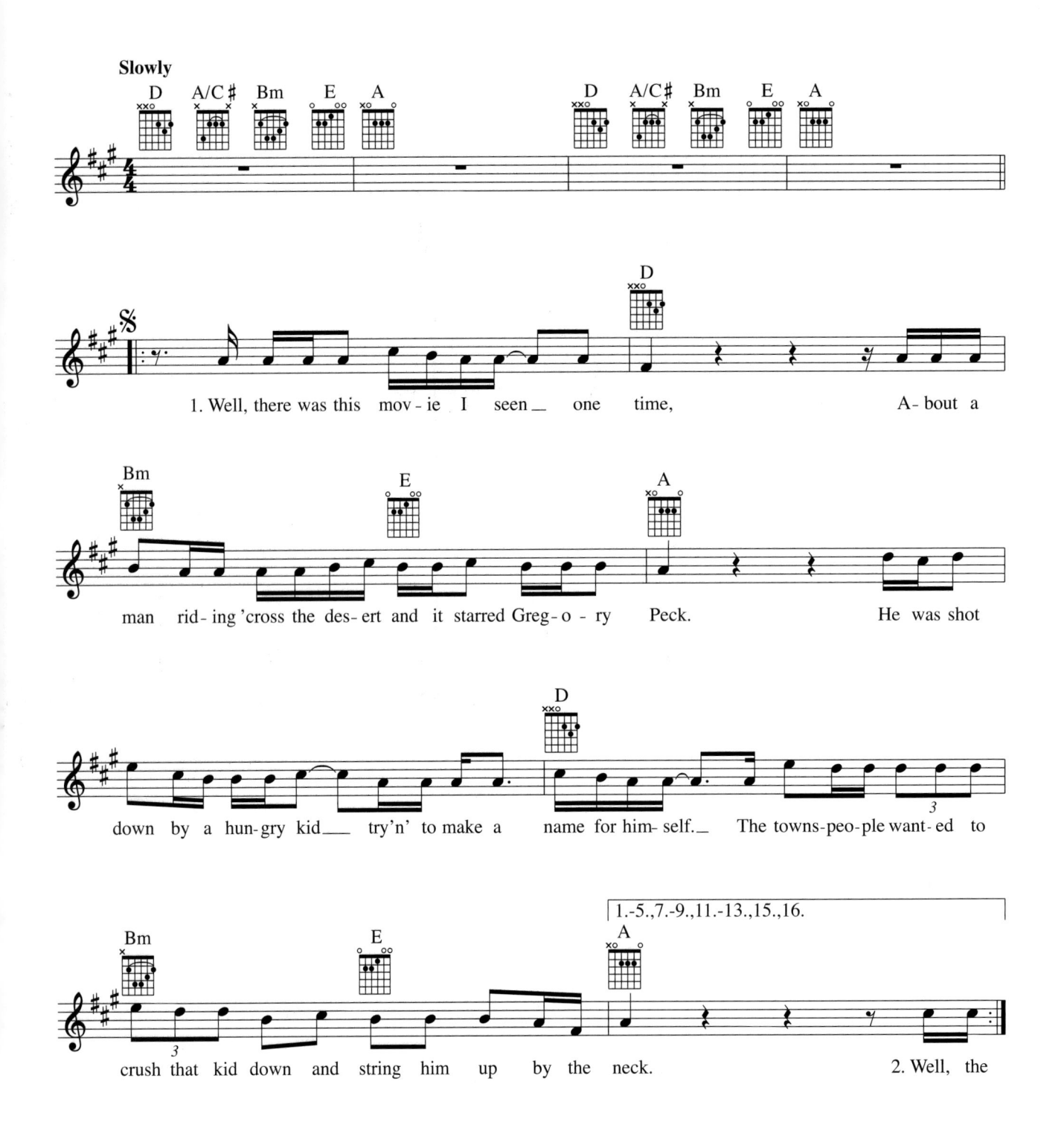

Slowly

1. Well, there was this movie I seen one time, about a man riding 'cross the desert and it starred Gregory Peck. He was shot down by a hungry kid try'n' to make a name for himself. The townspeople wanted to crush that kid down and string him up by the neck.

2. Well, the

Copyright © 1986 Special Rider Music. All Rights Reserved. International Copyright Secured.

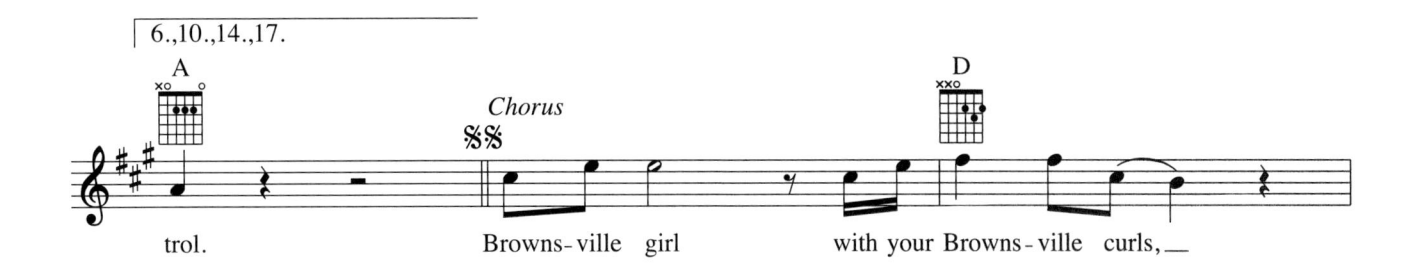

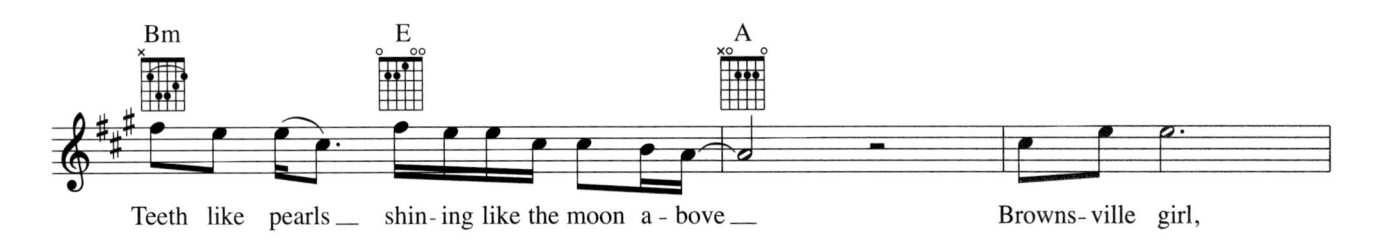

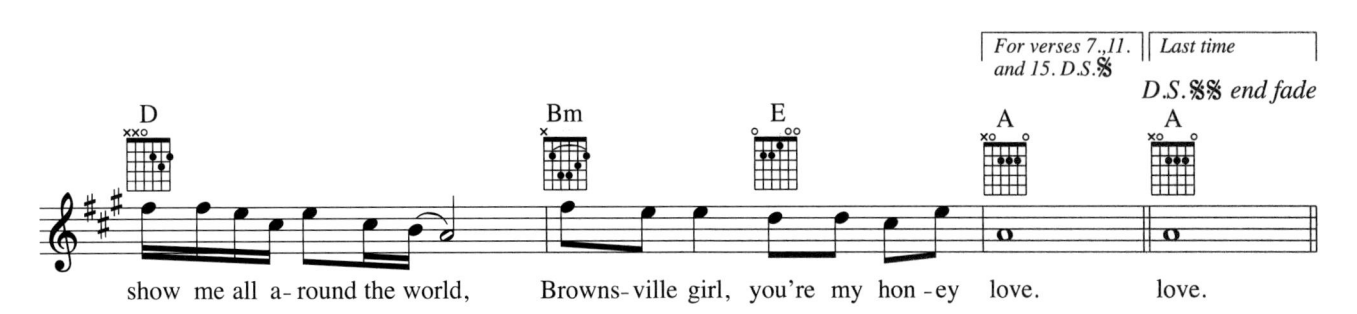

6.,10.,14.,17.

Chorus

trol. Browns-ville girl with your Browns-ville curls,

Teeth like pearls shin-ing like the moon a-bove Browns-ville girl,

For verses 7.,11. and 15. D.S. | Last time D.S. end fade

show me all a-round the world, Browns-ville girl, you're my hon-ey love. love.

1. **Well, there was this movie I seen one time**
   Bem, tinha este filme que vi uma vez,
   About a man riding 'cross the desert and it starred Gregory Peck.
   Sobre um homem que atravessa o deserto com o Gregory Peck.
   He was shot down by a hungry kid trying to make a name for himself.
   Ele foi alvejado por um garoto faminto que tentava ficar famoso.
   The townspeople wanted to crush that kid down and string him up by the neck.
   O povo da cidade queria trucidar o moleque e pendurá-lo pelo pescoço.

2. **Well, the marshal, now he beat that kid to a bloody pulp**
   Bem, o xerife reduziu o moleque a uma polpa de sangue
   As the dying gunfighter lay in the sun and gasped for his last breath
   Enquanto o pistoleiro agonizante jazia ao sol e exalava seu derradeiro suspiro
   "Turn him loose, let him go, let him say he outdrew me fair and square
   "Soltem o moleque, deixem-no partir, deixem-no contar que me venceu justamente
   I want him to feel what it's like to every moment face his death"
   Quero que ele saiba como é enfrentar a morte a cada instante"

3. **Well, I keep seeing this stuff and it just comes a-rolling in**
   Continuei a ver esse troço, desfilando pela minha mente
   And you know it blows right through me like a ball and chain
   E sabe, isso me atravessou como um grilhão
   You know I can't believe we've lived so long and are still so far apart
   Sabe, não consigo acreditar que estamos juntos há tanto tempo e ainda assim tão separados
   The memory of you keeps callin' after me like a rollin' train
   Tua lembrança me persegue como um trem em marcha

4. **I can still see the day that you came to me on the painted desert**
   Ainda vejo o dia em que você me apareceu no deserto pintado
   In your busted down Ford and your platform heels
   No seu Ford arrebentado e salto plataforma
   I could never figure out why you chose that particular place to meet
   Nunca entendi por que escolheu bem aquele lugar para me encontrar
   Ah, but you were right. It was perfect as I got in behind the wheel
   Ah, mas você estava certa. Era perfeito assim que peguei no volante

5. **Well, we drove that car all night into San Anton'**
   Dirigimos a noite inteira até San Antonio
   And we slept near the Alamo, your skin was so tender and soft
   E dormimos perto de Álamo, tua pele era tão macia e suave
   Way down in Mexico you went out to find a doctor and you never came back
   No México você saiu à procura de um médico e nunca mais voltou
   I would have gone on after you but I didn't feel like letting my head get blown off
   Teria ido atrás de você, mas não tinha vontade de perder a calma

6. **Well, we're drivin' this car and the sun is comin' up over the Rockies**
   Vamos de carro e o sol surge sobre as Rochosas
   Now I know she ain't you but she's here and she's got that dark rhythm in her soul
   Agora entendo, ela não é você, mas ela está aqui e sua alma tem um ritmo sombrio
   But I'm too over the edge and I ain't in the mood anymore to remember the times when I was your only man
   Mas estou muito passado e não tenho mais vontade de me lembrar de quando eu era teu único homem
   And she don't want to remind me. She knows this car would go out of control
   Nem ela quer que eu lembre. Ela sabe que perderia o controle do carro

   Refrão:

   Brownsville girl with your Brownsville curls
   Garota de Brownsville com seus cachos de Brownsville
   Teeth like pearls shining like the moon above
   Dentes como pérolas que brilham como a lua no céu
   Brownsville girl, show me all around the world
   Garota de Brownsville, me mostre o mundo inteiro
   Brownsville girl, you're my honey love
   Garota de Brownsville, você é meu doce amor

7. **Well, we crossed the panhandle and then we headed towards Amarillo**
   Bem, cruzamos a fronteira e fomos para Amarillo
   We pulled up where Henry Porter used to live. He owned a wreckin' lot outside of town about a mile
   Paramos onde Henry Porter[11] morava. Ele tinha um ferro-velho nos arredores da cidade
   Ruby was in the backyard hanging clothes, she had her red hair tied back
   Ruby estava no quintal pendurando as roupas, os cabelos ruivos puxados para trás
   She saw us come rolling up in a trail of dust
   Ela nos viu chegando numa nuvem de poeira
   She said, "Henry ain't here but you can come on in, he'll be back in a little while"
   Falou, "O Henry não está, mas podem entrar. Ele volta já"

8. **Then she told us how times were tough and about how she was thinkin' of bummin' a ride back to where she started**
   Daí ela falou como os tempos estavam difíceis e que pensava em filar uma carona de volta de onde partiu
   But ya Know, she changed the subject every time money came up
   Mas sabe como é, ela mudava de assunto toda vez que se falava em dinheiro
   She said, "Welcome to the land of the living dead." You could tell she was so broken hearted
   Ela disse, "Bem-vindos à terra dos mortos-vivos". Mas dava pra notar que estava desiludida
   She said, "Even the swap meets around here are getting pretty corrupt"
   Ele disse, "Aqui até os escambos têm corrupção"

---

11. N.T.: Campeão de salto em altura dos Estados Unidos, no início do século XX.

9. **"How far are y'all going?" Ruby asked us with a sigh**
   "Até onde vocês vão?", Ruby perguntou suspirando
   "We're going all the way 'til the wheels fall off and burn
   "Vamos até o final, até que os pneus caiam e queimem
   'Til the sun peels the paint and the seat covers fade and the water moccasin dies"
   Até que o sol arranque a tinta, desbote a capa dos assentos e a cobra d'água morra"
   Ruby just smiled and said, "Ah, you know some babies never learn"
   Ruby sorriu e disse, "Pois é, sabe, algumas crianças nunca aprendem"

10. **Something about that movie though, well I just can't get it out of my head**
    Tem ainda uma coisa naquele filme que não consigo tirar da cabeça
    But I can't remember why I was in it or what part I was supposed to play
    Não me lembro por que estava nele nem qual era meu papel.
    All I remember about it was Gregory Peck and the way people moved
    Só o que lembro era do Gregory Peck e do modo de as pessoas se movimentarem
    And a lot of them seemed to be lookin' my way
    E muitas pareciam olhar na minha direção

    Refrão

11. **Well, they were looking for somebody with a pompadour**
    Bem, eles procuravam alguém com topete
    I was crossin' the street when shots rang out
    Eu atravessava a rua quando começou o tiroteio.

    I didn't know whether to duck or to run, so I ran
    Não sabia se abaixava ou se corria, então corri
    "We got him cornered in the churchyard," I heard somebody shout
    "Ele está encurralado no pátio da igreja", alguém gritou

12. **Well, you saw my picture in the *Corpus Christi Tribune*. Underneath it, it said, "A man with no alibi"**
    É, você viu minha foto na Tribuna de Corpus Christi. A legenda abaixo dizia, "Um homem sem álibi"
    You went out on a limb to testify for me, you said I was with you
    Você se arriscou muito ao testemunhar a meu favor, disse que estávamos juntos
    Then when I saw you break down in front of the judge and cry real tears
    Então quando te vi desmoronar diante do juiz e chorar lágrimas de verdade
    It was the best acting I saw anybody do
    Foi a melhor atuação que já vi na minha vida

13. **Now I've always been the kind of person that doesn't like to trespass but sometimes you just find yourself over the line**
    Pois é, sou o tipo de pessoa que não gosta de transgredir a lei, mas às vezes a gente se vê passando do limite
    Oh if there's an original thought out there, I could use it right now
    É, se alguém tiver uma ideia original por aí, ela poderia me ser útil agora
    You know, I feel pretty good, but that ain't sayin' much. I could feel a whole lot better

Sabe, eu me sinto bem, mas isso não quer dizer nada. Poderia me sentir bem melhor
If you were just here by my side to show me how
Se você estivesse aqui do meu lado pra me mostrar

14. **Well, I'm standin' in line in the rain to see a movie starring Gregory Peck**
    Bem, estou na fila debaixo da chuva para ver o filme com o Gregory Peck
    Yeah, but you know it's not the one that I had in mind
    É, você sabe, não é o que eu pensava
    He's got a new one out now, I don't even know what it's about
    Ele fez um novo, nem sei do que se trata
    But I'll see him in anything so I'll stand in line
    Mas assisto a qualquer filme dele, assim vou ficar na fila

    Refrão

15. **You know, it's funny how things never turn out the way you had 'em planned**
    Sabe, é engraçado como as coisas nunca acontecem como planejamos
    The only thing we knew for sure about Henry Porter is that his name wasn't Henry Porter
    A única coisa que sabíamos sobre o Henry Porter é que ele não se chamava Henry Porter
    And you know there was somethin' about you baby that I liked that was always too good for this world
    E sabe, você tinha algo que eu gostava, *baby*, que era boa demais para este mundo
    Just like you always said there was somethin' about me you liked that I left behind in the French Quarter
    Assim como você sempre dizia que eu tinha algo que você gostava e que eu deixei para trás no bairro francês

16. **Strange how people who suffer together have stronger connections than people who are most content**
    É estranho como as pessoas que sofrem juntas têm ligações mais fortes do que as mais satisfeitas
    I don't have any regrets, they can talk about me plenty when I'm gone
    Não me arrependo de nada, podem falar de mim à vontade quando eu morrer
    You always said people don't do what they believe in, they just do what's most convenient, then they repent
    Você sempre dizia que as pessoas não fazem o que acreditam, só o que é mais conveniente, e logo se arrependem
    And I always said, "Hang on to me, baby, and let's hope that the roof stays on"
    E eu sempre dizia, "Segura em mim, gatinha, vamos torcer para que o teto aguente"

17. **There was a movie I seen one time, I think I sat through it twice**
    Era uma vez um filme que eu vi, acho que vi duas vezes
    I don't remember who I was or where I was bound
    Não me lembro quem era nem onde ia
    All I remember about it was it starred Gregory Peck, he wore a gun and he was shot in the back
    Só me lembro que era estrelado por Gregory Peck, que tinha uma pistola e levou um tiro nas costas
    Seems like a long time ago, long before the stars were torn down
    Parece que foi há muito tempo, bem antes de as estrelas serem derrubadas

    Refrão

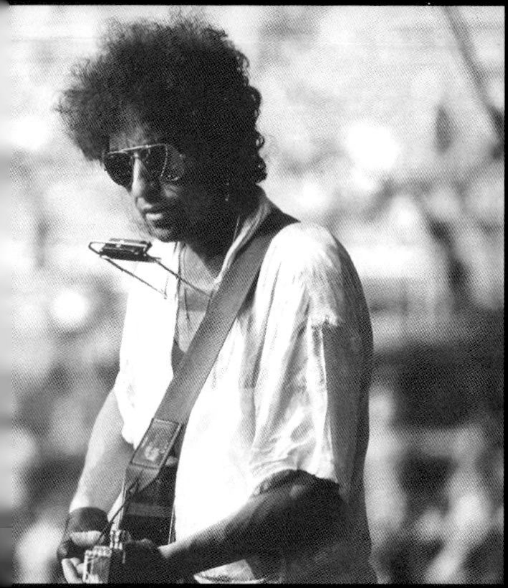

"Tem a ver com um cara parado na fila, esperando para assistir a um filme antigo do Gregory Peck que ele não consegue se lembrar – apenas algumas partes – e toda essa coisa da lembrança acontece, diante dos próprios olhos. Ele começa a dialogar internamente com uma mulher, revivendo toda a sua jornada juntos. Passamos dois dias escrevendo a letra."

Sam Shepard

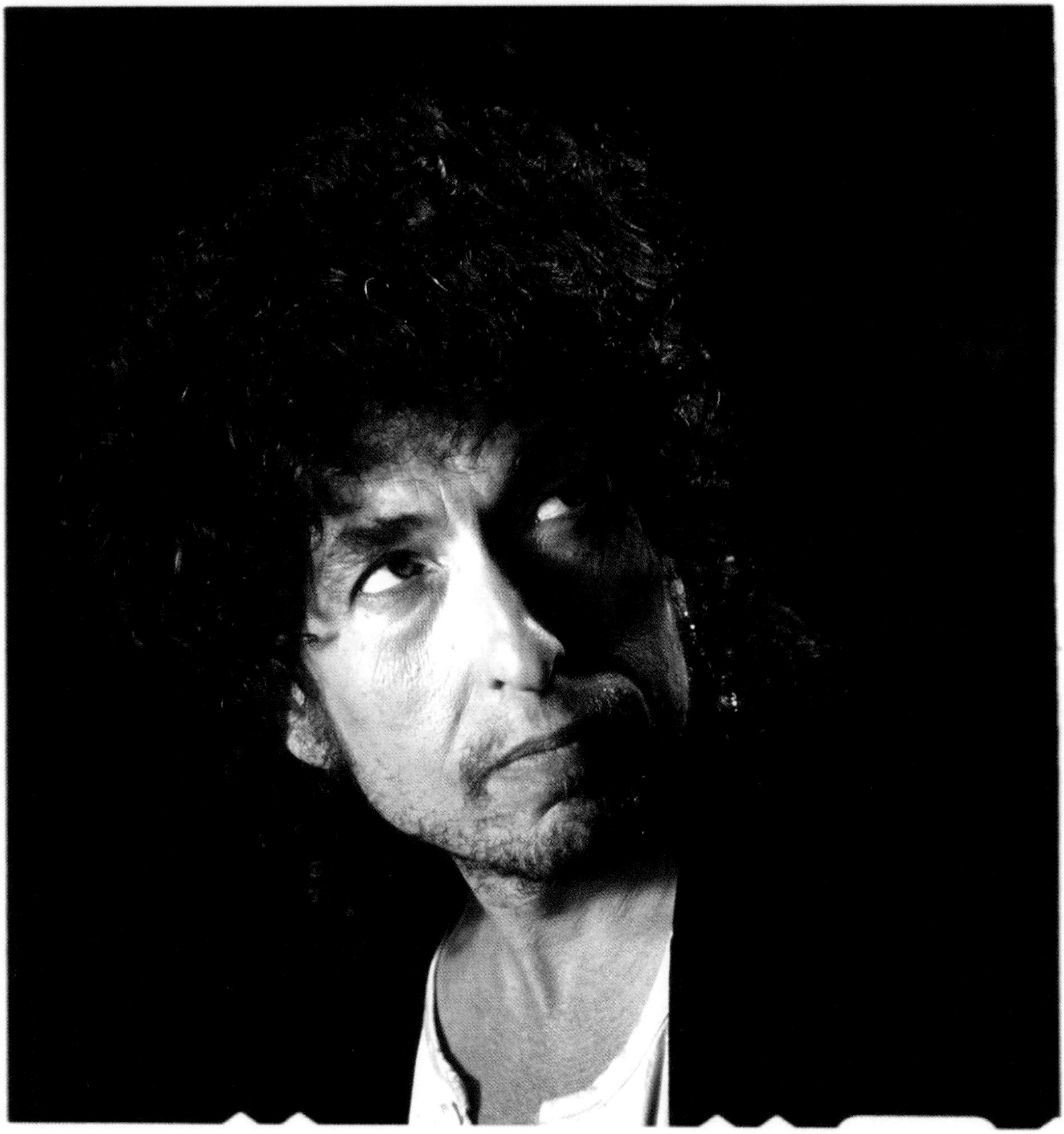

RING THEM BELLS
(TOCAI OS SINOS)

Oh Mercy, 1989

Depois da aparição inicial em *Oh Mercy*, de 1989, "Ring Them Bells" surgiu como um dos veículos mais eficazes de Dylan em concerto – e raramente teve uma apresentação melhor do que a do festival Great Music Experience do Japão, em 1994, que foi televisionado mundialmente. Joan Baez também usou a canção como faixa-título de um álbum dos anos 1990.

"É misteriosa e sombria... Algumas das canções desse disco são as melhores que já ouvi há tempos. E sua voz está muito sensual. Ele é um grande letrista e artesão das palavras. É surpreendente sua concentração para escrever."

Daniel Lanois, produtor de *Oh Mercy*

RING THEM BELLS

Moderately slow, in 2, quasi gospel style

| C | G Am | G/B |

| C | G6/B Fmaj7/A C/G | F C/E Dm7 C6 |

Ring them bells, ye hea-then From the
Ring them bells St. Pe-ter Where the

| F/G | C | G/B F/A C/G |

cit-y that dreams, _____ Ring them bells from the
four winds blow, _____ Ring them bells with an

| F C/E Dm7 | C Dm7/G |

sanc-tu-ar-ies 'Cross the val-leys and streams, _____ For they're
i-ron hand So the peo-ple will know. _____ Oh it's

| F | C | F |

deep and they're wide _____ And the world's on its side _____
rush hour ___ now _____ On the wheel and the plow _____

Copyright © 1989 Special Rider Music. All Rights Reserved. International Copyright Secured.

And time is run-ning back-wards And
And the so is the bride.

sun is go-ing down Up-on the sa-cred cow.

Ring them bells Sweet Mar-tha, For the poor man's son, Ring them bells so the

world will know That God is one. Oh the

F	C		F	

shep-herd is a - sleep___ Where the wil - lows weep___ And the

| C | Dm7 | C/E | Dm | C/E | Dm7 | C | Dm/G | C | G/B |

moun - tains are filled With lost sheep. Ring them

| Am | | | G/B | C | | G/B |

bells for the blind and the deaf, Ring them

| Am | | | G/B | C | | G/B |

bells for all of us who are left, Ring them

| Am | | | Ab+ | | | |

bells for the chos - en few Who will judge the

| C/G | | | | D/F# | | |

man - y___ when the game is through. Ring them

| F | | | | C/E | | |

bells, for the time that flies, For the child that

cries When in-no-cence dies.

Ring them bells Saint Cath-erine From the top of the room, Ring them from the for-tress For the lil-lies that bloom. Oh the lines are long, And the fight-ing is strong And they're break-ing down the dis-tance Be-tween right and wrong.

Ring them bells, ye heathen
Tocai esses sinos, pagãos,
From the city that dreams
Desde a cidade que sonha,
Ring them bells from the sanctuaries
Tocai esses sinos desde os santuários
'Cross the valleys and streams
Através dos vales e dos rios,
For they're deep and they're wide
Pois eles são profundos e vastos
And the world's on its side
E o mundo está de lado
And time is running backwards
E o tempo corre para trás,
And so is the bride
Assim como a noiva.

Ring them bells St. Peter
Toque esses sinos, São Pedro,
Where the four winds blow
Onde os quatro ventos sopram,
Ring them bells with an iron hand
Toque esses sinos com mão de ferro
So the people will know
Para que todos saibam.
Oh it's rush hour now
É a hora do *rush* agora
On the wheel and the plow
Atrás do volante e do arado
And the sun is going down
E o sol se põe
Upon the sacred cow
Sobre a vaca sagrada.

Ring them bells Sweet Martha
Toque esses sinos, Doce Martha,
For the poor man's son
Para o filho do pobre,
Ring them bells so the world will know
Toque esses sinos para que o mundo saiba
That God is one
Que Deus é único.

Oh the shepherd is asleep
Oh, o pastor dorme
Where the willows weep
Onde choram os salgueiros
And the mountains are filled
E as montanhas estão cheias
With lost sheep
De ovelhas desgarradas.

Ring them bells for the blind and the deaf
Toque esses sinos para os cegos e os surdos,
Ring them bells for all of us who are left
Toque esses sinos para todos nós que ficamos,
Ring them bells for the chosen few
Toque esses sinos para os poucos escolhidos
Who will judge the many when the game is through
Que julgarão a maioria assim que acabar o jogo.
Ring them bells, for the time that flies
Toque esses sinos para o tempo que voa
For the child that cries
Para a criança que chora
When innocence dies
A morte da inocência.

Ring them bells St. Catherine
Toque esses sinos, Santa Catarina,
From the top of the room
Desde o alto da sala,
Ring them from the fortress
Toque esses sinos desde a fortaleza
For the lilies that bloom
Para os lírios que florescem.
Oh the lines are long
Oh, as linhas de combate são longas,
And the fighting is strong
E a luta difícil
And they're breaking down the distance
E eles reduzem a distância
Between right and wrong
Entre o certo e o errado.

MOST OF THE TIME

(A MAIOR PARTE DO TEMPO)

Oh Mercy, 1989

Esta canção emocionalmente arrebatadora foi um dos destaques do álbum *Oh Mercy* em 1989. Logo depois, Dylan gravou uma segunda versão para um vídeo promocional, e tocou-a esporadicamente nos concertos nos três anos seguintes.

"Acho que ele é incrivelmente sensível a todos os tipos de experiências externas, assim como qualquer artista que seja realmente bom no que faz. Suas composições nos transportam para outro nível. Ele é inquestionavelmente um poeta. Transformou a composição musical em uma forma de arte, e a fez digna, dedicando sua própria alma."

Kris Kristofferson

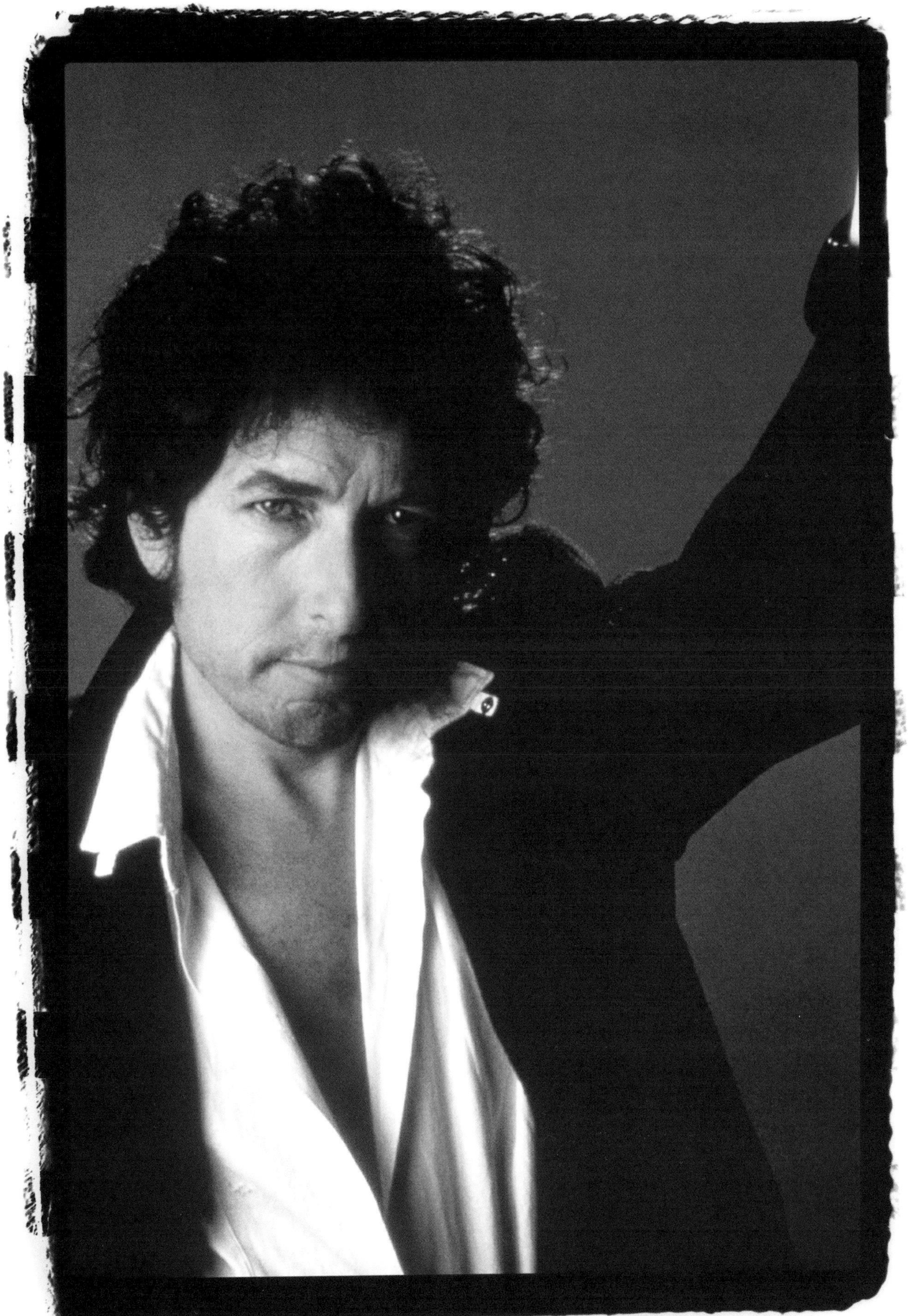

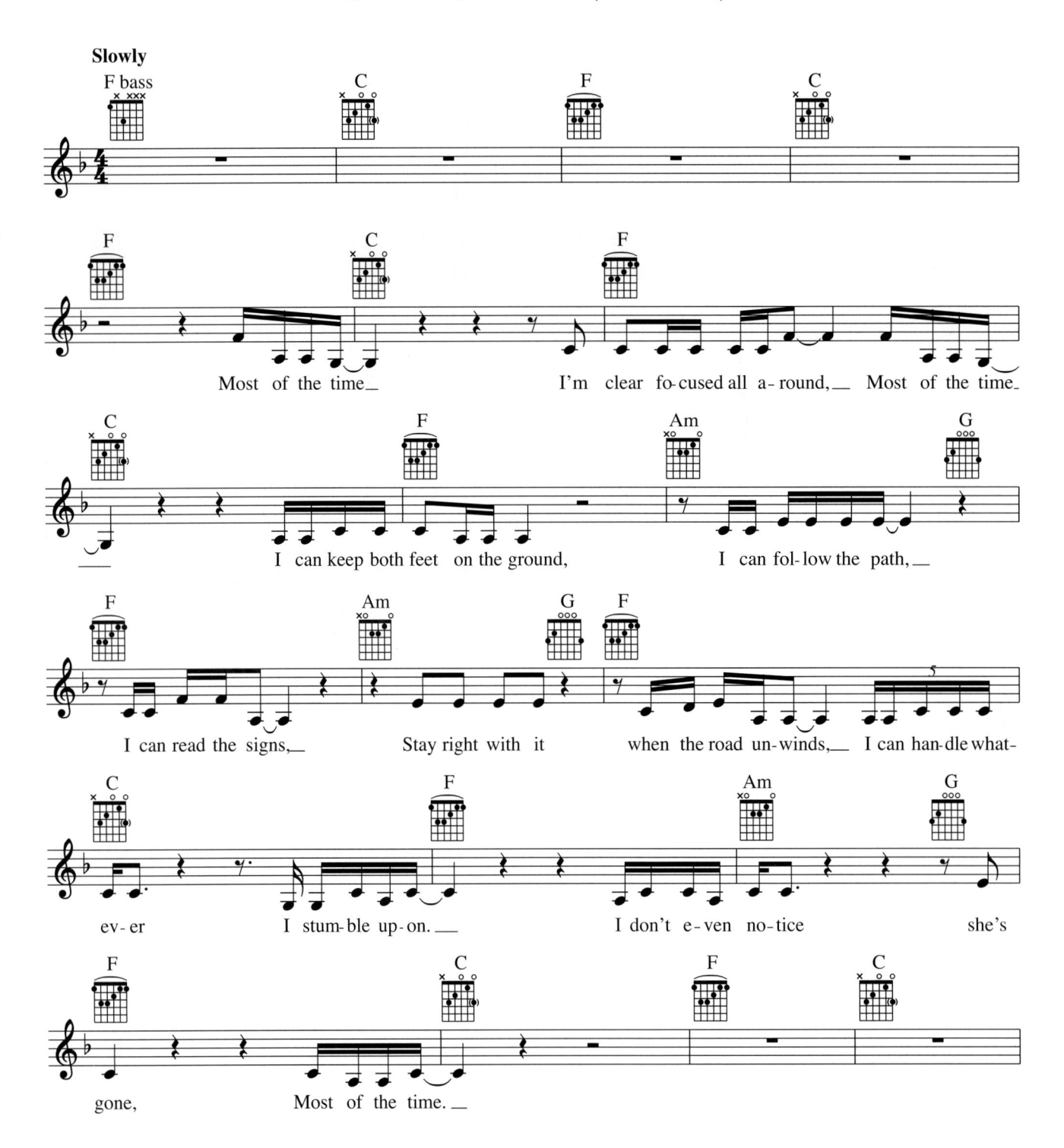

MOST OF THE TIME

Slowly

| F bass | C | F | C |

| F | C | F |

Most of the time_ I'm clear fo-cused all a-round,_ Most of the time_

| C | F | Am | G |

I can keep both feet on the ground, I can fol-low the path,_

| F | Am | G | F |

I can read the signs,_ Stay right with it when the road un-winds,_ I can han-dle what-

| C | F | Am | G |

ev-er I stum-ble up-on._ I don't e-ven no-tice she's

| F | C | F | C |

gone, Most of the time._

Copyright © 1989 Special Rider Music. All Rights Reserved. International Copyright Secured.

Most of the time It's well under-stood, Most of the time I would-n't change it if I could, I can make it all match up, I can hold my own, I can deal with the sit-u-a-tion right down to the bone, I can sur-vive, I can en-dure And I don't e-ven think a-bout her Most of the time.

Most of the time My head is on straight, Most of the time I'm strong e-nough not to hate. I don't build up il-lusion

| F | | G Am | | G |

'till it makes me sick, I ain't a-fraid of con-fu-sion

| F | C | F | |

no mat-ter how thick. I can smile in the face of man-kind. Don't e-ven re-

| Am | G F | | C |

mem-ber what her lips felt like on mine Most of the time.

| F | C | F | G Am | G |

Most of the time

| C | | G Am | | G |

She ain't e-ven in my mind, I would-n't know her if I saw her,

| C | | E | |

She's that far be-hind. Most of the time

| Am | | E | |

I can't e-ven be sure If she was ev-er with me

2/4

Or if I was ever with her. Most of the time I'm halfway content, Most of the time I know exactly where it went, I don't cheat on myself, I don't run and hide, Hide from the feelings that are buried inside. I don't compromise and I don't pretend, I don't even care if I ever see her again Most of the time.

repeat & fade

Most of the time
A maior parte do tempo
I'm clear focused all around
Estou totalmente centrado,
Most of the time
A maior parte do tempo
I can keep both feet on the ground
Consigo manter os pés no chão,
I can follow the path, I can read the signs
Consigo seguir o caminho, ler os letreiros,
Stay right with it when the road unwinds
Manter a direção enquanto o caminho se descortina,
I can handle whatever I stumble upon
Consigo enfrentar qualquer coisa imprevista.
I don't even notice she's gone
Nem sequer notei que ela se foi,
Most of the time
A maior parte do tempo.

Most of the time
A maior parte do tempo
It's well understood
Está tudo bem entendido
Most of the time
A maior parte do tempo
I wouldn't change it if I could
Não mudaria mesmo se pudesse,
I can make it all match up
Consigo fazer tudo combinar,
I can hold my own
Consigo me manter firme,
I can deal with the situation right down to the bone
Enfrentar bem a situação,
I can survive
Consigo sobreviver,

I can endure
Consigo resistir
And I don't even think about her
E nem sequer penso nela
Most of the time
A maior parte do tempo.
Most of the time
A maior parte do tempo.
My head is on straight
Tenho a cabeça serena,
Most of the time
A maior parte do tempo
I'm strong enough not to hate
Sou bastante forte para não odiar.
I don't build up illusion 'til it makes me sick
Não crio ilusões que me deixem doente,
I ain't afraid of confusion no matter how thick
Não temo a confusão por maior que seja
I can smile in the face of mankind
Consigo sorrir diante da humanidade.
Don't even remember what her lips felt like on mine
Nem sequer me lembro o gosto dos seus lábios nos meus
Most of the time
A maior parte do tempo.

Most of the time
A maior parte do tempo
She ain't even in my mind
Nem pensava nela,
I wouldn't know her if I saw her
Não a reconheceria se a visse,
She's that far behind
Tão longe está de mim.

Most of the time
A maior parte do tempo
I can't even be sure
Nem sequer tenho certeza
If she was ever with me
De que alguma vez ela esteve comigo
Or if I was with her
Nem eu com ela.

Most of the time
A maior parte do tempo
I'm halfway content
Estou meio contente,
Most of the time
A maior parte do tempo
I know exactly where it went
Sei exatamente onde estive,
I don't cheat on myself
Não me engano,
I don't run and hide
Nem corro para me esconder,
Hide from the feelings that are buried inside
Esconder dos sentimentos sepultados em mim.
I don't compromise and I don't pretend
Não faço concessões nem finjo,
I don't even care if I ever see her again
Nem sequer me importo se nunca voltar a vê-la
Most of the time
A maior parte do tempo.

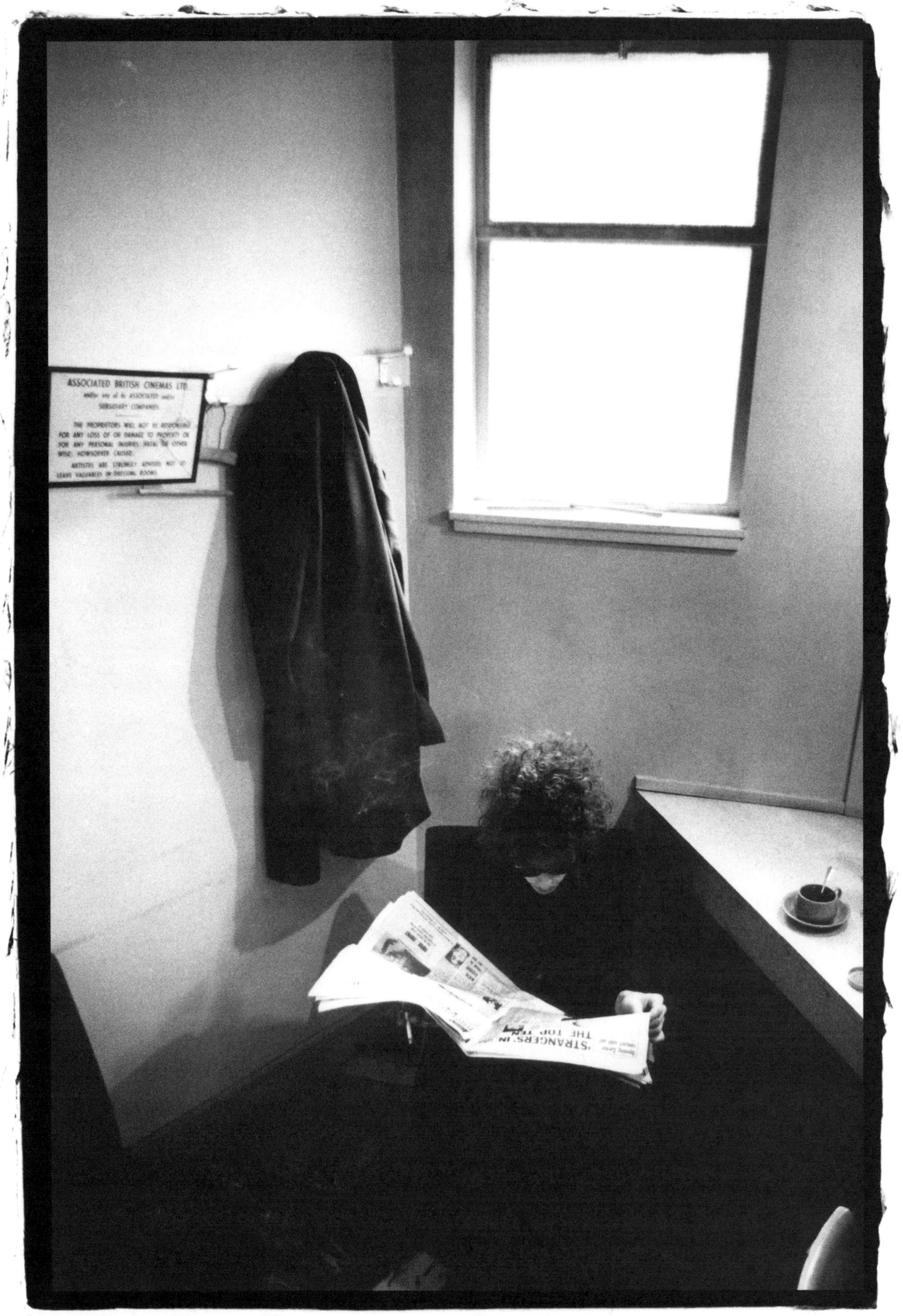
ASSOCIATED BRITISH CINEMAS LTD.

MAN IN THE LONG BLACK COAT

(HOMEM DO LONGO CASACO NEGRO)

Oh Mercy, 1989

Este retrato vagamente depressivo foi gravado no verão de 1989 para o álbum *Oh Mercy*, produzido por Daniel Lanois em Nova Orleans. A canção foi incluída no roteiro de palco em outubro daquele ano, e continua sendo uma de suas mais eficientes exibições.

MAN IN THE LONG BLACK COAT

Moderately bright, in 6

Crick-ets are chirp-in', the wa-ter is high, There's a soft cot-ton dress on the line hang-in' dry, Win-dow wide o-pen, Af-ri-can trees Bent o-ver back-wards from a hur-ri-cane breeze. Not a word of good-bye, not e-ven a note, She gone with the man In the long black coat. Some-bod-y seen him hang-ing a-round At the old dance hall on the out-skirts of town. He looked in-to her eyes when she stopped him to ask If he wanted to dance, he had a face like a mask.

Somebody said from the Bible he'd quote There was dust on the man In the

long black coat. Preacher was a talkin' there's a

sermon he gave, He said every man's conscience is vile and depraved, You

cannot depend on it to be your guide When it's you who must keep it satis-

fied. It ain't easy to swallow, it sticks in the throat, She gave her

heart to the man In the long black coat. There

...are no mis-takes in life some peo-ple say It is true some-times you can see it that way. But peo-ple don't live or die, peo-ple just float. She went with the man In the long black coat. There's smoke on the wa-ter, it's been there since June, Tree trunks up-root-ed, 'neath the high cres-cent moon Feel the pulse and vi-bra-tion and the rum-bling force Some-bod-y is out there beat-ing a dead horse. She nev-er said noth-ing, there was noth-ing she wrote, She gone with the man In the long black coat.

Crickets are chirpin', the water is high
Os grilos cantam, a maré está alta,
There's a soft cotton dress on the line hangin' dry
Um macio vestido de algodão seca no varal,
Window wide open
A janela bem aberta,
African trees
Árvores africanas
Bent over backwards from a hurricane breeze
Arqueadas pela brisa do furacão.
Not a word of goodbye, not even a note
Nem uma palavra de adeus, nem mesmo um bilhete,
She gone with the man
Ela partiu com o homem
In the long black coat
Do longo casaco negro.

Somebody seen him hanging around
Alguém o viu rondando
At the old dance hall on the outskirts of town
No antigo salão de dança nos arredores da cidade.
He looked into her eyes when she stopped him to ask
Ele a fitou nos olhos quando ela o parou para perguntar
If he wanted to dance, he had a face like a mask
Se ele queria dançar, seu rosto parecia uma máscara.
Somebody said from the Bible he'd quote
Alguém disse que ele citava a Bíblia
There was dust on the man
A poeira cobria o homem
In the long black coat
Do longo casaco negro.

Preacher was a talkin', there's a sermon he gave
O pregador falava, fazia um sermão,
He said every man's conscience is vile and depraved
Falou que a consciência de cada homem é vil e depravada,
You cannot depend on it to be your guide
Não se pode fiar nela como guia

When it's you who must keep it satisfied
Quando é você que deve satisfazê-la.
It ain't easy to swallow, it sticks in the throat
Não é fácil de engolir, deixa um nó na garganta,
She gave her heart to the man
Ela entregou o coração ao homem
In the long black coat
Do longo casaco negro.

There are no mistakes in life some people say
Na vida não há equívocos, dizem alguns
It is true sometimes you can see it that way
É verdade, às vezes, é possível ver-se dessa forma.
I went down to the river, but I just missed the boat
Mas a gente não vive ou morre, só flutua
She went with the man
Ela partiu com o homem
In the long black coat
Do longo casaco negro.

There's smoke on the water, it's been there since June
Há uma névoa na água, está lá desde junho,
Tree trunks uprooted, there's blood on the moon
Troncos desarraigados, sob a lua crescente
Feel the pulse and vibration and the rumbling force
Sinta o pulso e a vibração e a força que ecoa
Somebody is out there beating a dead horse
Tem alguém aqui fora batendo em um cavalo morto.
She never said nothing, there was nothing she wrote
Ela nunca disse nada, nem um bilhete escreveu,
She gone with the man
Ela partiu com o homem
In the long black coat
Do longo casaco negro.

"É uma das minhas prediletas. Retrata uma pequena cidade tipicamente americana, um salão de dança nos arredores da cidade, e como um estranho indivíduo chega e 'Sem uma palavra de adeus, nem mesmo um bilhete, ela parte com o homem do longo casaco negro.'"

Daniel Lanois

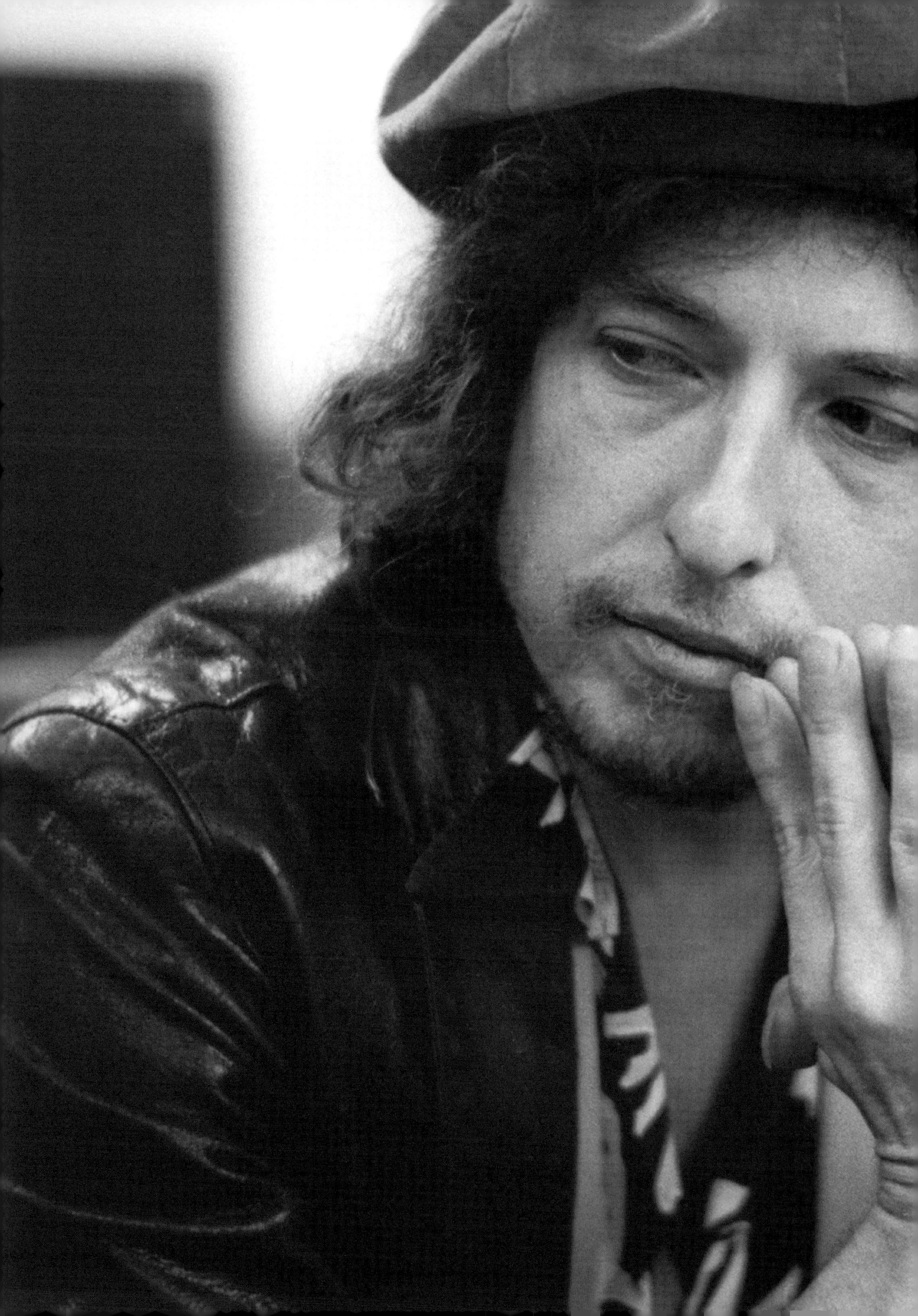

DIGNITY
(DIGNIDADE)

Bob Dylan's Greatest Hits, Vol. 3, 1994

Embora tenha sido originalmente destinada para o álbum *Oh Mercy*, de 1989, "Dignity" permaneceu guardada até 1994, quando passou por *overdubbing* e remixagem para o *Bob Dylan's Greatest Hits, Vol. 3*. Logo em seguida, destacou-se no seu *show* para o Acústico MTV, e esta *performance* alcançou o topo das 40 mais das paradas de sucesso no Reino Unido, em 1995.

DIGNITY

Moderate shuffle beat

1. Fat man lookin' in a blade of steel
2.-4. *See additional lyrics*

Thin man lookin' at his last meal

Hollow man lookin' in a cotton field For dignity

Wise man lookin' in a blade of grass

Young man lookin' in the shadows that pass

Poor man lookin' through painted glass For dignity

Copyright © 1991 Special Rider Music. All Rights Reserved. International Copyright Secured.

Some-bod-y got mur-dered on ___ New Year's Eve
Some-bod-y said dig-ni-ty was the first to leave
I went in-to the cit - y, went in-to the town ___ Went in-to the land of the mid-night sun
Search-in' high, ___ search-in' low ___ Search-in' eve-ry-where ___ I know ___
Ask-in' the cops wher - ev-er I go Have you seen dig-ni-ty?

1. **Fat man lookin' in a blade of steel**
   Gordo procura em uma lâmina de aço
   Thin man lookin' at his last meal
   O magro na última refeição
   Hollow man lookin' in a cottonfield
   O presunçoso no campo de algodão
   For dignity
   Pela dignidade

   Wise man lookin' in a blade of grass
   O sábio procura em uma folha de grama
   Young man lookin' in the shadows that pass
   O jovem nas sombras que passam
   Poor man lookin' through painted glass
   O pobre nos vitrais
   For dignity
   Pela dignidade

   Somebody got murdered on New Year's Eve
   Alguém foi assassinado na véspera do Ano-novo
   Somebody said dignity was the first to leave
   Alguém disse que a dignidade foi a primeira a sair
   I went into the city, went into the town
   Fui à cidade, fui até o povoado
   Went into the land of the midnight sun
   Fui ao país do sol da meia-noite

   Searchin' high, searchin' low
   Procuro em cima, procuro embaixo
   Searchin' everywhere I know
   Procuro em cada canto que conheço
   Askin' the cops wherever I go
   Pergunto aos guardas com quem cruzei
   Have you seen dignity?
   Os senhores viram a dignidade?

2. **Blind man breakin' out of a trance**
   O cego sai do transe
   Puts both his hands in the pockets of chance
   Coloca as mãos nos bolsos da chance
   Hopin' to find one circumstance
   Esperando encontrar uma circunstância
   Of dignity
   De dignidade

   I went to the wedding of Mary Lou
   Eu fui ao casamento da Marilu
   She said "I don't want nobody see me talkin' to you"

Ela disse, "Não quero que me vejam falando com você"
Said she could get killed if she told me what she knew
Disse que podia ser morta se me contasse o que sabia
About dignity
Sobre a dignidade

I went down where the vultures feed
Desci onde se alimentam os abutres
I would've got deeper, but there wasn't any need
Teria descido mais, mas não era preciso
Heard the tongues of angels and the tongues of men
Ouvi a língua dos anjos e a dos homens
Wasn't any difference to me
E para mim não havia diferença

Chilly wind sharp as a razor blade
Um vento glacial corta como uma lâmina de barbear
House on fire, debts unpaid
Casa em chamas, contas a pagar
Gonna stand at the window, gonna ask the maid
Vou ficar na janela, e perguntar à empregada
Have you seen dignity?
Você viu a dignidade?

3. **Drinkin' man listens to the voice he hears**
   O bebedor escuta a voz que ouve
   In a crowded room full of covered up mirrors
   Em uma sala atulhada e repleta de espelhos cobertos
   Lookin' into the lost forgotten years
   Procura nos anos perdidos e esquecidos
   For dignity
   Pela dignidade

   Met Prince Phillip at the home of the blues
   Encontrei o Príncipe Phillip na casa do *blues*
   Said he'd give me information if his name wasn't used
   Disse que me daria informação se eu não mencionasse seu nome
   He wanted money up front, said he was abused
   Queria dinheiro adiantado, disse que fora insultado
   By dignity
   Pela dignidade

   Footprints runnin' cross the silver sand
   Marcas de pegadas atravessam a areia prateada
   Steps goin' down into tattoo land
   Degraus que descem à terra da tatuagem
   I met the sons of darkness and the sons of light
   Encontrei os filhos das trevas e os filhos da luz

In the bordertowns of despair
Nas cidades fronteiriças do desespero

Got no place to fade, got no coat
Não tenho um lugar para desaparecer, não tenho casaco
I'm on the rollin' river in a jerkin' boat
Estou num rio agitado que sacode meu barco
Tryin' to read a note somebody wrote
Tentando ler um bilhete que alguém escreveu
About dignity
Sobre a dignidade

4. Sick man lookin' for the doctor's cure
O enfermo busca no médico a cura
Lookin' at his hands for the lines that were
E procura nas linhas que tinha nas mãos
And into every masterpiece of literature
E em cada obra-prima da literatura
For dignity
Pela dignidade

Englishman stranded in the blackheart wind
O inglês perdido no vento funesto
Combin' his hair back, his future looks thin
Penteia o cabelo para trás, o futuro parece incerto
Bites the bullet and he looks within
Cerra os dentes e procura em si
For dignity
Pela dignidade

Someone showed me a picture and I just laughed
Alguém me mostrou uma foto e eu ri
Dignity never been photographed
A dignidade nunca foi fotografada
I went into the red, went into the black
Atravessei o vermelho, atravessei o preto
Into the valley of dry bone dreams
Fui ao vale dos sonhos dos ossos secos[12]

So many roads, so much at stake
Tantos caminhos, tanto em jogo
So many dead ends, I'm at the edge of the lake
Tantos becos sem saída, estou à beira do lago
Sometimes I wonder what it's gonna take
Às vezes me pergunto o que é preciso
To find dignity
Para encontrar a dignidade

---

12. N.T.: Referência ao Velho Testamento, Ezequiel, capítulo 37.

"Se souberem onde olhar, é possível saber tudo sobre mim através das minhas canções."

Bob Dylan, 1990

SERIES OF DREAMS

(SÉRIE DE SONHOS)

The Bootleg Series Volumes 1-3, 1991

O lançamento do *The Bootleg Series Vols. 1-3* confirmou o que os fãs de Dylan suspeitavam há muito tempo, que o cara acumulara um acervo notável de material inédito. Em primeiro lugar, entre as canções inéditas, havia esta amostra ininterrupta de genialidade lírica, pensada para o álbum *Oh Mercy*, mas omitida no decorrer da seleção final.

"'Series Of Dreams' era uma faixa fantástica e turbulenta que, para mim, devia ter entrado no disco [*Oh Mercy*]. Mas Dylan tinha a palavra final."

Daniel Lanois, produtor de *Oh Mercy*

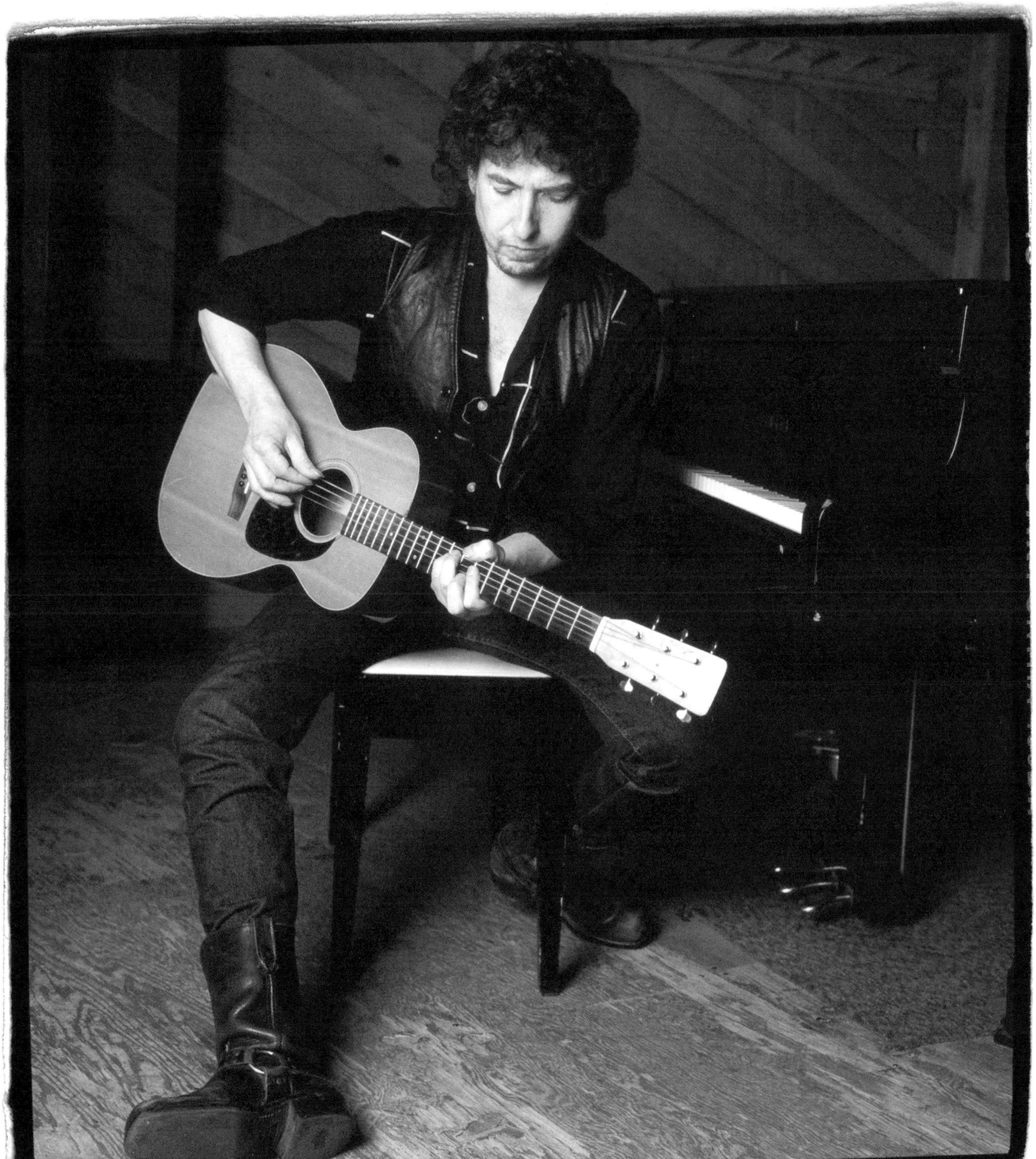

SERIES OF DREAMS

With a moving beat

1. I was think-ing of a se-ries of dreams Where nothing comes up to the top Eve-ry-thing stays down where it's wound-ed And comes to a per-ma-nent stop Was-n't think-ing of an-y-thing spe-cif-ic Like in a dream, when

2. *See additional lyrics*

Copyright © 1991 Special Rider Music. All Rights Reserved. International Copyright Secured.

some-one wakes up and screams   Noth-ing   too ver-y sci-en-

tif-ic   Just think-ing   of a se-ries of ___

1. dreams   2. dreams   Dreams where

the um-brel-la is fold-ed   In - to

the path you are hurled   And the cards are

no good that you're hold-ing   Un-less they're

from an-oth-er world   3. In one,   num-bers were

burn-ing In an-oth-er, I wit-nessed a crime In one, I was run-ning, and in an-oth-er All I seemed to be do-ing was climb Was-n't look-ing for an-y spe-cial as-sist-ance Not go-ing to an-y great ex-tremes I'd al-read-y gone the dis-tance Just think-ing of a se-ries of dreams

1. **I was thinking of a series of dreams**
   Pensava em uma série de sonhos
   Where nothing comes up to the top
   Onde nada atinge a superfície
   Everything stays down where it's wounded
   Cada coisa permanece lá onde a ferida está
   And comes to a permanent stop
   E chegou o ponto final
   Wasn't thinking of anything specific
   Não pensava em algo específico
   Like in a dream, when someone wakes up and screams
   Como um sonho, quando alguém acorda gritando
   Nothing too very scientific
   Nada muito científico
   Just thinking of a series of dreams, dreams
   Pensava só em uma série de sonhos, sonhos

   Thinking of a series of dreams
   Pensava em uma série de sonhos
   Dreams where the umbrella is folded
   Sonhos em que o guarda-chuva está fechado
   Into the path you are hurled
   No caminho em que você se precipitou
   And the cards are no good that you're holding
   E nas cartas que você tem nas mãos nada vale
   Unless they're from another world
   A não ser que seja de outro mundo

2. **Thinking of a series of dreams**
   Pensava em uma série de sonhos
   Where the time and the tempo fly
   Onde o tempo e o ritmo se arrastam
   And there's no exit in any direction
   E não há saída em nenhuma direção
   'Cept the one that you can't see with your eyes
   Exceto a que você não consegue enxergar com os olhos
   Wasn't making any great connection
   Não fazia nenhuma importante associação
   Wasn't falling for any intricate scheme
   Nem estava caindo em algum plano intrincado
   Nothing that would pass inspection
   Nada que passasse por inspeção
   Just thinking of a series of dreams
   Apenas pensava em uma série de sonhos

3. **In one, numbers were burning**
   Em um, os números pegavam fogo
   In another, I witnessed a crime
   Em outro, testemunhei um crime
   In one, I was running, and in another
   Em um, eu corria, e em outro
   All I seemed to be doing was climb
   Parecia que subia sem parar
   Wasn't looking for any special assistance
   Não procurava nenhuma ajuda especial
   Not going to any great extremes
   Nem passava por nada radical
   I'd already gone the distance
   Já tinha percorrido a distância
   Just thinking of a series of dreams
   Só pensando em uma série de sonhos

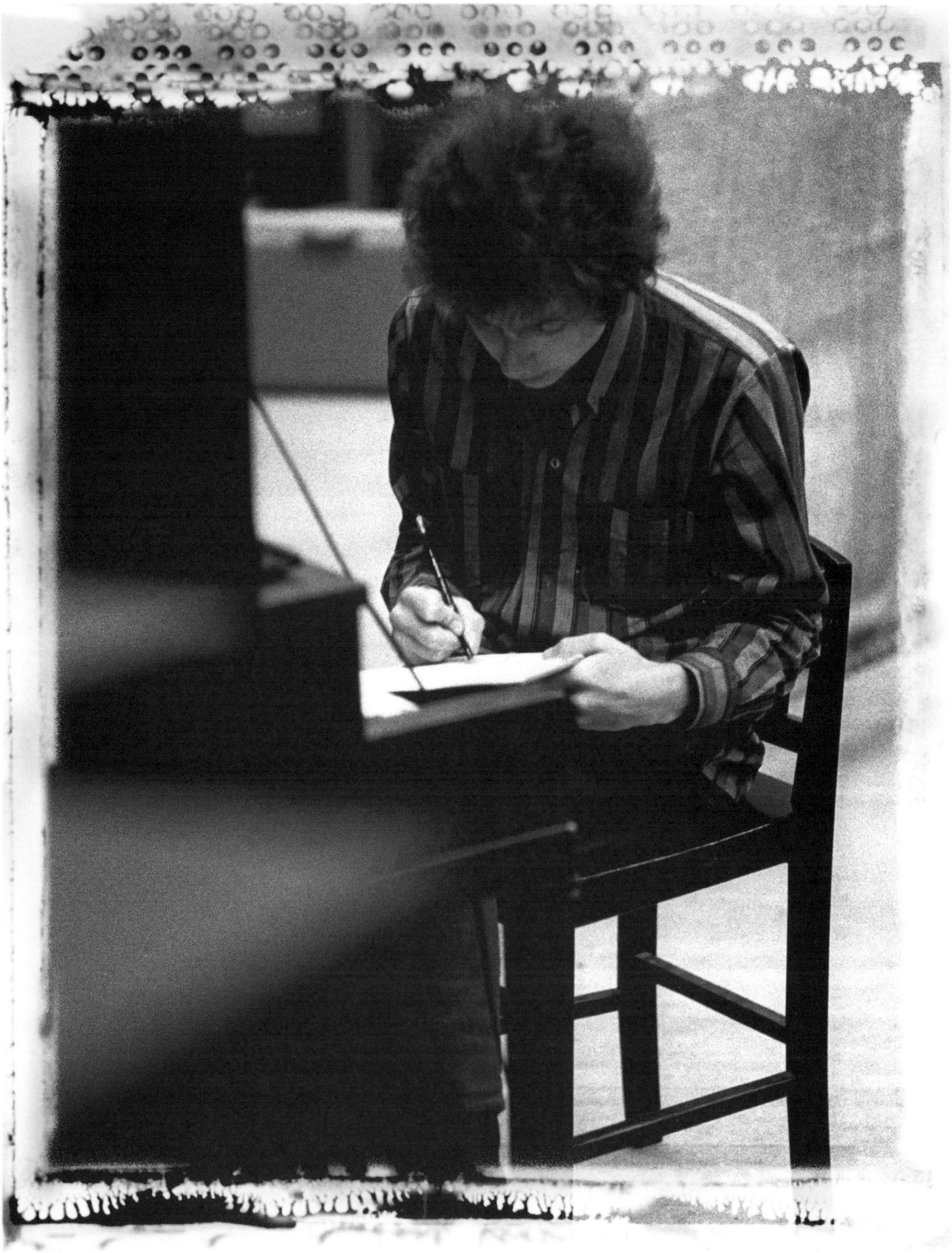

LOVE SICK

(FARTO DO AMOR)

Time Out Of Mind, 1997

Este melancólico ensaio sobre uma desilusão romântica proporcionou uma abertura adequadamente evocadora para o tão aguardado álbum *Time Out Of Mind*, de 1997, o primeiro com material original inédito em sete anos. Ele estreou a canção em concerto na noite anterior ao lançamento do álbum, e a interpretou na cerimônia de entrega do Prêmio Grammy no ano seguinte.

LOVE SICK

Moderately, with a beat

1. I'm walking through streets that are dead
4. *Instrumental solo*

Walking, walking with you in my head

My feet are so tired, my brain is so wired

And the clouds are weeping

2. Did I hear someone tell a lie?
3. & 5. *See additional lyrics*

Copyright © 1997 Special Rider Music. All Rights Reserved. International Copyright Secured.

Em
D
Did I
hear some-one's dis - tant
Em
D
cry?
I spoke like a child; you des -
B
Am
Em
G A
troyed me with a smile
While I was sleep-ing
G A
Em
G A
I'm sick of love
but I'm in the thick of it
G A
Em
This kind of love
I'm so sick of it
1.
2.
D.S. al 3rd ending
3.
D
Just don't know what to do
C
B
Em
I'd give an - y - thing to Be with you

1. **I'm walking through streets that are dead**
   Caminho pelas ruas mortas
   Walking, walking with you in my head
   Caminho, caminho com você no pensamento
   My feet are so tired, my brain is so wired
   Meus pés estão tão cansados, meu cérebro tão ligado
   And the clouds are weeping
   E as nuvens chorando

2. **Did I hear someone tell a lie?**
   Ouvi alguém contar uma mentira?
   Did I hear someone's distant cry?
   Ouvi o choro distante de alguém?
   I spoke like a child;
   Falava feito uma criança;
   you destroyed me with a smile
   Você me destruiu com um sorriso
   While I was sleeping
   Enquanto eu dormia
   I'm sick of love but I'm in the thick of it
   Estou farto do amor, mas metido nele
   This kind of love I'm so sick of it
   Dessa espécie de amor já estou farto

3. **I see, I see lovers in the meadow**
   Vejo, vejo amantes no campo
   I see, I see silhouettes in the window
   Vejo, vejo silhuetas na janela
   I watch them 'til they're gone
   Fico olhando até partirem
   and they leave me hanging on
   E me deixarem agarrado a
   To a shadow
   Uma sombra

I'm sick of love; I hear the clock tick
Estou farto do amor; ouço o tique-taque do relógio
This kind of love; I'm love sick
Esta espécie de amor me deixa doente

4. *Instrumental*
Instrumental

5. **Sometimes the silence can be like the thunder**
Às vezes o silêncio pode ser como um trovão
Sometimes I wanna take to the road and plunder
Às vezes quero pegar a estrada e me dedicar ao roubo
Could you ever be true?
Será que alguma vez você podia ser sincera?
I think of you
Penso em você
And I wonder
E duvido

I'm sick of love; I wish I'd never met you
Estou farto do amor; preferia nunca ter te conhecido
I'm sick of love; I'm trying to forget you
Estou farto do amor; e tentando te esquecer

Just don't know what to do
Não sei mesmo o que fazer
I'd give anything to
Daria tudo para
Be with you
Estar com você

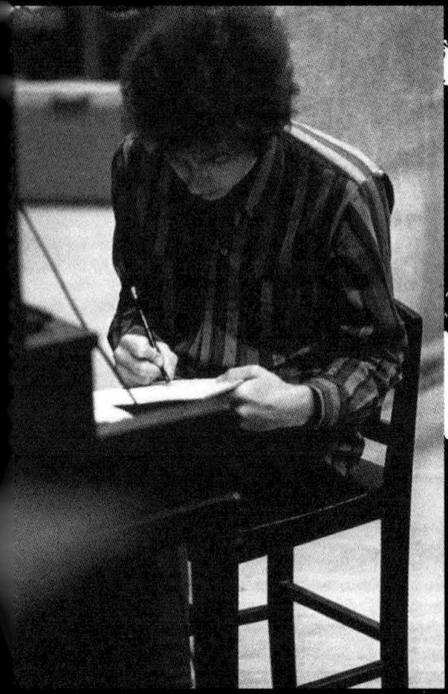

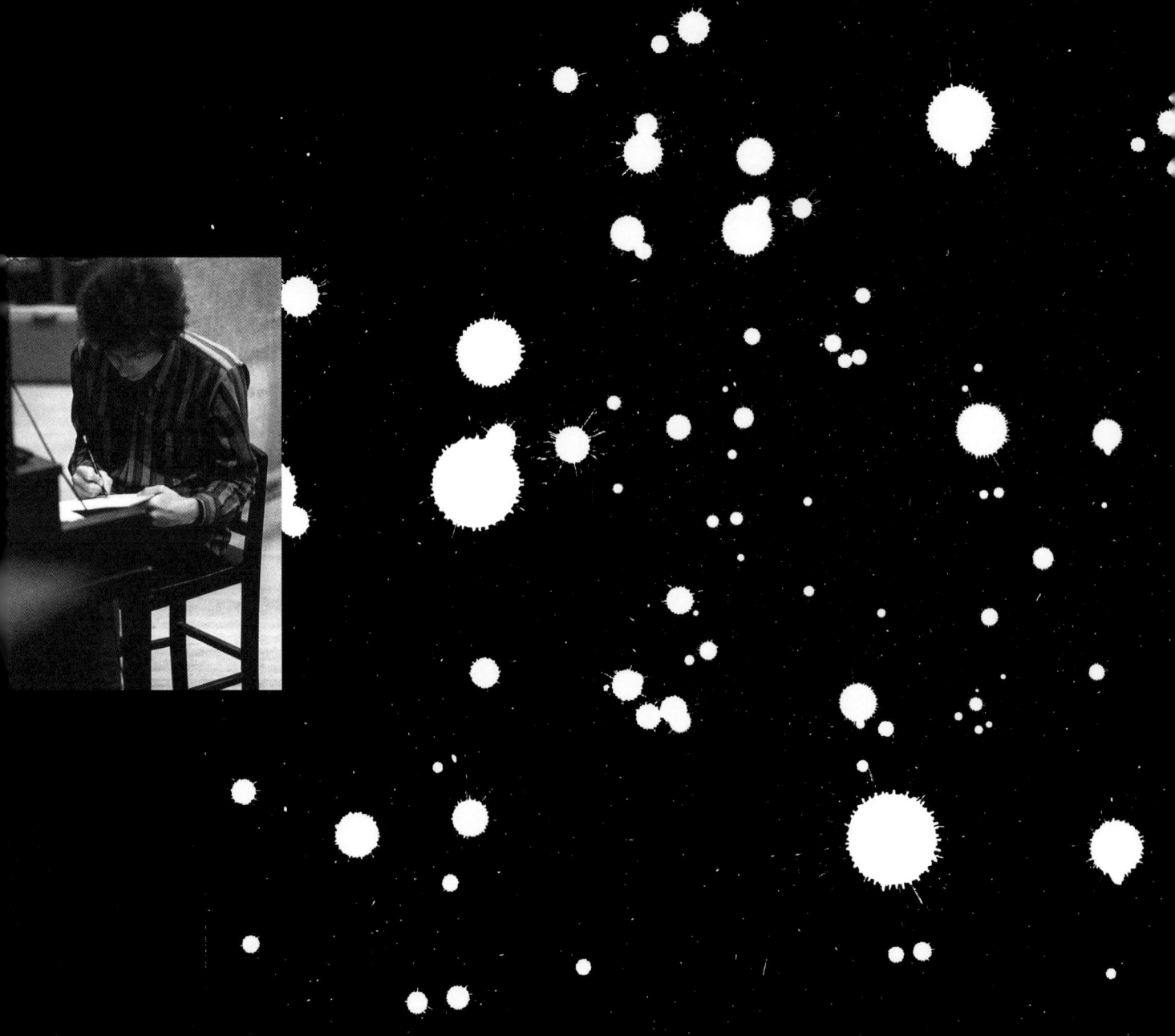

"É de uma superficialidade pensar que os artistas devem estar sempre felizes. De fato, me lembro de uma frase do Bob: 'Feliz? Qualquer um pode ser feliz. De que serve isso?'"

Peter Seeger

TRYIN' TO GET TO HEAVEN

(TENTANDO CHEGAR AO CÉU)

Time Out Of Mind, 1997

Esta é uma das canções universalmente aclamadas pelos críticos depois do lançamento de *Time Out Of Mind*, de 1997. Dylan presenteou o público dos seus *shows* com apresentações esporádicas, e, em 2000, refez radicalmente a linha melódica causando um efeito arrebatador.

"O que faz minhas canções diferentes é que elas têm uma estrutura. Por isso ainda estão por aí. Elas não são escritas para ser interpretadas por outros. Mas elas estão assentadas em um alicerce resistente, e subliminarmente é isso que as pessoas ouvem."

Bob Dylan, 1997

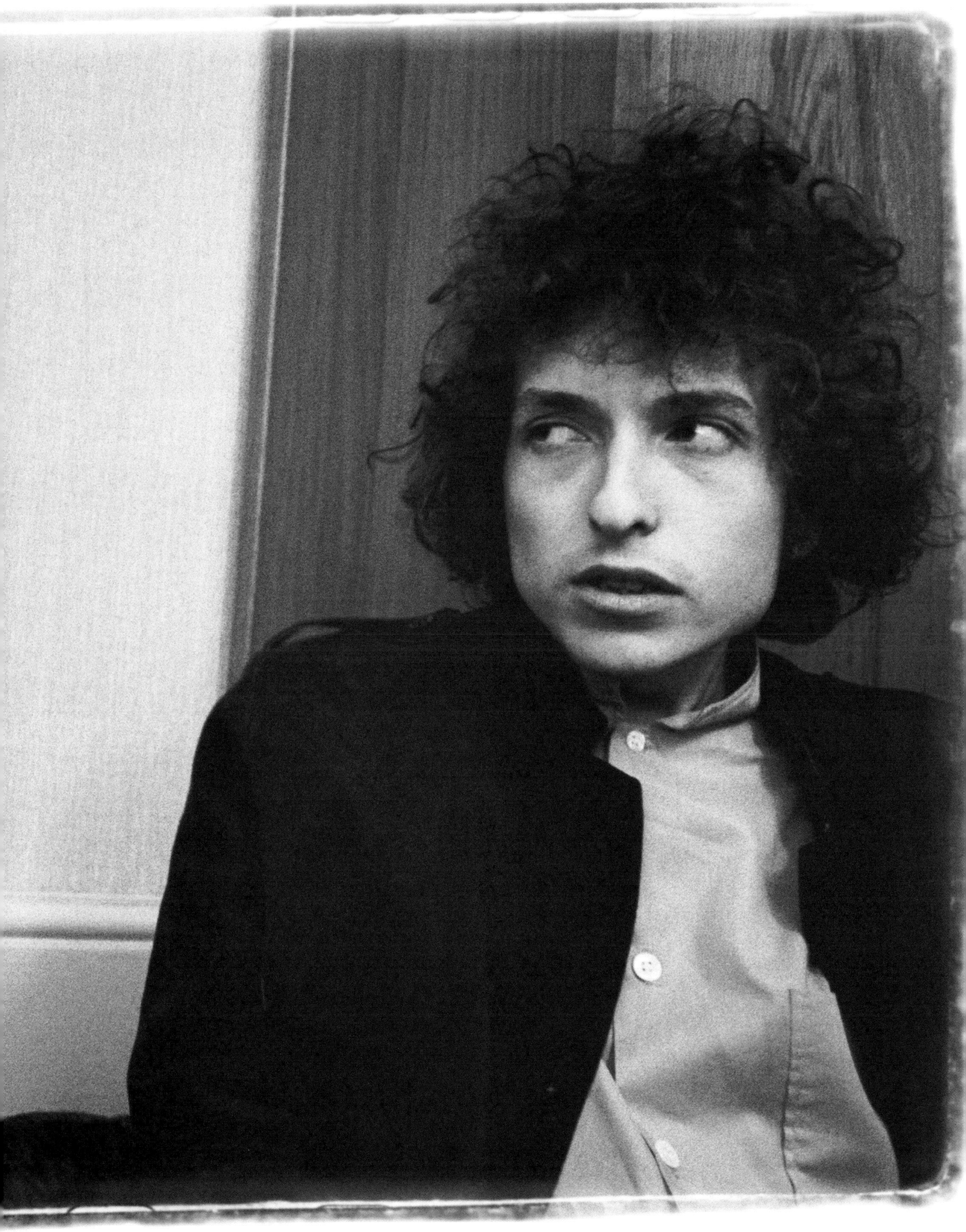

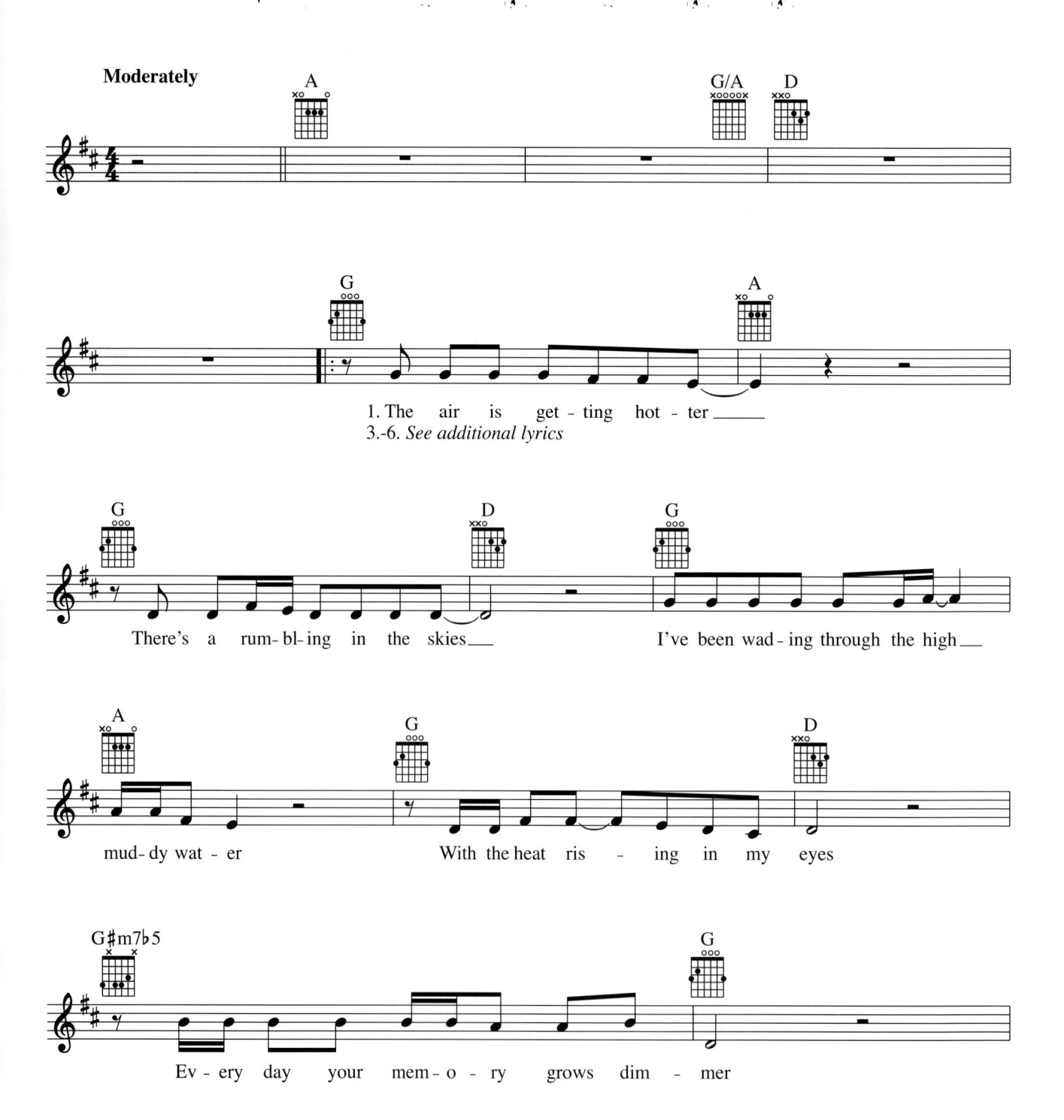

TRYIN' TO GET TO HEAVEN

Moderately

1. The air is get-ting hot-ter
3.-6. *See additional lyrics*

There's a rum-bl-ing in the skies___ I've been wad-ing through the high___ mud-dy wat-er With the heat ris-ing in my eyes

Ev-ery day your mem-o-ry grows dim-mer

Copyright © 1997 Special Rider Music. All Rights Reserved. International Copyright Secured.

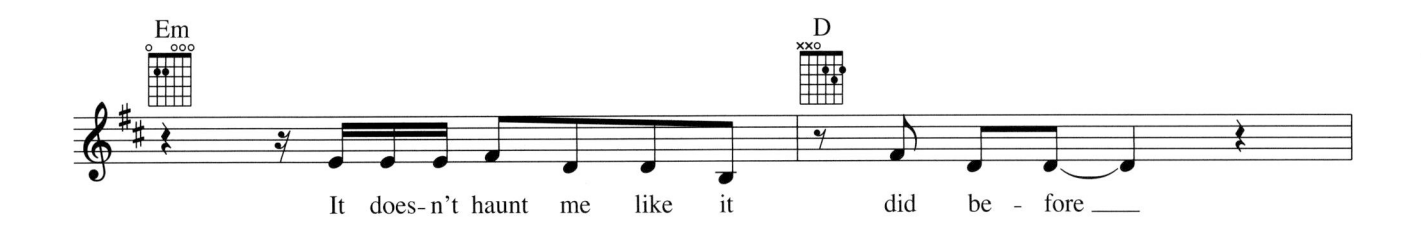

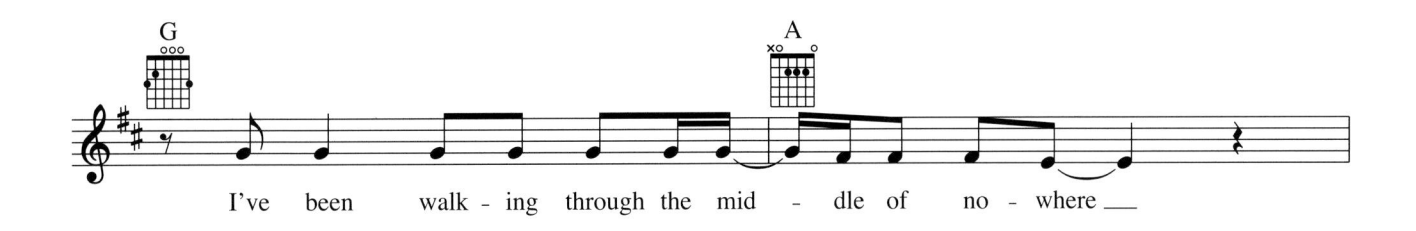

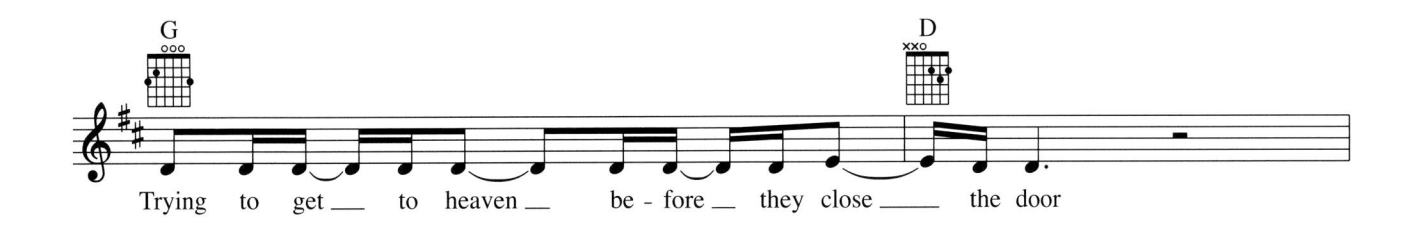

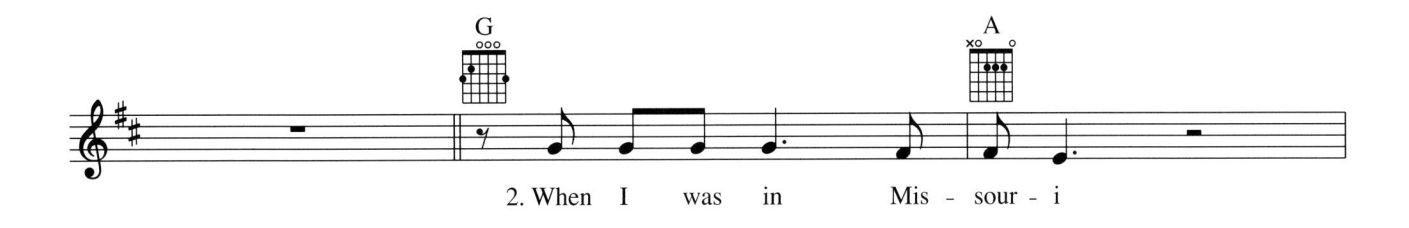

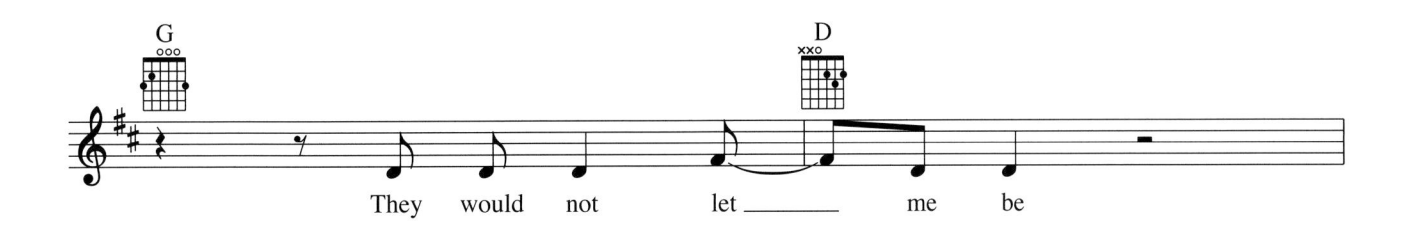

| Em | | | | | | | D | | | | |

It does-n't haunt me like it did be-fore

| G | | | | | | | A | | | | |

I've been walk-ing through the mid-dle of no-where

| G | | | | | | | D | | | | |

Trying to get to heaven be-fore they close the door

| | | | | G | | | | A | | |

2. When I was in Mis-sour-i

| G | | | | | | | D | | | | |

They would not let me be

| G | | | | | | | A | | | | |

I had to leave there in a hur-ry

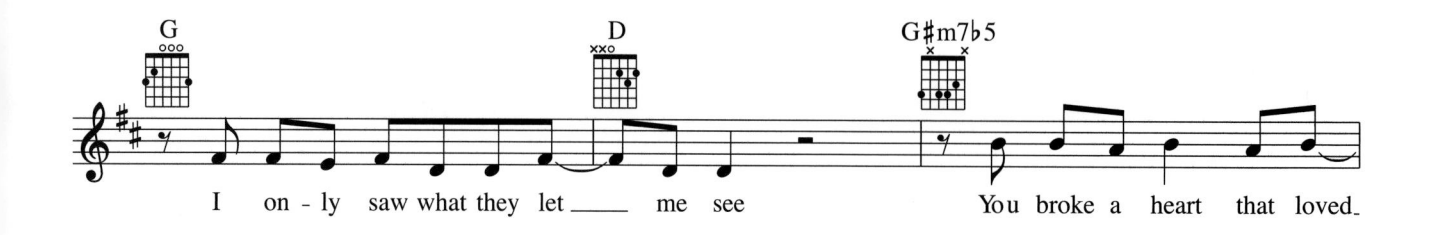

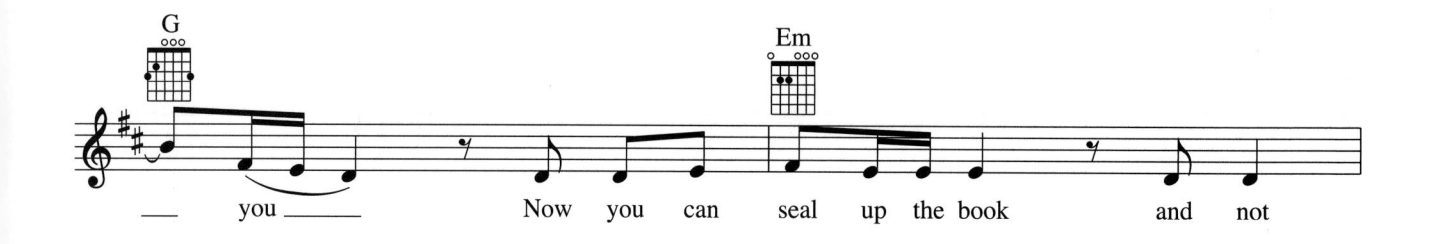

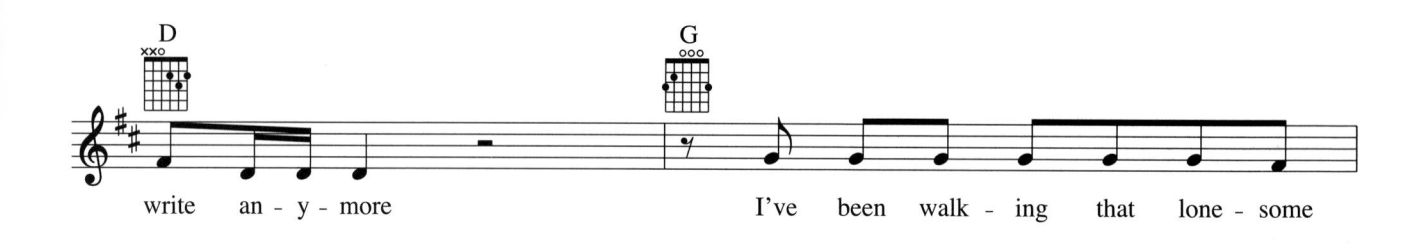

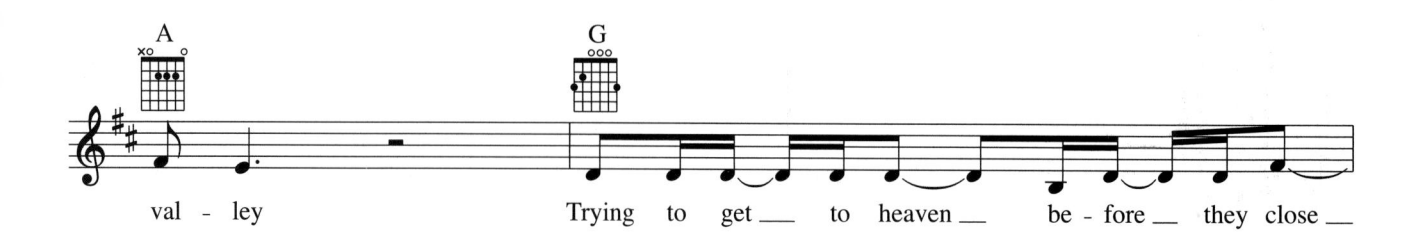

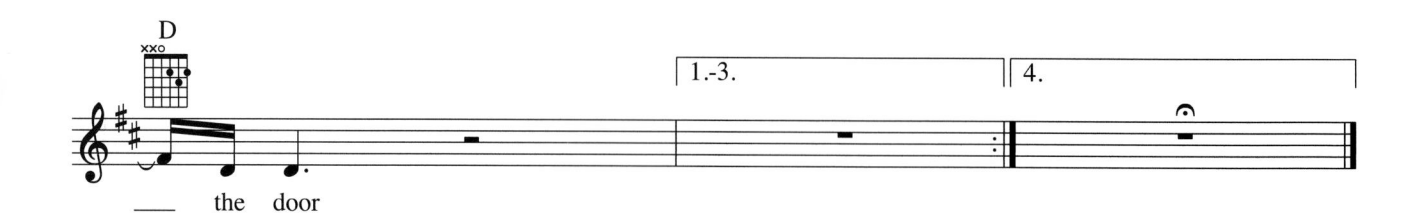

| G | D | G#m7b5 |

I on-ly saw what they let ___ me see   You broke a heart that loved_

| G | Em |

___ you ___   Now you can seal up the book and not

| D | G |

write an-y-more   I've been walk-ing that lone-some

| A | G |

val-ley   Trying to get ___ to heaven ___ be-fore ___ they close ___

| D | | 1.-3. | 4. |

___ the door

1. **The air is getting hotter**
   O ar vai ficando mais quente
   There's a rumbling in the skies
   Há um estrondo vindo dos céus
   I've been wading through the high muddy water
   Atravessei águas modorrentas
   With the heat rising in my eyes
   Mas o calor atinge meus olhos
   Every day your memory grows dimmer
   A cada dia sua lembrança se dissipa
   It doesn't haunt me like it did before
   Não me assombra mais como antes
   I've been walking through the middle of nowhere
   Caminhei no meio do nada
   Trying to get to heaven before they close the door
   Tentando chegar ao céu antes que as portas se fechem

2. **When I was in Missouri**
   Quando estava no Missouri
   They would not let me be
   Eles não me deixavam em paz
   I had to leave there in a hurry
   Tive de partir com pressa
   I only saw what they let me see
   Só vi o que me deixaram
   You broke a heart that loved you
   Você machucou o coração que te amava
   Now you can seal up the book and not write anymore
   Agora pode fechar o livro e parar de escrever
   I've been walking that lonesome valley
   Caminhei pelo vale solitário
   Trying to get to heaven before they close the door
   Tentando chegar ao céu antes que as portas se fechem

3. **People on the platforms**
   Gente nas plataformas
   Waiting for the trains
   À espera dos trens
   I can hear their hearts a-beatin'
   Ouço os corações que batem
   Like pendulums swinging on chains
   Como pêndulos nas correntes
   When you think that you lost everything
   Quando se acha que perdeu tudo
   You find out you can always lose a little more
   Descobre que há sempre algo mais a perder
   I'm just going down the road feeling bad
   Vou estrada abaixo me sentindo mal
   Trying to get to heaven before they close the door
   Tentando chegar ao céu antes que as portas se fechem

4. **Instrumental**
   Instrumental

5. **I'm going down the river**
   Desço o rio
   Down to New Orleans
   Até Nova Orleans
   They tell me everything is gonna be all right
   Me dizem que tudo vai dar certo
   But I don't know what "all right" even means
   Mas nem sei o que isso significa
   I was riding in a buggy with Miss Mary-Jane
   Passeava num *buggy* com a Senhorita Mary-Jane
   Miss Mary-Jane got a house in Baltimore
   A senhorita Mary-Jane tem uma casa em Baltimore
   I been all around the world, boys
   Gente, viajei o mundo inteiro

Now I'm trying to get to heaven before they close the door
Agora estou tentando chegar ao céu antes que as portas se fechem

6. **Gonna sleep down in the parlor**
   Vou dormir no salão
   And relive my dreams
   E reviver meus sonhos
   I'll close my eyes and I wonder
   Fecho os olhos e me pergunto
   If everything is as hollow as it seems
   Se tudo é tão falso quanto parece
   Some trains don't pull no gamblers
   Alguns trens não levam mais jogadores
   No midnight ramblers, like they did before
   Nem turistas noturnos, como antigamente
   I been to Sugar Town, I shook the sugar down
   Fui até Sugartown, e me livrei do açúcar
   Now I'm trying to get to heaven before they close the door
   Agora estou tentando chegar ao céu antes que as portas se fechem

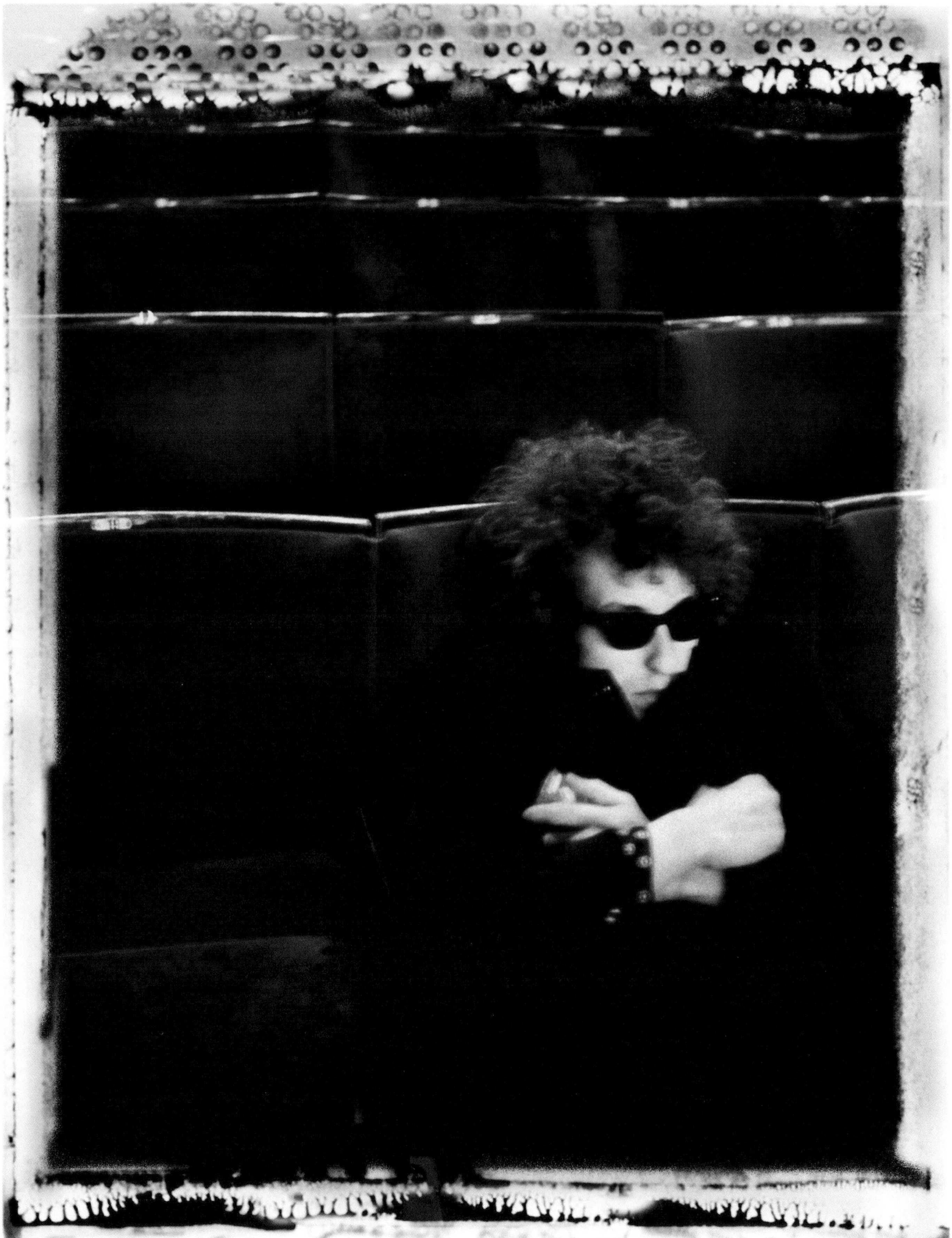

NO DARK YET

(NÃO ESCURECEU AINDA)

Time Out Of Mind, 1997

Rígida e severa, esta composição falsamente delicada foi uma das faixas principais do *Time Out Of Mind*, lançado em 1997. O álbum marcou a segunda colaboração com Daniel Lanois, que produziu *Oh Mercy* para Dylan oito anos antes.

"Eu tento viver dentro daquela linha que fica entre o desânimo e a esperança. Sou adequado para andar nessa linha, bem no meio do fogo."
Bob Dylan, 1997

NO DARK YET

Moderately slow, with a beat

1. Shad-ows are fall-ing
2.-5. *See additional lyrics*

and I've been here all day

It's too hot to sleep

time is run-ning a-way

Feel like my soul has turned

in-to steel

I've still got the scars that the

sun did-n't heal

There's not e-ven room e-nough

to be an-y-where

It's not dark yet,

1.2.3.4. but it's get-ting there

5. but it's get-ting there

Copyright © 1997 Special Rider Music. All Rights Reserved. International Copyright Secured.

1. **Shadows are falling and I've been here all day**
   Caem as sombras e estive aqui o dia inteiro
   It's too hot to sleep, time is running away
   Está muito quente para dormir, o tempo passa
   Feel like my soul has turned into steel
   Sinto como se minha alma se transformasse em aço
   I've still got the scars that the sun didn't heal
   Ainda tenho as cicatrizes que o sol não curou
   There's not even room enough to be anywhere
   Não há sequer espaço suficiente para ficar
   It's not dark yet, but it's getting there
   Não escureceu ainda, mas não vai demorar, não vai demorar

2. **Well, my sense of humanity has gone down the drain**
   Pois é, meu senso de humanidade foi pelo ralo
   Behind every beautiful thing there's been some kind of pain
   Por trás de cada coisa bela há sempre um pouco de dor
   She wrote me a letter and she wrote it so kind
   Ela me escreveu uma carta e de forma tão carinhosa
   She put down in writing what was in her mind
   Colocou em palavras o que pensava
   I just don't see why I should even care
   Nem sei por que deveria me importar
   It's not dark yet, but it's getting there
   Não escureceu ainda, mas não vai demorar

3. **Well, I've been to London and I've been to gay Paree**
   É, estive em Londres e na alegre Paris
   I've followed the river and I got to the sea
   Segui o rio até chegar ao mar
   I've been down on the bottom of a world full of lies
   Fui ao fim de um mundo cheio de mentiras
   I ain't looking for nothing in anyone's eyes
   Não procuro nada nos olhos de ninguém

Sometimes my burden seems more than I can bear
Às vezes meu fardo é maior do que posso suportar
It's not dark yet, but it's getting there
Não escureceu ainda, mas não vai demorar

4. **Instrumental**
   Instrumental

5. **I was born here and I'll die here against my will**
   Aqui nasci e aqui morrerei contra a minha vontade
   I know it looks like I'm moving, but I'm standing still
   Sei que parece que me mexo, mas permaneço parado
   Every nerve in my body is so vacant and numb
   Cada nervo do meu corpo está tão vazio e paralisado
   I can't even remember what it was I came here to get away from
   Que nem sequer me lembro do que fugia quando vim parar aqui
   Don't even hear a murmur of a prayer
   Nem ao menos ouço o murmúrio de uma prece
   It's not dark yet, but it's getting there
   Não escureceu ainda, mas não vai demorar

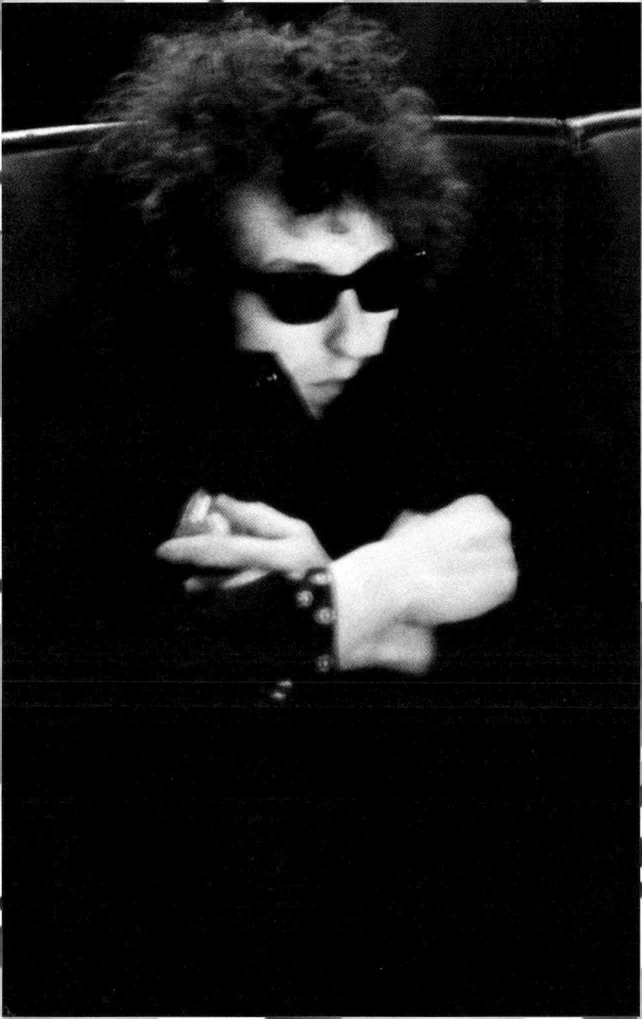

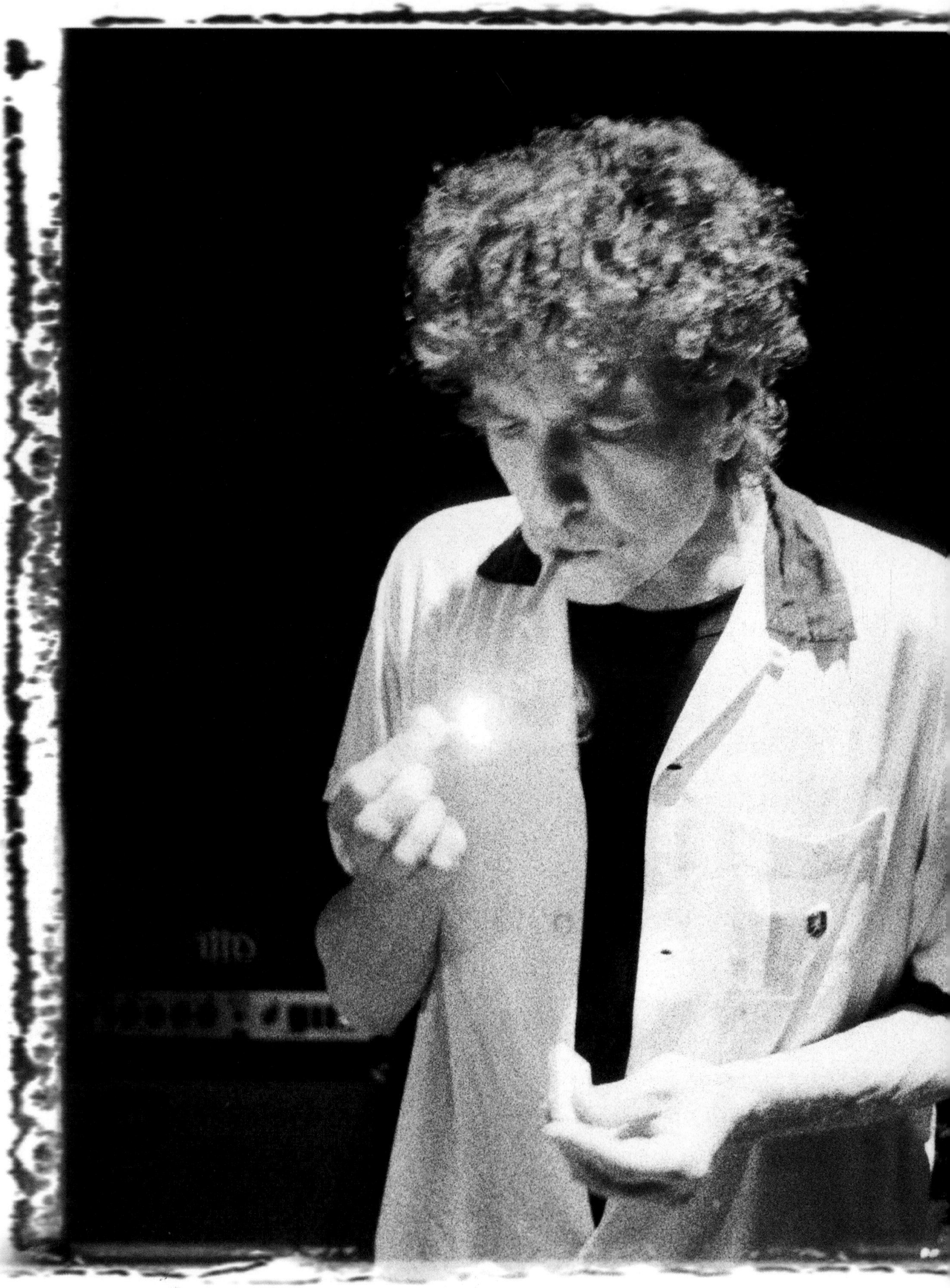

MISSISSIPPI

(MISSISSIPPI)

Love And Theft, 2001

Dylan escreveu esta canção originalmente para *Time Out Of Mind*, de 1997, mas não ficou satisfeito com o resultado da gravação e omitiu "Mississippi" do álbum. Ou melhor, ele entregou uma fita a Sheryl Crow, que interpretou a melodia no seu CD, *The Globe Sessions*. Dylan revisitou a canção em 2001, que, por fim, foi incluída no álbum *Love And Theft*.

MISSISSIPPI

Moderately ♩ = 80

Guitar

1. Ev-ery step of the way___ we walk the line,___
(Verses 4 & 7 see block lyrics)

Your days are num-bered, so are mine.___

Time is pil-in' up,___ we strug-gle and we scrape,

We're all___ boxed in,___ no-where to es-cape.___

2. Ci-ty's just a jun-gle, more games to play,___
(Verses 5 & 8 see block lyrics)

Copyright © 2001 Special Rider Music. All Rights Reserved. International Copyright Secured.

Trapped in the heart of it, tryin' to get a-way. I was
raised in the coun-try, I been work-in' in the town,
I been in trou-ble ev-er since I set my suit-case down.

Bridge

1. Got noth-in' for you, I had no-thin' be-fore,
(Bridges 2 & 3 see block lyrics)
Don't e-ven have an-y-thing for my-self an-y-more.
Sky full of fire, pain pour-in' down,
no-thing you can sell me, I'll see you a-round.

3. All my pow-ers of ex-pres-sion and thoughts so sub-lime
(Verses 6 & 9 see block lyrics)

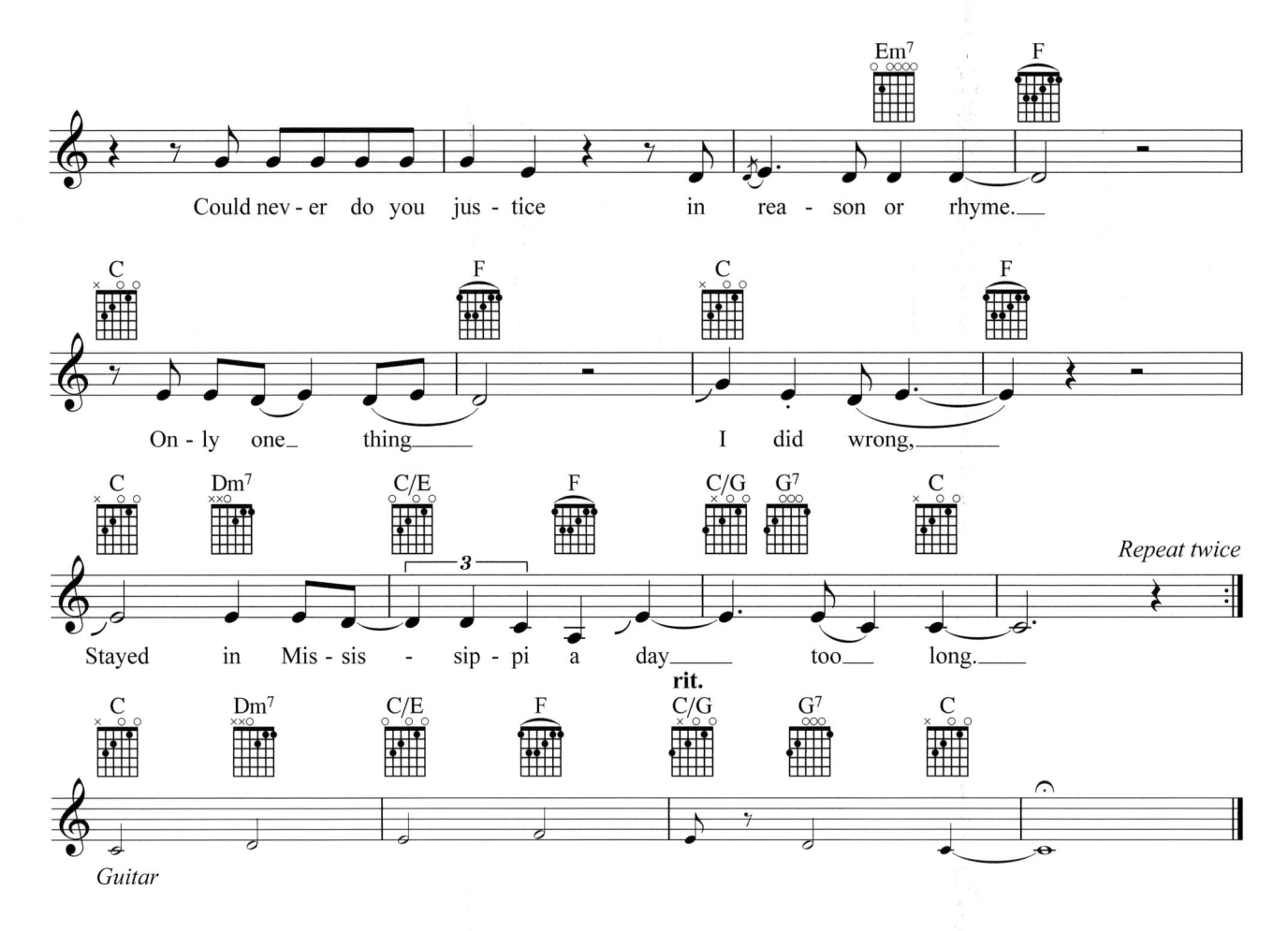

1. **Every step of the way we walk the line**
   A cada passo do caminho, nos mantivemos na linha,
   Your days are numbered, so are mine
   Teus dias estão contados, assim como os meus.
   Time is pilin' up, we struggle and we scrape
   O tempo se acumula, lutamos e ralamos,
   We're all boxed in, nowhere to escape
   Estamos todos encurralados, sem escapatória.

2. **City's just a jungle; more games to play**
   A cidade é uma selva, mais jogos à disposição,
   Trapped in the heart of it, trying to get away
   Confinados bem no meio dela, tentando escapar.
   I was raised in the country, I been workin' in the town
   Fui criado no campo, trabalho na cidade
   I been in trouble ever since I set my suitcase down
   Meus problemas começaram quando coloquei a mala no chão.

   Ponte

1. **Got nothing for you, I had nothing before**
   Nada tenho para você, não tinha nada antes,
   Don't even have anything for myself anymore
   Nem sequer tenho algo para mim mesmo.
   Sky full of fire, pain pourin' down
   O céu está em fogo, a dor cai a cântaros,
   Nothing you can sell me, I'll see you around
   Não há nada que você possa me vender, a gente se vê por aí.

3. **All my powers of expression and thoughts so sublime**
   Todos os meus poderes de expressão e pensamentos mais sublimes
   Could never do you justice in reason or rhyme
   Não te fariam nem na razão nem na rima.
   Only one thing I did wrong
   Cometi apenas um erro,
   Stayed in Mississippi a day too long
   Fiquei em Mississippi um dia demais.

4. **Well, the devil's in the alley, mule's in the stall**
   Bem, o demônio está no beco, a mula no estábulo
   Say anything you wanna, I have heard it all
   Diga o que quiser, já ouvi de tudo
   I was thinkin' about the things that Rosie said
   Pensei nas coisas que a Rosie disse
   I was dreaming I was sleeping in Rosie's bed
   Sonhei que dormia na cama da Rosie

5. **Walking through the leaves, falling from the trees**
   Caminho sobre as folhas que caem das árvores
   Feeling like a stranger nobody sees
   Eu me sinto como um estranho que ninguém vê
   So many things that we never will undo
   Tantas coisas que nunca iremos desfazer
   I know you're sorry, I'm sorry too
   Sei que você lamenta, eu lamento também

   Interlúdio

2. **Some people will offer you their hand and some won't**
   Algumas pessoas vão te estender a mão, outras não
   Last night I knew you, tonight I don't
   Na noite passada eu te conhecia, esta noite não
   I need somethin' strong to distract my mind
   Preciso de algo forte que distraia a minha mente
   I'm gonna look at you 'til my eyes go blind
   Vou olhar pra você até ficar cego

6. Well, I got here following the southern star
   Bom, cheguei até aqui seguindo a estrela do sul
   I crossed that river just to be where you are
   Cruzei aquele rio apenas para estar a seu lado
   Only one thing I did wrong
   Só fiz uma coisa de errado
   Stayed in Mississippi a day too long
   Fiquei no Mississippi um dia demais

7. Well, my ship's been split to splinters and it's sinking fast
   Bom, meu barco se partiu em mil pedaços e afunda rápido
   I'm drownin' in the poison, got no future, got no past
   Estou me afogando no veneno, sem futuro, sem passado
   But my heart is not weary, it's light and it's free
   Mas meu coração não está cansado, está leve e livre
   I've got nothin' but affection for all those who've sailed with me
   Só tenho afeto por todos os que navegaram comigo

8. Everybody movin' if they ain't already there
   Todos se mudaram, se é que já não chegaram
   Everybody got to move somewhere
   Todos precisam ir para algum lugar
   Stick with me baby, stick with me anyhow
   Fica comigo, gata, fica comigo de qualquer jeito
   Things should start to get interesting right about now
   As coisas vão começar a ficar interessantes a partir de agora.

   Interlúdio

3. My clothes are wet, tight on my skin
   Minhas roupas estão molhadas, grudam na pele
   Not as tight as the corner that I painted myself in
   Não tanto quanto a encrenca em que me meti
   I know that fortune is waitin' to be kind
   Sei que a fortuna espera a hora de sorrir
   So give me your hand and say you'll be mine
   Então me dá a mão e diga que vai ser minha

9. Well, the emptiness is endless, cold as the clay
   Bem, o vazio é infinito, frio como o barro
   You can always come back, but you can't come back all the way
   Você sempre poderá voltar, mas não pode voltar de todo
   Only one thing I did wrong
   Só fiz uma coisa de errado
   Stayed in Mississippi a day too long
   Fiquei em Mississippi um dia demais

"Foi mesmo uma honra poder gravá-la. A gente escuta uma de suas canções e acha que é tão simples, nem percebe o quanto é complexa – o arco da melodia, o modo como usa dois ou três acordes apenas, mas tudo concorre para uma excelente composição. Gravá-la me fez reavaliar a composição musical."

Sheryl Crow

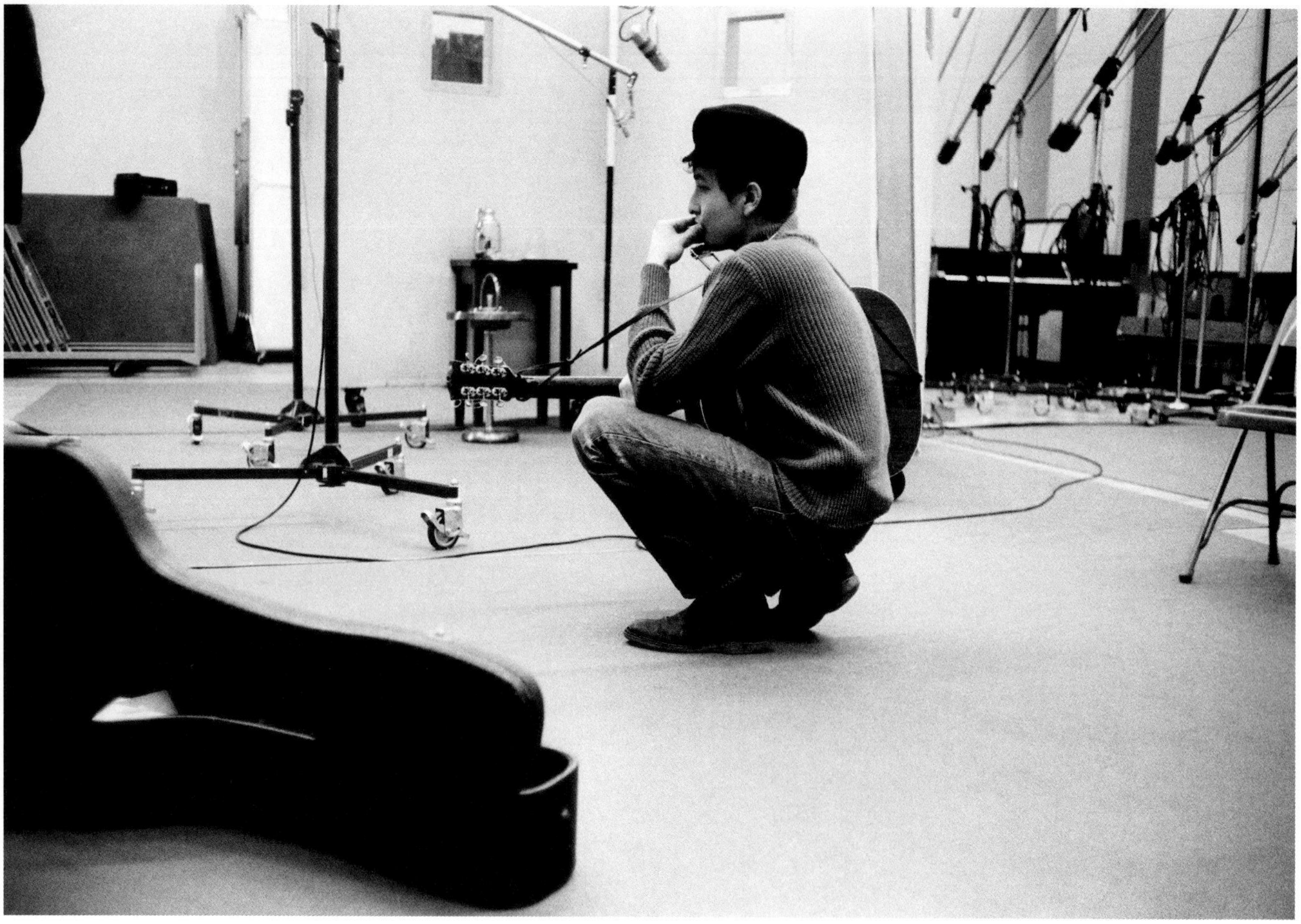

THINGS HAVE CHANGED

(AS COISAS MUDARAM)

The Essential Bob Dylan, 2000

Várias canções de Dylan foram o grande destaque da trilha sonora do filme *Garotos Incríveis* (The Wonder Boys), de 2000, inclusive "Things Have Changed", composta especialmente para o filme. Com ela, Dylan conquistou o seu primeiro prêmio da Academia de Hollywood, e, desde então, orgulhosamente exibe o "Oscar" como parte do roteiro cênico. Logo depois, ele recebeu um prêmio semelhante do júri do Grammy e do Globo de Ouro.

THINGS HAVE CHANGED

Moderately fast

A worried man with a worried mind / No one in front of me and nothing behind / There's a woman on my lap and she's drinking champagne / Got white skin, got assassin's eyes / I'm looking up into the sapphire tinted skies / I'm well dressed, waiting on the last train / Standing on the gallows with my

Copyright © 1999 Special Rider Music. All Rights Reserved. International Copyright Secured.

head in a noose An-y
min-ute now I'm ex-pect-ing all hell to break loose
People are cra-zy and times are strange I'm
locked in tight, I'm out of range I used to care, but
things have changed

A worried man with a worried mind
Um homem inquieto com uma mente inquieta
No one in front of me and nothing behind
Ninguém na minha frente e nada atrás
There's a woman on my lap and she's drinking champagne
Há uma mulher no meu colo, ela bebe champanhe
Got white skin, got assassin's eyes
Tem a pele branca, olhos de assassina
I'm looking up into the sapphire-tinted skies
Olho o céu cor de safira
I'm well dressed, waiting on the last train
Bem vestido, espero o último trem

Standing on the gallows with my head in a noose
De pé, no cadafalso, a cabeça na forca
Any minute now I'm expecting all hell to break loose
A qualquer minuto espero que o inferno inteiro fuja

People are crazy and times are strange
Os caras estão pirados e os tempos bizarros
I'm locked in tight, I'm out of range
Estou encarcerado com duplo cadeado, inacessível
I used to care, but things have changed
Antes eu me importava, mas as coisas mudaram

2. **This place ain't doing me any good**
Este lugar não está me fazendo nada bem
I'm in the wrong town, I should be in Hollywood
Estou na cidade errada, devia estar em Hollywood
Just for a second there I thought I saw something move
Por um segundo me pareceu ver algo em movimento
Gonna take dancing lessons do the jitterbug rag
Vou aprender a dançar e praticar *jitterbug rag*
Ain't no shortcuts, gonna dress in drag
Não há atalhos, vou me vestir como uma *drag*

Only a fool in here would think he's got anything to prove
Só um idiota pensaria que tem que provar alguma coisa

Ponte 2

Lot of water under the bridge, Lot of other stuff too
Muita água já passou embaixo da ponte, e um monte de coisas também
Don't get up gentlemen,
Não precisa se levantar, cavalheiro
I'm only passing through
Estou apenas de passagem

Refrão

3. **I've been walking forty miles of bad road**
   Caminhei quarenta milhas nessa estrada ruim
   If the Bible is right, the world will explode
   Se a Bíblia estiver certa, o mundo vai explodir
   I've been trying to get as far away from myself as I can
   Tento me manter o mais longe possível de mim mesmo
   Some things are too hot to touch
   Não se deve tocar em algumas coisas, elas queimam
   The human mind can only stand so much
   A mente humana aguenta até certo ponto
   You can't win with a losing hand
   Não dá pra vencer quando as cartas não são boas

   Ponte 3
   Feel like falling in love with the first woman I meet
   Tô a fim de me apaixonar pela primeira mulher que encontrar
   Putting her in a wheel barrow and wheeling her down the street
   Colocar a moça num carrinho de mão e dar uma volta com ela

   Refrão

4. **I hurt easy, I just don't show it**
   Sou muito sensível, mas não demonstro
   You can hurt someone and not even know it
   A gente pode machucar alguém sem perceber

The next sixty seconds could be like an eternity
Os próximos sessenta segundos podiam parecer uma eternidade
Gonna get low down, gonna fly high
Vou me abaixar, vou voar alto
All the truth in the world adds up to one big lie
Toda a verdade no mundo se resume a uma grande mentira
I'm in love with a woman who don't even appeal to me
Estou apaixonado por uma mulher que nem sequer me atrai

Ponte 4

Mr. Jinx and Miss Lucy, they jumped in the lake
O Senhor Jinx e a Senhorita Lucy pularam no lago
I'm not that eager to make a mistake
Não estou a fim de cometer um erro

Refrão

"Quem mais sabe sobre ser um menino maravilha do que Bob Dylan? Ele tem se reinventado com êxito vezes e vezes sem conta. Uma das minhas maiores emoções como diretor foi no dia em que Bob Dylan foi à sala de montagem, e eu lhe mostrei algumas horas de filmagem, e falamos sobre as imagens do filme. Ele foi embora e compôs esta fantástica canção na estrada, com os músicos que viajavam com ele. Ele fez versos sobre a água embaixo da ponte e sobre muitas imagens do filme. Foi uma canção fantástica para o filme, mas não deixa de ser uma canção independente e fabulosa de Bob Dylan."

Curtis Hanson, diretor de *The Wonder Boys*

HIGH WATER
(ÁGUAS SOBEM)
(FOR CHARLEY PATTON)
(PARA CHARLEY PATTON)

Love And Theft, 2001

Gravada durante as sessões de 2001 para o álbum *Love And Theft*, uma canção já envolta em mau agouro, assumiu um tom ainda mais sinistro depois das enchentes catastróficas que afligiram Nova Orleans, em 2005. Dylan dedicou a música ao pioneiro do Delta blues, Charley Patton, que gravou uma canção intitulada "High Water Everywhere", em 1930.

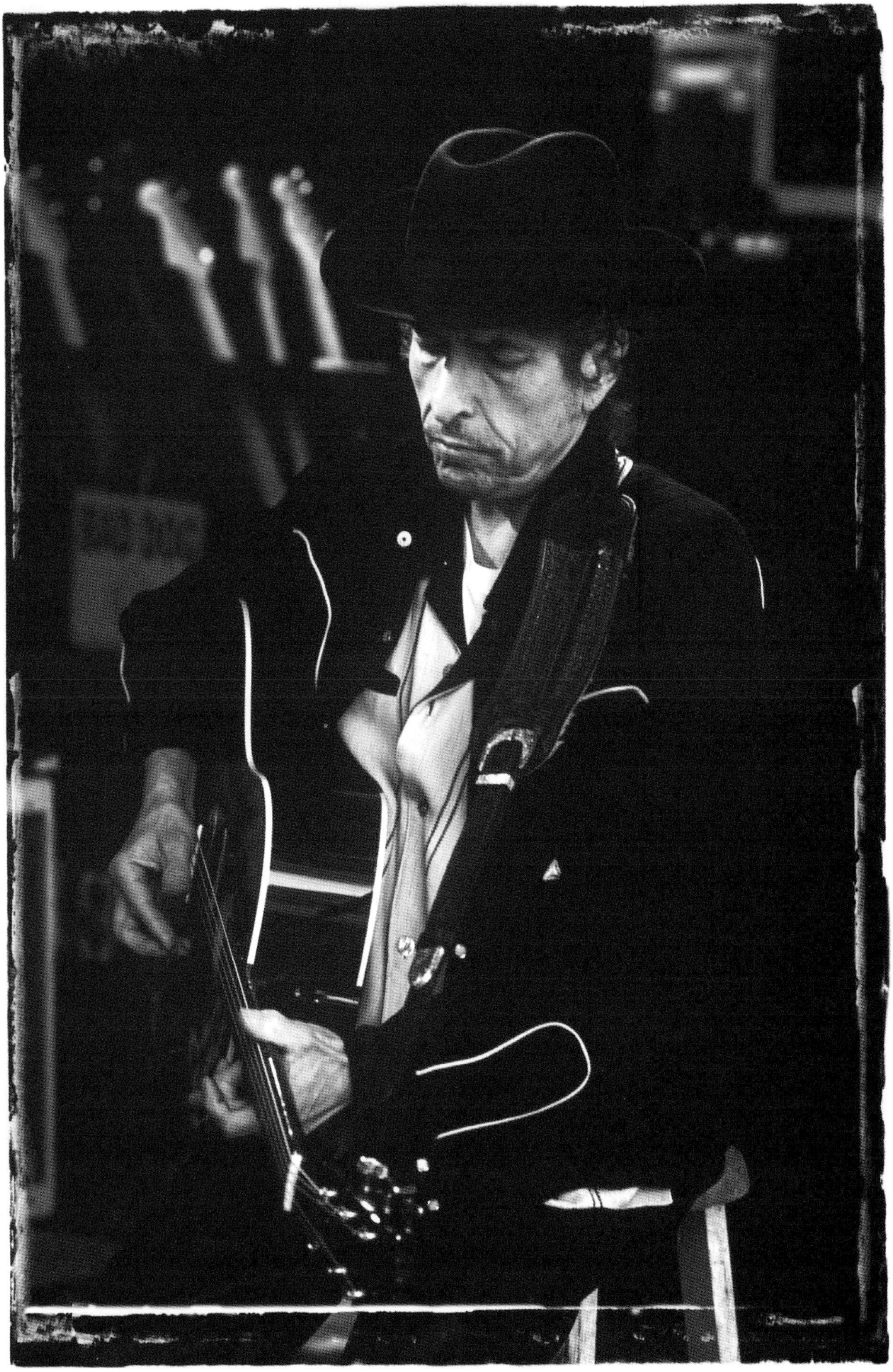

HIGH WATER
(FOR CHARLEY PATTON)

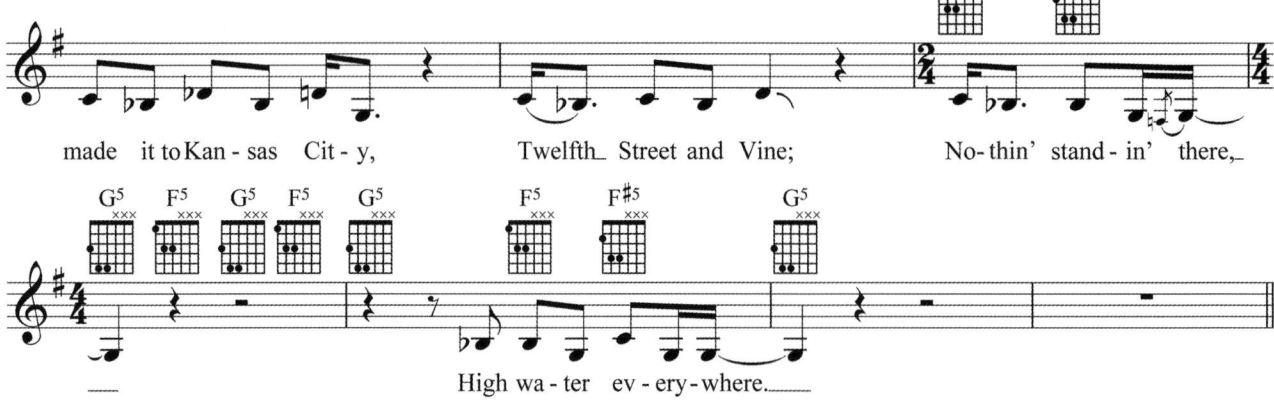

With a country bounce ♩ = 107

1. High water ris-in', ris-in' night and day, All the gold and sil-ver are be-in' stol-en a-way. Big Joe Turn-er look-in' east and west From the dark-room of his mind, He made it to Kan-sas Cit-y, Twelfth Street and Vine; No-thin' stand-in' there, High wa-ter ev-ery-where.

2. High wa-ter ris-in', the shacks are slid-in' down, Folks lose their pos-ses-sions — folks
(Verses 3-7 see block lyrics)

Copyright © 2001 Special Rider Music. All Rights Reserved. International Copyright Secured.

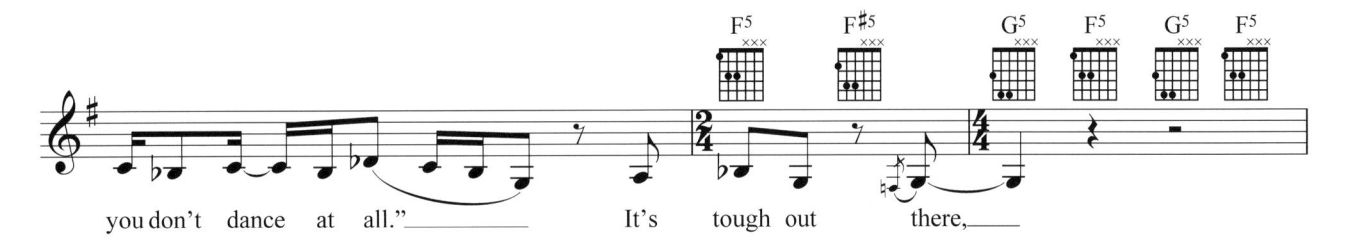

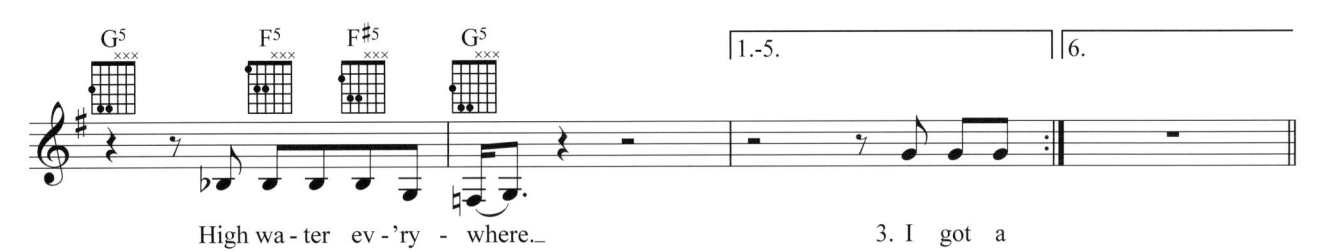

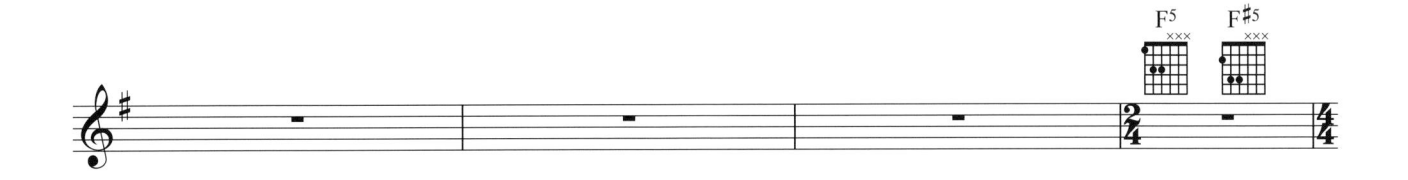

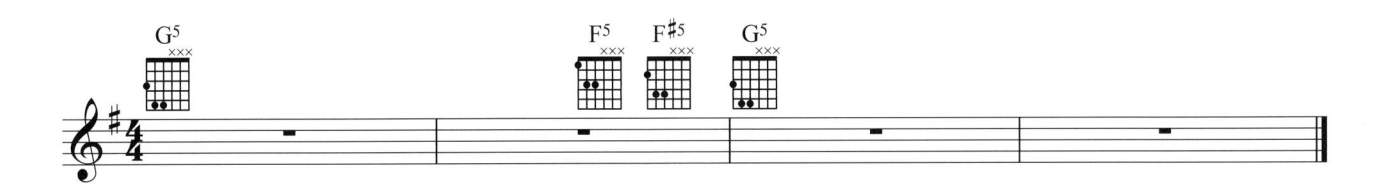

are leavin' town. Bertha Mason shook it_ broke it, Then she hung it on a wall,_ Says,_"You're dancin' with whom_ they tell you to,_ Or you don't dance at all."_ It's tough out there,_ High water ev-'ry-where._ 3. I got a

Instrumental fade to end

1. **High water risin'—risin' night and day**
   As águas sobem, sobem noite e dia,
   All the gold and silver are being stolen away
   Roubando todo o ouro e a prata.
   Big Joe Turner lookin' East and West
   Big Joe Turner olha do leste a oeste
   From the dark room of his mind
   Da sala escura da sua mente,
   He made it to Kansas City
   Ele conseguiu chegar a Kansas City,
   Twelfth Street and Vine
   À Rua Doze e Vine;
   Nothing standing there
   Nada ficou em pé,
   High water everywhere
   As águas sobem por todo o lugar.

2. **High water risin', the shacks are slidin' down**
   As águas sobem, levando os barracos,
   Folks lose their possessions—folks are leaving town
   As pessoas perdem o que têm, deixam a cidade.
   Bertha Mason shook it—broke it
   Bertha Mason sacudiu-a, quebrou-a,
   Then she hung it on a wall
   Então pendurou-a na parede,
   Says, "You're dancin' with whom they tell you to
   Dizia: "Dance com quem te mandam,
   Or you don't dance at all."
   Ou não dance de jeito nenhum".
   It's tough out there
   Tá difícil a coisa por lá,
   High water everywhere
   As águas sobem por todo lugar.

1. **I got a cravin' love for blazing speed**
   Tenho loucura por velocidade máxima,
   Got a hopped-up Mustang Ford
   Tenho um Ford Mustang envenenado
   Jump into the wagon, love, throw your panties on the board
   Pula dentro do carro, amor, joga fora sua calcinha

I can write you poems, make a strong man lose his mind
Posso te fazer poesia, enlouquecer um cara forte
I'm no pig without a wig
Não sou pato sem sapato,
I hope you treat me kind
Espero que me trate bem
Things are breakin' up out there
As coisas estão se desintegrando lá fora,
High water everywhere
A água sobe em todo lugar

2. **High water risin', six inches 'bove my head**
   A água sobe dez dedos acima da minha cabeça
   Coffins droppin' in the street
   Os caixões caem na rua
   Like balloons made out of lead
   Como balões de chumbo
   Water pourin' into Vicksburg, don't know what I'm going to do
   A água invadiu Vicksburg, não sei o que fazer
   "Don't reach out for me," she said
   "Não estenda a mão pra mim", ela disse,
   "Can't you see I'm drownin' too?"
   "Não vê que estou me afogando também?"
   It's rough out there
   A situação está feia por lá,
   High water everywhere
   A água sobe por todo lugar

3. **Well, George Lewis told the Englishman, the Italian and the Jew**
   Bem, o George Lewis falou ao inglês, ao italiano e ao judeu
   "You can't open your mind, boys
   "Pessoal, vocês não podem se abrir
   To every conceivable point of view"
   A cada ponto de vista concebível"
   They got Charles Darwin trapped out there on Highway Five
   Encurralaram Charles Darwin na autoestrada cinco
   Judge says to the High Sheriff,
   O juiz disse ao xerife:
   "I want him dead or alive
   "Eu quero ele morto ou vivo

Either one, I don't care."
De um modo ou de outro, pra mim é igual"
High water everywhere
A água sobe por todo lugar

4. **The Cuckoo is a pretty bird, she warbles as she flies**
   O cuco é um belo pássaro, que gorjeia enquanto voa
   I'm preachin' the Word of God
   Eu prego a Palavra de Deus,
   I'm puttin' out your eyes
   Arrancando seus olhos
   I asked Fat Nancy for something to eat, she said, "Take it off the shelf
   Pedi para a Nancy gorda algo para comer, ela disse, "Pega da prateleira
   As great as you are a man,
   Por maior que você seja,
   You'll never be greater than yourself"
   Nunca será maior que você mesmo"
   I told her I didn't really care
   Eu disse que não dava a mínima
   High water everywhere
   A água sobe por todo lugar

5. **I'm gettin' up in the morning — I believe I'll dust my broom**
   Eu me levanto de manhã, acho que vou varrer com a minha vassoura
   Keeping away from the women
   Fico longe das mulheres
   I'm givin' 'em lots of room
   Deixo a elas mais espaço
   Thunder rolling over Clarksdale,
   Trovões sobre Clarksdale
   Everything is looking blue
   Tudo parece triste
   I just can't be happy, love
   Só consigo ser feliz, amor,
   Unless you're happy too
   Se você também estiver feliz
   It's bad out there
   Tudo vai mal por lá
   High water everywhere
   A água sobe por todo lugar

"Bob Dylan! É como tentar falar sobre as Pirâmides. O que você faz? Dá um passo atrás e... fica embasbacado."

Bono

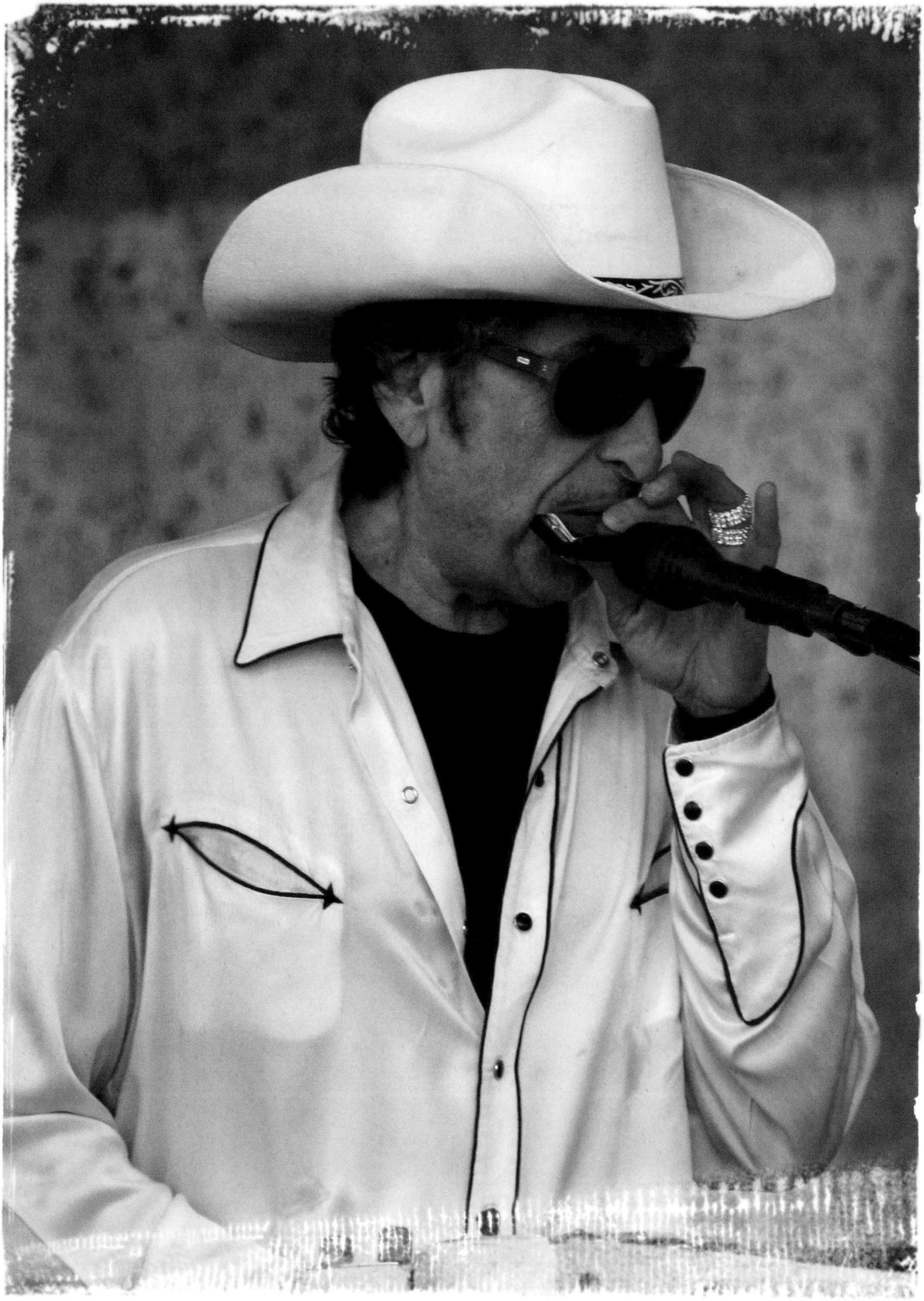

WORKINGMAN'S BLUES #2

(BLUES DO TRABALHADOR Nº 2)

🔘 *Modern Times*, 2006

Como o título sugere, este destaque do álbum aclamado pela crítica, *Modern Times,* de 2006, era a continuação consciente de uma canção anterior – "Workingman's Blues", feita pelo veterano do *country* Merle Haggard. Desde que o álbum foi lançado, Dylan tocou essa canção ao vivo em várias ocasiões.

WORKINGMAN'S BLUES #2

Steadily ♩ = 66

Piano

1. There's an eve-nin' haze set-tlin' ov-er the town, Star light by the edge of the creek. The
(Verses 3, 5 & 7 see block lyrics)
buy-in' power of the pro-le-tar-iat's gone down, Mon-ey's get-tin' shal-low and weak. The
place I love best is a sweet mem-o-ry, It's a new path that we trod. They say
low wa-ges are a re-al-i-ty, If we want to com-pete a-broad.

Copyright © 2006 Special Rider Music. All Rights Reserved. International Copyright Secured.

| A | E/G# | F#m | Amaj7/E |

2. My cruel weap-ons have been put on the shelf,___ Come__ sit down on my knee.___ You are
(Verses 4, 6 & 8 see block lyrics)

| D | A/C# | Bm7 | E |

dear-er to me than my-self, As you your-self can see.___ I'm

| A | E/G# | F#m | Amaj7/E |

lis-ten-in' to the steel rails___ hum, Got both eyes__ tight shut. Just

| D | A/C# | Bm7 | E |

sit-ting here trying to keep the hun-ger from Creep-ing its way__ in-to my gut.

Refrain | D | A/C# | D | A/E |

Meet me at the bot-tom, don't lag be-hind,___ Bring me my boots and shoes.__ You can

| D | A/C# | Bm7 | E |

hang back or fight your best on__ the front-line, Sing a lit-tle__ bit__ of these workingman's blues.__

| A |

|1.2.3. | |4. |

3. Now, I'm

Instrumental - begin fading   *Repeat to fade*

| A | A/G# | F#m | A/E | D | Asus4 | A | Bm7 | E |

1. **There's an evenin' haze settlin' over the town**
   A névoa do anoitecer cai sobre a cidade,
   Starlight by the edge of the creek
   A luz das estrelas à beira do rio.
   The buyin' power of the proletariat's gone down
   O poder de compra do proletariado diminuiu,
   Money's gettin' shallow and weak
   O dinheiro está ficando ralo e fraco.
   The place I love best is a sweet memory
   O lugar que mais amo é uma doce lembrança,
   It's a new path that we trod
   É uma nova trilha que tomamos.
   They say low wages are a reality
   Dizem que os baixos salários são um fato,
   If we want to compete abroad
   Se quisermos competir no estrangeiro.

2. **My cruel weapons have been put on the shelf**
   Minhas armas cruéis foram colocadas na estante,
   Come sit down on my knee
   Vem sentar no meu joelho.
   You are dearer to me than myself
   Você me é mais cara do que eu mesmo,
   As you yourself can see
   Como você mesmo pode ver.
   I'm listenin' to the steel rails hum
   Escuto os trilhos de aço, hum,
   Got both eyes tight shut
   Tenho ambos os olhos bem fechados.
   Just sitting here trying to keep the hunger from
   Sentado aqui tento impedir a fome de
   Creeping it's way into my gut
   Se arrastar até minha barriga.

   Refrão

   Meet me at the bottom, don't lag behind
   Me encontre lá embaixo, não demore,
   Bring me my boots and shoes
   Traga minhas botas e meus sapatos.

You can hang back or fight your best on the front line
Você pode recuar ou lutar bem na linha de frente,
Sing a little bit of these workingman's blues
Cante um pedacinho desses *blues* do trabalhador.

3. **Now, I'm sailin' on back, ready for the long haul**
   Agora, navego de volta, pronto para um longo trajeto
   Tossed by the winds and the seas
   Agitado pelos ventos e pelos mares
   I'll drag 'em all down to hell and I'll stand 'em at the wall
   Arrastarei todos até o inferno e os colocarei contra a parede
   I'll sell 'em to their enemies
   Venderei todos aos inimigos
   I'm tryin' to feed my soul with thought
   Tentando alimentar minha alma com o pensamento
   Gonna sleep off the rest of the day
   Vou dormir o resto do dia
   Sometimes no one wants what we got
   Às vezes ninguém quer o que temos
   Sometimes you can't give it away
   Às vezes não se consegue dar o fora.

4. **Now the place is ringed with countless foes**
   Agora, o lugar está cercado de incontáveis inimigos
   Some of them may be deaf and dumb
   Alguns talvez sejam surdos e mudos
   No man, no woman knows
   Nenhum homem, nenhuma mulher sabe
   The hour that sorrow will come
   A que hora o sofrimento chegará
   In the dark I hear the night birds call
   No escuro, ouço o chamado dos pássaros noturnos
   I can hear a lover's breath
   Posso sentir a respiração de um amante
   I sleep in the kitchen with my feet in the hall
   Durmo na cozinha com os pés no corredor
   Sleep is like a temporary death
   Dormir é como uma morte temporária

   Refrão

5. **Well, they burned my barn, they stole my horse**
   Bem, queimaram meu celeiro e roubaram meu cavalo
   I can't save a dime
   Não consigo economizar um centavo
   I got to be careful, I don't want to be forced
   Tenho que ser cuidadoso, não quero ser forçado
   Into a life of continual crime
   A levar uma vida de crime continuado
   I can see for myself that the sun is sinking
   Consigo ver por mim mesmo que o sol se põe
   How I wish you were here to see
   Como eu queria que estivesse aqui pra ver
   Tell me now, am I wrong in thinking
   Agora, me diz, estou errado em pensar
   That you have forgotten me?
   Que você me esqueceu?

6. **Now they worry and they hurry and they fuss and they fret**
   Agora eles se preocupam, se apressam, se agitam e se irritam
   They waste your nights and days
   Desperdiçam suas noites e seus dias
   Them I will forget
   Deles vou me esquecer
   But you I'll remember always
   Mas de você sempre me lembrarei
   Old memories of you to me have clung
   Antigas lembranças suas ficaram em mim
   You've wounded me with words
   Tuas palavras me feriram
   Gonna have to straighten out your tongue
   É preciso endireitar tua língua
   It's all true, everything you have heard
   É tudo verdade, tudo o que você ouviu.

   Refrão

7. **In you, my friend, I find no blame**
   Em você, meu amigo, não encontro culpa
   Wanna look in my eyes, please do
   Se quiser me olhar nos olhos, por favor, vá em frente
   No one can ever claim
   Ninguém pode alegar jamais
   That I took up arms against you
   Que lutei contra você
   All across the peaceful sacred fields
   Através de todos os pacíficos campos sagrados
   They will lay you low
   Vão te pôr pra baixo
   They'll break your horns and slash you with steel
   Quebrar teus chifres e o retalhar com aço
   I say it so it must be so
   Digo que é assim, assim será

8. **Now I'm down on my luck and I'm black and blue**
   Agora, esgotei minha sorte e estou lívido
   Gonna give you another chance
   Vou te dar mais uma chance
   I'm all alone, and I'm expecting you
   Estou sozinho, espero que você
   To lead me off in a cheerful dance
   Me conduza em uma dança alegre
   Got a brand new suit and a brand new wife
   Descolei um terno novo e uma esposa novinha em folha
   I can live on rice and beans
   Posso viver à base de arroz e feijão
   Some people never worked a day in their life
   Tem gente que nunca trabalhou na vida
   Don't know what work even means
   Nem mesmo sabem o que trabalho significa

   Refrão

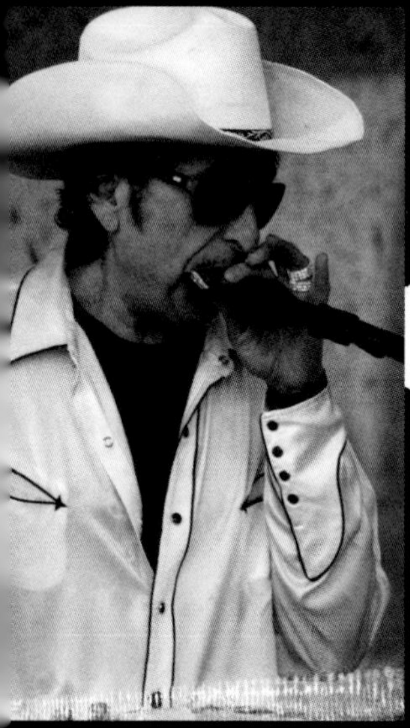

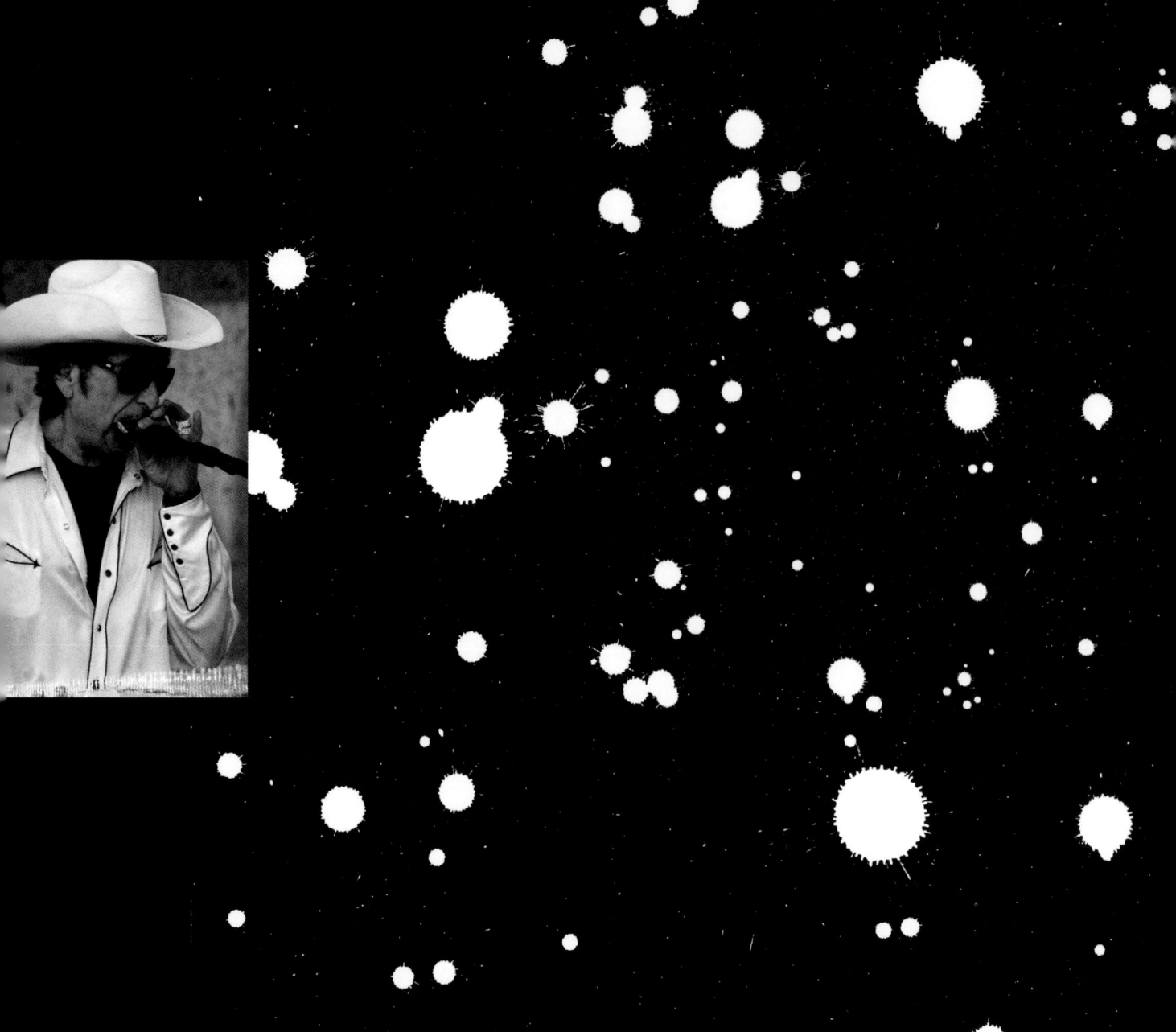

"Dylan é como os Beatles ou a Torre Eiffel – ele está lá, sua presença é tão forte que a gente nem o vê mais."

David Gray

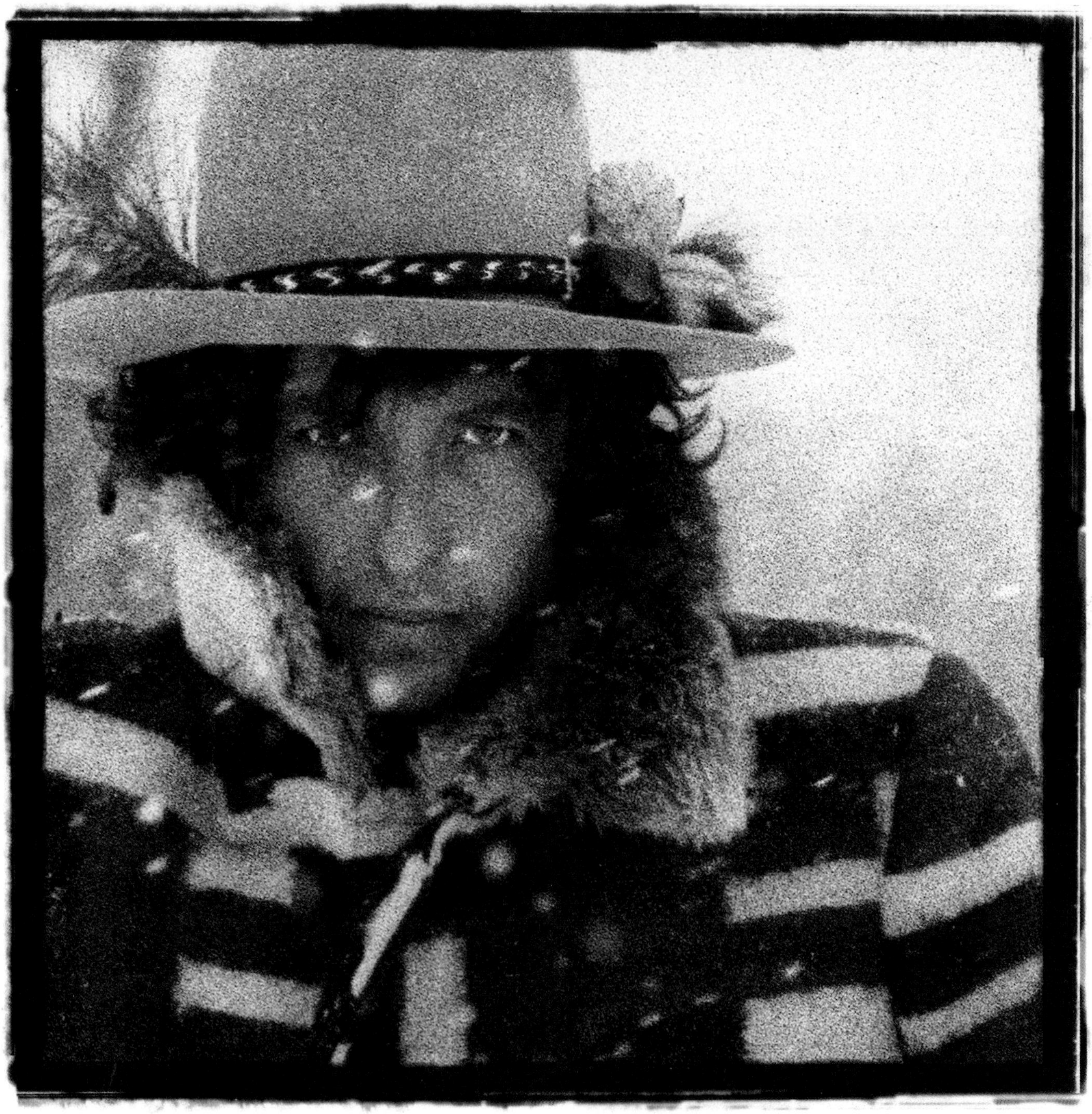

THUNDER ON THE MOUNTAIN

(TROVÃO NA MONTANHA)

Modern Times, 2006

Faixa de abertura do álbum aclamado pela crítica, *Modern Times*, de 2006, "Thunder On The Mountain" foi rapidamente incorporada a seu repertório ao vivo no mesmo ano, e sempre incluída nos pedidos de bis. Além da estrutura ao estilo de Chuck Berry, a canção é notável por sua referência à jovem estrela de R&B, Alicia Keys, que Dylan passou a admirar após vê-la em um *show* de premiação na TV.

THUNDER ON THE MOUNTAIN

Fast rock 'n' roll shuffle ♩ = 154

Guitar solo ad lib.   *a tempo*   (snare drum)

1. Thun-der on the moun-tain, fires on the moon, There's a
(Verses 4, 7 & 10 see block lyrics)
ruck-us in the al-ley and the sun will be here soon. To-day's the day, gon-na grab my trom-bone and blow. Well, there's hot stuff here and it's ev-ery where I go.

2. I was think-in' 'bout A-li-cia Keys, could-n't keep from crying, When she was born in Hell's Kit-chen, I was
(Verses 5, 8 & 11 see block lyrics)

Copyright © 2006 Special Rider Music. All Rights Reserved. International Copyright Secured.

liv-ing down the line. I'm won-dering where in the world A-li-cia Keys could be;

I been look-ing for her ev-en clear through Ten-nes-see. 3. Feel

— like my soul is be-gin-ning to ex-pand, Look in-to my heart and you will sort of un-der-stand.
(Verses 6, 9 & 12 see block lyrics)

You brought me here, now you're try-ing to run me a-way; The

writ-ing's on the wall, come read it, come see what it say.

Instrumental

4. Thun- *Instrumental continued*

1. **Thunder on the mountain, fires on the moon**
   Trovão na montanha, fogos na lua,
   There's a ruckus in the alley and the sun will be here soon
   Um tumulto no beco e o sol já vem vindo.
   Today's the day, gonna grab my trombone and blow
   Hoje é o dia que vou pegar o meu trombone e assoprar.
   Well, there's hot stuff here and it's everywhere I go
   Bem, tem um negócio legal por aqui e em todo lugar que vou

2. **I was thinkin' 'bout Alicia Keys, couldn't keep from crying**
   Pensava na Alicia Keys, não consegui segurar as lágrimas,
   When she was born in Hell's Kitchen, I was living down the line
   Quando ela nasceu em Hell's Kitchen, eu estava morando mais adiante.
   I'm wondering where in the world Alicia Keys could be
   Fico me perguntando em que lugar do mundo estaria Alicia Keys,
   I been looking for her even clear through Tennessee
   Procurei por ela por todo o Tennessee.

3. **Feel like my soul is beginning to expand**
   Tenho a impressão de que minha alma começa a se expandir,
   Look into my heart and you will sort of understand
   Observe meu coração e você vai meio que entender.
   You brought me here, now you're trying to run me away
   Você me trouxe aqui, e agora quer me fazer correr,
   The writing's on the wall, come read it, come see what it say
   Está escrito no muro, vem ler, vem ver o que diz.

4. **Thunder on the mountain, rolling like a drum**
   Trovão na montanha, rolando como tambor
   Gonna sleep over there, that's where the music coming from
   Vou dormir por lá, onde a música irradia
   I don't need any guide, I already know the way
   Não preciso de nenhum guia, já conheço o caminho
   Remember this, I'm your servant both night and day
   Lembre-se disso, sou o seu criado noite e dia

5. **The pistols are poppin' and the power is down**
   As pistolas estalam e a luz acabou
   I'd like to try somethin', but I'm so far from town
   Gostaria de tentar algo, mas estou tão longe da cidade

The sun keeps shinin' and the North Wind keeps picking up speed
O sol continua brilhando e o Vento Norte ganhando força
Gonna forget about myself for a while, gonna go out and see what others need
Vou me esquecer por um tempo, vou sair e ver do que precisam os outros

6. **I've been sitting down studying the art of love**
   Tenho estudado a arte do amor
   I think it will fit me like a glove
   Acho que vai me servir como uma luva
   I want some real good woman to do just what I say
   Quero uma mulher de verdade que faça exatamente o que digo
   Everybody got to wonder what's the matter with this cruel world today
   Todo mundo deve se perguntar qual o problema deste mundo cruel de hoje

7. **Thunder on the mountain, rolling to the ground**
   Trovão na montanha, rolando no chão
   Gonna get up in the morning, walk the hard road down
   Vou acordar de manhã, descer essa dura estrada
   Some sweet day I'll stand beside my king
   Algum belo dia, estarei ao lado do meu rei
   I wouldn't betray your love or any other thing
   Não trairei teu amor nem qualquer outra coisa

8. **Gonna raise me an army, some tough sons of bitches**
   Vou criar um exército de durões filhos da puta
   I'll recruit my army from the orphanages
   Vou recrutar meu exército nos orfanatos
   I been to St. Herman's church and I've said my religious vows
   Já estive na Igreja de São Germano e proferi meus votos religiosos
   I've sucked the milk out of a thousand cows
   Já suguei o leite de mil vacas

9. **I got the porkchops, she got the pie**
   Peguei costeletas de porco, ela pegou a torta
   She ain't no angel and neither am I
   Ela não é nenhuma santa e nem eu também
   Shame on your greed, shame on your wicked schemes
   Vergonha da tua ganância, vergonha de teus esquemas perversos
   I'll say this, I don't give a damn about your dreams
   Vou falar: tô pouco me lixando pros teus sonhos

10. **Thunder on the mountain, heavy as can be**
   Trovão na montanha, tão forte quanto possível
   Mean old twister bearing down on me
   Um miserável tornado avança sobre mim
   All the ladies of Washington, scrambling to get out of town
   Todas as senhoras de Washington correm para sair da cidade
   Looks like something bad gonna happen, better roll your airplane down
   Parece que algo ruim está para acontecer, é melhor baixar seu avião

11. **Everybody's going and I want to go too**
   Todo mundo está indo e eu também quero ir
   Don't wanna take a chance with somebody new
   Não estou a fim de tentar a sorte com alguém que não conheço
   I did all I could and I did it right there and then
   Fiz tudo o que pude, no momento certo e no lugar certo
   I've already confessed – no need to confess again
   Já confessei – não preciso confessar outra vez

12. **Gonna make a lot of money, gonna go up north**
   Vou ganhar muito dinheiro, vou lá para o norte
   I'll plant and I'll harvest what the earth brings forth
   Vou plantar e colher o que a terra gerar
   The hammer's on the table, the pitchfork's on the shelf
   O martelo está na mesa, o forcado na estante
   For the love of God, you ought to take pity on yourself
   Pelo amor de Deus, tenha dó de si mesmo

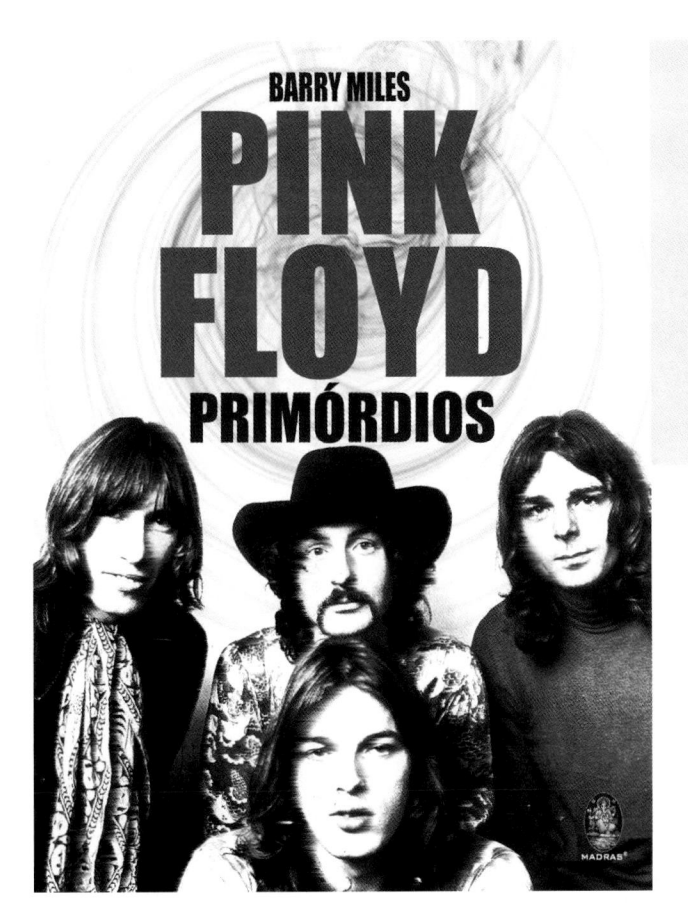

Pink Floyd Primórdios

Um relato revelador do início da carreira do Pink Floyd, de suas raízes em Cambridge ao status de culto na Londres dos anos 1960. Um retrato detalhado de um grupo lendário em sua ascensão.

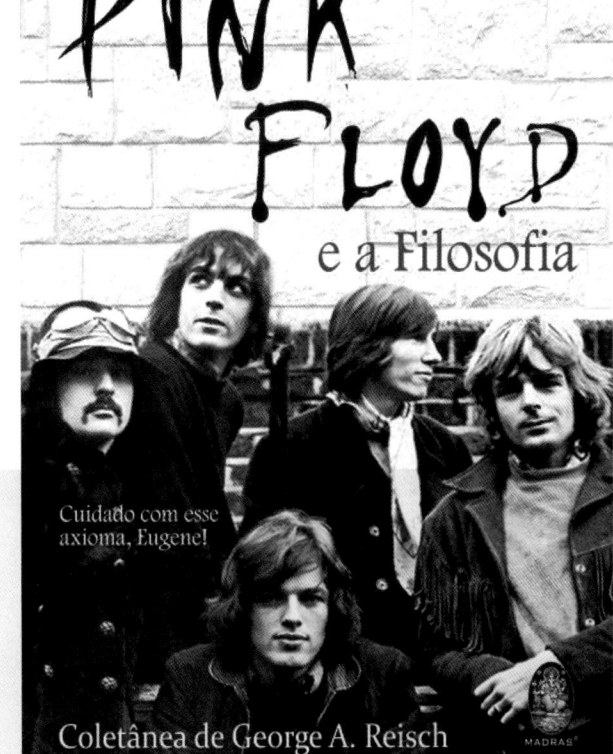

Pink Floyd e a Filosofia

A música cinemática e existencial do Pink Floyd transformou o grupo em uma das bandas de rock mais influentes e bem-aceitas de todos os tempos.

www.madras.com.br

Michael Jackson

Uma Vida na Música
Além de um guia completo para fãs das músicas de Michael Jackson, esse livro é uma visão geral e definitiva da carreira singular do inesquecível rei do pop. Álbum por álbum, faixa a faixa, ele examina cada canção lançada pelos Jackson 5, bem como o total dos lançamentos solo de Michael a partir de *Off The Wall* em 1979 até seu último álbum de material original, *Invincible*, em 2001.

Formato: 20,5 x 27,5 cm

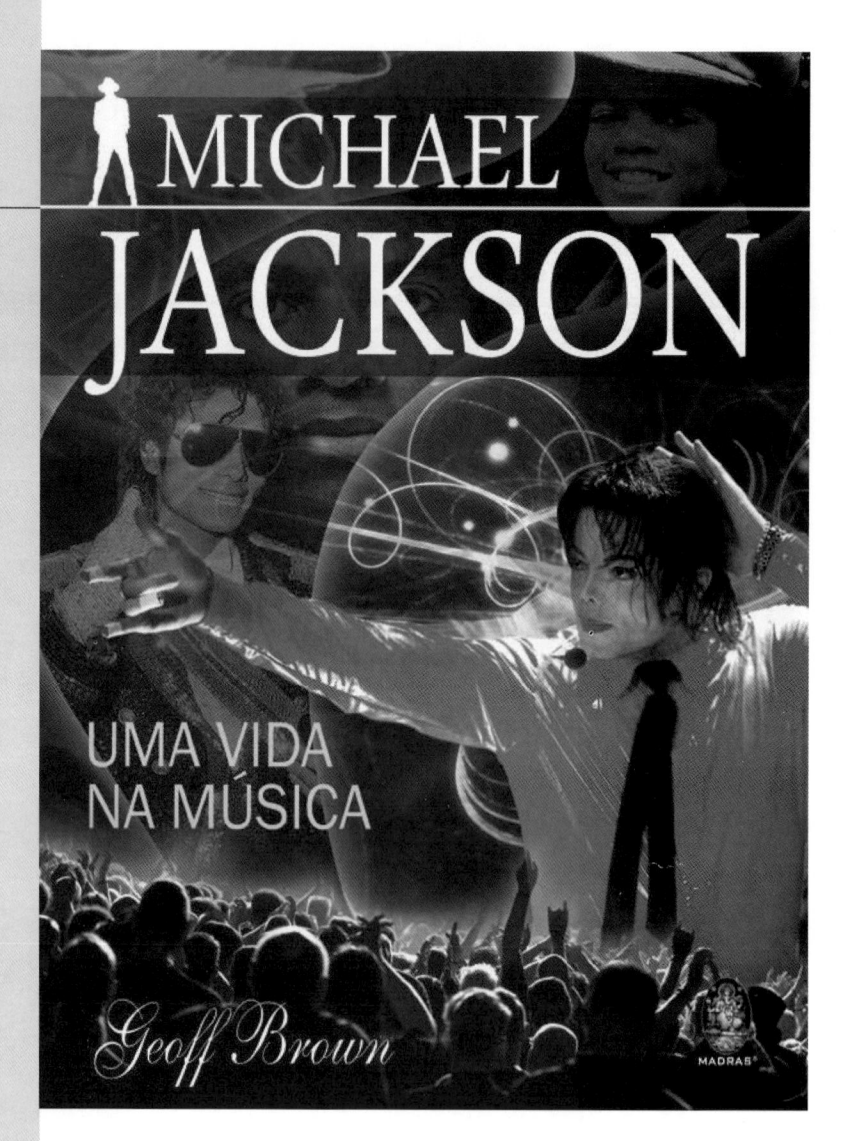

www.madras.com.br

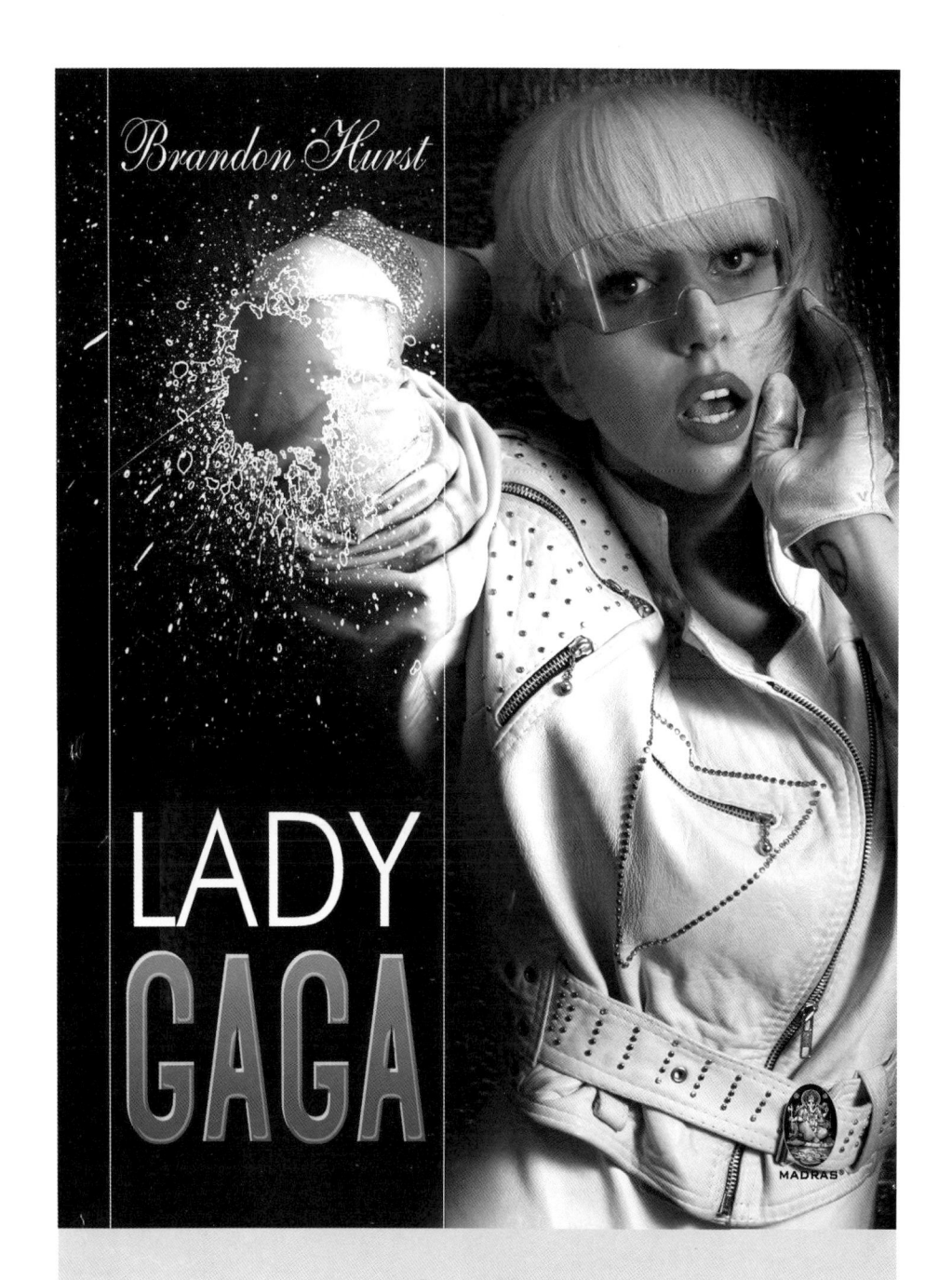

Lady Gaga

Essa é a biografia sem censuras, de Lady Gaga, que inclui algumas das melhores e mais extravagantes fotos da estrela musical da atualidade.

www.madras.com.br

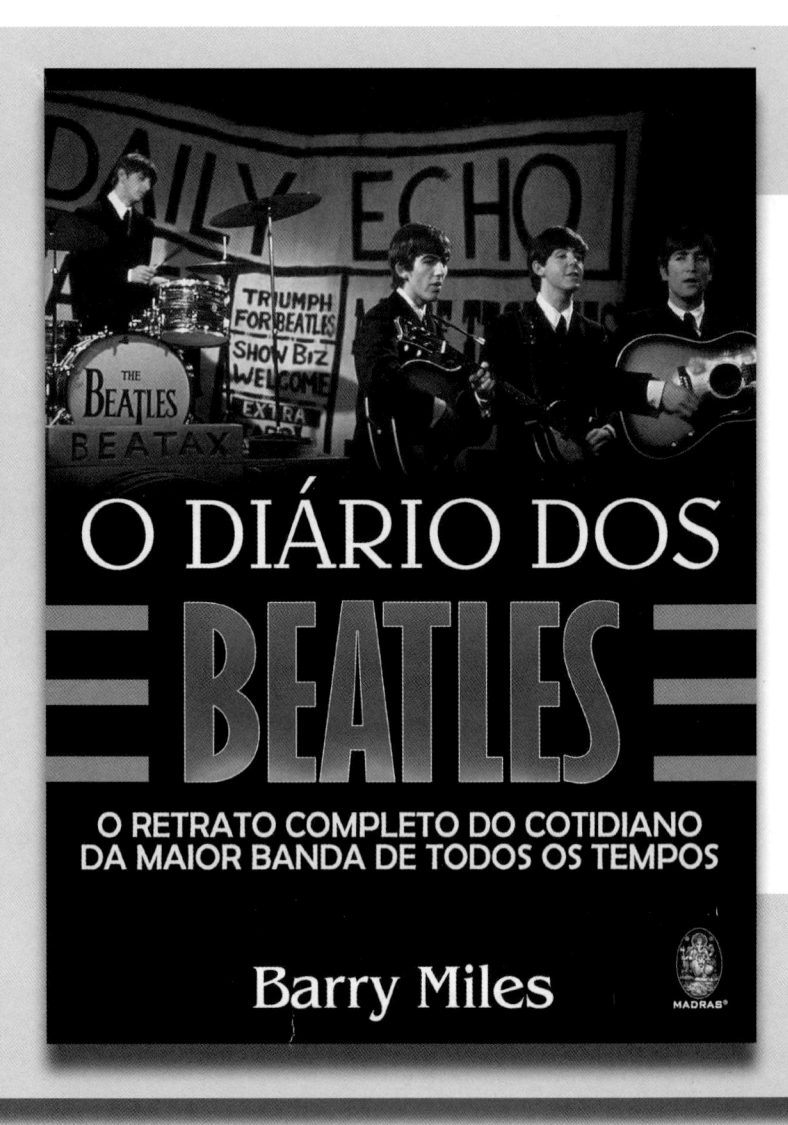

O Diário dos Beatles

Os Beatles fizeram a cabeça da juventude dos anos 60 e conquistaram o coração de milhares de pessoas. Mas, até hoje, continuam encantando as novas gerações, que curtem as suas músicas e a sua história. *O Diário dos Beatles* é uma obra completa, com a biografia dos músicos e diversas fotos dessa banda inesquecível.

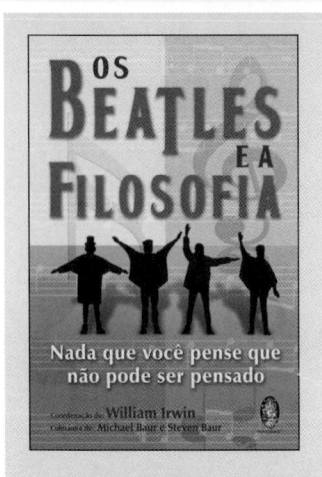

Os Beatles e a Filosofia

Come as you are A história do Nirvana

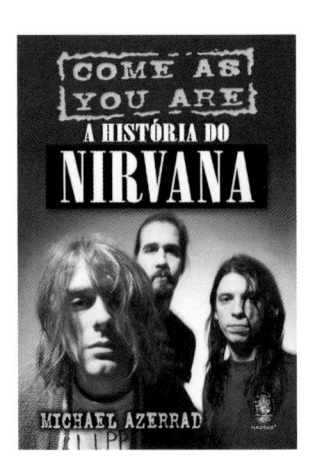

U2 e a Filosofia

Metalica e a Filosofia

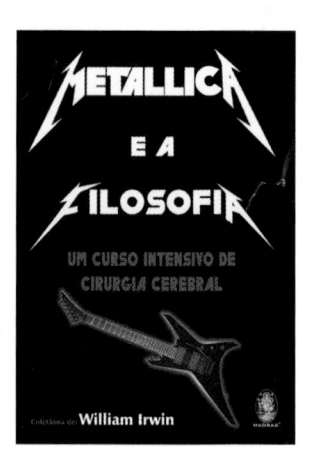